W0350533

Springer-Lehrbuch

Springer
Berlin
Heidelberg
New York
Barcelona
Hongkong
London
Mailand
Paris
Singapur
Tokio

Ludwig Fahrmeir · Rita Künstler
Iris Pigeot · Gerhard Tutz

Statistik

Der Weg zur Datenanalyse

Dritte, verbesserte Auflage

Mit 165 Abbildungen
und 34 Tabellen

Springer

Prof. Dr. Ludwig Fahrmeir
Dr. Rita Künstler
Prof. Dr. Iris Pigeot
Universität München
Institut für Statistik
Ludwigstraße 33
D-80539 München

Prof. Dr. Gerhard Tutz
Universität München
Institut für Statistik
Akademiestraße 1
D-80799 München

ISBN 3-540-67826-3 Springer-Verlag Berlin Heidelberg New York
ISBN 3-540-65053-9 2. Aufl. Springer-Verlag Berlin Heidelberg New York

Die Deutsche Bibliothek – CIP-Einheitsaufnahme
Statistik: der Weg zur Datenanalyse / von Ludwig Fahrmeir ... – 3., verb. Aufl. – Berlin; Heidelberg; New York; Barcelona; Hongkong; London; Mailand; Paris; Singapur; Tokio: Springer, 2001
(Springer-Lehrbuch)
ISBN 3-540-67826-3

Springer-Verlag Berlin Heidelberg New York
ein Unternehmen der BertelsmannSpringer Science+Business Media GmbH

Printed in Italy

SPIN 10777667 42/2202-5 4 3 2 1 0 – Gedruckt auf säurefreiem Papier

Vorwort

Statistische Verfahren werden stets dann benötigt und eingesetzt, wenn im Rahmen empirischer Fragestellungen Daten erhoben, dargestellt und analysiert werden sollen. Dabei spiegelt die große Vielfalt statistischer Methoden die Breite praktischer Fragestellungen etwa aus den Wirtschafts- und Sozialwissenschaften, der Medizin und den Natur- und Ingenieurwissenschaften wider. Diese Verknüpfung der Statistik mit ihren Anwendungsdisziplinen zeigt sich unter anderem darin, daß die Vermittlung der Grundlagen statistischer Methodik integrierter Bestandteil vieler Studiengänge ist.

Dieses Buch wendet sich vorwiegend an Studierende der Wirtschafts- und Sozialwissenschaften, aber auch anderer Disziplinen wie Informatik oder Biometrie. Es ist zudem als Einführungstext für Studierende der Statistik geeignet.

Ausgehend von einer Reihe realer Fragestellungen, die typische Anwendungssituationen statistischer Verfahren veranschaulichen, werden in Kapitel 1 die Grundbegriffe der Datenanalyse und -erhebung dargestellt. Diese realen Daten werden – ergänzt durch weitere Beispiele – in den einzelnen Kapiteln erneut aufgegriffen, um die Auseinandersetzung mit statistischen Methoden inhaltlich zu motivieren, ihre Anwendung zu illustrieren und die gewonnenen Ergebnisse zu interpretieren. Damit zielt die Darstellung der Methoden eher darauf ab, das Verständnis für die statistischen Verfahren und die dahinterstehende Denkweise zu erhöhen, als die Methoden in mathematischer Ausführlichkeit zu diskutieren. Zahlreiche graphische Darstellungen sollen zu diesem Ziel beitragen.

Das Buch bietet insgesamt eine integrierte Einführung sowohl in die deskriptive Statistik und in moderne Methoden der explorativen Datenanalyse (Kapitel 2, 3) als auch in die induktive Statistik (Kapitel 9 bis 14). Letztere beinhaltet insbesondere auch Methoden der Regressions- (Kapitel 12) und der Varianzanalyse (Kapitel 13) sowie die Analyse von Zeitreihen (Kapitel 14). Eingeschlossen ist dabei eine ausführliche Beschreibung der Grundlagen der Stochastik (Kapitel 4 bis 8), die die Basis zum Verständnis der induktiven Statistik bildet.

Zur Erhöhung der Übersichtlichkeit und der Lesbarkeit werden die wesentlichen Aspekte der einzelnen Kapitel im Text und durch Einrahmungen hervorgehoben. Stichwörter am Rand weisen auf die jeweils behandelten Aspekte hin. Einige Abschnitte sind mit einem Stern versehen. Diese behandeln spezielle Fragestellungen, die für das weitere Verständnis nicht erforderlich sind und gegebenenfalls übersprungen werden können.

Am Ende eines jeden Kapitels werden zunächst die wichtigsten Aussagen dieses Kapitels noch einmal zusammengefaßt und Hinweise auf weiterführende Literatur gegeben. Abschließend dienen einige Aufgaben zur Vertiefung des jeweiligen Stoffes. Auf eine große Anzahl von Aufgaben und die Angabe von Lösungen wurde verzichtet, da uns die Bereitstellung einer eigenen, auf dieses Lehrbuch abgestimmten Aufgabensammlung zweckmäßiger erscheint.

Unser besonderer Dank gilt Norbert Behrens und Thomas Fürniss, die mit außergewöhnlichem Einsatz den größten Teil des LATEX-Manuskripts erstellt haben. Bedanken möchten wir uns auch bei Thomas Billenkamp, Stefan Lang, Lisa Pritscher, Evi Rainer, Andrea Schöpp und

Kurt Watzka für ihre Beiträge zu Beispielen, Grafiken, Aufgaben und Tabellen. Für Anregungen und Korrekturvorschläge sei zudem Artur Klinger, Leo Knorr-Held, Helmut Küchenhoff, Joachim Kunert, Nanny Wermuth und unseren Studenten gedankt sowie Joachim Hartung für das Überlassen der Tabellen zu den Wilcoxon-Tests. Schließlich gilt unser Dank dem Springer-Verlag für die stets gute Zusammenarbeit und für die Umsetzung all unserer Wünsche und besonders Herrn Werner Müller, der die Erstellung dieses Lehrbuches angeregt und durch seine Unterstützung erst ermöglicht hat.

München und Berlin
im Juni 1997

Ludwig Fahrmeir
Rita Künstler
Iris Pigeot
Gerhard Tutz

Bei der vorliegenden Auflage handelt es sich um eine durchgesehene und korrigierte Version der Erstauflage des Buches. Wir bedanken uns bei allen Kollegen, Freunden, Mitarbeitern und Studenten für Hinweise auf Fehler und für Verbesserungsvorschläge. Zu diesem Buch gibt es eine Homepage: Fahrmeir, Künstler, Pigeot, Tutz, Caputo und Lang (1999)

`http://www.stat.uni-muenchen.de/~fahrmeir/buchstat/`

Die Homepage enthält insbesondere einen Großteil der verwendeten Daten.

München
im Juli 1998

Ludwig Fahrmeir
Rita Künstler
Iris Pigeot
Gerhard Tutz

Die neue Auflage ist gegenüber der vorhergehenden im wesentlichen unverändert. Kleinere Textkorrekturen dienen nur der Vermeidung von Unstimmigkeiten. Als Ergänzung zum Lehrbuch liegt seit 1999

Fahrmeir, L. , Künstler, R. , Pigeot, I., Tutz, G., Caputo, A. , Lang, S. : *Arbeitsbuch Statistik*

vor, das ebenfalls im Springer-Verlag erschienen ist. Die im Arbeitsbuch verwendeten Datensätze finden sich unter

`http://www.stat.uni-muenchen.de/~fahrmeir/uebbuch/uebbuch.html`

München
im Juli 2000

Ludwig Fahrmeir
Rita Künstler
Iris Pigeot
Gerhard Tutz

Inhaltsverzeichnis

1

Einführung

1.1 Wo braucht man Statistik?

Zunächst sollen einige Beispiele, die später ausführlicher behandelt werden, typische Fragestellungen und Anwendungssituationen veranschaulichen, bei denen statistische Methoden eingesetzt werden. Die statistischen Begriffe, die in diesem Zusammenhang fallen, werden in den entsprechenden Kapiteln eingeführt.

Münchner Absolventenstudie **Beispiel 1.1**

Im Laufe der letzten Jahre wurden zur Beurteilung der Berufsaussichten von Studienabgängerinnen und -abgängern mit insbesondere sozialwissenschaftlicher Ausrichtung an einigen Universitäten Deutschlands Befragungen der Absolventen durchgeführt. Um die Berufsaussichten einschätzen zu können, ist eine Fülle an Informationen erforderlich. Am Institut für Soziologie der Ludwig-Maximilians-Universität München wurde daher ein spezieller Fragebogen konzipiert, der insgesamt 82 Fragen umfaßt. Mit diesem Fragebogen wurde unter anderem versucht, die Ausbildungsqualität zu erfassen auch in Hinblick darauf, inwieweit die vermittelten Studieninhalte für den späteren Beruf nutzbar sind. Dazu interessierte insbesondere die zeitliche Entwicklung der beruflichen Tätigkeiten von Absolventen des Münchner Soziologie-Diplomstudienganges mit einem Schwerpunkt auf der ersten und zur Zeit der Befragung aktuellen Beschäftigung. Der Fragebogen deckte zahlreiche inhaltliche Aspekte ab wie etwa den Studienverlauf (z.B. Anzahl absolvierter Semester, Diplom-Durchschnittsnote, Wechsel des Studienorts), den Studienschwerpunkt (z.B. gewählte Vertiefungsgebiete, Ausrichtung der Diplomarbeit), mögliche Zusatzqualifikation, aber auch Aspekte zur Person wie z.B. Geschlecht, Alter, Familienstand und berufliche Stellung der Eltern.

Der Fragebogen wurde im März 1995 an 465 Personen verschickt. Dies sind alle Studierenden der Soziologie, die im Zeitraum von 1983 bis 1994 ihre Diplomprüfung an der Universität München abgelegt haben. Von den verschickten Fragebögen konnten 102 nicht zugestellt werden. Insgesamt wurden innerhalb von sechs Wochen, d.h. in der sogenannten Feldphase, 264 Fragebögen zurückgesandt, die die Grundlage für statistische Analysen bilden.

Wir betrachten für unsere Auswertung zur Veranschaulichung einiger elementarer Methoden der Statistik nur einen Teildatensatz bestehend aus 36 Absolventen und fünf Variablen und zwar Geschlecht (G mit 1 = weiblich, 2 = männlich), Studiendauer in Semestern (S), fachliches Engagement im Studium (E mit fünf Kategorien: 1 = sehr engagiert, $\ldots$, 5 = gar nicht engagiert), Ausrichtung der

Person i	G	S	E	D	N	Person i	G	S	E	D	N
1	1	12	1	3	2	19	2	12	2	2	2
2	1	13	3	4	2	20	1	15	2	3	3
3	1	12	5	4	3	21	1	13	3	4	2
4	1	12	2	3	3	22	2	13	4	3	3
5	1	9	3	4	2	23	1	15	1	4	2
6	1	12	2	1	1	24	1	13	3	2	2
7	2	14	5	3	5	25	2	15	4	4	3
8	2	10	1	4	2	26	1	12	2	4	2
9	1	18	3	3	1	27	1	14	1	3	2
10	2	10	3	4	3	28	1	10	2	4	2
11	1	13	4	4	3	29	1	12	3	3	2
12	1	15	4	3	2	30	1	17	2	3	2
13	2	13	2	2	2	31	1	11	1	4	2
14	1	16	3	3	2	32	1	14	3	2	3
15	1	14	3	4	2	33	1	11	2	1	2
16	1	13	2	3	2	34	2	13	2	4	3
17	1	13	2	4	2	35	2	11	3	4	3
18	1	17	1	4	3	36	2	7	1	4	2

TABELLE 1.1: Daten für 36 Absolventen der Münchner Absolventenstudie 1995 des Instituts für Soziologie der LMU München

Diplomarbeit (D mit vier möglichen Ausprägungen: 1 = empirisch-Primärerhebung, 2 = empirisch-Sekundäranalyse, 3 = empirisch-qualitativ, 4 = theoretisch bzw. Literaturarbeit) sowie Gesamtnote der Diplomprüfung (N). Dabei wurden diese Variablen nicht speziell in Hinblick auf die eigentlich interessierende Fragestellung ausgewählt, sondern aus eher illustrativen Gründen. Die erhobenen Daten für die 36 zufällig ausgewählten Absolventen finden sich in Tabelle 1.1. □

Beispiel 1.2

Mietspiegel

In vielen Städten und Gemeinden der Bundesrepublik werden sogenannte Mietspiegel erstellt. Sie bieten Mietern und Vermietern eine Marktübersicht zu Miethöhen, helfen in Mietberatungsstellen und werden, neben Sachverständigen, auch zur Entscheidung in Mietstreitprozessen herangezogen. Nach §2 des Gesetzes zur Regelung der Miethöhe (MHG) ist die ortsübliche Vergleichsmiete definiert als "die üblichen Entgelte, die in der Gemeinde oder vergleichbaren Gemeinden für nicht preisgebundenen Wohnraum vergleichbarer Art, Größe, Ausstattung, Beschaffenheit und Lage in den letzten vier Jahren vereinbart oder, von Erhöhungen nach §4 MHG abgesehen, geändert worden sind". Damit werden erstens die

Grundgesamtheiten festgelegt, aus denen die Stichproben für die Erstellung von Mietspiegeln zu ziehen sind. Zweitens wird zugleich ein Hinweis auf die statistische Analysemethode gegeben: Sinngemäß bedeutet dies für die Nettomiete, daß ihr Durchschnittswert in Abhängigkeit von Merkmalen wie Art, Größe, Ausstattung, Beschaffenheit und Lage der Wohnung zu bestimmen bzw. zu schätzen ist.

Wir beschränken uns hier auf die sogenannte Nettomiete, d.h. den monatlichen Mietpreis der nach Abzug aller Nebenkosten übrigbleibt. Die wichtigsten Faktoren, mit denen ein Teil der erheblichen Streuung der Nettomieten um einen Durchschnittswert erklärt werden kann, sind die Wohnfläche und das Baualter. Diese beiden Merkmale finden in allen herkömmlichen Tabellenmietspiegeln Berücksichtigung. Darüber hinaus werden aber auch weitere Merkmale zur Lage und Ausstattung der Wohnung miteinbezogen, die zu begründeten Zu- oder Abschlägen führen.

Zur Erstellung eines Mietspiegels wird aus der Gesamtheit aller nach dem Mietgesetz relevanten Wohnungen der Stadt eine repräsentative Stichprobe gezogen und die interessierenden Daten werden von Interviewern in Fragebögen eingetragen. Das mit der Datenerhebung beauftragte Institut, in München Infratest, erstellt daraus eine Datei, die der anschließenden statistischen Beschreibung, Auswertung und Analyse zugrunde liegt. Die Präsentation der Ergebnisse erfolgt schließlich in einer Mietspiegelbroschüre.

Im folgenden betrachten wir einen Ausschnitt aus dem Mietspiegel München '94. Eigentliches Zielmerkmal ist die monatliche Nettomiete (NM), auf die gesamte Wohnfläche oder pro Quadratmeter bezogen. Weitere Merkmale sind unter anderem: Wohnfläche (in qm), Baualter (Baujahr oder Baualterkategorie), Zentralheizung (ja/nein), Warmwasserversorgung (ja/nein), gehobene Ausstattung des Bades bzw. der Küche.

Tabelle 1.2 enthält durchschnittliche Nettomieten/qm, gegliedert nach Baualters- und Wohnflächenkategorien (klein, mittel, groß). Sie gibt somit einen ersten Einblick in die Datenlage, wie sie sich in einer Teilstichprobe von 1082 Wohnungen in München darstellt.

Nettomiete/qm			
	Wohnfläche		
Baualter	bis 50 qm	51 bis 80 qm	81 qm und mehr
bis 1918	15.56(38)	10.63(90)	9.11(90)
1919 bis 48	12.61(31)	11.78(73)	10.99(50)
1949 bis 65	14.08(107)	11.45(170)	10.40(64)
1966 bis 77	17.31(68)	12.46(110)	12.00(48)
1978 bis 83	15.31(16)	15.18(39)	12.86(25)
ab 1984	21.39(11)	17.30(31)	16.40(22)

TABELLE 1.2: Einfacher Tabellen-Mietspiegel, in Klammern Anzahl der einbezogenen Wohnungen □

Beispiel 1.3 **Politische Umfragen**

Befragungen zur Beliebtheit von Politikern, zur Beurteilung der wirtschaftlichen Lage oder darüber, welche Partei man wählen würde, werden regelmäßig von bekannten Instituten durchgeführt. Abbildung 1.1 (Quelle: Emnid) vergleicht die Beliebtheit von Kohl und Scharping für die Monate des Jahres 1994. Die Graphik vermittelt den Eindruck von sich abzeichnenden Tendenzen. Da die Daten aus Stichproben gewonnen werden, ist jedoch Vorsicht bei der Interpretation geboten: Wie groß ist der Anteil der Stichprobenfehler, also zufälliger Veränderungen, gegenüber substantiellen Veränderungen?

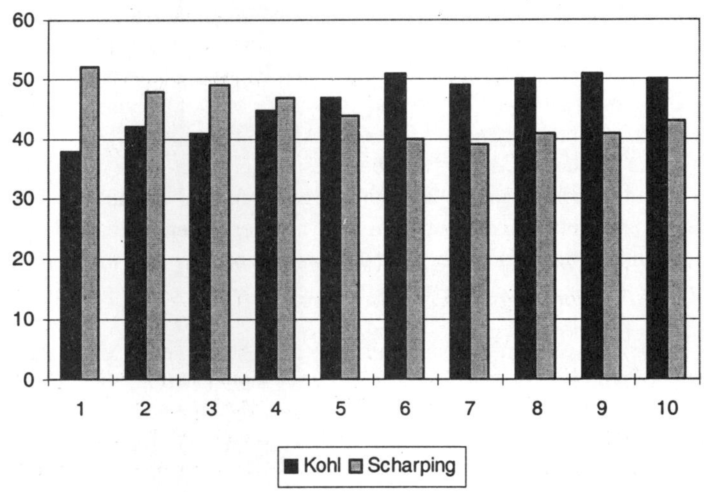

ABBILDUNG 1.1: Kanzlerpräferenz

Tabelle 1.3 zeigt für den Befragungszeitraum (1.11.- 24.11.1995) Ergebnisse zur sogenannten Sonntagsfrage "Welche Partei würden Sie wählen, wenn am nächsten Sonntag Bundestagswahlen wären?".

Dazu sind zu einer Stichprobe von 931 Personen entsprechende Prozentzahlen getrennt nach Geschlecht bzw. insgesamt angegeben. Es entsteht der Eindruck, daß die Parteipräferenz vom Geschlecht abhängt. Da es sich um eine Stichprobe handelt, entsteht wieder die Frage, ob dies Zufall oder "statistisch signifikant" ist.

	CDU/CSU	SPD	FDP	Grüne	Rest	
Männer	33	35	4	6	22	100
Frauen	40	29	6	10	15	100
	37	32	5	8	18	

TABELLE 1.3: Prozentzahlen der Parteipräferenz bei der Sonntagsfrage □

Beispiel 1.4

Kreditwürdigkeitsprüfung und Insolvenzprognose

Bei der Kreditvergabe ist es für Banken offensichtlich wichtig, daß die Rückzahlung ordnungsgemäß abgewickelt wird. Um zu vermeiden, daß es zu Verzögerungen der Ratenzahlungen oder gar zum Kreditausfall kommt, ist es daher nötig, die zukünftige Bonität eines potentiellen Kreditnehmers abzuschätzen und die Vergabe eines Kredits davon abhängig zu machen. Die Bank steht vor dem Problem, einen potentiellen Kreditnehmer entweder der Klasse der problemlosen Kreditnehmer zuzuordnen und den Kredit zu vergeben, oder ihn der Klasse der Problemfälle zuzuordnen und auf das Kreditgeschäft zu verzichten bzw. eine genauere Prüfung vorzunehmen.

Für eine datengestützte und automatische Entscheidungshilfe bei der Kreditvergabe werden bereits abgewickelte Kredite als sogenannte Lernstichproben herangezogen. Für jeden Kunden aus dieser Stichprobe ist seine "Kreditwürdigkeit" Y (ja = 0, nein = 1) bekannt. Zusätzlich werden bei der Kreditvergabe weitere Merkmale zum Kredit und zur Person des Kunden erhoben, die Hinweise darauf geben sollen, ob der Kunde als kreditwürdig einzustufen ist oder nicht. Wir betrachten folgende Merkmale aus einer Lernstichprobe von 1000 Konsumentenkrediten einer süddeutschen Großbank mit 300 schlechten und 700 guten Krediten:

- X_1 Laufendes Konto bei der Bank (nein = 1, mittel = 2, gut = 3)
- X_2 Laufzeit des Kredits in Monaten
- X_3 Kredithöhe in DM
- X_4 Rückzahlung früherer Kredite (gut/schlecht)
- X_5 Verwendungszweck (privat/beruflich)
- X_6 Geschlecht (weiblich/männlich)

Die folgende Tabelle 1.4 gibt für die 300 schlechten ($Y = 1$) und die 700 guten ($Y = 0$) Kredite jeweils die Prozentzahlen für die Ausprägungen der ausgewählten Merkmale X_1, X_3, X_4 und X_5 an. Sieht man sich die Prozentzahlen für die Variable X_1 in beiden "Schichten" $Y = 1$ und $Y = 0$ an, so erkennt man, daß sich diese Variable in den beiden Schichten deutlich unterschiedlich verhält. Dagegen ist zum Beispiel für die Variable X_3 kein deutlicher Unterschied erkennbar.

Automatische Systeme zur Kreditwürdigkeitsprüfung nutzen Merkmale mit deutlichen Unterschieden in beiden Schichten so, daß ein neuer Kunde aufgrund seiner Ausprägungen in diesen Merkmalen als kreditwürdig oder nicht kreditwürdig eingestuft wird. Dabei sollen Fehleinstufungen mit möglichst geringen Wahrscheinlichkeiten auftreten. □

X_1: laufendes Konto	Y = 1	Y = 0
nein	45.0	19.9
gut	15.3	49.7
mittel	39.7	30.2

X_3: Kredithöhe in DM	Y = 1	Y = 0
$< \ldots \leq$ 500	1.00	2.14
500 $< \ldots \leq$ 1000	11.33	9.14
1000 $< \ldots \leq$ 1500	17.00	19.86
1500 $< \ldots \leq$ 2500	19.67	24.57
2500 $< \ldots \leq$ 5000	25.00	28.57
5000 $< \ldots \leq$ 7500	11.33	9.71
7500 $< \ldots \leq$ 10000	6.67	3.71
10000 $< \ldots \leq$ 15000	7.00	2.00
15000 $< \ldots \leq$ 20000	1.00	.29

X_4: Frühere Kredite	Y = 1	Y = 0
gut	82.33	94.85
schlecht	17.66	5.15

X_5: Verwendungszweck	Y = 1	Y = 0
privat	57.53	69.29
beruflich	42.47	30.71

TABELLE 1.4: Prozentzahlen ausgewählter Merkmale zur Kreditwürdigkeit

Beispiel 1.5 **Aktienkurse**

Ein wichtiges Anwendungsgebiet der Statistik ist die Analyse von Finanzmarktdaten, z.B. von Aktien-, Wechsel- und Zinskursen. Ziele sind etwa das Aufspüren von systematischen Strukturen, der Einfluß bestimmter politischer oder wirtschaftlicher Ereignisse, schnelles Erkennen von Veränderungen und Entscheidungsunterstützung für An- und Verkauf sowie für Portfoliogestaltung.

Neben Kursen einzelner Aktien bilden dazu auch die Werte eines Aktienindex eine wichtige Datengrundlage. Bekannte Aktienindizes sind etwa der Deutsche Aktienindex (DAX), der Index der Frankfurter Allgemeinen Zeitung (FAZ-Index), der Index der Commerzbank, der Index der Frankfurter Wertpapierbörse, der Index des Statistischen Bundesamtes und der DAFOX (Deutscher Aktienkursindex für Forschungszwecke, DFDB-Karlsruhe), der ähnlich wie der DAX konzipiert ist, aber von einer größeren Anzahl von Wertpapieren ausgeht. Abbildung 1.2 zeigt die täglichen Kurse der BMW-Aktie von Januar 1974 bis Dezember 1993.

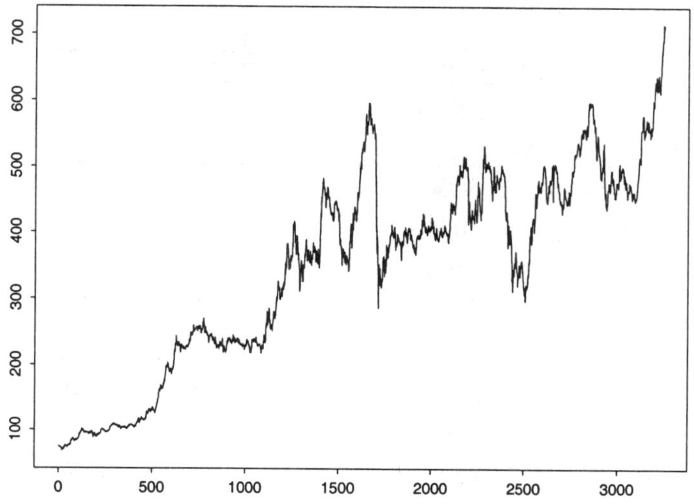

ABBILDUNG 1.2: Tageskurse der BMW-Aktie

Beta-Faktoren
Capital Asset Pricing Model (CAPM)

Durch einen Vergleich von Aktienkursen mit einem Aktienindex, etwa dem DAX, lassen sich sogenannte *Beta-Faktoren* für die Aktien berechnen. Diese werden zur Steuerung von Aktienportfolios verwendet. Die Berechnung der Beta-Faktoren basiert auf dem *"Capital Asset Pricing Model" (CAPM)* und wird in den Abschnitten 3.6 und 12.1 illustriert. Das CAPM spielt in der Kapitalmarkttheorie eine wichtige Rolle. Anhand dieses Modells wird versucht, Aussagen über die Rendite einer Aktie unter Berücksichtigung ihres Risikos zu treffen. □

Beispiel 1.6

Waldschäden

Waldschadensinventuren zur Feststellung der Schädigung von Bäumen und möglicher beeinflussender Faktoren werden in der Regel auf Stichprobenbasis durchgeführt. Die im weiteren beschriebenen Daten stammen aus einer Waldschadenserhebung, die im Jahre 1991 im Bereich des Forstamts Flossenbürg (Oberpfalz) durchgeführt wurde. Ziel war es, den Schadenszustand der Hauptbaumart Fichte anhand des Nadelverlusts in den Baumkronen zu ermitteln und mögliche Zusammenhänge zwischen dieser Größe und verschiedenen forstlichen Kenngrößen zu untersuchen. Zur Feststellung des Zustands der Fichten wurden bei einer Befliegung Color-Infra-Rot Luftbilder des Gebiets aufgenommen. Anhand der Intensität der Rotfärbung auf dem Bildmaterial erkennt man den Nadelverlust der einzelnen Fichten. Dieser wurde zu einer fünfkategorialen Größe, dem Schädigungsgrad, zusammengefaßt. Innerhalb der Kategorie 0 finden sich Bäume mit deutlich roten Kronen; sie beinhaltet die gesunden Bäume. Dagegen weisen die Bäume der Kategorie 4 keine rötliche Färbung auf; es handelt sich um Bäume mit 100 %igem

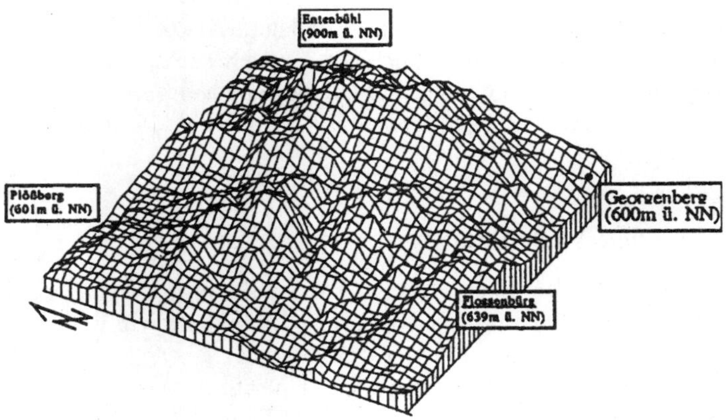

ABBILDUNG 1.3: Digitales Geländemodell

Nadelverlust. Die eigentliche Datenerhebung erfolgte anschließend, indem auf diese Luftbilder ein digitales Geländemodell mit einer Maschenweite von 250 m × 250 m übertragen wurde (vgl. Abb. 1.3). Primäre Erhebungseinheiten sind die Rasterpunkte dieses Netzes. Als Untersuchungseinheiten dienen jeweils diejenigen acht Fichten, die einem Rasterschnittpunkt am nächsten liegen. Insgesamt beruht die Analyse auf 6168 untersuchten Bäumen.

Zu jeder Untersuchungseinheit Fichte wurde der Schädigungsgrad als Zielvariable ermittelt. Um ein aussagefähiges Modell zu erhalten, erwies es sich als sinnvoll, die Schadstufen vor der Analyse zu einer dreikategorialen Variable zusammenzufasssen. Die Auftrittshäufigkeiten der einzelnen Schadstufen sieht man in Abbildung 1.4.

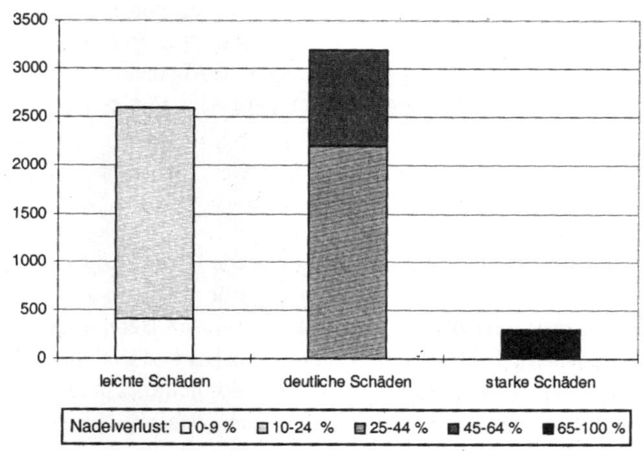

ABBILDUNG 1.4: Auftrittshäufigkeiten der einzelnen Schadstufen

Neben den Schadstufen, die für jeden Baum ermittelt werden, sind für die einzelnen Rasterschnittpunkte verschiedene Einflußgrößen bekannt. Eine solche beeinflussende Variable ist der "Beschirmungsgrad", der in den Kategorien räumig, licht, locker, geschlossen und gedrängt die Dichte des Waldes mißt. Weitere Einflußgrößen sind etwa das "Mischverhältnis" (reiner Nadelwald, Mischwald), Standortmerkmale, Höhenlage und Nutzungsart. □

Klinische und epidemiologische Studien

Beispiel 1.7

In medizinischen Studien ist oft die Beurteilung der Wirkung eines Medikaments bzw. einer Therapie oder das Erkennen bestimmter Risikofaktoren von primärem Interesse. In sogenannten randomisierten Studien werden Patienten z.B. zufällig entweder der Therapiegruppe oder einer Placebogruppe zugewiesen. Zusätzlich werden in der Regel noch personenspezifische Merkmale wie Alter, Geschlecht, allgemeiner Gesundheitszustand oder besondere Risikofaktoren mit erhoben. Ziel ist der statistische Nachweis der Wirksamkeit des Medikaments, der Therapie bzw. die Quantifizierung des Einflusses anderer Merkmale und Faktoren.

Als Beispiel betrachten wir eine am Klinikum der Technischen Universität München in den Jahren 1987 bis 1994 durchgeführte Studie zur Überlebenszeit nach einer Magenkrebsoperation, wobei der Tumor vollständig entfernt wurde. Von den 179 Patienten verstarben 82 an den Folgen der Tumorerkrankung, die restlichen Patienten überlebten bis zum Ende der Studie oder starben aufgrund anderer Ursachen. Neben dem Zeitpunkt der Operation, dem Alter und dem Geschlecht wurden von jedem Patienten prognostische Faktoren erhoben, die Art, Stärke, Lokalisation und Stadium der Tumorerkrankung betrafen. Von besonderem Interesse ist die Analyse des Einflusses, den solche Faktoren auf den weiteren Krankheitsverlauf und langfristige Überlebenschancen haben. □

Konjunkturtest des IFO-Instituts

Beispiel 1.8

Seit 1949 führt das IFO-Institut in München monatliche Unternehmensbefragungen durch, an denen sich zur Zeit rund 12000 Unternehmen des verarbeitenden und des Baugewerbes sowie des Groß- und Einzelhandels beteiligen. Ziel dieses sogenannten "Konjunkturtests" ist es, direkt und schnell von den Unternehmen Auskunft z.B. über die Veränderungen von Urteilen, Plänen und Erwartungen zu bestimmten ökonomischen Größen zu bekommen, die sich als Indikatoren zur Konjunkturbeurteilung eignen.

Der IFO-Konjunkturtest beschränkt sich auf die Erhebung von Entwicklungstendenzen bestimmter betrieblicher Variablen, wie z.B. Produktion, Preise, Auftrags- und Lagerbestand bzw. die Beurteilung dieser Entwicklungen bezogen auf die Vergangenheit und/oder die Zukunft. Themen der Fragen sind für das verarbeitende Gewerbe neben der aktuellen Beurteilung von Geschäftslage, Auftrags- und Lagerbestand die Veränderung gegenüber dem Vormonat von Nachfrage, Auftragsbestand, Produktion und Preisen sowie die Erwartungen über die Entwicklung der Preise, der Produktion, des Exportgeschäfts und der allgemeinen Geschäftslage. Die daraus erhaltenen Daten werden auch Mikrodaten genannt, da sie auf Unternehmensebene erhoben werden. Im folgenden sind einige Fragen auszugsweise wiedergegeben, die von den teilnehmenden Unternehmen jeweils monatlich beantwortet werden.

Die Daten des Konjunkturtests stellen eine Alternative zu Daten der amtlichen Statistik dar, mit dem Vorteil, daß sie einfacher erhoben und deutlich rascher veröffentlicht werden können. Durch geeignete Aufbereitung, wie etwa im monatlichen Konjunkturspiegel, und statistische Analysen wird eine kurzfristige Beurteilung der konjunkturellen Entwicklung möglich.

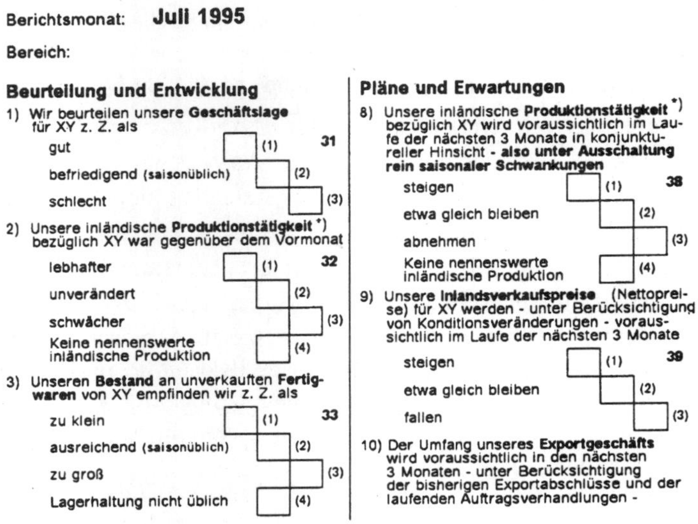

Berichtsmonat: **Juli 1995**

Bereich:

Beurteilung und Entwicklung

1) Wir beurteilen unsere **Geschäftslage** für XY z. Z. als

gut (1) 31

befriedigend (saisonüblich) (2)

schlecht (3)

2) Unsere inländische **Produktionstätigkeit** *) bezüglich XY war gegenüber dem Vormonat

lebhafter (1) 32

unverändert (2)

schwächer (3)

Keine nennenswerte inländische Produktion (4)

3) Unseren **Bestand** an unverkauften **Fertigwaren** von XY empfinden wir z. Z. als

zu klein (1) 33

ausreichend (saisonüblich) (2)

zu groß (3)

Lagerhaltung nicht üblich (4)

Pläne und Erwartungen

8) Unsere inländische **Produktionstätigkeit** *) bezüglich XY wird voraussichtlich im Laufe der nächsten 3 Monate in konjunktureller Hinsicht - **also unter Ausschaltung rein saisonaler Schwankungen**

steigen (1) 38

etwa gleich bleiben (2)

abnehmen (3)

Keine nennenswerte inländische Produktion (4)

9) Unsere **Inlandsverkaufspreise** (Nettopreise) für XY werden - unter Berücksichtigung von Konditionsveränderungen - voraussichtlich im Laufe der nächsten 3 Monate

steigen (1) 39

etwa gleich bleiben (2)

fallen (3)

10) Der Umfang unseres **Exportgeschäfts** wird voraussichtlich in den nächsten 3 Monaten - unter Berücksichtigung der bisherigen Exportabschlüsse und der laufenden Auftragsverhandlungen -

□

Beispiel 1.9 **Sozio-ökonomisches Panel**

Reine Querschnittsanalysen sind für viele ökonomische und gesellschaftspolitische Fragestellungen unzureichend. Bei Längsschnittstudien oder "Panel-Erhebungen" werden dieselben Untersuchungseinheiten oder Individuen periodisch wiederholt befragt. Der in Beispiel 1.8 beschriebene IFO-Konjunkturtest ist eine derartige Panel-Erhebung. Seit den achtziger Jahren wird in den Wirtschafts- und Sozialwissenschaften verstärkt versucht, mikroökonomische Fragestellungen empirisch mit Hilfe von Panel-Erhebungen zu untersuchen. Das 1984 gestartete, vom Deutschen Institut für Wirtschaftsforschung (DIW) getragene "Sozio-ökonomische Panel" wird als jährliche Wiederholungsbefragung von ausgewählten Haushalten durchgeführt, seit 1990 auch in Ostdeutschland. Die Befragung umfaßt mehrere tausend Haushalte und mehrere hundert Variablen. Einige Fragen, etwa nach dem Erwerbsstatus, werden dabei auch retrospektiv auf monatlicher Basis gestellt. Die Feldarbeit wird von Infratest Sozialforschung, München, durchgeführt.

Forschungsziele sind zum Beispiel die Bestimmung von Ursachen der Armut und die Entwicklung von Armut im Haushaltskontext oder von Arbeitslosigkeit und Erwerbsstatus. So ist es von großem sozialpolitischen Interesse, ob bei annähernd konstanter Armutsquote in der Bevölkerung immer dieselben Haushalte arm sind oder ob der Bestand an armen Haushalten relativ schnell wechselt. Für die Analyse der Dauer von Arbeitslosigkeit oder allgemeiner des Erwerbverlaufs wird etwa der Einfluß von Geschlecht, Alter, Nationalität, Schulabschluß, Haushaltseinkommen und Familienstand untersucht. □

1.2 Was macht man mit Statistik?

Wie an den vorangehenden Beispielen deutlich wurde, lassen sich allgemein bei wissenschaftlichen Untersuchungen oder Problemstellungen der Praxis verschiedene Stufen unterscheiden, die von der Planung einer Untersuchung bis hin zur Auswertung der Ergebnisse und Formulierung neuer Fragestellungen reichen. Auf jeder Stufe kommen Methoden entsprechender Teilgebiete der Statistik zum Einsatz. So interessieren im Rahmen der Planung einer Erhebung oder eines Versuches statistische Methoden der Stichprobenziehung und der Versuchsplanung. Aber auch zur Überprüfung der Reliabilität und Validität von Fragebögen werden statistische Verfahren eingesetzt. Speziell bei der Datenanalyse lassen sich drei Grundaufgaben der Statistik angeben: Beschreiben (*Deskription*), Suchen (*Exploration*) und Schließen (*Induktion*). Jeder dieser Aufgaben entspricht ein Teilgebiet der Statistik. So widmet sich die deskriptive Statistik der Beschreibung und Darstellung von Daten. Die explorative Statistik befaßt sich mit dem Auffinden von Strukturen, Fragestellungen und Hypothesen, während die induktive Statistik Methoden bereitstellt, um statistische Schlüsse mittels stochastischer Modelle ziehen zu können. Diese drei Gebiete werden im folgenden kurz beschrieben und in entsprechenden Kapiteln dieses Buches ausführlich diskutiert.

Deskription
Exploration
Induktion

Die *deskriptive Statistik* dient zunächst zur beschreibenden und graphischen Aufbereitung und Komprimierung von Daten (vgl. Kapitel 2 und 3). Dies ist vor allem zur Präsentation umfangreichen Datenmaterials von Bedeutung. Sie umfaßt insbesondere graphische Darstellungen wie Diagramme und Verlaufskurven, Tabellen, die ein- und mehrdimensionale Häufigkeiten zusammenfassen, und Kenngrößen wie zum Beispiel Mittelwert oder Streuung. Beschrieben oder dargestellt werden jeweils *Merkmale* oder *Variablen*, die gewisse *Ausprägungen* oder *Werte* besitzen. Bei der Erstellung des Mietspiegels interessieren beispielsweise die Merkmale Nettomiete mit möglichen Ausprägungen $1560, 750, 1020, \ldots$ (DM), Baualter mit den Werten $1965, 1980, 1995, \ldots$ oder Wohnfläche in Quadratmetern. Bei der Kreditwürdigkeitsüberprüfung wird für jeden Kunden das Merkmal Kreditwürdigkeit erhoben. Dieses Merkmal hat nur zwei Ausprägungen: ja oder nein, je nachdem ob der Kunde kreditwürdig ist oder nicht. Merkmale lassen sich aufgrund verschiedener Kriterien charakterisieren, die in Abschnitt 1.3 diskutiert werden. Eine eher generelle Unterscheidung von Variablen und zwar nicht nur in der deskriptiven Statistik richtet sich dabei nach der Fragestellung, die der jeweiligen Erhebung oder dem Versuch zugrunde liegt. Man unterscheidet Variablen, die beeinflußt werden, die sogenannten *Zielgrößen*, und solche, die beeinflussen. Diese werden weiter aufgeteilt in beobachtbare Variablen, also Variablen die gemessen werden können und die als *Einflußgrößen* oder *Faktoren* bezeichnet werden, und in nicht beobachtbare Variablen, die zum Teil als *Störgrößen* gelten, aber auch wichtige Faktoren sein können und dann als *latent* bezeichnet werden. Diese Unterscheidung ist so zu verstehen, daß es eine oder mehrere interessierende Größen, die Zielgrößen, gibt, die insbesondere im Hinblick darauf interessieren, welche Merkmale für Veränderungen der Zielgrößen verantwortlich sind, diese also beeinflussen. Dies sei noch einmal an dem Beispiel des Mietspiegels veranschaulicht. Hier ist

deskriptive Statistik
Merkmal, Variable
Ausprägung
Zielgrößen
Einflußgrößen, Faktoren
Störgrößen, latente Größen

die Nettomiete einer Wohnung die Zielgröße, mögliche Einflußgrößen sind die Wohnfläche, das Baualter sowie erhobene Ausstattungs- und Lagemerkmale. Zu den Störgrößen müssen wir nicht erhobene oder schlecht quantifizierbare Ausstattungs- und Lagemerkmale sowie unbekannte Präferenzen oder Gewohnheiten von Mieter oder Vermieter zählen. Damit können wir die Höhe der Nettomiete zwar größtenteils durch die erhobenen Einflußgrößen erklären, aber dieser Zusammenhang läßt sich aufgrund der Störgrößen nicht vollständig erfassen.

Datenvalidierung

Neben der Darstellung und Verdichtung von Daten dient die deskriptive Statistik auch zur *Datenvalidierung* und zur Gewinnung erster Eindrücke oder Ideen zur weiteren Analyse. Dabei ist speziell der Aspekt der Datenvalidierung nicht zu vernachlässigen. Mit Hilfe der deskriptiven Aufbereitung der Daten lassen sich relativ leicht Fehler in dem Datensatz, die beispielsweise durch eine falsche Übertragung vom Fragebogen auf den Datenträger entstanden sind, entdecken und eventuell beheben. Werden solche Fehler nicht frühzeitig entdeckt, müssen darauf aufbauende spätere Analysen noch einmal durchgeführt werden, was unnötige Kosten und zusätzlichen Zeitaufwand beinhaltet.

Im Unterschied zur induktiven Statistik verwendet die deskriptive keine Stochastik. Formale Rückschlüsse über die Daten und Objekte der Erhebung hinaus sind damit nicht möglich.

explorative Datenanalyse

Die *explorative Datenanalyse* geht weiter als die deskriptive Statistik. Sie verwendet zwar ebenfalls keine Stochastik, also auf Wahrscheinlichkeitstheorie basierende Verfahren, aber einige ihrer Methoden sind durchaus von der induktiven Statistik beeinflußt. Über die Darstellung von Daten hinaus ist sie konzipiert zur Suche nach Strukturen und Besonderheiten in den Daten und kann so oft zu neuen Fragestellungen oder Hypothesen in den jeweiligen Anwendungen führen. Sie wird daher typischerweise eingesetzt, wenn die Fragestellung nicht genau definiert ist oder auch die Wahl eines geeigneten statistischen Modells unklar ist. Die Methoden der explorativen Datenanalyse sind häufig sehr computerintensiv. Ihre Entwicklung und praktische Nutzung sind dementsprechend durch die Bereitstellung schneller und leistungsstarker Rechner gefördert worden.

Rückschlüsse über die Erhebung hinaus sind zwar auch hier nicht durch Wahrscheinlichkeitsaussagen formalisiert, dennoch ergeben sich oft deutliche Hinweise oder "empirische Evidenz" für bestimmte Tatsachen oder Forschungshypothesen. Wir sehen die explorative Datenanalyse als Weiterführung und Verfeinerung der deskriptiven Statistik an und fassen beide Teile als Deskription und Exploration von Daten zusammen.

induktive Statistik

Die *induktive Statistik* – auch schließende oder inferentielle Statistik genannt – versucht, durch geeigneten Einbezug von Wahrscheinlichkeitstheorie und Stochastik über die erhobenen Daten hinaus allgemeinere Schlußfolgerungen für umfassendere Grundgesamtheiten zu ziehen, z.B.: Wie gut kann man mit durchschnittlichen Nettomieten aus einer Stichprobe die Durchschnittsmiete aller mietspiegelrelevanten Wohnungen approximieren? Inwieweit sind die Antworten zur Sonntagsfrage, die in einer Umfrage erhalten werden, repräsentativ für alle Wahlberechtigten? Ist Therapie A besser als Therapie B? Eine statistisch abgesicherte Beantwortung solcher Fragen erfordert eine sorgfältige Versuchsplanung, vorbereitende deskriptive und explorative Analysen sowie klar definierte stochastische Modelle, um wahrscheinlichkeitstheoretische Rückschlüsse zu ermöglichen.

Statistik und die von dieser Wissenschaft bereitgestellten Methoden sind somit stets notwendig, wenn im Rahmen empirischer Untersuchungen Daten erhoben werden und diese analysiert werden sollen. Dabei sind die Aufgaben und Methoden der Statistik so vielfältig wie die praktischen Fragestellungen, für die die Statistik eingesetzt wird. Statistik ist keine stagnierende Wissenschaft. Komplexe Fragestellungen aus der Praxis erfordern eine stete Weiterentwicklung statistischer Methoden. Ihre interdisziplinäre Ausrichtung wurde an den vorgestellten Beispielen deutlich, die aus den verschiedensten Bereichen der Forschung wie Medizin, Forstwissenschaft, Ökonomie, Soziologie u.a. stammten.

In den folgenden Kapiteln werden Standardmethoden der Statistik, die den oben beschriebenen Bereichen zuzuordnen sind, eingeführt und erläutert. Wir werden zu ihrer Veranschaulichung auf die bereits vorgestellten Beispiele zurückgreifen, aber auch weitere heranziehen.

1.3 Was steht am Anfang?

Bevor wir ausführlich statistische Verfahren zur Datenanalyse vorstellen, beschreiben wir zunächst einige Grundzüge der Datenerhebung. In jedem der oben geschilderten Beispiele werden im Rahmen empirischer Untersuchungen Daten erhoben, die mit Hilfe statistischer Methoden komprimiert, dargestellt und analysiert werden sollen. Die statistische Analyse dient dabei dazu, inhaltliche Fragestellungen mathematisch-statistisch zu erfassen und anschließend beispielsweise Zusammenhänge zwischen verschiedenen interessierenden Größen aufzudecken. Um dies leisten zu können, muß jedoch zunächst geklärt werden, welcher Art die erhobenen Daten sind und wie sie gewonnen wurden.

1.3.1 Statistische Einheiten, Merkmale und Gesamtheiten

Daten werden stets an gewissen Objekten beobachtet. Man spricht in der Statistik dann von *statistischen Einheiten*. Diese können völlig unterschiedlich sein wie etwa Wohnungen beim Mietspiegel, Unternehmen beim IFO-Konjunkturtest oder Bankkunden bei der Kreditwürdigkeitsüberprüfung. Bei den Waldschadensinventuren sind die Bäume die statistischen Einheiten, während dies in der Münchner Absolventenstudie gerade die Absolventen des Diplomstudiengangs Soziologie sind.

statistische Einheiten

Bei diesen von uns betrachteten 36 Absolventen der Münchner Absolventenstudie (vgl. Tabelle 1.1) handelt es sich nur um eine Auswahl der insgesamt für die Befragung relevanten Studienabgänger. Die Gesamtheit aller Absolventen des Diplomstudiengangs Soziologie, die zwischen 1983 und 1994 ihre Diplomprüfung an der Universität München abgelegt haben, bildet die sogenannte *Grundgesamtheit (Population)*. Als Grundgesamtheit wird somit die Menge aller statistischen Einheiten bezeichnet, über die man Aussagen gewinnen will. Diese muß klar

Grundgesamtheit, Population

umgrenzt sein und hängt natürlich von der interessierenden Fragestellung ab. Beim Münchner Mietspiegel setzt sich die Grundgesamtheit aus allen nach dem Mietgesetz relevanten Wohnungen Münchens zusammen. Im Rahmen politischer Umfragen etwa dazu, welche Partei man wählen würde, ist die Grundgesamtheit die zu dem jeweiligen Zeitpunkt wahlberechtigte Bevölkerung eines Landes. In diesen Beispielen ist die Population jeweils *endlich.* Es ist aber zu beachten, daß eine Grundgesamtheit nicht immer eine endliche Menge an statistischen Einheiten sein muß, deren Elemente konkret vorliegen. Sie kann auch *unendlich* groß oder sogar *hypothetisch* sein. Im Zusammenhang mit der Kreditwürdigkeitsüberprüfung bilden alle potentiellen Kunden die Grundgesamtheit, die somit hypothetisch ist. Als ein Beispiel für eine unendliche Grundgesamtheit kann die Menge aller möglichen Wartezeiten während der Betriebszeit einer U-Bahn angesehen werden. Beschränkt man die Untersuchung auf Teilmengen der Grundgesamtheit, beispielsweise auf die weiblichen Absolventen, so spricht man von *Teilgesamtheiten (Teilpopulationen).*

endlich

unendlich

hypothetisch

Teilgesamtheiten, Teilpopulationen

Typischerweise wird man nicht alle statistischen Einheiten der Grundgesamtheit in die Untersuchung einbeziehen, sondern sich auf eine nach bestimmten Kriterien auszuwählende Teilgesamtheit beschränken. Die tatsächlich untersuchte Teilgesamtheit wird als *Stichprobe* bezeichnet. Dabei ist darauf zu achten, daß die Stichprobe ein möglichst getreues Abbild der Gesamtpopulation ist. Dies erreicht man insbesondere durch zufällige Stichproben, wobei zufällig nicht mit willkürlich gleichzusetzen ist, sondern beispielsweise meint, daß jede statistische Einheit dieselbe Chance hat, in die Stichprobe aufgenommen zu werden.

Stichprobe

An den statistischen Einheiten, die in eine Stichprobe gelangt sind, werden interessierende Größen beobachtet, die sogenannten *Merkmale* oder auch *Variablen.* Man spricht daher häufig auch von den statistischen Einheiten als *Merkmalsträgern.* In der Regel wird an einem Objekt mehr als ein Merkmal erhoben. So wurden in der Münchner Absolventenstudie für jeden Studienabgänger das Geschlecht, der Studienschwerpunkt, die Durchschnittsnote im Diplom und noch eine Vielzahl weiterer Merkmale erfaßt. Bei dem IFO-Konjunkturtest wird unter anderem nach der Beurteilung der Geschäftslage und nach dem Auftragsbestand gefragt. Zu den erhobenen Merkmalen beim Mietspiegel gehören die Nettomiete, das Baualter und die Wohngröße. Dabei kann jedes Merkmal verschiedene *Werte* annehmen. Diese Werte nennt man auch *Merkmalsausprägungen* oder nur kurz *Ausprägungen.* Das Merkmal Geschlecht beispielsweise hat die Ausprägungen männlich/weiblich. Das beim sozio-ökonomischen Panel unter anderem interessierende Merkmal Haushaltseinkommen kann etwa 3000, 4850, 2530, ... (DM) als Ausprägungen besitzen. Für jede statistische Einheit wird im Rahmen einer Datenerhebung nun notiert, welche Ausprägung das jeweilige Merkmal besitzt. Damit beschreibt der Begriff Merkmal die interessierende Größe allgemein, während die Merkmalsausprägung den konkreten Wert dieser Größe für eine bestimmte statistische Einheit angibt.

Merkmal, Variable

Merkmalsträger

Werte, Merkmalsausprägungen

Statistische Einheiten, Merkmale, Gesamtheiten

Statistische Einheiten:	Objekte, an denen interessierende Größen erfaßt werden
Grundgesamtheit:	Menge aller für die Fragestellung relevanten statistischen Einheiten
Teilgesamtheit:	Teilmenge der Grundgesamtheit
Stichprobe:	tatsächlich untersuchte Teilmenge der Grundgesamtheit
Merkmal:	interessierende Größe, *Variable*
Merkmalsausprägung:	konkreter Wert des Merkmals für eine bestimmte statistische Einheit

Münchner Absolventenstudie **Beispiel 1.10**

In Tabelle 1.1 bilden die 36 Absolventen die statistischen Einheiten, an denen die Merkmale Geschlecht, Studiendauer in Semestern, fachliches Engagement im Studium, Ausrichtung der Diplomarbeit sowie Gesamtnote der Diplomprüfung erfaßt wurden. Dabei wurden zum Beipiel für die Person mit der Nummer 25 folgende Ausprägungen der fünf Merkmale beobachtet:

Geschlecht = 2,
Studiendauer = 15,
Engagement = 4,
Ausrichtung der Diplomarbeit = 4, Gesamtnote = 3,

d.h. diese Person ist männlich, hat ihr Studium mit eher geringem fachlichen Engagement nach 15 Semestern mit der Gesamtnote 3 und einer Literaturarbeit abgeschlossen. □

1.3.2 Merkmalstypen

Für die spätere Datenanalyse ist es hilfreich und wichtig, Merkmale hinsichtlich bestimmter Charakteristika in Typen einzuteilen.

Betrachten wir beispielsweise folgende Merkmale: Geschlecht mit den Ausprägungen männlich/weiblich, Schulnote mit den Ausprägungen sehr gut, gut, befriedigend, ausreichend, mangelhaft und Körpergröße mit Ausprägungen zwischen 140 cm und 220 cm, so lassen sich unmittelbar einige Unterschiede erkennen. Geschlecht und Schulnote haben endlich viele Ausprägungen, wobei die Ausprägungen für das Geschlecht nicht sinnvoll in eine Reihenfolge gebracht werden können. Für die Noten existiert eine Ordnung; jedoch sind die Abstände kaum sinnvoll interpretierbar. Bei der Körpergröße sind theoretisch unendlich viele Ausprägungen möglich, die geordnet werden können, und deren Abstände interpretierbar sind.

Stetige und diskrete Merkmale

Eine einfache Unterteilung von Merkmalen orientiert sich an der Anzahl der möglichen Ausprägungen.

Kann ein Merkmal nur endlich viele Ausprägungen annehmen, wie z.B. die Anzahl der Kinder in einem Haushalt, oder abzählbar unendlich viele Ausprägungen, wie z.B. die Anzahl der Würfe mit einem Würfel, bis eine Sechs erscheint, so heißt das Merkmal *diskret*. Zähldaten, auch wenn keine obere Schranke angegeben werden kann, sind somit stets diskret. Kann ein Merkmal hingegen alle Werte eines Intervalles annehmen, wie etwa die Körpergröße, heißt es *stetig*. Bei der Einteilung in diskrete und stetige Merkmale gibt es gewisse Zwischenformen.

diskret

stetig

quasi-stetig

So spricht man auf der einen Seite von *quasi-stetigen* Merkmalen, wenn diese an sich nur diskret gemessen werden können, aber sich aufgrund einer sehr feinen Abstufung wie stetige Merkmale behandeln lassen. Dazu gehören insbesondere monetäre Größen wie die Nettomiete oder die Kredithöhe. Aufgrund von Meßungenauigkeiten werden auch häufig Variablen wie Zeit etwa bei Lebensdauern, Länge oder ähnliches als quasi-stetig bezeichnet.

Auf der anderen Seite lassen sich die Ausprägungen eines stetigen Merkmals so zusammenfassen, daß es als diskret angesehen werden kann. Dies geschieht dadurch, daß die Ausprägungen zu Klassen zusammengefaßt werden. Betrachtet man etwa das Merkmal Körpergröße, so ließen sich die Ausprägungen etwa wie folgt in Klassen einteilen: eine Körpergröße von mindestens 120 cm und unter 140 cm, mindestens 160 cm und unter 180 cm, usw. Werden die Beobachtungen derart zusammengefaßt, so nennt man diesen Vorgang *gruppieren*, aber auch *klassieren* oder *kategorisieren*. Entsprechend spricht man von gruppierten Daten, wenn die ursprünglichen Beobachtungen, d.h. die *Rohdaten*, in Kategorien eingeteilt vorliegen. An dieser Stelle sei noch eine weitere Form der Datenauflistung erwähnt. Falls ein Merkmal nur wenige verschiedene Ausprägungen annimmt, so bietet es sich an, die Beobachtungen nicht einzeln aufzulisten, sondern bei jeder Ausprägung anzugeben, wie oft diese im Datensatz aufgetreten ist. Bei den 36 Absolventen der Münchner Absolventenstudie tritt etwa als Gesamtnote im Diplom die 5 einmal auf, die 4 keinmal, die 3 elfmal, die 2 22-mal und die 1 zweimal. Solche Daten bezeichnen wir im Verlaufe dieses Buchs als *Häufigkeitsdaten*.

gruppiert

Rohdaten

Häufigkeitsdaten

Skalen

Skalenniveau

Eine weitere Unterscheidung erfolgt anhand des *Skalenniveaus*, auf dem ein Merkmal gemessen wird. Hier gibt es vier grundlegende Typen.

Nominalskala

Ein Merkmal heißt *nominalskaliert*, wenn die Ausprägungen Namen oder Kategorien sind, die den Einheiten zugeordnet werden, wie zum Beispiel Farben, Religionszugehörigkeit oder Gehaltsklassen. In unseren Beispielen sind etwa Geschlecht (Münchner Absolventenstudie), Zentralheizung (Mietspiegel), Verwendungszweck (Kreditwürdigkeitsüberprüfung) sowie Nutzungsart (Waldschadensforschung) nominalskalierte Merkmale. Den Ausprägungen solcher qualitativen Merkmale werden häufig aus technischen Gründen Zahlen zugewiesen, die dementsprechend nur der Kodierung dienen und denselben Zweck wie Namen erfüllen. Diese zugeordneten Zahlen sind also nur Stellvertreter, deren numerischer Wert nicht als solcher benutzt werden sollte, d.h. übliche Rechenoperationen wie Addition oder Multiplikation lassen sich nicht mehr sinnvoll durchführen. Addiert man beispielsweise die durch $1, 2, 3, \ldots$ kodierte Religionszugehörigkeit einer Gruppe von Personen, so ist die resultierende Summe nicht mehr empirisch sinnvoll interpretierbar. Allerdings stellt die Zuordnung von Zahlen zu inhaltlich definierten Ausprägungen eines Merkmals wie Religionszugehörigkeit die einfachste Form der Messung dar, wenn auch mit bestimmten Einschränkungen an mögliche sinnvolle Weiterverarbeitungen der Zahlenwerte. Sinnvoll bleibt im Gegensatz zu der oben beschriebenen Addition zum Beispiel die Bestimmung der Häufigkeit, mit der einzelne Ausprägungen auftreten.

Ordinalskala

Bei einem *ordinalskalierten* Merkmal können die Ausprägungen geordnet werden, aber ihre Abstände sind nicht interpretierbar. Ein klassisches Beispiel für ein ordinalskaliertes Merkmal sind Schulnoten. Zwar weiß man, daß die Note 1 besser ist als die Note 2, aber der Abstand zwischen 1 und 2 läßt sich sicherlich nicht interpretieren oder vergleichen etwa mit demjenigen zwischen 4 und 5. Beim Beschirmungsgrad (Waldschadensforschung) handelt es sich auch um ein ordinales Merkmal.

Intervallskala

Die nächsthöhere Skala ist die sogenannte *Intervallskala*. Bei dieser können die Abstände zwischen den Ausprägungen, die Zahlen sind, interpretiert werden. Als typisches Beispiel für ein intervallskaliertes Merkmal wird häufig die Temperatur gemessen in Grad Celsius angeführt, bei der man keinen sinnvollen Nullpunkt angeben kann. Dies ist ein Charakteristikum dieser Skala. Dadurch, daß es generell bei einem intervallskalierten Merkmal keinen sinnvollen Nullpunkt gibt, können Quotienten von Ausprägungen im Sinne von "eine Person ist doppelt so groß wie eine andere" nicht interpretiert werden. Ist dies zusätzlich erfüllt, so heißt das Merkmal *verhältnisskaliert*. Damit sind die Nettomiete, die Kredithöhe und die Semesteranzahl Beispiele für verhältnisskalierte Merkmale. Häufig werden die Intervall- und die Verhältnisskala zur sogenannten *Kardinalskala* zusammengefaßt. Ein kardinalskaliertes Merkmal wird zudem als *metrisch* bezeichnet.

Verhältnisskala

Kardinalskala
metrisch

In Abhängigkeit davon, auf welcher Skala ein Merkmal erhoben wurde, können bestimmte Berechnungen für die gewonnen Daten sinnvoll durchgeführt werden, wie Tabelle 1.5 illustriert.

Es gibt allerdings auch häufig gewisse "Grauzonen", bei denen Berechnungen vorgenommen werden, die an sich nicht als sinnvoll gelten. Ein bekanntes Beispiel dafür ist die Ermittlung von Durchschnittsnoten als arithmetisches Mittel. Obwohl es sich bei Noten um ein ordinalskaliertes Merkmal handelt und damit die Addition keinen Sinn ergibt, ist eine Durchschnittsnote durchaus sinnvoll interpretierbar, insbesondere als vergleichende Maßzahl.

Die verschiedenen Skalenniveaus stellen eine Hierarchie dar, die vom niedrigsten Nominalskalenniveau bis zur Kardinalskala reicht. Methoden, die für ein niedriges Skalenniveau geeignet sind, können unter möglichem Verlust an Information auch für ein höheres Skalenniveau verwendet werden. Die Umkehrung gilt allerdings nicht. Das heißt, man kann generell Merk-

	sinnvoll interpretierbare Berechnungen			
Skalenart	auszählen	ordnen	Differenzen bilden	Quotienten bilden
nominal	ja	nein	nein	nein
ordinal	ja	ja	nein	nein
intervall	ja	ja	ja	nein
verhältnis	ja	ja	ja	ja

TABELLE 1.5: Sinnvolle Berechnungen für Daten verschiedener Skalen

male, die auf einer hohen Skala gemessen wurden, so transformieren, daß ihre Ausprägungen dann niedriger skaliert sind. Allerdings geht dabei, wie bereits erwähnt, Information verloren. Betrachten wir dazu folgendes Beispiel: Für ein Kinderferienprogramm liegen Anmeldungen von Kindern und Jugendlichen im Alter von 6 bis 16 Jahren vor. Bei dem Alter handelt es sich um ein metrisches, genauer um ein verhältnisskaliertes Merkmal. Für das Ferienprogramm werden Altersgruppen gebildet: Gruppe 1: $6-7$ Jahre, Gruppe 2: $8-9$ Jahre, Gruppe 3: $10-12$ Jahre und Gruppe 4: $13-16$ Jahre. Durch die Gruppierung geht Information verloren. Wir wissen nur noch, zu welcher Altersgruppe ein Kind gehört, aber nicht mehr das genaue Alter. Zudem sind diese Alterskategorien lediglich ordinalskaliert. Nehmen wir nun weiter an, daß am Ferienort die Kinder einer Altersgruppe gemeinsam in einer Unterkunft untergebracht werden, etwa Gruppe 1 in der Pension Alpenrose, Gruppe 2 im Vereinsheim, Gruppe 3 im Jugendhaus und Gruppe 4 in der Jugendherberge. Nach dieser Einteilung haben wir mit der Unterkunftszugehörigkeit nur noch ein nominalskaliertes Merkmal vorliegen.

Quantitative und qualitative Merkmale

qualitativ, kategorial

Unter *qualitativen* oder *kategorialen* Merkmalen versteht man Größen, die endlich viele Ausprägungen besitzen und höchstens ordinalskaliert sind. Von Bedeutung ist dabei, daß die Ausprägungen eine Qualität und nicht ein Ausmaß widerspiegeln. Geben die Ausprägungen hingegen eine Intensität bzw. ein Ausmaß wieder, in dem die interessierende Eigenschaft enthalten ist, so spricht man von *quantitativen* Merkmalen. Damit sind alle Messungen im herkömmlichen Sinn, deren Werte Zahlen darstellen, Ausprägungen quantitativer Merkmale. Somit läßt sich auch direkt wieder ein Bezug herstellen zum Skalenniveau: Kardinalskalierte Merkmale sind stets ebenfalls quantitativ.

quantitativ

Bei ordinalskalierten Merkmalen ist die Zuordnung nicht so eindeutig. Sie nehmen eine Zwitterstellung ein. Da man ihre Ausprägungen anordnen kann, besitzen sie einen – wenn auch – schwachen quantitativen Aspekt. Allerdings ordnet man sie aufgrund ihres eher dominierenden qualitativen Charakters den qualitativen Merkmalen zu, zumindest wenn sie nur endlich viele Ausprägungen besitzen.

Merkmalstypen

diskret:	endlich oder abzählbar unendlich viele Ausprägungen
stetig:	alle Werte eines Intervalls sind mögliche Ausprägungen
nominalskaliert:	Ausprägungen sind Namen, keine Ordnung möglich
ordinalskaliert:	Ausprägungen können geordnet, aber Abstände nicht interpretiert werden
intervallskaliert:	Ausprägungen sind Zahlen, Interpretation der Abstände möglich
verhältnisskaliert:	Ausprägungen besitzen sinnvollen absoluten Nullpunkt
qualitativ:	endlich viele Ausprägungen, höchstens Ordinalskala
quantitativ:	Ausprägungen geben Intensität wieder

Diese verschiedenen Merkmalstypen werden abschließend noch einmal kurz anhand der Münchner Absolventenstudie aus Abschnitt 1.1 erläutert.

Münchner Absolventenstudie **Beispiel 1.11**

In dem von uns betrachteten Auszug dieser Studie wurden fünf Merkmale untersucht. Dabei ist das Geschlecht qualitativ und nominalskaliert, da die Ausprägungen nur zugewiesene Namen sind und nicht geordnet werden können. Die Studiendauer ist ein diskretes, verhältnisskaliertes Merkmal, da es endlich viele Ausprägungen und einen absoluten Nullpunkt besitzt. Das fachliche Engagement im Studium ist ein qualitatives Merkmal, das auf einer Ordinalskala erhoben wurde, da die Ausprägungen in eine Reihenfolge gebracht, die Abstände jedoch nicht interpretiert werden können. Die Ausrichtung der Diplomarbeit ist ebenfalls ein qualitatives Merkmal. Da die Ausprägungen nicht geordnet werden können, ist es allerdings nur nominalskaliert. Die Gesamtnote der Diplomprüfung ist diskret und ordinalskaliert.

□

1.4 Wie gewinnt man Daten?

Statistische Verfahren werden grundsätzlich dann eingesetzt, wenn bestimmte *Forschungsfragen empirisch* überprüft werden sollen. Solche Fragestellungen sind unterschiedlichen Typs. Der Erstellung des Münchner Mietspiegels (Beispiel 1.2) beispielsweise lag die Frage zugrunde, ob und wie sich die Nettomiete aufgrund bestimmter Variablen wie Lage, Größe der Wohnung, Alter und Ausstattung vorhersagen läßt. In klinischen Studien (Beispiel 1.7) stehen Hypothesen über die Wirksamkeit einer neuen Therapie oder eines neuen Medikaments im Forschungsinteresse. Bei Waldschadensinventuren (Beispiel 1.6) ist man an der Überprüfung

Forschungsfragen
Empirie

Einflüsse

von Vermutungen hinsichtlich möglicher Ursachen für die auftretenden Schädigungen interessiert. All diesen Beispielen liegt dieselbe Problemstellung zugrunde und zwar, ob *Einflüsse* bestimmter Größen auf ein interessierendes Merkmal vorhanden sind. Die Frage nach dem Vorhandensein möglicher Einflüsse läßt sich als Theorie bzw. als Modell formulieren, in der bzw. in dem die Beeinflussung postuliert wird. Neben solchen gerichteten Zusammenhängen interessieren häufig auch symmetrische Beziehungen zwischen Variablen wie beispielsweise bei der Untersuchung von Zinsverläufen und Aktienkursen.

1.4.1 Elemente der Versuchsplanung

Will man solche Assoziationsstrukturen empirisch überprüfen, ist es notwendig, die inhaltlichen Fragestellungen, die vermutete Beziehungen zwischen Variablen betreffen, zu präzisieren. Dazu müssen beobachtbare Merkmale benannt werden, die zur Erfassung der eigentlichen Fragestellung geeignet sind. Bei klinischen Studien müssen zum Beispiel die Laborexperimente festgelegt werden, die die Wirkung eines Präparats erfassen können, und es muß fixiert werden, welche Veränderung dieser Laborparameter auf eine Wirksamkeit des Präparats schließen läßt. Die Zielvariable ist in diesem Beispiel also die Veränderung des entsprechenden Laborparameters, und die vermutete entscheidende Einflußgröße ist die Dosis des verabreichten Präparats. Häufig ist es jedoch viel schwieriger, sowohl Ziel- und Einflußgrößen festzulegen als auch diese in der Untersuchung zu "messen", also quantitativ zu erfassen. Gerade in psychologischen oder soziologischen empirischen Untersuchungen liegen derartige Operationalisierungen nicht direkt auf der Hand. Wie kann man zum Beispiel die Auswirkungen sozialer Deprivation und positiver Verstärkung auf das motorische Verhalten von Kindern erfassen? Dazu müssen sowohl die möglichen Einflußgrößen soziale Deprivation und positive Verstärkung als auch die Zielgröße motorisches Verhalten quantifiziert werden. In diesem Experiment wurde die positive Verstärkung auf zwei Stufen erzeugt: Lächeln, Nicken und lobende Worte bzw. nur Lächeln und Nicken. Die soziale Deprivation wurde dadurch bewirkt, daß das Kind in einem Raum mit Spielsachen alleine warten gelassen wurde, bis es an der Reihe war. Zur Beurteilung eines möglichen Effekts ließ man die Kinder unterschiedlich lange warten: $10, 20, 30$ bzw. 40 Minuten. Die motorische Geschicklichkeit der Kinder wurde schließlich gemessen über die Anzahl der Kugeln, die das Kind aus einer Schachtel durch ein Loch in eine zweite Schachtel innerhalb von fünf Minuten gesteckt hat.

Man sieht an diesem Beispiel deutlich, wie wichtig, aber auch wie schwierig dieser Aspekt der Operationalisierung im Rahmen einer empirischen Forschungsarbeit sein kann. Es sei zudem noch einmal betont, daß ebenfalls die Festlegung und Erfassung aller relevanten Einflußgrößen von enormer Bedeutung ist. Wir werden in Abschnitt 3.5 noch einmal diskutieren, welche drastischen Fehlinterpretationen entstehen können, wenn zentrale Einflußvariablen übersehen werden.

Versuchsplan

Erfaßt man für eine zu untersuchende Fragestellung bestimmte Merkmale, so ist dafür die Erstellung eines *Versuchsplans* erforderlich. In einem Versuchsplan muß festgehalten werden, *welches Ziel* mit dem Experiment oder der Studie verfolgt wird, *wie* dieses *Ziel erreicht werden kann* und *welche statistischen Methoden* geeignet sind, um die erzielten Resultate statistisch zu manifestieren. Damit enthält der Versuchsplan eine für alle an dem Experiment beteiligten Personen *verbindliche Festlegung* der im Rahmen des Experiments oder der Studie insgesamt zu beachtenden Aspekte. Es sind zudem die auftretenden Verantwortlichkeiten geregelt, wodurch zum einen organisatorische Vorteile gewonnen werden und zum anderen die Gefahr einer unpräzisen Durchführung der Studie gering gehalten wird.

Ziel
Erreichung des Ziels
statistische Methoden
verbindliche Festlegung

Um die oben formulierten drei Fragen im Versuchsplan abzuklären, ist eine Vielzahl von einzelnen Aspekten zu berücksichtigen, die hier nicht im vollen Umfang abgeklärt werden können. Zur Präzisierung des verfolgten Ziels gehört beispielsweise die genaue Bestimmung der Grundgesamtheit, über die eine Aussage getroffen werden soll. Außerdem muß die Forschungsfrage, wie bereits oben diskutiert, klar über meßbare Merkmale formuliert werden. Dies ist hilfreich, um die mit der zweiten Frage verbundenen Punkte festzulegen, denn es ist zu klären, welche Variablen zu messen sind und welche Meßtechnik bzw. welches Erhebungsinstrument dafür einzusetzen ist. Weiterhin muß der Umfang der zu ziehenden Stichprobe bestimmt werden. Dazu ist, will man eine gewisse vorgegebene Präzision erreichen, der Einsatz statistischer Verfahren notwendig. Diese erfordern wiederum eine Angabe des für das Experiment oder die Studie geplanten Erhebungsschemas. Speziell für den letzten Punkt werden Kenntnisse möglicher Stichprobenverfahren verlangt. Sowohl der letzte als auch der vorherige Punkt machen deutlich, wieso bereits im Versuchsplan statistische Methoden zu berücksichtigen sind.

Die hier beschriebenen Aspekte eines Versuchsplans können nur grob wiedergeben, welche Details insgesamt zu beachten sind. Das Gebiet der Versuchsplanung ist so komplex, daß es dazu eine eigene umfangreiche statistische Literatur gibt. Allerdings soll dieses Teilgebiet der Statistik nicht abgeschlossen werden, ohne nicht noch einen wichtigen Aspekt anzusprechen, und zwar die Kontrolle von *Störvariablen.* Bei diesen handelt es sich um zusätzliche Einflußgrößen auf die abhängigen Variablen. An der Erfassung des von ihnen ausgehenden Einflusses ist man jedoch i.a. nicht interessiert. Im Gegenteil: Man möchte diesen Einfluß eliminieren, weil es den eigentlich interessierenden überlagern kann. Interessiert man sich etwa für den Einfluß einer bestimmten Unterrichtsmethode auf den Erfolg der Schüler und Schülerinnen, so kann dieser Erfolg zudem abhängen vom Alter, vom Geschlecht, aber auch von der Lehrperson.

Störvariablen

Wie lassen sich nun solche Störvariablen kontrollieren?

Eine Möglichkeit besteht in der Zerlegung in hinsichtlich der Störvariablen homogenen Teilpopulationen. Sieht man das Geschlecht beispielsweise als Störvariable an, so könnte man sich auf die Untergruppe der Mädchen oder der Jungen beschränken. Das Problem besteht aber darin, daß nach Einschränkung auf Teilpopulationen auch nur eine Aussage über die jeweilige Gruppe möglich ist.

Homogenisierung

Eine günstigere und in der Regel auch erfolgreiche Methode bietet die *Randomisierung*, d.h. in dem obigen Beispiel würden die zu vergleichenden Unterrichtsmethoden zufällig der

Randomisierung

Gruppe der Jungen und der Gruppe der Mädchen zugewiesen. Auf diese Weise, so hofft man, macht sich der Einfluß der Störvariable, hier das Geschlecht, gleichermaßen für beide Methoden bemerkbar, so daß dieser bei dem Vergleich der Methoden insgesamt wieder ausgeglichen wird.

Parallelisieren

Eine andere Methode, die häufig in medizinischen Studien eingesetzt wird, wird mit *Parallelisieren* umschrieben oder als *Matched-Pair-Design* bezeichnet. Dabei wird zu jedem Schüler, der gemäß der neuen Unterrichtsmethode unterrichtet werden soll, ein hinsichtlich der Störvariablen passendes Pendant gesucht, der dann gemäß der alten Methode unterrichtet wird. Dies erlaubt zwar einen direkten Vergleich, impliziert aber eine sehr aufwendige Verfahrensweise.

statistisches Modell

Ist es nicht möglich oder geplant, Störvariablen bereits in das Design der Studie mit einzubeziehen, so läßt sich auf der Ebene der statistischen Auswertung deren Einfluß durch geeignete Modellierung berücksichtigen. Dazu wird ein sogenanntes *statistisches Modell* aufgestellt, mit dem versucht wird, die Realität in einer mathematischen Gleichung einzufangen. Auf den Aspekt der statistischen Modellbildung werden wir später noch zurückkommen. In unserem Beispiel könnte nun ein Modell aufgestellt werden, das den Einfluß des Alters, des Geschlechts, der Unterrichtsmethode und der Lehrperson auf den Erfolg erfaßt.

1.4.2 Datengewinnung und Erhebungsarten

Experiment

Erhebung

primär-, sekundär- und tertiärstatistische Erhebung

Zur Beantwortung von Fragestellungen anhand empirischer Studien ist also die Gewinnung von Daten notwendig, die den interessierenden Sachverhalt widerspiegeln. Dabei unterscheidet man die Erfassung von im Prinzip vorhandenen Daten und die Erfassung von Daten, die zunächst in geeigneter Weise erzeugt werden müssen. Im letzteren Fall spricht man von *Experimenten*. Dazu gehören unter anderem klinische Studien, wie sie im Beispiel 1.7 beschrieben werden. In der dort geschilderten konkreten Studie wurde Patienten mit einem Magenkarzinom der Tumor vollständig entfernt und anschließend der Therapieerfolg über die Lebensdauer der Patienten erfaßt. Sind die interessierenden Daten im Gegensatz dazu bereits vorhanden, so spricht man von einer *Erhebung*. Diese kann eine Befragung ohne Interviewer wie bei der Münchner Absolventenstudie oder mit Interviewer wie bei einigen politischen Umfragen oder eine Beobachtungsstudie wie z.B. bei der Waldschadensinventur sein. In jedem dieser Beispiele müssen mit den statistischen Einheiten keine zusätzlichen Aktionen vorgenommen werden, um an die Daten zu gelangen. Bei Erhebungen unterscheidet man noch weiter, je nachdem, ob die Erhebung speziell in Hinblick auf die aktuelle Fragestellung durchgeführt wird *(primärstatistische Erhebung)* oder ob bereits vorhandene Originaldaten z.B. aus statistischen Jahrbüchern herangezogen werden *(sekundärstatistische Erhebung)*. Stehen nur noch bereits transformierte oder komprimierte Daten etwa in Form von Mittelwerten für die Untersuchung zur Verfügung, so nennt man dies eine *tertiärstatistische Erhebung*. Dabei kann man bei diesen drei Erhebungsarten mit wachsenden Fehlerquellen rechnen.

fehlender Daten

Selbst bei der Durchführung einer primärstatistischen Erhebung kann ein zusätzliches, für die spätere Analyse gravierendes Problem auftreten und zwar das Problem *fehlender Daten.* Solche lückenhaften Datensätze können je nach Erhebungsverfahren verschiedene Ursachen haben: So ist bei Fragebogenaktionen in der Bevölkerung damit zu rechnen, daß ein Teil der Befragten die Auskunft entweder vollständig oder nur bei bestimmten, sensible Bereiche betreffenden Fragen verweigert. Technische Gründe können bei geplanten Experimenten zu fehlenden Beobachtungen führen. Zusätzliche Datenquellen wie Krankenhausakten könnten unvollständig sein. Unter Umständen werden aus logistischen oder auch aus Kostengründen nur bei einem Teil der Untersuchungseinheiten alle Merkmale erhoben. In all diesen Situationen treten also für eine oder mehrere Untersuchungseinheiten hinsichtlich einiger Merkmale fehlende Werte auf. Solche Datensätze werfen die Frage nach einer geeigneten Auswertungsstrategie auf. Häufig wird dabei so vorgegangen, daß einfach die Untersuchungseinheiten, bei denen Angaben fehlen, komplett aus der Analyse herausgenommen werden. Dies zieht zum einen einen Informationsverlust nach sich. Schwerwiegender ist jedoch, daß zum anderen ein solches Vorgehen zu erheblichen Verzerrungen der Ergebnisse führen kann, nämlich dann, wenn das Fehlen einer Angabe direkt mit ihrer Ausprägung zusammenhängt. So läßt eine Person etwa die Angabe bezüglich ihres Einkommens eher unbeantwortet, wenn dieses sehr hoch ist. Zur Auswertung stehen daher wesentlich subtilere Methoden zur Verfügung, die zum Teil darauf basieren, zusätzliche Information über die Entstehung der fehlenden Werte mit einzubeziehen.

Datenschutz

Ein weiterer Aspekt, der bei der Erhebung von insbesondere personenbezogenen Daten berücksichtigt werden muß, betrifft die Gewährleistung der Anonymität der befragten Person. Solche *Datenschutzmaßnahmen* sind erforderlich und können sehr weitreichend sein. Besteht beispielsweise bei einem bestimmten Merkmal die Gefahr, daß aufgrund der konkreten Ausprägung eine Identifizierung der befragten Person möglich ist, so wird dieses Merkmal nur vergröbert erfaßt, was etwa durch eine Klasseneinteilung erreicht wird.

Vollerhebung

Erfaßt man nun im Zuge einer Erhebung alle statistischen Einheiten einer Grundgesamtheit, so spricht man von einer *Vollerhebung*. Ein Beispiel dafür ist die Volkszählung. Nicht immer ist eine solche Vollerhebung möglich oder auch nur erwünscht. Sie birgt unter Umständen erhebliche Fehlerquellen und ist sowohl kosten- als auch zeitaufwendig. Zudem ist es in einigen Fällen überhaupt nicht möglich, eine Vollerhebung durchzuführen, wie zum Beispiel bei hypothetischen Grundgesamtheiten oder zerstörenden Prüfungen.

Stichprobe

Wann immer man auf eine Vollerhebung verzichtet, greift man auf die Ziehung einer *Stichprobe* aus der eigentlich interessierenen Grundgesamtheit zurück. Bei einer Stichprobe handelt es sich also um einen Teil der Grundgesamtheit, der aber vor der Ziehung noch nicht bekannt ist. Die Frage ist nun, wie solche Stichproben zu ziehen sind, damit einerseits ein hoher Grad an Effektivität erreicht wird und andererseits die Stichprobe repräsentativ für die Grundgesamtheit bezüglich der interessierenden Merkmale ist, also diesbezüglich ein möglichst genaues Abbild der Grundgesamtheit darstellt. Letzteres versucht man dadurch zu erreichen, daß die einzelnen Elemente der Grundgesamtheit gemäß eines bestimmten Zufallsmechanismus in die Stichprobe gelangen, d.h. jede Untersuchungseinheit besitzt eine gewisse Wahrscheinlichkeit gezogen zu werden.

Einfache Zufallsstichproben

einfache Zufallsstichprobe

Bei einer *einfachen Zufallsstichprobe* werden Teilmengen der Grundgesamtheit so erhoben, daß jede dieser Teilmengen dieselbe Wahrscheinlichkeit besitzt gezogen zu werden. Daraus folgt sofort, daß auch jede Untersuchungseinheit mit derselben Wahrscheinlichkeit gezogen wird. Die Umkehrung gilt jedoch nicht, d.h. alleine aus der Tatsache, daß jedes Element aus der Grundgesamtheit mit derselben Wahrscheinlichkeit gezogen wird, kann noch nicht auf das Vorliegen einer einfachen Zufallsstichprobe geschlossen werden. Um eine einfache Zufallsstichprobe ziehen zu können, müssen die Elemente der Grundgesamtheit numerierbar sein und zumindest theoretisch als "Liste" vorliegen.

Wie läßt sich nun eine einfache Zufallsstichprobe realisieren? Dazu kann man sich die Grundgesamtheit durchnumeriert denken. Für jede Untersuchungseinheit wird die zugehörige Nummer auf einer Kugel notiert. Anschließend werden alle Kugeln in eine "Urne" gegeben und gut durchgemischt. Dann kann man entweder die gesamte Stichprobe auf einmal ziehen oder, wie bei den Lottozahlen, sukzessive ziehen und nach jeder Ziehung wieder mischen. Eine andere Möglichkeit besteht in der Ziehung von Zufallszahlen. All diese Verfahren sind technisch schwer umzusetzen, so daß in der Regel in der Praxis keine "echten" einfachen Zufallsstichproben gezogen werden können. Für unsere in den nachfolgenden Kapiteln angestellten Überlegungen und vorgestellten Methoden gehen wir jedoch davon aus, daß zumindest theoretisch eine einfache Zufallsstichprobe gezogen wurde und daß die praktische Umsetzung dem damit verbundenen Anspruch sehr nahe kommt. Häufig angewandt wird zum Beispiel die sogenannte *systematische Ziehung*, bei der etwa jede siebte Wohnung in einem Straßenzug erhoben wird. Problematisch sind solche Ziehungen aber, wenn in den zu erhebenden Einheiten eine Systematik vorliegt, die gerade durch den Erhebungsplan erfaßt wird. Dies wäre in dem Beispiel etwa dann der Fall, wenn die siebte Wohnung jeweils die Wohnung des Hausmeisters ist. Dieser Haushalt wird sich hinsichtlich bestimmter Kriterien sicherlich von den anderen Haushalten eines Wohnhauses unterscheiden.

systematische Ziehung

Neben der einfachen Zufallsauswahl gibt es eine Reihe weiterer Ziehungsmechanismen, die unter anderem die Praktikabilität des Ziehungsverfahren erhöhen sollen.

Geschichtete Zufallsstichproben

geschichtete Zufallsstichprobe

Eine Variante zur Erhöhung der praktischen Umsetzbarkeit besteht darin, die Grundgesamtheit in sich nicht überlappende Schichten zu zerlegen und anschließend aus jeder Schicht eine einfache Zufallsauswahl zu ziehen. Dieses Vorgehen einer *geschichteten Zufallsstichprobe* ist aber nicht nur einfacher umzusetzen, sondern führt in der Regel auch zu genaueren Schätzungen für die eigentlich interessierende Größe in der Grundgesamtheit, d.h., daß eine geschichtete Zufallsstichprobe häufig informativer ist als eine einfache Zufallsstichprobe. Dieses Phänomen wird auch als *Schichtungseffekt* bezeichnet. Dieser hängt von vielen Faktoren ab, wird aber entscheidend von der *Schichtungsvariable* beeinflußt, also von dem Merkmal, das zur Bildung der Schichten herangezogen wird. Dies sollte hochkorreliert sein mit dem eigentlich interessierenden Merkmal und so zur Schichtenbildung eingesetzt werden, daß die Schichten in sich möglichst homogen und untereinander sehr heterogen bezüglich des zu untersuchenden Merkmals sind. Ist man etwa an dem durchschnittlichen Einkommen der Bundesbürger interessiert, so bietet sich beispielsweise eine Schichtung nach sozialem Status oder bestimmten Berufsfeldern an.

Schichtungseffekt
Schichtungsvariable

Klumpenstichprobe

Bei einer geschichteten Zufallsstichprobe wird die Schichtenbildung "künstlich" durchgeführt, d.h. die Grundgesamtheit zerfällt nicht im vorhinein auf "natürliche" Weise in derartige Schichten. Oft hat man aber gerade solche natürlichen Anhäufungen von Untersuchungseinheiten, sogenannte *Klumpen*, wie beispielsweise Gemeinden. Bei einer *Klumpenstichprobe* wird nun die praktische Umsetzbarkeit noch einmal erhöht, da aus der Gesamtheit aller Klumpen lediglich einige wenige erhoben werden. Die ausgewählten Klumpen werden dann vollständig erfaßt, d.h. es werden Vollerhebungen der Klumpen durchgeführt. Werden beispielsweise Gemeinden als Klumpen angesehen, können durch eine Klumpenstichprobe die Reisekosten der Interviewer erheblich gesenkt werden. Allerdings ist eine solche Erhebung nur sinnvoll im Sinne des Informationsgewinns, wenn die einzelnen Klumpen hinsichtlich der Untersuchungsvariable sehr heterogen, also "kleine" Abbilder der Grundgesamtheit und untereinander sehr homogen sind. Es werden schließlich nicht aus allen Klumpen Stichproben gezogen, sondern nur einige komplett erfaßt. Unterscheiden diese sich wesentlich von den nicht erfaßten Klumpen hinsichtlich des interessierenden Merkmals, so ist mit erheblichen Verfälschungen der gewonnenen Ergebnisse zu rechnen.

Klumpen
Klumpenstichprobe

Mehrstufige Auswahlverfahren

Meistens ist eine direkte Ziehung der Untersuchungseinheiten nur schwer oder gar nicht umzusetzen. In solchen Fällen wird üblicherweise auf *mehrstufige Auswahlverfahren* zurückgegriffen. Dies bedeutet, daß die Auswahl der eigentlichen Untersuchungseinheiten auf mehreren Stufen erfolgt. In der Waldschadensforschung könnte man die Forstbezirke als Untersuchungseinheiten auf der ersten Stufe zugrunde legen, aus denen zunächst eine Stichprobe gezogen wird. Auf der zweiten Stufe könnten Waldstücke ausgewählt werden, bevor schließlich auf der dritten Stufe eine Zufallsauswahl unter den Bäumen als eigentlich interessierende Untersuchungseinheiten getroffen wird.

mehrstufige Auswahlverfahren

Bewußte Auswahlverfahren

Neben diesen Zufallsstichproben werden bei Meinungsumfragen häufig Verfahren eingesetzt, denen zwar ein bestimmter Stichprobenplan zugrunde liegt, die aber nicht mehr als zufällig angesehen werden können. Sie werden mit dem Ziel durchgeführt, die Repräsentativität der gezogenen Stichprobe zu erhöhen. Der bekannteste Vertreter ist die sogenannte *Quotenauswahl*. Hier liegt die Auswahl der Untersuchungseinheiten zu großen Teilen in den Händen des Interviewers. Dieser kann die Untersuchungseinheiten gegebenenfalls unter Einhaltung eines bestimmten Plans zwar selbst auswählen, muß aber vorgegebenen *Quoten* genügen. Quoten legen bestimmte Verhältnisse von Merkmalen in der Stichprobe fest. Ermittelt werden diese Quoten, falls möglich, aus der Grundgesamtheit. Sind zum Beispiel 40 % aller Studierenden weiblich, so sollen auch 40 % der Studierenden in der Stichprobe weiblich sein. Damit wird erreicht, daß die Stichprobe bezüglich dieses Merkmals ein repräsentatives Abbild der Grundgesamtheit ist. Oft reicht aber die Angabe der Quote bezüglich eines Merkmals nicht aus. Stattdessen werden *Quotenpläne* erstellt, die die Quoten für verschiedenene relevante Merkmale enthalten. Ein Nachteil dieses Verfahrens besteht darin, daß die praktische Umsetzung sehr stark von dem Interviewer beeinflußt wird.

Quotenauswahl

Quoten

Quotenpläne

Ein anderes Verfahren ist die sogenannte *Auswahl typischer Fälle*, bei der nach subjektiven Kriterien des Verantwortlichen für die Studie Untersuchungseinheiten als typische Vertreter der Grundgesamtheit ausgewählt werden. Ein solches Vorgehen ist natürlich extrem problematisch, da zum Beispiel entscheidende Kriterien bei der Auswahl übersehen werden können.

Auswahl typischer Fälle

Studiendesigns

Neben den verschiedenen Stichprobenverfahren sind für die Erhebung von Daten, abhängig von der jeweiligen Fragestellung, unterschiedliche Studiendesigns denkbar. Wir werden im folgenden kurz einige der gängigen Formen vorstellen.

Von einer *Querschnittstudie* wird gesprochen, wenn an einer bestimmten Anzahl von Objekten, den statistischen Einheiten, zu einem bestimmten Zeitpunkt ein Merkmal oder mehrere erfaßt werden. Dementsprechend handelt es sich bei der Absolventenstudie, dem Mietspiegel und der Waldschadensinventur um typische Querschnittstudien. Wird *ein* Objekt hinsichtlich eines Merkmals über einen ganzen Zeitraum hinweg beobachtet, d.h. wird das interessierende Merkmal zu verschiedenen Zeitpunkten erfaßt, liegen die Beobachtungen als *Zeitreihe* vor. Damit sind der Verlauf der Aktienkurse, des DAX oder auch die Salden für bestimmte Branchen beim IFO-Konjunkturtest Zeitreihen. In der Regel beobachtet man aber nicht nur ein einzelnes Objekt zu verschiedenen Zeitpunkten, sondern eine ganze Gruppe von gleichartigen Objekten. Einen solchen Studientyp bezeichnet man als *Längsschnittstudie* oder *Panel*, d.h. hier werden dieselben Objekte über die Zeit hinweg verfolgt. Betrachtet man also nicht eine einzelne Branche beim IFO-Konjunkturtest, sondern mehrere, erhält man eine Längsschnittstudie mit monatlichen Beobachtungen. Für das sozio-ökonomische Panel werden die Daten jährlich erhoben mit Ausnahme der Erwerbstätigkeit, für die Monatsdaten vorliegen. Interessiert man sich nicht

Querschnittstudie

Zeitreihe

Längsschnittstudie, Panel

für die zeitliche Entwicklung einer einzelnen Aktie, sondern eines Portfolios von Aktien oder Wertpapieren, so liegt ebenfalls ein Längsschnitt vor. Klinische und epidemiologische Studien sind typischerweise auch als Längsschnittstudien angelegt.

Zusammenfassend kann man also sagen, daß bei einer Querschnittstudie mehrere Objekte zu einem Zeitpunkt, bei einer Zeitreihe ein Objekt zu mehreren Zeitpunkten und bei einer Längsschnittstudie mehrere und zwar dieselben Objekte zu mehreren Zeitpunkten beobachtet werden.

1.5 Zusammenfassung und Bemerkungen

Die vielfältigen Beispiele zu Beginn dieses Kapitels haben deutlich gemacht, daß der Einsatz von statistischen Verfahren unabhängig vom Anwendungsgebiet immer dann erforderlich ist, wenn mittels empirischer Untersuchungen Kenntnisse gewonnen werden sollen. Dabei dienen statistische Methoden zur *reinen Beschreibung* von Daten, zur *Generierung von Hypothesen* und zur *Ziehung von Schlüssen* von einer Stichprobe auf die Grundgesamtheit.

Die Gewinnung von Daten setzt die Erfassung von Objekten, den *statistischen Einheiten*, voraus, an denen die interessierenden Merkmale beobachtet werden können. Hierzu ist die Erstellung eines *Versuchsplans* erforderlich, der die Durchführung eines Experiments oder einer Erhebung in allen Details festlegt, siehe dazu auch Cox (1958). In der Regel werden wir dabei nicht alle möglichen, für die Fragestellung relevanten statistischen Einheiten erheben, also keine *Vollerhebung* durchführen, sondern uns auf eine Teilgesamtheit beschränken. Die Ziehung einer solchen *Stichprobe* kann nach verschiedenen Prinzipien erfolgen. Der einfachste und vielleicht auch typischste Fall ist der einer *einfachen Zufallsauswahl*, bei der jede mögliche Teilgesamtheit dieselbe Wahrscheinlichkeit besitzt gezogen zu werden. Statistische Methoden, die speziell für andere Ziehungsverfahren geeignet sind, werden in diesem Buch nur vereinzelt angegeben und besprochen. Ergänzend sei daher beispielsweise auf das Buch von Kreienbrock (1989) und auf die dort angegebene weiterführende Literatur verwiesen.

Weiterhin sind verschiedene Studiendesigns denkbar, je nachdem, ob die interessierenden Objekte zu einem festen Zeitpunkt oder zu verschiedenen Zeitpunkten beobachtet werden sollen. Dabei hängt die Wahl des Studiendesigns natürlich von der zu untersuchenden Fragestellung ab.

Bei der Festlegung einer geeigneten statistischen Methode zur Analyse eines Datensatzes geht neben dem Ziehungsverfahren und dem Studiendesign entscheidend ein, in welcher Weise die Daten gemessen wurden. Man unterscheidet zunächst *diskrete* und *stetige* Merkmale. Eine feinere Typisierung ergibt sich durch die verschiedenen *Skalenniveaus*, die sich wiederum in Beziehung setzen lassen zu der Differenzierung zwischen *quantitativen* und *qualitativen* Merkmalen. Ferner ist bei der Wahl einer geeigneten Auswertungsstrategie zu berücksichtigen, ob in dem Datensatz bei einigen Untersuchungseinheiten Angaben fehlen. Für Methoden zur Behandlung *fehlender Werte* sei auf das Buch von Little und Rubin (1987) verwiesen.

1.6 Aufgaben

Aufgabe 1.1 Diskutieren Sie die im Rahmen des Münchner Mietspiegels (Beispiel 1.2, Seite 2) erhobenen Merkmale Größe, Ausstattung, Beschaffenheit, Lage der Wohnung und Nettomiete hinsichtlich ihres Skalenniveaus. Entscheiden Sie zudem, ob es sich um diskrete oder stetige und quantitative oder qualitative Merkmale handelt.

Aufgabe 1.2 Um welchen Studientyp handelt es sich bei
(a) dem Münchner Mietspiegel (Beispiel 1.2, Seite 2),
(b) den Aktienkursen (Beispiel 1.5, Seite 6),
(c) dem IFO-Konjunkturtest (Beispiel 1.8, Seite 9)?

Aufgabe 1.3 Eine statistische Beratungsfirma wird mit folgenden Themen beauftragt:
(a) Qualitätsprüfung von Weinen in Orvieto,
(b) Überprüfung der Sicherheit von Kondomen in der Produktion,
(c) Untersuchung des Suchtverhaltens Jugendlicher.
Als Leiterin oder Leiter der Abteilung Datenerhebung sollen Sie zwischen einer Vollerhebung und einer Stichprobenauswahl zur Gewinnung der benötigten Daten entscheiden. Begründen Sie Ihre Entscheidung.

Aufgabe 1.4 Eine Firma interessiert sich im Rahmen der Planung von Parkplätzen und dem Einsatz von firmeneigenen Bussen dafür, in welcher Entfernung ihre Beschäftigten von der Arbeitsstätte wohnen und mit welchen Beförderungsmitteln die Arbeitsstätte überwiegend erreicht wird. Sie greift dazu auf eine Untersuchung zurück, die zur Erfassung der wirtschaftlichen Lage der Mitarbeiterinnen und Mitarbeiter durchgeführt wurde. Bei der Untersuchung wurden an einem Stichtag 50 Beschäftige ausgewählt und befragt hinsichtlich

- Haushaltsgröße (Anzahl der im Haushalt lebenden Personen),
- monatliche Miete,
- Beförderungsmittel, mit dem die Arbeitsstätte überwiegend erreicht wird,
- Entfernung zwischen Wohnung und Arbeitsstätte,
- eigene Einschätzung der wirtschaftlichen Lage mit $1 =$ sehr gut, $\ldots$, $5 =$ sehr schlecht.

(a) Geben Sie die Grundgesamtheit und die Untersuchungseinheiten an.
(b) Welche Ausprägungen besitzen die erhobenen Merkmale, und welches Skalenniveau liegt ihnen zugrunde?
(c) Welches Ziehungsverfahren wurde vermutlich eingesetzt? Überlegen Sie Alternativen.
(d) Welcher Studientyp liegt vor?

2

Univariate Deskription und Exploration von Daten

Dieses Kapitel führt in die grundlegenden statistischen Methoden ein, mit denen univariate oder eindimensionale Daten, d.h. Daten, die aus Beobachtungen eines einzelnen Merkmals bestehen, in geeigneter Weise dargestellt, beschrieben und untersucht werden können. Neben den üblichen Mitteln der univariaten deskriptiven Statistik wie Histogrammen und Maßzahlen zu Lage und Streuung werden einige einfache Techniken der explorativen Datenanalyse wie Box-Plots, Schätzung von Dichtekurven und Quantil-Plots dargestellt. Die univariaten Methoden dieses Kapitels bilden auch die Grundlage für multivariate statistische Fragestellungen, bei denen wie in den meisten Beispielen von Kapitel 1 mehrere Merkmale gleichzeitig beobachtet, beschrieben und untersucht werden. So kann man etwa ein primär interessierendes Merkmal, wie die Nettomiete von Wohnungen, die Präferenz für eine bestimmte Partei, die Überlebensdauer nach einer Krebsoperation, nicht nur für die gesamte Erhebung, sondern auch für Teilgesamtheiten oder Schichten betrachten, die durch Kategorien anderer Merkmale oder Einflußfaktoren wie Baualterskategorien, männliche bzw. weibliche Wähler, Behandlungsgruppen bestimmt sind. Durch den Vergleich univariater Ergebnisse in den Schichten können erste Eindrücke über mögliche Abhängigkeiten gewonnen werden und damit zu genaueren zwei- oder mehrdimensionalen Untersuchungen mit Methoden des dritten Kapitels hinführen.

2.1 Verteilungen und ihre Darstellungen

Wir gehen von einer Erhebung vom Umfang n aus, bei der an den n Untersuchungseinheiten die Werte $x_1, \dots, x_n$ eines Merkmals X beobachtet oder gemessen wurden. Diese Werte werden als *Urliste, Roh-* oder *Primärdaten* bezeichnet. Auch bei einem kleinen oder mittleren Umfang n wird eine reine Auflistung der Rohdaten schnell unübersichtlich. In vielen Anwendungen ist n so groß, daß verschiedene Formen einer übersichtlicheren oder zusammenfassenden Darstellung zweckmäßig bzw. notwendig sind.

Urliste
Rohdaten
$x_1, \dots, x_n$

2.1.1 Häufigkeiten

Ausprägungen
Werte
$a_1, \ldots, a_k$

Um die Daten soweit wie möglich zusammenzufassen, wird die Urliste nach verschiedenen vorkommenden *Zahlenwerten* oder *Ausprägungen* durchsucht. Wir bezeichnen diese Menge von Zahlen mit $a_1, a_2, \ldots, a_k$, $k \leq n$. Zur notationellen Vereinfachung nehmen wir an, daß die Werte bereits der Größe nach geordnet sind, d.h. daß $a_1 < a_2 < \ldots < a_k$ gilt. Dabei ist zu beachten, daß für eine Nominalskala diese Anordnung keine inhaltliche Bedeutung besitzt. Für kategoriale Merkmale ist k gleich der Anzahl der Kategorien und damit meist erheblich kleiner als n. Für metrische Merkmale sind oft nur wenige Werte der Urliste identisch, so daß k fast oder ebenso groß wie n ist. Die folgende Definition ist für jedes Skalenniveau sinnvoll: Als *absolute* bzw. *relative Häufigkeit* einer Ausprägung a_j, $j = 1, \ldots, k$, bezeichnet man die Anzahl bzw. den Anteil von Werten der Urliste, die mit a_j übereinstimmen.

Absolute und relative Häufigkeiten

$h(a_j) = h_j$	*absolute Häufigkeit* der Ausprägung a_j, d.h. Anzahl der x_i aus $x_1, \ldots x_n$ mit $x_i = a_j$
$f(a_j) = f_j = h_j/n$	*relative Häufigkeit* von a_j
$h_1, \ldots, h_k$	*absolute Häufigkeitsverteilung*
$f_1, \ldots, f_k$	*relative Häufigkeitsverteilung*

Häufigkeitsdaten
$a_1, \ldots, a_k$
$f_1, \ldots, f_k$

Für nicht zu großen Umfang n und kleines k, etwa für ein kategoriales Merkmal mit k Kategorien, können die Häufigkeiten von Hand mit einer Strichliste bestimmt werden. Die Häufigkeiten $h_1, \ldots, h_k$ bzw. $f_1, \ldots, f_k$ faßt man in einer Häufigkeitstabelle zusammen. Wir bezeichnen die Ausprägungen $a_1, \ldots, a_k$ zusammen mit den Häufigkeiten als *Häufigkeitsdaten.*

Beispiel 2.1 **Absolventenstudie**

Für die Variable D "Ausrichtung der Diplomarbeit" ist die Urliste durch die entsprechende Spalte von Tabelle 1.1 (Seite 2) gegeben.

Person i	1	2	3	4	5	6	7	8	9	10	11	12
Variable D	3	4	4	3	4	1	3	4	3	4	4	3

Person i	13	14	15	16	17	18	19	20	21	22	23	24
Variable D	2	3	4	3	4	4	2	3	4	3	4	2

Person i	25	26	27	28	29	30	31	32	33	34	35	36
Variable D	4	4	3	4	3	3	4	2	1	4	4	4

Die $k = 4$ verschiedenen Ausprägungen sind 1 (empirisch-Primärerhebung), 2 (empirisch-Sekundäranalyse), 3 (empirisch-qualitativ), 4 (theoretisch-Literaturarbeit). Die Häufigkeiten können in Form einer *Strichliste* (Abbildung 2.1) notiert werden. Die Strichliste vermittelt zugleich einen einfachen optischen Eindruck der Häufigkeitsverteilung der Variable. *Strichliste*

primär	1	||
sekundär	2	||||
qualitativ	3	||||| ||||| ||
theoretisch	4	||||| ||||| ||||| |||

ABBILDUNG 2.1: Strichliste für die Variable D "Ausrichtung der Diplomarbeit"

An der Strichliste wird bereits deutlich, daß bevorzugt Literaturarbeiten geschrieben werden, während insbesondere empirische Arbeiten, bei denen eigens Daten erhoben werden, die Ausnahme bilden. Dies ist nur bei zwei von den 36 Diplomarbeiten der Fall, also bei 5.6 %, während 18 von 36 Arbeiten, also die Hälfte, Literaturarbeiten sind. Diese Information findet sich komprimiert in der folgenden Häufigkeitstabelle 2.1.

Ausprägung	absolute Häufigkeit h	relative Häufigkeit f
1	2	$2/36 = 0.056$
2	4	$4/36 = 0.111$
3	12	$12/36 = 0.333$
4	18	$18/36 = 0.500$

TABELLE 2.1: Häufigkeitstabelle für die Variable D "Ausrichtung der Diplomarbeit" □

In vielen Erhebungen ist der Umfang n deutlich größer, so daß das Abzählen der Häufigkeiten sinnvollerweise mit Hilfe eines Computers erfolgt. Die sich daraus ergebenden Häufigkeitstabellen sind jedoch im Prinzip genauso erstellt; man vergleiche etwa die Tabelle 1.3 (Seite 5) zur Sonntagsfrage in Beispiel 1.3 (Seite 4). Die unterschiedlichen relativen Häufigkeiten für Frauen und Männer scheinen darauf hinzuweisen, daß die Parteipräferenz vom Geschlecht abhängt. Da es sich bei der Erhebung um eine Stichprobe von 931 Befragten handelt, entsteht jedoch die Frage, ob dies nur für die Stichprobe gilt, also zufällig ist, oder ob dies auch für die Grundgesamtheit zutrifft, also "statistisch signifikant ist". Diese Frage läßt sich erst mit Hilfe von Methoden der induktiven Statistik klären.

In anderen Fällen, insbesondere für metrische stetige oder quasi-stetige Merkmale, ist es oft nicht möglich, die Urliste zu einer deutlich kleineren Menge $a_1, \ldots , a_k$ von Werten zu komprimieren. Die Beschreibung der Daten durch eine Häufigkeitstabelle bringt dann keinen Vorteil. In solchen Fällen kann es zweckmäßig und wünschenswert sein, die Daten der Urliste durch Bildung geeigneter *Klassen* zu gruppieren (vgl. Abschnitt1.3.2) und eine Häufigkeitstabelle für die *gruppierten Daten* zu erstellen. *Klassenbildung* *gruppierte Daten*

Beispiel 2.2 **Nettomieten**

Wir greifen aus dem gesamten Datensatz die Wohnungen ohne zentrale Warmwasserversorgung und mit einer Wohnfläche von höchstens 50 qm heraus. Die folgende Urliste zeigt, bereits der Größe nach geordnet, die Nettomieten dieser $n = 26$ Wohnungen:

127.06	172.00	194.10	217.30	226.74	228.74	238.04
248.86	272.06	337.74	347.94	349.57	349.85	373.81
375.74	378.40	383.05	394.97	426.91	443.40	466.84
467.88	533.11	539.28	560.21	676.74		

Da alle Werte verschieden sind, ist hier $k = n$ und $\{x_1, \ldots, x_n\} = \{a_1, \ldots, a_k\}$. Die relativen Häufigkeiten h_j, $j = 1, \ldots, 26$, sind somit alle gleich $1/26 = 0.0385$.

Gruppiert man die Urliste in 6 Klassen mit gleicher Klassenbreite von 100 DM, so erhält man folgende Häufigkeitstabelle:

Klasse	absolute Häufigkeit	relative Häufigkeit
$100 < \ldots \leq 200$	3	$3/26 = 0.115$
$200 < \ldots \leq 300$	6	$6/26 = 0.230$
$300 < \ldots \leq 400$	9	$9/26 = 0.346$
$400 < \ldots \leq 500$	4	$4/26 = 0.153$
$500 < \ldots \leq 600$	3	$3/26 = 0.115$
$600 < \ldots \leq 700$	1	$1/26 = 0.038$

TABELLE 2.2: Häufigkeiten für gruppierte $n = 26$ Nettomieten □

Eine Gruppierung von Originaldaten kann auch aus Datenschutzgründen notwendig sein, etwa wenn die Kredithöhen in Beispiel 1.4 (Seite 5) nicht durch den genauen Betrag, sondern in gruppierter Form wie in Tabelle 1.4 (Seite 6) ausgewiesen werden. Ebenso kann es zweckmäßig sein, ein metrisches Merkmal bereits in gruppierter Form zu erheben, um Antwortverweigerungen oder -verzerrungen zu vermeiden, indem man nicht nach dem genauen Einkommen oder Alter fragt, sondern nur nach Einkommens- oder Altersgruppen.

2.1.2 Graphische Darstellungen

Stab- und Kreisdiagramme

Die bekanntesten Darstellungsformen kategorialer oder diskreter Merkmale sind Stab-, Säulen-, Balken- und Kreisdiagramme. Sie sind vor allem angebracht, wenn die Anzahl k der verschiedenen Merkmalsausprägungen klein ist. Darüber hinaus gibt es natürlich weitere optisch ansprechende Möglichkeiten, insbesondere in Form von Farbgraphiken.

Bei einem *Stabdiagramm* werden auf der horizontalen Achse die Ausprägungen des Merkmals abgetragen und auf der vertikalen die absoluten (relativen) Häufigkeiten der jeweiligen Ausprägungen in Form eines Stabes. Ein *Säulendiagramm* ist eine optische Modifikation des Stabdiagramms. Es werden lediglich die Stäbe durch Rechtecke ersetzt, die mittig über die Ausprägungen gezeichnet werden und nicht aneinander stoßen sollten. Das *Balkendiagramm* ergibt sich als weitere Variante direkt aus dem Säulendiagramm, indem man die Ausprägungen auf der vertikalen Achse abträgt. Eine weitere beliebte Darstellungsform ist das *Kreisdiagramm*, bei dem der Winkel, der den Kreisausschnitt einer Kategorie oder Ausprägung festlegt, proportional zur absoluten (relativen) Häufigkeit ist. Damit ist natürlich auch die Fläche des Kreissektors proportional zur Häufigkeit.

Stabdiagramm

Säulendiagramm

Balkendiagramm

Kreisdiagramm

Stabdiagramm, Säulen- und Balkendiagramm

Stabdiagramm: Trage über $a_1, \dots, a_k$ jeweils einen zur x-Achse senkrechten Strich (Stab) mit Höhe $h_1, \dots, h_k$ (oder $f_1, \dots, f_k$) ab.

Säulendiagramm: wie Stabdiagramm, aber mit Rechtecken statt Strichen.

Balkendiagramm: wie Säulendiagramm, aber mit vertikal statt horizontal gelegter x-Achse.

Kreisdiagramm

Flächen der Kreissektoren proportional zu den Häufigkeiten:
Winkel des Kreissektors $j = f_j \cdot 360°$.

Absolventenstudie

Beispiel 2.3

Für die Variable "Ausrichtung der Diplomarbeit" erhält man die Diagramme der Abbildung 2.2. Alle Diagramme zeigen deutlich die unterschiedliche Präferenz bei der Ausrichtung der geschriebenen Diplomarbeiten. Das Kreisdiagramm ist optisch sehr ansprechend. Es ermöglicht jedoch i.a. nicht ein direktes Ablesen der relativen bzw. absoluten Häufigkeiten, wie es beim Stab-, Säulen- oder Balkendiagramm der Fall ist. In diesem Beispiel wurden an den Rändern des Kreisdiagramms die absoluten Häufigkeiten mit angegeben. □

Wie unmittelbar ersichtlich wird, sind diese Darstellungsformen nur geeignet, wenn die Anzahl k der möglichen Ausprägungen nicht zu groß ist. Für metrische Merkmale mit vielen verschiedenen Werten werden die Säulen-, Balken- und Kreisdiagramme sehr unübersichtlich, aber auch das Stabdiagramm wird weniger günstig. Für die Nettomieten aus Beispiel 2.2 erhält man das Stabdiagramm in Abbildung 2.3.

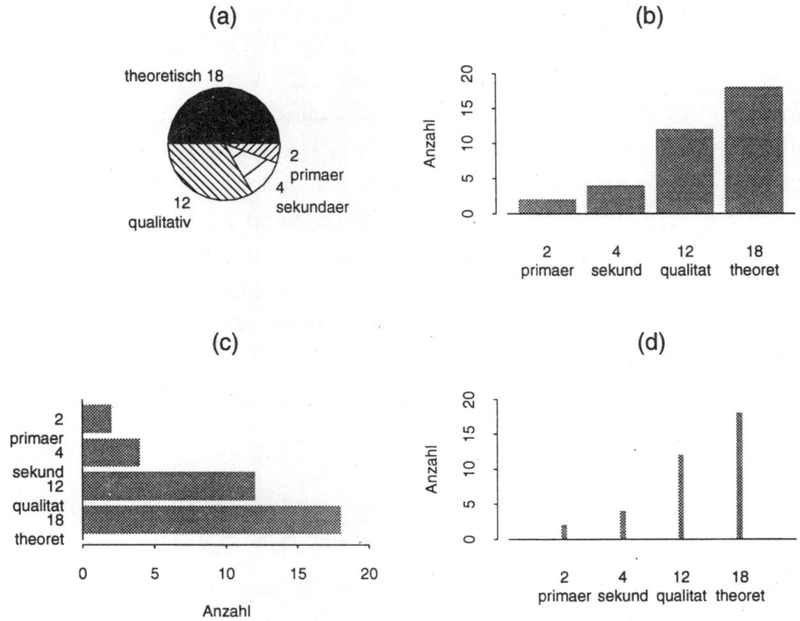

ABBILDUNG 2.2: (a) Kreis–, (b) Säulen–, (c) Balken– und (d) Stabdiagramm für das Merkmal "Ausrichtung der Diplomarbeit" von 36 Absolventen

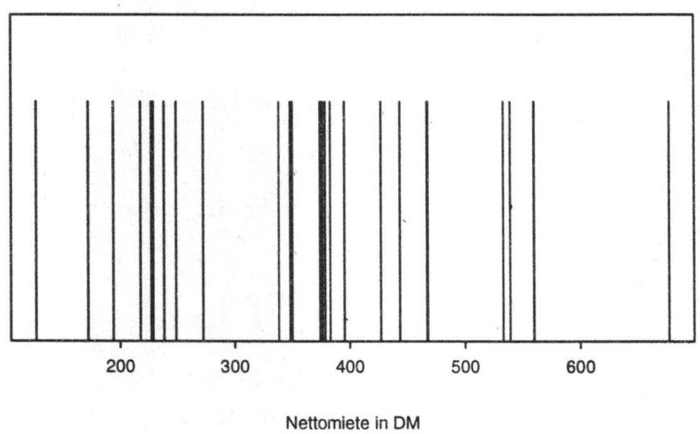

ABBILDUNG 2.3: Stabdiagramm der Nettomieten von 26 Wohnungen kleiner als 51 qm, ohne Zentralheizung und ohne Warmwasser

Man erkennt hier zwar noch, wo die Daten dichter zusammenliegen, aber ansonsten ist das Bild wenig informativ. In dem Stabdiagramm für die Stichprobe der 1082 Wohnungen in Abbildung 2.4 sieht man in weiten Bereichen statt der Stäbe nur noch schwarze Flächen. Für solche Daten sind deshalb andere Darstellungen besser geeignet.

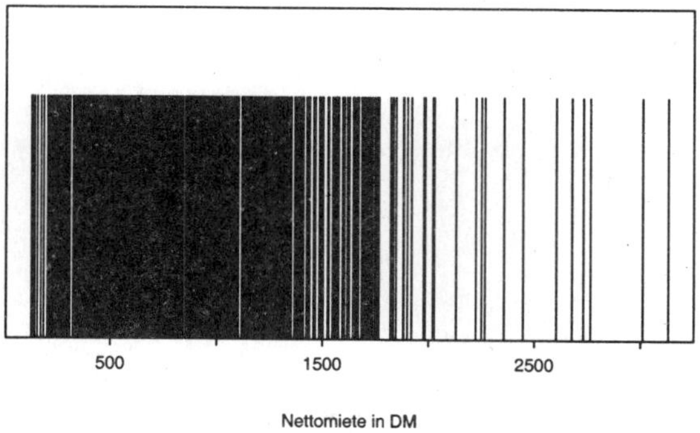

ABBILDUNG 2.4: Stabdiagramm der Nettomieten von 1082 Wohnungen

Zwei einfache Darstellungsformen für metrische Merkmale mit vielen Ausprägungen sind das Stamm-Blatt-Diagramm und das Histogramm. Weitere Möglichkeiten werden in den Abschnitten 2.1.3 (empirische Verteilungsfunktion), 2.2.2 (Box-Plots) und 2.4.1 (Dichtekurven) behandelt.

Stamm-Blatt-Diagramme

Das *Stamm-Blatt-Diagramm* ("Stem-leaf display") ist eine semigraphische Darstellungsform für metrische Merkmale, die für mittleren Datenumfang auch per Hand zu bewältigen ist. *Stamm-Blatt-Diagramm*

Wir erklären das Konstruktionsprinzip zunächst am Beispiel der $n = 26$ Nettomieten von Beispiel 2.2 (Seite 32). Beim Stamm-Blatt-Diagramm arbeitet man in der Regel mit gerundeten Daten. Wir streichen zunächst die Stellen nach dem Komma und erhalten die gerundete Urliste

127	172	194	217	226	228	238
248	272	337	347	349	349	373
375	378	383	394	426	443	466
467	533	539	560	676		

Anschließend wird der sogenannte *Stamm* definiert, d.h. eine vertikale Liste geordneter Zahlen, in der jede Zahl die erste(n) Ziffer(n) von Werten in den zugehörigen Klassen enthält. Im Beispiel wählen wir als Klassen Intervalle der Breite 100 und als Klassengrenzen die Zahlen $100, 200, \dots, 600, 700$. Der Stamm enthält dann die Ziffern $1, \dots, 6$ wie in Abbildung 2.5. Um die *Blätter* des Stammes zu erhalten, rundet man nun die Beobachtungen auf die Stelle, die nach den Ziffern des Stammes folgt. Im Beispiel runden wir 127 zu 130, 172 zu 170, 676 zu 680. Die so für diese Stelle erhaltenen Ziffern trägt man als Blätter rechts von den zugehörigen Ziffern des Stamms zeilenweise und der Größe nach geordnet ab. Die Blätter 3 und 7 der ersten Zeile ergeben sich so aus den zweiten Ziffern der gerundeten Nettomieten 130 und 172. Auf *Stamm* *Blätter* diese Weise entsteht aus der Urliste der $n = 26$ Nettomieten das Stamm-Blatt-Diagramm in Abbildung 2.5.

$$\text{Einheit } 1 \mid 3 = 130$$

1	379
2	233457
3	455578889
4	3477
5	346
6	8

ABBILDUNG 2.5: Stamm–Blatt–Diagramm der Nettomieten von 26 "kleinen" Wohnungen ohne Warmwasserversorgung

Zusätzlich sollte noch die Einheit angegeben werden, z.B. in der Form $1|3 = 130$, um ein Rückrechnen zu ermöglichen.

Für größere Datensätze kann es zweckmäßig sein, die Zeilen aufzuteilen. Die Zahlen des Stamms erscheinen dabei zweimal. Auf jeder zugehörigen oberen Zeile werden dann die Blätter 0 bis 4 und auf der unteren die Blätter 5 bis 9 eingetragen, vergleiche dazu Abbildung 2.6. Die einzelnen Zeilen entsprechen jetzt Intervallen der Breite 50 statt 100.

Allgemein läßt sich das Konstruktionsprinzip so beschreiben:

Stamm-Blatt-Diagramm

Schritt 1: Teile den Datenbereich in Intervalle gleicher Breite $d = 0.5$ oder 1 mal einer Potenz von 10 ein. Trage die erste(n) Ziffer(n) der Werte im jeweiligen Intervall links von einer senkrechten Linie der Größe nach geordnet ein. Dies ergibt den *Stamm*.
Schritt 2: Runde die beobachteten Werte auf die Stelle, die nach den Ziffern des Stamms kommt. Die resultierenden Ziffern ergeben die *Blätter*. Diese werden zeilenweise und der Größe nach geordnet rechts vom Stamm eingetragen.

Faustregel

Bei der Wahl der Intervallbreite wird man versuchen, das Stamm-Blatt-Diagramm so übersichtlich wie möglich zu gestalten und andererseits möglichst wenig Information durch Rundung zu verlieren. Man kann sich auch an *Faustregeln für die Zahl* der Zeilen orientieren. Eine übliche Faustregel ist

$$\text{Anzahl der Zeilen} \approx 10 \ln_{10}(n) \,.$$

Die Anzahl der Zeilen in den Beispielen 2.4 und 2.5 entspricht in etwa dieser Faustregel.

Nettomieten

Beispiel 2.4

Für die Teilstichprobe von $n = 271$ Wohnungen mit einer Wohnfläche von höchstens 50 qm, egal ob mit oder ohne Warmwasserversorgung, wählen wir als Intervallbreite $d = 50$.

Einheit 1 | 3 = 130

1	33
1	67
2	01123344
2	5777
3	0233444444
3	55555556666678888999
4	11111112222222333333444444
4	55555556677777777788888888899999
5	00001111112222233333444444
5	5566666666677778888888889999999
6	000000011112333444
6	55556666666777778 99
7	00001111111223333444
7	5556666777888
8	000001122334
8	55566799
9	0022233
9	5579
10	00233
10	7
11	34
11	58
12	24
13	
13	5
14	0

ABBILDUNG 2.6: Stamm–Blatt–Diagramm der Nettomieten von 271 "kleinen" Wohnungen

Damit treten die Zahlen $1, 2, \ldots$ usw. des Stammes zweimal auf. Die erste Zeile enthält die Blätter 0 bis 4, die zweite Zeile die Blätter 5 bis 9. Man erkennt daraus die Form der Häufigkeitsverteilung mit einer leichten Unsymmetrie und einer Häufung von Nettomieten um 500 DM recht gut. □

Im folgenden Beispiel zeigt das Stamm-Blatt-Diagramm noch mehr Auffälligkeiten.

Beispiel 2.5

Zinssätze

Die Abbildung 2.7 zeigt die Monatsmittel der Zinsen (in Prozent) deutscher festverzinslicher Wertpapiere mit einjähriger Laufzeit im Zeitraum Januar 1967 bis Januar 1994. Die Zeitreihe weist drei deutliche Phasen einer Hochzinspolitik auf mit einem Maximum zu Beginn der 80er Jahre.

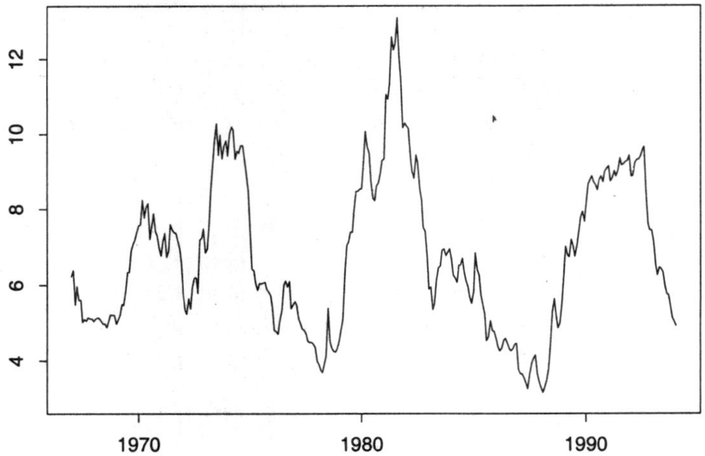

ABBILDUNG 2.7: Zinsen deutscher festverzinslicher Wertpapiere

Das zugehörige Stamm-Blatt-Diagramm (vgl. Abb. 2.8) zeigt ein entsprechendes Muster mit einem Maximum von Zinssätzen um ca. 5 %, einer weiteren Häufung von Zinssätzen um ca. 9 % (Hochzinsphase) und einigen wenigen sehr hohen Zinssätzen, die man als "Ausreißer" bezeichnen kann. Im Vergleich zur graphischen Darstellung der Zinsen als Zeitreihe geht hier jedoch deutlich Information verloren: Der zeitliche Einfluß ist nicht mehr erkennbar. □

Histogramme

Stamm-Blatt-Diagramme besitzen den Vorteil, daß sie – bis auf Rundung – die Werte der Urliste enthalten und somit einen guten Einblick in die Datenstruktur für explorative Analysen ermöglichen. Für große Datensätze werden sie jedoch unübersichtlich und lassen sich nicht mehr auf Papier oder Bildschirm präsentieren. Es ist dann zweckmäßig, die Daten zu gruppieren und die resultierende Häufigkeitstabelle durch ein *Histogramm* zu visualisieren.

Histogramm

Wir gehen dabei von einem zumindest ordinalskalierten Merkmal aus, das in vielen Ausprägungen vorliegt. Für die *Gruppierung* (vgl. Abschnitt 1.3) wählt man als *Klassen* benachbarte Intervalle

Gruppierung
Klassen

$$[c_0, c_1), [c_1, c_2), \ldots, [c_{k-1}, c_k).$$

Einheit 3 | 2 = 0.032

3	23334
3	55566667788999
4	0011223333333444
4	555555555566677888888999
5	00000000011111111111112222222333344444
5	5555555556666677777888889999999
6	000000111111222222333333444444
6	5555567777788888899999999
7	0000011112222222344444444444
7	555555666678899
8	001222234
8	5555555666777778888899999
9	000001122222333333333344444444
9	55567777788
10	0011122233
10	9
11	13
11	5
12	024
12	6
13	1

ABBILDUNG 2.8: Stamm-Blatt-Diagramm der Zinsen

Es wäre nun möglich, über den Klassen in der Art des Säulendiagramms die jeweilige absolute bzw. relative Häufigkeit aufzutragen. Dabei treten jedoch unerwünschte Effekte auf. Verdoppelt man beispielsweise die Breite des rechten Randintervalls $[c_{k-1}, c_k)$ durch Hinzunahme der rechts davon liegenden Werte, bleibt die Häufigkeit in diesem Intervall f_k unverändert. Der optische Eindruck bei einem breiteren Randintervall würde jedoch eine wesentlich größere Häufigkeit suggerieren, da die Breite des Intervalls und damit des darüberliegenden Rechtecks doppelt soviel Fläche aufweist wie das entsprechende Rechteck des ursprünglichen Intervalls.

Da das Auge primär die Fläche der Rechtecke bzw. Säulen wahrnimmt, wird das Histogramm so konstruiert, daß die Fläche über den Intervallen gleich oder proportional zu den absoluten bzw. relativen Häufigkeiten ist. Aus der Beziehung "Fläche = Breite × Höhe" und der *Klassenbreite* $d_j = c_j - c_{j-1}$ ergibt sich die abzutragende Höhe gleich oder proportional *Klassenbreite* zu h_j/d_j bzw. f_j/d_j.

Histogramm

Zeichne über den Klassen $[c_0, c_1), \ldots, [c_{k-1}, c_k)$ Rechtecke mit

Breite:	$d_j = c_j - c_{j-1}$
Höhe:	gleich (oder proportional zu) h_j/d_j bzw. f_j/d_j
Fläche:	gleich (oder proportional zu) h_j bzw. f_j

Prinzip der Flächentreue

Das Histogramm ist damit so konstruiert, daß es dem *Prinzip der Flächentreue* folgt, d.h. die dargestellten Flächen sind direkt proportional zu den absoluten bzw. relativen Häufigkeiten. Zu bemerken ist, daß die prinzipielle Darstellungsform nicht davon abhängt, ob die Intervalle als rechtsoffen oder als linksoffen gewählt werden.

Falls möglich und sinnvoll, sollten die Klassenbreiten d_j gleich groß sein. Dann kann man als Höhe der Rechtecke auch die absoluten oder – wie in den Abbildungen 2.9 bis 2.16 – die relativen Häufigkeiten wählen. Ferner sollten offene Randklassen vermieden werden. Wie man auch an einigen der folgenden Beispiele sehen kann, wird die resultierende Darstellung insbesondere durch die Klassenbreite und damit die Anzahl der Intervalle und den Anfangspunkt c_0 bestimmt. Bei sehr kleiner Klassenbreite geht durch die Gruppierung wenig von der ursprünglichen Information der Urliste verloren. Dafür erhält man unruhige Histogramme, die im Extremfall dem Stabdiagramm ähnlich werden. Mit wachsender Klassenbreite wird das Histogramm weniger Sprünge aufweisen, im Extremfall – wenn alle Daten in einer Klasse maximaler Breite liegen – erhält man jedoch nur noch ein einziges Rechteck, das wenig über die Daten aussagt. Für die *Anzahl von Klassen* und damit für die *Wahl der Klassenbreite* existieren *Faustregeln*, also Empfehlungen, etwa $k = [\sqrt{n}]$, $k = 2[\sqrt{n}]$ oder $k = [10 \log_{10} n]$ zu wählen. Neben diesen Faustregeln wird aber der subjektive optische Eindruck, den das Histogramm vermittelt, über die Klassenbreiten entscheiden.

Klassenzahl
Klassenbreite
Faustregeln

Beispiel 2.6 **Absolventenstudie**

Will man etwa die Häufigkeitsverteilung des Merkmals "Studiendauer in Semestern" der Absolventenliste in einer Abbildung darstellen, so bietet sich hier ein Histogramm an. Es sind in der folgenden Abbildung 2.9 $\sqrt{n} = \sqrt{36} = 6$ Klassen gewählt worden, die jeweils gleich breit mit einer Klassenbreite von zwei Semestern sind. Die erste Klasse umfaßt die Semester 7 und 8. Im Histogramm ist das zugehörige Rechteck über der Klassenmitte 7.5 mit Klassengrenzen 6.5 und 8.5 eingezeichnet. Entsprechend sind die anderen Klassen konstruiert. Deutlich erkennt man, daß die meisten Studierenden ihr Studium erst nach 13 oder 14 Semestern abgeschlossen haben.

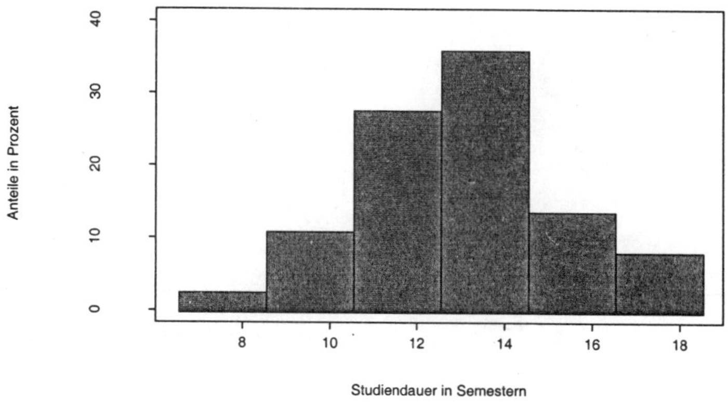

ABBILDUNG 2.9: Histogramm der Studiendauer von 36 Absolventen □

Nettomieten

Beispiel 2.7

Abbildung 2.10 ist das zur Tabelle 2.2 (Seite 32) gehörende Histogramm für die Nettomieten der 26 Wohnungen ohne Warmwasser und Wohnfläche bis zu 50 qm und entspricht dem Stamm-Blatt-Diagramm von Abbildung 2.5 (Seite 36).

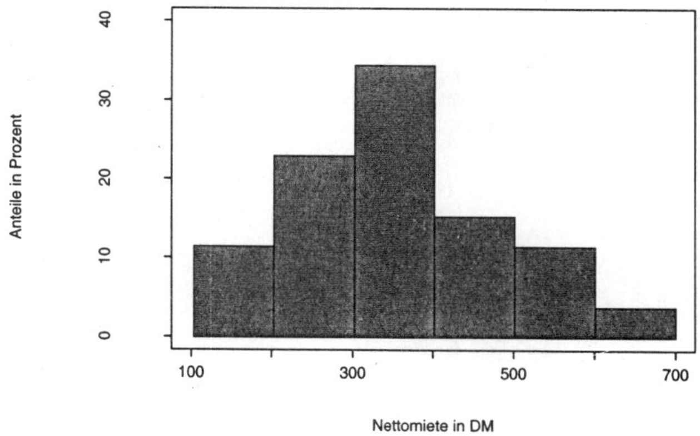

ABBILDUNG 2.10: Histogramm der Nettomieten von 26 "kleinen Wohnungen" ohne Warmwasserversorgung

Interessanter ist die Darstellung der Verteilung der Nettomieten durch Histogramme für den gesamten Datensatz oder für wichtige Schichten daraus. In den Abbildungen 2.11 und 2.12 ist als Klassenbreite jeweils $d = 200$ gewählt. Abbildung 2.11 zeigt das Histogramm für die $n = 1082$ Wohnungen der gesamten Stichprobe. Die Häufigkeiten für Mietpreise sind relativ groß in der Nähe von 700 DM, der Klassenmitte der Klasse mit größter Höhe. Die Häufigkeiten nehmen nach links steiler ab als nach rechts, d.h. die Verteilung ist nicht symmetrisch, sondern schief, genauer: *linkssteil* oder *rechtsschief*.

linkssteil
rechtsschief

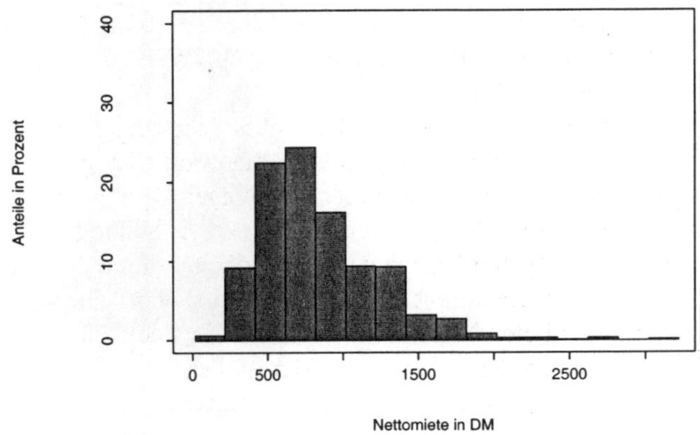

ABBILDUNG 2.11: Histogramm der Nettomieten aller 1082 Wohnungen in der gesamten Stichprobe, Klassenbreite = 200 DM

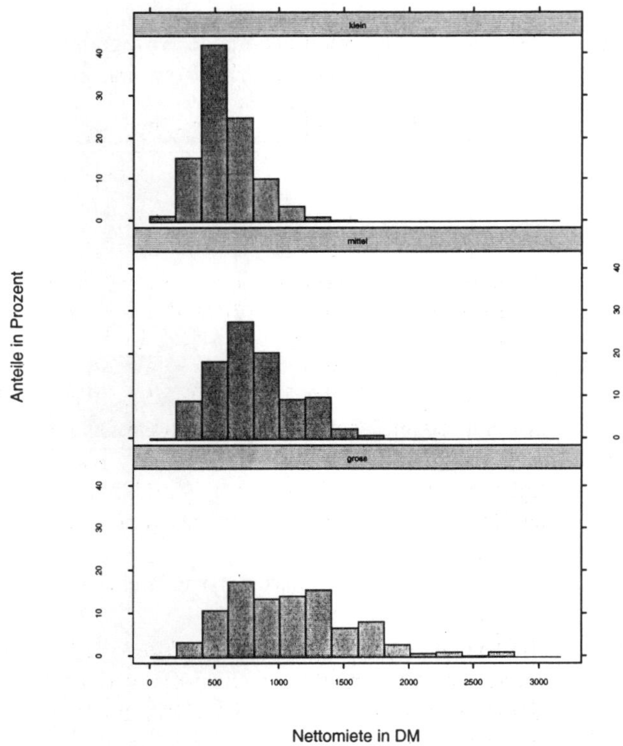

ABBILDUNG 2.12: Histogramme der Nettomieten, nach Wohnungsgröße geschichtet

Das Histogramm vermittelt damit optisch den erwarteten Eindruck: Im höheren Mietpreisbereich streuen die Mieten stärker als im niedrigen Bereich, und die "durchschnittlichen" Mieten liegen dadurch links von der Mitte der Grenzen des Datenbereichs.

Mietpreise werden natürlich am stärksten von der Wohnfläche beeinflußt. Entsprechend der Gruppierung nach Wohnflächen in Tabellenmietspiegeln kann man sich Histogramme für die Teilschichten kleiner ($\leq$ 50qm), mittlerer (51 bis 80 qm) und großer Wohnungen ($\geq$ 81qm) ansehen, um Unterschiede in Lage und Form der Häufigkeitsverteilungen zu erkennen. Aus Abbildung 2.12 ist ersichtlich, daß sich die Verteilungen innerhalb dieser Wohnflächenkategorien nicht nur durch die Lage, sondern auch durch die Form unterscheiden. Insbesondere nimmt mit zunehmender Wohnfläche nicht nur der durchschnittliche Mietpreis zu, sondern die Mieten liegen auch weiter auseinander: Für große Wohnungen verläuft das Histogramm viel flacher und der Datenbereich ist klar größer.

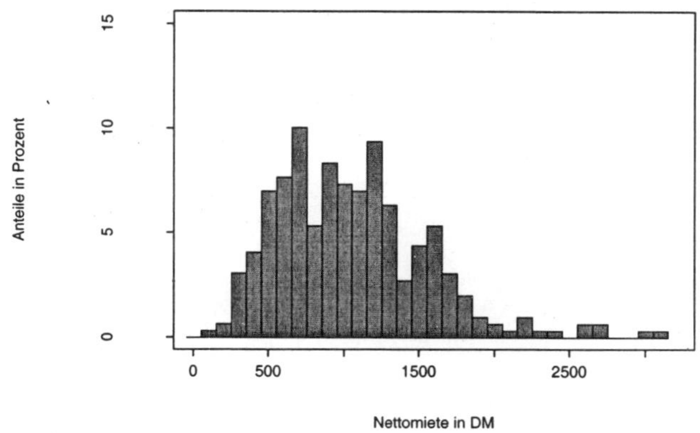

ABBILDUNG 2.13: Histogramm der Nettomieten der "großen" Wohnungen in der Stichprobe, Klassenbreite = 100 DM

Abbildung 2.13 zeigt schließlich, daß die Wahl der Klassenbreite, die hier gleich 100 ist, einen starken Einfluß auf den optischen Eindruck und damit auf die Interpretation ausüben kann. Im Vergleich zu dem entsprechenden unteren Histogramm in Abbildung 2.12 wird das Bild wesentlich unruhiger. Einzelne Spitzen in den Häufigkeiten sind vermutlich eher auf Zufälligkeiten in der Stichprobe als auf systematische Gründe zurückzuführen, die auch für die Grundgesamtheit gelten. □

Aktienrenditen

Beispiel 2.8

Kurse verschiedenster Aktien findet man regelmäßig im Wirtschaftsteil von Tageszeitungen und anderen Veröffentlichungen zum Geschehen am Aktienmarkt. Aus dem Kursverlauf lassen sich unmittelbar die Renditen bestimmen, die mit dem Besitz einer Aktie über einen Zeitraum hinweg verbunden waren. Sowohl für kurz- als auch für langfristige Anlagen ist dabei zunächst von Interesse, wie sich die täglichen Renditen verhalten. Die Betrachtung der Verteilung von Tagesrenditen ist sogar unerläßlich, bevor fundierte Aktienmarktmodelle aufgestellt werden. Aktien, deren Tagesrenditen über einen längeren Zeitraum häufiger einen negativen Wert, d.h. einen Verlust, als einen positiven aufweisen, werden sich nicht

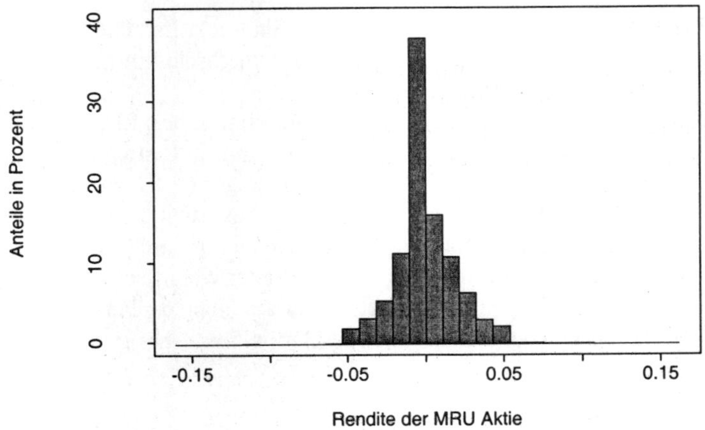

ABBILDUNG 2.14: Histogramm der Tagesrenditen der MRU–Aktie

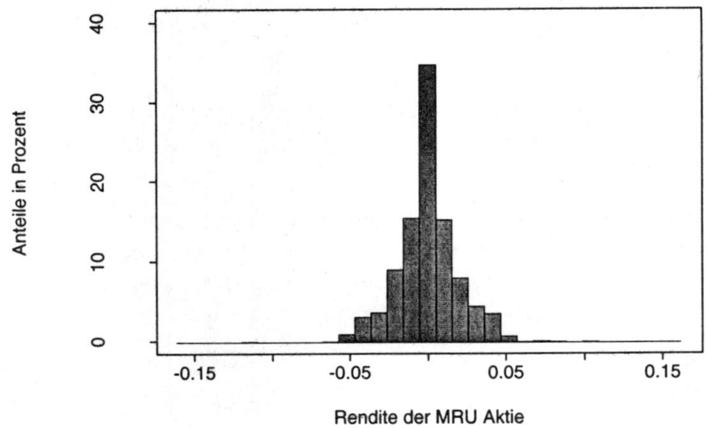

ABBILDUNG 2.15: Histogramm der Tagesrenditen der MRU–Aktie mit einer anderen Klasseneinteilung als in Abbildung 2.14

am Markt behaupten können. Insofern ist zunächst überraschend, daß das Histogramm der Tagesrenditen vom 5. Januar 1981 bis zum 30. Dezember 1993 ($n = 3245$) der Münchener Rückversicherungsaktie in Abbildung 2.14 den Eindurck vermittelt, daß negative Renditen häufiger sind als positive. Die Darstellung von Häufigkeitsverteilungen mit Hilfe von Histogrammen ist jedoch empfindlich gegenüber der Klasseneinteilung: Abbildung 2.15 basierend auf denselben Daten, aber mit einer anderen Wahl der Klassengrenzen, vermittelt das erwartete Bild. Ferner erkennt man hier, daß sich die Tagesrenditen offensichtlich *symmetrisch* um den Nullpunkt verteilen. □

symmetrisch

Altersverteilungen

Beispiel 2.9

Betrachtet man die Verteilung des Merkmals Lebensalter von Personen in einer Stichprobe, so ergibt das zugehörige Histogramm selten ein symmetrisches Bild. Beispielsweise ist in der Magenkarzinomstudie (Beispiel 1.7) der jüngste Patient 30 Jahre alt und der älteste 90 Jahre, aber nur 35 % sind jünger als 61. Die am häufigsten vertretene Altersklasse ist mit 36 % die der 61 bis 70-jährigen (vgl. Abb. 2.16).

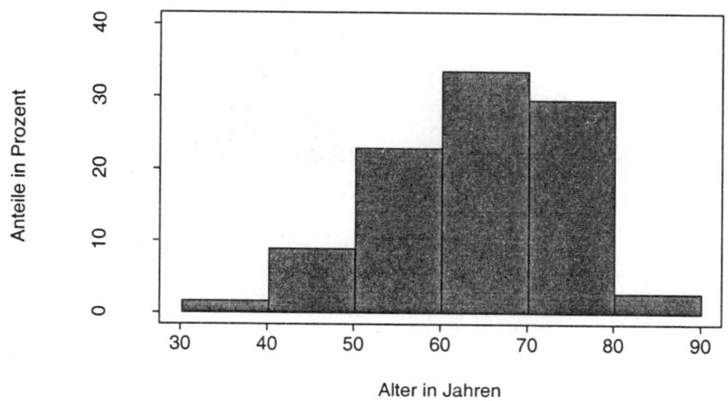

ABBILDUNG 2.16: Histogramm des Lebensalters der Patienten aus der Magenkarzinomstudie

Der steile Abfall im oberen Bereich läßt sich dadurch erklären, daß auch der Anteil der über 80jährigen in der Bevölkerung klein ist, so daß weniger Personen unter dem Risiko stehen, an Magenkrebs zu erkranken. Da das Histogramm in Abbildung 2.16 nach links langsamer abfällt als nach rechts, wird eine Verteilung mit dieser Gestalt als *linksschief* oder *rechtssteil* bezeichnet. □

linksschief
rechtssteil

Die in den Beispielen durch Histogramme dargestellten Arten von Verteilungen besitzen generelle Bedeutung für die Charakterisierung der Form von empirischen Verteilungen. Die folgenden Typisierungen beziehen sich nicht nur auf Histogramme, sondern in entsprechender Weise auf andere Häufigkeitsdarstellungen wie etwa Stab- oder Stamm-Blatt-Diagramme.

Unimodale und multimodale Verteilungen

Viele empirische Verteilungen weisen wie in den Abbildungen 2.9, 2.10 und 2.16 der vorangehenden Beispiele einen Gipfel auf, von dem aus die Häufigkeiten flacher oder steiler zu den Randbereichen hin verlaufen, ohne daß ein zweiter deutlich ausgeprägter Gipfel hervortritt. Solche Verteilungen heißen *unimodal* (eingipfelig). Tritt ein zweiter deutlicher Gipfel auf, wie im Stamm-Blatt-Diagramm (Abbildung 2.8) oder Histogramm der Zinsen (Abbildung 2.17), so heißt die Verteilung *bimodal* (zweigipfelig).

unimodal

bimodal

multimodal

Treten noch mehrere Nebengipfel auf, heißt die Verteilung *multimodal* (mehrgipfelig). Bimodale und multimodale Verteilungen können entstehen, wenn die Daten eines Merkmals unterschiedlichen Teilgesamtheiten entstammen, aber in der Darstellung zusammengemischt

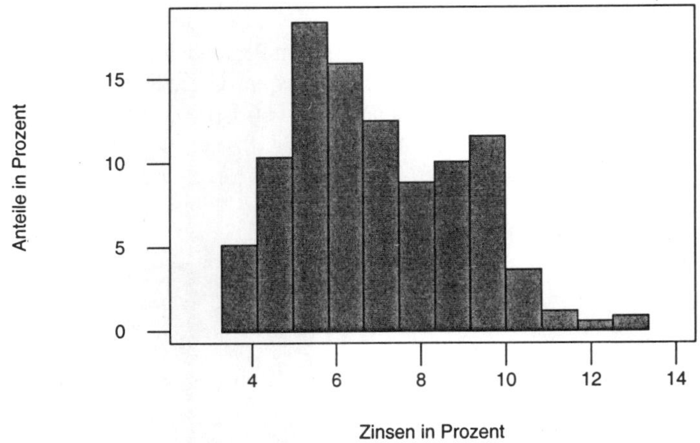

ABBILDUNG 2.17: Das Histogramm der Zinssätze zeigt eine bimodale Verteilung

werden. So könnte man für das Zinsbeispiel eine Teilgesamtheit "üblicher Zinsen" und eine Teilgesamtheit "Hochzinsphasen" unterscheiden. Bimodale und multimodale Verteilungen erfordern daher eine besonders sorgfältige Interpretation.

Symmetrie und Schiefe

symmetrisch

Eine Verteilung heißt *symmetrisch*, wenn es eine Symmetrieachse gibt, so daß die rechte und die linke Hälfte der Verteilung wie in Abbildung 2.18(b) annähernd zueinander spiegelbildlich sind. Exakte Symmetrie ist bei empirischen Verteilungen selten gegeben. Deutlich unsymmetrische Verteilungen heißen *schief*. Eine Verteilung ist *linkssteil* (oder *rechtsschief*), wenn der überwiegende Anteil von Daten linksseitig konzentriert ist. Dann fällt wie in Abbildung 2.18(a) die Verteilung nach links deutlich steiler und nach rechts langsamer ab. Entsprechend heißt eine Verteilung *rechtssteil* (oder *linksschief*), wenn wie in Abbildung 2.18(c) die Verteilung nach rechts steiler und nach links flacher abfällt.

schief
linkssteil
rechtsschief
rechtssteil
linksschief

2.1.3 Kumulierte Häufigkeitsverteilung und empirische Verteilungsfunktion

Die empirische Verteilungsfunktion beantwortet die Fragestellung "Welcher Anteil der Daten ist kleiner oder gleich einem interessierenden Wert x?". Diese Frage ist natürlich nur dann sinnvoll, wenn die Relationen "kleiner" bzw. "kleiner/gleich" sinnvoll sind, d.h. wenn zumindest eine Ordinalskala vorliegt. Um die Frage zu beantworten, bildet man die bis zur Schranke x *aufsummierten* absoluten oder relativen Häufigkeiten.

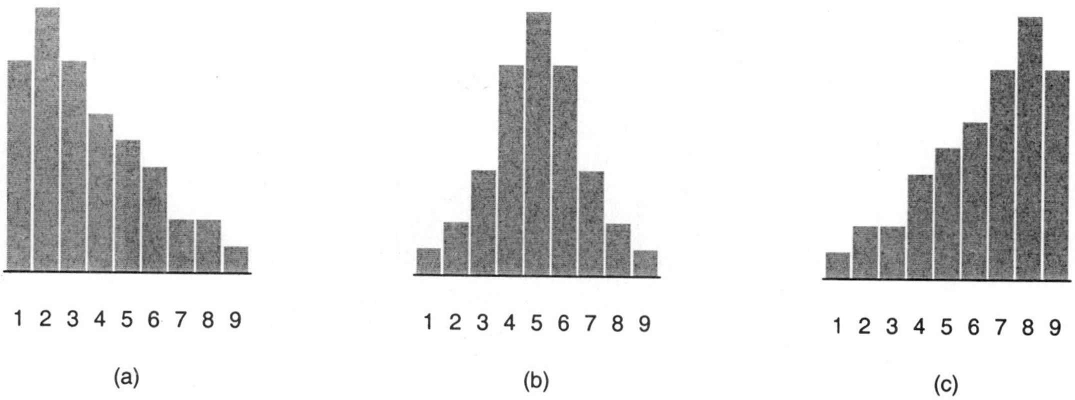

ABBILDUNG 2.18: Eine linkssteile (a), symmetrische (b) und rechtssteile Verteilung (c)

Die *absolute kumulierte Häufigkeitsverteilung* eines Merkmals X erhält man folgendermaßen: Für jede vorgegebene Zahl $x \in \mathbb{R}$ bestimmt man die Anzahl von Beobachtungswerten, die kleiner oder gleich x sind. Die sich ergebende Funktion

absolute kumulierte Häufigkeitsverteilung

$$H(x) = \text{Anzahl der Werte } x_i \text{ mit } x_i \leq x\,,$$

ist die absolute kumulierte Häufigkeitsverteilung des Merkmals X. Mit den Ausprägungen $a_1 < \ldots < a_k$ und deren Häufigkeiten läßt sich $H(x)$ in der Form

$$H(x) = h(a_1) + \ldots + h(a_j) = \sum_{i:a_i \leq x} h_i$$

schreiben. Dabei ist a_j die größte Ausprägung, für die noch $a_j \leq x$ gilt, so daß also $a_{j+1} > x$ ist.

In der Regel wird jedoch die *relative kumulierte Häufigkeitsverteilung* oder *empirische Verteilungsfunktion* verwendet, bei der relative statt absolute Häufigkeiten aufsummiert werden. Das Adjektiv empirisch soll verdeutlichen, daß diese Verteilungsfunktion aus konkreten Daten berechnet wird, und somit den Unterschied zum entsprechenden Begriff für Zufallsvariablen (Kapitel 5) anzeigen.

relative kumulierte Häufigkeitsverteilung

Empirische Verteilungsfunktion

$$F(x) = H(x)/n = \text{Anteil der Werte } x_i \text{ mit } x_i \leq x$$

bzw.

$$F(x) = f(a_1) + \ldots + f(a_j) = \sum_{i:a_i \leq x} f_i$$

wobei $a_j \leq x$ und $a_{j+1} > x$ ist.

Treppenfunktion

Beide Funktionen sind monoton wachsende *Treppenfunktionen*, die an den Ausprägungen $a_1, \ldots, a_k$ um die entsprechende absolute bzw. relative Häufigkeit nach oben springen. Dabei ist an den Sprungstellen der obere Wert, d.h. die Treppenkante, der zugehörige Funktionswert und die Funktion somit rechtsseitig stetig. Die Funktionen $H(x)$ bzw. $F(x)$ sind gleich 0 für alle $x < a_1$ und gleich n bzw. 1 für $x \geq a_k$.

Beispiel 2.10 **Absolventenstudie**

Abbildung 2.19 zeigt die empirische Verteilungsfunktion für das Merkmal "Studiendauer in Semestern". Greift man auf der x-Achse etwa den Wert "12" heraus, so läßt sich der dazugehörige Wert auf der y-

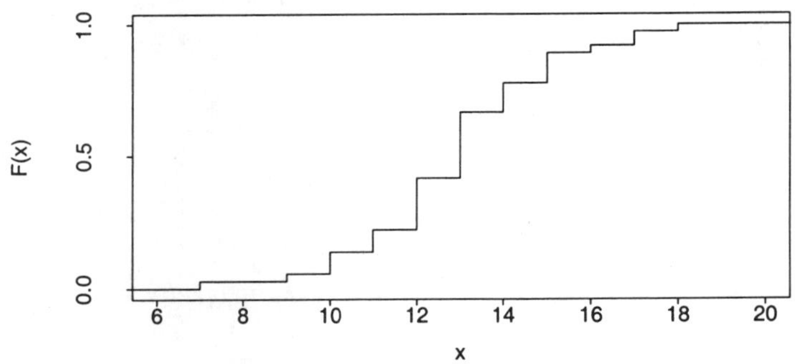

ABBILDUNG 2.19: Empirische Verteilungsfunktion der Studiendauer von 36 Absolventen

Achse von 0.42 wie folgt interpretieren: 42 % der 36 Absolventen haben höchstens 12 Semester studiert, oder anders formuliert: Die Studiendauer ist bei 42 % der 36 Absolventen kleiner oder gleich 12. Dabei entspricht die letztere Formulierung gerade derjenigen, mit der die Betrachtung der empirischen Verteilungsfunktion motiviert wurde.

a_j	7	8	9	10	11	12	13	14	15	16	17	18
$h(a_j)$	1	0	1	3	3	7	9	4	4	1	2	1
$H(a_j)$	1	1	2	5	8	15	24	28	32	33	35	36
$F(a_j)$	0.03	0.03	0.06	0.14	0.22	0.42	0.67	0.78	0.89	0.92	0.97	1.0

□

Die empirische Verteilungsfunktion eignet sich auch zur graphischen Darstellung der Häufigkeitsverteilungen von metrischen Merkmalen, bei denen viele oder alle Beobachtungswerte unterschiedlich sind, ohne daß die Daten vorher gruppiert werden. Es ist jedoch auch möglich, zum Histogramm gruppierter Daten eine geeignete Verteilungsfunktion zu konstruieren. Wegen der geringeren Bedeutung gehen wir darauf nicht ein.

Nettomieten **Beispiel 2.11**

Für die Teilstichprobe der Wohnungen ohne Warmwasserversorgung und Wohnfläche kleiner gleich 50 qm ergibt sich die dem Stabdiagramm der Abbildung 2.3 entsprechende empirische Verteilungsfunktion in Abbildung 2.20.

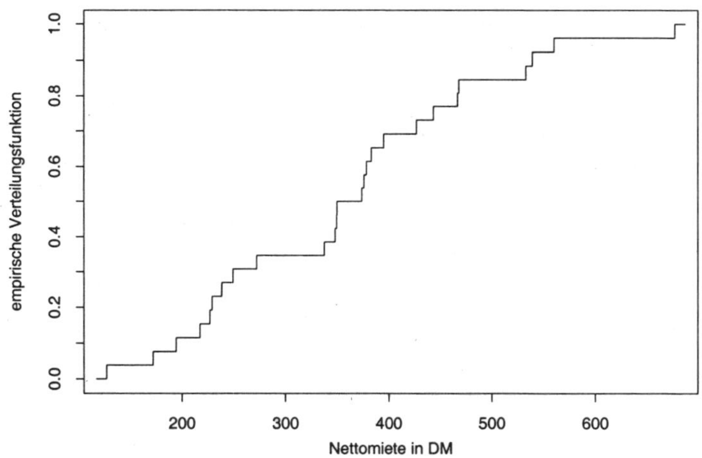

ABBILDUNG 2.20: Empirische Verteilungsfunktion der Nettomieten von 26 "kleinen" Wohnungen ohne Warmwasserversorgung

Am Funktionsverlauf läßt sich die Gestalt der Verteilung erkennen: Dort wo die Funktion stark ansteigt liegen die Mietpreise dicht zusammen, d.h. die Daten sind dort "dichter", während in Bereichen mit flachem Funktionsverlauf wenig Mietpreise liegen, d.h. die Daten liegen dort weiter auseinander oder sind "dünn".

Ein Vorteil der empirischen Verteilungsfunktion ist, daß die graphische Darstellung mit zunehmendem Datenumfang n glatter wird. Die sprunghafte Treppenfunktion geht über in eine für das Auge fast stetige, monoton wachsende Verteilungsfunktion. Dies zeigt sich deutlich für die in Abbildung 2.21 wiedergegebene empirische Verteilungsfunktion der Nettomieten aus der gesamten Mietspiegelstichprobe.

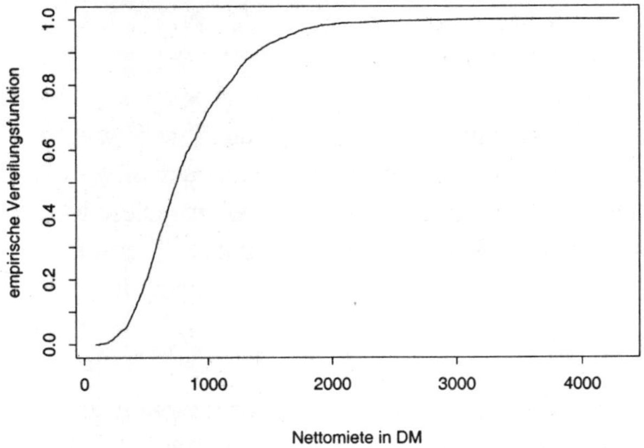

ABBILDUNG 2.21: Empirische Verteilungsfunktion der Nettomieten aller 1082 Wohnungen

Die Interpretation ist analog wie oben. Im Vergleich zu den Histogrammen der gruppierten Daten fällt es etwas schwerer, die Schiefe der Verteilung zu beurteilen. Dafür wird der subjektive Einfluß der Klassenbildung vermieden. □

Beispiel 2.12

BMW-Renditen

Abbildung 2.22 zeigt die empirische Verteilungsfunktion der Tagesrenditen der BMW-Aktie.

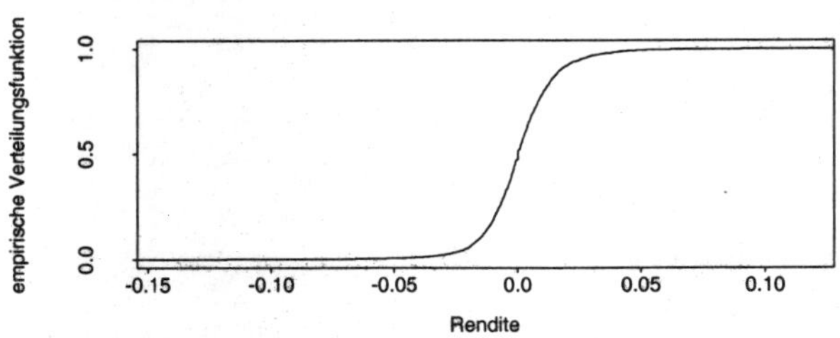

ABBILDUNG 2.22: Empirische Verteilungsfunktion der Tagesrenditen der BMW-Aktie

Bedingt durch den großen Stichprobenumfang ($n = 3245$) ist ihr Verlauf sehr glatt. Lediglich um die Null steigt die Verteilungsfunktion stark an, was auf relativ viele Nullrenditen zurückzuführen ist. Die Symmetrie der Häufigkeitsverteilung erkennt man hier an der Punktsymmetrie der Kurve um den Punkt mit den Koordinaten $(x, y) = (0, 0.5)$. □

2.2 Beschreibung von Verteilungen

Durch graphische Darstellungen lassen sich charakteristische Eigenschaften der Lage und Form von Häufigkeitsverteilungen erkennen. Wie in den Beispielen ergeben sich dabei oft Fragen folgender Art: Wo liegt das Zentrum der Daten? Wie stark streuen diese um das Zentrum? Ist die Verteilung symmetrisch oder schief? Gibt es Ausreißer? Diese Fragen stehen meist auch beim Vergleich von Verteilungen im Vordergrund. Dieser Abschnitt behandelt *Maßzahlen* oder *Parameter* von Verteilungen, mit denen sich deren Eigenschaften in komprimierter Form durch numerische Werte formal quantifizieren lassen. Diese Maßzahlen lassen sich auch in geeigneter Form, wie etwa im Box-Plot, visualisieren.

Maßzahlen
Parameter

2.2.1 Lagemaße

Maßzahlen zur Lage beschreiben das Zentrum einer Verteilung durch einen numerischen Wert. Welches Lagemaß in einer bestimmten Fragestellung sinnvoll ist, hängt vom Kontext, von der Datensituation und vom Skalenniveau des Merkmals ab.

Arithmetisches Mittel

Das aus Alltagsproblemen bekannteste Lagemaß ist das arithmetische Mittel. Dieses erhält man indem alle beobachteten Werte aufsummiert werden und diese Summe durch die Anzahl der Beobachtungen dividiert wird.

Arithmetisches Mittel

Das *arithmetische Mittel* wird aus der Urliste durch

$$\bar{x} = \frac{1}{n}(x_1 + \ldots + x_n) = \frac{1}{n}\sum_{i=1}^{n} x_i$$

berechnet. Für Häufigkeitsdaten mit Ausprägungen $a_1, \ldots, a_k$ und relativen Häufigkeiten $f_1, \ldots, f_k$ gilt

$$\bar{x} = a_1 f_1 + \ldots + a_k f_k = \sum_{j=1}^{k} a_j f_j \,.$$

Das arithmetische Mittel ist für metrische Merkmale sinnvoll definiert. Für qualitative Merkmale ist es i.a. ungeeignet. Eine Ausnahme betrifft binäre oder dichotome Merkmale mit den zwei Kategorien $a_1 = 0$ und $a_2 = 1$. Dann ist das arithmetische Mittel $\bar{x}$ identisch mit der relativen Häufigkeit $f_2 = f(a_2)$.

Wie sich einfach zeigen läßt, gilt für das arithmetische Mittel

$$\sum_{i=1}^{n}(x_i - \bar{x}) = 0\,,$$

Schwerpunkteigenschaft

d.h. die Summe der Abweichungen zwischen x_i und $\bar{x}$ verschwindet. Dies läßt sich als *Schwerpunkteigenschaft* des arithmetischen Mittels interpretieren. Würde man an die Stelle jeder Beobachtung eine Münze oder ein Einheitsgewicht legen, so wäre die Zahlengerade genau am Punkt $\bar{x}$, dem Schwerpunkt, im Gleichgewicht.

Beispiel 2.13 **Nettomieten**

Für die 26 kleinen Wohnungen ohne Warmwasserversorgung erhält man aus der Urliste von Beispiel 2.2 (Seite 32)

$$\bar{x} = \frac{1}{26}(127.06 + \ldots + 676.74) = 358.86 \text{ DM}\,.$$

Das arithmetische Mittel für die gesamte Stichprobe ist

$$\bar{x}_{ges} = 830.33$$

und für die Schichten der kleinen, mittleren und großen Wohnungen ergibt sich

$$\bar{x}_{kl} = 588.33\,, \quad \bar{x}_{mi} = 799.66\,, \quad \bar{x}_{gr} = 1103.19\,.$$

□

Falls man wie im Beispiel 2.13 die arithmetischen Mittel in den Schichten kennt, kann man daraus das arithmetische Mittel für die Gesamterhebung berechnen:

Dazu sei eine Erhebungsgesamtheit E vom Umfang n in r Schichten oder Teilgesamtheiten $E_1, \ldots, E_r$ mit jeweiligen Umfängen $n_1, \ldots, n_r$ und arithmetischen Mitteln $\bar{x}_1, \ldots, \bar{x}_r$ zerlegt. Dann gilt für das arithmetische Mittel $\bar{x}$ in E:

Arithmetisches Mittel bei Schichtenbildung

$$\bar{x} = \frac{1}{n}(n_1\bar{x}_1 + \ldots + n_r\bar{x}_r) = \frac{1}{n}\sum_{j=1}^{r} n_j\bar{x}_j\,.$$

Nettomieten

Beispiel 2.14

So kann man in der Mietspiegel-Tabelle von Beispiel 1.2 das Gesamtmittel und die Mittel in Baualters- oder Wohnflächenklassen aus den mittleren Nettomieten/qm der einzelnen Zellen ausrechnen.

Nettomiete/qm				
	Wohnfläche			
Baualter	bis 50 qm	51 bis 80 qm	81 qm und mehr	
bis 1918	15.56(38)	10.63(90)	9.11(90)	10.86(218)
1919 bis 48	12.61(31)	11.78(73)	10.99(50)	11.69(154)
1949 bis 65	14.08(107)	11.45(170)	10.40(64)	12.08(341)
1966 bis 77	17.36(67)	12.46(110)	12.00(48)	13.82(225)
1978 bis 83	15.31(16)	15.18(39)	12.86(25)	14.48(80)
ab 1984	21.39(11)	17.30(31)	16.40(22)	17.69(64)
	15.30(270)	12.20(513)	11.02(299)	12.65(1082)

□

Für die Stichprobe der 26 Wohnungen liegt die höchste Miete von DM 676.74 um mehr als hundert Mark über der zweithöchsten Miete (DM 560.21). Verändert man den höchsten Wert auf DM 570.00, so verändert sich $\bar{x} = 358.86$ zu $\bar{x} = 354.75$; erhöht man auf DM 800.00, so würde $\bar{x} = 363.60$ gelten. Das arithmetische Mittel reagiert offensichtlich *empfindlich* auf extreme Werte oder *Ausreißer* in den Daten. Dies kann unerwünscht sein, z.B. wenn Ausreißer durch Besonderheiten der zugehörigen Einheit oder einfach durch Fehler bei der Datenerhebung oder Datenaufbereitung verursacht wurden.

ausreißerempfindlich

Median

Lagemaße, die den Einfluß solcher Extremwerte begrenzen, heißen *resistent* oder *robust*. Ein derartiges resistentes Lagemaß ist der Median. Er wird so in die Datenmitte plaziert, daß eine Hälfte der Daten unterhalb und die andere Hälfte oberhalb des Medians liegt. Dazu ordnet man zunächst die Werte $x_1, \ldots, x_n$ der Größe nach. Dies ergibt die *geordnete Urliste* $x_{(1)} \leq \ldots \leq x_{(i)} \leq \ldots \leq x_{(n)}$.

Resistenz
Robustheit

geordnete Urliste

Median

Für ungerades n ist der *Median* x_{med} die mittlere Beobachtung der geordneten Urliste und für gerades n ist der *Median* x_{med} das arithmetische Mittel der beiden in der Mitte liegenden Beobachtungen, d.h.

$$x_{med} = \begin{cases} x_{(\frac{n+1}{2})} & \text{für } n \text{ ungerade} \\ \frac{1}{2}\left(x_{(n/2)} + x_{(n/2+1)}\right) & \text{für } n \text{ gerade} \end{cases}$$

Ordinalskala

Der Median setzt also ein mindestens *ordinalskaliertes* Merkmal voraus, er ist aber als resistentes Lagemaß auch für metrische Merkmale sinnvoll. Im Beispiel 2.2 (Seite 32) ergibt sich für die 26 Wohnungen als Median

$$x_{med} = 361.83 = (349.85 + 373.81)/2\,.$$

Dieser Wert bleibt unverändert, wenn man $x_{(26)}$ so wie oben erhöht oder erniedrigt. Für die gesamte Stichprobe erhält man

$$x_{med,ges} = 746.01$$

und für die drei Schichten

$$x_{med,kl} = 559.02\,, \quad x_{med,mi} = 759.20\,, \quad x_{med,gr} = 1051.15\,.$$

Bindungen

Liegt keine Kardinalskala wie in diesem Beispiel vor, ist übrigens die Mittelbildung für gerades n nur als Vorschrift zu verstehen, mit der ein eindeutiger Wert zwischen $x_{(n/2)}$ und $x_{(n/2+1)}$ festgelegt wird. Im Prinzip wäre aber auch jeder andere Wert dazwischen geeignet, um die Daten in zwei gleichgroße Hälften aufzuteilen. Man erkennt ferner auch, daß die Definition des Medians nicht abgeändert werden muß, wenn in der Urliste sogenannte *Bindungen* auftreten, d.h. wenn mehrere verschiedene Einheiten, etwa i und j, gleiche Werte $x_i = x_j$ besitzen.

Eigenschaft des Medians

Mindestens 50 % der Daten sind kleiner oder gleich x_{med}.
Mindestens 50 % der Daten sind größer oder gleich x_{med}.

Neben der Robustheit weist der Median gegenüber dem arithmetischen Mittel noch den Vorteil einfacher Interpretierbarkeit auf. Auf der Suche nach einer Wohnung sagt mir der Median, daß 50 % der Wohnungen billiger, 50 % aber teurer sind, das arithmetische Mittel als "Durchschnittswert" kann hingegen von extrem billigen bzw. teuren Wohnungen beeinflußt sein.

Modus

Ein weiteres wichtiges Lagemaß ist der Modus, der angibt, welche Ausprägung am häufigsten vorkommt.

> **Modus**
>
> *Modus* x_{mod}: Ausprägung mit größter Häufigkeit.
> Der Modus ist eindeutig, falls die Häufigkeitsverteilung ein eindeutiges Maximum besitzt.

Der Modus ist das wichtigste Lagemaß für *kategoriale* Merkmale und bereits auf *Nominalskalenniveau* sinnvoll. In der Darstellung durch Stab- oder Säulendiagramme ist der Modus die Ausprägung mit dem höchsten Stab. In der Absolventenstudie (Beispiel 2.1) ist etwa für das Merkmal D "Art der Diplomarbeit" $x_{mod} = 4$, d.h. Literaturarbeiten werden am häufigsten geschrieben.

Eigenschaften

Im folgenden werden noch einige weitere wichtige *Eigenschaften* der drei Lageparameter angegeben:

künstliche Mittelwerte

1. Arithmetisches Mittel und Median stimmen bei diskreten Merkmalen i.a. mit keiner der möglichen Ausprägungen überein. So besitzt kein Bundesbürger 10.53 Bücher, auch wenn dies als arithmetisches Mittel einer Stichprobe resultieren mag. Deshalb kann auch für metrische Merkmale der Modus sinnvoller sein als $\bar{x}$ oder der Median.

Transformationen Äquivarianz

2. Werden die Daten transformiert, so sind die Lageparameter je nach Skalenniveau *äquivariant* gegenüber gewissen Transformationen. Transformiert man die Werte x_i linear in

$$y_i = a + bx_i \,,$$

so gilt für das arithmetische Mittel $\bar{y}$ der y-Werte ebenfalls

$$\bar{y} = a + b\bar{x} \,.$$

Ist $b \neq 0$, so werden Median und Modus genauso transformiert.

Diese Transformationseigenschaften lassen sich direkt über die Definitionen der Lageparameter nachvollziehen.

Optimalitätseigenschaften

3. Die Art, wie die Lageparameter das Verteilungszentrum charakterisieren, läßt sich auch durch die folgenden Optimalitätseigenschaften beschreiben. Möchte man das Zentrum durch einen Wert z auf der x-Achse festlegen, der die Summe der quadratischen Abweichungen

$$Q(z; x_1, \ldots, x_n) = \sum_{i=1}^{n} (x_i - z)^2$$

zwischen Daten $x_1, \ldots, x_n$ und Zentrum z minimiert, so ergibt sich $\bar{x} = z$ als minimierender Wert, d.h. es gilt

$$\sum_{i=1}^{n}(x_i - \bar{x})^2 < \sum_{i=1}^{n}(x_i - z)^2$$

für alle $z \neq \bar{x}$. Dies läßt sich z.B. durch Nullsetzen der 1. Ableitung von Q nach z und Auflösen nach z zeigen.

Der Median minimiert dagegen die Summe der absoluten Abweichungen

$$A(z; x_1, \ldots, x_n) = \sum_{i=1}^{n} |x_i - z|\,.$$

Darin spiegelt sich die größere Resistenz des Medians gegenüber Extremwerten wider. Extremwerte beeinflussen durch das Quadrieren die Summe quadratischer Abweichungen und damit den minimierenden Wert deutlich stärker als die Summe absoluter Abweichungen.

Auch der Modus besitzt eine Optimalitätseigenschaft: Er minimiert die Summe

$$\sum_{i=1}^{n} I(x_i, z)$$

der Indikatorfunktionen $I(x_i, z) = 1$ für $x_i \neq z$, $I(x_i, z) = 0$ für $x_i = z$. Die "Distanzfunktion" $I(x, z)$ gibt nur an, ob sich die Werte x und z unterscheiden $(I = 1)$ oder nicht $(I = 0)$. Damit wird nochmals deutlich, daß der Modus für Nominalskalenniveau geeignet ist.

Berechnung der Lagemaße bei gruppierten Daten

Liegen die Daten nicht als Urliste vor, sondern lediglich *gruppiert*, können die oben angegebenen Formeln für die Lagemaße nicht mehr verwendet werden. Es gibt jedoch Möglichkeiten, die entsprechenden Lagemaße bei gruppierten Daten als Näherungswerte für die aus der Urliste berechneten Werte zu ermitteln. Diese stimmen natürlich i.a. nicht mit denen aus der Urliste überein. Geht man von gruppierten Daten mit gleicher Klassenbreite aus, so erscheint es z.B. sinnvoll, für die Bestimmung des *Modus* zunächst die Klasse mit der größten Beobachtungszahl (*Modalklasse*) heranzuziehen und die Klassenmitte der Modalklasse als Näherung für den Modus der Urliste zu verwenden. Es ist aber zu beachten, daß der wahre Modus, d.h. derjenige der Urliste, noch nicht einmal in der Modalklasse liegen muß. Außerdem ist es möglich, daß der gruppierte Modus nicht mit einem Beobachtungswert zusammenfällt.

Modus
Modalklasse

Ähnlich geht man bei der Bestimmung des *Medians* aus gruppierten Daten vor. Man legt zunächst die *Einfallsklasse* des Medians als die Klasse $[c_{i-1}, c_i)$ fest, für die in der Folge $F(c_i)$, $i = 1, \ldots, k$, erstmals 0.5 überschreitet. Dabei ermittelt man $F(c_i)$, indem man die absolute Häufigkeit aller Beobachtungen, die kleiner gleich c_i sind, durch den Gesamtstichprobenumfang dividiert. Damit muß der Median in dieser Klasse liegen, da hier zum ersten Mal einerseits

Median
Einfallsklasse

mehr als die Hälfte der Beobachtungen kleiner gleich der oberen Klassengrenze und andererseits weniger als die Hälfte kleiner als die untere Klassengrenze sind. Es ist nun der Punkt x in der Einfallsklasse des Medians zu bestimmen, für den die empirische Verteilungsfunktion den Wert 0.5 annimmt, d.h. $F(x) = 0.5$. Da die Urliste aber nicht bekannt ist, kann dies nur annähernd erfolgen, indem man annimmt, daß sich die Beobachtungen in dieser Klasse gleichmäßig verteilen.

arithmetisches Mittel

Zur Ermittlung des *arithmetischen Mittels* aus gruppierten Daten werden wie beim Modus die Klassenmitten m_j, $j = 1, \ldots, k$, herangezogen. Diese werden dann mit den relativen Klassenhäufigkeiten gewichtet und aufaddiert.

Gruppierte Lagemaße

Modus: Bestimme Modalklasse (Klasse mit der größten Beobachtungszahl) und verwende Klassenmitte als Modus.

Median: Bestimme Einfallsklasse $[c_{i-1}, c_i)$ des Medians und daraus

$$x_{med,grupp} = c_{i-1} + \frac{d_i \cdot (0.5 - F(c_{i-1}))}{f_i} .$$

Arithmetisches Mittel: $\bar{x}_{grupp} = \sum_{i=1}^{k} f_i m_i \,.$

Beispiel 2.15

Absolventenstudie

Man betrachte erneut das Merkmal "Studiendauer in Semestern" zum einen ungruppiert und zum anderen in der Weise gruppiert, wie sie auch für das Histogramm in Abbildung 2.9 zugrunde gelegt wurde.

Der Modus der ungruppierten Daten entspricht einer Semesterzahl von 13. Die Modalklasse ergibt sich als $[12.5, 14.5)$, d.h. sie umfaßt die Semester 13 und 14, und die Klassenmitte 13.5 liefert den gruppierten Modus. In diesem Fall liegt der wahre Modus x_{mod} ebenfalls in der Modalklasse. Für den Median der gruppierten Daten muß zunächst seine Einfallsklasse ermittelt werden. Diese entspricht der Klasse $[12.5, 14.5)$, da hier zum ersten Mal die empirische Verteilungsfunktion an der oberen Klassengrenze mit $F(14.5) = 0.78$ den Wert 0.5 überschreitet. Damit berechnet sich der Median als

$$\begin{aligned} x_{med,grupp} &= 12.5 + \frac{2 \cdot (0.5 - 0.417)}{0.361} = 12.5 + 0.46 \\ &= 12.96 \,, \end{aligned}$$

wobei $0.417 = F(12.5)$ und 0.361 die relative Häufigkeit in dieser Klasse sowie $d_i = d_4 = 2$ die Klassenbreite ist. In diesem Beispiel liegen der gruppierte Median und der wahre Median, der sich zu

13 ergibt, sehr dicht beieinander. Das arithmetische Mittel berechnet sich aus der Urliste als $\bar{x} = 12.8\bar{8}$ und aus den gruppierten Daten als

$$\begin{aligned}\bar{x}_{grupp} &= \sum_{i=1}^{6} f_i m_i \\ &= 7.5 \cdot 0.028 + 9.5 \cdot 0.11 + 11.5 \cdot 0.28 \\ &\quad + 13.5 \cdot 0.361 + 15.5 \cdot 0.139 + 17.5 \cdot 0.083 \\ &= 12.96\,.\end{aligned}$$

Auch diese Werte liegen sehr nahe zusammen.

Die insgesamt doch eher geringen Unterschiede zwischen den Maßzahlen aus der Urliste und den gruppierten Daten lassen darauf schließen, daß sich die Beobachtungen zumindest in dem mittleren Bereich relativ gleichmäßig verteilen. □

Lageregeln

Symmetrie
Schiefe

Für metrisch skalierte Merkmale können das arithmetische Mittel, der Median und der Modus auch dazu verwendet werden, um *Symmetrie* oder *Schiefe* einer Verteilung zu beurteilen. Wir betrachten dazu die in den Abbildungen 2.18 dargestellten Verteilungen, die den in Tabelle 2.3 angegebenen Werten entsprechen. Die Verteilung der Stichprobe I fällt nach links steil ab und läuft nach rechts flach aus, ist also linkssteil. Die Verteilung der Stichprobe II ist exakt symmetrisch und Stichprobe III ergibt eine rechtssteile Verteilung. An den jeweiligen Lagemaßen sieht man, daß für eine (exakt) symmetrische Verteilung arithmetisches Mittel $\bar{x}$, Median x_{med} und Modus x_{mod} übereinstimmen. Für linkssteile Verteilungen gilt $\bar{x} > x_{med} > x_{mod}$. Für die folgende Lageregel schwächt man die Gleichheit der Lagemaße bei Symmetrie ab, da empirische Verteilungen praktisch selten exakt symmetrisch sind.

Lageregeln

Symmetrische Verteilungen:	$\bar{x} \approx x_{med} \approx x_{mod}$
Linkssteile Verteilungen:	$\bar{x} > x_{med} > x_{mod}$
Rechtssteile Verteilungen:	$\bar{x} < x_{med} < x_{mod}$

Die Lageregeln sind in erster Linie für unimodale Verteilungen von Bedeutung. Je stärker sich $\bar{x}$, x_{med} und x_{mod} unterscheiden, desto schiefer sind die Verteilungen. Diese Lageregeln sind auch im Fall von Lagemaßen für gruppierte Daten in analoger Weise anwendbar.

Die Unterschiede zwischen $\bar{x}$, x_{med} und x_{mod} bei schiefen Verteilungen sind in Anwendungen auch von Bedeutung, wenn festgelegt werden soll, was unter "Mittelwert" in einer bestimmten Situation zu verstehen ist. Beispielsweise sind Einkommensverteilungen nahezu

a_i	Stichprobe I $h(a_i)$	Stichprobe II $h(a_i)$	Stichprobe III $h(a_i)$
1	8	1	1
2	10	2	2
3	8	4	2
4	6	8	4
5	5	10	5
6	4	8	6
7	2	4	8
8	2	2	10
9	1	1	8
$\bar{x}$	3.57	5	6.43
x_{med}	3	5	7
x_{mod}	2	5	8

TABELLE 2.3: Eine linkssteile, eine symmetrische und eine rechtssteile Häufigkeitsverteilung

immer linkssteil und laufen für sehr hohe Einkommen flach nach rechts aus. Standesvertreter von Berufsgruppen mit hohem Einkommen könnten den Median oder auch Modus als die kleineren Werte zur Argumentation benützen, während ein sparorientierter Minister das höhere arithmetische Mittel bevorzugen würde.

Im folgenden werden noch einige andere Lagemaße, die für bestimmte Fragestellungen und Datensituationen geeignet sind, kurz dargestellt.

Das geometrische Mittel

Dieses Mittel wird in der Regel im Zusammenhang mit Wachstums- oder Zinsfaktoren verwendet, die für mehrere Zeitperioden, etwa Jahre, Monate usw. beobachtet werden. Ausgehend von einem Anfangsbestand B_0 sei $B_0, B_1, \ldots, B_n$ eine Zeitreihe von Bestandsdaten in den Perioden $0, 1, \ldots, n$. Dann ist für $i = 1, \ldots, n$

$$x_i = B_i / B_{i-1}$$

der i-te *Wachstumsfaktor* und

Wachstumsfaktor

$$r_i = \frac{B_i - B_{i-1}}{B_{i-1}} = x_i - 1$$

die i-te *Wachstumsrate*. Damit gilt

Wachstumsrate

$$B_n = B_0 x_1 \cdot \ldots \cdot x_n \,.$$

Analog zum arithmetischen Mittel erhält man das geometrische Mittel, indem alle Faktoren miteinander multipliziert werden und daraus dann die n-te Wurzel gezogen wird.

Geometrisches Mittel

Das *geometrische Mittel* zu den Faktoren $x_1, \ldots, x_n$ ist

$$\bar{x}_{geom} = (x_1 \cdot \ldots \cdot x_n)^{1/n} \,.$$

Daraus folgt

$$B_n = B_0 \bar{x}_{geom} \cdot \ldots \cdot \bar{x}_{geom} = B_0 (\bar{x}_{geom})^n \,,$$

d.h. mit $\bar{x}_{geom}$ als mittlerem Wachstumsfaktor für alle Perioden erhält man den gleichen Bestand B_n der letzten Periode, den man für die tatsächlichen Wachstumsfaktoren $x_1, \ldots, x_n$ erhält. In diesem Sinn ist $\bar{x}_{geom}$ die adäquate "Mittelung"von Wachstumsfaktoren.

Für das geometrische Mittel folgt durch Logarithmieren

$$\ln \bar{x}_{geom} = \frac{1}{n} \sum_{i=1}^{n} \ln x_i$$

und daraus

$$\bar{x}_{geom} \le \bar{x} = \frac{1}{n}(x_1 + \ldots + x_n) \,,$$

wobei $\bar{x}_{geom} = \bar{x}$ genau dann gilt, wenn $x_1 = \ldots = x_n$ ist. Im allgemeinen täuscht also die Angabe von $\bar{x}$ statt $\bar{x}_{geom}$ überhöhte Wachstumsraten vor.

Beispiel 2.16 **Bergbau und Verarbeitendes Gewerbe**

In diesem aus (Heiler und Michels 1994) entnommenen Beispiel geht es um das Wachstum der Anzahl von Betrieben im Bergbau und im Verarbeitenden Gewerbe Nordrhein-Westfalens von 1981 bis 1991. Tabelle 2.4 gibt dazu Wachstumsraten und Wachstumsfaktoren an. Mit dem geometrischen Mittel kann man berechnen, um wieviel die Anzahl der Betriebe durchschnittlich gewachsen ist. Man erhält

$$\bar{x}_{geom} = (0.9761 \cdot 0.9807 \cdot \ldots \cdot 1.0115)^{1/11} = 1.01424^{1/11} = 1.00129 \,.$$

Die Anzahl der Betriebe ist also pro Jahr durchschnittlich um $(1.00129-1) \cdot 100\,\% = 0.13\,\%$ gewachsen. Ein Blick auf die Tabelle zeigt allerdings, daß die Anzahl der Betriebe von 1980 bis 1985 gefallen und anschließend wieder angestiegen ist. Für die durchschnittliche jährliche Abnahme während der ersten Zeitperiode ergibt sich $\bar{x}^{(1)}_{geom} = 0.9835$, also eine Abnahme von $1.165\,\%$ pro Jahr, und für

Jahr:	1981	1982	1983	1984
Wachstumsrate ($p_i \times 100\,\%$):	$-2.39\,\%$	$-1.93\,\%$	$-1.77\,\%$	$-1.35\,\%$
Wachstumsfaktor (x_i):	0.9761	0.9807	0.9823	0.9865
Jahr:	1985	1986	1987	1988
Wachstumsrate ($p_i \times 100\,\%$):	$-0.81\,\%$	$0.32\,\%$	$0.10\,\%$	$0.43\,\%$
Wachstumsfaktor (x_i):	0.9919	1.0032	1.0010	1.0043
Jahr:	1989	1990	1991	
Wachstumsrate ($p_i \times 100\,\%$):	$3.87\,\%$	$4.03\,\%$	$1.15\,\%$	
Wachstumsfaktor (x_i):	1.0387	1.0403	1.0115	

TABELLE 2.4: Veränderung der Anzahl der Betriebe im Bergbau und im Verarbeitenden Gewerbe Nordrhein-Westfalens von 1980 bis 1991 (Angabe der Veränderung gegenüber dem Vorjahr in %)

die anschließende Zunahme $\bar{x}_{geom}^{(2)} = 1.0164$, also eine Zunahme von $1.64\,\%$ pro Jahr. Das bereits berechnete Gesamtmittel $\bar{x}_{geom}$ läßt sich daraus folgendermaßen berechnen:

$$(\bar{x}_{geom}^{(1)})^{5/11} \cdot (\bar{x}_{geom}^{(2)})^{6/11} = 0.9835^{5/11} \cdot 1.0164^{6/11} = 1.0013 = \bar{x}_{geom}\,.$$

□

Das harmonische Mittel

Für manche Fragestellungen ist das *harmonische Mittel*

$$\bar{x}_{har} = \frac{1}{\frac{1}{n}\sum\limits_{i=1}^{n}\frac{1}{x_i}}$$

ein sinnvoller Durchschnittswert. Eine typische Fragestellung ist die Ermittlung von durchschnittlicher Geschwindigkeit, wie etwa in folgendem Beispiel: Es seien $x_1, \ldots, x_n$ die Geschwindigkeiten (m/min) mit denen Bautcile eine Produktionslinie der Länge l durchlaufen. Die gesamte Bearbeitungsdauer ist dann

$$\frac{l}{x_1} + \ldots + \frac{l}{x_n}$$

und die durchschnittliche Laufgeschwindigkeit ist

$$\bar{x}_{har} = \frac{l + \ldots + l}{\frac{l}{x_1} + \ldots + \frac{l}{x_n}}\,.$$

Das getrimmte Mittel

Da das arithmetische Mittel empfindlich auf Ausreißer oder Extremwerte reagiert, weicht man gegebenenfalls auf resistentere Lagemaße aus. Eine Möglichkeit ist das getrimmte arithmetische Mittel, bei dem ein Teil der Randdaten, z.B. 10 %, weggelassen und dann das arithmetische Mittel aus den restlichen Daten berechnet wird.

2.2.2 Quantile und Box-Plot

Für eine zusammenfassende Beschreibung von Verteilungen müssen Maßzahlen für die Lage in jedem Fall noch durch Angaben zur Streuung der Daten um ihr Zentrum ergänzt werden. So kann etwa in zwei Ländern das mittlere Einkommen pro Kopf identisch sein, obwohl einmal große Unterschiede zwischen Reich und Arm vorliegen und im anderen Fall wesentlich geringere Einkommensunterschiede bestehen. Quantile und die daraus abgeleiteten Box-Plots als graphische Zusammenfassung sind geeignete Mittel, um die Streuung der Daten zu charakterisieren.

Das p-Quantil einer Verteilung trennt die Daten so in zwei Teile, daß etwa $p \cdot 100\,\%$ der Daten darunter und $(1-p) \cdot 100\,\%$ darüber liegen. Damit ist der Median gerade das 50 %-Quantil. Diese Eigenschaft wird im folgenden formalisiert. Ähnlich wie beim Median, läßt die allgemeine Definiton noch Möglichkeiten für eine eindeutige Lösung offen. Wie bei der Definition des Medians bezeichnet dabei $x_{(1)} \leq \ldots \leq x_{(i)} \leq \ldots \leq x_{(n)}$ die der Größe nach *geordnete Urliste*.

geordnete Urliste

Quantile

Jeder Wert x_p mit $0 < p < 1$, für den mindestens ein Anteil p der Daten kleiner/gleich x_p und mindestens ein Anteil $1-p$ größer/gleich x_p ist, heißt *p-Quantil*. Es muß also gelten

$$\frac{\text{Anzahl } (x\text{-Werte} \leq x_p)}{n} \geq p \quad \text{und} \quad \frac{\text{Anzahl } (x\text{-Werte} \geq x_p)}{n} \geq 1-p\,.$$

Damit gilt für das *p-Quantil*:

$$x_p = x_{([np]+1)}\,, \text{ wenn } np \text{ nicht ganzzahlig}\,,$$
$$x_p \in \left[x_{(np)}, x_{(np+1)}\right], \text{ wenn } np \text{ ganzzahlig}\,.$$

Dabei ist $[np]$ die zu np nächste kleinere ganze Zahl.
Unteres Quartil = 25 %-Quantil = $x_{0.25}$,
Oberes Quartil = 75 %-Quantil = $x_{0.75}$.

Der *Median* ergibt sich als 50 %-Quantil. Weitere wichtige Quantile sind etwa *Dezile* mit $p = 10\,\%, 20\,\%, \ldots, 90\,\%$ sowie 5 % bzw. 95 % Quantile.

Median
Dezile

Gelegentlich werden Quartile (und auch weitere Quantile) etwas anders definiert, etwa $x_{0.25}$ und $x_{0.75}$ so, daß sie die über oder unter dem Median liegenden Datenhälften wiederum halbieren. Für kleinen Umfang n wirkt sich dies in unterschiedlichen Zahlenwerten aus; dieser Unterschied ist aber für praktische Zwecke unerheblich und verschwindet mit wachsendem n. Statistische Programmpakete benützen zum Teil unterschiedliche Definitionsvarianten, durch die sich abweichende Quantilswerte ergeben können.

Quantile lassen sich auch graphisch aus der empirischen Verteilungsfunktion bestimmen. Dazu trägt man im Abstand p zur x-Achse eine Horizontale ein. Ist np nicht ganzzahlig, so trifft die Horizontale auf ein senkrechtes Stück der Treppenfunktion. Der dazugehörige x-Wert ist das eindeutig bestimmte p-Quantil x_p. Ist np ganzzahlig, liegt die Horizontale genau auf der Höhe einer Treppenstufe. Eine eindeutige Festlegung von x_p erhält man, wenn man den mittleren Wert der beiden Beobachtungen wählt, die die Treppenstufe definieren. Man könnte aber, wie beim Median, auch andere x-Werte zwischen diesen beiden Beobachtungen als p-Quantil wählen; auch damit ist die allgemeine Definition erfüllt.

Nettomieten

Beispiel 2.17

In Beispiel 2.2 (Seite 32) der Nettomieten von $n = 26$ "kleinen" Wohnungen ohne zentrale Warmwasserversorgung ergibt $26 \cdot 0.25 = 6.5$ zur Bestimmung von $x_{0.25}$ keinen ganzzahligen Wert. Somit erhält man wegen $[6.5] + 1 = 7$ für das untere Quartil $x_{0.25} = x_{(7)} = 238.04$. Analog berechnet man für das obere Quantil $x_{0.75} = x_{(20)} = 443.40$. Die graphische Bestimmung der Quantile veranschaulicht Abbildung 2.23 (Seite 64). Während das untere und das obere Quartil eindeutig bestimmt sind, trennt jeder Wert auf der Treppenstufe zwischen 349.85 und 373.81 die Stichprobe in zwei gleichgroße Hälften. Definitionsgemäß erhält man eine eindeutige Festlegung des Medians, indem man diese beiden Werte mittelt bzw. die Mitte der Treppenstufe bestimmt. □

Die Quartile geben zusammen mit dem Median auf einfache Art Hinweise auf die Verteilung der Daten: Links des unteren Quartils liegen etwa 25 % der Daten und rechts des oberen Quartils ebenfalls etwa 25 % der Daten. Im mittleren Bereich dazwischen liegen die restlichen 50 % der Daten. Ist die Verteilung annähernd symmetrisch zum Median, so sind $x_{0.25}$ und $x_{0.75}$ etwa gleich weit vom Median entfernt. Liegt $x_{0.75}$ weiter entfernt vom Median als $x_{0.25}$, so weist dies auf eine linkssteile (rechtsschiefe) Verteilung hin. Entsprechendes gilt für eine rechtssteile Verteilung.

Für metrische Merkmale geben die Quartile auch unmittelbar Aufschluß daüber, wie weit eine Verteilung auseinander gezogen ist. Eine unmittelbar daraus abgeleitete Maßzahl für diese Streuung ist der Interquartilsabstand.

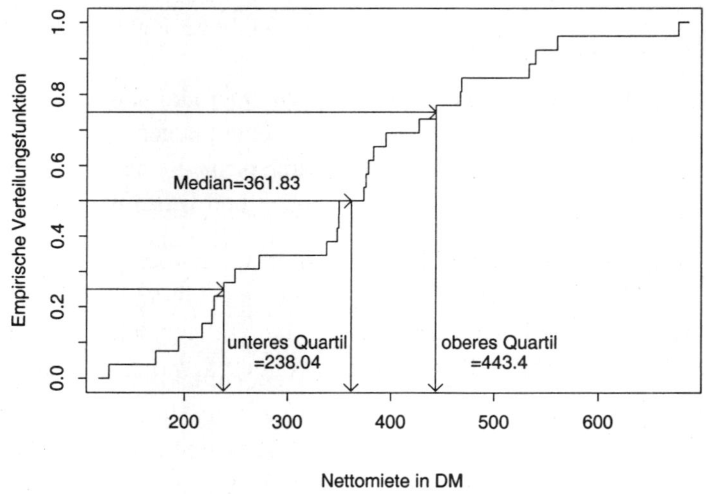

ABBILDUNG 2.23: Graphische Bestimmung der Quantile

Interquartilsabstand (IQR)

Die Distanz

$$d_Q = x_{0.75} - x_{0.25}$$

heißt *Interquartilsabstand* („**inter**quartile **r**ange").

Faustregel
Zaun

Da die Quartile nicht von der Lage der Daten links von $x_{0.25}$ und rechts von $x_{0.75}$ beeinflußt werden, ist der Interquartilsabstand resistent gegen Ausreißer. Eine *Faustregel* zur Identifikation von potentiellen Ausreißern ist: Bilde den inneren "*Zaun*" mit der Untergrenze $z_u = x_{0.25} - 1.5d_Q$ und der Obergrenze $z_o = x_{0.75} + 1.5d_Q$. Daten kleiner als z_u und größer als z_o sind dann Ausreißerkandidaten, die genauer zu inspizieren sind.

Enden
Spannweite

Da Quartile und Median keine Information über die linken und rechten *Enden* ("tails") der Verteilung enthalten, ist es zweckmäßig, den kleinsten Wert $x_{min} = x_{(1)}$ und den größten Wert $x_{max} = x_{(n)}$ der Daten mit anzusehen. Die Differenz $x_{max} - x_{min}$ wird als *Spannweite* bezeichnet.

Die Quartile, das Minimum, Maximum sowie der Median teilen den Datensatz also in vier Teile, wobei jeder dieser Teile in etwa ein Viertel der Beobachtungswerte enthält. Dies gibt ebenfalls Information über die Verteilung der Beobachtungen. Die Angabe dieser fünf Werte wird auch als Fünf-Punkte-Zusammenfassung bezeichnet.

Fünf-Punkte-Zusammenfassung

Die *Fünf-Punkte-Zusammenfassung* einer Verteilung besteht aus

$$x_{min}, x_{0.25}, x_{med}, x_{0.75}, x_{max}$$

Diese Fünf-Punkte-Zusammenfassung führt zur komprimierten *Visualisierung* einer Verteilung durch den *Box-Plot*. Man erhält damit eine graphische Darstellung der Daten, die sehr gut zum Vergleich verschiedener Verteilungen geeignet ist. Es läßt sich schnell ein Eindruck darüber gewinnen, ob die Beobachtungen z.B. annähernd symmetrisch verteilt sind, oder ob Ausreißer in dem Datensatz auftreten.

Visualisierung
Box-Plot

Box-Plot

1. $x_{0.25}$ = Anfang der Schachtel ("box")
   $x_{0.75}$ = Ende der Schachtel
   d_Q = Länge der Schachtel
2. Der Median wird durch einen Punkt in der Box markiert.
3. Zwei Linien ("whiskers") außerhalb der Box gehen bis zu x_{min} und x_{max}.

Zusätzliche Information erhält man, wenn man z.B. die 5 % und 95 % Quantile oder die Zäune z_u und z_o einzeichnet. Letzteres führt zum modifizierten Box-Plot.

Modifizierter Box–Plot

Die Linien außerhalb der Schachtel werden nur bis zu x_{min} bzw. x_{max} gezogen, falls x_{min} und x_{max} innerhalb des Bereichs $[z_u, z_o]$ der Zäune liegen. Ansonsten gehen die Linien nur bis zum kleinsten bzw. größten Wert innerhalb der Zäune, und die außerhalb liegenden Werte werden individuell eingezeichnet.

Beispiel 2.18

Nettomieten

Abbildung 2.24 zeigt modifizierte Box-Plots für die Nettomieten der 1082 Wohnungen geschichtet nach Wohnungsgröße. Zunächst erkennt man, daß der Median mit wachsender Wohnungsgröße erwartungsgemäß größer wird. Nettomieten über den oberen Zäunen – gekennzeichnet durch runde Kreise – gibt es in allen drei Kategorien, aber die Spannweite der Daten wächst zusammen mit der Wohnungsgröße. Bei den großen Wohnungen ist besonders deutlich zu erkennen, daß die Verteilung linkssteil (rechtsschief) ist.

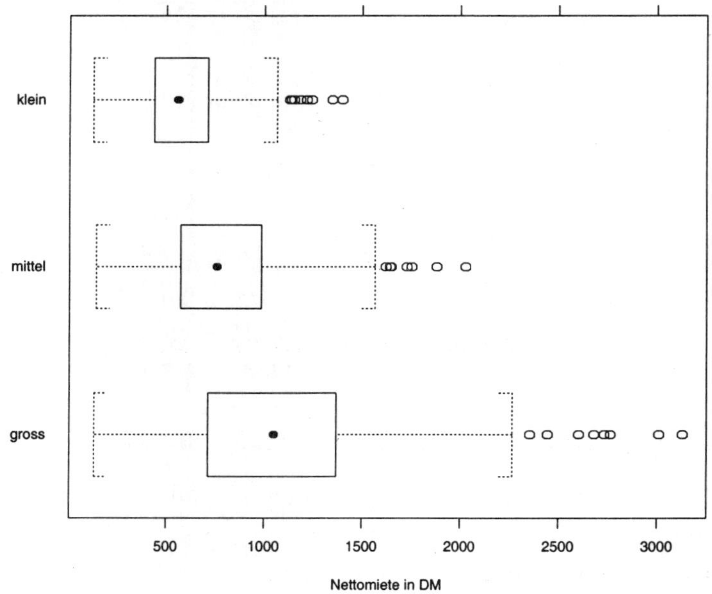

ABBILDUNG 2.24: Box–Plots der Nettomieten, nach Wohnungsgröße geschichtet □

Beispiel 2.19

Renditen

Der Box-Plot der täglichen Renditen der Aktie der Münchener Rückversicherung in Abbildung 2.25 zeigt deutlich die Symmetrie der empirischen Verteilung. In diesem Beispiel treten besonders viele Werte außerhalb der Zäune auf:

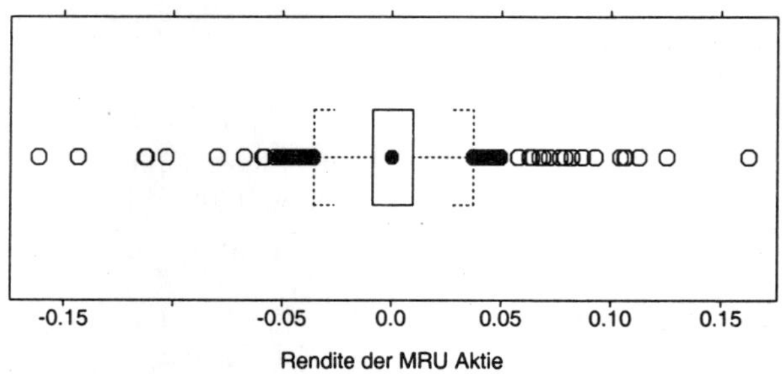

ABBILDUNG 2.25: Box–Plot der Tagesrenditen der Münchener Rückversicherungsaktie □

Beispiel 2.20

Zinssätze

Das Histogramm der Zinssätze (Abbildung 2.17) weist auf eine bimodale Verteilung hin. Offensichtlich kann man Besonderheiten wie eine bi- oder multimodale Verteilung nicht anhand eines Box-Plots erkennen, vgl. dazu Abbildung 2.26.

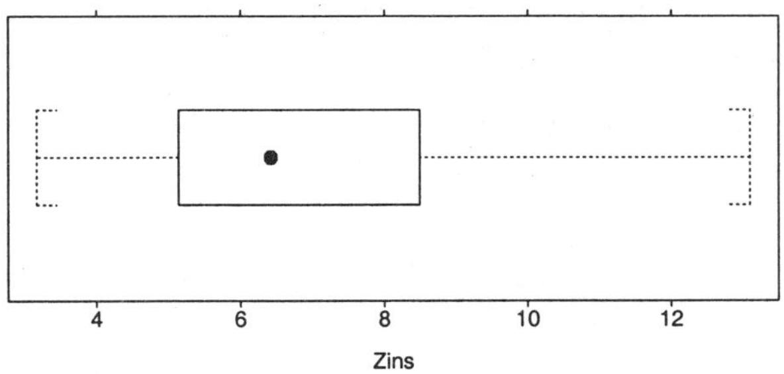

ABBILDUNG 2.26: Box–Plot der Zinssätze □

2.2.3 Standardabweichung, Varianz und Variationskoeffizient

Die bekannteste Maßzahl für die Streuung einer Verteilung ist die Standardabweichung bzw. ihr Quadrat, die Varianz. Sie mißt die Streuung der Daten um ihr Mittel $\bar{x}$ und ist deshalb nur für metrische Merkmale zusammen mit $\bar{x}$ sinnvoll einsetzbar.

Empirische Varianz und Standardabweichung

Die *Varianz* der Werte $x_1, \ldots, x_n$ ist

$$\tilde{s}^2 = \frac{1}{n}[(x_1 - \bar{x})^2 + \ldots + (x_n - \bar{x})^2] = \frac{1}{n}\sum_{i=1}^{n}(x_i - \bar{x})^2 .$$

Die *Standardabweichung* $\tilde{s}$ ist die Wurzel aus der Varianz,

$$\tilde{s} = +\sqrt{\tilde{s}^2} .$$

Für die Häufigkeitsdaten gilt

$$\tilde{s}^2 = (a_1 - \bar{x})^2 f_1 + \ldots + (a_k - \bar{x})^2 f_k = \sum_{j=1}^{k}(a_j - \bar{x})^2 f_j .$$

Zur Abgrenzung gegen entsprechende Begriffe für Zufallsvariablen in Kapitel 5 und 6 wird hier von *empirischer* Varianz und Standardabweichung gesprochen. Das Wort empirisch soll bedeuten, daß es sich um Maßzahlen handelt, die aus konkreten Daten berechnet werden. Ist der Zusammenhang jedoch klar, verzichtet man oft auf den Zusatz empirisch.

Die Definition von Varianz und Standardabweichung beruht auf folgender Idee: Die Abweichungen $x_i - \bar{x}$ messen wie stark die Daten um ihren Mittelwert $\bar{x}$ streuen. Dabei treten sowohl positive wie negative Abweichungen auf, so daß die Summe aller Abweichungen keine geeignete Maßzahl für die Streuung ist. Tatsächlich gilt ja für das arithmetische Mittel gerade $(x_1 - \bar{x}) + \ldots + (x_n - \bar{x}) = 0$, vgl. Abschnitt 2.2.1. Durch das Quadrieren bekommen alle Abweichungen ein positives Vorzeichen, und für weit von $\bar{x}$ entfernte Werte x_i ergeben sich große quadrierte Abweichungen $(x_i - \bar{x})^2$. Die Varianz ist dann gerade das Mittel dieser quadratischen Abweichungen und ist somit groß bzw. klein, wenn die Daten x_i weit bzw. eng um ihren Mittelwert $\bar{x}$ streuen.

mittlere quadratische Abweichung

Infolge des Quadrierens hat $\tilde{s}^2$ nicht die gleiche Maßeinheit, etwa DM, Meter, Minuten etc., wie die Werte selbst. Die Standardabweichung s hingegen mißt die Streuung um das Mittel $\bar{x}$ mit der gleichen Maßeinheit.

Häufigkeitsdaten

Für *Häufigkeitsdaten* mit Ausprägungen $a_1, \ldots, a_k$ und relativen Häufigkeiten $f_1, \ldots, f_k$ können Varianz und Standardabweichung in äquivalenter Weise durch die zweite Formel berechnet werden.

Die Varianz wird oft auch in leicht modifizierter Weise definiert, indem man statt durch n durch $n-1$ dividiert. Diese modifizierte Form

$$s^2 = \frac{1}{n-1}\sum_{i=1}^{n}(x_i - \bar{x})^2$$

Stichprobenvarianz

nennen wir *Stichprobenvarianz*. Sie wird in der induktiven Statistik bevorzugt und ist in statistischen Programmpaketen deshalb oft die voreingestellte Standardoption. Bei größerem Umfang n ist der Unterschied in den meisten Fällen vernachlässigbar. Die Mittelung durch $n-1$ statt durch n kann folgendermaßen plausibel gemacht werden: Da $\sum(x_i - \bar{x}) = 0$ gilt, ist z. B. die letzte Abweichung $x_n - \bar{x}$ bereits durch die ersten $n-1$ bestimmt. Somit variieren nur $n-1$ Abweichungen frei und man mittelt deshalb indem man durch die Anzahl $n-1$ der sogenannten *Freiheitsgrade* dividiert. Diese Plausibilitätserklärung wird im Rahmen der induktiven Statistik formalisiert.

Freiheitsgrade

Eigenschaften

Varianz und Standardabweichung besitzen folgende *Eigenschaften*:

Ausreißerempfindlichkeit

1. Varianz und Standardabweichung sind nur für metrische Merkmale geeignet. Da extreme Abweichungen von $\bar{x}$ durch das Quadrieren sehr stark in die Summe eingehen, sind sie *nicht resistent*, reagieren also empfindlich auf Ausreißer.

Verschiebungssatz

2. Es gilt der sogenannte *Verschiebungssatz*.

Verschiebungssatz

Für jedes $c \in \mathbb{R}$ gilt

$$\sum_{i=1}^{n}(x_i - c)^2 = \sum_{i=1}^{n}(x_i - \bar{x})^2 + n(\bar{x} - c)^2 .$$

Speziell für $c = 0$ folgt

$$\tilde{s}^2 = \left\{ \frac{1}{n} \sum_{i=1}^{n} x_i^2 \right\} - \bar{x}^2 .$$

Die zweite Formel ist vor allem zur schnellen Berechnung von $\tilde{s}^2$ geeignet: Man bildet die Summe der quadrierten Werte x_i^2, mittelt diese und zieht das bereits vorher berechnete quadrierte arithmetische Mittel $\bar{x}^2$ ab.

Die erste Formel zeigt man mit den Umformungen:

$$\begin{aligned}
\sum_{i=1}^{n}(x_i - c)^2 &= \sum_{i=1}^{n}(x_i - \bar{x} + \bar{x} - c)^2 \\
&= \sum_{i=1}^{n}[(x_i - \bar{x})^2 + 2(x_i - \bar{x})(\bar{x} - c) + (\bar{x} - c)^2] \\
&= \sum_{i=1}^{n}(x_i - \bar{x})^2 + 2(\bar{x} - c)\sum_{i=1}^{n}(x_i - \bar{x}) + \sum_{i=1}^{n}(\bar{x} - c)^2 \\
&= \sum_{i=1}^{n}(x_i - \bar{x})^2 + n(\bar{x} - c)^2 ,
\end{aligned}$$

da der mittlere Term wegen $\sum(x_i - \bar{x}) = 0$ gleich null ist. Die zweite Formel folgt daraus für $c = 0$ und nach Division durch n.

3. Transformiert man die Daten x_i linear zu $y_i = ax_i + b$, so gilt für die Varianz s_y^2 bzw. Standardabweichung der Daten y_i die *Lineare Transformationen*

Transformationsregel

Für $y_i = ax_i + b$ ist

$$\tilde{s}_y^2 = a^2 \tilde{s}_x^2 \quad \text{bzw.} \quad \tilde{s}_y = |a| \tilde{s}_x .$$

Sie ergibt sich direkt aus der Definition und $\bar{y} = a\bar{x} + b$:

$$\tilde{s}_y^2 = \frac{1}{n}\sum_{i=1}^{n}(y_i - \bar{y})^2 = \frac{1}{n}\sum_{i=1}^{n}(ax_i + b - a\bar{x} - b)^2 = a^2\frac{1}{n}\sum_{i=1}^{n}(x_i - \bar{x})^2 = a^2\tilde{s}_x^2 .$$

Schichtung
Streuungszerlegung

4. Wird die Erhebungsgesamtheit E vom Umfang n in r Schichten $E_1, \ldots, E_r$ mit den Umfängen $n_1, \ldots, n_r$ und jeweiligen Mitteln $\bar{x}_1, \ldots, \bar{x}_r$ und Varianzen $\tilde{s}_1^2, \ldots, \tilde{s}_r^2$ zerlegt, so gilt für die gesamte Varianz $\tilde{s}^2$ in E:

Streuungszerlegung

$$\tilde{s}^2 = \frac{1}{n}\sum_{j=1}^{r} n_j\tilde{s}_j^2 + \frac{1}{n}\sum_{j=1}^{r} n_j(\bar{x}_j - \bar{x})^2 ,$$

wobei

$$\bar{x} = \frac{1}{n}\sum_{j=1}^{r} n_j\bar{x}_j ,$$

das arithmetische Gesamtmittel bei Schichtenbildung ist.

Der erste Ausdruck rechts mißt die *Streuung innerhalb der Schichten* durch ein gewichtetes Mittel der jeweiligen Streuungen $\tilde{s}_1^2, \ldots, \tilde{s}_r^2$. Der zweite Ausdruck mißt die *Streuung zwischen den Schichten* durch ein gewichtetes Mittel der quadrierten Abweichungen der Mittelwerte $\bar{x}_j$ der Schichten vom Gesamtmittel $\bar{x}$. Die Streuungszerlegung läßt sich damit verbal so fassen:

Gesamtstreuung = Streuung innerhalb der Schichten + Streuung zwischen den Schichten.

Schwankungs-intervalle

5. Die Standardabweichung wird oft zusammen mit dem arithmetischen Mittel dazu benutzt, Intervalle der Form $\bar{x} \pm \tilde{s}$, $\bar{x} \pm 2\tilde{s}$ oder $\bar{x} \pm 3\tilde{s}$ anzugeben. Ist das Merkmal X in etwa normalverteilt, man vergleiche dazu Abschnitt 2.2.3 und Abschnitt 6.3.1, so gilt:

in $\bar{x} \pm \tilde{s}$ liegen ca. 68 % aller Daten,
in $\bar{x} \pm 2\tilde{s}$ liegen ca. 95 % aller Daten,
in $\bar{x} \pm 3\tilde{s}$ liegen ca. 99 % aller Daten.

Die Angabe solcher Intervalle ist vor allem in technischen Anwendungen sehr üblich. Für nicht normalverteilte, insbesondere schiefe Verteilungen sind jedoch Box-Plots deutlich besser geeignet, um Lage und Streuung einer Verteilung anzuzeigen.

Nettomieten

Beispiel 2.21

Für die Nettomieten der 26 kleinen Wohnungen ohne Warmwasserversorgung (Beipiele 2.2, Seite 32 und 2.13, Seite 52) erhält man nach der Verschiebungsregel die Varianz

$$\tilde{s}^2 = \frac{1}{26}\left\{(127.06)^2 + \ldots + (676.74)^2\right\} - (358.86)^2 = 17222.7$$

und die Standardabweichung $\tilde{s} = 131.24$. Für die Nettomieten/qm der gesamten Stichprobe ergibt sich die Standardabweichung

$$\tilde{s}_{ges} = 5.25$$

und für die Schichten der kleinen, mittleren und großen Wohnungen ergibt sich

$$\tilde{s}_{kl} = 5.61\,, \quad \tilde{s}_{mi} = 4.78\,, \quad \tilde{s}_{gr} = 4.78\,.$$

Betrachtet man statt der Nettomieten/qm die Nettomieten selbst ergibt sich

$$\tilde{s}_{ges} = 421.44\,, \quad \tilde{s}_{kl} = 220.20\,, \quad \tilde{s}_{mi} = 318.65\,, \quad \tilde{s}_{gr} = 538.27\,.$$

Mit der Streuungszerlegung kann man die Gesamtvarianz der Nettomieten/qm aus den Varianzen geschichtet nach der Wohnungsgröße berechnen. Die erforderlichen Mittelwerte und Umfänge zur Gewichtung sind bereits aus der Tabelle von Beispiel 2.14 (Seite 53) bekannt. Man erhält

$$\begin{aligned}\tilde{s}^2 = &\frac{1}{1082}(270 \cdot 5.61^2 + 513 \cdot 4.78^2 + 299 \cdot 4.78^2)\\ &+ \frac{1}{1082}\left(270 \cdot (15.30 - 12.65)^2 + 513 \cdot (12.20 - 12.65)^2 + 299 \cdot (11.02 - 12.65)^2\right) = 27.6\,.\end{aligned}$$

□

Renditen der Münchener Rückversicherungs-Aktie

Beispiel 2.22

Hier ergibt sich $\tilde{s}^2 = 0.0042$. □

Für Merkmale mit nichtnegativen Ausprägungen und arithmetischem Mittel $\bar{x} > 0$ läßt sich durch den Variationskoeffizienten ein maßstabsunabhägiges Streuungsmaß bilden, das zum Vergleich unterschiedlicher Streuungen geeignet ist.

Maßstabsunabhängigkeit

Variationskoeffizient

$$v = \frac{\tilde{s}}{\bar{x}}\,, \quad \bar{x} > 0$$

Beispiel 2.23 **Nettomieten**

Geschichtet nach Wohnungsgröße erhält man für alle 1082 Wohnungen die folgenden Variationskoeffizienten der Nettomieten/qm:

Wohnfläche	bis 50 qm	51 bis 80 qm	81 qm und mehr
v	0.37	0.39	0.43

□

2.2.4 Maßzahlen für Schiefe und Wölbung

In den Beispielen der vorhergehenden Abschnitte zeigten bereits die graphischen Darstellungen, daß sich Verteilungen nicht nur durch Lage und Streuung, sondern auch in bezug auf Symmetrie oder Schiefe ("skewness") unterscheiden können. Außerdem können sich selbst symmetrische Verteilungen durch ihre Wölbung ("kurtosis") unterscheiden. Diese zeigt, ob Daten stark um das Lagezentrum konzentriert sind, oder ob eben die Wölbung flacher ist. Graphische Darstellungen, insbesondere auch die in Abschnitt 2.4 behandelten Quantil-Plots vermitteln dazu einen sehr guten visuellen Eindruck. Zusätzlich gibt es aber auch traditionellere Maßzahlen, die in diesem Abschnitt beschrieben werden.

Schiefe

Eine erste Beurteilung der *Schiefe* oder Symmetrie einer Verteilung kann durch einen Vergleich der Lagemaße mittels der Lageregeln aus Abschnitt 2.2.1 erfolgen.

Maßzahlen für die Schiefe der Verteilung metrischer Merkmale sind Quantils- und Momentenkoeffizienten.

Quantilskoeffizient der Schiefe

$$g_p = \frac{(x_{1-p} - x_{med}) - (x_{med} - x_p)}{x_{1-p} - x_p}$$

Für $p = 0.25$ erhält man den *Quartilskoeffizienten.*

Quantilskoeffizienten messen im Zähler den Unterschied zwischen der Entfernung des p- und $(1-p)$-Quantils zum Median. Bei linkssteilen (bzw. rechtssteilen) Verteilungen liegt das untere Quantil näher am (bzw. weiter entfernt vom) Median. Somit gilt:

Werte des Quantilskoeffizienten

$g_p = 0$ für symmetrische Verteilungen,
$g_p > 0$ für linkssteile Verteilungen,
$g_p < 0$ für rechtssteile Verteilungen.

Durch den Nenner wird g_p so normiert, daß $-1 \leq g_p \leq 1$ gilt. Da die Definition mittels der Quantile und des Medians erfolgt, sind Quantilskoeffizienten resistent. Dies gilt nicht für die in Analogie zur Varianz $\tilde{s}^2$ gebildeten Momentenkoeffizienten der Schiefe:

Momentenkoeffizient der Schiefe

$$g_m = \frac{m_3}{\tilde{s}^3} \quad \text{mit} \quad m_3 = \frac{1}{n}\sum_{i=1}^{n}(x_i - \bar{x})^3$$

Durch die dritte Potenz $(x_i - \bar{x})^3$ bleiben im Vergleich zur Standardabweichung die Vorzeichen bei den Abweichungen $(x_i - \bar{x})$ erhalten. Bei linkssteilen (bzw. rechtssteilen) Verteilungen überwiegen positive (bzw. negative) Abweichungen, so daß g_m positiv (negativ) wird. Wegen der Division durch $\tilde{s}^3$ ist g_m maßstabsunabhängig.

Werte des Momentenkoeffizienten

$g_m = 0$ für symmetrische Verteilungen,
$g_m > 0$ für linkssteile Verteilungen,
$g_m < 0$ für rechtssteile Verteilungen.

In einigen statistischen Programmpaketen werden – ähnlich wie bei der Varianz – modifizierte Versionen von g_m berechnet. Für größeren Umfang n ist der Unterschied wiederum praktisch irrelevant.

Maßzahlen für die *Wölbung* sollen charakterisieren, wie stark oder schwach der zentrale Bereich und – damit zusammenhängend – die Randbereiche der Daten besetzt sind. Dabei ist zu beachten, daß Verteilungen mit gleicher Streuung unterschiedliche Wölbungen in der Mitte bzw. unterschiedliche linke und rechte Enden in den Randbereichen besitzen können. *Wölbung*

In der Mitte vergleichsweise spitze Verteilungen sind in den Enden ("tails") stärker besetzt als in der Mitte flache Verteilungen. Als Vergleichs- oder Referenzverteilung für das Maß an

Wölbung in der Mitte oder Breite in den Enden ("heaviness of tails") dient dazu die Normalverteilung (vgl. Abschnitt 2.4 und Abschnitt 6.3.1). Eine gängige Maßzahl, die gerade so definiert ist, daß sie bei Vorliegen einer Normalverteilung null wird, ist das

Wölbungsmaß von Fisher

$$\gamma = \frac{m_4}{\tilde{s}^4} - 3 \quad \text{mit} \quad m_4 = \frac{1}{n}\sum_{j=1}^{n}(x_j - \bar{x})^4 \quad \text{bzw.} \quad \frac{1}{n}\sum_{j=1}^{k}(a_j - \bar{x})^4 n_j$$

Dabei ist

$$\begin{aligned} \gamma &= 0 && \text{bei Normalverteilung,} \\ \gamma &> 0 && \text{bei spitzeren Verteilungen,} \\ \gamma &< 0 && \text{bei flacheren Verteilungen.} \end{aligned}$$

Wie bei der Varianz $\tilde{s}^2$ und beim Schiefemaß g_m existieren Modifikationen, die sich aber für größeres n nur unwesentlich unterscheiden.

Beispiel 2.24 **Tägliche und monatliche Renditen**

Die Werte der Schiefekoeffizienten liegen relativ nahe bei null. Dies weist nochmals auf die annähernde Symmetrie der Verteilungen hin. Die Verringerung des Wölbungsmaßes γ beim Übergang von täglichen zu monatlichen Renditen ist in Übereinstimmung mit einer Abflachung der Spitze der Verteilung am Lagezentrum.

	MRU		BMW	
	täglich	monatlich	täglich	monatlich
$g_{0.25}$	0.054	0.084	0.063	0.012
g_m	0.135	0.232	−0.169	−0.445
γ	5.447	1.171	8.007	2.719

□

2.3 Konzentrationsmaße

Eine in den Wirtschaftswissenschaften relevante, mit der Streuung zusammenhängende Fragestellung gilt der Konzentration von Merkmalen auf Merkmalsträgern. Dabei interessiert man sich beispielsweise dafür, wie ein Markt sich auf die Anbieter aufteilt (Marktkonzentration), oder wie sich das Einkommen oder der Grundbesitz einer demographischen Einheit auf Individuen bzw. Familien aufteilt (Einkommenskonzentration). Ziel ist es, die Stärke der Konzentration in einem Kennwert bzw. einer Graphik zum Ausdruck zu bringen.

Marktkonzentration in drei Städten **Beispiel 2.25**

In drei Städten G, M und V sei der monatliche Umsatz (in 1000 DM) der Möbelbranche bestimmt durch die folgende Tabelle:

Einrichtungs-	Stadt		
häuser	G	M	V
1	40	180	60
2	40	5	50
3	40	5	40
4	40	5	30
5	40	5	20

Wie man unmittelbar sieht, ist der Gesamtumsatz der Möbelbranche in der Stadt G völlig gleichmäßig auf die fünf Anbieter verteilt, in der Stadt M besitzt ein Einrichtungshaus nahezu eine Monopolstellung, während in V die Umsätze über die Anbieter variieren. □

Im folgenden wird in Hinblick auf die Konzentrationsmessung angenommen, daß das Merkmal *kardinal* skaliert ist und die Messungen $x_1, \ldots, x_n$ alle *nicht-negativ* sind. Betrachtet werden damit nur Merkmale wie Umsatz, Einkommen oder Anzahl Beschäftigter, die prinzipiell positiv (bzw. null) sind. Der Einfachheit halber wird von bereits geordneten Werten $x_1 \leq \ldots \leq x_n$ ausgegangen. Eine Tabelle wie im Beispiel 2.25 ist also umzuordnen, bevor man die nachfolgenden Formeln anwendet. Die *Gesamtmerkmalssumme* bestimmt sich durch

kardinal
nicht-negativ
geordnete Werte
Gesamtmerkmalssumme

$$\sum_{i=1}^{n} x_i > 0 .$$

Dadurch ist die zur Verfügung stehende Gesamtmenge (Gesamtumsatz, Gesamteinkommen, Gesamtzahl der Beschäftigen) gegeben.

2.3.1 Relative Konzentration: Lorenzkurve und Gini-Koeffizient

Lorenzkurve aus den geordneten Daten

Eine einfache Darstellungsform, die Aufschluß über die Stärke der Konzentration gibt, ist die Lorenzkurve, die von M. Lorenz zur Charakterisierung der Vermögenskonzentration benutzt wurde. Ausgehend von den bereits geordneten Merkmalsausprägungen $x_1, \ldots, x_n$ überlegt man sich, daß für $j = 1, \ldots, n$ der Anteil j/n der Merkmalsträger die kumulierte relative Merkmalssumme

$$\frac{\sum_{i=1}^{j} x_i}{\sum_{i=1}^{n} x_i}$$

Lorenzkurve

auf sich konzentriert. Die *Lorenzkurve* gibt dies für sämtliche Anteile j/n in graphischer Form wieder.

Lorenzkurve

Für die geordnete Urliste $x_1 \leq \ldots \leq x_n$ ergibt sich die *Lorenzkurve* als Streckenzug durch die Punkte

$$(0,0), (u_1, v_1), \ldots, (u_n, v_n) = (1,1)$$

mit

$$u_j = j/n \quad \text{Anteil der Merkmalsträger}\,,$$

$$v_j = \frac{\sum\limits_{i=1}^{j} x_i}{\sum\limits_{i=1}^{n} x_i} \quad \text{kumulierte relative Merkmalssumme}\,.$$

Beispiel 2.26 **Marktkonzentration in drei Städten**

Für die Städte G, M und V aus Beispiel 2.25 erhält man die Lorenzkurve L aus Tabelle 2.5, wobei zu beachten ist, daß die Werte nun der Größe nach geordnet sind. Die zugehörigen Graphiken sind in Abbildung 2.27 dargestellt.

		Stadt G			Stadt M			Stadt V		
j	u_j	x_i	$\sum_{i=1}^{j} x_i$	v_j	x_i	$\sum_{i=1}^{j} x_i$	v_j	x_i	$\sum_{i=1}^{j} x_i$	v_j
1	0.2	40	40	0.2	5	5	0.025	20	20	0.10
2	0.4	40	80	0.4	5	10	0.050	30	50	0.25
3	0.6	40	120	0.6	5	15	0.075	40	90	0.45
4	0.8	40	160	0.8	5	20	0.100	50	140	0.70
5	1.0	40	200	1.0	180	200	1.000	60	200	1.00

TABELLE 2.5: Marktkonzentrationen

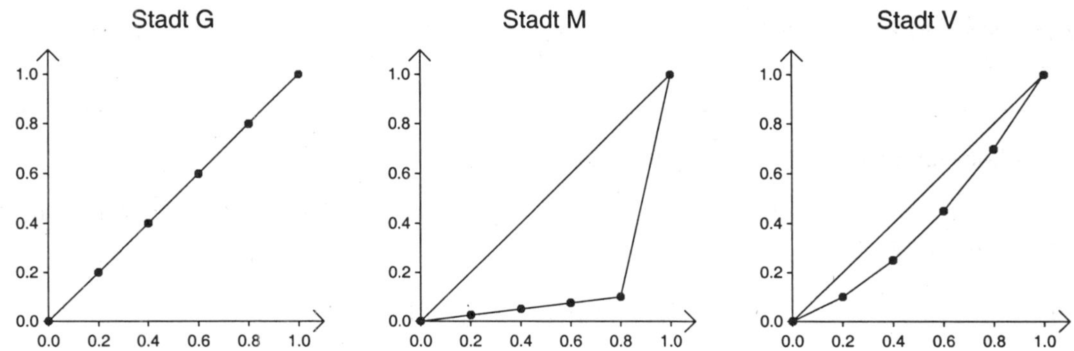

ABBILDUNG 2.27: Lorenzkurven zur Marktkonzentration □

Der Grundgedanke der Lorenzkurve besteht darin darzustellen, auf welchen Anteil der kleinsten Merkmalsträger welcher kumulierte relative Anteil an der Gesamtmerkmalssumme entfällt. Entspricht der Anteil der Merkmalsträger unmittelbar dem kumulierten relativen Anteil, so erhält man eine Gerade, genauer die Diagonale, die wie für die Stadt G Nullkonzentration signalisiert. Je kleiner die relative kumulierte Merkmalssumme der kleinsten Merkmalsträger ausfällt, desto stärker entfernt man sich von der Winkelhalbierenden. So ergibt sich beispielsweise eine sehr starke Konzentration in Stadt M, bei der auf $4/5$ der Merkmalsträger nur $10\,\%$ der Merkmalssumme entfallen.

Interpretiert wird die Lorenzkurve nur an den berechneten Punkten (u_j, v_j), die meist mit Knickstellen zusammenfallen. Aus der Kurve läßt sich unmittelbar ablesen, daß auf $u_j \cdot 100\,\%$ der kleinsten Merkmalsträger $v_j \cdot 100\,\%$ der Merkmalssumme entfallen bzw. daß auf $(1 - u_j) \cdot 100\,\%$ der größten Merkmalsträger $(1 - v_j) \cdot 100\,\%$ der Merkmalssumme konzentriert sind.

Eigenschaften: Monotonie, Konvexität

Wesentliche *Eigenschaften* der Lorenzkurve sind *Monotonie*, d.h. die Kurve wächst monoton, und *Konvexität*, d.h. es liegt Wölbung nach unten vor.

Häufigkeitsdaten

Liegen die Daten bereits in Form von absoluten bzw. relativen Häufigkeiten $h_1, \ldots, h_k$ bzw. $f_1, \ldots, f_k$ für die Merkmalsausprägungen $a_1, \ldots, a_k$ vor, so läßt sich die Berechnung vereinfachen. Man bestimmt nur noch die Knickstellen

$$u_j = \sum_{i=1}^{j} h_i/n = \sum_{i=1}^{j} f_i$$

$$v_j = \frac{\sum\limits_{i=1}^{j} h_i a_i}{\sum\limits_{i=1}^{k} h_i a_i} = \frac{\sum\limits_{i=1}^{j} f_i a_i}{\sum\limits_{i=1}^{k} f_i a_i} \qquad j = 1, \ldots, k\,.$$

Die resultierende Kurve ist identisch mit der aus den ursprünglichen Daten $x_1, \ldots, x_n$ berechneten Kurve.

Lorenzkurve bei gruppierten Daten

In vielen Anwendungen liegen die Merkmale nur in gruppierter Form vor, d.h. man kennt nur die Häufigkeiten $h_1, \ldots, h_k$ bzw. $f_1, \ldots, f_k$ der Klassen $[c_0, c_1), \ldots, [c_{k-1}, c_k)$. Die Lorenzfunktion wird nun für jede Klasse, genauer für den rechten Endpunkt jeder Klasse berechnet. Dabei sind zwei Fälle zu unterscheiden.

Merkmalssumme bekannt

Ist die *Merkmalssume* für die einzelnen Klassen gegeben, bezeichnet man der Einfachheit halber mit x_i die *Merkmalssumme* der i-ten Klasse und erhält die Lorenzkurve wie für unklassierte Daten durch

$$u_j = \sum_{i=1}^{j} h_i/n = \sum_{i=1}^{j} f_j$$

$$v_j = \frac{\sum\limits_{i=1}^{j} x_i}{\sum\limits_{i=1}^{n} x_i}.$$

Merkmalssumme unbekannt

In der amtlichen Statistik sind oft nur die absoluten bzw. relativen Häufigkeiten in den Klassen bekannt, jedoch ist die *Merkmalssumme unbekannt*. Zur Darstellung einer Lorenzkurve nimmt man nun idealisierenderweise an, daß innerhalb der Klasse keine Konzentration vorliegt, d.h. daß alle Ausprägungen denselben Wert, nämlich die Klassenmitte, annehmen. Mit den Klassenmitten $m_i = (c_i + c_{i-1})/2$ erhält man in Analogie zur obigen Form die Lorenzkurve

$$u_j = \sum_{i=1}^{j} h_i/n = \sum_{i=1}^{j} f_i$$

$$v_j = \frac{\sum\limits_{i=1}^{j} h_i m_i}{\sum\limits_{i=1}^{n} h_i m_i}.$$

Eine Lorenzkurve, die aus klassierten Daten entstanden ist, wird üblicherweise nicht nur an den Knickstellen, sondern auch an allen Zwischenwerten interpretiert. Dabei liegt für bekannte wie für unbekannte Merkmalssummen die Annahme zugrunde, daß sich der Merkmalsanteil in Abhängigkeit vom Anteil der Merkmalsträger innerhalb der Klassen linear verhält.

Beispiel 2.27 **Halbleiter-Industrie**

Da die Entwicklung von Chips und der Bau moderner Fertigungsanlagen sehr kostenintensiv ist, ist auf dem Halbleitermarkt mit einer gewissen Konzentration zu rechnen. In Tabelle 2.6 sind die Umsätze der zwanzig weltweit größten Halbleiter-Hersteller wiedergegeben, auf die wir uns im folgenden beschränken. In Tabelle 2.7 findet sich die Berechnung der zugehörigen Lorenzkurve, die in Abbildung 2.28 dargestellt ist. Man sieht unmittelbar die Abweichung von der Ideallinie gleicher Marktanteile. Daraus ist beispielsweise ablesbar, daß 50 % der Unternehmen (unter den 20 umsatzstärksten) nur 27 % des Umsatzes aufweisen.

Intel	10.1	Philips	2.9
NEC	8.0	Matsushita	2.9
Toshiba	7.6	SGS-Thompson	2.6
Motorola	7.2	Sanyo	2.3
Hitachi	6.6	Sharp	2.2
Texas Instruments	5.6	AMD	2.1
Samsung	4.8	Siemens	2.1
Fujitsu	3.9	Nat. Semicond.	2.0
Mitsubishi	3.8	Sony	1.9
IBM	3.0	Goldstar	1.7

TABELLE 2.6: Umsatz der zwanzig größten Halbleiter-Hersteller in Mrd. US-Dollar (Quelle: Süddeutsche Zeitung, 26.4.1996)

a_i	h_i	f_i	u_j	$a_i\,h_i$	$\frac{a_i\,h_i}{\text{Summe}}$	v_j
1.7	1	0.05	0.05	1.7	0.0204	0.020
1.9	1	0.05	0.10	1.9	0.0228	0.043
2.0	1	0.05	0.15	2.0	0.0240	0.067
2.1	2	0.10	0.25	4.2	0.0504	0.117
2.2	1	0.05	0.30	2.2	0.0264	0.144
2.3	1	0.05	0.35	2.3	0.0276	0.171
2.6	1	0.05	0.40	2.6	0.0312	0.202
2.9	2	0.10	0.50	5.8	0.0696	0.272
3.0	1	0.05	0.55	3.0	0.0360	0.308
3.8	1	0.05	0.60	3.8	0.0456	0.354
3.9	1	0.05	0.65	3.9	0.0468	0.400
4.8	1	0.05	0.70	4.8	0.0576	0.458
5.6	1	0.05	0.75	5.6	0.0672	0.525
6.6	1	0.05	0.80	6.6	0.0792	0.604
7.2	1	0.05	0.85	7.2	0.0864	0.691
7.6	1	0.05	0.90	7.6	0.0912	0.782
8.0	1	0.05	0.95	8.0	0.0960	0.878
10.1	1	0.05	1	10.1	0.1216	1
1	20			88.3 = Summe		

TABELLE 2.7: Berechnung der Lorenzkurve für die Halbleiter-Industrie

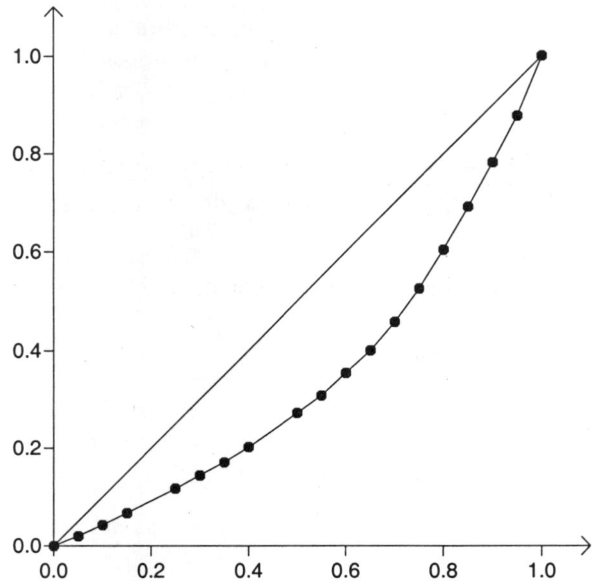

ABBILDUNG 2.28: Lorenzkurve für die Marktkonzentration in der Halbleiter-Industrie □

Gini-Koeffizient

Die Stärke der Konzentration drückt sich in der Lorenzkurve durch die Entfernung von der Diagonalen aus. Ein naheliegendes Maß für die Konzentration benutzt daher die Fläche zwischen der Diagonalen und der Lorenzkurve und setzt diese ins Verhältnis zur “Gesamtfläche” zwischen u-Achse und Diagonale (innerhalb des Quadrates mit der Seitenlänge 1). Das daraus resultierende Konzentrationsmaß heißt Gini-Koeffizient.

Gini-Koeffizient

Der *Gini-Koeffizient* ist bestimmt durch

$$G = \frac{\text{Fläche zwischen Diagonale und Lorenzkurve}}{\text{Fläche zwischen Diagonale und } u\text{-Achse}}$$

$$= 2 \cdot \text{Fläche zwischen Diagonale und Lorenzkurve}$$

Geordnete Urliste $x_1 \leq \ldots \leq x_n$:

$$G = \frac{2 \sum\limits_{i=1}^{n} i x_i}{n \sum\limits_{i=1}^{n} x_i} - \frac{n+1}{n}$$

Häufigkeitsdaten mit $a_1 < \ldots < a_k$:

$$G = \frac{\sum\limits_{i=1}^{k} (u_{i-1} + u_i) h_i a_i}{\sum\limits_{i=1}^{k} h_i a_i} - 1,$$

wobei $u_i = \sum_{j=1}^{i} h_j / n$, $v_i = \sum_{j=1}^{i} h_j a_j / \sum_{j=1}^{k} h_j a_j$.

Die beiden letzten Ausdrücke für den Gini-Koeffizienten ergeben sich durch einfache Umformung. Für die Häufigkeitsform des Gini-Koeffizienten sind die entsprechenden Knickstellen eingesetzt. Für gruppierte Daten mit bekannten Merkmalssummen erhält man G nach der mittleren Formel, wobei wiederum x_i für die Merkmalssumme der i-ten Klasse steht, für gruppierte Daten mit unbekannten Merkmalssummen berechnet man G nach der unteren Formel, wobei die Ausprägungen $a_1, \ldots, a_k$ durch die Klassenmitten $m_1, \ldots, m_k$ ersetzt werden.

Wie man sich einfach überlegt, sind die extremen Ausprägungen des Gini-Koeffizienten von der Form

$$G_{min} = 0 \text{ bei Nullkonzentration, } x_1 = \ldots = x_n$$
$$G_{max} = \tfrac{n-1}{n} \text{ bei maximaler Konzentration, } x_1 = \ldots = x_{n-1} = 0,\ x_n \neq 0.$$

Die maximale Auprägung des Koeffizienten hängt damit von der Anzahl der Merkmalsträger ab. Um diesen Effekt zu vermeiden, betrachtet man meist den normierten Gini-Koeffizienten.

Normierter Gini-Koeffizient (Lorenz-Münzner-Koeffizient)

$$G^* = \frac{G}{G_{max}} = \frac{n}{n-1}G \quad \text{mit dem Wertebereich} \quad G^* \in [0, 1]$$

Interpretation

Für die Interpretation ist zu beachten:

(a) Der Gini-Koeffizient als Maß für die Konzentration sollte immer in Zusammenhang mit der Lorenzkurve interpretiert werden. In Abbildung 2.29 sind zwei Länder mit unterschiedlichen Lorenzkurven (für den Grundbesitz), aber identischen Gini-Koeffizienten dargestellt.

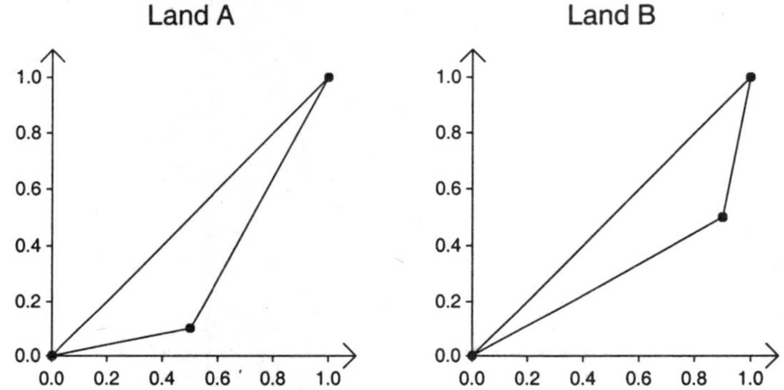

ABBILDUNG 2.29: Zwei unterschiedliche Lorenzkurven mit gleichen Gini-Koeffizienten

Während in Land A die ärmere Hälfte der Bevölkerung gerade 10 % besitzt, besitzen in Land B die reichsten 10 % der Bevölkerung 50 % des Grundbesitzes.

relative Konzentration

(b) Lorenzkurve und Gini-Koeffizient zielen auf die *relative Konzentration* ab. Teilen sich zwei Anbieter einen Markt, so daß jeder einen 50 %igen Anteil beliefert, so liegt keine Konzentration ($G = 0$) vor. Bei zwei Anbietern von keiner Konzentration zu sprechen, ist jedoch in vielen Anwendungsbereichen inadäquat. Als relatives Konzentrationsmaß, das nur den Prozentanteil der Menge in Abhängigkeit vom Prozentanteil der Marktteilnehmer betrachtet, berücksichtigt der Gini-Koeffizient nicht die Anzahl der Marktteilnehmer.

2.3.2 Alternative Konzentrationsmaße

Konzentrationsrate CR_g

Lorenzkurve und Gini-Koeffizient betrachten die *relative* Konzentration und damit Problemstellungen der Art

"*Wieviel Prozent* der Marktteilnehmer teilen sich *wieviel Prozent* des Volumens?"

Die daraus resultierende Nichtberücksichtigung der absoluten Anzahl der Teilnehmer wird vermieden bei Konzentrationsmaßen, die auf Problemstellungen der Form

"*Wieviele Anbieter* haben *wieviel Prozent* des Marktvolumens?"

abzielen. Für die g größten Anbieter liefert eine derartige Aussage die Konzentrationsrate CR_g.

Konzentrationsrate CR_g

Für vorgegebenes g und $x_1 \leq \ldots \leq x_n$ bildet man

$$CR_g = \sum_{i=n-g+1}^{n} p_i \,, \quad \text{wobei} \quad p_i = \frac{x_i}{\sum\limits_{j=1}^{n} x_j}$$

den Merkmalsanteil der i-ten Einheit bezeichnet.

Die Konzentrationsrate gibt unmittelbar wieder, welcher Anteil von den g größten Merkmalsträgern gehalten wird. Sie liefert damit eine Information, die schon in der Lorenzkurve enthalten ist. Die Beschränkung auf die g größten Merkmalsträger kann sich nachteilig auswirken. Bei Vergleichen beispielsweise von Industriezweigen, kann die Festlegung von g bestimmen, welcher Industriezweig konzentrierter erscheint.

Herfindahl-Index

Ein weiteres gebräuchliches Konzentrationsmaß ist die nach Herfindahl benannte Kennzahl. Ausgangspunkt sind wiederum nicht-negative Ausprägungen $x_1, \ldots, x_n$.

Herfindahl-Index

$$H = \sum_{i=1}^{n} p_i^2 \,, \quad \text{wobei} \quad p_i = \frac{x_i}{\sum\limits_{j=1}^{n} x_j}$$

den Merkmalsanteil der i-ten Einheit bezeichnet.

Für die Extremkonstellationen ergibt sich

$H_{min} = \frac{1}{n}$ bei gleichem Marktanteil, d.h. $x_1 = \ldots = x_n$ $(p_i = 1/n)$
$H_{max} = 1$ bei einem Monopolisten, d.h. $x_1 = \ldots = x_{n-1} = 0$, $x_n \neq 0$ $(p_n = 1)$.

Der Wertebereich von H ist bestimmt durch

$$\frac{1}{n} \leq H \leq 1\,,$$

und man sieht unmittelbar, daß die durch H gemessene Konzentration umso kleiner wird, je mehr Anbieter mit gleichem Marktanteil beteiligt sind. Der Gini-Koeffizient ist in diesem Fall unabhängig von der Anzahl der Anbieter immer null. Bei gleichem Markanteil gibt $H_{min} = 1/n$ den Anteil jedes Anbieters am Markt an.

Beispiel 2.28 **Halbleiter-Industrie**

Für die Lorenzkurve aus Abbildung 2.28 (Seite 80) erhält man einen Gini-Koeffizienten von $G = 0.191$, was für eine deutliche wenn auch (weltweit betrachtet) noch nicht übermäßige Konzentration spricht. Der Herfindahl-Index liefert mit $H = 0.071$ ein ähnliches Ergebnis. Für die absolute Konzentrationsrate der umsatzstärksten Unternehmen ergeben sich $CR_1 = 0.122$, $CR_5 = 0.474$ und $CR_{10} = 0.727$. Daraus ersieht man eine doch nicht zu unterschätzende Konzentration, da bespielsweise 5 Unternehmen nahezu 50 % des Umsatzes beisteuern. □

2.4 Dichtekurven und Normalverteilung

2.4.1 Dichtekurven

Mit den bisher behandelten graphischen und numerischen Methoden verfügen wir bereits über eine gute Auswahl von Möglichkeiten, um die Verteilung eines erhobenen Merkmals zu visualisieren und durch Kennzahlen zusammenfassend zu beschreiben. In vielen Anwendungen wird allerdings für ein metrisches Merkmal ein umfangreicher Datensatz erhoben, wie etwa die Nettomieten in der Mietspiegelstichprobe oder die täglichen Renditen von Aktien. Stamm-Blatt-Diagramme sind dann praktisch nicht mehr erstellbar, Häufigkeitstabellen und Histogramme für gruppierte Daten unterdrücken Information und hängen von der Wahl der Klassen ab, und Maßzahlen beschreiben nur Teilaspekte der Daten. Histogramme entsprechen auch optisch nicht der gedanklichen Vorstellung, daß die Verteilung eines stetigen Merkmals besser durch eine glatte Kurve als durch eine – oft sehr sprunghafte – Treppenfunktion repräsentiert wird. Der Vorstellung einer stetigen Verteilung kommt bei umfangreichen Datensätzen die empirische Verteilungsfunktion deutlich näher, wie man am Beispiel der Nettomieten in Abbildung 2.21 (Seite 50) sieht. Hier bietet es sich geradezu an, die – mit dem Auge kaum mehr

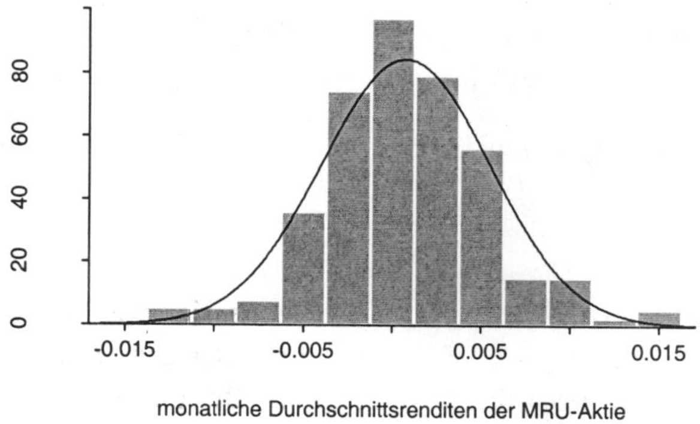

ABBILDUNG 2.30: Histogramm und Dichtekurve der Durchschnittsrenditen der Münchener Rückversicherungsaktie

wahrnehmbare – Treppenfunktion durch eine glatte stetige Funktion zu approximieren. Allerdings sind Regelmäßigkeiten oder Besonderheiten einer Verteilung mit Hilfe der empirischen Verteilungsfunktion oft nicht leicht erkennbar. Es liegt deshalb nahe, Histogramme durch eine glatte Kurve, eine sogenannte *Dichtekurve*, zu approximieren. Abbildung 2.30 zeigt zum Histogramm monatlicher Aktien-Renditen eine stetige Dichtekurve, mit der die Form der Verteilung in idealisierter Weise beschrieben werden kann.

Glattheit
Dichtekurve

Diese stetige Kurve glättet zwar einige Details des Histogramms heraus, dafür gibt sie eine optisch kompakte Visualisierung der Form der Verteilung und läßt sich oft durch eine einzige Formel als Funktion $f(x)$ beschreiben.

Beim Übergang von Histogrammen zu stetigen Dichtekurven $f(x)$ müssen jedoch folgende wichtige Eigenschaften des Histogramms erhalten bleiben: Die Treppenfunktion des Histogramms ist nichtnegativ, und die von ihr überdeckte Fläche ist gleich 1. Zudem ist die Fläche über dem Wertebereich einer Klasse gleich der relativen Häufigkeit für diese Klasse. Dies führt zu folgenden Anforderungen an Dichtekurven:

Dichtekurven

Eine stetige Funktion $f(x)$ ist eine *Dichtekurve* oder kurz *Dichte*, wenn $f(x) \geq 0$ und die von $f(x)$ überdeckte Gesamtfläche gleich 1 ist, also

$$\int f(x)dx = 1$$

gilt.

Die Fläche, die von der Kurve über einem bestimmten Intervall $[a, b]$ von x-Werten begrenzt wird, ist dann als prozentualer Anteil der x-Werte zu interpretieren, die in dieses Intervall fallen, siehe Abbildung 2.31.

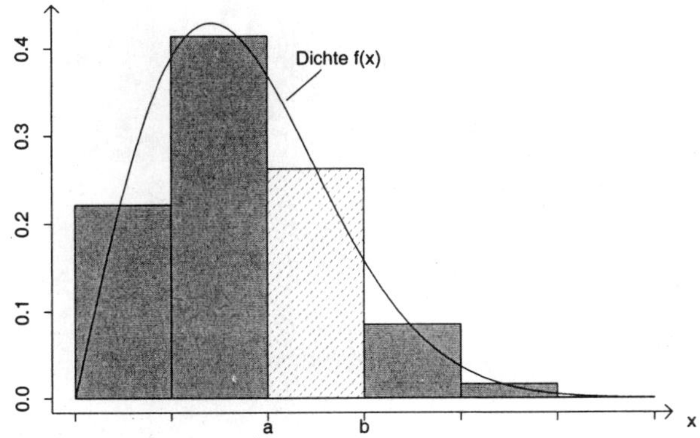

ABBILDUNG 2.31: Histogramm und Dichtekurve

Diese Fläche wird beim Histogramm durch das schraffierte Rechteck über $[a, b]$ approximiert. Dichtekurven können wie Histogramme viele Formen besitzen. Insbesondere unterscheidet man wieder zwischen *symmetrischen* und *schiefen* Dichtekurven sowie *unimodalen* und *multimodalen* Dichtekurven.

Symmetrie
Schiefe
Modalität

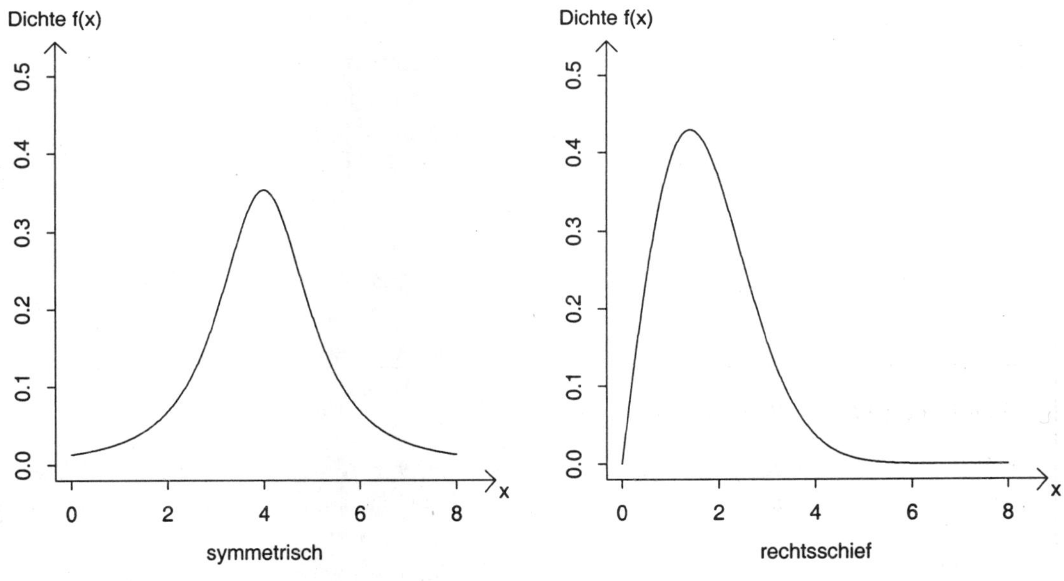

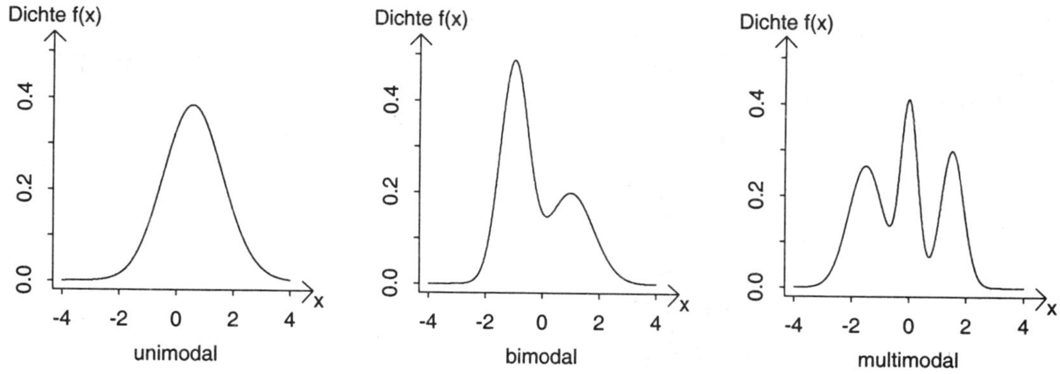

ABBILDUNG 2.32: Verschiedene Formen von Dichtekurven

Einige Maßzahlen für Häufigkeitsverteilungen lassen sich sofort auf Dichtefunktionen übertragen. Die Abbildung 2.33 zeigt, wie Median und Quantile in Analogie zu Häufigkeitsverteilungen definiert werden können.

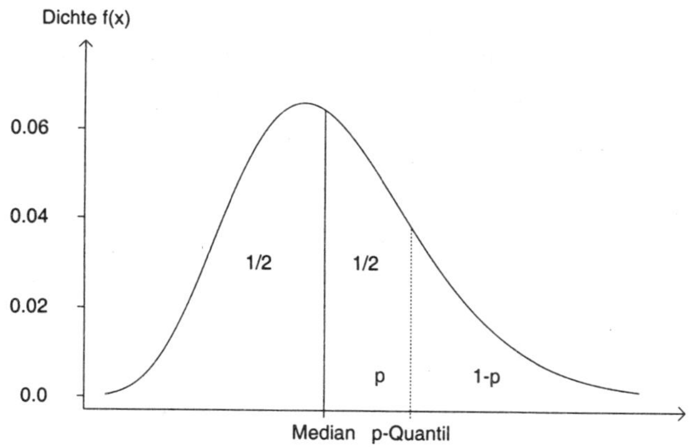

ABBILDUNG 2.33: Median und Quantil

Median und Quantile einer Dichtekurve

Für $0 < p < 1$ ist das *p-Quantil* x_p der Wert auf der x-Achse, der die Gesamtfläche unter $f(x)$ in eine Fläche von $p \cdot 100\,\%$ links und eine Fläche $(1-p) \cdot 100\,\%$ rechts von x_p aufteilt.
Der *Median* $x_{0.5}$ teilt die Gesamtfläche in zwei gleich große linke und rechte Hälften auf.

Für symmetrische und unimodale (eingipfelige) Dichtekurven liegt der Median somit in der Mitte, fällt mit dem Modus als Symmetriepunkt zusammen und kann als Mittelwert der Dichte $f(x)$ bzw. des Merkmals X angesehen werden.

parametrisch

nonparametrisch

Um eine empirische Verteilung möglichst gut durch eine Dichtekurve zu repräsentieren, gibt es verschiedene Möglichkeiten. So kann man etwa versuchen, bestimmte *parametrische* Formen von Verteilungen wie die im nächsten Abschnitt beschriebene Normalverteilung durch geeignete Wahl der Parameter so zu spezifizieren, daß sie den Daten möglichst gut angepaßt werden. Deutlich flexiblere Möglichkeiten bieten sogenannte *nonparametrische* Approximationen von Dichtekurven. Eine sehr populäre und in etlichen Programmpaketen als Standard angebotene Methode ist in Abschnitt *2.4.3 genauer beschrieben. Die in den folgenden Abbildungen dargestellten Dichtekurven zu den Histogrammen von Nettomieten, täglichen Renditen der MRU-Aktie und Zinssätzen festverzinslicher Wertpapiere sind mit dieser Methode berechnet worden.

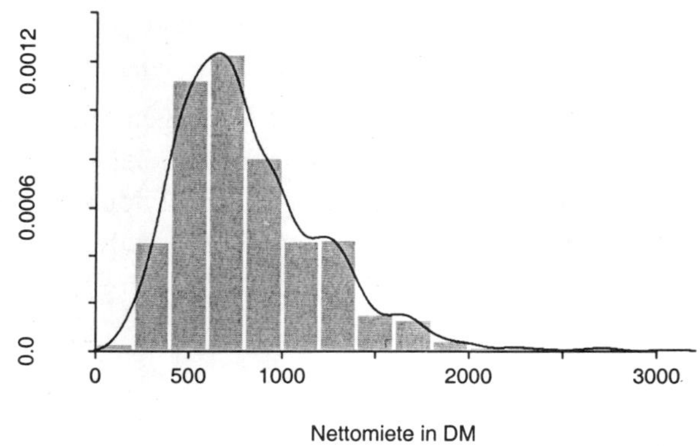

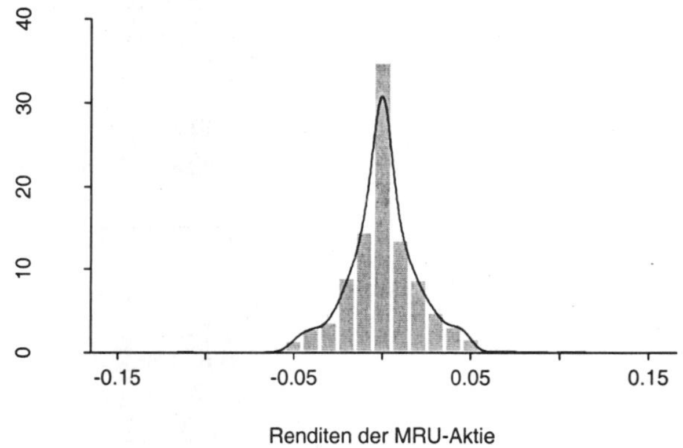

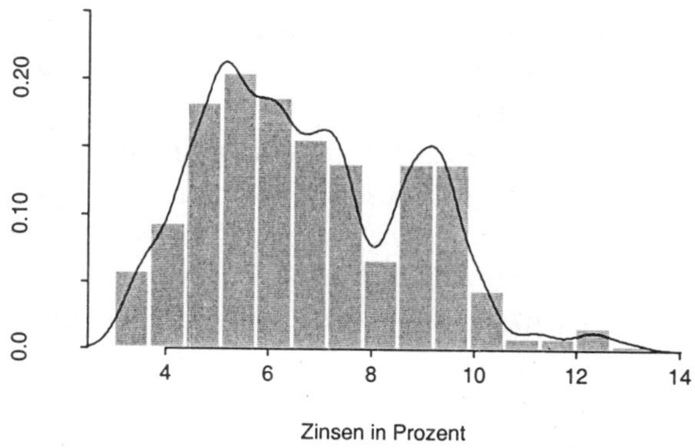

ABBILDUNG 2.34: Dichtekurven zu Nettomieten, Tagesrenditen und Zinsen

2.4.2 Normalverteilungen

Normalverteilungen bilden eine Klasse von besonders wichtigen Dichtekurven. Sie sind symmetrisch, unimodal und glockenförmig. Sie heißen nach dem deutschen Mathematiker Gauß, der ihre Bedeutung erkannte, auch *Gauß-Verteilungen*. In Abbildung 2.30 ist eine Normalverteilung dem Histogramm monatlicher Renditen angepaßt. Normalverteilungen sind durch eine spezielle Formel für die Dichtekurven definiert:

Gauß-Verteilung

> **Dichtekurven von Normalverteilungen**
>
> Die *Dichte* ist für jedes $x \in \mathbb{R}$ durch
>
> $$f(x|\mu, \sigma) = \frac{1}{\sigma\sqrt{2\pi}} \exp\left(-\frac{1}{2}\left(\frac{x-\mu}{\sigma}\right)^2\right)$$
>
> definiert. Für gegebene Werte der Parameter $\mu \in \mathbb{R}$ und $\sigma > 0$ ist $f(x|\mu, \sigma)$ eindeutig spezifiziert. Dabei heißt μ *Mittelwert* und σ *Standardabweichung* von $f(x|\mu, \sigma)$.

Der Faktor

$$\exp\left(-\frac{1}{2}\left(\frac{x-\mu}{\sigma}\right)^2\right)$$

bestimmt die Form von $f(x)$: Die Dichte besitzt genau ein Maximum an der Stelle $x = \mu$. Sie fällt links und rechts symmetrisch und glockenförmig gegen Null ab. Dabei ist dieser Abfall umso steiler und damit die Kurve umso enger um das Mittel μ konzentriert, je kleiner der Wert

unimodal
symmetrisch
glockenförmig

von σ ist. Je größer die Standardabweichung σ ist, desto mehr Fläche liegt weiter links oder rechts von μ und umso größer ist die Streuung der x-Werte. Der erste Faktor ist so gewählt, daß die Fläche unter $f(x)$ gleich 1 wird. Er dient also nur als *Normierungskonstante* und hat keinen Einfluß auf die Form von $f(x)$. Die Abbildungen 2.35 zeigen zwei Normalverteilungskurven mit kleinem und großem σ.

Normierung

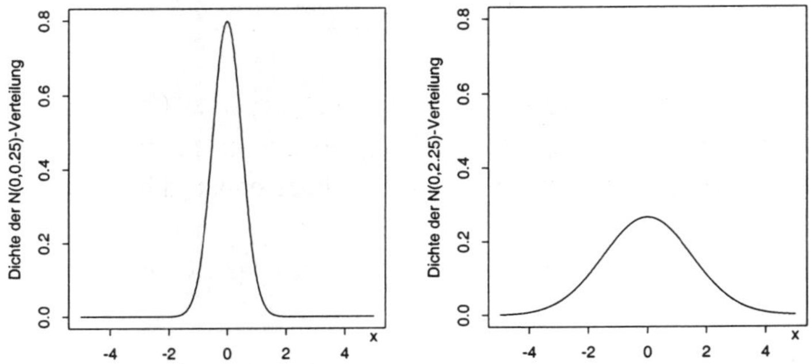

ABBILDUNG 2.35: Zwei Dichtekurven einer Normalverteilung mit kleiner (links) und großer (rechts) Standardabweichung σ

Mittelwert μ und Standardabweichung σ entsprechen in ihrer Bedeutung dem arithmetischen Mittel $\bar{x}$ und der empirischen Standardabweichung $\tilde{s}$ von Beobachtungen $x_1, \ldots, x_n$ einer Variable X. Für μ ist dies plausibel, da es im Zentrum der symmetrischen Verteilung liegt. Wie später in der induktiven Statistik gezeigt wird, ist eine Normalverteilung einer Häufigkeitsverteilung mit $\bar{x}, \tilde{s}$ so anzupassen, daß $\mu = \bar{x}$ und $\sigma = \tilde{s}$ gilt. Genau dies wurde bei der Approximation des Histogramms monatlicher Aktienrenditen durch eine Normalverteilungskurve in Abbildung 2.30 beachtet.

Standardisierung

Variiert man μ und σ, so erhält man verschiedene Normalverteilungen. Alle diese Normalverteilungen lassen sich aber auf eine Standardform zurückführen.

Standardnormalverteilung

Sei $f(x)$ die Dichtekurve einer Normalverteilung mit Mittelwert μ und Standardabweichung σ. Dann besitzt die *standardisierte* Variable

$$Z = \frac{X - \mu}{\sigma}$$

die Dichtekurve einer Normalverteilung mit $\mu = 0$ und $\sigma = 1$. Diese Normalverteilung heißt *Standardnormalverteilung* und die Variable Z entsprechend *standardnormalverteilt*. Die zugehörige Dichtekurve wird mit $\phi(z)$ bezeichnet, d.h.

$$\phi(z) = \frac{1}{\sqrt{2\pi}} \exp\left(-\frac{z^2}{2}\right) .$$

Der Faktor $\exp(-x^2/2)$ ergibt sich unmittelbar aus der allgemeinen Form, wenn man dort $z = (x - \mu)/\sigma$ einsetzt. Durch die um den Faktor $1/\sigma$ veränderte Skalierung ändert sich auch die Normierungskonstante zu $1/\sqrt{2\pi}$, so daß die Fläche unter $\phi(z)$ wieder gleich 1 ist.

Der Übergang von X zur standardisierten Variable Z bewirkt, daß Beobachtungen als Abweichungen vom Mittel μ und mit der Standardabweichung als Maßeinheit gemessen werden. Mit Hilfe der Standardisierung können alle Berechnungen für X, etwa die Berechnung von Quantilen, auf Berechnungen für die Standardnormalverteilung zurückgeführt werden.

Die Quantile z_p von $\phi(z)$ lassen sich allerdings nicht in einfacher Weise durch analytische Formeln bestimmen. Deshalb sind die Quantile der Standardnormalverteilung entweder aus Tabellen zu entnehmen bzw. werden mit numerischen Verfahren am Computer berechnet. Einige ausgewählte Quantile sind (vgl. dazu Tabelle A):

Quantile der Standardnormalverteilung

p	50 %	75 %	90 %	95 %	97.5 %	99 %
z_p	0.0 (Median)	0.67	1.28	1.64	1.96	2.33

Wegen der *Symmetrie* der Normalverteilung gilt: *Symmetrie*

$$z_p = -z_{1-p} \quad \text{für} \quad 0 < p < 1$$

Man nützt diese Beziehung für Werte von p kleiner 50 %. Es gilt also z.B. $z_{0.1} = -z_{0.9} = -1.28$. Quantile x_p für die Verteilung $f(x)$ erhält man aus den Quantilen z_p der Standardnormalverteilung $\phi(z)$ durch die zur Standardisierung inverse lineare Transformation

$$x_p = \mu + \sigma z_p \,.$$

In gleicher Weise erhält man Anteilswerte für Intervalle von x aus entsprechenden Intervallen für z, indem die Flächen über diesen Intervallen für $\phi(z)$ berechnet bzw. in Tabellen nachgeschlagen werden. Bekannt ist folgende Regel, die in Abbildung 2.36 illustriert ist.

Die 68–95–99.7–Prozent–Regel

68 %	der Beobachtungen liegen im Intervall	$\mu \pm \sigma$
95 %	der Beobachtungen liegen im Intervall	$\mu \pm 2\sigma$
99.7 %	der Beobachtungen liegen im Intervall	$\mu \pm 3\sigma$

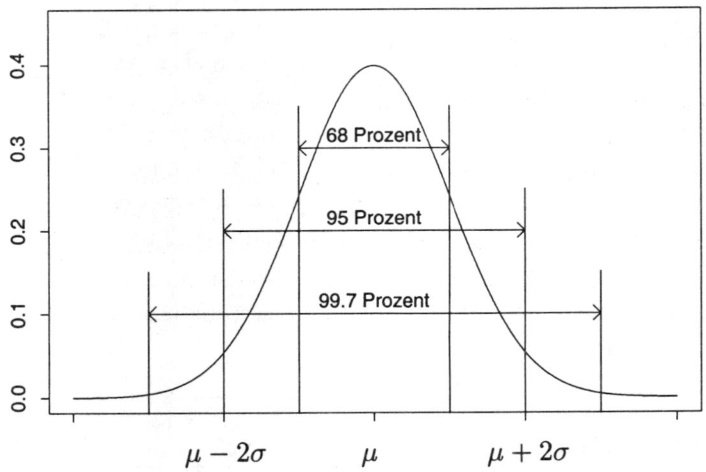

ABBILDUNG 2.36: Die 68-95-99.7-Regel für Normalverteilungen

Wenn sich eine Häufigkeitsverteilung für die Daten eines erhobenen Merkmals X gut durch eine Normalverteilung mit $\mu = \bar{x}$, $\sigma = s$ approximieren läßt, gelten Aussagen wie die 68-95-99.7-Prozent-Regel auch approximativ für diese Daten. So ist etwa die Aussage in Abschnitt 2.2.3 über die Anteile von Beobachtungswerten, die in den Intervallen $\bar{x} \pm ks$, $k = 1, 2, 3$, liegen, durch eine derartige Approximation entstanden.

Variablen, deren Verteilung erfahrungsgemäß häufig *approximativ normal* ist, sind z.B. Punktzahlen bei Klausuren oder Tests, physikalische oder technische Größen, etwa die Abmessungen oder das Gewicht eines laufend produzierten Massenartikels, und Merkmale von homogenen biologischen Populationen, etwa Gewicht und Größe von Männern einer bestimmten Altersgruppe oder der Ertrag einer bestimmten Weizensorte.

approximative Normalverteilung

Viele andere Variablen, gerade in sozial- und wirtschaftswissenschaftlichen Anwendungen, besitzen jedoch deutlich schiefe Verteilungen und sind somit typischerweise nicht normalverteilt. Dazu gehören in unseren Beispielen Nettomieten, Einkommen, Lebensdauern usw.

Viele Verfahren der Statistik arbeiten dann gut, wenn eine (approximative) Normalverteilung vorliegt. Man benötigt deshalb Methoden, mit denen dies beurteilt werden kann. Die Normalverteilung dient dazu als Referenzverteilung mit "idealer" Symmetrie und Wölbung. Nicht-normale Verteilungen sind dagegen typischerweise schief, anders "gewölbt" oder "gekrümmt". Hinweise, ob eine Normalverteilung vorliegt, erhält man auch durch Maßzahlen oder durch Vergleich eines Histogramms mit einer angepaßten Normalverteilung. Genaueren Aufschluß bekommt man durch verfeinerte graphische Hilfsmittel. Dazu gehören insbesondere Normal-Quantil-Plots und die Dichteschätzer des nächsten Abschnitts.

*Normal-Quantil-Plots

Statt die Häufigkeitsverteilung der Beobachtungen einer Variable X direkt mit einer Normalverteilung wie in Abbildung 2.30 zu vergleichen, werden bei *Normal-Quantil-Plots* die Quantile der Häufigkeitsverteilung mit entsprechenden Quantilen der Standardnormalverteilung verglichen. Dazu faßt man die Werte $x_{(1)}, \ldots, x_{(n)}$ als Quantile der Häufigkeitsverteilung auf und trägt sie gegen entsprechende Quantile der Standardnormalverteilung ab. Sei z.B. $n = 20$, dann ist $x_{(1)}$ das $1/20 = 5\,\%$-Quantil, $x_{(2)}$ das $1/10 = 10\,\%$-Quantil, usw. Allgemein ist dann $x_{(i)}$ das i/n-Quantil. Statt $x_{(i)}$ gegen das i/n-Quantil der Standardnormalverteilung aufzutragen, ist es günstiger, die $(i - 0.5)/n$-Quantilen der Standardnormalverteilung zu verwenden. Durch diese sogenannte Stetigkeitskorrektur wird die Approximation der empirischen Verteilung durch eine Normalverteilung verbessert.

Normal-Quantil-Plots

Normal-Quantil-Plots

Sei $x_{(1)}, \ldots, x_{(n)}$ die geordnete Urliste. Für $i = 1, \ldots, n$ werden die $(i - 0.5)/n$-Quantile $z_{(i)}$ der Standardnormalverteilung berechnet. Der *Normal-Quantil-Plot* (NQ-Plot) besteht aus den Punkten

$$(z_{(1)}, x_{(1)}), \ldots, (z_{(n)}, x_{(n)})$$

im z-x-Koordinatensystem.

Für größeres n wird der Rechenaufwand sehr groß. NQ-Plots werden deshalb in statistischen Programmpaketen am Computer erstellt und gehören inzwischen zum Standardwerkzeug der explorativen Datenanalyse. Mit ihnen lassen sich Schiefe und Wölbung im Vergleich zu Normalverteilungen und andere Besonderheiten der Daten sehr gut erkennen.

approximativ-standard-normalverteilt

Falls die empirische Verteilung der Beobachtungen *approximativ standard-normalverteilt* ist, liegen die Punkte $(z_{(i)}, x_{(i)})$ des NQ-Plots nahe an oder auf der Winkelhalbierenden $z = x$ wie in Abbildung 2.37(a).

linkssteil

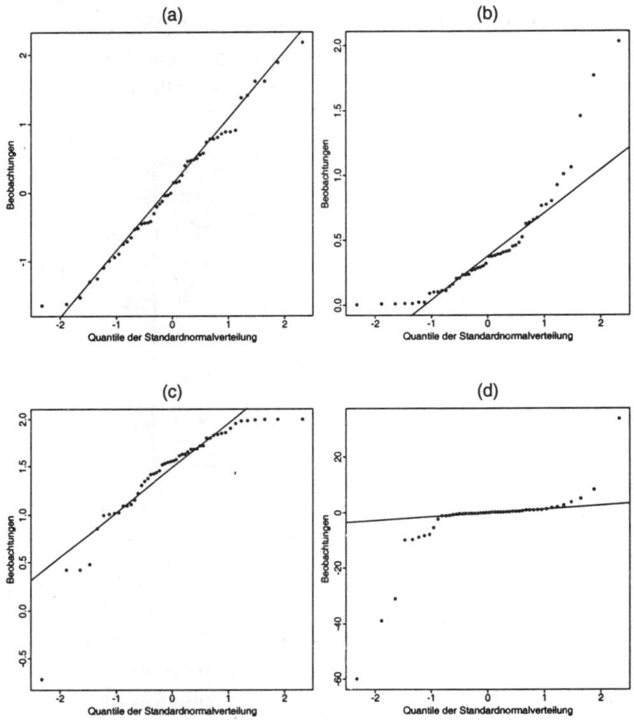

ABBILDUNG 2.37: NQ-Plot einer Normalverteilung (a), einer linkssteilen Verteilung (b), einer rechtssteilen Verteilung (c) und einer symmetrischen, aber stark gekrümmten Verteilung (d)

Falls weiterhin $\bar{x} = 0$ gilt, aber die Verteilung *linkssteil* ist, so sind die z-Quantile größer als die x-Quantile, so daß der NQ-Plot durchhängt, in der Tendenz also konvex ist (vgl. Abb. 2.37(b)). Für eine *rechtssteile* Verteilung erhält man ganz analog einen konkaven NQ-Plot (vgl. Abb. 2.37(c)).

rechtssteil

symmetrisch, gewölbt

Für eine *symmetrische* Verteilung, die bei $\bar{x} = 0$ einen im Vergleich zur Standardnormalverteilung spitzeren Gipfel, d.h. eine *stärkere Wölbung* hat und dafür dickere Enden links und rechts besitzt, erhält man einen NQ-Plot wie in Abbildung 2.37(d).

approximativ normalverteilt

Ist die Variable X *approximativ normalverteilt* mit Mittelwert $\mu = \bar{x}$ und Standardabweichung $\sigma = s$, so ist die standardisierte Variable $Z = (X - \mu)/\sigma$ approximativ standardnormalverteilt. Die Punkte $(z_{(i)}, x_{(i)})$ des NQ-Plots liegen dann in etwa auf der Geraden $x = \mu + \sigma z$. Abweichungen von dieser Geraden indizieren dann in analoger Weise Schiefe, Wölbung oder andere Besonderheiten, wie Ausreißer oder Bimodalität, im Vergleich zu einer Normalverteilung mit $\mu = \bar{x}$ und $\sigma = s$.

Nettomieten **Beispiel 2.29**

Der NQ–Plot für die Nettomieten der 26 Wohnungen kleiner als 51 qm und ohne Warmwasser könnte – wenn auch mühsam – im Prinzip noch von Hand erstellt werden. Die folgende Tabelle zeigt beispielhaft die Koordinaten der einzelnen Punkte, wobei die $z_{(i)}$ der Tabelle A der Standardnormalverteilung entnommen werden können.

i	$x_{(i)}$	Quantil	$z_{(i)}$
1	127.06	0.019	−2.07
2	172.00	0.058	−1.57
3	194.00	0.096	−1.30
⋮	⋮	⋮	⋮
24	539.28	0.904	1.30
25	560.21	0.942	1.57
26	676.74	0.981	2.07

Die Werte $z_{(i)}$ geben dabei die x–Koordinaten und die $x_{(i)}$ die zugehörigen y–Koordinaten an. Die Gerade erhält man schließlich aus der Beziehung $x = \bar{x} + s \cdot z = 358.86 + 131.24 \cdot z$. Der resultierende NQ–Plot in Abbildung 2.38 weist im oberen Wertebereich keine auffälligen Abweichungen von der Geraden und damit von der Normalverteilung auf: Die leichten Schwankungen um die "Ideallinie" können rein zufälliger Natur sein. Bei den niedrigen Nettomieten weichen die Punkte aber systematisch nach oben hin von der Geraden ab, d.h. die Quantile der empirischen Verteilung sind größer als die der Normalverteilung. Mit anderen Worten liegen die Daten hier näher am Mittelwert als bei der Normalverteilung. Insgesamt bedeutet dies, daß die Verteilung der Nettomieten in dieser Teilstichprobe leicht *linkssteil* ist, was durch das Histogramm in Abbildung 2.10 bestätigt wird. Dies wird deutlicher, wenn man den NQ–Plot für die Nettomieten aller 1082 Wohnungen in Abbildung 2.39 betrachtet.

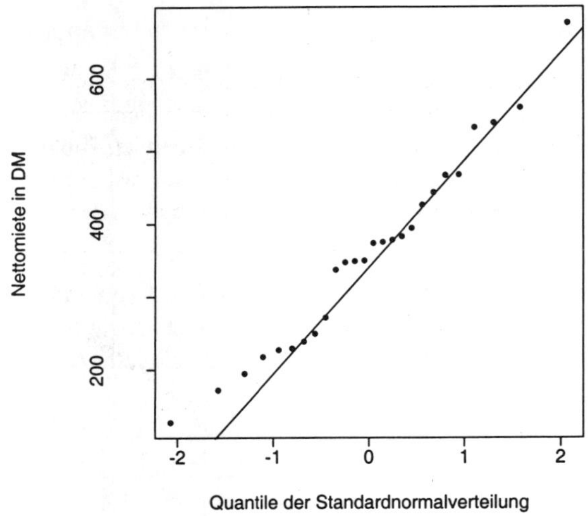

ABBILDUNG 2.38: NQ-Plot der Nettomieten von 26 kleinen Wohnungen ohne Warmwasser

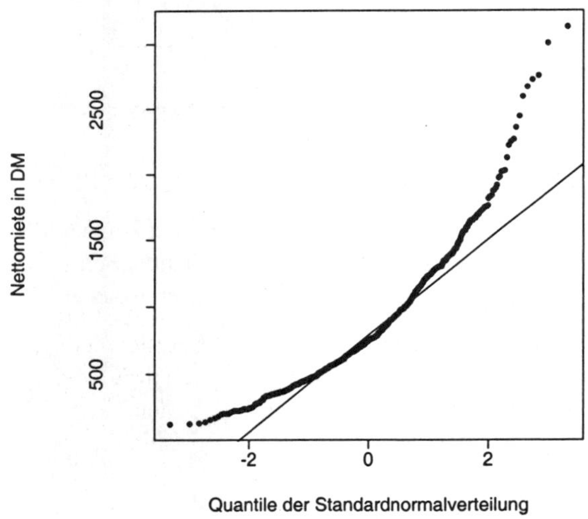

ABBILDUNG 2.39: NQ–Plot der Nettomieten von 1082 Wohnungen

Hier liegen sowohl in oberen als auch im unteren Wertebereich alle Punkte über der Geraden, was ganz offensichtlich auf eine *linkssteile* Verteilung hinweist. □

Magenkarzinomstudie

Beispiel 2.30

Von einer *rechtssteilen* Verteilung sprachen wir im Fall eines Histogramms wie in Abbildung 2.16 für das Alter der Patienten in der Magenkarzinomstudie. Entsprechend zeigt der NQ–Plot in Abbildung 2.40 im unteren und – mit einer Ausnahme – im oberen Wertebereich Punkte, die unterhalb der Geraden liegen. Im Bereich von 57 bis 72 Jahren liegen die Punkte zwar fast auf der Geraden, aber tendenziell eher über ihr, was auch hier für eine systematische Abweichung von der Normalverteilung spricht.

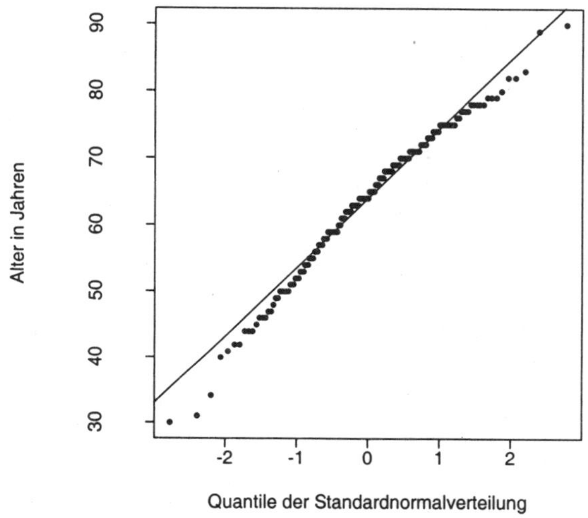

ABBILDUNG 2.40: NQ–Plot des Alters der Patienten aus der Magenkarzinomstudie □

Renditen

Beispiel 2.31

Einerseits bedingt durch Ausreißer, d.h. besonders starke Verluste bzw. Gewinne, und andererseits einer Häufung von Nullrenditen, sind empirische Verteilungen von Aktienrenditen zwar *symmetrisch*, aber in der Regel *stärker gekrümmt* als die Normalverteilung. Beispielsweise zeigt der NQ–Plot der täglichen Renditen der BMW–Aktie in Abbildung 2.41 den dafür typischen Verlauf. Dieser Effekt läßt deutlich nach, wenn anstelle von Tagesrenditen die Monatsdurchschnittsrenditen betrachtet werden. □

symmetrisch
stärker gekrümmt

Zinssätze

Beispiel 2.32

Während die bisherigen Beispiele eine unmittelbare Interpretation der NQ–Plots zuließen, ist es in der Abbildung 2.42 zu den monatlichen Zinssätzen festverzinslicher Wertpapiere schwieriger, die Gestalt der Verteilung abzulesen. Aber offensichtlich sind die Abweichungen von der Normalverteilung eher systematischer als zufälliger Natur. Neben Abweichungen im unteren Zinsbereich ist die wellenförmige Gestalt insgesamt auffällig. Die Bimodalität der Verteilung läßt sich jedoch im Histogramm oder beim Kerndichteschätzer leichter erkennen. □

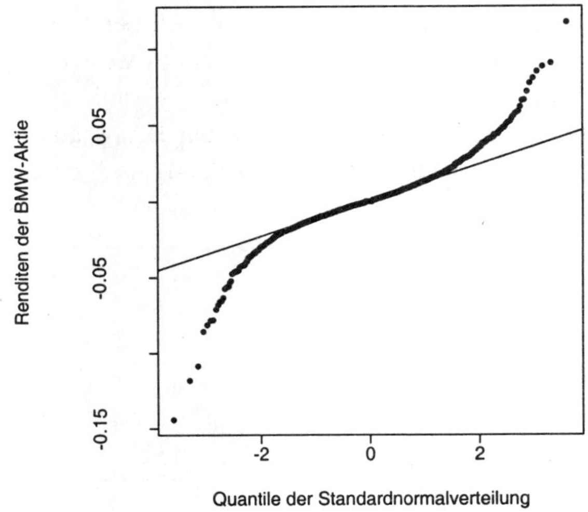

ABBILDUNG 2.41: NQ-Plot der Renditen der BMW–Aktie

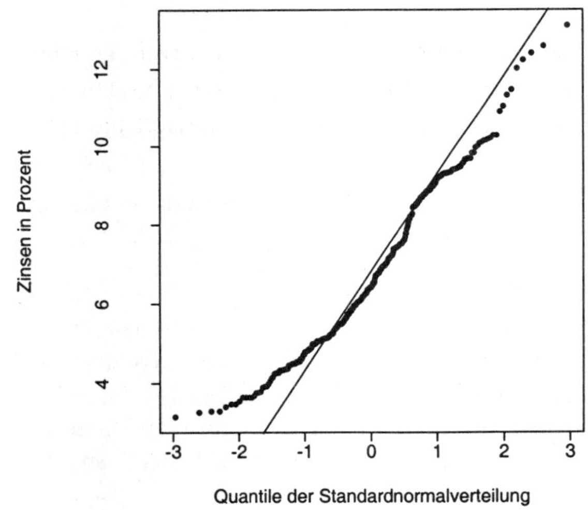

ABBILDUNG 2.42: NQ-Plot der Zinssätze

*2.4.3 Approximation von Dichtekurven

Mit NQ-Plots kann man untersuchen und entscheiden, ob die Verteilung einer Variable durch die stetige Dichtekurve einer Normalverteilung ausreichend gut approximiert werden kann. Ist dies nicht der Fall, so verbleibt zunächst die Möglichkeit, sich nach Gruppieren der Daten mit der Repräsentation durch ein Histogramm zufrieden zu geben. Zwei Nachteile von

Histogrammen wurden bereits angesprochen: Die – auch bei Verwendung von Faustregeln subjektive – Klasseneinteilung kann den optischen Eindruck wesentlich beeinflussen, und eine stetige Dichtekurve wird durch eine Treppenfunktion dargestellt, deren Sprungstellen gerade die gewählten Klassengrenzen sind. Diese Schwäche des Histogramms als Approximation einer stetigen Dichtekurve $f(x)$ wird in folgender Abbildung noch deutlicher:

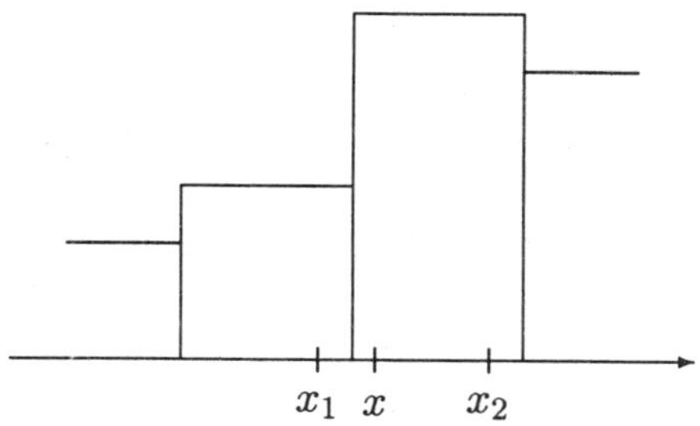

An der Stelle x hat die Beobachtung x_1 keinen Einfluß auf die Höhe des Histogramms. Dagegen zählt die von x weiter weg gelegene Beobachtung x_2 bei der Bestimmung dieser Höhe voll mit.

Dies kann man vermeiden, indem man statt der fest gewählten Klasseneinteilung des Histogramms ein *gleitendes Histogramm* verwendet. Für einen beliebigen x-Wert bildet man dazu ein Intervall $[x - h, x + h)$ der Breite $2h$ und approximiert die Dichtekurve an der Stelle x durch

gleitendes Histogramm

$$\hat{f}(x) = \frac{\frac{1}{n} \cdot \text{Anzahl der Daten } x_i \text{ in } [x - h, x + h)}{2h} .$$

Der Wert $\hat{f}(x)$ ist also analog zum Histogramm die Höhe eines Rechtecks mit Breite $2h$, so daß die Rechtecksfläche gleich der relativen Häufigkeit der Daten x_i im Intervall $[x - h, x + h)$ ist. Dies veranschaulicht die folgende Abbildung, wobei acht Daten $x_1, \ldots, x_8$ durch $*$-Zeichen auf der x-Achse dargestellt sind.

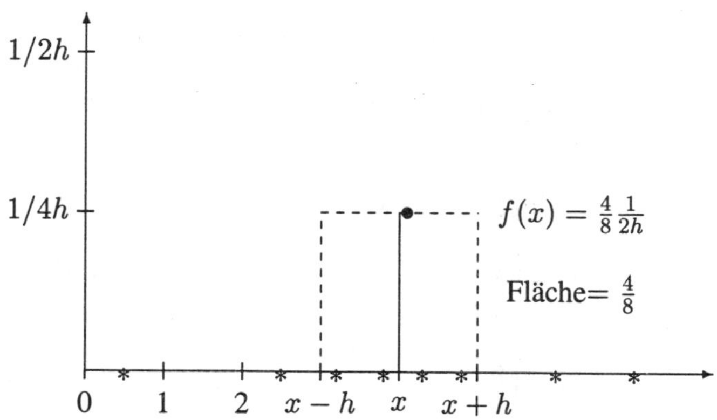

Läßt man nun x und das Intervall $[x - h, x + h)$ über die x-Achse gleiten, erhält man den Graphen des gleitenden Histogramms.

Rechtecksfenster

Das gleitende Histogramm läßt sich mit Hilfe eines *Rechteckfensters*, das mit x über die Zahlenachse gleitet, anders schreiben. Sei dazu

$$K(u) = \begin{cases} \frac{1}{2} & \text{für} \quad -1 \le u < 1 \\ 0 & \text{sonst} \end{cases}$$

ein "Einheitsrechteckfenster" oder "Kern" mit der Fläche 1 und der Höhe $1/2$ über dem Intervall $-1 \le u < 1$:

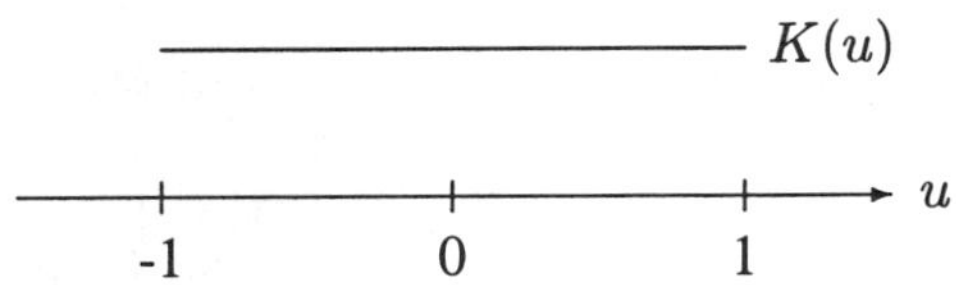

Dann ist

$$\frac{1}{h} K\left(\frac{x - x_i}{h}\right) = \begin{cases} 1/2h & x_i - h \le x < x_i + h \\ 0 & \text{sonst} \end{cases}$$

ein über x_i zentriertes Rechteckfenster mit Fläche 1 und Breite $2h$. Damit läßt sich $\hat{f}(x)$ auch in der Form

$$\hat{f}(x) = \frac{1}{n} \sum_{i=1}^{n} \frac{1}{h} K\left(\frac{x - x_i}{h}\right)$$

schreiben. Durch die Summation werden zu jedem x-Wert genau so viel von Rechteckshöhen über x aufaddiert, wie x_i-Werte im Intervall $[x - h, x + h)$ liegen und anschließend durch n dividiert.

Gleitende Histogramme verfeinern zwar die graphische Darstellung, sie sind jedoch immer noch unstetige Treppenfunktionen, da unstetige Rechteckfenster aufsummiert werden. Stetige Schätzer für Dichtekurven erhält man nun, indem man statt des Rechteckkerns stetige *Kerne* zuläßt. In der Praxis werden folgende Kerne häufig verwendet:

Kerne

Epanechnikov-Kern

$$K(u) = \frac{3}{4}(1 - u^2) \quad \text{für} \quad -1 \le u < 1, \quad 0 \quad \text{sonst}.$$

Bisquare-Kern

$$K(u) = \frac{15}{16}(1 - u^2)^2 \quad \text{für} \quad -1 \le u < 1, \quad 0 \quad \text{sonst}.$$

Gauß-Kern

$$K(u) = \frac{1}{\sqrt{2\pi}} \exp\left(-\frac{1}{2}u^2\right) \quad \text{für} \quad u \in \mathbb{R}.$$

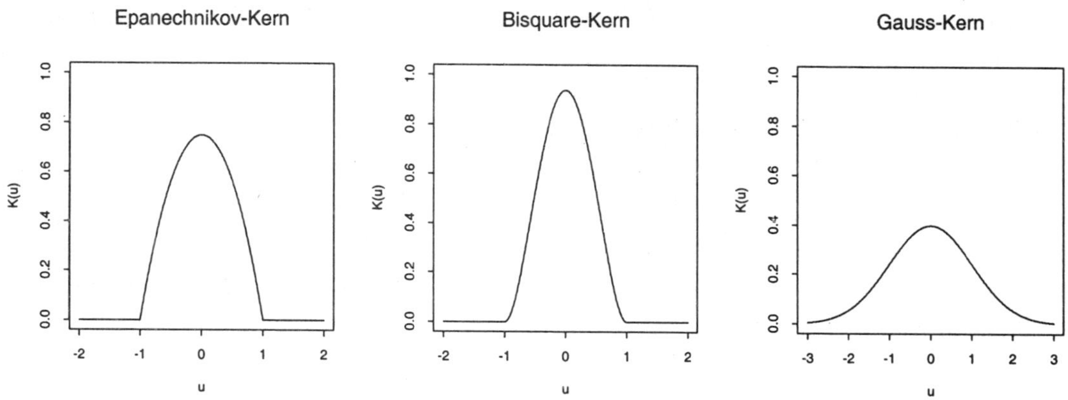

ABBILDUNG 2.43: Häufig verwendete Kerne zur Approximation von Dichtekurven

Mit diesen Kernen lassen sich nun Dichtefunktionen durch sogenannte Kern-Dichteschätzer approximieren.

Kern-Dichteschätzer

Sei $K(u)$ eine Kernfunktion. Zu gegebenen Daten $x_1, \ldots, x_n$ ist dann

$$\hat{f}(x) = \frac{1}{nh} \sum_{i=1}^{n} K\left(\frac{x - x_i}{h}\right), x \in \mathbb{R}$$

ein *(Kern-) Dichteschätzer* für $f(x)$.

Im Vergleich zum Rechteckkern werden durch die Form von Epanechnikov-, Bisquare- und Gauß-Kern näher bei x liegende Datenpunkte stärker gewichtet, als weiter von x entfernte. Dies entspricht der intuitiven Vorstellung, daß zu x benachbarte Werte größeren Einfluß auf die Schätzung von $f(x)$ haben sollten als weiter entfernte. Für alle drei Kerne erhält man eine stetige Schätzung $\hat{f}(x)$ und, wie für Dichtekurven verlangt, ist die Fläche unter $\hat{f}(x)$ gleich 1. Für größeren Datenumfang n sind die Dichteschätzer mit Epanechnikov-, Bisquare- und Gauß-Kern praktisch identisch.

Wahl der Bandbreite

Die Form von $\hat{f}(x)$ wird dagegen entscheidend von der *Bandbreite* h beeinflußt. Für großes h sind die Fenster weit, die Kurve wird sehr glatt, aber wichtige Details können verschluckt werden. Ist umgekehrt h zu klein, wird die Kurve rauher, es treten jedoch möglicherweise Details hervor, die nur mit der Zufälligkeit der Stichprobe etwas zu tun haben. Ähnlich wie für Histogramme existieren Faustregeln zur Wahl von h, aber auch komplexere, computerintensive

Möglichkeiten zur Bestimmung von h. Die statistischen Programmpakete lassen jedoch auch zu, daß h vom Benutzer, geleitet von Faustregeln, subjektiv nach dem optischen Eindruck gewählt wird.

Die folgenden Abbildungen zeigen für die Nettomieten und Tagesrenditen sowohl die Approximation durch Kerndichteschätzer als auch durch eine Normalverteilung. Man sieht auch hier, ähnlich wie bei den Quantilen, daß die Verteilungen deutlich von der Normalverteilung abweichen.

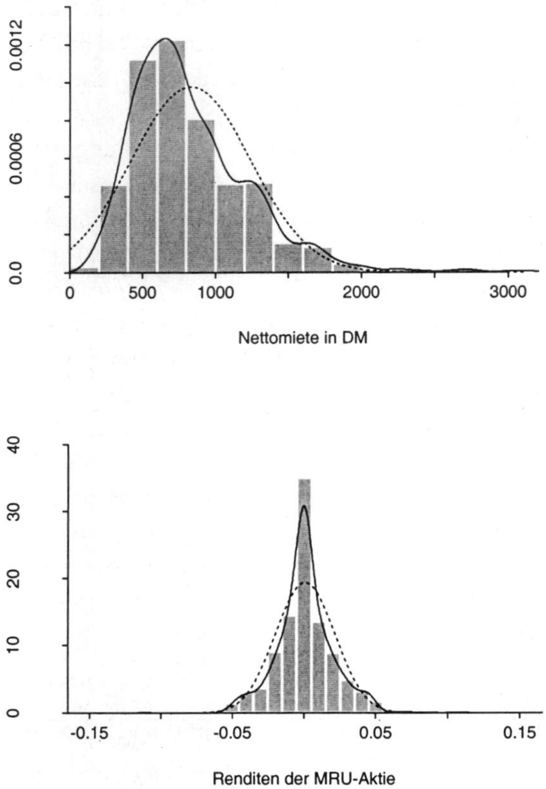

ABBILDUNG 2.44: Approximation durch Kerndichteschätzer (—) und Normalverteilung (· · ·)

2.5 Zusammenfassung und Bemerkungen

Bei statistischen Erhebungen treten in der Regel unterschiedliche Typen von Merkmalen auf:
1. Das Merkmal X besitzt nur *wenige* verschiedene *Ausprägungen.* Sehr oft ist dabei X ein *kategoriales* Merkmal und die Ausprägungen entsprechen den verschiedenen geordneten oder ungeordneten Kategorien.
2. Das Merkmal X ist *metrisch* und besitzt *viele* verschiedene *Ausprägungen.* Dabei ist X entweder stetig oder diskret mit vielen möglichen Werten (quasi-stetig).

Um die Verteilung von X darzustellen, geht man im ersten Fall von der *Urliste* $x_1, \ldots, x_n$ über zu den *Häufigkeitsdaten*, d.h. für die verschiedenen Ausprägungen $a_1, \ldots, a_k$ werden die absoluten bzw. relativen Häufigkeiten $f_1, \ldots, f_k$ bzw. $h_1, \ldots, h_k$ berechnet und in einer *Häufigkeitstabelle* eingetragen. Zur graphischen Darstellung werden vor allem *Kreis-* und *Säulendiagramme* verwendet.

Um Lage und Form der Verteilung eines metrischen Merkmals zu beschreiben, sind andere Darstellungsarten besser geeignet. Herkömmliche Mittel dazu sind das *Stamm-Blatt-Diagramm*, das *Histogramm* und die *empirische Verteilungsfunktion.* Neuere, allerdings computerintensive Werkzeuge der explorativen Datenanalyse sind *Box-Plots* sowie *Dichtekurven* und *Normal-Quantil-Plots* (Abschnitt 2.4). Damit lassen sich Fragen folgender Art beantworten: Wo liegt das Zentrum der Daten? Wie stark streuen die Daten um dieses Zentrum? Ist die Verteilung schief oder symmetrisch, uni- oder multimodal, flach oder gewölbt? Gibt es Ausreißer?

Solche Eigenschaften von Verteilungen lassen sich in komprimierter Form, allerdings unter Informationsverlust, durch *Maßzahlen* oder *Parameter* formal quantifizieren. *Lagemaße* beschreiben das Zentrum einer Verteilung. Am wichtigsten sind das *arithmetische Mittel*, der *Median* und der *Modus.* Welches dieser Maße in einer bestimmten Fragestellung sinnvoll ist hängt von Kontext und vom Merkmalstyp ab:

Skalierung	nominal	ordinal	kardinal
Lagemaß	Modus	Modus Median	Modus Median arithm. Mittel

Für metrische Merkmale mit vielen Ausprägungen ist es sinnvoll, alle drei Maße zu berechnen. Mit Hilfe der *Lageregel* können Hinweise zur Schiefe bzw. Symmetrie gewonnen werden.

Die *Streuung* der Daten läßt sich für metrische Merkmale durch die *empirische Varianz*, die *Standardabweichung* und den *Variationskoeffizienten* beschreiben. Diese Maßzahlen sollten aber immer durch die auf Quantilen basierende *Fünf-Punkte-Zusammenfassung* und noch besser durch *Box-Plots* ergänzt werden. Damit gewinnt man genauere Information zu Streuung und Schiefe der Verteilung sowie über mögliche Ausreißer. Auch für Schiefe und Wölbung existieren Maßzahlen. Sie sind aber ohne graphische Darstellungen oft weniger aufschlußreich.

Häufig ist es von Nutzen, an den Daten *Transformationen* vorzunehmen, um eine sachbezogenere Interpretation zu ermöglichen oder eine symmetrischere Verteilung zu gewinnen. Bei positiven Merkmalsausprägungen x, z.B. Schadstoffkonzentrationen in der Luft, wird meist die logarithmische Transformation $y = \ln x$ durchgeführt, die außerdem in der Lage ist, Ausreißer zu entfernen. Ferner werden auch Potenztransformationen verwendet, zu denen insbesondere die Box-Cox-Transformation gehört, die auch bei negtiven Merkmalsausprägungen angewandt werden kann. Detailierte Ausführungen geben Heiler und Michels (1994).

Eine mit der Streuung verwandte Fragestellung gilt der *Konzentration* von Merkmalen auf Merkmalsträgern. Die *Lorenzkurve* eignet sich für die graphische Darstellung, und der *Gini-Koeffizient* ist die am meisten verwendete Maßzahl. Eine umfassende Beschreibung von Methoden der Konzentrationsmessung findet sich bei Piesch (1975).

Traditionelle Methoden der univariaten deskriptiven Statistik sind in jedem einführenden Lehrbuch beschrieben. Eine ausführliche Darstellung gibt z.B. Ferschl (1985). Dagegen findet sich zur explorativen Datenanalyse vergleichsweise wenig. Bahnbrechend auf diesem Gebiet war das Buch "Exploratory Data Analysis" von Tukey (1977). Für den deutschen Sprachraum bieten Polasek (1994) und Heiler und Michels (1994) einen aktuellen Überblick. Teile der explorativen Datenanalyse sind bei Schlittgen (1996a) integriert. Graphische Werkzeuge, auch interaktiver Art, gewinnen infolge leistungsstarker Rechner weiter an Bedeutung. Dazu sei auf z.B. Chambers, Cleveland, Kleiner und Tukey (1983) und Cleveland (1993) verwiesen.

2.6 Aufgaben

Aufgabe 2.1

Im Rahmen der Absolventenstudie aus Beispiel 1.1 (Seite 1) sollen die Daten der 36 Absolventen aus Tabelle 1.1 für eine erste Analyse mit Hilfe von graphischen Verfahren dargestellt werden.

(a) Erstellen Sie ein Stab– und ein Kreisdiagramm des Merkmals "Note".

(b) Gibt es geschlechtsspezifische Unterschiede zwischen den Abschlußnoten? Zeichnen Sie dazu die Kreis– und Stabdiagramme für Frauen und Männer getrennt und interpretieren Sie das Ergebnis.

(c) Unterteilen Sie die Stichprobe in Absolventen mit Prädikatsexamen (Note 1 oder 2) und Absolventen ohne Prädikatsexamen (Note 3 und schlechter). Zeichnen Sie nun für beide Gruppen getrennt das Stabdiagramm der Studiendauer mit der Klasseneinteilung aus Beispiel 2.1 (Seite 30).

(d) Erstellen Sie die empirische Verteilungsfunktionen der Studiendauern der Absolventen mit und ohne Prädikatsexamen. Wieviele Semester benötigten die 25 % schnellsten Studenten in jeder Teilstichprobe höchstens? Wieviele Semester brauchen dagegen jeweils die 25 % langsamsten Studenten mindestens?

Aufgabe 2.2

Stellen Sie die Information in Tabelle 1.4 (Seite 6) zur Kreditwürdigkeit von 1000 Bankkunden auf geeignete Weise graphisch dar. Beachten Sie dabei insbesondere die unterschiedliche Klassenbreite des gruppierten Merkmals "Kredithöhe in DM".

Aufgabe 2.3

26 Mitglieder des Data–Fan-Clubs wurden zur Anzahl der gesehenen Folgen der Serie Star–Trek befragt. Die Mitglieder machten folgende Angaben:

183	194	202	176	199	201	208	186	194	209	166	203	177
205	173	207	202	199	172	200	198	195	203	202	208	196

Erstellen Sie ein Stamm–Blatt–Diagramm mit neun Blättern.

Aufgabe 2.4

Bestimmen Sie mit Hilfe des Stamm–Blatt–Diagramms aus Abbildung 2.6 (Seite 37) die relative Häufigkeitsverteilung der gruppierten Nettomieten der 271 "kleinen" Wohnungen aus Beispiel 2.4 basierend auf der Klasseneinteilung $[0; 200), [200; 400), \ldots, [1200; 1400]$ mit einer Klassenbreite von jeweils 200 DM. Zeichnen Sie ein Histogramm der gruppierten Daten und interpretieren Sie das Ergebnis.

Aufgabe 2.5

Abbildung 2.45 zeigt zwei Histogramme, die aus den selben Daten, nämlich den Zinssätzen von Beispiel 2.5 (Seite 38), erstellt wurden. Woraus resultiert ihre unterschiedliche Gestalt?

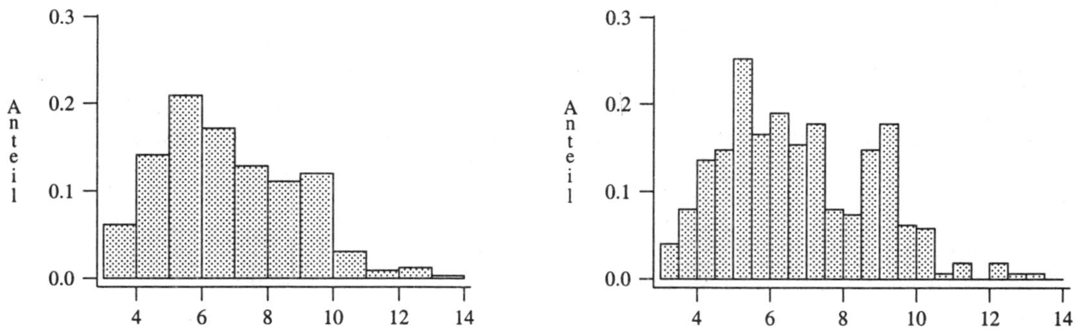

ABBILDUNG 2.45: Zwei Histogramme der Zinsen

Aufgabe 2.6

Zeigen Sie, daß sich die Summe der Abweichungen der Daten vom arithmetischen Mittel zu null aufsummiert, d.h. daß

$$\sum_{i=1}^{n}(x_i - \bar{x}) = 0 \qquad \text{gilt.}$$

Aufgabe 2.7

Beweisen Sie, daß das arithmetische Mittel bei Schichtenbildung durch

$$\bar{x} = \frac{1}{n}\sum_{j=1}^{r} n_j \bar{x}_j$$

bestimmt werden kann, wenn r Schichten mit Umfängen $n_1, \ldots, n_r$ und arithmetischen Mitteln $\bar{x}_1, \ldots, \bar{x}_r$ vorliegen.

Aufgabe 2.8 Bestimmen Sie für die folgende Mietspiegeltabelle von 90 Wohnungen in einfachen Wohngegenden die Mittelwerte der einzelnen Schichten, d.h. die arithmetischen Gesamtmittel der einzelnen Zeilen und Spalten, und das Gesamtmittel über alle Wohnungen.

Nettomiete/qm			
	Wohnfläche		
Baualter	bis 50 qm	51 bis 80 qm	81 qm und mehr
bis 1918	15.83(3)	9.75(10)	7.04(8)
1919 bis 1948	12.81(4)	11.15(5)	12.09(1)
1949 bis 1965	10.75(14)	8.97(15)	6.83(2)
1966 bis 1977	17.99(4)	9.00(3)	11.20(3)
1978 bis 1982	13.27(4)	8.85(5)	10.71(5)
ab 1983	10.10(1)	10.37(1)	14.17(2)

Aufgabe 2.9 Berechnen Sie mit Hilfe der Tabelle der gruppierten Kredithöhen aus Beispiel 1.4 (Seite 5) die Ersatzwerte für das arithmetische Mittel, den Modus und den Median der Kredithöhen.

Aufgabe 2.10 Die Fachzeitschrift *Mein Radio und Ich* startet alljährlich in der Weihnachtswoche eine Umfrage zu den Hörgewohnheiten ihrer Leser. Zur Beantwortung der Frage "Wieviele Stunden hörten Sie gestern Radio?" konnten die Teilnehmer zehn Kategorien ankreuzen. In den Jahren 1950, 1970 und 1990 erhielt die Redaktion folgende Antworten:

Stunden	$[0,1)$	$[1,2)$	$[2,3)$	$[3,4)$	$[4,5)$	$[5,6)$	$[6,7)$	$[7,8)$	$[8,9)$	$[9,10)$
Anzahl 1950	5	3	10	9	13	18	21	27	12	3
Anzahl 1970	6	7	5	20	29	27	13	5	3	2
Anzahl 1990	35	24	13	8	9	4	2	1	0	1

(a) Bestimmen Sie aus den gruppierten Daten die Lagemaße arithmetisches Mittel, Modus und Median.
(b) Wie drücken sich die geänderten Hörgewohnheiten durch die drei unter (a) berechneten Lagemaße aus?

Aufgabe 2.11 Die folgende Zeitreihe beschreibt die Zinsentwicklung deutscher festverzinslicher Wertpapiere mit einjähriger Laufzeit im Jahr 1993:

Monat	Jan	Feb	Mrz	Apr	Mai	Jun	Jul	Aug	Sep	Okt	Nov	Dez
Zinsen in Prozent	7.13	6.54	6.26	6.46	6.42	6.34	5.99	5.76	5.75	5.45	5.13	5.04

Berechnen Sie den durchschnittlichen Jahreszinssatz.

Aufgabe 2.12 Bernd legt beim Marathonlauf die ersten 25 km mit einer Durchschnittsgeschwindigkeit von 17 km/h zurück. Auf den nächsten 15 km bricht Bernd etwas ein und schafft nur noch 12 km/h. Beim Endspurt zieht Bernd nochmals an, so daß er es hier auf eine Durchschnittsgeschwindigkeit von 21 km/h bringt.

(a) Berechnen Sie Bernds Durchschnittsgeschwindigkeit über die gesamte Strecke von 42 km.
(b) Wie lange war Bernd insgesamt unterwegs?

Aufgabe 2.13 Bestimmen Sie aus dem Stamm–Blatt–Diagramm in Abbildung 2.8 (Seite 39) den Median, sowie das untere und das obere Quartil der dargestellten $n = 325$ Zinssätze.

Aufgabe 2.14 Zeichnen Sie den Box–Plot zu den Studiendauern der 36 Absolventen aus der Münchner Absolventenstudie, die in Tabelle 1.1 (Seite 2) aufgeführt sind.

Aufgabe 2.15 Erstellen Sie einen Box–Plot der Nettomieten der 26 "kleinen" Wohnungen ohne Zentralheizung und ohne Warmwasser aus der Urliste von Beispiel 2.2 (Seite 32).

Aufgabe 2.16 Ein Vater von drei Kindern möchte die Entwicklung der Telefonkosten des letzten Jahres analysieren. Die Rechnungen betrugen jeweils in DM:

Jan	Feb	Mrz	Apr	Mai	Jun	Jul	Aug	Sep	Okt	Nov	Dez
70.92	67.20	80.88	68.40	72.36	73.68	62.88	60.36	82.08	67.20	76.32	89.76

(a) Berechnen Sie das arithmetische Mittel und die Standardabweichung der monatlichen Telefonkosten.
(b) Wieviele Einheiten wurden im Mittel jeden Monat telephoniert? Eine Einheit kostet 0.12 DM und die monatliche Grundgebühr beträgt 24.60 DM. Bestimmen Sie ferner die Standardabweichung der pro Monat telefonierten Einheiten.

Aufgabe 2.17 Die Varianzen der Nettomieten/qm geschichtet nach dem Baualter der Wohnung betragen:

Baualter	bis 1918	1919 bis 48	1949 bis 65	1966 bis 77	1978 bis 83	ab 1984
$\tilde{s}^2$	32.28	19.33	22.65	23.58	19.79	32.62

Bestimmen Sie mit Hilfe des Tabellenmietspiegels von Beispiel 2.14 (Seite 53) die Gesamtvarianz der Nettomieten/qm aller 1082 Wohnungen.

Aufgabe 2.18 Münchner Statistikstudenten möchten untersuchen, ob die Mietpreise für Studentenappartements in Wohnheimen in München und Wien gleich stark streuen. Dazu wurden sowohl in München als auch in Wien zehn Appartements zufällig ausgewählt und die folgenden Preise erhoben:

Preise in München in DM	423	394	356	374	341	464	384	404	487	465
Preise in Wien in ÖS	2850	3210	3872	4255	4028	3665	3230	3950	4150	3260

In welcher Stadt variieren die Mieten für Appartements stärker?

Aufgabe 2.19 Fünf Hersteller bestimmter Großgeräte lassen sich hinsichtlich ihrer Marktanteile in zwei Gruppen aufteilen: Drei Hersteller besitzen jeweils gleiche Marktanteile von 10 Prozent, der Rest des Marktes teilt sich unter den verbleibenden Herstellern gleichmäßig auf. Zeichnen Sie die zugehörige Lorenzkurve und berechnen Sie den (unnormierten) Ginikoeffizienten. Betrachten Sie die Situation, daß in einer gewissen Zeitperiode vier der fünf Hersteller kein Großgerät verkauft haben. Zeichnen Sie die zugehörige Lorenzkurve und geben Sie den Wert des Ginikoeffizienten an.

Aufgabe 2.20 In einer Branche konkurrieren zehn Unternehmen miteinander. Nach ihrem Umsatz lassen sich diese in drei Klassen einteilen: Fünf kleine, vier mittlere und ein großes Unternehmen. Bei den mittleren Unternehmen macht ein Unternehmen im Schnitt einen Umsatz von 3 Mio DM. Insgesamt werden in der Branche 30 Mio Umsatz jährlich gemacht. Bestimmen Sie den Umsatz, der in den verschiedenen Gruppen erzielt wird, wenn der Ginikoeffizient 0.42 beträgt.

Aufgabe 2.21 Für die Nettomieten der 1082 Wohnungen der Münchner Stichprobe (Beispiel 1.2, Seite 2), das Lebensalter der Magenkrebspatienten (Beispiel 2.9, Seite 45) und Renditen der BMW–Aktie sind die folgenden Schiefemaße und das Wölbungsmaß nach Fisher bestimmt worden, wobei die Information verlorenging, welche Ergebnisse zu welchen Daten gehören:

$g_{0.25}$	0.16	0.06	0.00
g_m	1.72	−0.17	−0.49
γ	6.58	8.01	0.17

Können Sie mit Hilfe der NQ–Plots die Werte den einzelnen Datensätzen zuordnen?

Aufgabe 2.22 Basierend auf den Zinssätzen aus Beispiel 2.5 (Seite 38) sind die beiden in Abbildung 2.46 dargestellten Kerndichteschätzungen durchgeführt worden, wobei die Bandbreite gleich 1 bzw. 2 gewählt wurde. Welche Bandbreite gehört zu welcher Graphik?

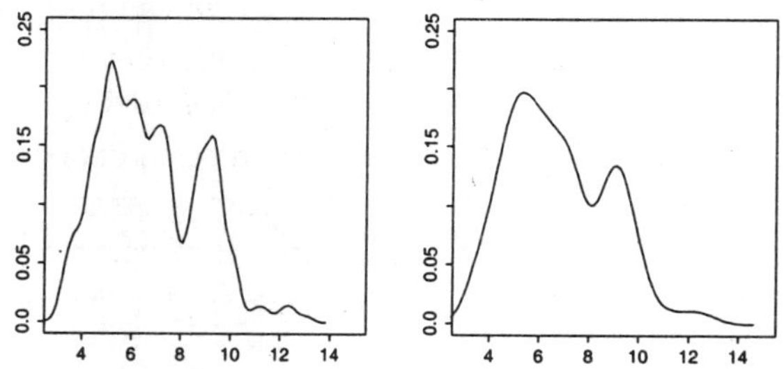

ABBILDUNG 2.46: Zwei Kerndichteschätzer der Zinsen

Aufgabe 2.23 Lesen Sie aus dem NQ–Plot in Abbildung 2.38 (Seite 96) den Median sowie das untere und das obere Quartil (ungefähr) ab.

3

Multivariate Deskription und Exploration

In vielen Anwendungen ist man nicht nur an einem einzigen, sondern an vielen erhobenen Merkmalen interessiert. Beschränkt man sich auf ein Merkmal wie Dauer der Arbeitslosigkeit, so lassen sich zwar die Form der Verteilung, die mittlere Dauer der Arbeitslosigkeit sowie die Varianz untersuchen, wesentliche Fragestellungen jedoch, beispielsweise danach, wie die Dauer der Arbeitslosigkeit von Ausbildungsniveau oder Geschlecht abhängt, lassen sich mit diesem eindimensionalen Datenmaterial nicht beantworten. Dazu ist es notwendig, die Merkmale Dauer, Ausbildungsniveau und Geschlecht *gemeinsam* zu erheben, d.h. zu einer Person werden mehrere Werte $(x, y, z, \dots)$, sogenannte *mehrdimensionale* Daten erhoben. Im folgenden wird ausgeführt, wie sich derartige Daten aufbereiten und graphisch darstellen lassen. Wir beschränken uns dabei hauptsächlich auf den zweidimensionalen Fall. In einem weiteren Schritt werden Maße entwickelt, die den Zusammenhang zwischen Merkmalen erfassen. Dabei werden zuerst Methoden für diskrete bzw. diskretisierte Merkmale behandelt. Anschließend werden Verfahren für metrisch skalierte Merkmale vorgestellt.

3.1 Diskrete und gruppierte Merkmale

3.1.1 Zweidimensionale Daten: Die Kontingenztabelle

Im folgenden Abschnitt werden Methoden zur Darstellung der gemeinsamen Verteilung von zwei *diskreten* Merkmalen entwickelt, die nur relativ wenige Ausprägungen aufweisen. Dabei kann es sich um kategoriale qualitative Merkmale handeln wie Geschlecht oder Parteipräferenz, die nur auf Nominalskalenniveau gemessen werden. Ebenso kommen metrische Merkmale in Betracht, die durch Gruppierung kategorial werden. Beispielsweise wird in einer der folgenden Anwendungen die eigentlich metrische Variable Dauer der Arbeitslosigkeit nur in den Kategorien kurzfristige, mittelfristige und Langzeitarbeitslosigkeit betrachtet. Auch rein metrische Variablen, die nur wenige Ausprägungen besitzen, beispielsweise die Anzahl der Personen in einem Haushalt, lassen sich mit den im folgenden dargestellten Methoden behandeln. Wesentlich ist jedoch, daß nur das Nominalskalenniveau der Merkmale benutzt wird, auch wenn die Merkmale ein höheres Meßniveau besitzen. Als Einführung werden einige Beispiele behandelt.

Beispiel 3.1

Sonntagsfrage

Die Ergebnisse der Sonntagsfrage: "Welche Partei würden Sie wählen, wenn am nächsten Sonntag Bundestagswahlen wären?" werden üblicherweise in Prozenten (%) wiedergegeben. Für den Befragungszeitraum 11.1.–24.1.1995 ergab sich folgende Tabelle (vgl. Beispiel 1.3, Seite 4).

	CDU/CSU	SPD	FDP	Grüne	Rest	
Männer	33	35	4	6	22	100
Frauen	40	29	6	10	15	100
insgesamt	37	32	5	8	18	100

Aus den ersten beiden Zeilen ergibt sich, daß die Parteipräferenzen für Männer und Frauen unterschiedlich zu sein scheinen. Während Männer stärker der SPD zuneigen, ist für Frauen die Präferenz für die CDU/CSU ausgeprägter. Die Variablen Geschlecht und Parteipräferenz scheinen somit einen Zusammenhang aufzuweisen. Die Stärke dieses Zusammenhangs soll im folgenden deskriptiv quantifiziert werden. In der angegebenen Tabelle sind die ursprünglichen Daten bereits in Prozenten für die geschlechtsspezifischen Populationen angegeben. Um die ursprünglichen Daten wiederzugewinnen, ist eine Rückrechnung erforderlich. Da bekannt ist, daß unter den 931 Befragten 435 Männer und 496 Frauen waren, läßt sich bis auf Rundungsfehler bestimmen, wieviele Personen sich jeweils für gewisse Parteien entschieden haben. Man erhält die folgenden Anzahlen.

	CDU/CSU	SPD	FDP	Grüne	Rest	
Männer	144	153	17	26	95	435
Frauen	200	145	30	50	71	496
	344	298	47	76	166	931

□

Beispiel 3.2

Habilitationsdichte

In einer Untersuchung zur Habilitationsdichte an deutschen Hochschulen wurden u.a. die Merkmale Geschlecht und Habilitationsfach erhoben. In der Tabelle 3.1 ist – nach Fächern aufgeschlüsselt – zusammengefaßt, wieviele Habilitationen im Jahre 1993 erfolgreich abgeschlossen wurden (Quelle: Wirtschaft und Statistik 5/1995, S. 367). Hier stellt sich die Frage, ob die Habilitationsdichte in den einzelnen Fächern geschlechtspezifisch ist, d.h. man interessiert sich dafür, ob zwischen den Merkmalen Geschlecht und Habilitationsfach ein Zusammenhang besteht.

	Sprach-, Kulturwiss.	Rechts-, Wirtschafts-, Sozialwiss.	Naturwiss.	Kunst	Medizin	
Frauen	51	20	30	4	44	149
Männer	216	92	316	10	433	1067
	267	112	346	14	477	1216

TABELLE 3.1: Anzahl der Habilitationen im Jahre 1993 aufgeschlüsselt nach Geschlecht und Fach □

Arbeitslosigkeit

Beispiel 3.3

Bei der Analyse der Dauer von Arbeitslosigkeit ist eine potentielle Einflußgröße das Ausbildungsniveau. In Tabelle 3.2, die eine Teilstichprobe des sozioökonomischen Panels (vgl. Beispiel 1.9) wiedergibt, ist zusammengefaßt, wie sich 447 männliche deutsche Arbeitslose auf die verschiedenen Ausbildungsstufen und Kategorien der Dauer von Arbeitslosigkeit verteilen.

	Kurzzeit-arbeitslosigkeit	mittelfristige Arbeitslosigkeit	Langzeit-arbeitslosigkeit	
Keine Ausbildung	86	19	18	123
Lehre	170	43	20	233
Fachspez. Ausbildung	40	11	5	56
Hochschulabschluß	28	4	3	35
	324	77	46	447

TABELLE 3.2: Ausbildungsspezifische Dauer der Arbeitslosigkeit für männliche Deutsche

Die beiden Merkmale sind das Ausbildungsniveau mit den vier Ausprägungen "keine Ausbildung" (K), "Lehre" (L), "Fachspezifische Ausbildung" (F), "Hochschulabschluß" (H) und das kategorisierte Merkmal Dauer der Arbeitslosigkeit mit den Kategorien "Kurzzeitarbeitslosigkeit" ($\leq$ 6 Monate), "mittelfristige Arbeitslosigkeit" (7–12 Monate), "Langzeitarbeitslosigkeit" ($\geq$ 12 Monate). Von Interesse ist dabei ein möglicher Zusammenhang zwischen dem Ausbildungsniveau und der Dauer der Arbeitslosigkeit. □

Einfache Zusammenfassungen in Tabellenform wie in den Beispielen 3.2 und 3.3 werden im folgenden verallgemeinert und formalisiert. Ausgangspunkt sind zwei Merkmale X und Y mit den möglichen Ausprägungen

$$\begin{aligned} &a_1, \dots, a_k && \text{für } X \\ &b_1, \dots, b_m && \text{für } Y. \end{aligned}$$

Urliste

In der *Urliste* liegen für jedes Objekt die gemeinsamen Meßwerte vor, d.h. man erhält die Tupel $(x_1, y_1), \dots, (x_n, y_n)$. In völliger Analogie zur eindimensionalen Häufigkeitstabelle bildet man nun die Häufigkeiten $h_{ij} = h(a_i, b_j)$, mit der die möglichen Kombinationen (a_i, b_j), $i = 1, \dots, k$, $j = 1, \dots, m$, auftreten. Die Häufigkeiten h_{ij}, $i = 1, \dots, k$, $j = 1, \dots, m$, werden auch als *gemeinsame Verteilung der Merkmale X und Y in absoluten Häufigkeiten* bezeichnet. Die sich daraus ergebende Häufigkeitstabelle heißt *Kontingenztafel* oder *Kontingenztabelle* und besitzt die Struktur

gemeinsame Verteilung

Kontingenztafel

	b_1	...	b_m
a_1	h_{11}	...	h_{1m}
a_2	h_{21}	...	h_{2m}
$\vdots$	$\vdots$		$\vdots$
a_k	h_{k1}	...	h_{km}

Unter Angabe der Anzahl der Zeilen und Spalten spricht man genauer von einer $(k \times m)$-Kontingenztafel. Der Name verweist auf die Kontingenz, also den Zusammenhang zwischen zwei Merkmalen, der auf diese Art und Weise dargestellt wird. Kontingenztafeln sind somit nur eine tabellenartig strukturierte Zusammenfassung von Häufigkeiten. Von den beiden Merkmalen wird nur vorausgesetzt, daß sie diskret bzw. kategorial sind. An das Skalenniveau werden hierbei keine Anforderungen gestellt, man setzt nur qualitative Daten voraus. Die Merkmale können orginär diskret sein, wie das nominale Merkmal Fachgebiet in Beispiel 3.2 (Seite 110), oder sie können gruppiert sein wie die Dauer der Arbeitslosigkeit in Beispiel 3.3 (Seite 111). Im letzteren Fall kann man die möglichen Ausprägungen $a_1, \dots, a_k$ bzw. $b_1, \dots, b_m$ einfach als $1, \dots, k$ bzw. $1, \dots, m$ entsprechend der Klassennummer wählen.

Randhäufigkeiten zu X

Kontingenztafeln werden naheliegenderweise durch die Zeilen- und Spaltensummen ergänzt. Die Zeilensummen ergeben die *Randhäufigkeiten des Merkmals X* und werden abgekürzt durch

$$h_{i\cdot} = h_{i1} + \dots + h_{im}, \qquad i = 1, \dots, k.$$

Die sich ergebenden Randsummen $h_{1\cdot}, h_{2\cdot}, \dots, h_{k\cdot}$ sind die einfachen Häufigkeiten, mit der das Merkmal X die Werte $a_1, \dots, a_k$ annimmt, wenn das Merkmal Y nicht berücksichtigt wird. Man bezeichnet sie auch als *Randverteilung von X* in absoluten Häufigkeiten.

Randhäufigkeiten zu Y

Die Spaltensummen bzw. *Randhäufigkeiten des Merkmals Y* werden abgekürzt durch

$$h_{\cdot j} = h_{1j} + \dots + h_{kj}, \qquad j = 1, \dots, m.$$

Die sich ergebenden Randsummen $h_{\cdot 1}, \dots, h_{\cdot m}$ entsprechen den Häufigkeiten, mit denen das Merkmal Y die Werte $b_1, \dots, b_m$ annimmt unter Vernachlässigung des Merkmals X. Sie bilden entsprechend die *Randverteilung von Y* in absoluten Häufigkeiten.

Die Punktnotation in den Randsummen $h_{i\cdot} = \sum_j h_{ij}, h_{\cdot j} = \sum_i h_{ij}$ macht deutlich, über welchen Index jeweils summiert wurde. Wird über den zweiten Index (das Merkmal Y) summiert, wird in der Randsumme für diesen Index ein Punkt angegeben, entsprechend verfährt man für den ersten Index (Summation über das erste Merkmal). Die Summation über die Ausprägungen des jeweils anderen Merkmals beinhaltet, daß diese Information vernachlässigt wird, das Resultat sind die eindimensionalen Häufigkeiten jeweils eines Merkmals.

Kontingenztafel der absoluten Häufigkeiten

Eine $(k \times m)$-*Kontingenztafel der absoluten Häufigkeiten* besitzt die Form

$$\begin{array}{c|ccc|c} & b_1 & \dots & b_m & \\ \hline a_1 & h_{11} & \dots & h_{1m} & h_{1\cdot} \\ a_2 & h_{21} & \dots & h_{2m} & h_{2\cdot} \\ \vdots & \vdots & & \vdots & \vdots \\ a_k & h_{k1} & \dots & h_{km} & h_{k\cdot} \\ \hline & h_{\cdot 1} & \dots & h_{\cdot m} & n \end{array}$$

Dabei bezeichnen

$h_{ij} = h(a_i, b_j)$ die absolute Häufigkeit der Kombination (a_i, b_j),
$h_{1\cdot}, \dots, h_{k\cdot}$ die Randhäufigkeiten von X und
$h_{\cdot 1}, \dots, h_{\cdot m}$ die Randhäufigkeiten von Y.

Die Kontingenztabelle gibt die gemeinsame Verteilung der Merkmale X und Y in absoluten Häufigkeiten wieder.

Da Anteile bzw. Prozente häufig anschaulicher sind, betrachtet man anstatt der absoluten Häufigkeiten auch die relativen Häufigkeiten, die sich ergeben, indem man durch die Gesamtzahl der Beobachtungen n dividiert.

Kontingenztafel der relativen Häufigkeiten

Die $(k \times m)$-*Kontingenztafel der relativen Häufigkeiten* hat die Form

$$\begin{array}{c|ccc|c} & b_1 & \dots & b_m & \\ \hline a_1 & f_{11} & \dots & f_{1m} & f_{1\cdot} \\ \vdots & \vdots & & \vdots & \vdots \\ a_k & f_{k1} & \dots & f_{km} & f_{k\cdot} \\ \hline & f_{\cdot 1} & \dots & f_{\cdot m} & 1 \end{array}$$

Dabei bezeichnen

$f_{ij} = h_{ij}/n$ die relative Häufigkeit der Kombination (a_i, b_j),

$f_{i\cdot} = \sum\limits_{j=1}^{m} f_{ij} = h_{i\cdot}/n,$ $i = 1, \dots, k$, die relativen Randhäufigkeiten zu X,

$f_{\cdot j} = \sum\limits_{i=1}^{k} f_{ij} = h_{\cdot j}/n,$ $j = 1, \dots, m$, die relativen Randhäufigkeiten zu Y.

Die Kontingenztabelle gibt die gemeinsame Verteilung von X und Y wieder.

Beispiel 3.4 **Habilitationsdichte**

Die (5×2)-Kontingenztabelle der relativen Häufigkeiten für Geschlecht und Habilitationsfach ergibt sich durch

	Sprach-, Kulturwiss.	Rechts-, Wirtschafts-, Sozialwiss.	Naturwiss.	Kunst	Medizin	
Frauen	0.042	0.016	0.025	0.003	0.036	0.122
Männer	0.178	0.076	0.260	0.008	0.356	0.878
	0.220	0.092	0.285	0.011	0.392	1

Aus den Rändern läßt sich unmittelbar ablesen, daß 12.2 % der Habilitierten in den betrachteten Fachbereichen weiblich und 87.8 % männlich waren. Von den Habilitationen entfielen 22 % auf die Sprach- und Kulturwissenschaften, 9.2 % auf Rechts-, Wirtschafts- und Sozialwissenschaften, 28.5 % auf die Naturwissenschaften, 1.1 % auf die Kunst und der Maximalanteil von 39.2 % auf die Medizin. Aus den relativen Häufigkeiten ersieht man, daß beispielsweise 2.5 % der Habilitationen insgesamt von Frauen in den Naturwissenschaften geschrieben wurden. □

Eine einfache graphische Darstellungsform für gemeinsame Häufigkeiten ist das zweidimensionale Säulendiagramm. Dabei trägt man die absoluten (bzw. relativen) Häufigkeiten für jede Ausprägungskombination (a_i, b_j) der Merkmale X und Y ab. Abbildung 3.1 zeigt das Säulendiagramm für Beispiel 3.3 (Seite 111).

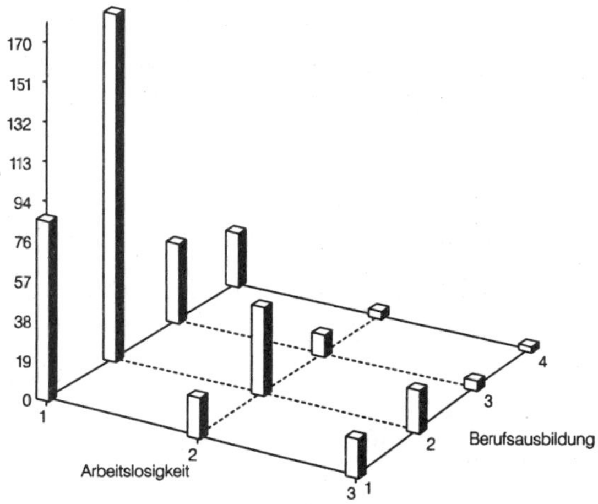

ABBILDUNG 3.1: Säulendiagramm zur Ausbildung (1: keine Ausbildung, 2: Lehre, 3: fachspez. Ausbildung, 4: Hochschule) und Dauer der Arbeitslosigkeit (1: ≤ 6 Monate, 2: 6–12 Monate, 3: > 12 Monate)

Die beobachteten Häufigkeiten werden hier unmittelbar anschaulich. Man sieht sofort, daß die Kurzzeitarbeitslosen mit Lehre die stärkste Gruppe bilden, während Langzeitarbeitslose mit Hochschulabschluß die am schwächsten vertretene Population darstellen.

3.1.2 Bedingte Häufigkeiten

Aus den *gemeinsamen* absoluten Häufigkeiten h_{ij} bzw. den relativen Häufigkeiten f_{ij} läßt sich nicht unmittelbar auf den Zusammenhang zwischen den Merkmalen schließen. Aus der Tatsache allein, daß unter den 1216 Habilitierten aus Beispiel 3.2 (Seite 110) nur 30 weibliche Naturwissenschaftler sind, läßt sich nicht schließen, daß unter den Naturwissenschaftlern die geschlechtsspezifische Habilitationsquote gering ist. Diese Quote ist tatsächlich niedrig, da 346 naturwissenschaftliche Habilitationen erfolgten, sie wäre aber hoch, wenn beispielsweise nur 60 naturwissenschaftliche Habilitationen zugrunde lägen. Die geschlechtsspezifische Quote läßt sich nur bestimmen, wenn man sie auf die Teilgesamtheit der naturwissenschaftlichen

Habilitationen bezieht. Dies erfolgt mit den bedingten relativen Häufigkeiten.

bedingte Verteilung von Y

Wählt man $X = a_i$ fest, ergibt sich die *bedingte Häufigkeitsverteilung von Y unter der Bedingung $X = a_i$* (abgekürzt $Y|X = a_i$) durch

$$f_Y(b_1|a_i) = \frac{h_{i1}}{h_{i\cdot}}, \ldots, f_Y(b_m|a_i) = \frac{h_{im}}{h_{i\cdot}}.$$

Die relativen Häufigkeiten in der durch $X = a_i$ charakterisierten Teilpopulation werden also gebildet, indem man durch die entsprechende Zeilen-Randsumme $h_{i\cdot}$ dividiert. Völlig analog ergibt sich für fest gewähltes $Y = b_j$ die *bedingte Häufigkeitsverteilung von X unter der Bedingung $Y = b_j$* (abgekürzt $X|Y = b_j$) durch

bedingte Verteilung von X

$$f_X(a_1|b_j) = \frac{h_{1j}}{h_{\cdot j}}, \ldots, f_X(a_k|b_j) = \frac{h_{kj}}{h_{\cdot j}}.$$

Die Teilpopulation, auf die sich die relative Häufigkeit bezieht, ist durch $Y = b_j$ bestimmt, entsprechend wird durch die zugehörige Spaltensumme $h_{\cdot j}$ dividiert.

Bedingte relative Häufigkeitsverteilung

Die *bedingte Häufigkeitsverteilung von Y unter der Bedingung $X = a_i$*, kurz $Y|X = a_i$, ist bestimmt durch

$$f_Y(b_1|a_i) = \frac{h_{i1}}{h_{i\cdot}}, \ldots, f_Y(b_m|a_i) = \frac{h_{im}}{h_{i\cdot}}.$$

Die *bedingte Häufigkeitsverteilung von X unter der Bedingung $Y = b_j$*, kurz $X|Y = b_j$, ist bestimmt durch

$$f_X(a_1|b_j) = \frac{h_{1j}}{h_{\cdot j}}, \ldots, f_X(a_k|b_j) = \frac{h_{kj}}{h_{\cdot j}}.$$

Beispiel 3.5 **Sonntagsfrage**

In Beispiel 3.1 (Seite 110) wurde der umgekehrte Weg gegangen. Anstatt aus den Ursprungsdaten der gemeinsamen absoluten Häufigkeiten die bedingte Verteilung zu bestimmen, war dort der Ausgangspunkt die in Prozent angegebene bedingte Verteilung der Parteipräferenz gegeben das Geschlecht. □

Beispiel 3.6

Arbeitslosigkeit

Für festgehaltenes Ausbildungsniveau ($X = a_i$) erhält man die relative Verteilung über die Dauer der Arbeitslosigkeit durch die Tabelle

	Kurzzeit-arbeitslosigkeit	mittelfristige Arbeitslosigkeit	Langzeit-arbeitslosigkeit	
Keine Ausbildung	0.699	0.154	0.147	1
Lehre	0.730	0.184	0.086	1
Fachspez. Ausbildung	0.714	0.197	0.089	1
Hochschulabschluß	0.800	0.114	0.086	1

Durch das Bedingen auf das Ausbildungsniveau wird nun deutlich, wie die Dauer der Arbeitslosigkeit für die Subpopulationen "Keine Ausbildung", "Lehre", usw. verteilt ist. Diese Verteilungen lassen sich nun miteinander vergleichen, da in diesen bedingten Verteilungen die Häufigkeit, mit der die einzelnen Subpopulation auftreten (die Randhäufigkeiten von X) mitberücksichtigt ist. Ersichtlich ist beispielsweise, daß die relative Häufigkeit für Kurzzeitarbeitslosigkeit in der Subpopulation "Hochschulabschluß" mit 0.8 am größten ist. □

Beispiel 3.7

Habilitationsdichte

Für festgehaltenes Fach ($Y = b_j$) erhält man die relative Verteilung über das Geschlecht durch

	Sprach-, Kulturwiss.	Rechts-, Wirtschafts-, Sozialwiss.	Naturwiss.	Kunst	Medizin
Frauen	0.191	0.179	0.087	0.286	0.092
Männer	0.809	0.821	0.913	0.714	0.908
	1	1	1	1	1

Aus dieser Tabelle läßt sich auf einen potentiellen Zusammenhang zwischen Geschlecht und Fachgebiet schließen. Man sieht, daß der Frauenanteil in den Naturwissenschaften mit 8.7 % deutlich unter dem Frauenanteil in den Sprach- und Kulturwissenschaften mit 19.1 % liegt. Dies ist ein Hinweis darauf, daß der Frauenanteil fachspezifisch sein könnte, somit ein Zusammenhang zwischen Geschlecht und Fachgebiet zu vermuten ist. □

bedingte Säulendiagramme

In Analogie zu den Säulendiagrammen der gemeinsamen Verteilung (vgl. Abb. 3.1, Seite 115) lassen sich *bedingte Säulendiagramme* bilden. Anstatt h_{ij} werden nun die bedingten Verteilungen von $Y|X = a_1, \dots Y|X = a_k$ (bzw. die bedingten Verteilungen von $X|Y = b_1, \dots X|Y = b_m$) aufgetragen. Durch das Bedingen auf die Ausprägungen der anderen Variable wird deutlich, ob die Verteilungen von der Bedingung abhängen.

Beispiel 3.8

Arbeitslosigkeit

In Abbildung 3.2 sind die bedingten Verteilungen der Dauer von Arbeitslosigkeit dargestellt, wobei jeweils auf das Ausbildungsniveau bedingt wird (vgl. Beispiel 3.6, Seite 117).

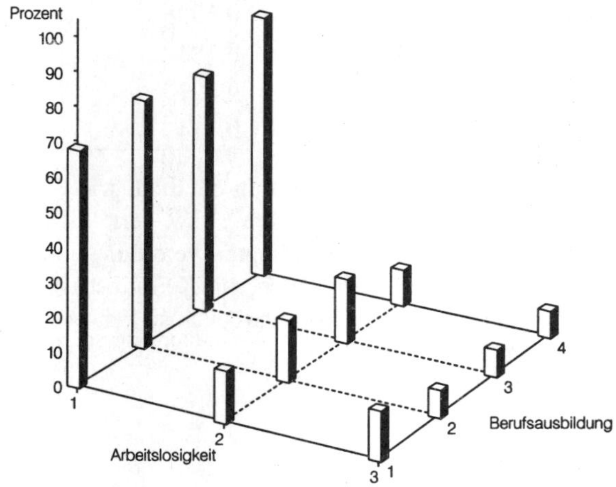

ABBILDUNG 3.2: Bedingtes Säulendiagramm für das Merkmal Dauer (1: ≤ 6 Monate, 2: 6–12 Monate, 3: > 12 Monate) gegeben das Ausbildungsniveau (1: keine Ausbildung, 2: Lehre, 3: fachspez. Ausbildung, 4: Hochschule)

Die bedingten Verteilungen unterscheiden sich nicht sehr stark, obwohl tendenziell die Dauer für Arbeitslose ohne Ausbildung insbesondere im Vergleich mit Hochschulabsolventen etwas verlängert ist. □

Beispiel 3.9

Waldschäden

In der in Kapitel 1, Beispiel 1.6 (Seite 7) dargestellten Waldschadensanalyse wurde das Merkmal Schadstufe durch die Kategorien 0 bis 4 erfaßt. Eine Größe, von der ein Zusammenhang zur Schadstufe vermutet wird, ist der Beschirmungsgrad mit den Kategorien 1: räumig, licht, 2: locker, 3: geschlossen und 4: gedrängt. In Abbildung 3.3 ist die bedingte Verteilung, gegeben der Beschirmungsgrad, in alternativer Form wiedergegeben. Während im bedingten Säulendiagramm die bedingten Häufigkeiten jeweils als einzelne Säulen wiedergegeben werden, entsprechen in dieser Darstellung die bedingten Häufigkeiten dem flächenmäßigen Anteil an einer Säule, wobei jeder Ausprägung der bedingenden Variable, also hier dem Beschirmungsgrad, eine Säule entspricht. Man sieht deutlich, wie sich z.B. der Anteil an Bäumen der Schadstufe 1 mit dem Beschirmungsgrad verändert.

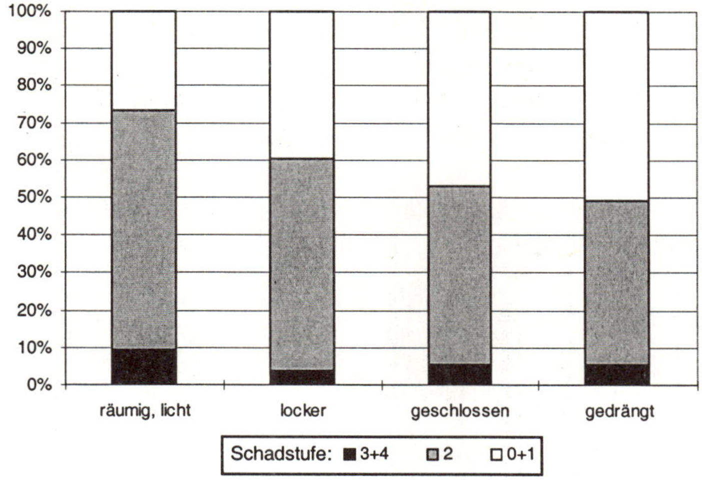

ABBILDUNG 3.3: Relative Häufigkeiten (in %) für gruppierte Schadstufen, gegeben der Beschirmungsgrad □

3.2 Zusammenhangsanalyse in Kontingenztabellen

Bisher wurde der Zusammenhang nur graphisch oder in der Form von Kontingenztafeln dargestellt. Im folgenden werden Methoden dargestellt, die Stärke des Zusammenhangs zu quantifizieren.

3.2.1 Chancen und relative Chancen

Es sei der Einfachheit halber zuerst der Fall einer (2×2)-Kontingenztafel betrachtet. Die (2×2)-Häufigkeitstafel hat die Form

$$\begin{array}{cc|cc|c} & & \multicolumn{2}{c}{Y} & \\ & & 1 & 2 & \\ \hline X & 1 & h_{11} & h_{12} & h_{1\cdot} \\ & 2 & h_{21} & h_{22} & h_{2\cdot} \\ \hline & & h_{\cdot 1} & h_{\cdot 2} & n \end{array}$$

Unter einer *Chance* ("odds") versteht man nun das Verhältnis zwischen dem Auftreten von *Chance*

$Y = 1$ und $Y = 2$ in einer Subpopulation $X = a_i$. Die (empirische) *bedingte Chance* für festes $X = a_i$ ist bestimmt durch

$$\gamma(1,2|X = a_i) = \frac{h_{i1}}{h_{i2}}.$$

relative Chance
Odds Ratio

Ein sehr einfaches Zusammenhangsmaß stellen die empirischen *relativen Chancen* (Odds Ratio) dar, die gegeben sind durch

$$\gamma(1,2|X = 1, X = 2) = \frac{\gamma(1,2|X = 1)}{\gamma(1,2|X = 2)} = \frac{h_{11}/h_{12}}{h_{21}/h_{22}} = \frac{h_{11}h_{22}}{h_{21}h_{12}},$$

d.h. das Verhältnis zwischen den Chancen der 1. Population ($X = 1$, 1. Zeile) zu den Chancen der 2. Population ($X = 2$, 2. Zeile).

Beispiel 3.10 **Dauer der Arbeitslosigkeit**

Beschränkt man sich im Beispiel 3.3 (Seite 111) jeweils nur auf zwei Kategorien von X und Y, erhält man beispielsweise die Tabelle

	Kurzzeit-arbeitslosigkeit	Mittel- und langfristige Arbeitslosigkeit
Fachspezifische Ausbildung	40	16
Hochschulabschluß	28	7

Daraus ergibt sich für Personen mit fachspezifischer Ausbildung die "Chance", kurzzeitig arbeitslos zu sein, im Verhältnis dazu, längerfristig arbeitslos zu sein, durch

$$\gamma(1,2|\text{fachspezifisch}) = \frac{40}{16} = 2.5.$$

Für Arbeitslose mit Hochschulabschluß erhält man

$$\gamma(1,2|\text{Hochschulabschluß}) = \frac{28}{7} = 4.$$

Für fachspezifische Ausbildung stehen die "Chancen" somit $5 : 2$, für Arbeitslose mit Hochschulabschluß mit 4 : 1 erheblich besser.

Man erhält für fachspezifische Ausbildung und Hochschulabschluß die relativen Chancen

$$\gamma(1,2|\text{fachsp. Ausbildung, Hochschule}) = \frac{2.5}{4} = 0.625.$$

□

Kreuzproduktverhältnis

Wegen der spezifischen Form $\gamma(1,2|X = 1, X = 2) = (h_{11}h_{22})/(h_{21}h_{12})$ werden die relativen Chancen auch als *Kreuzproduktverhältnis* bezeichnet. Es gilt

$\gamma = 1$ Chancen in beiden Populationen gleich
$\gamma > 1$ Chancen in Population $X = 1$ besser als in Population $X = 2$
$\gamma < 1$ Chancen in Population $X = 1$ schlechter als in Population $X = 2$.

Die relativen Chancen geben somit an, welche der Populationen die besseren Chancen besitzen und um wieviel besser diese Chancen sind.

Kreuzproduktverhältnis

Für die Kontingenztafel

h_{11}	h_{12}
h_{21}	h_{22}

ist das *Kreuzproduktverhältnis* (*relative Chance* oder *Odds Ratio*) bestimmt durch

$$\gamma = \frac{h_{11}/h_{12}}{h_{21}/h_{22}} = \frac{h_{11}h_{22}}{h_{21}h_{12}}.$$

Das Verfahren läßt sich direkt auf mehr als zwei Ausprägungen verallgemeinern, indem man sich auf jeweils zwei Zeilen $X = a_i$ und $X = a_j$ und zwei Spalten $Y = b_r$ und $Y = b_s$ und die zugehörigen vier Zellen einer $(k \times m)$-Kontingenztafel beschränkt.

Die relativen Chancen zwischen $X = a_i$ und $X = a_j$ in bezug auf die Chancen von $Y = b_r$ zu $Y = b_s$ sind damit bestimmt durch die relativen Chancen

$$\gamma(b_r, b_s | X = a_i, X = a_j) = \frac{h_{ir}/h_{is}}{h_{jr}/h_{js}} = \frac{h_{ir}h_{js}}{h_{jr}h_{is}}.$$

Arbeitslosigkeit **Beispiel 3.11**

Für das Beispiel 3.3 (Seite 111) erhält man für die Populationen "keine Ausbildung" und "Lehre" in bezug auf die Chancen für mittelfristige gegenüber langfristiger Arbeitslosigkeit die Subtabelle:

	Mittelfristige Arbeitslosigkeit	Langfristige Arbeitslosigkeit
Keine Ausbildung	19	18
Lehre	43	20

Daraus ergeben sich die relativen Chancen

$$\gamma(\text{mittelfristig, langfristig}|\text{keine Ausbildung, Lehre}) = \frac{19/18}{43/20} = \frac{1.06}{2.15} = 0.493,$$

was bedeutet, daß die Chance für mittelfristige gegenüber langfristiger Arbeitslosigkeit in der Population der Arbeitslosen ohne Ausbildung nur etwa halb so groß ist wie in der Population der Arbeitslosen mit Lehre. □

3.2.2 Kontingenz- und χ^2-Koeffizient

Den Hintergrund für den Kontingenzkoeffizienten bildet die Überlegung "Wie sollten die Häufigkeiten verteilt sein, wenn die beiden Merkmale keinerlei Zusammenhang aufweisen?" Dabei geht man von den vorgegebenen Rändern aus, das heißt von der beobachteten Verteilung von X und Y (jeweils für sich genommen) in der Tafel

$$\begin{array}{c|ccc|c} & b_1 & \dots & b_m & \\ \hline a_1 & & & & h_{1\cdot} \\ \vdots & & ? & & \vdots \\ a_k & & & & h_{k\cdot} \\ \hline & h_{\cdot 1} & \dots & h_{\cdot m} & n \end{array}$$

Läge kein Zusammenhang zwischen den Merkmalen vor, sollte es ohne Einfluß sein, in welcher Zeile (d.h. Subpopulation $X = a_i$) die bedingte Verteilung von Y gegeben $X = a_i$ betrachtet wird. In jeder Zeile würde man dieselbe Verteilung erwarten und zwar die Verteilung von Y ohne Berücksichtigung von X. Im Beispiel 3.3 (Seite 111) würde man somit erwarten, daß die Verteilung auf die Kategorien der Dauer von Arbeitslosigkeit in jeder Ausbildungsstufe dieselbe ist, d.h. dieselbe, die auch in der gesamten Stichprobe vorliegt. Bezeichnet $\tilde{h}_{ij}$ die Häufigkeit, die man erwarten würde, wenn kein Zusammenhang vorliegt, führt diese Überlegung in der i-ten Zeile zu dem folgenden *Postulat der empirischen Unabhängigkeit*

empirische Unabhängigkeit

$$\frac{\tilde{h}_{ij}}{h_{i\cdot}} = \frac{h_{\cdot j}}{n}.$$

zu erwartende bedingte relative Häufigkeit

Auf der linken Seite steht hier die *zu erwartende bedingte relative Häufigkeit*, die sich durch die zu erwartende Häufigkeit dividiert durch die Zeilensumme ergibt. Auf der rechten Seite steht die beobachtete relative Häufigkeit von Y, d.h. die Randverteilung von Y (beobachtete Häufigkeit dividiert durch Gesamtstichprobenumfang). Das Postulat der empirischen Unabhängigkeit führt somit zu den zu erwartenden Beobachtungen

$$\tilde{h}_{ij} = \frac{h_{i\cdot} h_{\cdot j}}{n},$$

die sich einfach als Produkt aus Zeilensumme und Spaltensumme, geteilt durch den Stichprobenumfang errechnen lassen.

Wenn die Merkmale X und Y keinen Zusammenhang aufweisen, d.h. unabhängig sind, sollten die tatsächlich beobachteten Häufigkeiten von den zu erwartenden kaum abweichen. Zur Konstruktion eines Zusammenhangsmaßes benutzt man die Diskrepanz zwischen diesen Werten, also zwischen

h_{ij},	den tatsächlichen Häufigkeiten und
$\tilde{h}_{ij} = h_{i\cdot}h_{\cdot j}/n$,	den Häufigkeiten, die zu erwarten sind, wenn kein Zusammenhang vorliegt.

Als Zusammenhangsmaß betrachtet man

$$\chi^2 = \sum_{i=1}^{k}\sum_{j=1}^{m} \frac{(h_{ij} - \tilde{h}_{ij})^2}{\tilde{h}_{ij}}.$$

Die wesentliche Komponente in χ^2 ist die quadrierte Distanz $(h_{ij} - \tilde{h}_{ij})^2$, das Teilen durch $\tilde{h}_{ij}$ dient nur der Normierung. Nach Konstruktion sollte für die immer nichtnegative Größe χ^2 gelten:

- χ^2 groß (starke Diskrepanz), wenn X und Y voneinander abhängen,
- χ^2 klein (kleine Diskrepanz), wenn X und Y nicht voneinander abhängen.

Auch wenn X und Y tatsächlich keinen Zusammenhang aufweisen, ist nicht davon auszugehen, daß das Postulat der empirischen Unabhängigkeit exakt gilt, d.h. $\chi^2 = 0$ resultiert. Zufallsschwankungen, die später ausführlich reflektiert werden, werden immer eine Abweichung zwischen h_{ij} und $\tilde{h}_{ij}$ erzeugen.

χ^2-Koeffizient

Der χ^2-*Koeffizient* ist bestimmt durch

$$\chi^2 = \sum_{i=1}^{k}\sum_{j=1}^{m} \frac{\left(h_{ij} - \frac{h_{i\cdot}h_{\cdot j}}{n}\right)^2}{\frac{h_{i\cdot}h_{\cdot j}}{n}}, \qquad \chi^2 \in [0, \infty).$$

Die Herleitung von χ^2 stützt sich wesentlich auf das Unabhängigkeitspostulat. Dieses basiert auf der Zeilenunabhängigkeit der Verteilung $Y|X = a_i$. Aus Symmetriegründen läßt sich (mit demselben Resultat) das Postulat auch auf die Spaltenunabhängigkeit der Verteilung $X|Y = b_j$ aufbauen. Man erhält dann

$$\frac{\tilde{h}_{ij}}{h_{\cdot j}} = \frac{h_{i\cdot}}{n}$$

d.h. die bedingte Verteilung $X|Y = b_j$ entspricht der Randverteilung von X. Wie man unmittelbar sieht, ist diese Gleichung äquivalent zum Postulat der Unabhängigkeit.

Die bei Unabhängigkeit zu erwartenden Häufigkeiten sind nicht mehr ganzzahlig. Man beachte, daß die Randsummen der zu erwartenden Häufigkeiten mit den tatsächlich beobachteten Randsummen übereinstimmen. Dies folgt unmittelbar aus der Konstruktion von $\tilde{h}_{ij}$, bei der von fest vorgegebenen Randsummen, nämlich den beobachteten, ausgegangen wurde (vgl. die Beispiele 3.1, Seite 110 und 3.13, Seite 126).

Kontingenzkoeffizient

Ein gravierender Nachteil von χ^2 als Zusammenhangsmaß liegt darin, daß die Werte, die χ^2 annehmen kann, von der Dimension der Tafel abhängen. Es läßt sich daher nicht ohne zusätzliche Überlegungen feststellen, wie groß χ^2 sein muß, um auf einen Zusammenhang hinzuweisen. Ein erster Normierungsschritt führt zum *Kontingenzkoeffizienten*

$$K = \sqrt{\frac{\chi^2}{n + \chi^2}}.$$

Dieser kann Werte zwischen 0 und $K_{\max}$ annehmen, wobei

$$K_{\max} = \sqrt{\frac{M-1}{M}} \quad \text{mit } M = \min\{k, m\}.$$

korrigierter Kontingenzkoeffizient

In einem weiteren Normierungsschritt erhält man den *korrigierten Kontingenzkoeffizienten*

$$K^* = \frac{K}{K_{\max}},$$

für den nach Konstruktion gilt $K^* \in [0, 1]$.

Während der Wertebereich des Kontingenzkoeffizienten noch von der Dimension der Kontingenztafel abhängt, ist dies für den korrigierten Koeffizienten K^* nicht mehr der Fall.

Die Wirkungsweise von K^* wird besonders deutlich für den Spezialfall einer quadratischen Kontingenztafel, d.h. $k = m$. Dann nämlich gilt, daß $K^* = 1$ ($K = K_{\max}$) genau dann eintritt, wenn in jeder Zeile und jeder Spalte der Kontingenztabelle genau eine Zelle besetzt ist. Man hat also eine Zusammenhangsstruktur wie in Abbildung 3.4.

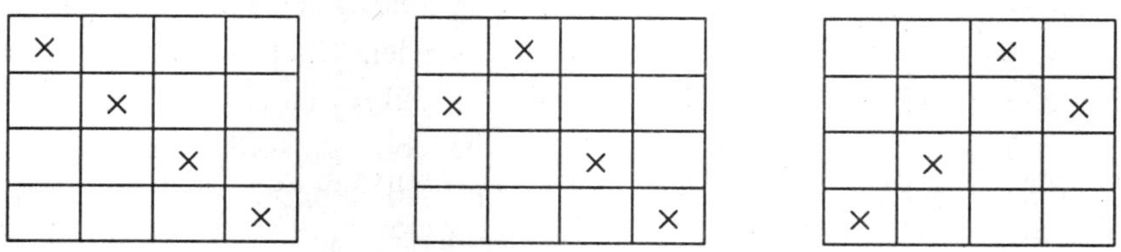

ABBILDUNG 3.4: Besetzungsstruktur bei quadratischen Kontingenztafeln, wenn $K^* = 1$, $\times$ steht für besetzte Zellen, alle anderen sind leer

Der maximale Wert $K^* = 1$, also stärkstmöglicher Zusammenhang, besagt in diesem Fall, daß bei Kenntnis der Zeile (Spalte) vorausgesagt werden kann, welche Spalte (Zeile) nur besetzt sein kann.

Kontingenzkoeffizient

Der *Kontingenzkoeffizient* ist bestimmt durch

$$K = \sqrt{\frac{\chi^2}{n + \chi^2}}$$

und besitzt den Wertebereich $K \in \left[0, \sqrt{\frac{M-1}{M}}\right]$, wobei $M = \min\{k, m\}$.

Der *korrigierte Kontingenzkoeffizient* ergibt sich durch

$$K^* = K / \sqrt{\frac{M-1}{M}}$$

mit dem Wertebereich $K^* \in [0, 1]$.

Die Maße χ^2, K, K^* besitzen folgende *Eigenschaften*:

1. Es wird nur die *Stärke* des Zusammenhangs gemessen, eine Richtung der Wirkungsweise wird nicht erfaßt in dem Sinne, daß wachsendes X mit wachsendem (oder fallendem) Y einhergeht. *Stärke des Zusammenhangs*

2. Die Maße sind vergleichender Art. Mißt man den Zusammenhang von X und Y in zwei Subpopulationen, läßt sich damit die Stärke des Zusammenhangs über die Subpopulationen vergleichen. Eine eindeutige Interpretation ist nur in Spezialfällen ($K = 1$) möglich. *vergleichendes Maß*

3. Vorsicht ist geboten bei einem Vergleich von Kontingenztafeln mit stark unterschiedlichen Stichprobenumfängen, da χ^2 mit wachsendem Stichprobenumfang wächst, beispielsweise führte eine Verzehnfachung von h_{ij} und $\tilde{h}_{ij}$ zu zehnfachem χ^2. *Abhängigkeit vom Stichprobenumfang*

4. Sämtliche Maße benutzen nur das Nominalskalenniveau von X und Y. Dies sieht man unmittelbar daran, daß sich die Maße nicht verändern, wenn man Zeilen bzw. Spalten untereinander vertauscht. Eine Folge dieser *Invarianz gegenüber Vertauschungen* ist die oben erwähnte Eigenschaft, daß durch diese Maße keine gerichteten Zusammenhänge erfaßbar sind. *Invarianz*

Beispiel 3.12

Sonntagsfrage

Für die Kontingenztafel aus Geschlecht und Parteipräferenz aus Beispiel 3.1 (Seite 110) erhält man die in Tabelle 3.3 wiedergegebenen zu erwartenden Häufigkeiten $\tilde{h}_{ij}$.

	CDU/CSU	SPD	FDP	Grüne	Rest	
Männer	160.73 (144)	139.24 (153)	21.96 (17)	35.51 (26)	77.56 (95)	435
Frauen	183.27 (200)	158.76 (145)	25.04 (30)	40.49 (50)	88.44 (71)	496
	344	298	47	76	166	

TABELLE 3.3: Zu erwartende Häufigkeiten $\tilde{h}_{ij}$ und tatsächliche Häufigkeiten h_{ij} (in Klammern)

Man sieht aus Tabelle 3.3 beispielsweise, daß 160.73 die CDU/CSU präferierende Männer zu erwarten wären, wenn Geschlecht und Parteipräferenz keinen Zusammenhang aufweisen. Tatsächlich wurden nur 144 beobachtet. Die Bewertung dieser Diskrepanzen ergibt einen χ^2-Wert von 20.065. Daraus ergeben sich nach einfacher Rechnung $K = 0.145$ und $K^* = 0.205$, was für einen nicht zu starken Zusammenhang spricht. □

Beispiel 3.13

Habilitationsdichte

Für die Kontingenztafel aus Tabelle 3.1 (Seite 111), die die Anzahl der Habilitationen aufgeschlüsselt nach Geschlecht und Fach wiedergibt, erhält man die zu erwartenden Häufigkeiten $\tilde{h}_{ij}$ in Tabelle 3.4.

	Sprach-, Kulturwiss.	Rechts-, Wirtschafts-, Sozialwiss.	Naturwiss.	Kunst	Medizin	
Frauen	32.72	13.72	42.40	1.72	58.45	149
	(51)	(20)	(30)	(4)	(44)	
Männer	234.28	98.27	303.6	12.28	418.55	1067
	(216)	(92)	(316)	(10)	(433)	
	267	112	346	14	477	1216

TABELLE 3.4: Zu erwartende Häufigkeiten $\tilde{h}_{ij}$ und tatsächliche Häufigkeiten h_{ij} (in Klammern)

Daraus ergibt sich unmittelbar $\chi^2 = 26.584$, $K = 0.146$ und $K^* = 0.205$. Bei einem größerem χ^2-Wert als in Beispiel 3.12 erhält man wegen des größeren Stichprobenumfangs einen vergleichbaren Kontingenzkoeffizienten. □

Für den Spezialfall einer (2×2)-Tafel läßt sich der χ^2-Wert und damit der Kontingenzkoeffizient auf sehr einfache Art berechnen. Liegt eine Kontingenztafel der Form

(2×2)-*Tafel*

a	b	$a+b$
c	d	$c+d$
$a+c$	$b+d$	

vor, erhält man χ^2 aus

$$\chi^2 = \frac{n(ad-bc)^2}{(a+b)(a+c)(b+d)(c+d)},$$

wobei sich im Nenner nur das Produkt über sämtliche Randhäufigkeiten findet.

Arbeitslosigkeit

Beispiel 3.14

Aus der Kontingenztafel

	Mittelfristige Arbeitslosigkeit	Langfristige Arbeitslosigkeit	
Keine Ausbildung	19	18	37
Lehre	43	20	63
	62	38	100

erhält man also unmittelbar

$$\chi^2 = \frac{100(19 \cdot 20 - 18 \cdot 43)^2}{37 \cdot 63 \cdot 62 \cdot 38} = 2.826$$

und $K = 0.165,\ K^* = 0.234.$ □

3.3 Graphische Darstellungen quantitativer Merkmale

Für die Darstellung quantitativer, d.h. metrisch skalierter Merkmale mit vielen Ausprägungen, empfehlen sich andere Methoden als für qualitative Merkmale. Die Instrumente des letzten Abschnittes sind prinzipiell auch anwendbar für metrische Merkmale, wenn man diese beispielsweise durch Intervallbildung kategorisiert. Allerdings nimmt man damit immer einen Informationsverlust in Kauf. Hinzu kommt, daß in der Kontingenztafelanalyse nur das nominale Skalenniveau benutzt wurde, d.h. die Merkmale wurden als qualitativ behandelt. Im folgenden wird explizit metrisches Skalenniveau vorausgesetzt. Darüber hinaus sollte die Anzahl der möglichen Werte hoch sein, was insbesondere bei stetigen Variablen der Fall ist.

3.3.1 Streudiagramm

Die einfachste Darstellung der gemeinsamen Meßwerte $(x_i, y_i), i = 1, \dots, n$, zweier stetiger Merkmale ist das *Streudiagramm*, in dem die Meßwerte in einem $(x–y)$-Koordinatensystem als Punkte, Kreuze oder sonstige Symbole dargestellt werden.

Streudiagramm

Die Darstellung der Meßwerte $(x_1, y_1), \dots, (x_n, y_n)$ im $(x–y)$-Koordinatensystem heißt *Streudiagramm*.

Beispiel 3.15 **Prognose des Sachverständigenrates**

Die Prognose des Sachverständigenrates weicht notwendigerweise vom tatsächlichen Wirtschaftswachstum ab (Prognosen sind schwierig, insbesondere wenn sie die Zukunft betreffen). Interessant ist jedoch, inwieweit die Prognose vom tatsächlichen Wirtschaftswachstum abweicht bzw. wie stark der Zusammenhang ist. In Tabelle 3.5 finden sich die Werte.

Jahr	1975	1976	1977	1978	1979	1980	1981	1982	1983	1984
X	2.0	4.5	4.5	3.5	3.75	2.75	0.5	0.5	1.0	2.5
Y	-3.6	5.6	2.4	3.4	4.4	1.8	-0.3	-1.2	1.2	2.6

Jahr	1985	1986	1987	1988	1989	1990	1991	1992	1993	1994
X	3.0	3.0	2.0	1.5	2.5	3.0	3.5	2.5	0.0	0.0
Y	2.5	2.5	1.7	3.4	4.0	4.6	3.4	1.5	-1.9	2.3

TABELLE 3.5: Prognose des Sachverständigenrates (X) und tatsächliches Wirtschaftswachtum (Y) in den Jahren 1975–1994

In Abbildung 3.5 ist das Streudiagramm der Merkmale X: Prognostiziertes Wirtschaftswachstum und Y: Tatsächliches Wirtschaftswachstum in Prozent für die Jahre 1975–1994 dargestellt. □

Beispiel 3.16 **Mieten**

Sucht man eine Wohnung mit bestimmter Wohnfläche, ist es interessant zu wissen, mit welcher Miete man rechnen muß. In Abbildung 3.6 findet sich das Streudiagramm zu den Merkmalen "Wohnfläche" und "Nettomiete" für eine Teilstichprobe des Mietbeispiels, d.h. für einen Teil der im Rahmen der Erstellung des Münchner Mietspiegels erhobenen Stichprobe.

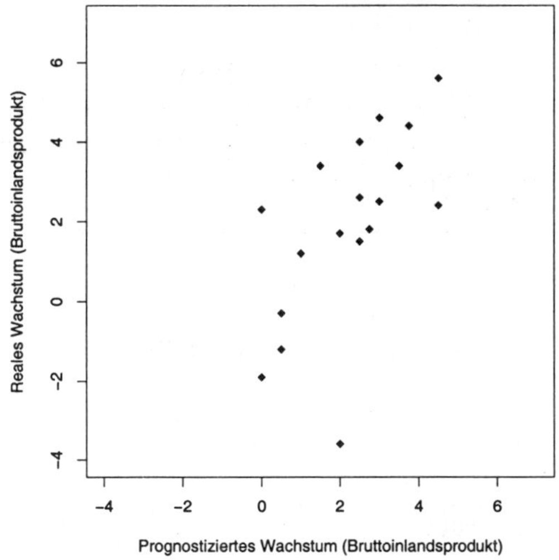

ABBILDUNG 3.5: Prognostizierte und reale Wachstumsrate für die Prognose des Sachverständigenrates in den Jahren 1975–1994

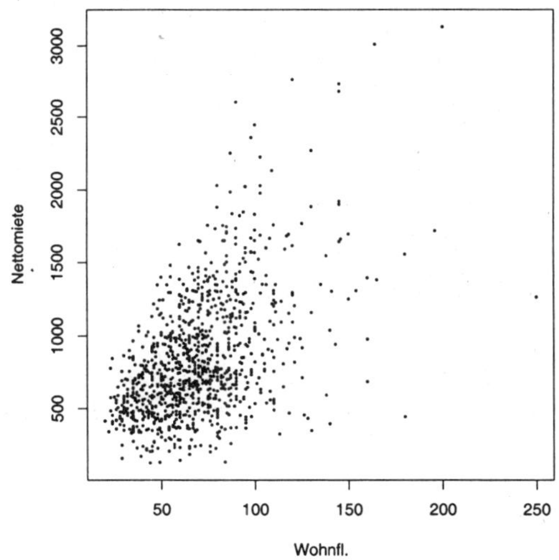

ABBILDUNG 3.6: Streudiagramm für Wohnfläche und Nettomiete □

Aus Streudiagrammen wie Abbildung 3.5 und 3.6 läßt sich ein erster Eindruck gewinnen, ob und wie stark zwei Merkmale zusammenhängen. Man sieht in Abbildung 3.5, daß tendenzmäßig bei hohen prognostizierten Werten auch tatsächlich hohe Wachstumswerte eintreten. Auffallend ist, daß die Variationsbreite der Prognosewerte wesentlich geringer ist als die Variationsbreite der tatsächlichen Werte. Die Prognosen sind hier konservativer als die Realität. Für das Mietspiegelbeispiel sieht man, daß eine wachsende Wohnfläche erwartungsgemäß mit höheren Mieten einhergeht. Auffallend ist die Tendenz zu größerer Streuung der Mieten bei wachsender Wohnfläche. Dies ist daran ersichtlich, daß bei größerer Wohnfläche die entsprechenden Mieten eine größere Schwankungsbreite aufweisen.

3.3.2 Zweidimensionale Histogramme und Dichten

Bei einer sehr hohen Zahl von Meßwerten oder wenn gleiche Meßwerte öfter auftreten, werden Streudiagramme unübersichtlich. Zur Veranschaulichung von Häufigkeiten in diesen Fällen lassen sich zweidimensionale Histogramme bzw. glatte Varianten des Histogramms verwenden. Dazu bildet man

$$\begin{array}{lll} \text{Intervalle} & [c_0, c_1), \dots, [c_{k-1}, c_k) & \text{für Merkmal } X \text{ und} \\ \text{Intervalle} & [e_0, e_1), \dots, [e_{m-1}, e_m) & \text{für Merkmal } Y. \end{array}$$

Seien h_{ij} die absoluten Häufigkeiten im i-ten Intervall von X und im j-ten Intervall von Y, d.h. in $[c_{i-1}, c_i) \times [e_{j-1}, e_j)$. Die relative Häufigkeit wird wieder mit $f_{ij} = h_{ij}/n$ bezeichnet.

Während im eindimensionalen Histogramm die Fläche über dem Intervall den Häufigkeiten entspricht, soll nun das Volumen über dem Rechteck $[c_{i-1}, c_i) \times [e_{j-1}, e_j)$ den absoluten bzw. relativen Häufigkeiten entsprechen.

zweidimensionales absolutes Histogramm

Aus der Formel "Volumen = Grundfläche $\times$ Höhe" ergibt sich also die Höhe für das *zweidimensionale absolute Histogramm* durch

$$\frac{h_{ij}}{\text{Grundfläche}} = \frac{h_{ij}}{(c_i - c_{i-1})(e_j - e_{j-1})}.$$

Für das *zweidimensionale relative Histogramm* wird h_{ij} durch $f_{ij} = h_{ij}/n$ ersetzt.

Zweidimensionales Histogramm

Zeichne über den Rechtecksklassen

$$[c_{i-1}, c_i) \times [e_{j-1}, e_j), \quad i = 1, \ldots, k, \; j = 1, \ldots, m,$$

Blöcke mit

Grundkante	$[c_{i-1}, c_i)$	in der x-Koordinate
Grundkante	$[e_{j-1}, e_j)$	in der y-Koordinate

und Höhe

$$\frac{h_{ij}}{(c_i - c_{i-1})(e_j - e_{j-1})} \quad \text{bzw.} \quad \frac{h_{ij}/n}{(c_i - c_{i-1})(e_j - e_{j-1})}.$$

Die Nachteile des eindimensionalen Histogramms, wie subjektive Klasseneinteilung und Unstetigkeit der Treppenfunktion, bleiben auch für das zweidimensionale Histogramm erhalten. Als Alternative wurde in Abschnitt *2.4.3 ein gleitendes Histogramm bzw. ein glatter Dichteschätzer dargestellt. Dieses Verfahren läßt sich auch auf mehr als eine Dimension erweitern. Der glatte Schätzer in einer Dimension hatte die Form

$$\hat{f}(x) = \frac{1}{n} \sum_{i=1}^{n} \frac{1}{h} K\left(\frac{x - x_i}{h}\right),$$

wobei K eine sogenannte Kernfunktion ist, beispielsweise der Epanechnikov-Kern $K(u) = (3/4)(1 - u_2)$ für $-1 \leq u \leq 1$.

Der *zweidimensionale (Kerndichte-) Schätzer* hat die Form

zweidimensionaler Kerndichteschätzer

$$\hat{f}(x, y) = \frac{1}{n} \sum_{i=1}^{n} \frac{1}{h_1} K\left(\frac{x - x_i}{h_1}\right) \frac{1}{h_2} K\left(\frac{y - y_i}{h_2}\right),$$

wobei h_1, h_2 Glättungsparameter zu X bzw. Y sind. Anstatt eines Kernes hat man das Produkt zweier Kerne bzw. Fenster. Für den Rechteckskern erhält man wiederum ein gleitendes Histogramm, das jetzt über die (x–y)-Ebene gleitet. Für stetige Kernfunktionen erhält man eine glattere Darstellung. Die Funktion der Glättungsparameter entspricht der Fensterweite. Gehen die Bandweiten h_1, h_2 gegen 0, wird die dadurch geschätzte Oberfläche unruhig mit starken Ausschlägen an den Stellen der Daten. Läßt man die Bandweiten immer größer werden, wird die geschätzte Oberfläche zunehmend glatter.

Beispiel 3.17 **Mietspiegel**

Abbildung 3.7 zeigt ein zweidimensionales Histogramm für die Variablen Wohnfläche und Nettomiete.

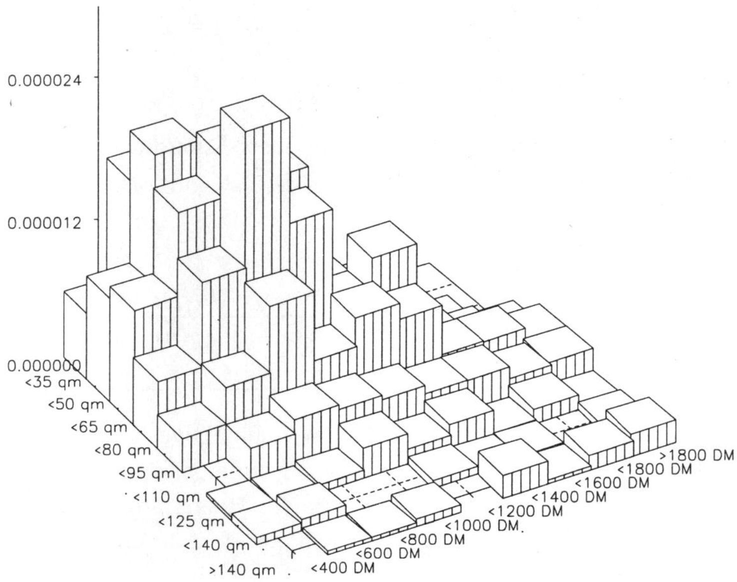

ABBILDUNG 3.7: Zweidimensionales Histogramm

Abbildung 3.8 zeigt die entsprechende zweidimensionale Kerndichteschätzung. Insbesondere die letztere Darstellung zeigt deutlich, daß Wohnungen vor allem im Bereich zwischen 30 qm und 80 qm bei einem Preis zwischen 200 DM und 900 DM sehr dicht gepackt sind. □

3.3.3 Mehrdimensionale Darstellungen

Die Darstellung von Meßpunkten in drei Dimensionen führt zu Punktwolken, deren exakte Lage häufig aus einem Bild nicht mehr gut erkennbar ist. Computerprogramme mit interaktiven Graphikmodulen ermöglichen es allerdings, die Koordinaten auf dem Bildschirm langsam zu drehen, so daß die Anordnung der Punkte deutlich wird.

paarweises Streudiagramm

Eine einfache Methode zur Darstellung mehrdimensionalen Datenmaterials besteht darin, für jeweils zwei Merkmale ein Streudiagramm zu bilden. Man erhält damit eine Matrix von *paarweisen Streudiagrammen*, eine sogenannte *Scatterplot-Matrix*. Dadurch wird zumindest der Zusammenhang jeweils zweier Merkmale verdeutlicht.

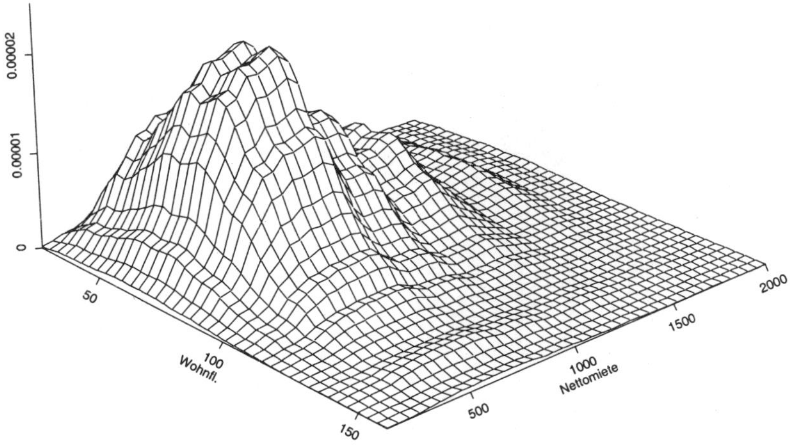

ABBILDUNG 3.8: Zweidimensionale Kerndichteschätzung

Mietspiegel

Beispiel 3.18

In Abbildung 3.9 findet sich die Matrix der Streudiagramme zu den Merkmalen "Nettomiete", "Wohnfläche", "Zimmeranzahl" und "Nettomiete/qm". In der Diagonale ist nur die Variable wiedergegeben, die die Abszisse bzw. die Ordinate bestimmt. Beispielsweise entspricht die Wohnfläche der Abszisse (x-Variable) in allen Bildern der zweiten Spalte. Gleichzeitig stellt die Wohnfläche die Ordinate (y-Variable) in allen Bildern der zweiten Reihe dar. Jedes Streudiagramm findet sich also in zwei verschiedenen Formen. Das zweite Bild der ersten Reihe gibt Wohnfläche $\times$ Nettomiete wieder, das erste Bild der zweiten Reihe gibt Nettomiete $\times$ Wohnfläche wieder. An den Bildern wird unmittelbar anschaulich, daß Streudiagramme, die mit einer diskreten Variable wie Anzahl der Zimmer gebildet werden, qualitativ anders aussehen als Streudiagramme mit zwei stetigen Variablen. Eine relativ klare lineare Struktur erhält man erwartungsgemäß für den Zusammenhang zwischen Zimmerzahl und Wohnfläche. Aus den Darstellungen wird deutlich, wie variabel die Wohnfläche jeweils für festgehaltene Zimmerzahl noch ist. Das Streudiagramm zu Wohnfläche und Nettomiete/qm zeigt, daß die Quadratmetermiete bei großen Wohnflächen tendenziell abnimmt.

Zu bemerken ist, daß nur Zusammenhänge zwischen jeweils zwei Variablen — ohne Berücksichtigung der anderen Variablen — wiedergegeben werden. Die Quadratmetermiete muß nicht mit der Wohnfläche sinken, wenn man beispielsweise nur Ein-Zimmer-Appartements betrachtet.

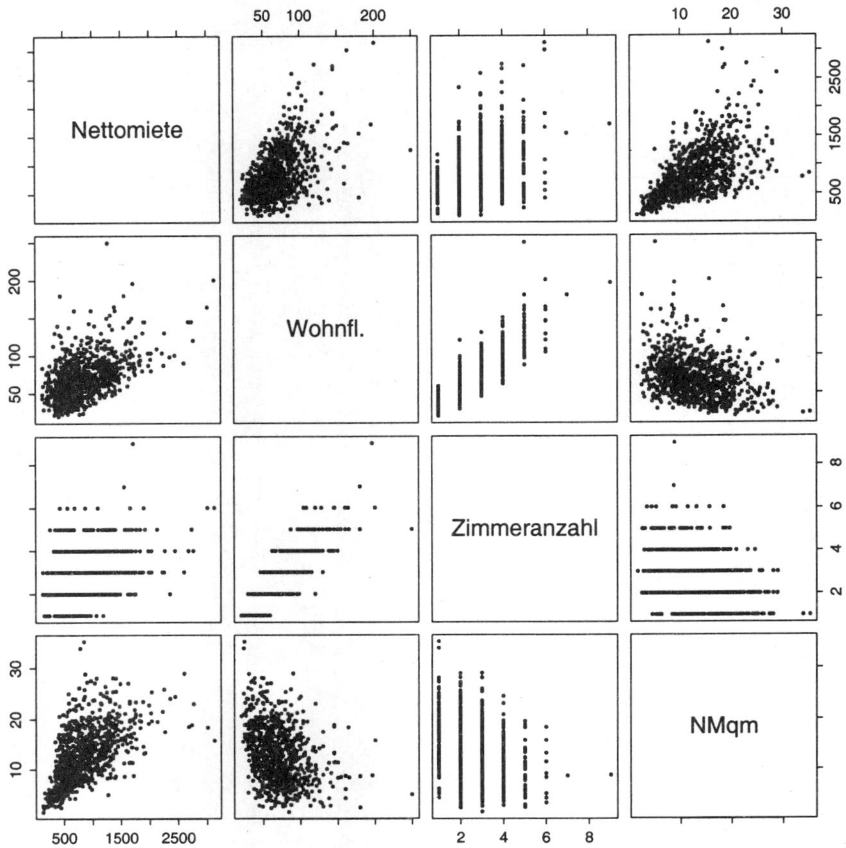

ABBILDUNG 3.9: Matrix der Streudiagramme für Variablen Nettomiete, Wohnfläche, Zimmerzahl, Nettomiete/qm

□

Beispiel 3.19 **Rendite am Aktienmarkt**

In Abbildung 3.10 findet sich die Matrix der Streudiagramme der mittleren Monatsrenditen für die Aktien der Volkswagen-AG, BASF, Siemens und Münchener Rückversicherung (MR). Zusätzlich wird noch der Zins betrachtet, in der Form des LIBORs (London Interbank Offered Rate), also dem Zinssatz, zu dem sich Geschäftsbanken gegenseitig Geld mit einer Laufzeit bis zu einem Jahr leihen. Man sieht, daß die Höhe der Rendite für Aktien untereinander deutlich zusammenhängen, während kein deutlicher Zusammenhang zwischen Aktienrendite und Zins erkennbar ist.

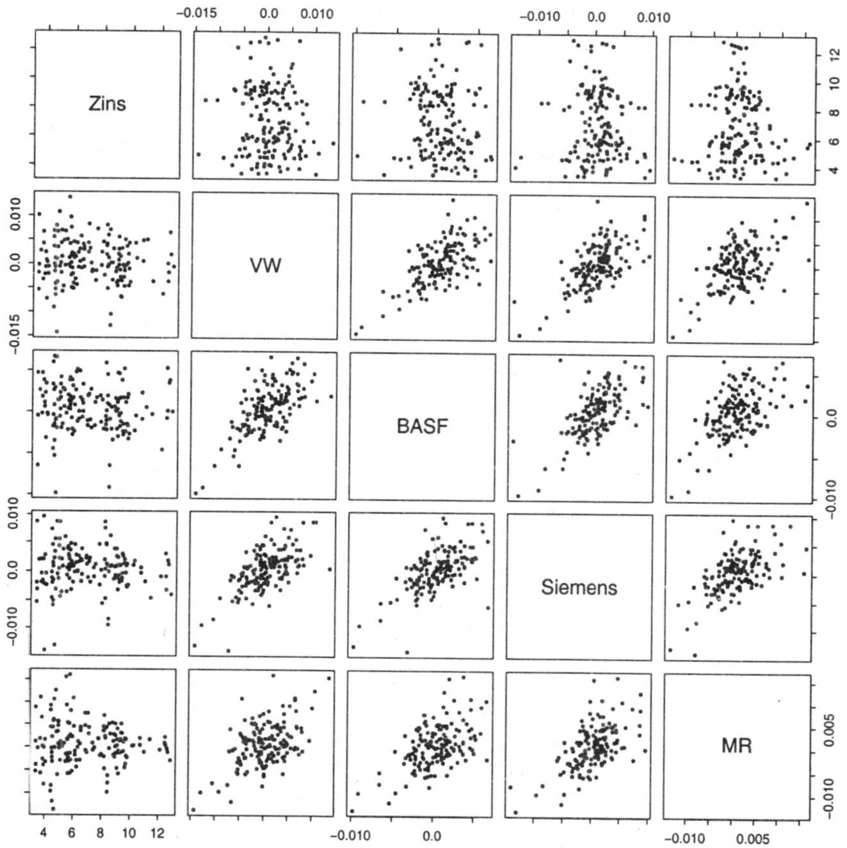

ABBILDUNG 3.10: Streudiagramm-Matrix der mittleren Monatsrenditen für Aktien und des Zinses in Form des Libors □

3.4 Zusammenhangsmaße bei metrischen Merkmalen

3.4.1 Empirischer Korrelationskoeffizient nach Bravais-Pearson

Streudiagramme und Dichteschätzung sind graphische Hilfsmittel, die die Anordnung der Beobachtungspunkte veranschaulichen. Wenn die Werte beispielsweise so angeordnet sind, daß für wachsende Werte des Merkmals X auch das Merkmal Y tendenzmäßig größere Werte aufweist, ist es naheliegend, einen Zusammenhang zwischen den Merkmalen zu vermuten. Ein

Maß für die Stärke dieses Zusammenhanges ist der *empirische Korrelationskoeffizient*, der auch als *Bravais-Pearson-Korrelationskoeffizient* bezeichnet wird. Er ist bestimmt durch

Bravais-Pearson-Korrelation

$$r = r_{XY} = \frac{\sum_{i=1}^{n}(x_i - \bar{x})(y_i - \bar{y})}{\sqrt{\sum_{i=1}^{n}(x_i - \bar{x})^2 \sum_{i=1}^{n}(y_i - \bar{y})^2}} = \frac{\tilde{s}_{XY}}{\tilde{s}_X \tilde{s}_Y},$$

wobei

$$\tilde{s}_X = \sqrt{\frac{1}{n}\sum_{i=1}^{n}(x_i - \bar{x})^2}, \qquad \tilde{s}_Y = \sqrt{\frac{1}{n}\sum_{i=1}^{n}(y_i - \bar{y})^2}$$

für die Standardabweichungen der Merkmale X bzw. Y stehen und

$$\tilde{s}_{XY} = \frac{1}{n}\sum_{i=1}^{n}(x_i - \bar{x})(y_i - \bar{y})$$

empirische Kovarianz

die *empirische Kovarianz* bezeichnet. Der Nenner in r_{XY}, der die Streuungen enthält, dient der Normierung. Der interessantere Teil der Formel ist die empirische Kovarianz im Zähler, die sich als Summe von Abweichungsprodukten ergibt. Jeder einzelne Summand hat die Struktur $(x_i - \bar{x})(y_i - \bar{y})$. Um sich zu verdeutlichen, welchen Beitrag diese einzelnen Summanden liefern, betrachte man Abbildung 3.11. Dort ist ein Koordinatensystem durch den Punkt $(\bar{x}, \bar{y})$ gelegt, der den Schwerpunkt der Punktwolke darstellt. In jedem Quadranten dieses Koordinatensystems wird jeweils ein Punkt angegeben. Aus der Darstellung ergeben sich unmittelbar die Vorzeichen der einzelnen Komponenten und des Produkts, die in der Tabelle 3.6 angegeben sind.

Daraus ergibt sich, daß alle Beiträge von Meßwerten aus dem ersten und dritten Quadranten positiv sind, während Meßwerte aus dem zweiten und vierten Quadranten einen negativen Beitrag liefern. Punktwolken, die vor allem im ersten und dritten Quadranten liegen, werden demnach einen positiven Korrelationskoeffizienten ($r > 0$) liefern. Bei derartigen Punktwolken finden sich bei großen x-Werten gehäuft große y-Werte, bei kleinen x-Werten aber kleine y-Werte. Der Zusammenhang ist *gleichsinnig*. Punktwolken, die vorwiegend im zweiten und vierten Quadranten liegen, führen entsprechend zu einem negativen Korrelationskoeffizienten ($r < 0$). Kleine x-Werte gehen hier mit hohen y-Werten einher. Der Zusammenhang ist *gegensinnig*. Sind alle Quadranten einigermaßen gleich stark besetzt, heben sich positive und negative Beiträge gegenseitig auf, und man erhält einen Korrelationskoeffizienten in der Nähe von null ($r \approx 0$).

gleichsinniger Zusammenhang

gegensinniger Zusammenhang

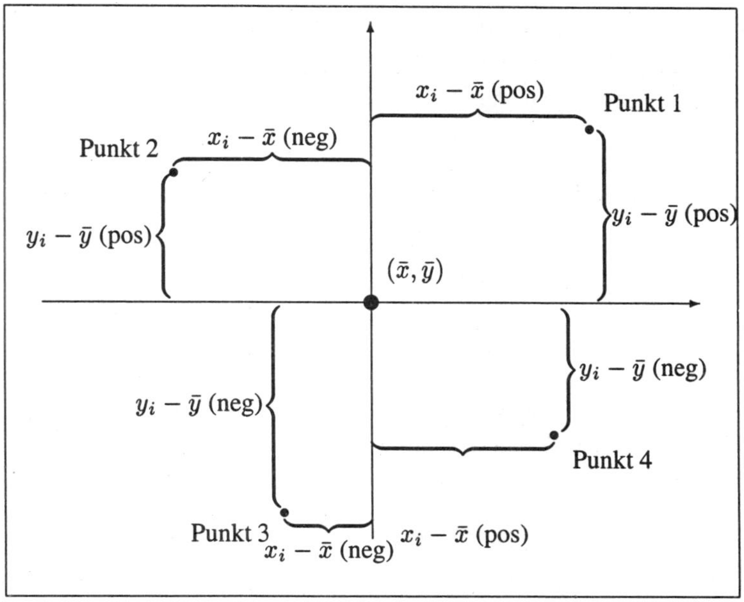

ABBILDUNG 3.11: Punkte im Koordinatensystem durch den Schwerpunkt $(\bar{x}, \bar{y})$

	$x_i - \bar{x}$	$y_i - \bar{y}$	$(x_i - \bar{x})(y_i - \bar{y})$
Punkt 1 (1.Quadrant)	positiv	positiv	positiv
Punkt 2 (2.Quadrant)	negativ	positiv	negativ
Punkt 3 (3.Quadrant)	negativ	negativ	positiv
Punkt 4 (4.Quadrant)	positiv	negativ	negativ

TABELLE 3.6: Vorzeichen der Produkte im Zähler des Korrelationskoeffizienten

Zur Interpretation des Korrelationskoeffizienten ist noch der Wertebereich und die Art des gemessenen Zusammenhangs wichtig. Der Nenner in der Formel ist so gewählt, daß gilt

$$-1 \leq r \leq 1.$$

Die Art des gemessenen Zusammenhangs wird deutlich, wenn man die Extremwerte von r betrachtet. Liegen alle Punkte auf einer Geraden positiver Steigung, gilt $r = 1$. In diesem Fall führen zunehmende x-Werte zu linear wachsenden y-Werten, der Extremfall eines gleichsinnigen linearen Zusammenhangs liegt vor. Liegen alle Punkte auf einer Geraden negativer Steigung, erhält man $r = -1$. Für wachsendes x erhält man linear fallendes y bzw. für abnehmendes x linear wachsendes y, also den Extremfall eines gegensinnigen linearen Zusammenhangs.

linearer Zusammenhang

Der Korrelationskoeffizient mißt die *Stärke des linearen Zusammenhangs.* Je näher die Meßwerte an einer Geraden liegen, desto näher liegt r bei 1, wenn die Gerade positive Steigung hat, desto näher liegt r bei -1, wenn die Gerade eine negative Steigung hat. In Abbildung 3.12 sind einige Punktwolken dargestellt und die sich ergebenden Korrelationskoeffizienten qualitativ charakterisiert.

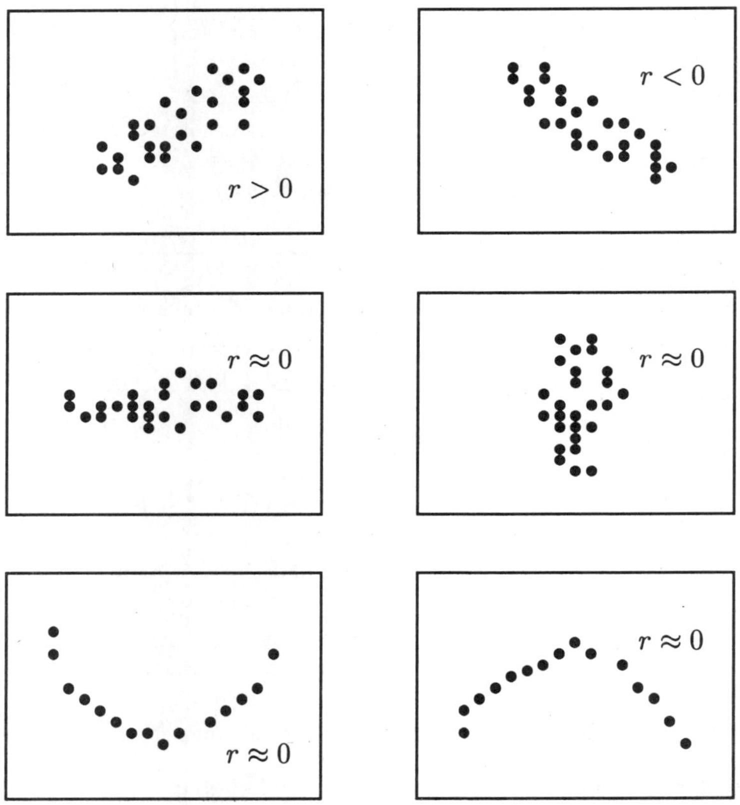

ABBILDUNG 3.12: Punktkonfigurationen und Korrelationskoeffizienten (qualitativ)

Die Werte von r lassen sich wiederum einfach nach der oben beschriebenen Methode des Beitrags einzelner Meßpunkte zum Zähler ableiten. Von besonderem Interesse ist die badewannenförmige und die runddachförmige Punktwolke. In beiden Fällen liegt keine Korrelation

($r \approx 0$) vor, zwischen X und Y besteht allerdings ein deutlicher Zusammenhang. Da dieser jedoch nicht linear ist, wird er vom Korrelationskoeffizienten r nicht erfaßt!

Für die Korrelation zwischen prognostiziertem und tatsächlichem Wirtschaftswachtum aus Beispiel 3.15 (Seite 128) erhält man eine Korrelation mittlerer Stärke von $r = 0.695$. In einem groben Raster lassen sich Korrelationen einordnen durch

"schwache Korrelation"	$\|r\| < 0.5$
"mittlere Korrelation"	$0.5 \leq \|r\| < 0.8$
"starke Korrelation"	$0.8 \leq \|r\|$.

Allerdings sollte noch berücksichtigt werden, welche Variablen untersucht werden. Für relativ genaue Messungen wie Nettomiete oder tatsächliches Wirtschaftswachstum kann diese Grobeinteilung zugrunde gelegt werden. Für "weich gemessene" Merkmale wie Einstellungsskalen stellen Korrelationen um 0.5 eher das Maximum dar und sind daher ernster zu nehmen. Korrelationskoeffizienten sind insbesondere hilfreich als *vergleichende* Maße. Betrachtet man beispielsweise die Korrelation zwischen Wohnfläche und Miete für verschiedene Städte, lassen sich aus dem Vergleich der Korrelationskoeffizienten Hinweise auf unterschiedlich starke Zusammenhänge gewinnen. Zu berücksichtigen ist allerdings der explorative und deskriptive Charakter der Koeffizienten.

vergleichendes Maß

Bravais-Pearson-Korrelationskoefizient

Der *Bravais-Pearson-Korrelationskoefizient* ergibt sich aus den Daten (x_i, y_i), $i = 1, \ldots, n$, durch

$$r = \frac{\sum_{i=1}^{n}(x_i - \bar{x})(y_i - \bar{y})}{\sqrt{\sum_{i=1}^{n}(x_i - \bar{x})^2 \sum_{i=1}^{n}(y_i - \bar{y})^2}}.$$

Wertebereich: $-1 \leq r \leq 1$

$r > 0$ positive Korrelation, gleichsinniger linearer Zusammenhang,
Tendenz: Werte (x_i, y_i) um eine Gerade positiver Steigung liegend

$r < 0$ negative Korrelation, gegensinniger linearer Zusammenhang,
Tendenz: Werte (x_i, y_i) um eine Gerade negativer Steigung liegend

$r = 0$ keine Korrelation, unkorreliert, kein linearer Zusammenhang *rechengünstige Formel*

Der Korrelationskoeffizient r läßt sich nach einfacher Ableitung in rechengünstigerer Form darstellen durch

$$r = \frac{\sum_{i=1}^{n} x_i y_i - n\bar{x}\bar{y}}{\sqrt{\left(\sum_{i=1}^{n} x_i^2 - n\bar{x}^2\right)\left(\sum_{i=1}^{n} y_i^2 - n\bar{y}^2\right)}}.$$

Beispiel 3.20 **Mietspiegel**

Für die in Abbildung 3.6 (Seite 129) dargestellten Variablen Nettomiete, Wohnfläche, Zimmerzahl und Nettomiete/qm erhält man die im folgenden angegebenen paarweisen Korrelationskoeffizienten, die eine Korrelationsmatrix ergeben.

Nettomiete			
0.511	Wohnfläche		
0.396	0.859	Zimmerzahl	
0.580	−0.316	−0.331	Nettomiete/qm

Man erhält somit eine "mittlere Korrelation" zwischen Wohnfläche und Nettomiete und eine "starke Korrelation" zwischen der Zimmerzahl und der Wohnfläche. Eine negative Korrelation erhält man beispielsweise zwischen Wohnfläche und Nettomiete/qm. Auch wenn diese relativ schwach ist, scheint doch bei größerer Wohnfläche die Nettomiete/qm tendenziell abzunehmen. □

ϕ-Koeffizient

Der Bravais-Pearson Korrelationskoeffizient ist prinzipiell nur für metrische Variablen geeignet. Einen Ausnahmefall stellen Variablen mit nur zwei Ausprägungen, sogenannte dichotome oder binäre Variablen, dar. Für die beiden Ausprägungen wählt man die spezielle Kodierung durch "0" und "1", d.h. $X, Y \in \{0, 1\}$. Die Daten lassen sich in einer (2×2)-Tabelle zusammenfassen. Mit den Zellbesetzungen $h_{ij},\ i, j \in \{1, 2\}$, erhält man

		Y: 0	Y: 1	
X	0	h_{11}	h_{12}	$h_{1\cdot}$
	1	h_{21}	h_{22}	$h_{2\cdot}$
		$h_{\cdot 1}$	$h_{\cdot 2}$	

Berechnet man für die $(0-1)$-kodierten Variablen den Bravais-Pearson-Korrelationskoeffizienten ergibt sich nach einfacher Rechnung

$$r = \frac{h_{11}h_{22} - h_{12}h_{21}}{\sqrt{h_{1\cdot}h_{2\cdot}h_{\cdot 1}h_{\cdot 2}}} = \phi.$$

Dieses Maß wird als *ϕ-Koeffizient* bzw. Phi-Koeffizient bezeichnet. Ein Vergleich mit den Assoziationsmaßen für Kontingenztabellen zeigt, daß der Korrelations- bzw. ϕ-Koeffizient eng mit dem χ^2-Wert verwandt ist. Es gilt genauer

ϕ-Koeffizient

$$\phi^2 = \frac{\chi^2}{n}.$$

Der χ^2-Wert mißt nur die Stärke des Zusammenhangs, nicht die Richtung im Sinne von gleich- oder gegensinnigem Zusammenhang. Dies kommt auch im Quadrieren in der Formel $\phi^2 = \chi^2/n$ zum Ausdruck. Durch das Quadrieren verliert der Korrelationskoeffizient die Richtungsinformation. Während $\phi \in [-1, 1]$ gilt, ist ϕ^2 aus dem Intervall $[0, 1]$. Als Korrelationskoeffizient gibt ϕ auch die Richtung des Zusammenhangs wieder.

Arbeitslosigkeit

Beispiel 3.21

Für die (2×2)-Tafel

		Mittelfristige Arbeitslosigkeit	Langfristige Arbeitslosigkeit
		0	1
Keine Ausbildung	0	19	18
Lehre	1	43	20

wurde bereits in Beispiel 3.14 (Seite 127) ein χ^2-Wert von 2.826 errechnet. Für $n = 100$ Beobachtungen erhält man $\phi^2 = 0.028$. Daraus ergibt sich $|\phi| = 0.168$. Um das Vorzeichen zu bestimmen, ist es allerdings nötig, das Vorzeichen von r zu kennen. Man erhält daraus $\phi = -0.168$, also eine relativ kleine negative Korrelation. Für den Kontingenzkoeffizienten und die korrigierte Variante erhält man $K = 0.165$ bzw $K^* = 0.234$. □

Das Vorzeichen des ϕ-Koeffizienten hängt wesentlich von der Art der Kodierung ab. In Beispiel 3.21 erhält man mit $\phi = -0.168$ eine negative Korrelation zwischen Ausbildungsniveau und Dauer der Arbeitslosigkeit (in zwei Kategorien). Für das höhere Ausbildungsniveau ist die Tendenz zu längerfristiger Arbeitslosigkeit verringert. Vertauscht man beispielsweise die Kodierung des Ausbildungsniveaus, indem Lehre durch "0" und keine Ausbildung durch "1" kodiert wird, erhält der ϕ-Koeffizient ein anderes Vorzeichen. Mit $\phi = 0.168$ erhält man eine positive Korrelation zwischen "Mangel an Ausbildung" und Dauer der Arbeitslosigkeit.

3.4.2 Spearmans Korrelationskoeffizient

Einen alternativen Korrelationskoeffizienten erhält man, wenn man von den ursprünglichen x- und y-Werten zu ihren *Rängen* übergeht. Dabei ordnet man jedem x-Wert aus $x_1, \ldots, x_n$ als Rang die Platzzahl zu, die der Wert bei größenmäßiger Anordnung aller Werte erhält. Die Prozedur wird unmittelbar deutlich an dem folgenden Beispiel

Rang

x_i	2.17	8.00	1.09	2.01
$rg\,(x_i)$	3	4	1	2

Bezeichnen $x_{(1)} \leq \ldots \leq x_{(n)}$ wieder die geordneten Werte, dann gilt

$$rg\,(x_{(i)}) = i.$$

Dieselbe Vergabe von Rangplätzen wird unabhängig von den x-Werten für die y-Meßwerte $y_1, \ldots, y_n$ durchgeführt. Man erhält mit den geordneten Werten

$$y_{(1)} \leq \ldots \leq y_{(n)}, \quad rg\,(y_{(i)}) = i.$$

Damit ergeben sich aus den ursprünglichen Meßpaaren (x_i, y_i), $i = 1, \ldots, n$, die neuen Rangdaten $(rg\,(x_i), rg\,(y_i))$, $i = 1, \ldots, n$. Man beachte, daß hier die Ränge der ursprünglichen Daten, nicht der geordneten Daten angegeben sind: Im allgemeinen gilt $rg\,(x_i) \neq i$, d.h. x_1 muß nicht der kleinste Wert sein, $x_{(1)}$ bezeichnet den kleinsten Wert, dies kann aber der siebte erhobene Wert x_7 sein.

Durchschnittsränge

Sowohl innerhalb der x-Werte als auch innerhalb der y-Werte können identische Werte auftreten. Die Rangvergabe ist dann nicht eindeutig. Man behilft sich mit *Durchschnittsrängen*, d.h. jedem der identischen Meßwerte wird als Rang das arithmetische Mittel der in Frage kommenden Ränge zugewiesen.

Im folgenden Beispiel tritt die Messung 2.17 dreimal auf mit den potentiellen Rangplätzen 2, 3, 4, so daß jedem der Meßwerte der Durchschnittsrang $rg = (2+3+4)/3 = 3$ zugeordnet wird.

x_i	1.09	2.17	2.17	2.17	3.02	4.5
$rg\,(x_i)$	1	3	3	3	5	6

Bindungen
Ties

Derartige identische Meßwerte nennt man *Bindungen* oder *Ties*. Der Tiebreak im Tennis dient dazu, das 6 : 6 als identische Scores aufzubrechen.

Spearmans Korrelationskoeffizient

Spearmans Korrelationskoeffizient ergibt sich nun als der Bravais-Pearson-Korrelationskoeffizient, angewandt auf die Rangpaare $(rg\,(x_i), rg\,(y_i)), i = 1, \ldots, n$, durch

$$r_{SP} = \frac{\sum (rg\,(x_i) - \bar{rg}_X)(rg\,(y_i) - \bar{rg}_Y)}{\sqrt{\sum (rg\,(x_i) - \bar{rg}_X)^2 \sum (rg\,(y_i) - \bar{rg}_Y)^2}},$$

wobei die Mittelwerte der Ränge gegeben sind durch

$$\bar{rg}_X = \frac{1}{n} \sum_{i=1}^{n} rg\,(x_i) = \frac{1}{n} \sum_{i=1}^{n} i = (n+1)/2,$$

$$\bar{rg}_Y = \frac{1}{n} \sum_{i=1}^{n} rg\,(y_i) = \frac{1}{n} \sum_{i=1}^{n} i = (n+1)/2.$$

Die letzte Umformung in beiden Ausdrücken resultiert aus der einfach ableitbaren Formel $\sum_{i=1}^{n} i = n(n+1)/2$.

Zur Veranschaulichung, welche Form des Zusammenhangs Spearmans Korrelationskoeffizient mißt, betrachte man die Extremfälle $r_{SP} = 1$ bzw. $r_{SP} = -1$. Spearmans Korrelationskoeffizient nimmt nach Definition den Wert $r_{SP} = 1$ an, wenn die Rangpaare $(rg\,(x_i), rg\,(y_i))$, $i = 1, \ldots, n$, auf einer Geraden positiver Steigung liegen. Da Ränge ganzzahlig sind, müssen die Rangpaare dann von der Form $(i, i), i = 1, \ldots, n$, sein, d.h. sie liegen auf den Gitterpunkten der Winkelhalbierenden. Für die ursprünglichen Werte (x_i, y_i) gilt dann zwangsläufig, daß die Beobachtung mit dem kleinsten x-Wert auch den kleinsten y-Wert aufweist, die Beobachtung mit dem zweitkleinsten x-Wert besitzt auch den zweitkleinsten y-Wert usw. In Abbildung 3.13 sind der Übersichtlichkeit wegen nur vier Meßpunkte dargestellt, für die $r_{SP} = 1$ gilt. Aus dieser Überlegung folgt, daß $r_{SP} = 1$ dann gilt, wenn für wachsende x-Werte die y-Werte streng monoton wachsen, formal ausgedrückt, wenn $x_i < x_j$ dann gilt $y_i < y_j$ für beliebige $i \neq j$.

Völlig analog dazu überlegt man sich, daß $r_{SP} = -1$ gilt, wenn die Punkte $(i, i), i = 1, \ldots, n$, auf einer Geraden negativer Steigung liegen, d.h. wenn zwischen x-Werten und y-Werten ein umgekehrt monotoner Zusammenhang besteht. Formal ausgedrückt heißt das, wenn $x_i < x_j$ gilt, muß $y_i > y_j$ gelten für beliebige $i \neq j$. Man vergleiche dazu Abbildung 3.13.

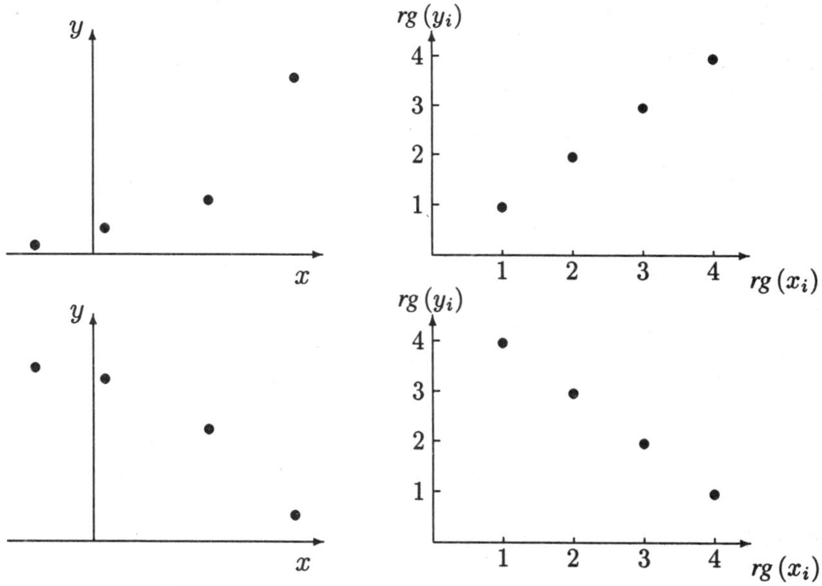

ABBILDUNG 3.13: Extremfälle für Spearmans Korrelationskoeffizienten, $r_{SP} = 1$ (oben) und $r_{SP} = -1$ (unten)

monotoner Zusammenhang

Aus diesen Überlegungen folgt, daß Spearmans Korrelationskoefizient nicht die Stärke des linearen, sondern des *monotonen Zusammenhang* mißt.

Spearmans Korrelationskoeffizient

Der *Korrelationskoeffizient nach Spearman* ist definiert durch

$$r_{SP} = \frac{\sum(rg\,(x_i) - \bar{rg}_X)(rg\,(y_i) - \bar{rg}_Y)}{\sqrt{\sum(rg\,(x_i) - \bar{rg}_X)^2 \sum(rg\,(y_i) - \bar{rg}_Y)^2}},$$

Wertebereich: $-1 \leq r_{SP} \leq 1$

$r_{SP} > 0$ gleichsinniger monotoner Zusammenhang,
Tendenz: x groß $\Leftrightarrow$ y groß, x klein $\Leftrightarrow$ y klein

$r_{SP} < 0$ gegensinniger monotoner Zusammenhang,
Tendenz: x groß $\Leftrightarrow$ y klein, x klein $\Leftrightarrow$ y groß

$r_{SP} \approx 0$ kein monotoner Zusammenhang

Eignung bei Ordinalskala

Ein weiterer Aspekt des Spearmans Korrelationskoeffizienten ist seine Eignung für Merkmale, die auf Ordinalskalenniveau gemessen sind. Nach Konstruktion benutzt der Koeffizient nur die Ordnungsrelation und ist daher bereits ab Ordinalskalenniveau anwendbar. Gelegentlich sind die Messungen selbst Rangreihen. Wenn beispielsweise zwei Weinkenner zehn Weinproben ihrer Qualität nach ordnen, läßt sich aus den resultierenden Rängen der Spearmansche Korrelationskoeffizient unmittelbar bestimmen, der dann mit dem Bravais-Pearson-Korrelationskoeffizienten identisch ist.

Beispiel 3.22 **Mietspiegel**

In Beispiel 3.20 (Seite 140) wurden bereits die Bravais-Pearson-Korrelationskoeffizienten für die Merkmale des Mietspiegels angegeben. Diese finden sich in der folgenden Darstellung im linken unteren Dreieck. Im rechten oberen Dreieck sind die entsprechenden Korrelationskoeffizienten nach Spearman angegeben.

Korrelationskoeffizient nach Spearman

Nettomiete	0.478	0.375	0.620
0.511	Wohnfläche	0.869	−0.321
0.396	0.859	Zimmerzahl	−0.341
0.580	−0.316	−0.331	Nettomiete/qm

Bravais-Pearson-Korrelationskoeffizient

Die Werte, die die Korrelationskoeffizienten nach Spearman annehmen, sind mit denen des Bravais-Pearson-Korrelationskoeffizienten vergleichbar, was dafür spricht, daß die Form des monotonen Zusammenhangs weitgehend linear ist. Die größte Differenz zwischen r und r_{SP} findet sich für die Merkmale Nettomiete und Nettomiete/qm, so daß für diese Merkmale der monotone Zusammenhang am wenigsten linear zu sein scheint. □

Renditen

Beispiel 3.23

Für die in Abbildung 3.10 (Seite 135) dargestellten mittleren Monatsrenditen erhält man die folgenden Korrelationen. Die Bravais-Pearson-Korrelation ist wiederum links unten, die Korrelation nach Spearman rechts oben wiedergegeben.

Zins	0.063	0.054	0.104	0.081
0.027	VW	0.489	0.565	0.269
0.090	0.581	BASF	0.530	0.407
0.091	0.583	0.585	Siemens	0.535
0.076	0.362	0.506	0.574	MR

Die Korrelationen zwischen den Aktienrenditen und dem Zins verschwinden nahezu. Die Bravais-Pearson-Korrelation sowie die Korrelation nach Spearman zwischen den Aktienrenditen ist von mittlerer Stärke und größenmäßig vergleichbar, was auf einen eher linearen Zusammenhang verweist. □

Rechentechnisch läßt sich Spearmans Korrelationskoeffizient einfacher berechnen, wenn man zuerst die Differenzen $d_i = rg\,(x_i) - rg\,(y_i)$ bestimmt. Die resultierende Formel läßt sich durch Einsetzen der Formeln für die Durchschnittsränge $\bar{rg}_X$ und $\bar{rg}_Y$ und weitere Umformungen ableiten. Sie gilt allerdings nur, wenn *keine Bindungen* auftreten, d.h. wenn alle x_i (und y_i) jeweils paarweise verschieden sind.

Spearmans Korrelationskoeffizient (rechentechnisch günstige Version)

Daten: $(x_i, y_i),\ i = 1, \ldots, n, \quad x_i \neq x_j,\ y_i \neq y_j$ für alle i, j
Rangdifferenzen: $d_i = rg\,(x_i) - rg\,(y_i)$

$$r_{SP} = 1 - \frac{6 \sum d_i^2}{(n^2 - 1)n}$$

Voraussetzung: keine Bindungen

3.4.3 Invarianzeigenschaften

Der Bravais-Pearson- wie auch Spearmans Korrelationskoeffizient bleiben (bis auf das Vorzeichen) unverändert, wenn die Merkmale bestimmten Transformationen unterworfen werden.

lineare Transformation

Betrachtet man anstatt der ursprünglichen Merkmale X und Y die *linear transformierten* Merkmale

$$\tilde{X} = a_X X + b_X, \quad a_X \neq 0,$$

$$\tilde{Y} = a_Y Y + b_Y, \quad a_Y \neq 0,$$

erhält man für die Bravais-Pearson-Korrelation zwischen $\tilde{X}$ und $\tilde{Y}$.

$$\begin{aligned} r_{\tilde{X}\tilde{Y}} &= \frac{\sum[a_X x_i + b_X - (a_X\bar{x} + b_X)][a_Y y_i + b_Y - (a_Y\bar{y} + b_Y)]}{\sqrt{\sum[a_X x_i + b_X - (a_X\bar{x} + b_X)]^2 \sum[a_Y y_i + b_Y - (a_Y\bar{y} + b_Y)]^2}} \\ &= \frac{a_X a_Y \sum(x_i - \bar{x})(y_i - \bar{y})}{\sqrt{[a_X^2 \sum(x_i - \bar{x})^2][a_Y^2 \sum(y_i - \bar{y})^2]}} = \frac{a_X a_Y}{|a_X||a_Y|} r_{XY}. \end{aligned}$$

Daraus folgt unmittelbar die Eigenschaft

$$|r_{\tilde{X}\tilde{Y}}| = |r_{XY}|,$$

Maßstabsunabhängigkeit

die als *Maßstabsunabhängigkeit des Bravais-Pearson-Korrelationskoeffizient* bezeichnet wird. Der abgeleitete Zusammenhang

$$r_{\tilde{X}\tilde{Y}} = \frac{a_X a_Y}{|a_X|\,|a_Y|} r_{XY}$$

zeigt genauer, daß gilt

- $r_{\tilde{X}\tilde{Y}} = r_{XY}$, wenn $a_X, a_Y > 0$ bzw. $a_X, a_Y < 0$,
- $r_{\tilde{X}\tilde{Y}} = -r_{XY}$, wenn $a_X > 0$, $a_Y < 0$ bzw. $a_X < 0$, $a_Y > 0$.

streng monotone Transformation

Für Spearmans Korrelationskoeffizient gilt nach Konstruktion dieselbe Eigenschaft. Allerdings ist dieser Koeffizient darüber hinaus invariant gegenüber allgemeineren Transformationen, genauer gegenüber *streng monotonen Transformationen.* Betrachtet man anstatt der ursprünglichen Merkmale X und Y die transformierten Merkmale

$$\tilde{X} = g(X), \quad \text{wobei } g \text{ streng monoton (wachsend oder fallend) ist}$$

$$\tilde{Y} = h(Y), \quad \text{wobei } h \text{ streng monoton (wachsend oder fallend) ist,}$$

so gilt nach einfacher Überlegung:

- $r_{SP}(\tilde{X},\tilde{Y}) = r_{SP}(X,Y)$, wenn g *und* h monoton wachsend bzw. g *und* h monoton fallend sind,
- $r_{SP}(\tilde{X},\tilde{Y}) = -r_{SP}(X,Y)$, wenn g monoton wachsend *und* h monoton fallend bzw. g monoton fallend *und* h monoton wachsend sind.

Diese Aussagen gelten nicht für den Bravais-Pearson-Korrelationskoeffizienten. Dort sind bei den Invarianzüberlegungen *lineare* Transformationen vorausgesetzt. Diese Invarianzeigenschaften, also Invarianz gegenüber linearen Transformationen für den Bravais-Pearson-Koeffizienten und Invarianz gegenüber (streng) monotonen Transformationen für Spearmans Koeffizienten machen nochmals deutlich, daß ersterer lineare, letzterer monotone Zusammenhänge erfaßt.

Eine weitere Eigenschaft der Koeffizienten, die auch unter dem Aspekt der Interpretation von Bedeutung ist, ist die Invarianz gegenüber der Vertauschung der Rolle von X und Y. Vertauscht man die Merkmale miteinander, so bleiben die Koeffizienten unverändert. Es gilt

$$r_{XY} = r_{YX} \quad \text{bzw.} \quad r_{SP}(X,Y) = r_{SP}(Y,X).$$

Die Merkmale stehen gleichberechtigt nebeneinander, keines wird durch die Formeln als abhängig von dem anderen ausgezeichnet. Die Koeffizienten können nur einen Zusammenhang, *nicht* die Richtung der Wirkung im Sinne des Einflusses auf eine Zielgröße erfassen. Die Korrelation zwischen der Körpergröße des Vaters und des Sohnes erfaßt nur die Stärke des Zusammenhangs. Wenn eine Wirkung von einer Variable auf die andere ausgeht, in diesem Fall von der Größe des Vaters auf die des Sohnes, so folgt diese aus inhaltlichen bzw. substanzwissenschaftlichen Überlegungen, nicht aus der Größe der Korrelationskoeffizienten. In diesem Zusammenhang ist auch auf das Phänomen der Scheinkorrelation hinzuweisen (vgl. Abschnitt 3.5).

Korrelation

Korrelation ist ein Maß für die *Stärke* des Zusammenhangs zwischen X und Y. Die *Richtung* der Wirkung, sofern vorhanden, wird durch Korrelationskoeffizienten nicht erfaßt.

3.5 Korrelation und Kausalität

Wie zum Ende von Abschnitt 3.4 bereits erläutert wurde, geben die Koeffizienten zur Messung der Korrelation nicht an, in welche Richtung eine mögliche Beeinflussung zwischen zwei

Variablen stattfindet. Dies ist jedoch nur ein Aspekt, der bei der Interpretation von Korrelationskoeffizienten beachtet werden muß. Ein anderes Problem entsteht dadurch, daß man leicht versucht ist, einen betragsmäßig hohen Wert eines Korrelationskoeffizienten nicht nur als Indikator für einen Zusammenhang der betrachteten beiden Merkmale anzusehen, sondern diesen Zusammenhang auch kausal zu interpretieren. *Kausalzusammenhänge* können aber niemals allein durch große Werte eines entsprechenden Zusammenhangsmaßes oder allgemeiner durch eine statistische Analyse begründet werden. Dazu müssen stets sachlogische Überlegungen herangezogen werden. Aufgrund dieser substanzwissenschaftlichen Betrachtungen kann in einem ersten Schritt festgestellt werden, welches der beiden Merkmale das andere, wenn überhaupt, beeinflußt und in einem zweiten Schritt, ob diese Beeinflussung kausal ist.

Kausalität

Während der erste Schritt noch relativ unproblematisch ist, sind für den zweiten Schritt umfassende Kenntnisse aus dem entsprechenden Forschungsgebiet erforderlich. So ist es zum Beispiel möglich, daß zwar eine Beeinflussung von einem Merkmal A auf ein Merkmal B stattfindet, aber nicht direkt, sondern über ein direktes Merkmal C. Berücksichtigt man C in der statistischen Analyse nicht, kann dies zu völlig falschen Schlüssen führen.

Wollte man Kausalität beweisen, so wäre dies am ehesten mit Hilfe eines Experiments möglich, bei dem kontrolliert die Auswirkung des potentiell beeinflussenden Merkmals A auf das zu beeinflussende Merkmal B beobachtet werden kann. Bewirken Veränderungen der Intensität von A die Veränderung der Intensität von B, so liegt die Vermutung eines kausalen Zusammenhangs nahe. Als Beispiel für ein solches Experiment seien Untersuchungen zur Beurteilung der Auswirkung von Alkoholkonsum auf das Reaktionsvermögen genannt. Derartige Experimente lassen sich aber in den wenigsten Fällen durchführen. Häufig sind sie aus ethischen oder auch aus technischen Gründen nicht vertretbar.

Man sollte daher eine hohe Korrelation eher als einen Hinweis auf einen möglicherweise bestehenden Zusammenhang zwischen zwei Merkmalen verstehen. Um auf einen gerichteten oder gar kausalen Zusammenhang schließen zu können, sind zusätzliche sachlogische Überlegungen erforderlich. Zudem sollte man kritisch die Möglichkeit überdenken, weitere wesentliche Merkmale unter Umständen übersehen zu haben. Dies kann zu *Scheinkorrelationen*, aber auch zu *verdeckten Korrelationen* führen, wie die folgenden Beispiele illustrieren.

Scheinkorrelation
verdeckte Korrelation

Scheinkorrelation

Von einer Scheinkorrelation spricht man, wenn man eine hohe Korrelation zwischen zwei Merkmalen beobachtet, die inhaltlich nicht gerechtfertigt ist. Solche scheinbaren Zusammenhänge können dadurch bewirkt werden, daß ein mit beiden beobachteten Merkmalen hochkorreliertes drittes Merkmal übersehen wird und somit unberücksichtigt bleibt. Zur Verdeutlichung dieses Begriffs betrachten wir das folgende fiktive Beispiel.

Beispiel 3.24 **Wortschatz von Kindern**

Bei fünf zufällig ausgewählten Kindern wurden der Wortschatz X und die Körpergröße Y in cm gemessen. Dabei erfolgte die Messung des Wortschatzes über die Anzahl der verschiedenen Wörter, die

die Kinder in einem Aufsatz über die Erlebnisse in ihren Sommerferien benutzten. Nehmen wir an, wir hätten folgende Daten erhalten:

x_i	37	30	20	28	35
y_i	130	112	108	114	136

Stellt man die Daten in einem Streudiagramm (vgl. Abb. 3.14) dar, erkennt man bereits einen starken positiven Zusammenhang, d.h. je größer der Wortschatz ist, desto größer sind auch die Kinder.

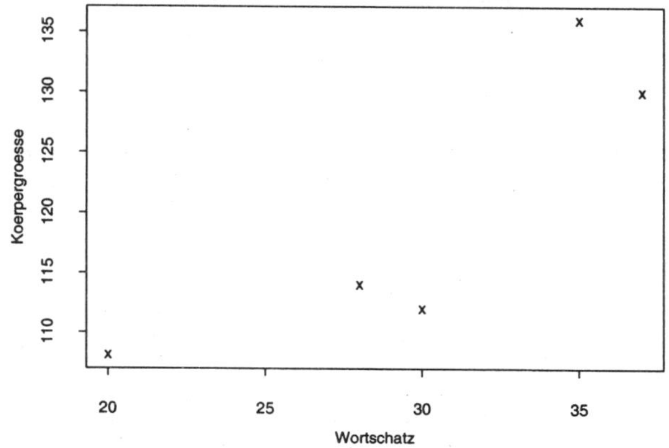

ABBILDUNG 3.14: Streudiagramm des Wortschatzes X und der Körpergröße Y gemessen an fünf Kindern

Da beide Merkmale metrisch sind, können wir die Stärke des Zusammenhangs mit Hilfe des Korrelationskoeffizienten nach Bravais-Pearson messen. Dieser berechnet sich als

$$r_{XY} = \frac{\sum_{i=1}^{5} x_i y_i - 5\bar{x}\bar{y}}{\sqrt{\left(\sum_{i=1}^{5} x_i^2 - 5\bar{x}^2\right)\left(\sum_{i=1}^{5} y_i^2 - 5\bar{y}^2\right)}}.$$

Mit $\bar{x} = 30$, $\bar{y} = 120$, $\sum_{i=1}^{5} x_i^2 = 4678$, $\sum_{i=1}^{5} y_i^2 = 72600$ und $\sum_{i=1}^{5} x_i y_i = 18282$ erhalten wir

$$r_{XY} = 0.863\,,$$

was auf einen starken, linearen, positiven Zusammenhang hinzuweisen scheint.

Sachlogisch läßt sich nicht erklären, daß ein direkter Zusammenhang von zunehmender Körpergröße und Wortschatz vorliegt. Vielmehr scheint hier das Problem vorzuliegen, daß eine andere wesentliche Variable diesen Zusammenhang bewirkt. In diesem einfachen Beispiel ist die Lösung des Problems naheliegend: Mit wachsendem Alter nehmen sowohl Körpergröße als auch Wortschatz zu. Nimmt man das Alter als drittes Merkmal Z gemessen in Jahren hinzu, also:

x_i	37	30	20	28	35
y_i	130	112	108	114	136
z_i	12	7	6	7	13

so ergeben sich

$$r_{YZ} = 0.996 \quad \text{und} \quad r_{XZ} = 0.868\,.$$

Damit liegt die oben beschriebene Situation vor: Ein drittes, mit den anderen beiden Merkmalen hochkorreliertes Merkmal blieb zunächst unberücksichtigt. Der Effekt war die Beobachtung einer Scheinkorrelation zwischen den ersten beiden Variablen. □

In diesem kleinen Beispiel ist es offensichtlich, daß das Alter der Kinder die eigentlich entscheidende Größe ist, um diese Scheinkorrelation aufzuklären. Oft läßt sich aber für eine beobachtete Korrelation eine Erklärung finden, die zwar einsichtig erscheint, aber dennoch die eigentlich entscheidenden Zusammenhänge übersieht. Ein solcher Fall liegt beispielsweise bei der hohen Korrelation zwischen Ausländeranteil und Kriminalitätsrate vor, die sich sicherlich soziologisch erklären ließe. Solche Merkmale werden jedoch häufig auf Stadtebene erhoben, so daß man diese Information zusätzlich berücksichtigen kann. Betrachtet man also diesen Zusammenhang abhängig von der jeweiligen Stadt, in der die Delikte begangen werden, d.h. nimmt man als drittes Merkmal die Stadtgröße hinzu, so wird deutlich, daß mit der Größe der Stadt sowohl die Kriminalitätsrate als auch der Ausländeranteil zunehmen. Dies ist sicherlich ein nicht zu vernachlässigender Aspekt bei der Untersuchung des Zusammenhangs zwischen Ausländeranteil und Anzahl der Kriminaldelikte. Allerdings ist in großen Studien ein solches Problem üblicherweise nicht einfach zu lösen, da zu Beginn der Studie häufig unklar ist, welche Merkmale überhaupt wichtig sind und somit erhoben werden sollen. Wird ein entscheidendes Merkmal in der Studienplanung übersehen, so läßt sich dieses i.a. nicht nachträglich erheben.

Die Tatsache, daß ein entscheidendes Merkmal nicht berücksichtigt wird, kann aber nicht nur eine Scheinkorrelation hervorrufen, sondern auch eine tatsächlich vorhandene Korrelation verschleiern oder hinsichtlich des Vorzeichens umkehren.

Verdeckte Korrelation

Betrachten wir zunächst ein Beispiel für eine verschleierte Korrelation. Auch wenn die im folgenden beschriebene Situation in etwa die Realität widerspiegelt, ist sie hier als fiktives Beispiel gedacht.

Beispiel 3.25 **Zigarettenkonsum**

Nehmen wir an, bei der Untersuchung des Zigarettenkonsums seit 1950 stellte man fest, daß dieser nahezu konstant geblieben ist. Tatsächlich hätte aber eine ziemlich starke Entwicklung stattgefunden, die erst entdeckt werden kann, wenn man die Korrelation zwischen Zigarettenkonsum und Zeit für die

Geschlechter getrennt analysiert. Es zeigte sich dann deutlich, daß der Zigarettenkonsum in der weiblichen Bevölkerung seit 1950 ständig zugenommen hätte, während diese Entwicklung in der männlichen Bevölkerung gerade gegenläufig gewesen wäre.

Hätte man das Geschlecht als mögliche Einflußgröße vergessen, so wäre die Korrelation zwischen Zigarettenkonsum und Zeit verdeckt worden, da sie zwar in beiden Populationen vorhanden, aber gegenläufig gewesen ist. □

Während das obige Beispiel den Fall verdeutlicht, daß durch das Ignorieren eines entscheidenden Merkmals die Korrelation zwischen den interessierenden Merkmalen als nicht vorhanden erscheint, illustriert das folgende, erneut fiktive Beispiel die Situation, daß ein an sich positiver Zusammenhang zwischen zwei Merkmalen als negativ erscheint.

Therapieerfolg und Dosierung

Beispiel 3.26

Die Dosierung von Medikamenten zur Behandlung von Krankheiten ist i.a. nicht unproblematisch. Zwar kann man meist davon ausgehen, daß mit wachsender Dosierung auch der Heilungserfolg ansteigt, aber diesem positiven Effekt sind Grenzen gesetzt: zum einen bedingt durch einen möglichen toxischen Effekt und zum anderen durch die steigende Gefahr möglicher Nebenwirkungen. Verblüffend erscheint jedoch der Ausgang einer Studie, wenn diese trotz Beachtung der toxischen Grenze und möglicher Nebenwirkungen eine negative Korrelation zwischen Dosierung und Therapieerfolg liefern würde (vgl. Abb. 3.15).

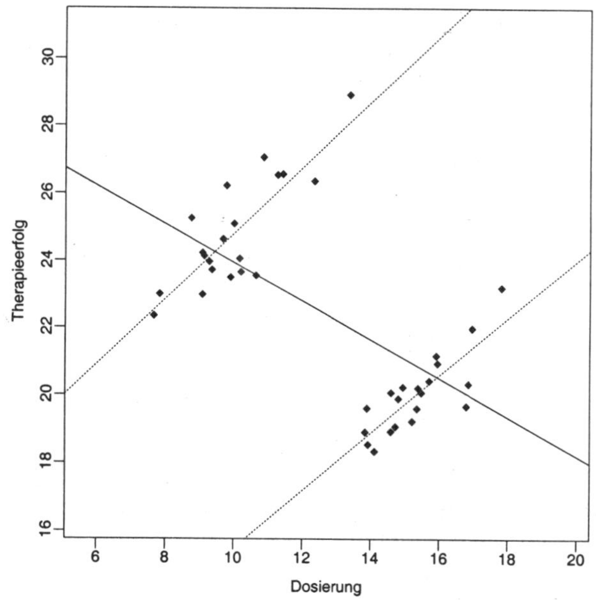

ABBILDUNG 3.15: Therapieerfolg in Abhängigkeit von der Dosierung

Betrachtet man ergänzend zum Korrelationskoeffizienten das zugehörige Streudiagramm, so erkennt man einen interessanten Effekt: Die Gesamtpopulation der Kranken zerfällt in zwei Teilpopulationen. In jeder Teilpopulation nimmt mit der Dosierung der Therapieerfolg zwar zu, aber über die Populationen hinweg sieht man einen gegenläufigen Effekt, wie Abbildung 3.15 illustriert. Wie läßt sich dieses Phänomen erklären? An der Abbildung wird deutlich, daß der Datensatz in zwei Cluster zerfällt. In dem linken Cluster ist der Therapieerfolg groß, obwohl die Dosierung insgesamt eher gering ist, während in dem rechten Cluster der Therapieerfolg trotz hoher Dosierung wesentlich geringer ist. Ein solcher Effekt ist dadurch bedingt, daß die Teilpopulation des linken Clusters nur leicht erkrankte Patienten enthält, die schon bei geringer Dosierung schnell gesunden, und die des rechten Clusters aus schwer kranken Patienten besteht, die selbst bei hoher Dosierung geringere Therapieerfolge aufweisen. □

Der in Beispiel 3.26 beschriebene Effekt kann immer dann auftreten, wenn eine Population hinsichtlich des interessierenden Zusammenhangs in Teilpopulationen zerfällt. Man sollte sich daher nie alleine auf den Korrelationskoeffizienten beschränken, sondern zumindest ergänzend das zugehörige Streudiagramm betrachten.

3.6 Regression

Bislang haben wir anhand der Korrelationsanalyse nur ungerichtete Zusammenhänge untersuchen können. Allerdings haben wir bereits darauf hingewiesen, daß sachlogische Überlegungen häufig eine Richtung in der Beeinflussung nahelegen. Damit läßt sich also ein Merkmal, sagen wir Y, als abhängig von dem anderen Merkmal X ansehen.

3.6.1 Das lineare Regressionsmodell

Kommen wir noch einmal auf den Mietspiegel zurück. In diesem Beispiel wurden unter anderem die Nettomiete und die Wohnfläche der Wohnungen erfaßt. Berechnet man den Korrelationskoeffizienten nach Bravais-Pearson für diese beiden Merkmale, erhält man erwartungsgemäß einen positiven Wert und zwar

$$r_{XY} = 0.51\,.$$

Im Streudiagramm der Abbildung 3.6 (Seite 129) erkennt man ebenfalls, daß mit wachsender Wohnfläche die Nettomiete ansteigt. Ein solcher Zusammenhang zwischen metrisch skalierten Merkmalen ließe sich mathematisch durch eine Funktion beschreiben in der Form

$$Y = f(X)\,.$$

Allerdings sehen wir an dem Streudiagramm deutlich, daß ein so klarer funktionaler Zusammenhang offenbar nicht angegeben werden kann, da die Beobachtungen doch eine starke Streuung aufweisen. Dieser Tatsache versucht man in der Statistik dadurch Rechnung zu tragen, daß man obigen funktionalen Zusammenhang nicht als exakt annimmt, sondern noch einen zufälligen *Fehlerterm* ϵ zuläßt. Gehen wir davon aus, daß dieser additiv ist, so betrachten wir die Beziehung:

Fehlerterm

$$Y = f(X) + \epsilon\,.$$

Wir hoffen natürlich, daß wir eine Funktion f zur Beschreibung des vorliegenden Zusammenhangs finden können, so daß ein möglichst großer Anteil der Variabilität in den Daten erklärt werden kann, also nur wenig auf den Fehler ϵ zurückzuführen ist.

Beziehungen dieser Art nennt man *Regressionen* oder Regressionsmodelle. Bei der Suche nach einem geeigneten f beginnt man oft mit einer linearen Funktion. Das heißt, man versucht, durch die Punktwolke eine *Ausgleichsgerade* zu legen, also eine Gerade, die möglichst nahe an den tatsächlichen Beobachtungen liegt. Wir werden später noch klären, wie sich eine solche Gerade bestimmen läßt, oder anders formuliert, was wir unter "möglichst nahe" verstehen sollen. In dem Fall, daß wir eine Gerade an die Daten anpassen wollen, ist die Funktion f somit von der Gestalt

Regressionen

Ausgleichsgerade

$$f(X) = \alpha + \beta X\,.$$

Für die Datenpaare (x_i, y_i), $i = 1, \ldots, n$, gilt dann die *lineare empirische Beziehung*

lineare empirische Beziehung

$$y_i = \alpha + \beta x_i + \epsilon_i\,, \quad i = 1, \ldots, n\,,$$

wobei ϵ_i gerade dem durch die Geradenanpassung bedingten "Fehler" wiedergibt. Das dazugehörige Modell ist das der sogenannten *linearen Einfachregression*, das wohl bekannteste und am einfachsten zu handhabende Modell. Erweiterungen dieses Ansatzes werden in Kapitel 12 dargestellt. Paßt man eine Gerade an die Daten an, so geschieht dies auch in Anlehnung an den Korrelationskoeffizienten nach Bravais-Pearson, der gerade einen linearen Zusammenhang mißt.

lineare Einfachregression

3.6.2 Die Berechnung der Ausgleichsgeraden

Bei der Beschreibung der Beobachtungen durch eine Gerade $\alpha + \beta X$ wird man versuchen, die Koeffizienten α und β, d.h. den *Achsenabschnitt* und die *Steigung*, so zu bestimmen, daß die einzelnen Datenpunkte möglichst wenig von der Gerade entfernt liegen. Wir müssen also nach einem Verfahren suchen, das in Abhängigkeit von den Daten α und β festlegt.

Achsenabschnitt
Steigung

Aufgrund der Geradengleichung wird für jedes x_i ein Wert, nämlich gerade $\alpha + \beta x_i$, für das Merkmal Y berechnet. Diesen Wert würde also im obigen Beispiel die Nettomiete für eine bestimmte Quadratmeterzahl annehmen, wenn die Beobachtungen alle genau auf einer Geraden lägen. Da sie aber offensichtlich um diese noch zu bestimmende Gerade streuen, wird der Wert, den wir aufgrund dieser Geradengleichung prognostizieren, von dem tatsächlichen abweichen. Diese Abweichung soll nun möglichst klein sein. Es macht dabei keinen Sinn, das Problem einer möglichst kleinen Abweichung für jeden Datenpunkt einzeln zu lösen. Wir müssen die für alle Punkte möglichen Abweichungen global gering halten. Dies kann man dadurch erreichen, daß man die durchschnittliche Abweichung minimiert. Allerdings haben wir damit noch nichts dazu gesagt, wie diese Abweichung zu messen ist.

Das übliche Vorgehen besteht darin, die quadrierten Differenzen zwischen den beobachteten und den prognostizierten bzw. gefitteten y-Werten zu verwenden. Bezeichnen wir die prognostizierten Werte als $\hat{y}_i, i = 1, \ldots, n$, muß also die folgende Funktion in Abhängigkeit von α und β minimiert werden:

$$Q(\alpha, \beta) = \frac{1}{n} \sum_{i=1}^{n} (y_i - \hat{y}_i)^2 = \frac{1}{n} \sum_{i=1}^{n} [y_i - (\alpha + \beta x_i)]^2 \,.$$

Kleinste-Quadrate-Schätzer

Methode der Kleinsten Quadrate

Die Werte von α und β, für die $Q(\alpha, \beta)$ ihr Minimum annimmt, nennt man *Kleinste-Quadrate-Schätzer* und dieses Verfahren zur Bestimmung der Ausgleichsgeraden die *Methode der Kleinsten Quadrate*.

Die Kleinste-Quadrate-Schätzer $\hat{\alpha}$ und $\hat{\beta}$ von α und β lassen sich ermitteln, indem man $Q(\alpha, \beta)$ nach α und β differenziert und gleich null setzt. Man erhält für die partiellen Ableitungen

$$\frac{\partial Q(\alpha, \beta)}{\partial \alpha} = -\frac{2}{n} \sum_{i=1}^{n} [y_i - (\alpha + \beta x_i)] \,,$$

$$\frac{\partial Q(\alpha, \beta)}{\partial \beta} = -\frac{2}{n} \sum_{i=1}^{n} [y_i - (\alpha + \beta x_i)]\, x_i \,.$$

Nullsetzen der Ableitungen und Auflösen der Gleichungen liefert

$$\frac{1}{n} \sum_{i=1}^{n} y_i - \hat{\alpha} - \hat{\beta} \frac{1}{n} \sum_{i=1}^{n} x_i = 0$$

und

$$\frac{1}{n} \sum_{i=1}^{n} y_i x_i - \frac{1}{n} \hat{\alpha} \sum_{i=1}^{n} x_i - \frac{1}{n} \hat{\beta} \sum_{i=1}^{n} x_i^2 = 0 \,.$$

Aus der oberen Gleichung erhält man

$$\hat{\alpha} = \bar{y} - \hat{\beta} \bar{x} \,.$$

Setzt man dies in die zweite Gleichung ein, ergibt sich

$$\frac{1}{n} \sum_{i=1}^{n} y_i x_i - \frac{1}{n} \bar{y} \sum_{i=1}^{n} x_i + \frac{1}{n} \hat{\beta} \bar{x} \sum_{i=1}^{n} x_i - \frac{1}{n} \hat{\beta} \sum_{i=1}^{n} x_i^2 = 0 \,.$$

Dies ist äquivalent zu

$$\frac{1}{n}\sum_{i=1}^{n} y_i x_i - \bar{y}\bar{x} = \frac{1}{n}\hat{\beta}\left(\sum_{i=1}^{n} x_i^2 - n\bar{x}^2\right),$$

woraus man für die Bestimmung von $\hat{\beta}$ erhält:

$$\hat{\beta} = \frac{\sum_{i=1}^{n} y_i x_i - n\bar{y}\bar{x}}{\sum_{i=1}^{n} x_i^2 - n\bar{x}^2} = \frac{\sum_{i=1}^{n}(x_i - \bar{x})(y_i - \bar{y})}{\sum_{i=1}^{n}(x_i - \bar{x})^2} = \frac{\tilde{s}_{XY}}{\tilde{s}_X^2}.$$

Somit lautet die Gleichung der Ausgleichsgeraden

$$\hat{y} = \hat{\alpha} + \hat{\beta}x.$$

Das folgende Beispiel 3.27 illustriert zunächst an einem fiktiven, kleinen Datensatz die Umsetzung und Bedeutung der angegebenen Formeln. Das sich anschließende Beispiel 3.28 (Seite 157) zeigt die konkrete Anwendung der Bestimmung von Kleinste-Quadrate-Schätzern für die Mietspiegeldaten.

Fernsehen und Schlafverhalten

Beispiel 3.27

Nehmen wir an, ein Kinderpsychologe vermutet, daß sich häufiges Fernsehen negativ auf das Schlafverhalten von Kindern auswirkt. Um dieser Frage nachzugehen, wurde bei neun zufällig ausgewählten Kindern gleichen Alters die Dauer (Y) der Tiefschlafphasen einer Nacht in Stunden gemessen. Außerdem wurde ebenfalls in Stunden angegeben, wie lange das Kind am Tag ferngesehen (X) hat. Es ergeben sich folgende Beobachtungen:

Kind i	1	2	3	4	5	6	7	8	9
Fernsehzeit x_i	0.3	2.2	0.5	0.7	1.0	1.8	3.0	0.2	2.3
Dauer Tiefschlaf y_i	5.8	4.4	6.5	5.8	5.6	5.0	4.8	6.0	6.1

Stellt man die Daten in einem Streudiagramm dar (vgl. Abb. 3.16), so erkennt man einen starken negativen Zusammenhang zwischen der Fernsehzeit und der Dauer der Tiefschlafphase. Wir wollen nun durch diese Punktwolke eine Gerade legen, die möglichst nahe an den beobachteten Punkten liegt. Die Steigung und den y-Achsenabschnitt dieser Geraden erhalten wir über die Kleinste-Quadrate-Schätzer. Zu berechnen sind also

$$\hat{\beta} = \frac{\sum_{i=1}^{n} y_i x_i - n\bar{y}\bar{x}}{\sum_{i=1}^{n} x_i^2 - n\bar{x}^2} \quad \text{und} \quad \hat{\alpha} = \bar{y} - \hat{\beta}\bar{x}.$$

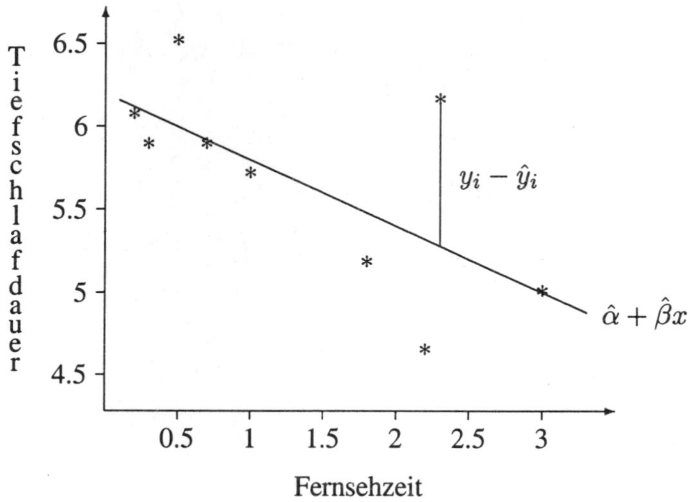

ABBILDUNG 3.16: Streudiagramm und Ausgleichsgerade zur Regression der Dauer des Tiefschlafs auf die Fernsehzeit

Bestimmen wir zunächst einige Hilfsgrößen:

$$\sum_{i=1}^{9} x_i = 12\,, \quad \bar{x} = 1.3\bar{3}\,, \quad \sum_{i=1}^{9} y_i = 50\,, \quad \bar{y} = 5.5\bar{5}\,, \quad \sum_{i=1}^{9} y_i x_i = 62.96\,, \quad \sum_{i=1}^{9} x_i^2 = 24.24\,.$$

Damit ergeben sich

$$\hat{\beta} = \frac{62.96 - 9 \cdot 5.5\bar{5} \cdot 1.3\bar{3}}{24.24 - 9 \cdot 1.3\bar{3}^2} = \frac{-3.7067}{8.24} = -0.45\,, \quad \hat{\alpha} = 5.5\bar{5} + 0.45 \cdot 1.3\bar{3} = 6.16$$

und als Ausgleichsgerade

$$\hat{y} = \hat{\alpha} + \hat{\beta}x = 6.16 - 0.45x\,.$$

Aufgrund dieser Geraden würde man also bei einer Fernsehzeit von einer Stunde eine Tiefschlafphase von $6.16 - 0.45 \cdot 1 = 5.71$ Stunden vorhersagen. Tatsächlich beobachtet wurde eine Tiefschlafphase von 5.6 Stunden bei einstündiger Fernsehzeit. Der tatsächlich beobachtete und der vorhergesagte Wert liegen also dicht beieinander. Bei einer Fernsehzeit von 2.2 Stunden erhalten wir aufgrund des Regressionsmodells eine prognostizierte Tiefschlafphase von 5.17 Stunden. Hier weichen der tatsächlich beobachtete und der prognostizierte Wert deutlicher voneinander ab. Um zu erfahren, wie gut die Ausgleichsgerade einen vorliegenden Datensatz beschreibt, muß eine Maßzahl gefunden werden, die auf diesen Abweichungen basiert. Dieses Problem wird auch noch einmal in dem folgenden Beispiel deutlich. □

Mietspiegel

Beispiel 3.28

Die Berechnung der Kleinste-Quadrate-Schätzer liefert für die Mietspiegeldaten, wobei x = Wohnfläche der Wohnungen und y = Nettomiete:

$$\hat{\alpha} = 286.18\,, \quad \hat{\beta} = 7.87\,.$$

In Abbildung 3.17 ist die Ausgleichsgerade $\hat{y} = 286.18 + 7.87\,x$ in das Streudiagramm eingezeichnet.

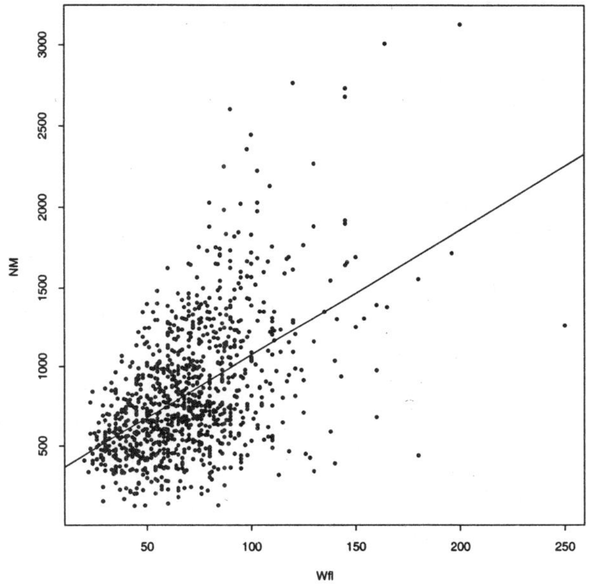

ABBILDUNG 3.17: Streudiagramm und Ausgleichsgerade zur Mietspiegel-Regression

An der Abbildung wird noch einmal deutlich, daß wir anhand der Ausgleichsgeraden für jeden x-Wert, also für jede Wohnfläche, einen $\hat{y}$-Wert, also einen Nettomieten-Preis, erhalten, der i.a. nicht mit demjenigen y-Wert übereinstimmt, den wir tatsächlich beobachtet haben. Demnach ist es wichtig festzuhalten, daß wir anhand des linearen Regressionmodells und der Kleinste-Quadrate-Methode versuchen, eine Gerade zu finden, die die Daten möglichst gut beschreibt in dem Sinne, daß die wahren y-Werte möglichst nahe bei der Geraden liegen. Dabei ist es in der Regel natürlich nicht realisierbar, daß alle Punkte auch tatsächlich nahe bei der Geraden liegen. Je weiter entfernt sie aber sind, desto schlechter werden sie durch das lineare Regressionsmodell vorhergesagt. An dem Streudiagramm erkennen wir einige Punkte, insbesondere für die großen Wohnflächen, deren Abstand zur Geraden sehr groß ist. So wird beispielsweise für die Wohnung mit einer Fläche von 200 qm eine Nettomiete von über 3000 DM beobachtet, während wir anhand des linearen Modells für diese Wohnung eine Nettomiete von 1800.22 DM prognostizieren. □

Güte

Wollen wir die *Güte* eines Regressionsmodells beurteilen, liegt es nahe, eine solche Beurteilung anhand der Abweichungen zwischen den beobachteten y-Werten und den aufgrund der berechneten Gerade vorhergesagten y-Werten vorzunehmen. Diese Abweichungen nennt man *Residuen* und bezeichnet sie mit

Residuen

$$\hat{\epsilon}_i = y_i - \hat{y}_i\,, \quad i = 1, \dots, n\,.$$

Zusammenfassend können wir damit bislang festhalten:

Lineare Einfachregression und Kleinste-Quadrate-Schätzer

Seien $(y_1, x_1), \dots, (y_n, x_n)$ Beobachtungen der Merkmale Y und X, dann heißt

$$y_i = \alpha + \beta x_i + \epsilon_i\,, \quad i = 1, \dots, n\,,$$

lineare Einfachregression, wobei α den Achsenabschnitt, β den Steigungsparameter und ϵ den Fehler bezeichnen.
Die *Kleinste-Quadrate-Schätzer* für α und β sind gegeben durch

$$\hat{\alpha} = \bar{y} - \hat{\beta}\bar{x}\,, \qquad \hat{\beta} = \frac{\sum_{i=1}^{n} x_i y_i - n\bar{x}\bar{y}}{\sum_{i=1}^{n} x_i^2 - n\bar{x}^2} = \frac{\sum_{i=1}^{n}(x_i - \bar{x})(y_i - \bar{y})}{\sum_{i=1}^{n}(x_i - \bar{x})^2}\,.$$

Die *Residuen* $\hat{\epsilon}_i$ berechnen sich durch

$$\hat{\epsilon}_i = y_i - \hat{y}_i\,, \quad i = 1, \dots, n\,,$$

$$\text{mit} \quad \hat{y}_i = \hat{\alpha} + \hat{\beta} x_i\,.$$

3.6.3 Bestimmtheitsmaß und Residualanalyse

Mit Hilfe der Residuen kann man nun für jeden einzelnen Datenpunkt überprüfen, wie gut er aufgrund des Modells vorhergesagt worden wäre. Damit haben wir aber noch kein Maß gefunden, mit dem wir die Güte des Modells insgesamt beurteilen können. Ein solches Maß können wir über die sogenannte *Streuungszerlegung* erhalten. Die dahinterstehende Frage ist: Welcher Anteil der Streuung der y_i läßt sich durch die Regression von Y auf X erklären? Die gesamte Streuung der y_i läßt sich erfassen über

Streuungszerlegung

$$SQT = \sum_{i=1}^{n} (y_i - \bar{y})^2\,,$$

Gesamtstreuung

wobei SQT die Abkürzung für "**S**um of **Sq**uares **T**otal" ist. Dieser Term ist uns bereits aus der Berechnung der Stichprobenvarianz bekannt und wird hier mit *Gesamtstreuung* bezeichnet. Für diese gilt nun die folgende Zerlegung:

Streuungszerlegung

$$SQT = SQE + SQR$$

$$\sum_{i=1}^{n}(y_i - \bar{y})^2 = \sum_{i=1}^{n}(\hat{y}_i - \bar{y})^2 + \sum_{i=1}^{n}(y_i - \hat{y}_i)^2$$

erklärte Streuung

Residualstreuung

In der Streuungszerlegung geben $\sum_{i=1}^{n}(\hat{y}_i - \bar{y})^2 = SQE$ gerade die *erklärte Streuung* und $\sum_{i=1}^{n}(y_i - \hat{y}_i)^2 = SQR$ die *Rest-* oder *Residualstreuung* an, wobei SQE und SQR wieder in Anlehnung an die englischen Begriffe für "**S**um of **Sq**uares **E**xplained" und "**S**um of **Sq**uares **R**esiduals" stehen. Die erklärte Streuung enthält dabei die Variation der Datenpunkte auf der Geraden um $\bar{y}$. Sie stellt damit die auf den linearen Zusammenhang zwischen X und Y zurückführbare Variation der y-Werte dar. Die Residualstreuung entspricht dem verbleibenden Rest an Variation der y-Werte.

Liegen alle beobachteten Punkte exakt auf einer Geraden, so sind die Residuen alle null und ebenso die Residualstreuung. In diesem Fall wäre also die Gesamtstreuung gleich der erklärten Streuung, d.h. die gesamte Variation von Y ließe sich durch die Variation von X zusammen mit der postulierten linearen Beziehung erklären. Je größer nun die Residualstreuung ist, desto schlechter beschreibt das Modell die Daten, d.h. desto weniger wird die in den Daten vorhandene Streuung durch das Modell erklärt. Als Maßzahl für die Güte der Modellanpassung verwendet man eine Größe, die auf dieser Streuungszerlegung aufbaut, und zwar das sogenannte *Bestimmtheitsmaß* bzw. den Determinationskoeffizienten R^2. Dieses gibt gerade den Anteil der Gesamtstreuung der y_i an, der durch die Regression von Y auf X erklärt wird, und ist somit der Quotient aus erklärter und Gesamtstreuung, d.h.

Bestimmtheitsmaß

$$R^2 = \frac{SQE}{SQT} = \frac{\sum_{i=1}^{n}(\hat{y}_i - \bar{y})^2}{\sum_{i=1}^{n}(y_i - \bar{y})^2} = \frac{\sum_{i=1}^{n}(y_i - \bar{y})^2 - \sum_{i=1}^{n}(y_i - \hat{y}_i)^2}{\sum_{i=1}^{n}(y_i - \bar{y}_i)^2} = 1 - \frac{\sum_{i=1}^{n}(y_i - \hat{y}_i)^2}{\sum_{i=1}^{n}(y_i - \bar{y})^2}.$$

Das Bestimmtheitsmaß nimmt Werte zwischen null und eins an. Dabei bedeutet ein Wert von 0, daß $\sum_{i=1}^{n}(\hat{y}_i - \bar{y})^2 = 0$, also die erklärte Streuung gleich null ist und somit das Modell denkbar schlecht. Der andere Extremfall beinhaltet, daß die Residualstreuung null ist, also die gesamte Streuung durch die Regression erklärt wird und somit das Modell eine perfekte

Anpassung an die Daten liefert. Dieser letzte Fall kann nur eintreten, wenn die Originaldaten bereits auf einer Geraden lagen.

Man kann auch an dieser Stelle wieder die Brücke zum Korrelationskoeffizienten nach Bravais-Pearson schlagen, der, wie wir gesehen haben, den linearen Zusammenhang zweier Merkmale mißt, und zwar gilt:

$$R^2 = r_{XY}^2 .$$

Zum Nachweis dieser Gleichung überlegt man sich zunächst, daß der Mittelwert der prognostizierten Werte $\hat{y}_i$ mit dem der beobachteten Werte y_i übereinstimmt, denn

$$\bar{\hat{y}} = \frac{1}{n}\sum_{i=1}^{n} \hat{y}_i = \frac{1}{n}\sum_{i=1}^{n}(\hat{\alpha} + \hat{\beta}x_i) = \hat{\alpha} + \hat{\beta}\bar{x} = (\bar{y} - \hat{\beta}\bar{x}) + \hat{\beta}\bar{x} = \bar{y} .$$

Daraus folgt:

$$\sum_{i=1}^{n}(\hat{y}_i - \bar{y})^2 = \sum_{i=1}^{n}(\hat{y}_i - \bar{\hat{y}})^2 = \sum_{i=1}^{n}(\hat{\alpha} + \hat{\beta}x_i - \hat{\alpha} + \hat{\beta}\bar{x})^2 = \hat{\beta}^2 \sum_{i=1}^{n}(x_i - \bar{x})^2 ,$$

und somit für R^2

$$R^2 = \frac{\sum_{i=1}^{n}(\hat{y}_i - \bar{y})^2}{\sum_{i=1}^{n}(y_i - \bar{y})^2} = \frac{\hat{\beta}^2 \sum_{i=1}^{n}(x_i - \bar{x})^2}{\sum_{i=1}^{n}(y_i - \bar{y})^2} = \frac{s_{XY}^2 \cdot s_X^2}{(s_X^2)^2 \cdot s_Y^2} = \left(\frac{s_{XY}}{s_X s_Y}\right)^2 = r_{XY}^2 ,$$

Damit ergibt sich auch eine neue Interpretation des Korrelationkoeffizienten. Der quadrierte Korrelationskoeffizient entspricht dem Anteil der erklärten Streuung an der Gesamtstreuung. Beobachtet man in einer Stichprobe beispielsweise eine Korrelation von $r_{XY} = 0.8$ zwischen Alter und Reaktionszeit, läßt sich die in der Stichprobe variierende Reaktionszeit bei Unterstellung eines linearen Zusammenhangs zu 64 % ($r_{XY}^2 = 0.64$) darauf zurückführen, daß auch X variiert, sich also Personen unterschiedlichen Alters in der Stichprobe befinden.

Bestimmtheitsmaß

Das *Bestimmheitsmaß* R^2 ist definiert als

$$R^2 = \frac{\sum_{i=1}^{n}(\hat{y}_i - \bar{y})^2}{\sum_{i=1}^{n}(y_i - \bar{y})^2} = 1 - \frac{\sum_{i=1}^{n}(y_i - \hat{y}_i)^2}{\sum_{i=1}^{n}(y_i - \bar{y})^2}.$$

Es gilt :

$$0 \leq R^2 \leq 1, \quad R^2 = r_{XY}^2.$$

Neben dieser eher formalen Überprüfung der Güte des Modells mittels des Bestimmtheitsmaßes kann man auch anhand graphischer Darstellungen einen guten Eindruck gewinnen. Dazu verwendet man typischerweise die Residuen. In Abbildung 3.18 sind einige *Residualplots* skizziert. *Residualplot*

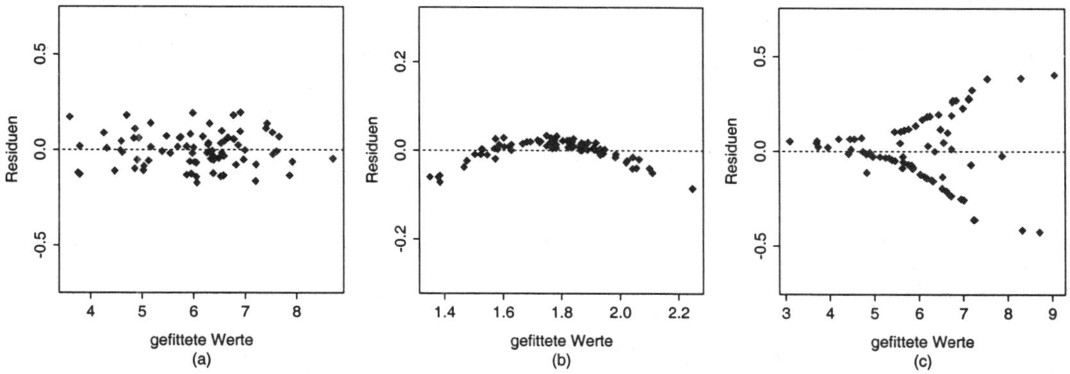

ABBILDUNG 3.18: Schematische Darstellung von Residualplots

Abbildung 3.18(a) zeigt ein ideales Verhalten der Residuen: Sie schwanken unsystematisch um die horizontale Achse und sind nahe bei null. Dies deutet auf eine gute Modellanpassung hin. Der Verlauf des Residuen in Abbildung 3.18(b) legt die Vermutung nahe, daß eine nicht lineare Abhängigkeit zwischen den Merkmalen besteht, die nicht durch das Modell erfaßt wird. Auch Abbildung 3.18(c) weist daraufhin, daß bestimmte Voraussetzungen an das Modell nicht erfüllt sind. Hier wächst oder allgemeiner verändert sich die Variabilität der Residuen mit den Werten der Einflußgröße X. Auf diese Voraussetzungen und ihre Bedeutung wird in Kapitel 12 noch ausführlicher eingegangen.

Der bereits schon häufiger in diesem Abschnitt angesprochene Mietspiegel und ergänzend das CAP-Modell werden abschließend mithilfe der linearen Regression analysiert. Zunächst wird aber zur Illustration auf das fiktive Beispiel 3.27 (Seite 155) zurückgegriffen.

Beispiel 3.29 **Fernsehen und Schlafverhalten**

Als Ausgleichsgerade zur Beschreibung des Zusammenhangs von Fernsehzeit und Dauer des Tiefschlafs ergab sich

$$\hat{y} = 6.16 - 0.45x\,.$$

Bei der Diskussion der Güte der Beschreibung des Datensatzes durch diese Gerade hatten wir schon für einzelne Punkte die Abweichung des jeweils tatsächlich beobachteten vom prognostizierten Wert, also die Residuen betrachtet. Im einzelnen ergibt sich

i	1	2	3	4	5	6	7	8	9
y_i	5.8	4.4	6.5	5.8	5.6	5.0	4.8	6.0	6.1
$\hat{y}_i$	6.02	5.17	5.93	5.84	5.71	5.35	4.81	6.07	5.12
$\hat{\epsilon}_i$	−0.22	−0.77	0.57	−0.04	−0.11	−0.35	−0.01	−0.07	0.98

Daraus können wir nun das Bestimmtheitsmaß berechnen als

$$R^2 = 1 - \frac{\sum\limits_{i=1}^{9}(y_i - \hat{y}_i^2)}{\sum\limits_{i=1}^{9}(y_i - \bar{y}^2)} = 0.45\,.$$

Damit beträgt der Anteil der durch das Regressionsmodell erklärten Varianz nur 45 %. □

Beispiel 3.30 **Mietspiegel**

Bei den Mietspiegel-Daten untersuchen wir einen möglicherweise linearen Zusammenhang zwischen $Y =$ "Nettomiete" und $X =$ "Wohnfläche". Als Ausgleichsgerade haben wir berechnet

$$\hat{y} = 286.18 + 7.87\,x\,.$$

Das Bestimmtheitsmaß R^2 nimmt hier einen Wert an von

$$R^2 = \frac{\sum\limits_{i=1}^{n}(\hat{y}_i - \bar{y})^2}{\sum\limits_{i=1}^{n}(y_i - \bar{y})^2} = 0.26 = 0.51^2 = r_{XY}^2\,,$$

was darauf schließen läßt, daß die Punktwolke insgesamt nicht sehr gut durch eine Gerade beschrieben werden kann. Nur 26 % der gesamten Variabilität kann durch das Modell erklärt werden. Dieser Eindruck wird auch durch den Residualplot bestätigt (vgl. Abb. 3.19). Bereits im Streudiagramm konnte man den Eindruck gewinnen, daß sich die Variabilität mit den Werten der Einflußgröße verändert.

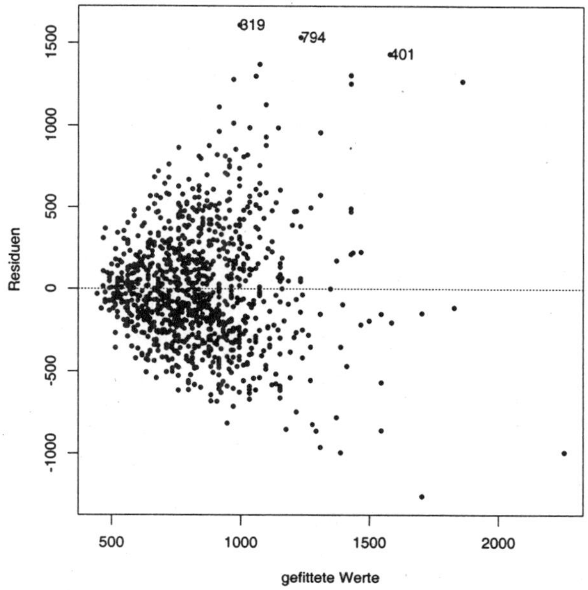

ABBILDUNG 3.19: Residualplot zur Mietspiegel-Regression □

CAP-Modell

Beispiel 3.31

Capital Asset Pricing Model

Beta-Faktor

Das *"Capital Asset Pricing Model"* (CAPM) dient zum Vergleich verschiedener Aktien bzgl. ihres Risikos. Basierend auf Finanzmarktdaten über einen längeren Zeitraum wird mit Hilfe dieses Modells für jede Aktie der sogenannte *Beta-Faktor* bestimmt, der als Risiko dieser Aktie gemessen am Risiko des gesamten Marktes interpretiert werden kann. Beispielsweise bedeutet ein Beta-Faktor größer als eins, daß das Risiko der Aktie überproportional zum Marktrisiko ist. Andererseits spricht ein Beta-Faktor kleiner als eins für eine weniger risikobehaftete Aktie. In diesem Modell interessiert uns der Zusammenhang zwischen dem abhängigen Merkmal Y = Rendite der MRU-Aktie minus Zins und der Einflußgröße X = Marktrendite minus Zins. Für die 31 Datenpunkte passen wir erneut ein lineares Modell an:

$$y_i = \alpha + \beta x_i + \epsilon_i\,,\ , i = 1, \ldots, 31\,.$$

Nach den obigen Formeln für die Schätzung von α und β berechnen wir

$$\hat{\beta} = \frac{\sum\limits_{i=1}^{31} x_i y_i - 31\bar{x}\bar{y}}{\sum\limits_{i=1}^{31} x_i^2 - 31\bar{x}^2} = 1.0216$$

und

$$\hat{\alpha} = \bar{y} - \hat{\beta}\bar{x} = 0.0004\,.$$

Unsere Geradengleichung lautet demnach

$$\hat{y}_i = 0.0004 + 1.0216\, x_i\,, \quad i = 1, \ldots, 31\,,$$

d.h., wir erhalten eine Gerade, die fast durch den Nullpunkt geht, wie wir auch an dem folgenden Streudiagramm (Abb. 3.20) sehen.

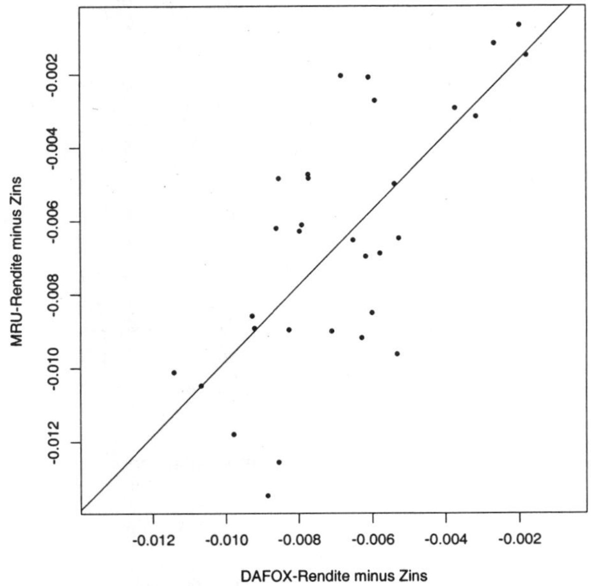

ABBILDUNG 3.20: Streudiagramm und Ausgleichsgerade für das CAP-Modell

In Verbindung mit der Schätzung des Steigungskoeffizienten als $\hat{\beta} = 1.0216$ kann man das Ergebnis dieser Regression grob so interpretieren, daß sich bei einer Änderung von X um einen Punkt Y im Mittel auch um einen Punkt verändert. Damit beinhaltet diese Aktie in etwa das gleiche Risiko wie der Gesamtmarkt. Bei dieser Interpretation wird das geschätzte β so behandelt, als wäre der Schätzwert gleich eins. Allerdings liegt der Wert leicht darüber. Es bleibt also die Frage, ob diese Erhöhung rein zufällig ist oder ob das Risiko dieser Aktie tatsächlich, wenn auch leicht überproportional zum Marktrisiko ist. Solche Fragen werden mit Hilfe der induktiven Statistik beantwortet. Speziell für die Regressionsanalyse finden sich solche Methoden in Kapitel 12.

Das Streudiagramm zeigt zudem keine besonderen Auffälligkeiten. Es scheint keine Veränderung in der Variabilität in Abhängigkeit von der Einflußgröße vorzuliegen. Dies wird auch durch den Residualplot untermauert (Abb. 3.21). Das Bestimmtheitsmaß R^2 ergibt sich in dieser Datensituation als

$$R^2 = 0.5\,.$$

Wir erhalten hier eine bessere Anpassung an die Daten als im Fall des Mietspiegels. Zudem weist das R^2 von 0.5 auf eine relativ gute Modellanpassung für Studien im wirtschaftswissenschaftlichen Bereich hin.

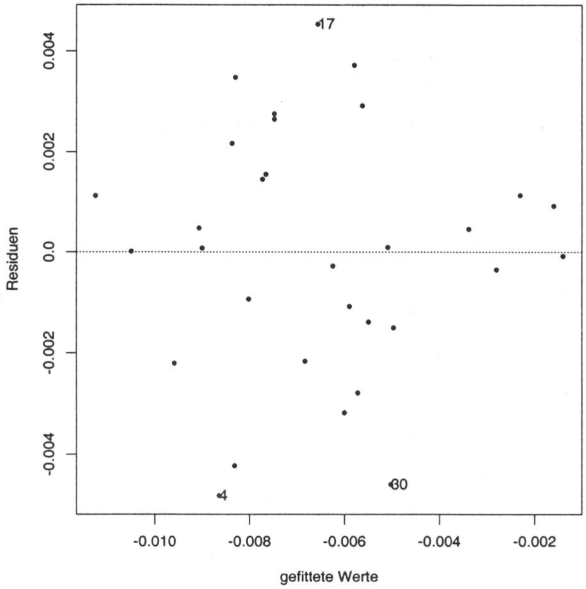

ABBILDUNG 3.21: Residualplot für das CAP-Modell □

*3.6.4 Nichtlineare Regression

Das in diesem Kapitel bislang vorgestellte Modell ging von der Anpassung einer Ausgleichsgeraden an die Daten aus. Oft zeigt bereits ein erster Blick auf das Streudiagramm der Daten aber, daß diese besser durch eine Parabel, eine Sinuskurve oder eine exponentielle Funktion beschrieben werden können. Letzteres ist insbesondere bei *Wachstumsverläufen* oder *Sättigungskurven* der Fall. Liegt eine solche Struktur in den Daten vor, ist es nicht günstig, stur an dem Modell der linearen Regression festzuhalten. Eine Alternative dazu bieten *nichtlineare Regressionsmodelle*, in denen der Einfluß von X auf Y durch andere als lineare Funktionen beschrieben wird. Damit bezieht sich der Begriff der Nichtlinearität nicht auf die x-Werte, sondern auf die in dem Modell auftretenden unbekannten Größen, die sogenannten *Modellparameter*. Bei der linearen Regression sind die Modellparameter gerade der Achsenabschnitt α und der Steigungsparamter β. Betrachten wir etwa die Situation, daß die y-Werte in etwa exponentiell mit den x-Werten anwachsen, also

Wachstumsverläufe
Sättigungskurven
nichtlineare Regressionsmodelle
Modellparameter

$$y_i \approx \alpha \exp(\beta x_i)\,, \quad i = 1, \ldots, n\,,$$

so lassen sich die Schätzungen für α und β prinzipiell nach dem Kleinste-Quadrate-Prinzip herleiten, aber nicht immer sind die Schätzungen explizit darstellbar. Dies macht den Einsatz von numerischen Verfahren, d.h. von sogenannten *Iterationsverfahren*, zur Bestimmung der

Iterationsverfahren

Schätzer erforderlich.

In manchen Fällen besteht jedoch die Möglichkeit, durch eine geschickte Transformation ein nichtlineares Regressionsmodell auf ein lineares Modell zurückzuführen. Im obigen Beispiel liefert die Verwendung der Logarithmus-Funktion:

$$\ln y_i \approx \ln [\alpha \exp(\beta x_i)] = \ln \alpha + \beta x_i \,, \quad i = 1, \ldots, n \,.$$

Nach Anwendung dieser Transformation lassen sich $\ln \alpha$ und β standardmäßig schätzen. Vorsicht ist aber bei der Interpretation der Schätzwerte geboten. Bei einer Rücktransformation muß berücksichtigt werden, daß die Schätzung auf der logarithmischen Skala erfolgte.

Das folgende Beispiel illustriert die Notwendigkeit eines nichtlinearen Modells.

Beispiel 3.32 **Wirkung von Werbemaßnahmen auf den Produktertrag**

Sei X die eingesetzte Geldmenge für Werbemaßnahmen, wobei diese Werte auf $\bar{x} = 0$ normiert sind, und Y der erzielte Ertrag in geeigneten Einheiten. Wir nehmen die in Tabelle 3.7 angegebenen Werte an.

i	1	2	3	4	5	6
x_i	−5	−3	−1	1	3	5
y_i	127	151	379	421	460	426

TABELLE 3.7: Eingesetzte Geldmenge x für Werbemaßnahmen und erzielte Erträge

Für die Modellierung bietet es sich an, die Regel vom abnehmenden Grenznutzen anzupassen mit

$$y = \alpha + \beta \exp(-\gamma x) \,.$$

Dabei steht α für den Grenzertrag, γ für die exponentielle Rate der Ertragsminderung, und β stellt die Differenz zwischen Durchschnittsertrag ($x = 0$) und Grenzertrag dar. Das Streudiagramm (Abb. 3.22) zeigt deutlich, daß die Anpassung einer Ausgleichsgeraden der Datenstruktur nicht gerecht würde. Durch die Verwendung eines geeigneten Iterationsverfahren erhalten wir folgende Schätzungen für α, β und γ:

$$\hat{\alpha} = 523.3 \,, \quad \hat{\beta} = -156.9 \,, \quad \hat{\gamma} = 0.1997 \,.$$

Trägt man die geschätzte Kurve in das Streudiagramm ein, so erkennt man, daß dies eine gute Anpassung liefert.

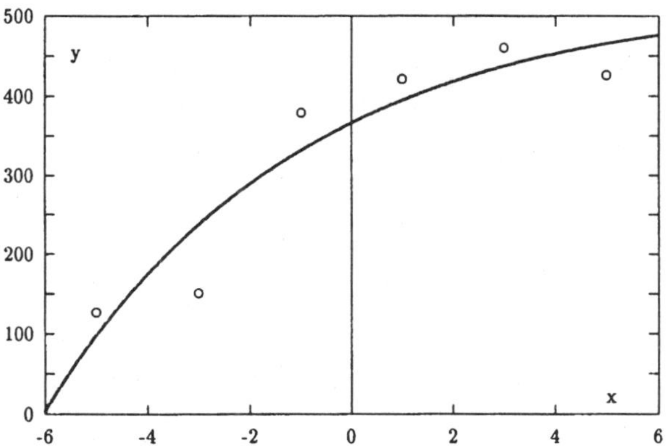

ABBILDUNG 3.22: Streudiagramm und Regressionskurve für Ertrag Y bei für Werbemaßnahmen eingesetzter Geldmenge X □

In Abschnitt *12.3 kommen wir noch einmal auf nichtlineare Regressionsmodelle zurück.

3.7 Zusammenfassung und Bemerkungen

Typischerweise ist bei praktischen Fragestellungen nicht nur ein einzelnes Merkmal, sondern eine ganze Reihe von Merkmalen von Interesse, die an den Untersuchungseinheiten gemeinsam erhoben werden. Bei der Diskussion derartiger mehrdimensionaler Merkmale geht es entsprechend primär um die Erfassung eines möglichen Zusammenhangs zwischen den Merkmalen. Dazu bestimmt man bei *gruppierten* bzw. *diskreten* Merkmalen zunächst die gemeinsame Häufigkeitsverteilung. Diese gibt die *Häufigkeit* bestimmter Merkmalskombinationen an. Interessiert man sich nur für die Häufigkeiten der Ausprägungen eines der beiden Merkmale, so ermittelt man dessen Randverteilung. Zusammengefaßt werden diese Häufigkeitsverteilungen in *Kontingenztabellen.* Als Darstellungsform bietet sich ein zweidimensionales Säulendiagramm an. Von besonderer Bedeutung ist jedoch die Betrachtung der Verteilung eines der beiden Merkmale für die verschiedenen Ausprägungen des anderen Merkmals. Solche bedingten Verteilungen erlauben eine erste Beurteilung des Zusammenhangs zweier Merkmale, allerdings ohne dessen Stärke zu quantifizieren. Dazu kann man im Fall von (2×2)-Häufigkeitstafeln das Kreuzproduktverhältnis heranziehen, das angibt, welche der beiden Populationen die besseren Chancen besitzt und um wieviel besser diese Chancen sind. Mit Hilfe des *Kontingenzkoeffizienten* läßt sich beurteilen, ob zwei Merkmale empirisch unabhängig sind oder ein Zusammenhang vorliegt. Aus Normierungsgründen wird dieser bevorzugter Weise in seiner korrigierten Form verwendet.

Neben der Zusammenhangsanalyse qualitativer Merkmale sind auch bei mehrdimensionalen Merkmalen *Methoden für quantitative Größen* gefragt. Eine häufig verwendete graphische

Darstellungsform ist das Streudiagramm, in dem die einzelnen Datenpunkte in einem Koordinatensystem aufgetragen werden. Andere graphische Darstellungen bieten zweidimensionale Histogramme und Kerndichteschätzer. Bei mehr als zwei Merkmalen greift man zur graphischen Darstellung auf eine Scatterplot-Matrix, d.h. eine Matrix von paarweisen Streudiagrammen zurück.

Bei quantitativen Merkmalen stehen je nach Skalenniveau verschiedene Maßzahlen zur Erfassung der Stärke des Zusammenhangs zur Verfügung. Bei metrischen Merkmalen verwendet man üblicherweise den *empirischen Korrelationskoeffizient nach Bravais-Pearson*, der den linearen Zusammenhang zweier Merkmale mißt. Dieser Koeffizient kann als Ausnahmefall auch für zwei $0-1$-kodierte Merkmale berechnet werden. Das resultierende Maß wird auch als *ϕ-Koeffizient* bezeichnet. Liegen ordinalskalierte Merkmale vor, so kann man *Spearmans Rangkorrelationskoeffizient* berechnen, der gerade der Korrelationskoeffizient nach Bravais-Pearson, angewendet auf die Ränge der Beobachtungen, ist. Dieser Koeffizient mißt die Stärke des monotonen Zusammenhangs zweier Merkmale. Natürlich kann Spearmans Korrelationkoeffizient auch bei metrischen Merkmalen verwendet werden. Neben den vorgestellten Zusammenhangsmaßen finden sich in der Literatur und in der praktischen Anwendung noch weitere Maßzahlen zur Quantifizierung der Stärke eines Zusammenhangs wie etwas *Kendall's τ*. Hierzu sei beispielsweise auf das Buch von Büning und Trenkler (1994) und von Benninghaus (1976) verwiesen.

Zu beachten ist bei der Interpretation von Korrelationskoeffizienten, daß diese weder die Richtung einer Wirkung zwischen X und Y erfassen noch einen Aufschluß über eine kausale Beziehung erlauben. Kausalzusammenhänge lassen sich allerdings niemals allein durch eine statistische Analyse begründen. Dazu sind stets sachlogische Überlegungen notwendig.

Will man gerichtete Zusammenhänge untersuchen, bietet sich die *Regression* als statistische Methode an. Im einfachsten Fall versucht man dabei für zwei metrische Merkmale, deren Beziehung durch eine Gerade zu beschreiben. Man spricht dann von einer *linearen Einfachregression*. Diese Gerade wird so bestimmt, daß ihr Abstand zu den beobachteten Datenpunkten im Mittel möglichst gering wird. Eine solche Ausgleichsgerade läßt sich mit Hilfe der *Kleinste-Quadrate-Methode* ermitteln. Die Güte der Anpassung dieser Gerade an die Daten kann anschließend anhand des *Bestimmtheitsmaßes* und der Residualplots beurteilt werden. Natürlich ist ein lineares Regressionsmodell nicht immer zur Beschreibung des Zusammenhangs zwischen zwei Merkmalen adäquat. Es werden daher auch nichtlineare Regressionen gerechnet beispielsweise bei der Analyse von Wachstumsverläufen, Sättigungskurven oder von Sterbetafeln, wobei im letztgenannten Fall insbesondere die sogenannte Gompertz-Kurve von Relevanz ist. Als weiterführende Literatur zu Regressionsmodellen sei auf das Buch von Fahrmeir, Hamerle und Tutz (1996) verwiesen.

3.8 Aufgaben

Aufgabe 3.1

Bei der Untersuchung des Zusammenhangs zwischen Geschlecht und Parteipräferenz (Beispiel 3.1, Seite 110) betrachte man die sich ergebenden (2×2)-Tabellen, wenn man CDU/CSU jeweils nur einer Partei gegenüberstellt. Man bestimme und interpretiere jeweils die relativen Chancen, den χ^2-Koeffizienten, den Kontingenzkoeffizienten und den ϕ-Koeffizienten.

Aufgabe 3.2

In einem Experiment zur Wirkung von Alkohol auf die Reaktionszeit wurden 400 Versuchspersonen zufällig in zwei Gruppen aufgeteilt. Eine dieser Gruppen erhält eine standardisierte Menge Alkohol. Es ergab sich folgende Kontingenztabelle

	Reaktion		
	gut	mittel	stark verzögert
ohne Alkohol	120	60	20
mit Alkohol	60	100	40

(a) Man bestimme die Randhäufigkeiten dieser Kontingenztabelle und interpretiere diese, soweit dies sinnvoll ist.
(b) Man bestimme die bedingte relative Häufigkeitsverteilung, die sinnvoll interpretierbar ist.
(c) Man bestimme den χ^2- und den Kontingenzkoeffizienten.
(d) Welche relativen Chancen lassen sich aus dieser Kontingenztafel gewinnen? Man bestimme und interpretiere diese.

Aufgabe 3.3

Für die zehn umsatzstärksten Unternehmen Deutschlands ergeben sich 1995 folgende Umsätze (in Milliarden DM) und Beschäftigungszahlen (in Tausend)

Umsatz	103.54	88.76	88.12	72.37	65.50	52.17	49.40	46.14	44.58	41.93
Beschäftigte	311.0	373.0	242.4	125.2	135.1	161.6	106.6	115.8	142.9	83.8

Die dahinterstehenden Firmen sind Daimler-Benz, Siemens, Volkswagen, VEBA, RWE, Hoechst, BASF, BMW, Bayer und VIAG. Man bestimme den Bravais-Pearson- und den Spearmanschen Korrelationskoeffizienten. Wie ändern sich die Korrelationskoeffizienten, wenn man in absoluten DM-Umsätzen und absoluten Beschäftigungszahlen rechnet?

Aufgabe 3.4

In einer Studie zur Auswirkung von Fernsehprogrammen mit gewalttätigen Szenen auf das Sozialverhalten von Kindern wurden ein Aggressivitätsscore X, die Zeitdauer in Minuten Y, während der das Kind pro Tag gewöhnlich solche Sendungen sieht, und das Geschlecht Z des Kindes mit $1 =$ weiblich und $2 =$ männlich erfaßt. Sowohl der Aggressivitätsscore als auch die Zeitdauer lassen sich wie metrische Variablen behandeln. Nehmen wir folgende Beobachtungen für eine zufällig ausgewählte Kindergartengruppe an:

i	1	2	3	4	5	6	7	8	9	10	11	12	13
x_i	4	5	2	6	6	8	7	2	7	3	5	1	3
y_i	10	50	30	70	80	60	90	40	10	20	30	50	60
z_i	2	2	2	2	2	2	2	1	1	1	1	1	1

(a) Zeichnen Sie ein Streudiagramm für die 13 Kinder, und berechnen Sie den Korrelationskoeffizienten nach Bravais-Pearson zwischen X und Y ohne Berücksichtigung des Geschlechts.
(b) Zeichen Sie nun für Jungen und Mädchen getrennt jeweils ein Streuungsdiagramm, und berechnen Sie für beide Geschlechter den Korrelationskoeffizienten.
(c) Vergleichen Sie Ihre Ergebnisse aus (a) und (b). Welche Art von Korrelation beobachten Sie hier, und wie ändert sich Ihre Interpretation des Zusammenhangs zwischen aggressivem Verhalten und dem Beobachten gewalttätiger Szenen im Fernsehen?

Aufgabe 3.5 In einem Schwellenland wurde eine Studie durchgeführt, die den Zusammenhang zwischen dem Geburtsgewicht von Kindern und zahlreichen sozioökonomischen Variablen untersucht. Hier sei speziell der Zusammenhang zwischen dem Geburtsgewicht und dem monatlichen Einkommen von Interesse. Es wurden acht Kinder zufällig ausgewählt und für diese sowohl das Geburtsgewicht Y in Pfund als auch das monatliche Einkommen der Eltern in 1000 Einheiten der Landeswährung erfaßt. Die Daten sind in der folgenden Tabelle zusammengefaßt:

i	1	2	3	4	5	6	7	8
x_i	2.7	1.9	3.1	3.9	4.0	3.4	2.1	2.9
y_i	5	6	9	8	7	6	7	8

(a) Tragen Sie die Datenpunkte in ein Streuungsdiagramm ein.
(b) Man möchte nun anhand des Einkommens mit Hilfe eines linearen Regressionsmodells das Geburtsgewicht vorhersagen. Berechnen Sie die Kleinste-Quadrate-Schätzer des Achsenabschnitts und der Steigung für die Ausgleichsgerade, und zeichnen Sie diese in das Streuungsdiagramm ein.
(c) Ein Ehepaar verdient 3×1000 Einheiten der Landeswährung im Monat. Welche Prognose des Geburtsgewichts erhalten Sie aufgrund Ihres Modells?
(d) Berechnen und interpretieren Sie das Bestimmtheitsmaß R^2
(e) Wie beurteilen Sie die Eignung des Einkommens zur Vorhersage des Geburtsgewichts?

Aufgabe 3.6 Ein Medikament zur Behandlung von Depression steht im Verdacht, als Nebenwirkung das Reaktionsvermögen zu reduzieren. In einer Klinik wurde deshalb eine Studie durchgeführt, an der zehn zufällig ausgewählte Patienten teilnahmen, die das Präparat in verschiedenen Dosierungen verabreicht bekamen. Das Reaktionsvermögen wurde mit Hilfe des folgenden Experiments gemessen: Der Patient mußte einen Knopf drücken, sobald er ein bestimmtes Signal erhalten hat. Die Zeit zwischen Signal und Knopfdruck wurde als Maß für das Reaktionsvermögen betrachtet. Er ergaben sich folgende Werte für die Dosierung X in mg und die dazugehörige Reaktionszeit Y in Sekunden:

i	1	2	3	4	5	6	7	8	9	10
x_i	1	5	3	8	2	2	10	8	7	4
y_i	1	6	1	6	3	2	8	5	6	2

(a) Was sagt das Streuungsdiagramm über den Zusammenhang von X und Y aus?
(b) Passen Sie eine Gerade an die beobachteten Datenpunkte unter Verwendung der Kleinste-Quadrate Methode an. Beurteilen Sie die Güte Ihrer Anpassung. Nutzen Sie, daß der Korrelationskoeffizient nach Bravais-Pearson r_{XY} hier 0.8934 beträgt. Was sagt dieser Wert über den Zusammenhang von X und Y aus?
(c) Ein Patient erhält 5.5 mg des Medikaments. Welche Reaktionszeit prognostizieren Sie?
(d) Wie läßt sich der in (b) geschätzte Steigungsparameter interpretieren?

4

Wahrscheinlichkeitsrechnung

“Was ist Statistik?” war eine der Fragen, die wir uns in Kapitel 1 gestellt haben. Dabei wurden speziell die Säulen “Beschreiben” (deskriptive Statistik), “Suchen” (explorative Statistik) und “Schließen” (induktive Statistik) hervorgehoben. Die Verfahren, die wir bislang kennengelernt haben, sind den ersten beiden Säulen zuzuordnen. Damit sind wir nun in der Lage, einen Datensatz so zu bearbeiten, daß wir ihn komprimiert in graphischer oder tabellarischer Form darstellen und Kenngrößen etwa zur Beschreibung einer zentralen Tendenz angeben können. Mit Hilfe der explorativen Statistik können wir zudem den Datensatz hinsichtlich interessanter Strukturen oder sonstiger Besonderheiten tiefergehend analysieren.

Dies wird uns i.a. aber nicht genügen. Da typischerweise keine Vollerhebungen, sondern Stichprobenziehungen durchgeführt werden, wäre es anhand der deskriptiven oder auch explorativen Statistik möglich, den vorliegenden Datensatz zu beschreiben und extensiv zu untersuchen insbesondere auch hinsichtlich der Gewinnung von Hypothesen, aber ohne formale Rückschlüsse auf die dahinterstehende Grundgesamtheit ziehen zu können. Würde man etwa in einer klinischen Studie ein neues Präparat mit einem Placebo hinsichtlich seiner Wirksamkeit vergleichen, so könnten wir mit den uns bislang zur Verfügung stehenden Methoden beispielsweise nur die Aussage treffen, daß das neue Präparat in dem vorliegenden Kollektiv eine im Durchschnitt bessere Wirkung erzielt hat als das Placebo. Für die Zulassung dieses Präparats auf dem Markt ist es natürlich nicht ausreichend zu wissen, daß es bei einer ausgewählten Gruppe von Patienten wirkt. Eine ähnliche Fragestellung trifft man bei Marktanalysen an, deren Ziel unter anderem darin besteht, die Akzeptanz eines neuen Produkts festzustellen. Auch hier genügt es nicht, eine Akzeptanz des Produkts in einer ausgewählten Stichprobe potentieller Käufer zu beobachten. Entscheidend ist es, in Erfahrung zu bringen, ob die in der Stichprobe *beobachtete* Wirkung allein auf den *Zufall* zurückzuführen ist oder ob sie mit *großer Sicherheit* tatsächlich durch das Präparat hervorgerufen wurde. Ist letzteres der Fall, ist der beobachtete Effekt nicht von dem behandelten Kollektiv abhängig, sondern für eine umfassendere Grundgesamtheit gültig, und das Präparat kann auf dem Markt zugelassen werden. Eine solche Entscheidung wird in der Regel durch statistische Methoden abgesichert und erfordert zum einen die Betrachtung des Ausgangs der klinischen Studie als das Ergebnis eines Zufallsvorgangs

Zufall

sowie zum anderen die Verwendung von Wahrscheinlichkeitsrechnung, um die Bedeutung des Zufalls für den Ausgang dieses Zufallsvorgangs quantifizieren zu können.

Im Verlauf dieses Abschnitts werden wir den Begriff des Zufallsvorgangs präzisieren und den Begriff der Wahrscheinlichkeit einführen. Einfache Rechenregeln und weitergehende Gesetze für Wahrscheinlichkeiten bilden dann die Grundlage für die Inhalte der weiteren Abschnitte.

4.1 Definition und Begriff der Wahrscheinlichkeit

Zufallsvorgang

An dem obigen Beispiel der klinischen Studie wurde bereits kurz der Begriff des *Zufallsvorgangs* erwähnt, ohne diesen allerdings genauer zu erläutern. Was sowohl diese klinische Studie als auch beispielsweise die Erhebung im Rahmen des Mietspiegels auszeichnet, ist die Tatsache, daß man zwar die möglichen Ausgänge dieses "Vorgangs" kennt, wie die Heilung oder Nicht-Heilung eines Patienten oder die Beträge für die Nettomiete von Wohnungen, aber man weiß vor der Durchführung des Vorgangs nicht, welches Ergebnis eintreten wird. Das heißt, es ist unklar, ob ein bestimmter Patient, der an der Studie teilnimmt, nach der Behandlung mit dem neuen Präparat geheilt ist. Genauso wenig weiß man zunächst, wie hoch die Nettomiete einer Wohnung ist, die zufällig in die Stichprobe für den Mietspiegel gelangt ist.

Zufallsexperiment

Damit haben wir bereits die zwei Charakteristika eines Zufallsvorgangs formuliert: Man kennt die möglichen Ausgänge, weiß aber nicht, welches Ergebnis eintritt. Das konkrete Ergebnis ist vom Zufall abhängig, etwa insofern, als es zufällig ist, welche Wohnung in die Stichprobe gelangt, und somit welche Nettomiete registriert wird. Bei Beobachtungsstudien, Befragungen oder allgemeinen Stichprobenerhebungen sind im Gegensatz zu Experimenten die Rahmenbedingungen i.a. eher nicht kontrollierbar. Man spricht daher von *Zufallsexperimenten*, wenn ein Zufallsvorgang unter kontrollierten Bedingungen abläuft und somit unter gleichen Bedingungen wiederholbar ist.

Zufallsvorgang

Ein *Zufallsvorgang* führt zu einem von mehreren, sich gegenseitig ausschließenden Ergebnissen. Es ist vor der Durchführung ungewiß, welches Ergebnis tatsächlich eintreten wird.

Wahrscheinlichkeit

Solche ungewissen Ergebnisse belegt man hinsichtlich ihres Eintretens mit *Wahrscheinlichkeiten*. So kann man sich überlegen, wie wahrscheinlich es ist, beim Würfelspiel eine Sechs zu würfeln. Ist der Würfel fair, beträgt diese Wahrscheinlichkeit bekanntermaßen gerade $1/6$. Dieser Wert hängt nicht von dem jeweiligen Betrachter ab, sondern ist durch eine frequentistische Sichtweise motiviert: Würde man das Zufallsexperiment des Würfelns sehr oft wiederholen, würde man bei einem fairen Würfel ungefähr einen Anteil von $1/6$ beobachten, mit dem die Sechs im Verhältnis zu allen anderen Zahlen gewürfelt wird. Wir werden i.a. diesen auch als *objektivistisch* bezeichneten Wahrscheinlichkeitsbegriff den nachfolgenden Überlegungen zugrunde legen. Im Gegensatz dazu sind Wahrscheinlichkeiten, mit denen wir Ereignisse unseres täglichen Lebens bewerten, oft *subjektiver* Natur. So hat sicherlich bereits jeder einmal Sätze formuliert wie: „Höchstwahrscheinlich kommt am Wochenende meine Freundin zu Besuch." oder „Wahrscheinlich bestehe ich die Klausur.". Auch damit sind Vorgänge angesprochen, deren Ausgang noch ungewiß ist. Unabhängig von der Art des Wahrscheinlichkeitsbegriffs ist es notwendig, einen Apparat zu entwickeln, mit dem wir die Ausgänge eines Zufallsvorgangs quantifizieren können.

objektive Wahrscheinlichkeit

subjektive Wahrscheinlichkeit

4.1.1 Mengen und Mengenoperationen

Es ist sinnvoll, die möglichen Ausgänge eines Zufallsvorgangs in Mengenschreibweise zu behandeln. Wir definieren im folgenden einige Grundbegriffe der Mengenlehre und zugehörige *Mengenoperationen*.

Menge

Menge

Eine *Menge* ist eine Zusammenfassung verschiedener Objekte zu einem Ganzen. Die einzelnen Objekte werden Elemente genannt.

Mengen werden üblicherweise mit Großbuchstaben bezeichnet und entweder durch eine Auflistung ihrer Elemente, wobei jedes Element nur einmal vorkommt, oder durch eine sie definierende Eigenschaft angegeben. Die erste Möglichkeit ist dabei nur eingeschränkt praktikabel.

Mengen **Beispiel 4.1**

Sei A die Menge der natürlichen Zahlen von eins bis zehn, so kann A wie folgt angegeben werden:

$A = \{1, 2, 3, 4, 5, 6, 7, 8, 9, 10\}$ oder
$A = \{x : x \text{ ist eine natürliche Zahl mit } 1 \leq x \leq 10\}$.

Enthält die Menge B die möglichen Ausgänge eines Münzwurfs, so besteht B aus zwei Elementen:

$B = \{\text{Wappen, Zahl}\}$.

Beschreibt C alle möglichen Ausgänge einer politischen Umfrage dahingehend, welche Partei eine zufällig ausgewählte Person am nächsten Sonntag wählen würde, wenn an diesem Tag Bundestagswahlen wären, lautet C etwa:

$C = \{\text{CDU/CSU, SPD, Bündnis 90/Die Grünen, FDP, Sonstige, Keine Meinung}\}$. □

Einige Standardmengen haben zur Vereinfachung der Notation eigene Symbole.

Standardmengen

$\mathbb{N}$	$= \{1, 2, 3, \dots\}$	: Menge der *natürlichen Zahlen*
$\mathbb{N}_0$	$= \{0, 1, 2, 3, \dots\}$	: Menge der *natürlichen Zahlen inklusive* 0
$\mathbb{Z}$	$= \{0, \pm 1, \pm 2, \dots\}$	: Menge der *ganzen Zahlen*
$\mathbb{R}$	$= (-\infty, \infty)$	: Menge der *reellen Zahlen*
$\emptyset$		: *leere* Menge

Für den weiteren Umgang mit Mengen ist eine Reihe von Notationen, Abkürzungen und ergänzenden Definitionen notwendig. Diese seien zunächst nachstehend zusammengefaßt, bevor sie anhand von Venn-Diagrammen und Beispielen veranschaulicht werden.

Grundlegende Begriffe der Mengenlehre

1. Die Eigenschaft "x ist ein *Element* der Menge A" stellt man in Zeichen dar als: $x \in A$; sonst $x \notin A$.
2. A ist *Teilmenge* von B, i.Z.: $A \subset B$, wenn jedes Element von A auch in B ist.
3. Die *Schnittmenge* $A \cap B$ ist die Menge aller Elemente, die sowohl in A als auch in B sind; i.Z.: $A \cap B = \{x : x \in A$ **und** $x \in B\}$.
4. Die *Vereinigungsmenge* $A \cup B$ ist die Menge aller Elemente, die in A oder B sind; i.Z.: $A \cup B = \{x : x \in A$ **oder** $x \in B\}$.
5. Die *Differenzmenge* $A \backslash B$ ist die Menge aller Elemente, die in A aber nicht in B sind; i.Z.: $A \backslash B = \{x : x \in A$ **und** $x \notin B\}$.
6. Für $A \subset \Omega$ ist die *Komplementärmenge* $\overline{A}$ von A bzgl. Ω die Menge aller Elemente von Ω, die nicht in A sind, i.Z.: $\overline{A} = \Omega \backslash A$.
7. Die *Potenzmenge* $\mathcal{P}(A)$ ist die Menge aller Teilmengen von A; i.Z.: $\mathcal{P}(A) = \{M : M \subset A\}$.
8. Die *Mächtigkeit von* A gibt an, wieviele Elemente in A enthalten sind; i.Z.: $|A| = \#\{x : x \in A\}$. Dabei steht das Symbol "#" für "Anzahl".

Venn-Diagramm

Mengenoperationen lassen sich am anschaulichsten in einem *Venn-Diagramm* darstellen. Dieses besteht aus einem Kasten, in dem die Mengen als Kreise oder Ellipsen dargestellt werden. Der Kasten stellt dabei eine u.U. fiktive Menge dar, von der die in dem Kasten gezeichneten Mengen Teilmengen sind.

Mengenoperationen

Beispiel 4.2

Seien im folgenden Ω = {CDU/CSU, SPD, FDP, Bündnis 90/Die Grünen, Sonstige}, A = {CDU/CSU, SPD, FDP, Bündnis 90/Die Grünen}, B = {CDU/CSU, SPD, FDP}, C = {SPD, FDP, Bündnis 90/Die Grünen}. (Die nachfolgende Numerierung bezieht sich auf die oben aufgeführten grundlegenden Begriffe der Mengenlehre).

Zu 1. Für das Element x = Bündnis 90/Die Grünen gilt: $x \in C$, aber $x \notin B$.

Zu 2. Es gilt $B \subset A$; im Venn-Diagramm:

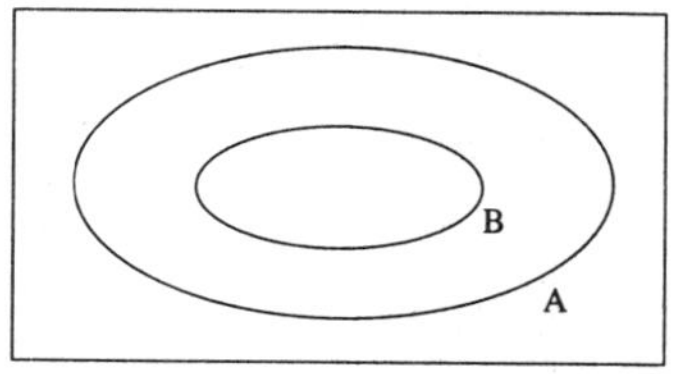

Allgemein gilt: $\emptyset \subset A, A \subset A$.

Zu 3. Die Schnittmenge $B \cap C$ ergibt sich zu $B \cap C$ = {SPD, FDP}; im Venn-Diagramm:

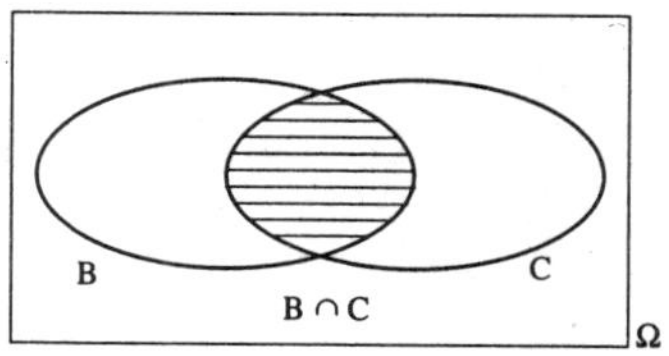

Allgemein gilt: $A \subset B \Rightarrow A \cap B = A$,
insbesondere : $A \cap A = A, A \cap \emptyset = \emptyset$.

Zu 4. Die Vereinigung $B \cup C$ ergibt sich als $B \cup C$ = {CDU/CSU, SPD, FDP, Bündnis 90/Die Grünen}; im Venn-Diagramm:

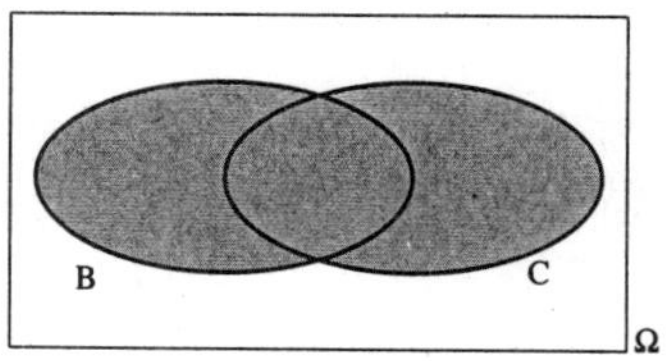

Allgemein gilt: $A \subset B \Rightarrow A \cup B = B$,
insbesondere : $A \cup A = A$, $A \cup \emptyset = A$.

Zu 5. Die Differenzmenge $B\backslash C$ ist gegeben als $B\backslash C$ = {CDU/CSU}; im Venn-Diagramm:

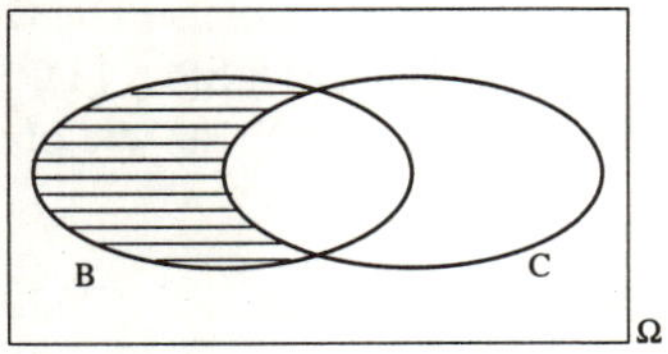

Allgemein gilt: $A \cap B = \emptyset \Rightarrow A\backslash B = A$,
$A \subset B \Rightarrow A\backslash B = \emptyset$.

Zu 6. Die Komplementärmenge $\overline{B} = \Omega\backslash B$ ist in diesem Beispiel $\overline{B}$ = {Bündnis 90/Die Grünen, Sonstige}; im Venn-Diagramm:

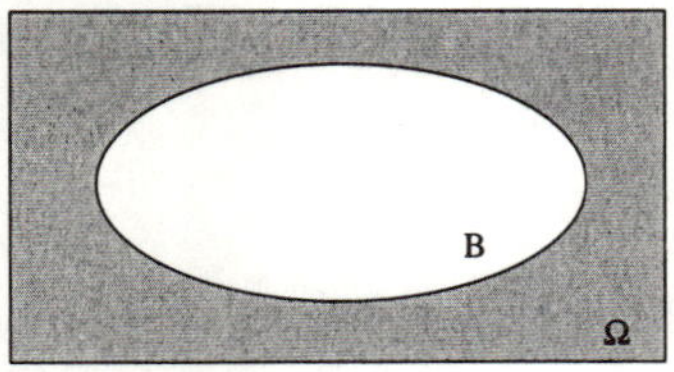

Zu 7. Die Potenzmenge $\mathcal{P}(B)$ resultiert hier in $\mathcal{P}(B)$ = {$\emptyset$, B, {CDU/CSU}, {SPD}, {FDP}, {CDU/CSU, SPD}, {CDU/CSU, FDP}, {SPD, FDP}}.
An dieser Darstellung wird deutlich, daß die Elemente einer Potenzmenge selbst wieder Mengen sind.

Zu 8. Da B drei Parteien enthält, ist $|B| = 3$. □

Desweiteren sind einige Rechenregeln von Bedeutung, deren Gültigkeit man sich leicht anhand von Venn-Diagrammen überlegen kann.

Rechenregeln für Mengen

1. Kommutativgesetze : $A \cap B = B \cap A, A \cup B = B \cup A,$
2. Assoziativgesetze : $(A \cap B) \cap C = A \cap (B \cap C),$
   $(A \cup B) \cup C = A \cup (B \cup C),$
3. Distributivgesetze : $(A \cup B) \cap C = (A \cap C) \cup (B \cap C),$
   $(A \cap B) \cup C = (A \cup C) \cap (B \cup C),$
4. De Morgansche Regeln : $\overline{(A \cup B)} = \overline{A} \cap \overline{B},$
   $(\overline{A \cap B}) = \overline{A} \cup \overline{B}.$
5. Aus $A \subset B$ folgt: $\overline{B} \subset \overline{A}$.
6. Für die Differenzmenge $A \backslash B$ gilt: $A \backslash B = A \cap \overline{B}$.

4.1.2 Zufallsereignisse

Wir betrachten zunächst den Fall, daß unser Zufallsvorgang nur zu endlich vielen möglichen *Ergebnissen* $\omega_1, \ldots, \omega_n$ führen kann. Die Menge $\Omega = \{\omega_1, \ldots, \omega_n\}$, die diese Ergebnisse umfaßt, bezeichnen wir mit *Ergebnisraum* oder *-menge* bzw. *Stichprobenraum*.

Ergebnis
Ergebnisraum

Ergebnisraum **Beispiel 4.3**

(a) Ein einfaches Beispiel für ein Zufallsexperiment ist das Werfen einer Münze. Als Ergebnis interessiert uns die Seite, die nach oben zeigt. Damit ist der Ergebnisraum Ω gegeben als $\Omega = \{\text{Zahl, Wappen}\}$.

(b) Wirft man einen Würfel einmal und interessiert sich für die Zahl, die oben liegt, erhält man als Ergebnisraum die Menge $\Omega = \{1, 2, \ldots, 6\}$, wobei die Elemente keine Zahlen sind, sondern Ergebnisse des Zufallsexperiments. Beispielsweise steht "2" für das Ergebnis "Die 2 liegt oben".
Beim zweimaligen Werfen eines Würfels notieren wir jeweils die Zahl, die oben liegt. In diesem Fall bilden alle möglichen Paare der Zahlen $1, \ldots, 6$ den Ergebnisraum Ω, d.h. $\Omega = \{(1,1), (1,2), (1,3), (1,4), (1,5), (1,6), (2,1), \ldots, (2,6), \ldots, (6,6)\}$.

(c) Für die Mietspiegelerstellung besteht der Zufallsvorgang in dem zufälligen Ziehen einer Wohnung aus allen mietspiegelrelevanten Wohnungen. Diese stellen dementsprechend den Ergebnisraum dar.

(d) Das Schreiben einer Klausur kann ebenfalls als Zufallsvorgang angesehen werden. Ist die erreichte Punktzahl von Interesse, so ergibt sich bei einer maximal erreichbaren Punktzahl von 100 der Ergebnisraum Ω als $\Omega = \{0, 1, 2, \ldots, 100\}$.

(e) Werden Sachverständige zur Beurteilung der Konjunkturentwicklung im nächsten Jahr befragt, so läßt sich auch das Ergebnis der subjektiven Einschätzung der Sachverständigen als Ausgang eines Zufallsvorgangs ansehen. Der Ergebnisraum besteht in diesem Fall aus den Ergebnissen "+" = Aufschwung, "=" = unveränderte Konjunkturlage, "−" = negative Konjunkturentwicklung, d.h. $\Omega = \{+, =$

$, -\}$. Völlig analog läßt sich der IFO-Konjunkturtest behandeln. Auch hier wird die subjektive Vermutung der teilnehmenden Unternehmen erfaßt. □

In vielen Fragestellungen interessieren neben den Ergebnissen selbst bestimmte Zusammenfassungen davon. Dies läßt sich gut am Beispiel 4.3(d) erläutern. Für die meisten Studierenden ist die genaue Punktzahl, die sie in der Klausur erreicht haben, gar nicht so relevant; entscheidend ist, ob sie bestanden haben oder nicht. Nehmen wir an, man bräuchte mindestens 40 Punkte zum Bestehen, so ließen sich die Ergebnisse zusammenfassen zu $\{0, 1, \ldots, 39\}$ und $\{40, 41, \ldots, 100\}$, wobei eine Punktzahl, die Element der ersten Menge ist, "nicht-bestanden" und entsprechend eine Punktzahl der zweiten Menge "bestanden" bedeutet. Aber auch die Konzentration auf die Augensumme beim zweimaligen Werfen eines Würfels liefert eine solche Zusammenfassung von Ergebnissen, in diesem Fall der gewürfelten Zahlenpaare zu ihrer Summe. Allgemein nennt man Zusammenfassungen von Ergebnissen eines Zufallsvorgangs *(Zufalls-)Ereignisse*. Ereignisse sind also Teilmengen des Ergebnisraums $\Omega = \{\omega_1, \ldots, \omega_n\}$. Die einelementigen Teilmengen $\{\omega_1\}, \ldots, \{\omega_n\}$, also die Ergebnisse, heißen *Elementarereignis*. Damit sind die einzelnen möglichen Punktzahlen in dem obigen Beispiel die Elementarereignisse.

Zufallsereignis

Elementarereignis

Zufallsereignisse

Der *Ergebnisraum* $\Omega = \{\omega_1, \ldots, \omega_n\}$ ist die Menge aller Ergebnisse $\omega_i, i = 1, \ldots, n$, eines Zufallsvorgangs. Teilmengen von Ω heißen (Zufalls-) *Ereignisse*. Die einelementigen Teilmengen von Ω, d.h. $\{\omega_1\}, \ldots, \{\omega_n\}$ werden als *Elementarereignisse* bezeichnet.

Da sich Ereignisse als Mengen schreiben lassen, kann das Eintreten von Ereignissen über entsprechende Mengenoperationen formuliert werden. So sagt man "Das Ereignis A tritt ein", wenn das Ergebnis ω des Zufallsvorgangs in A liegt, also $\omega \in A$ gilt. In unserem Beispiel hätte ein Student bestanden, wenn seine erreichte Punktzahl in der Menge $\{40, 41, \ldots, 100\}$ liegt. Entsprechend heißt es "A tritt nicht ein", wenn das *Komplementärereignis* $\bar{A}$ eintritt, d.h., das Ergebnis ω des Zufallsvorgangs liegt nicht in A, also $\omega \notin A$. Entspricht A der leeren Menge, so ist A ein *unmögliches Ereignis*. Stimmt A mit dem gesamten Ergebnisraum Ω überein, so tritt A *sicher* ein. Kann A oder B eintreten in dem Sinne, daß entweder A oder B oder auch beide gemeinsam eintreten können, gilt $\omega \in A \cup B$. Wenn sowohl A als auch B eintritt, liegt das Ergebnis ω im Schnitt von A und B, also $\omega \in A \cap B$. Sind A und B sich gegenseitig ausschließende Ereignisse, heißen sie *disjunkt*, und es gilt $A \cap B = \emptyset$.

Komplementärereignis

unmögliches Ereignis

sicheres Ereignis

disjunkt

Diese Begriffe seien im folgenden illustriert anhand eines einfachen Beispiels.

Einmaliges Werfen eines Würfels **Beispiel 4.4**

Für dieses Zufallsexperiment bildet $\Omega = \{1,2,3,4,5,6\}$ das sichere Ereignis, da eine Zahl von 1 bis 6 mit Sicherheit geworfen wird.

Dem Ereignis "Eine gerade Zahl wird geworfen" entspricht die Menge $A = \{2,4,6\}$ und dem Ereignis "Eine Zahl kleiner oder gleich 2 wird geworfen" gerade die Menge $B = \{1,2\}$. Zur Menge $\overline{B} = \{3,4,5,6\}$ gehört das Ereignis "Eine Zahl größer als 2 wird geworfen". "Eine 1 wird geworfen" ist ein Beispiel für ein Elementarereignis. Das Ereignis "Eine 7 wird geworfen" ist ein unmögliches Ereignis und entspricht der leeren Menge.

Zu dem Ereignis "Es wird eine gerade Zahl oder eine Zahl kleiner oder gleich 2 geworfen" gehört die Vereinigungsmenge $A \cup B = \{1,2,4,6\}$, während das Ereignis "Es wird eine gerade Zahl geworfen, die größer als 2 ist" durch die Schnittmenge $A \cap \overline{B} = \{4,6\}$ wiedergegeben wird. □

4.1.3 Wahrscheinlichkeiten

Vor der Durchführung eines Zufallsvorgangs ist es ungewiß, welches Ereignis eintritt. Trotzdem ist man bestrebt, sich auf die verschiedenen Möglichkeiten einzustellen, die eintreten können. Dazu versucht man, die Chance für das Eintreten eines bestimmten Ereignisses $A \subset \Omega$ durch eine Zahl zu bewerten. Nehmen wir die einfache Situation einer Losbude auf dem Münchner Oktoberfest. Wir wissen, daß in dem Körbchen mit den Losen 25 Gewinne und 75 Nieten sind. Die Chance, beim Ziehen eines Loses, einen Gewinn zu haben, ist dementsprechend 1 : 3. Zieht man nun vier Lose, so würde man einen Gewinn darunter erwarten. Wollte man "sicher" gehen, so könnte man natürlich alle Lose in dem Körbchen kaufen. In diesem Fall hätte man mit 100 %iger Sicherheit einen Gewinn. Zieht man erneut nur ein einzelnes Los, so ist es sicher, entweder einen Gewinn oder eine Niete zu ziehen. Das Eintreten eines Gewinns allein bewertet man mit $1/4$, das Eintreten einer Niete mit $3/4$. Die Summe der beiden Einzelbewertungen ergibt wieder 1. Die letztgenannte Eigenschaft läßt sich noch weiter verallgemeinern. Sie ist Teil der sogenannten *Axiome von Kolmogoroff*. Diese Axiome beinhalten Anforderungen an die Zahlenzuordnung zur Bewertung der Chancen für das Eintreten eines Ereignisses. Werden diese Axiome von gewissen Zahlenzuordnungen erfüllt, so heißen diese zugeordneten Zahlen *Wahrscheinlichkeiten*. In Zeichen wird die Wahrscheinlichkeit für das Eintreten eines Ereignisses A durch $P(A)$ dargestellt. Dabei resultiert das Symbol P von dem englischen Ausdruck für Wahrscheinlichkeit "probability". Mit dieser Schreibweise können die von dem russischen Mathematiker Andrej Kolmogoroff (1903 – 1987) erstmals formulierten Axiome für Wahrscheinlichkeiten angegeben werden. Diese beinhalten, nur allgemein formuliert, die Eigenschaften von Wahrscheinlichkeiten, die wir uns anhand des Losbudenbeispiels bereits überlegt haben.

Axiome von Kolmogoroff

Wahrscheinlichkeiten

Axiome von Kolmogoroff

(K1) $P(A) \geq 0$.
(K2) $P(\Omega) = 1$.
(K3) Falls $A \cap B = \emptyset$, so ist $P(A \cup B) = P(A) + P(B)$.

Das erste Axiom von Kolmogoroff besagt, daß Wahrscheinlichkeiten stets größer oder gleich null sind. Die Wahrscheinlichkeit von null muß dabei zugelassen werden, um die Möglichkeit zu haben, auch Ereignisse, die unmöglich eintreten können, mit einer bestimmten Wahrscheinlichkeit zu bewerten. Dem sicheren Ereignis Ω wird die Wahrscheinlichkeit 1 zugewiesen. Schließen sich zwei Ereignisse A und B gegenseitig aus, d.h. sind sie disjunkt, etwa A = Gewinn, B = Niete, so ist nach dem dritten Axiom die Wahrscheinlichkeit für ihre Vereinigung als Summe ihrer Einzelwahrscheinlichkeiten berechenbar.

Die Wahrscheinlichkeit P von Ereignissen läßt sich als Abbildung auffassen. Dabei ordnet P jedem Ereignis A, das eine Teilmenge von Ω ist, eine Zahl zwischen 0 und 1 zu, also:

$$\begin{aligned} P : \{A : A \subset \Omega\} &\to [0,1] \\ A &\mapsto P(A) \end{aligned}$$

Wahrscheinlichkeitsmaß

Man nennt P dann ein *Wahrscheinlichkeitsmaß* auf dem Mengensystem $\{A : A \subset \Omega\}$.

objektiver Wahrscheinlichkeitsbegriff

Zwischen relativen Häufigkeiten und Wahrscheinlichkeiten lassen sich Verbindungen herstellen, die zum einen als Motivation für die Axiome von Kolmogoroff angesehen werden können und zum anderen den *objektivistischen Wahrscheinlichkeitsbegriff* begründen. Dieser objektivistische Wahrscheinlichkeitsbegriff basiert auf einer Häufigkeitsinterpretation der Wahrscheinlichkeit. Bei einem Zufallsexperiment geht man davon aus, daß es beliebig oft wiederholt werden kann. Ermittelt man nun bei n unabhängigen Wiederholungen dieses Experiments jeweils die relative Häufigkeit eines Ereignisses A, so läßt sich die Wahrscheinlichkeit für das Eintreten von A als den Wert ansehen, bei dem sich die relative Häufigkeit von A mit wachsendem n stabilisiert. Auf diesen Aspekt werden wir später noch einmal eingehen. Diesem Wahrscheinlichkeitsbegriff steht die subjektive Auffassung von Wahrscheinlichkeiten gegenüber, bei der die Wahrscheinlichkeit für das Eintreten eines Ereignisses A von der jeweiligen Person festgelegt wird. Bei derartigen subjektiven Bewertungen können also ein und demselben Ereignis verschiedene Wahrscheinlichkeiten zugeordnet werden. Die Analogie des Wahrscheinlichkeitsbegriffs zu den relativen Häufigkeiten bietet eine Reihe von Vorteilen. So lassen sich unter anderem die für die relativen Häufigkeiten bekannten Rechenregeln auch auf Wahrscheinlichkeiten übertragen. Dies wird deutlich, wenn man noch einmal auf die Axiome von Kolmogoroff zurückkommt und deren „Gültigkeit“ für die relativen Häufigkeiten überprüft.

Motivation der Axiome von Kolmogoroff

Beispiel 4.5

Zur Motivation der Axiome betrachten wir das Zufallsexperiment des einmaligen Werfen eines Würfels. Es interessiert die Zahl, die bei dem Würfel oben liegt. Der Ergebnisraum Ω ist also $\Omega = \{1, 2, 3, 4, 5, 6\}$. Das Experiment wurde 1000 mal unabhängig voneinander wiederholt, und die relativen Häufigkeiten $f_1, \ldots, f_6$ für das Auftreten der Zahlen $1, \ldots, 6$ wurden ermittelt. Damit sind $f_1, \ldots, f_6$ die relativen Häufigkeiten der Elementarereignisse. Aus den vertrauten Rechenregeln für relative Häufigkeiten (vgl. Kapitel 2) weiß man, daß daraus die relative Häufigkeit eines beliebigen Ereignisses A berechenbar ist, etwa für

$$
\begin{aligned}
& A = \{\text{eine Zahl} \leq 3 \text{ liegt oben}\} = \{\omega : \omega \leq 3\} = \{1, 2, 3\} \\
\text{als} \quad & f(A) = f_1 + f_2 + f_3 \,, \\
\text{d.h. allgemein} \quad & f(A) = \sum_{i \in A} f_i \,.
\end{aligned}
$$

Nachdem wir uns diese Regel vergegenwärtigt haben, überprüfen wir nun die „Gültigkeit" der Axiome von Kolmogoroff:

(K1) Da

$$f(A) = \sum_{i \in A} f_i \geq 0$$

ist dieses "Axiom" offensichtlich erfüllt , da relative Häufigkeiten stets größer oder gleich null sind.

(K2) Da

$$
\begin{aligned}
f(\Omega) &= f(\{1, 2, 3, 4, 5, 6\}) \\
&= f(\{\text{eine Zahl zwischen 1 und 6 liegt oben}\}) \\
&= f_1 + f_2 + f_3 + f_4 + f_5 + f_6 = 1 \,,
\end{aligned}
$$

gilt auch das zweite „Axiom", da die Summe aller relativen Häufigkeiten stets 1 ergibt.

(K3) Sei $A \cap B = \emptyset$, dann gilt:

$$f(A \cup B) = \sum_{i \in A \cup B} f_i = \sum_{i \in A} f_i + \sum_{i \in B} f_i = f(A) + f(B) \,.$$

Betrachten wir etwa die disjunkten Ereignisse $A = \{1, 2\}$, $B = \{3, 4\}$, dann gilt $A \cup B = \{1, 2, 3, 4\}$ und weiterhin:

$$f(A) = f_1 + f_2 \,, \quad f(B) = f_3 + f_4 \,, \quad f(A \cup B) = f_1 + f_2 + f_3 + f_4 \,.$$

Somit ist dieses dritte „Axiom" auch erfüllt, denn

$$f(A \cup B) = f_1 + f_2 + f_3 + f_4 = f(A) + f(B) \,.$$

Machen wir uns an diesem Beispiel zudem klar, daß für die Gültigkeit dieses Axioms i.a. nicht auf die Voraussetzung der Disjunktheit verzichtet werden kann: Seien $A = \{1, 2, 3\}$ und $B = \{3, 4\}$. Dann ist die Schnittmenge von A und B nicht leer, $A \cap B = \{3\}$, d.h. A und B sind nicht disjunkt. Betrachten wir erneut $A \cup B = \{1, 2, 3, 4\}$, so gilt:

$$
\begin{aligned}
f(A \cup B) &= f_1 + f_2 + f_3 + f_4 \neq f(A) + f(B)\,, \quad \text{da} \\
f(A) &= f_1 + f_2 + f_3 \quad \text{und} \quad f(B) = f_3 + f_4 \quad \text{und somit} \\
f(A) + f(B) &= f_1 + f_2 + 2f_3 + f_4\,.
\end{aligned}
$$

□

Rechenregeln

Aus den Axiomen von Kolmogoroff lassen sich nun die (für relative Häufigkeiten bereits vertrauten) *Rechenregeln* auch für Wahrscheinlichkeiten ableiten:

Rechenregeln für Wahrscheinlichkeiten

Sei Ω ein Ergebnisraum, dann gilt:

1. $0 \leq P(A) \leq 1$ für $A \subset \Omega$,
2. $P(\emptyset) = 0$,
3. $P(A) \leq P(B)$, falls $A \subset B$ und $A, B \subset \Omega$,
4. $P(\overline{A}) = 1 - P(A)$ mit $\overline{A} = \Omega \backslash A$,
5. $P(A_1 \cup A_2 \cup \ldots \cup A_k) = P(A_1) + P(A_2) + \ldots + P(A_k)$, falls $A_1, A_2, \ldots, A_k$ paarweise disjunkt und $A_i \subset \Omega$, $i = 1, \ldots, k$,
6. $P(A \cup B) = P(A) + P(B) - P(A \cap B)$.

Die Richtigkeit dieser Regeln kann man leicht nachprüfen:

Zu 1. Nach (K2) gilt: $P(\Omega) = 1$. Aus $\Omega = A \cup \overline{A}$ folgt damit nach (K3):

$$1 = P(\Omega) = P(A \cup \overline{A}) = P(A) + P(\overline{A})\,,$$

wobei $P(A)$ und $P(\overline{A})$ nach (K1) jeweils größer gleich null sind und somit die erste Regel erfüllt ist.

Zu 2. Wieder beginnen wir mit (K2):

$$1 = P(\Omega) = P(\Omega \cup \emptyset) = P(\Omega) + P(\emptyset)\,.$$

Damit kann $P(\emptyset)$ nur gleich null sein.

Zu 3. Da $A \subset B$, läßt sich B schreiben als $B \backslash A \cup A$, woraus folgt:

$$P(B) = P(B \backslash A) + P(A) .$$

Da zudem $P(B \backslash A) \geq 0$, gilt:

$$P(A) \leq P(B) .$$

Zu 4. Da $\Omega = A \cup \overline{A}$ und $P(\Omega) = 1$, folgt:

$$P(A) + P(\overline{A}) = 1$$

und daraus die vierte Rechenregel.

Zu 5. Diese ergibt sich als direkte Verallgemeinerung aus (K3). Zur Veranschaulichung betrachten wir das folgende Venn-Diagramm, in dem drei paarweise disjunkte Mengen A_1, A_2, A_3 dargestellt sind.

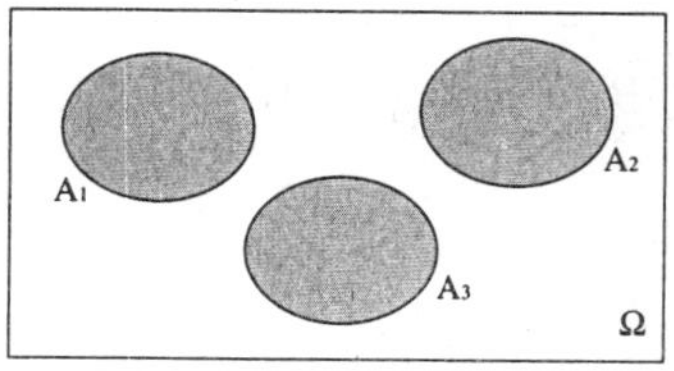

Man erkennt deutlich, daß sich die Fläche der Vereinigung dieser drei Mengen als Summen der Einzelflächen ergibt, was in Analogie zur Wahrscheinlichkeit der Vereinigung steht, die als Summe der Einzelwahrscheinlichkeiten ermittelt werden kann.

Zu 6. Seien $A, B \subset \Omega$, dann gilt: $A \backslash B$, $A \cap B$ und $B \backslash A$ sind paarweise disjunkte Ereignisse, wie man sich leicht anhand eines Venn-Diagramms überlegt. Damit gilt für die entsprechenden Wahrscheinlichkeiten:

$$\begin{aligned} P(A) &= P\big((A \backslash B) \cup (A \cap B)\big) = P(A \backslash B) + P(A \cap B) , \\ P(B) &= P\big((B \backslash A) \cup (A \cap B)\big) = P(B \backslash A) + P(A \cap B) \quad \text{und} \\ P(A \cup B) &= P\big((A \backslash B) \cup (A \cap B) \cup (B \backslash A)\big) = P(A \backslash B) + P(A \cap B) + P(B \backslash A) . \end{aligned}$$

Daraus ergibt sich direkt

$$P(A) + P(B) = P(A \backslash B) + P(A \cap B) + P(B \backslash A) + P(A \cap B) = P(A \cup B) + P(A \cap B)$$

und damit die Regel (vi):

$$P(A \cup B) = P(A) + P(B) - P(A \cap B) .$$

Additionssatz

Im Gegensatz zum Venn-Diagramm, das die fünfte Rechenregel veranschaulicht, erkennt man in dem folgenden Venn-Diagramm, daß die Fläche der Vereinigung der beiden Mengen A und B nicht einfach als Summe der beiden einzelnen Flächen berechnet werden kann, da in diesem Fall die Fläche der Schnittmenge von A und B zweimal eingehen würde.

Da die letzte Regel, der sogenannte *Additionssatz*, von besonderer Bedeutung ist, sei ihre Anwendung an dem folgenden Beispiel kurz illustriert.

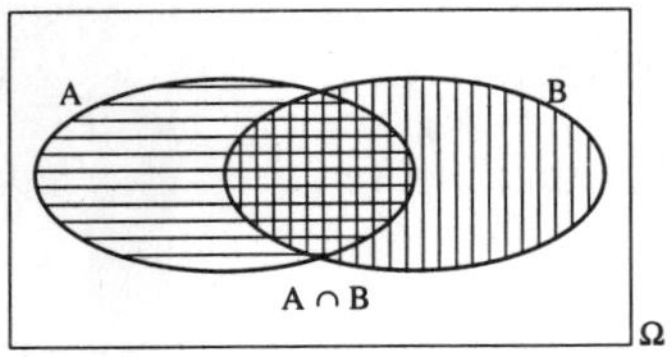

Beispiel 4.6 **Additionssatz**

Betrachten wir erneut die Mengen B = { CDU/CSU, SPD, FDP} und C = {SPD, FDP, Bündnis 90/Die Grünen}, vgl. Beispiel 4.2 (Seite 175). Nach einer Umfrage vom Oktober 1995 in West-Deutschland (Quelle: Emnid) betragen die Wahrscheinlichkeiten für eine Wahl der CDU/CSU 0.45, für die SPD 0.31, für die FDP 0.05 und für die Wahl von Bündnis 90/Die Grünen 0.13. Daraus läßt sich $P(B)$ analog zu den relativen Häufigkeiten berechnen als

$$P(B) = 0.45 + 0.31 + 0.05 = 0.81\,.$$

Entsprechend gilt für $P(C)$:

$$P(C) = 0.31 + 0.05 + 0.13 = 0.49\,.$$

Da $B \cup C$ ={CDU/CSU, SPD, FDP, Bündnis 90/Die Grünen} ergibt sich als $P(B \cup C)$:

$$P(B \cup C) = 0.45 + 0.31 + 0.05 + 0.13 = 0.94\,.$$

Da die Wahrscheinlichkeit von $B \cap C$ = {SPD, FDP} gegeben ist als

$$P(B \cap C) = 0.31 + 0.05 = 0.36\,,$$

erhält man insgesamt

$$P(B \cup C) = 0.94 = 0.81 + 0.49 - 0.36 = P(B) + P(C) - P(B \cap C)\,.$$

□

Im obigen Beispiel haben wir bereits ausgenutzt, daß sich Wahrscheinlichkeiten für Ereignisse im Fall endlicher Grundgesamtheiten als Summe der Wahrscheinlichkeiten der zugehörigen Elementarereignisse berechnen lassen. Die folgenden Rechenregeln beschreiben diesen Zusammenhang allgemein.

Berechnung der Wahrscheinlichkeit für das Eintreten eines Ereignisses A

Sei $A \subset \Omega$, Ω endlich, und seien die Elementarereignisse bezeichnet mit $\{\omega_1\},\ldots,\{\omega_n\}$, dann gilt

$$\begin{aligned} P(\{\omega_i\}) &\geq 0, \quad i = 1, \ldots, n, \\ P(\Omega) &= P(\{\omega_1\}) + \ldots + P(\{\omega_n\}) = 1, \\ P(A) &= \sum_{\omega \in A} P(\{\omega\}). \end{aligned}$$

Schreibweise: $P\big(\{\omega\}\big) = p_\omega$, $\omega \in \Omega$.

Wie sich leicht nachprüfen läßt, sind diese Rechenregeln im Fall endlicher Grundgesamtheiten äquivalent zu den Axiomen von Kolmogoroff.

Analogien

Neben der Übertragbarkeit der Rechenregeln liegt ein weiterer Vorteil der *Analogie zwischen relativen Häufigkeiten und Wahrscheinlichkeiten* darin, daß sich bei endlichen Grundgesamtheiten relative Häufigkeiten unter Umständen als Wahrscheinlichkeiten interpretieren lassen. Beträgt der Anteil der Frauen in einer bestimmten Population z.B. 51 % und der der Männer 49 %, so kann man sagen, daß mit einer Wahrscheinlichkeit von 0.51 eine zufällig ausgewählte Person weiblich ist. Entsprechend wird mit einer Wahrscheinlichkeit von 0.49 zufällig eine männliche Person ausgewählt. Im Beispiel 4.6 wurde diese Tatsache bereits ausgenutzt. Dort wurden die ermittelten Wähleranteile als Wahrscheinlichkeiten für die Wahl der einzelnen Parteien interpretiert. Außerdem dienen relative Häufigkeiten auch zur Schätzung von Wahrscheinlichkeiten für das Eintreten von Ereignissen, falls diese unbekannt sind (vgl. auch Kapitel 9).

4.2 Zur empirischen Interpretation von Wahrscheinlichkeiten

Die Wahrscheinlichkeitsrechnung hat vermutlich ihren Ursprung beim Glückspiel und zwar beim Berechnen von Chancen für einen Gewinn. Dabei gilt als erste mathematische Auseinandersetzung mit Wahrscheinlichkeiten der berühmte Briefwechsel zwischen den französischen Mathematikern Blaise Pascal (1623 – 1662) und Pierre de Fermat (1601 – 1665), der aus einer Anfrage des Chevaliers de Méré 1654 an Pascal nach den Gewinnchancen beim Würfelspiel entstand. Die Antworten von Pascal und Fermat wurden anschließend von dem holländischen Mathematiker Christiaan Huygens (1629 – 1695) erweitert und in seinem 1657 erschienenen Buch über Wahrscheinlichkeitsrechnung „De ratiociniis in alea ludo" veröffentlicht. Im Jahr 1713 erscheint das Buch „Ars conjectandi" von Jakob Bernoulli (1654–1705), zu dessen Inhalt unter anderem die Binomialverteilung (vgl. Abschnitt 5.3.1) und das Gesetz der großen Zahlen (vgl. Abschnitt 7.1.1) gehören. Schließlich sind als frühe Werke noch das 1718 erschienene Buch von Abraham de Moivre (1667 – 1754) zu nennen, in dem eine Beziehung zwischen der Binomial- und der Normalverteilung hergestellt wird, und die Arbeit des englischen Geistlichen Thomas Bayes (1702 – 1761). Der in der letztgenannten Arbeit veröffentlichte und nach dem Autor benannte Satz von Bayes wird am Ende dieses Abschnitts behandelt. All diesen Arbeiten liegt der klassische Wahrscheinlichkeitsbegriff zugrunde, der auch als *Laplace-Wahrscheinlichkeit* bekannt ist. Für die Definition der Laplace-Wahrscheinlichkeit wird ausgenutzt, daß es bei endlichen Grundgesamtheiten genügt, die Wahrscheinlichkeiten aller Elementarereignisse zu kennen, um die Wahrscheinlichkeit für das Eintreten beliebiger Ereignisse A berechnen zu können.

Laplace-Wahrscheinlichkeit

4.2.1 Die Laplace-Wahrscheinlichkeit

Bei Glückspielen ist es häufig gerechtfertigt, davon auszugehen, daß alle möglichen Ausgänge eines solchen Spiels mit gleicher Wahrscheinlichkeit eintreten können. Kann man für ein beliebiges Zufallsexperiment annehmen, daß alle Elementarereignisse gleichwahrscheinlich sind, so nennt man ein solches Experiment ein *Laplace-Experiment* nach dem französischen Mathematiker Pierre Simon Marquis de Laplace (1749 – 1827). Dieser definierte die Wahrscheinlichkeit für das Eintreten eines Ereignisses A in dem Fall, daß Ω endlich ist, über die folgende Berechnungsart: Man dividiere die Anzahl der für A günstigen Ergebnisse eines Zufallsexperiments durch die Anzahl aller möglichen Ergebnisse. Dabei spricht man von einem für A günstigen Ergebnis, wenn A eintritt. Vorausgesetzt für diese Art der Berechnung von Wahrscheinlichkeiten ist die oben bereits erwähnte Gleichwahrscheinlichkeit der Elementarereignisse unter der sich die Wahrscheinlichkeit eines Elementarereignisses, gerade als 1 dividiert durch die Mächtigkeit von Ω ergibt, d.h. sei $\Omega = \{1, \dots, N\}$, dann gilt

Laplace-Experiment

Laplace-Wahrscheinlichkeit

$$P(\{j\}) = p_j = \frac{1}{N} = \frac{1}{|\Omega|}, \quad j = 1, \dots, N.$$

Für die *Laplace-Wahrscheinlichkeit* von A gilt nach den obigen Überlegungen folgende *Abzählregel*:

Abzählregel

$$P(A) = \frac{\text{Anzahl der für } A \text{ günstigen Ergebnisse}}{\text{Anzahl aller möglichen Ergebnisse}}.$$

Bezeichnen M die Anzahl der für ein beliebiges Ereignis A günstigen Ergebnisse, also $|A| = M$, und N die Anzahl aller möglichen Ergebnisse eines Zufallsexperiments, also $|\Omega| = N$, so können wir die folgende Definition der Laplace-Wahrscheinlichkeit festhalten:

Laplace-Wahrscheinlichkeit

In einem Laplace-Experiment gilt für $P(A)$ mit $|A| = M$ und $|\Omega| = N$:

$$P(A) = \frac{|A|}{|\Omega|} = \frac{M}{N}.$$

Zur Illustration dieses Begriffs betrachten wir im folgenden einige Beispiele.

Dreimaliger Münzwurf **Beispiel 4.7**

Wir werfen dreimal unabhängig voneinander eine faire Münze und notieren jeweils, ob die Münze Wappen oder Zahl anzeigt. Der zugehörige Ergebnisraum lautet:

$$\Omega = \{(W,W,W),(W,W,Z),(W,Z,W),(Z,W,W),\\ (W,Z,Z),(Z,W,Z),(Z,Z,W),(Z,Z,Z)\}$$

und enthält die acht Ergebnisse dieses Zufallsexperiments, d.h. $|\Omega| = 8$. Da wir vorausgesetzt haben, daß die Münze fair ist, kann dieser Zufallsvorgang als Laplace-Experiment angesehen werden, und es gilt:

$$p_\omega = \frac{1}{8} = \frac{1}{|\Omega|}, \quad \omega \in \Omega.$$

Damit besitzt jedes mögliche Ergebnis die gleiche Wahrscheinlichkeit $1/8$, d.h. dreimal hintereinander Wappen zu erhalten, ist genauso wahrscheinlich wie etwa die Kombination (W, Z, W).

Die Wahrscheinlichkeit für das Ereignis $A = \{\text{mindestens einmal Wappen}\}$ berechnet sich nun direkt als Quotient der Anzahl der für A günstigen Ergebnisse und der Anzahl aller möglichen Ergebnisse. Da bei sieben Elementarereignissen von Ω mindestens einmal Wappen auftritt, ist $|A| = 7$ und somit

$$P(A) = \frac{7}{8}.$$

Die Wahrscheinlichkeit für das Gegenereignis $\overline{A} = \{\text{keinmal Wappen}\}$ beträgt $1/8$, denn nach der vierten Rechenregel für Wahrscheinlichkeiten gilt:

$$P(\overline{A}) = 1 - P(A)$$

bzw. aufgrund der Definition der Laplace-Wahrscheinlichkeit:

$$P(\overline{A}) = \frac{|\overline{A}|}{|\Omega|} = \frac{1}{8}.$$

Für das Ereignis $B = \{\text{genau zweimal Wappen}\}$ gilt:

$$B = \{(W,W,Z),(W,Z,W),(Z,W,W)\},$$

also $|B| = 3$ und damit $P(B) = \frac{3}{8}$. Hier finden wir auch die dritte Rechenregel bestätigt: $B \subset A$, und es gilt:

$$P(B) = \frac{3}{8} \leq \frac{7}{8} = P(A)\,.$$

□

Beispiel 4.8

Ziehen mit Zurücklegen

Nehmen wir an, in einer Urne befinden sich sechs Kugeln, zwei rote und vier blaue. Aus dieser Urne ziehen wir nacheinander drei Kugeln, wobei wir uns nach jedem Hineingreifen in die Urne die Farbe der gezogenen Kugel notieren und diese dann in die Urne zurücklegen. Man spricht dann vom *Ziehen mit Zurücklegen*. Würden wir nur einmal in die Urne greifen, wäre der Ergebnisraum gerade die Menge der sechs Kugeln, also $\Omega = \{r_1, r_2, b_1, b_2, b_3, b_4\}$, wobei r_i, $i = 1, 2$, die beiden roten und b_j, $j = 1, 2, 3, 4$, die vier blauen Kugeln bezeichnen. Der Ergebnisraum, den man beim dreimaligen Ziehen mit Zurücklegen erhält, ergibt sich dann aus allen möglichen Kombinationen von drei Kugeln und läßt sich schreiben als $\Omega \times \Omega \times \Omega$. Da wir mit Zurücklegen ziehen, stehen bei jedem Hineingreifen sechs Kugeln zur Verfügung. Die Anzahl aller möglichen Ergebnisse beim Ziehen mit Zurücklegen ist demnach

$$N = 6 \cdot 6 \cdot 6 = 216\,.$$

Wir interessieren uns nun für die Wahrscheinlichkeit, eine rote und zwei blaue Kugeln zu ziehen. Dieses Ereignis sei bezeichnet mit A. Es tritt ein, wenn beim 1. und 2. Zug eine blaue und beim 3. Zug eine rote gezogen wird, oder falls beim 1. Zug eine rote und beim 2. und 3. Zug jeweils eine blaue oder beim 1. und 3. Zug eine blaue und beim 2. Zug eine rote Kugel gezogen wird. Um die Laplace-Wahrscheinlichkeit für dieses Ereignis bestimmen zu können, benötigen wir die Anzahl der für A günstigen Ergebnisse. Dabei haben wir für den ersten Fall im 1. Zug vier Möglichkeiten, eine blaue Kugel zu ziehen, im 2. Zug ebenfalls vier Möglichkeiten und im 3. Zug zwei Möglichkeiten, eine rote Kugel zu ziehen. Damit gibt es für den ersten Fall $4 \cdot 4 \cdot 2 = 32$ günstige Ergebnisse. Man überlegt sich leicht, daß die Anzahl der günstigen Ergebnisse für den zweiten und dritten Fall ebenfalls 32 beträgt, so daß wir insgesamt $32 + 32 + 32 = 96$ günstige Ergebnisse erhalten können. Daraus ergibt sich

$$P(A) = \frac{96}{216} = 0.4\overline{4}\,.$$

□

Beispiel 4.9

Ziehen ohne Zurücklegen

Betrachten wir erneut die Situation aus Beispiel 4.8 mit dem einzigen Unterschied, daß die Kugeln nicht wieder zurückgelegt werden. Einen solchen Zufallsvorgang bezeichnet man als *Ziehen ohne Zurücklegen*.

Da die Kugeln nicht mehr zurückgelegt werden, ändern sich die Anzahlen sowohl der möglichen als auch der für A günstigen Ergebnisse. Die Mächtigkeit des Ergebnisraums, d.h. die Anzahl der möglichen Ergebnisse, ergibt sich nun als

$$N = 6 \cdot 5 \cdot 4 = 120\,,$$

da im 1. Zug sechs Kugeln zur Verfügung stehen, im 2. Zug nur noch fünf und im 3. Zug nur noch vier Kugeln. Bei den in Beispiel 4.8 angesprochenen drei unterscheidbaren Fällen für die günstigen Ergebnisse gibt es im ersten Fall beim 1. Zug zwei Möglichkeiten für eine rote Kugel; beim 2. Zug ergeben sich vier Möglichkeiten, eine blaue Kugel zu ziehen. Damit hat man im 3. Zug nur noch drei Möglichkeiten für eine blaue Kugel, so daß es $2 \cdot 4 \cdot 3 = 24$ günstige Ergebnisse gibt. Für den zweiten Fall ergeben sich $4 \cdot 3 \cdot 2 = 24$ günstige Ergebnisse und im dritten Fall $4 \cdot 2 \cdot 3 = 24$. Insgesamt sind 72 Ergebnisse für A günstig, woraus sich

$$P(A) = \frac{72}{120} = 0.6$$

ergibt. □

Die im obigen Beispiel beschriebenen Zufallsexperimente werden auch als zusammengesetzte Laplace-Experimente bezeichnet, da mehrere Experimente hintereinandergeschaltet werden.

Natürlich kann nicht immer davon ausgegangen werden, daß alle Elementarereignisse gleichwahrscheinlich sind, also ein Laplace-Experiment vorliegt. Zudem ist es nicht immer möglich, die Wahrscheinlichkeiten für bestimmte Ereignisse durch einfaches Auszählen zu bestimmen. Hier sind zusätzliche Überlegungen notwendig, wie insbesondere in Kapitel 5 und 6, aber auch im nächsten Abschnitt ausgeführt wird.

4.2.2 Objektive Wahrscheinlichkeiten als Grenzwert relativer Häufigkeiten

Könnte man stets davon ausgehen, daß die Ergebnisse eines Zufallsexperiments gleichwahrscheinlich sind, so wäre der in Abschnitt 4.2.1 eingeführte Laplacesche Wahrscheinlichkeitsbegriff zur Interpretation von Wahrscheinlichkeiten ausreichend. Dies ist aber nicht der Fall.

Anzahl der Wappen beim dreimaligen Münzwurf **Beispiel 4.10**

In der Situation des dreimaligen Münzwurfs aus Beispiel 4.7 (Seite 187) interessiere man sich nun nicht mehr für die expliziten Ergebnisse, sondern lediglich für die Anzahl der geworfenen Wappen. Dies führt zu dem Ergebnisraum $\Omega = \{0, 1, 2, 3\}$. Diese Elementarereignisse sind offensichtlich nicht mehr gleichwahrscheinlich, auch wenn sich hier die zugehörigen Wahrscheinlichkeiten aus denen in Beispiel 4.7 ableiten lassen. Man erhält mit $P(\{i\}) = p_i$

$$p_0 = \frac{1}{8}, \quad p_1 = \frac{3}{8}, \quad p_2 = \frac{3}{8}, \quad p_3 = \frac{1}{8}.$$

□

Könnte man diese Wahrscheinlichkeiten nicht direkt berechnen, so bestünde ein Ausweg darin, wiederholt dreimal eine Münze zu werfen und die jeweiligen relativen Häufigkeiten zu notieren. Führt man das Zufallsexperiment häufig genug durch, so pendelt sich in der Regel die relative Häufigkeit bei dem Wert für die Wahrscheinlichkeit des entsprechenden Ereignisses ein. Zur Verdeutlichung dieser Eigenschaft relativer Häufigkeiten formalisieren wir das beschriebene Vorgehen wie folgt: Man wiederhole ein Zufallsexperiment n-mal unabhängig voneinander, wobei jedes Ereignis A bei jeder Durchführung dieselbe Chance besitzt einzutreten. Bezeichne nun $h_n(A)$ die absolute Häufigkeit der Vorgänge, bei denen A eingetreten ist, und entsprechend $f_n(A)$ die relative Häufigkeit des Eintretens von A bei n Wiederholungen. Das folgende Beispiel veranschaulicht noch einmal dieses Vorgehen.

Beispiel 4.11 **Wahrscheinlichkeit für das Eintreten von Wappen beim einmaligen Münzwurf**

Wir betrachten das Zufallsexperiment „Werfen einer Münze". Dieses führen wir unabhängig voneinander mehrmals durch und notieren jeweils, ob Wappen oder Zahl eingetreten ist. Zudem wird für jedes n die relative Häufigkeit $f_n(A)$ berechnet, wobei A hier für das Eintreten von Wappen steht. Nehmen wir an, es hätten sich bei einer 20-maligen Durchführung des Experiments die folgenden Ergebnisse gezeigt:

n	1	2	3	4	5
Ergebnis	W	W	Z	W	W
$f_n(A)$	$\frac{1}{1}=1$	$\frac{2}{2}=1$	$\frac{2}{3}=0.67$	$\frac{3}{4}=0.75$	$\frac{4}{5}=0.8$

n	6	7	8	9	10
Ergebnis	Z	Z	W	Z	W
$f_n(A)$	$\frac{4}{6}=0.67$	$\frac{4}{7}=0.57$	$\frac{5}{8}=0.625$	$\frac{5}{9}=0.56$	$\frac{6}{10}=0.6$

n	11	12	13	14	15
Ergebnis	Z	Z	Z	Z	W
$f_n(A)$	$\frac{6}{11}=0.55$	$\frac{6}{12}=0.5$	$\frac{6}{13}=0.46$	$\frac{6}{14}=0.43$	$\frac{7}{15}=0.47$

n	16	17	18	19	20
Ergebnis	Z	W	Z	W	W
$f_n(A)$	$\frac{7}{16}=0.44$	$\frac{8}{17}=0.47$	$\frac{8}{18}=0.44$	$\frac{9}{19}=0.47$	$\frac{10}{20}=0.5.$

Dabei erhält man etwa für $n = 9$ den Wert $f_9(A)$ als $0.56 = 5/9$, da bis einschließlich des 8. Wurfs fünfmal Wappen und im 9. Wurf Zahl eingetreten ist.

Wie man an den relativen Häufigkeiten erkennt (siehe auch Abb. 4.1), pendeln sich diese bei 0.5 ein, wobei dieser Wert gerade der Wahrscheinlichkeit für das Eintreten von Wappen bei einer fairen Münze entspricht. Dies ist bekannt, da das Werfen einer fairen Münze einem Laplace-Experiment entspricht, und damit Wappen und Zahl gleichwahrscheinlich sind. □

Wie man an dem obigen Beispiel erkennen kann, stabilisiert sich die Folge der relativen Häufigkeiten $f_n(A)$ mit einer wachsenden Zahl n von Versuchen erfahrungsgemäß um den Wert $P(A)$ (vgl. Abschnitt 7.1). Es läßt sich also empirisch festhalten:

$$f_n(A) \overset{n\to\infty}{\longrightarrow} P(A)\,.$$

Grenzwert

Damit kommen wir auf die bereits angesprochene Möglichkeit zurück, den *Grenzwert* der rela-

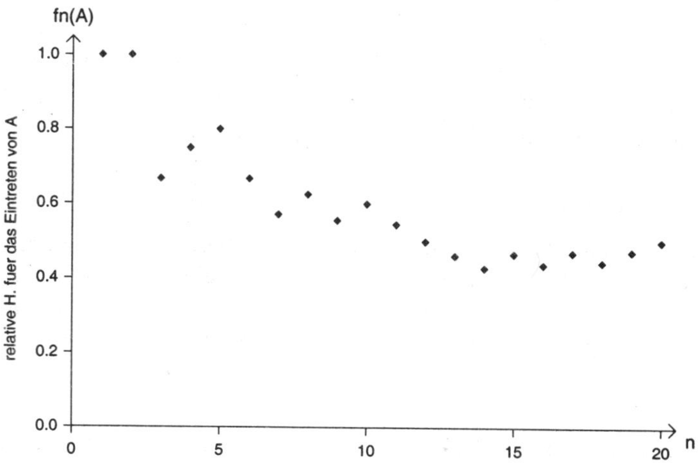

ABBILDUNG 4.1: Relative Häufigkeit $f_n(A)$ des Eintretens von Wappen bei n-maligem Münzwurf

tiven Häufigkeiten eines Ereignisses A als Wahrscheinlichkeit von A zu interpretieren. Problematisch ist dabei, daß die Zahl der Wiederholungen gegen unendlich gehen muß, was praktisch natürlich nicht realisierbar ist. Man kann aber die aus endlichen Stichprobenumfängen ermittelten relativen Häufigkeiten zur Schätzung der entsprechenden unbekannten Wahrscheinlichkeit heranziehen (vgl. Kapitel 9).

4.2.3 Subjektive Wahrscheinlichkeiten

subjektiver Wahrscheinlichkeitsbegriff

Im Gegensatz zu dem objektiven oder frequentistischen Wahrscheinlichkeitsbegriff begründet sich der *subjektive Wahrscheinlichkeitsbegriff* auf einer persönlichen, also subjektiven Einschätzung des jeweiligen Betrachters. Die Quantifizierung dieser Wahrscheinlichkeit basiert auf einer Art imaginärer Wette und zwar in dem Sinn, daß sich die jeweilige Person überlegt, zu welchem Verhältnis von Einsatz und Gewinn sie noch bereit wäre, tatsächlich auf das Eintreten eines bestimmten Ereignisses A zu wetten. Dieser "Wettquotient" ist gerade die subjektive Wahrscheinlichkeit für das Eintreten von A. Kommen wir zur Illustration noch einmal auf zwei der unter 4.3 (Seite 177) aufgeführten Beispiele zurück.

Subjektiver Wahrscheinlichkeitsbegriff **Beispiel 4.12**

(a) Der Unterschied zwischen subjektiver und objektiver Wahrscheinlichkeit läßt sich anhand des Werfens eines Würfels veranschaulichen. Geht man davon aus, daß die Gleichwahrscheinlichkeit der Ergebnisse des Würfelwurfs bedingt durch die physikalisch gesicherte Symmetrie des Würfels eine dem Würfel inherente Eigenschaft und völlig unabhängig vom jeweiligen Betrachter ist, so ist die Zuweisung der Laplace-Wahrscheinlichkeit von $1/6$ objektiv. Diese Eigenschaft des Würfels ließe sich zudem frequentistisch überprüfen.

Macht der Betrachter aufgrund seiner Kenntisse die Annahme, daß die geworfenen Zahlen gleichwahrscheinlich sind, so basiert seine Zuweisung auf einer subjektiven Annahme.

(b) Die Beurteilung der Konjunkturentwicklung im nächsten Jahr durch Sachverständige oder auch die Ergebnisse des IFO-Konjunkturtests basieren auf subjektiven Einschätzungen. Legt man $\Omega = \{+, =, -\}$ aus Beispiel 4.3(e) (Seite 177) mit "+" = Aufschwung, "=" = unveränderte Konjunkturlage, "−" = negative Konjunkturentwicklung zugrunde, so sind die subjektiven Wahrscheinlichkeiten $p_+, p_=, p_-$ so festgelegt, daß gilt:

$$p_+ \geq 0, p_- \geq 0, p_= \geq 0 \quad \text{und} \quad p_+ + p_- + p_= = 1\,.$$

Eine Häufigkeitsinterpretation ist für diese Wahrscheinlichkeiten unnötig. □

Weitere Beispiele für subjektive Wahrscheinlichkeiten sind etwa die persönliche Beurteilung von Zinsentwicklungen, vgl. auch Beispiel 4.26 (Seite 211) in Abschnitt 4.7, von Strategien eines Marktkonkurrenten oder auch von Siegchancen einer Fußballmannschaft, vgl. Beispiel 4.23 (Seite 207) in Abschnitt 4.6. Auch wenn die Festlegung subjektiver Wahrscheinlichkeiten aufgrund persönlicher Einschätzungen erfolgt, müssen diese stets die Axiome von Kolmogoroff erfüllen bzw. mit der dazu äquivalenten Charakterisierung konsistent sein. Dies kann man auch bei den bekanntesten Vertretern dieser Wahrscheinlichkeitstheorie, Bruno de Finetti (1906 – 1986) und Leonard J. Savage (1917 – 1971), wiederfinden.

4.3 Zufallsstichproben und Kombinatorik

In Abschnitt 4.2.1 hatten wir gesehen, daß es in bestimmten Fällen möglich ist, Wahrscheinlichkeiten durch Auszählen zu ermitteln, wobei dazu jeweils der Quotient aus der Anzahl der für ein Ereignis A günstigen Ergebnisse und der Anzahl aller möglichen Ergebnisse gebildet wurde. Die beiden Beispiele 4.8 (Seite 188) und 4.9 (Seite 188) zeigten zudem, daß diese Anzahlen davon abhängen, in welcher Weise die Ziehung von Kugeln aus einer Urne vorgenommen wird. Die dort angestellten Überlegungen lassen sich verallgemeinern. Zunächst entspricht die Ziehung von Kugeln aus einer Urne der Ziehung einer *Zufallsstichprobe* aus einer endlichen Grundgesamtheit, d.h. einem dreimaligen Ziehen entspricht eine Stichprobe vom Umfang drei. Dies kann man sich wie folgt veranschaulichen: Die Grundgesamtheit G bestehe aus N Einheiten, also $G = \{1, \ldots, N\}$. Aus dieser Grundgesamtheit soll nun eine Stichprobe vom Umfang n gezogen werden. Dazu abstrahieren wir diese Situation als ein *Urnenmodell*. Jeder Einheit der Grundgesamtheit ordnen wir eine numerierte Kugel E_i, $i = 1, \ldots, N$, zu und denken uns diese in einer Urne. Aus der Urne entnehmen wir n Kugeln. Die gezogenen Kugeln, d.h. das geordnete Tupel $(E_1, \ldots, E_n)$ mit $E_i \in G$, nennt man eine *Stichprobe vom Umfang n*. Dabei erhält man bei jeder Ziehung von n Kugeln aus der Urne typischerwei-

Zufallsstichprobe

Urnenmodell

Stichprobe

se eine andere Stichprobe. Sind alle möglichen Stichproben gleichwahrscheinlich, so spricht man von *einfachen Zufallsstichproben*. Den Begriff der Zufallsstichprobe haben wir bereits im Zusammenhang mit der Diskussion von verschiedenen Möglichkeiten zur Gewinnung von Daten kennengelernt (vgl. Abschnitt 1.4.2). Dabei wurde die einfache Zufallsstichprobe als eine Variante der Stichprobenziehung eingeführt, von der wir jedoch in der Regel ausgehen werden.

einfache Zufallsstichproben

Einfache Zufallsstichprobe

Besitzt jede Stichprobe vom Umfang n aus einer Grundgesamtheit vom Umfang N dieselbe Wahrscheinlichkeit gezogen zu werden, so liegt eine *einfache Zufallsstichprobe* vor.

Zur Berechnung von Wahrscheinlichkeiten durch Auszählen ist die Kenntnis der Anzahl aller möglichen Stichproben wichtig. Diese Anzahl hängt, wie die Beispiele 4.8 (Seite 188) und 4.9 (Seite 188) außerdem gezeigt haben, von der Art der Ziehung ab. Daher werden im folgenden die in den Beispielen beschriebenen Ziehungsverfahren und die daraus resultierenden Anzahlen möglicher Stichproben allgemein diskutiert. Dazu sind sogenannte *kombinatorische Überlegungen* erforderlich.

Kombinatorik

4.3.1 Modell mit Zurücklegen

Beim *Modell mit Zurücklegen* entnimmt man sukzessive eine Kugel, notiert die Nummer und legt sie anschließend in die Urne zurück, vgl. Beispiel 4.8 (Seite 188). Wieviele mögliche Stichproben vom Umfang n können auf diese Weise aus einer Grundgesamtheit vom Umfang N gezogen werden? Dieser Frage gehen wir zunächst in dem folgenden einfachen Beispiel nach.

Beispiel 4.13

Ziehen einer Stichprobe vom Umfang $n = 2$ mit Zurücklegen

Man ziehe mit Zurücklegen eine Stichprobe vom Umfang $n = 2$ aus einer Grundgesamtheit vom Umfang $N = 3$. Für die Kugel im 1. Zug gibt es die Möglichkeiten E_1, E_2, E_3. Da die Kugel zurückgelegt wird, gibt es für die Kugel im 2. Zug dieselben Möglichkeiten, so daß insgesamt folgende Stichproben vom Umfang $n = 2$ gezogen werden können:

$$\begin{array}{l}(E_1, E_1), (E_1, E_2), (E_1, E_3),\\ (E_2, E_1), (E_2, E_2), (E_2, E_3),\\ (E_3, E_1), (E_3, E_2), (E_3, E_3).\end{array}$$

Dabei bedeutet (E_1, E_3) beispielsweise, daß im 1. Zug die Kugel E_1 und im 2. Zug die Kugel E_3 gezogen wurde. Es gibt also $9 = 3^2$ mögliche Stichproben. □

Das Ergebnis des obigen Beispiels läßt sich als die folgende allgemeine Regel formulieren: Bei einer Grundgesamtheit vom Umfang N stehen beim Ziehen mit Zurücklegen im 1. Zug

N Kugeln zur Verfügung. Da die Kugel nach der Ziehung wieder zurückgelegt wird, stehen im 2. Zug ebenfalls N Kugeln zur Auswahl. Da die Anzahl der zur Verfügung stehenden Kugeln von Zug zu Zug gleich bleibt, gibt es bei einer Ziehung mit Zurücklegen aus einer Grundgesamtheit vom Umfang N also $N \cdot N \cdot \ldots \cdot N = N^n$ mögliche Stichproben vom Umfang n.

Modell mit Zurücklegen

Bei einer Ziehung mit Zurücklegen aus einer Grundgesamtheit vom Umfang N ist die Anzahl der möglichen Stichproben vom Umfang n gegeben als

$$N^n .$$

4.3.2 Modell ohne Zurücklegen

Beim *Modell ohne Zurücklegen* entnimmt man sukzessive eine Kugel, notiert die Nummer und legt sie nicht mehr in die Urne zurück, vgl. Beispiel 4.9 (Seite 188). Zur Bestimmung der Anzahl aller möglichen Stichproben vom Umfang n aus einer Grundgesamtheit vom Umfang N betrachten wir erneut zunächst ein einfaches Beispiel:

Beispiel 4.14 **Ziehung einer Stichprobe vom Umfang $n = 2$ ohne Zurücklegen**

Sei auch hier wieder $N = 3$. Für die erste Kugel gibt es damit drei Möglichkeiten: E_1, E_2, E_3. Da nach der Ziehung der 1. Kugel diese jedoch nicht wieder zurückgelegt wird, bleiben für die 2. Kugel nur noch zwei Möglichkeiten, so daß sich folgende Stichproben ergeben können:

$$\begin{gathered}(E_1, E_2), (E_1, E_3),\\ (E_2, E_1), (E_2, E_3),\\ (E_3, E_1), (E_3, E_2).\end{gathered}$$

Wenn wir im 1. Zug die Kugel E_1 gezogen haben, bleiben für den 2. Zug nur noch die Kugeln E_2 und E_3. Wir erhalten also insgesamt $3 \cdot 2 = 6$ Stichproben. □

Die in dem Beispiel ermittelte Anzahl kann wieder verallgemeinert werden: Bei einer Grundgesamtheit vom Umfang N stehen beim Ziehen ohne Zurücklegen im 1. Zug N Kugeln zur Verfügung, im 2. Zug $N - 1$ Kugeln, im 3. Zug $N - 2$ Kugeln und im n-ten Zug nur noch $N - n + 1$ Kugeln. Damit gibt es bei einer Ziehung ohne Zurücklegen aus einer Grundgesamtheit vom Umfang N also $N \cdot (N-1) \cdot \ldots \cdot (N-n+1)$ mögliche Stichproben vom Umfang n. Diese Anzahl kann auch kompakter angegeben werden. Dazu führen wir den Begriff der *Fakultät* ein.

Fakultät

Die *Fakultät* einer natürlichen Zahl k ist definiert als

$$k! = k \cdot (k-1) \cdot (k-2) \cdot \ldots \cdot 2 \cdot 1 .$$

Es gilt:

$$1! = 1, \quad 0! = 1 .$$

Aus dieser Schreibweise folgt

$$N \cdot (N-1) \cdot \ldots \cdot (N-n+1) = \frac{N!}{(N-n)!},$$

denn es gilt

$$\frac{N!}{(N-n)!} = \frac{N \cdot (N-1) \cdot \ldots \cdot (N-n+1) \cdot (N-n) \cdot (N-n-1) \cdot \ldots \cdot 2 \cdot 1}{(N-n) \cdot (N-n-1) \cdot \ldots \cdot 2 \cdot 1},$$

so daß sich die Terme $(N-n) \cdot (N-n-1) \cdot \ldots \cdot 2 \cdot 1$ in Zähler und Nenner herauskürzen. Somit können wir festhalten:

Modell ohne Zurücklegen

Bei einer Ziehung ohne Zurücklegen aus einer Grundgesamtheit vom Umfang N ist die Anzahl der möglichen Stichproben vom Umfang n gegeben als

$$\frac{N!}{(N-n)!} .$$

4.3.3 Permutationen

Zieht man aus einer Urne alle Kugeln und notiert sich diese in der gezogenen Reihenfolge, so spricht man von einer *Permutation*. Das heißt, eine Permutation ist eine Stichprobe ohne Zurücklegen, bei der der Stichprobenumfang mit dem Umfang der Grundgesamtheit übereinstimmt.

Damit ist hier die Anzahl der möglichen Stichproben gleich der Anzahl der möglichen Anordnungen von N möglichen Objekten unter Berücksichtigung der Reihenfolge, also gerade die Anzahl der Permutationen von N Objekten. Zur Bestimmung dieser Anzahl können wir die Formel aus Abschnitt 4.3.2 heranziehen, wobei lediglich n gleich N gesetzt werden muß, d.h. die Anzahl der Permutationen ist gleich

$$\frac{N!}{(N-N)!} = \frac{N!}{0!} = N!\,.$$

> **Permutationen**
>
> Es gibt $N!$ *Permutationen* von N unterscheidbaren Objekten.

Beispiel 4.15 **Permutationen**

In einer Schulklasse will der Lehrer vor einer Klausur seine Schüler und Schülerinnen umsetzen. Wieviele Möglichkeiten hat er? Diese Frage läßt sich mit obiger Formel direkt beantworten: Sind nur fünf Kinder in seiner Klasse, so hat er

$$5! = 120$$

Möglichkeiten, die Kinder auf die vorhandenen fünf Plätze zu verteilen. Sind in der Klasse zehn Kinder und stehen diesen zehn Sitzplätze zur Verfügung, so hat der Lehrer bereits

$$10! = 3628800$$

Möglichkeiten, die Kinder zu permutieren. Man sieht deutlich, wie stark die Anzahl der möglichen Permutationen mit der Anzahl der unterscheidbaren Objekte anwächst. □

4.3.4 Modell ohne Zurücklegen und ohne Berücksichtigung der Reihenfolge

Beim *Modell ohne Zurücklegen und ohne Berücksichtigung der Reihenfolge* unterscheidet man im Gegensatz zum Beispiel 4.14 (Seite 194) nicht, ob im 1. Zug E_1 und im 2. Zug E_2 gezogen wird oder umgekehrt. Ein wohl bekanntes praktisches Beispiel für ein solches Modell ist die wöchentliche Ziehung der Lottozahlen, wenn man die Zusatzzahl außer Betracht läßt. Hier spielt die Reihenfolge der gezogenen Kugeln keine Rolle, d.h. die Stichprobe

$$4, 7, 11, 13, 26, 28$$

wird nicht unterschieden von der Ziehung

$$11, 26, 13, 28, 4, 7\,.$$

Das heißt, jede Umordnung oder genauer jede Permutation dieser sechs Zahlen liefert dieselbe Stichprobe. Es ist bekannt, daß es bei n Objekten $n!$ verschiedene Permutationen gibt, d.h. es gibt bei den sechs gezogenen Lottozahlen 6! verschiedene Permutationen, die als eine Stichprobe angesehen werden.

Zur Bestimmung der Anzahl aller möglichen einfachen Zufallsstichproben vom Umfang n aus einer Grundgesamtheit vom Umfang N ziehen wir zunächst die Formel zur Herleitung der Anzahl von Stichproben ohne Zurücklegen aus Abschnitt 4.3.2 heran. Diese lautete $\frac{N!}{(N-n)!}$. Da wir aber nun nicht mehr zwischen den $n!$ verschiedenen Permutationen der n Elemente der Stichprobe unterscheiden wollen, müssen wir diese Anzahl noch durch $n!$ dividieren und können damit die Anzahl aller möglichen einfachen Zufallsstichproben bestimmen als

$$\frac{N!}{(N-n)! \cdot n!}.$$

Für Ausdrücke dieser Form gibt es eine verkürzende Schreibweise, den sogenannten *Binomialkoeffizienten.*

Binomialkoeffizient

Der *Binomialkoeffizient* $\binom{N}{n}$ ist definiert als

$$\binom{N}{n} = \frac{N!}{(N-n)! \cdot n!}.$$

Es gilt:

$$\binom{N}{0} = 1, \binom{N}{1} = N, \binom{N}{N} = 1, \quad \binom{N}{n} = 0, \text{ falls } N < n.$$

Der Binomialkoeffizient $\binom{N}{n}$ gibt also die Anzahl der Möglichkeiten an, aus N Objekten n auszuwählen. Damit halten wir fest:

Modell ohne Zurücklegen und ohne Berücksichtigung der Reihenfolge

Bei einer Ziehung ohne Zurücklegen aus einer Grundgesamtheit vom Umfang N ist die Anzahl der möglichen Stichproben vom Umfang n, wenn zwischen den Anordnungen der Objekte in der Stichprobe nicht unterschieden wird, gegeben als

$$\binom{N}{n}.$$

An dem Beispiel der Ziehung der Lottozahlen wird abschließend noch einmal die Möglichkeit aufgezeigt, Wahrscheinlichkeiten für bestimmte Ereignisse durch einfaches Auszählen zu bestimmen.

Beispiel 4.16 **Ziehung der Lottozahlen**

Bei der Ziehung der Lottozahlen ohne Zusatzzahl handelt es sich, wie bereits oben ausgeführt, um ein Modell ohne Zurücklegen und ohne Berücksichtigung der Reihenfolge. Damit gibt es unter Verwendung der obigen Formel $\binom{49}{6}$ Möglichkeiten, sechs Lottozahlen aus den 49 Kugeln zu ziehen. Dies ergibt

$$\binom{49}{6} = \frac{49!}{43! \cdot 6!} = 13983816$$

mögliche Stichproben. Betrachtet man diese als die Elementarereignisse, so gibt es also 13983816 gleichwahrscheinliche Elementarereignisse.

Die Wahrscheinlichkeit für „6 Richtige" kann man nun als

$$\frac{\text{Anzahl der günstigen Ergebnisse}}{\text{Anzahl der möglichen Ergebnisse}}$$

ermitteln. Da für „6 Richtige" nur ein einziges Elementarereignis günstig ist, erhält man

$$P(\text{„6 Richtige"}) = \frac{1}{13983816} = 0.000000072\,,$$

also eine extrem geringe Wahrscheinlichkeit.

In analoger Weise läßt sich die Wahrscheinlichkeit für „genau 5 Richtige" berechnen. Zunächst bestimmen wir die Anzahl der für dieses Ereignis günstigen Ergebnisse. Hat man genau fünf Richtige, so müssen fünf der sechs Zahlen auf dem Tippschein mit den gezogenen sechs Zahlen übereinstimmen. Dafür gibt es $\binom{6}{5}$ Möglichkeiten. Die verbleibende sechste Zahl auf dem Tippschein darf nicht mehr mit einer der gezogenen sechs Zahlen übereinstimmen, da man sonst „6 Richtige" hätte, d.h. diese Zahl muß gleich einer der sich noch in der Lostrommel befindlichen 43 Zahlen sein. Dafür gibt es $\binom{43}{1}$ Möglichkeiten und somit insgesamt $\binom{6}{5} \cdot \binom{43}{1}$ günstige Ergebnisse für das Ereignis „genau 5 Richtige". Die Anzahl aller möglichen Ergebnisse haben wir bereits ermittelt. Damit erhalten wir

$$P(\text{„genau 5 Richtige"}) = \frac{\binom{6}{5} \cdot \binom{43}{1}}{\binom{49}{6}} = \frac{\frac{6! \cdot 3!}{3!} \cdot 43}{13983816} = \frac{6 \cdot 43}{13983816} = 0.0000184\,.$$

□

Bei der Betrachtung der verschiedenen Möglichkeiten zur Ziehung von Stichproben haben wir den Fall der Ziehung *mit Zurücklegen* und *ohne Berücksichtigung der Reihenfolge* bislang außer acht gelassen. Auf die komplizierte Herleitung der Formel sei an dieser Stelle auch verzichtet. Es läßt sich zeigen:

Modell mit Zurücklegen und ohne Berücksichtigung der Reihenfolge

Bei einer Ziehung mit Zurücklegen aus einer Grundgesamtheit vom Umfang N ist die Anzahl der möglichen Stichproben vom Umfang n, wenn zwischen den Anordnungen der Objekte in der Stichprobe nicht unterschieden wird, gegeben als

$$\binom{N+n-1}{n}.$$

Zusammenfassend erhalten wir also für die Anzahl aller möglichen Stichproben vom Umfang n aus einer Grundgesamtheit vom Umfang N unter Verwendung der verschiedenen Ziehungsverfahren:

	ohne Zurücklegen	mit Zurücklegen
mit Berücksichtigung der Reihenfolge	$\frac{N!}{(N-n)!}$	N^n
ohne Berücksichtigung der Reihenfolge	$\binom{N}{n}$	$\binom{N+n-1}{n}$

4.4 Bedingte Wahrscheinlichkeiten

In Abschnitt 3.1.2 haben wir uns ausführlich dem Problem gewidmet, daß wir relative Häufigkeiten nicht nur bezogen auf die gesamte Population ermitteln wollten, sondern auch bezogen auf Teilgesamtheiten. Dazu wurde der Begriff der bedingten relativen Häufigkeit eingeführt. In Analogie dazu werden im folgenden *bedingte Wahrscheinlichkeiten* definiert. Bei solchen bedingten Wahrscheinlichkeiten nutzt man zur Bewertung der Chance für das Eintreten eines Ereignisses A Informationen über ein Ereignis B, das bereits eingetreten ist. So muß die Chance dafür, daß ein 40jähriger Mann einen Herzinfarkt bekommt, neu bewertet werden, wenn man die zusätzliche Information erhält, daß dieser unter extremem Bluthochdruck leidet. Auch wird man die Wahrscheinlichkeit für das Bestehen einer Klausur höher ansetzen, wenn man weiß, daß der entsprechende Student sich intensiv darauf vorbereitet hat, als wenn man die Information nicht hätte.

bedingte Wahrscheinlichkeit

Die Frage ist nun, wie man derartige Informationen nutzen kann bzw. wie man bedingte Wahrscheinlichkeiten berechnet. Dazu betrachten wir das folgende einfache Beispiel.

Beispiel 4.17 **Würfeln**

Das Werfen eines fairen Würfels beschreibt ein Laplace-Experiment, d.h. für die Elementarereignisse ω mit $\omega \in \Omega = \{1, \ldots, 6\}$ gilt:

$$p_j = \frac{1}{6}, \quad j = 1, \ldots, 6 .$$

Die Wahrscheinlichkeiten für die Ereignisse

$$A = \{j : j \text{ ist eine gerade Zahl}\} = \{2, 4, 6\} \text{ bzw.}$$
$$\overline{A} = \{j : j \text{ ist eine ungerade Zahl}\} = \{1, 3, 5\}$$

lassen sich durch Auszählen als

$$\frac{\text{Anzahl der für } A \text{ (bzw. } \overline{A}\text{) günstigen Ergebnisse}}{\text{Anzahl aller möglichen Ergebnisse}}$$

direkt ermitteln. Wir erhalten: $P(A) = \frac{3}{6} = \frac{1}{2} = P(\overline{A})$.
Angenommen, man erhält die zusätzliche Information, die geworfene Zahl sei kleiner gleich 3, also das Ereignis $B = \{1, 2, 3\}$ sei eingetreten, so ist die Chance für das Eintreten von A bzw. $\overline{A}$ neu zu bewerten.

So ist etwa die Wahrscheinlichkeit dafür, eine gerade Zahl zu würfeln, wenn $1, 2$ oder 3 gewürfelt wurde, gegeben als

$$\frac{\text{Anzahl der für } A \text{ und } B \text{ günstigen Ergebnisse}}{\text{Anzahl der für } B \text{ möglichen Ergebnisse}} = \frac{1}{3} .$$

Ebenso erhält man als Wahrscheinlichkeit dafür, daß $\overline{A}$ eintritt, wenn B gegeben ist:

$$\frac{\text{Anzahl der für } \overline{A} \text{ und } B \text{ günstigen Ergebnisse}}{\text{Anzahl der für } B \text{ günstigen Ergebnisse}} = \frac{2}{3} .$$

□

bedingendes Ereignis

Analog zu den bedingten relativen Haufigkeiten wird also die gemeinsame absolute Häufigkeit durch die Häufigkeit für das *bedingende Ereignis* dividiert. In Kapitel 3 haben wir gesehen, daß dieser Quotient derselbe bleibt, wenn im Zähler und Nenner die absoluten Häufigkeiten durch die entspechenden relativen Häufigkeiten, natürlich jeweils bezogen auf die gesamte Population, ersetzt werden. Nutzt man nun wieder die Beziehung zwischen relativen Häufigkeiten und Wahrscheinlichkeiten, so erhält man unter Verwendung einer zu bedingten relativen Häufigkeiten äquivalenten Schreibweise:

$$P(A|B) = \frac{P(A \cap B)}{P(B)} .$$

Damit berechnet sich die Wahrscheinlichkeit für ein Ereignis A gegeben das Ereignis B oder kürzer die Wahrscheinlichkeit für A unter (der Bedingung) B als Quotient aus der Wahrscheinlichkeit für die Schnittmenge von A und B, also das gemeinsame Ereignis, und der Wahrscheinlichkeit für das bedingende Ereignis.

Bedingte Wahrscheinlichkeit

Seien $A, B \subset \Omega$ und $P(B) > 0$. Dann ist die *bedingte Wahrscheinlichkeit* von A unter B definiert als

$$P(A|B) = \frac{P(A \cap B)}{P(B)}.$$

Würfeln **Beispiel 4.18**

Die im obigen Beispiel hergeleiteten Wahrscheinlichkeiten lassen sich leicht anhand der Definition der bedingten Wahrscheinlichkeit berechnen:

$$P(A|B) = \frac{P(A \cap B)}{P(B)} = \frac{P(\{2\})}{P(\{1,2,3\})} = \frac{\frac{1}{6}}{\frac{3}{6}} = \frac{1}{3},$$
$$P(\overline{A}|B) = \frac{P(\overline{A} \cap B)}{P(B)} = \frac{P(\{1,3\})}{P(\{1,2,3\})} = \frac{\frac{2}{6}}{\frac{3}{6}} = \frac{2}{3}.$$

□

Wie man bereits an dem Beispiel sieht, addieren sich die bedingten Wahrscheinlichkeiten bei festem B wieder zu eins auf.

Rechenregeln für bedingte Wahrscheinlichkeiten

Seien $A, B \subset \Omega$ und $P(B) > 0$. Dann gilt bei fest gehaltenem B:

$$\begin{aligned} P(\cdot|B) : \{A : A \subset \Omega\} &\to [0,1] \\ A &\mapsto P(A|B) \end{aligned}$$

ist wieder eine Wahrscheinlichkeit mit $P(B|B) = 1$.
Die Axiome von Kolmogoroff gelten entsprechend für bedingte Wahrscheinlichkeiten.

Speziell das dritte Axiom von Kolmogoroff lautet mit $A_1, A_2, B \subset \Omega$, $A_1 \cap A_2 = \emptyset$ und $P(B) > 0$:

$$P(A_1|B) + P(A_2|B) = P(A_1 \cup A_2|B).$$

Betrachtet man als A_2 gerade $\overline{A}_1$, so erhält man:

$$P(A_1|B) + P(\overline{A}_1|B) = 1.$$

Beispiel 4.19 **Zufällige Auswahl einer Person**

Bei der Münchner Absolventenstudie, vgl. Beispiel 1.1 (Seite 1), wurde unter anderem nach der Anzahl der Semester und nach dem Geschlecht gefragt. Dabei hatten in der vorliegenden Teilpopulation von 36 Studierenden 22 der weiblichen Studierenden mindestens 12 Semester und vier weniger als 12 Semester studiert. Bei den männlichen Studierenden wurde bei sechs eine Studiendauer von mindestens 12 Semestern und bei vier eine von weniger als 12 Semestern registriert. Für eine zufällig ausgewählte Person läßt sich die entsprechende relative Häufigkeit als Wahrscheinlichkeit interpretieren. Damit gilt für

$$\begin{aligned} A &= \{\omega : \text{Person } \omega \text{ hat mindestens 12 Semester studiert}\} \\ B &= \{\omega : \text{Person } \omega \text{ ist weiblich}\} : \\ P(A) &= \frac{22+6}{36} = 0.78\,, \\ P(B) &= \frac{26}{36} = 0.72 \text{ und} \\ P(A \cap B) &= \frac{22}{36} = 0.61\,, \end{aligned}$$

da $|\Omega| = 36, |A| = 22 + 6, |B| = 26$ und $|A \cap B| = 22$.
Wie groß ist nun die Wahrscheinlichkeit, daß eine zufällig ausgewählte Person mindestens 12 Semester studiert hat unter der Bedingung, daß diese weiblich ist? Gesucht ist damit $P(A|B)$. Diese berechnet sich als

$$P(A|B) = \frac{P(A \cap B)}{P(B)} = \frac{0.61}{0.72} = 0.85\,,$$

d.h. die Wahrscheinlichkeit dafür, daß ein zufällig ausgewählter Student eine Studiendauer von mindestens 12 Semestern aufweist, erhöht sich von 0.78 auf 0.85, wenn man die zusätzliche Information besitzt, daß die ausgewählte Person weiblich ist. Diese Erhöhung der Wahrscheinlichkeit ist darin begründet, daß bei den Frauen ein größerer Anteil mindestens 12 Semester studiert hat als bei ihren männlichen Kommilitonen. □

Wie schon bei den bedingten relativen Häufigkeiten kann man aus der Wahrscheinlichkeit für das Eintreten des bedingten Ereignisses und derjenigen für das Eintreten des bedingenden Ereignisses auch umgekehrt die Wahrscheinlichkeit für das gemeinsame Eintreten von A und B berechnen.

Produktsatz

Seien $A, B \subset \Omega$ und $P(B) > 0$, dann gilt:

$$P(A \cap B) = P(A|B) \cdot P(B)\,.$$

Da $P(B|A) = P(A \cap B)/P(A)$, falls $P(A) > 0$, gilt obiger *Produktsatz* ebenfalls in der folgenden Form:

$$P(A \cap B) = P(B|A) \cdot P(A).$$

Den Produktsatz werden wir an späterer Stelle, insbesondere zur Herleitung der Formel für die totale Wahrscheinlichkeit (Abschnitt 4.6) und des Satzes von Bayes (Abschnitt 4.7), noch benötigen.

4.5 Unabhängigkeit von zwei Ereignissen

In dem vorangegangenen Abschnitt wurde der Begriff der bedingten Wahrscheinlichkeit eingeführt. Dabei sind wir davon ausgegangen, daß sich die Wahrscheinlichkeit für das Eintreten eines Ereignisses A verändern kann, wenn man die Information über ein bereits eingetretenes Ereignis B nutzt. Zeigt sich jedoch, daß diese zusätzliche Information nicht zu einer Neubewertung der Chance für das Eintreten von A führt, so nennt man diese Ereignisse *stochastisch unabhängig*. Dabei spricht man von *stochastischer* Unabhängigkeit, weil diese Eigenschaft von Ereignissen über ihre Wahrscheinlichkeiten definiert wird. Sind zwei Ereignisse also unabhängig in diesem Sinn, so ist es für die Wahrscheinlichkeit von A ohne Bedeutung, ob B eintritt, d.h.

Stochastische Unabhängigkeit

$$P(A|B) = P(A).$$

Nach der Definition der bedingten Wahrscheinlichkeit erhält man somit:

$$P(A) = P(A|B) = \frac{P(A \cap B)}{P(B)},$$

woraus folgt

$$P(A \cap B) = P(A) \cdot P(B),$$

wobei $P(B) > 0$ vorausgesetzt wird.

Damit sind zwei Ereignisse A und B also unabhängig, wenn sich die Wahrscheinlichkeit für ihre Schnittmenge als Produkt der Einzelwahrscheinlichkeiten berechnen läßt. Analog zu der Bedingung $P(A|B) = P(A)$ kann man die Unabhängigkeit von A und B natürlich auch über die Bedingung $P(B|A) = P(B)$ formulieren. An beiden Darstellungen erkennt man deutlich, daß die zusätzliche Information über B bzw. A die Wahrscheinlichkeit für das Eintreten von A bzw. B nicht verändert, falls A und B unabhängig sind. Anders ausgedrückt kann man für den Fall, daß A und B unabhängig sind, zeigen, daß es für die Wahrscheinlichkeit von A ohne Belang ist, ob B oder $\overline{B}$ eintritt, d.h.

$$P(A|B) = P(A|\overline{B}),$$

denn mit

$$P(A) = P(A \cap \overline{B}) + P(A \cap B) \text{ und } P(\overline{B}) = 1 - P(B)$$

ergibt sich

$$\begin{aligned} P(A|\overline{B}) &= \frac{P(A \cap \overline{B})}{P(\overline{B})} = \frac{P(A) - P(A \cap B)}{1 - P(B)} = \frac{P(A) - P(A) \cdot P(B)}{1 - P(B)} \\ &= \frac{P(A)(1 - P(B))}{1 - P(B)} = P(A) = P(A|B) \,. \end{aligned}$$

Bei diesen Umrechnungen sind die äquivalenten Definitionen der Unabhängigkeit zweier Ereignisse A und B eingegangen. Ist $P(A) = 0$ oder $P(B) = 0$, so nennt man A und B stets unabhängig, d.h. jedes Ereignis ist von dem unmöglichen Ereignis per definitionem unabhängig.

Unabhängigkeit

Seien $A, B \subset \Omega$ zwei Ereignisse. A und B heißen *(stochastisch) unabhängig*, wenn gilt

$$\begin{aligned} P(A \cap B) &= P(A) \cdot P(B) \quad \text{bzw.} \\ P(A|B) &= P(A) \quad \text{mit } P(B) > 0 \text{ bzw.} \\ P(B|A) &= P(B) \quad \text{mit } P(A) > 0\,. \end{aligned}$$

Beispiel 4.20 **Zweimaliges Würfeln**

Man werfe zweimal hintereinander einen Würfel und interessiere sich jeweils dafür, daß eine Eins gewürfelt wird. Bezeichnen also A = {Beim 1. Würfelwurf eine Eins} und B = {Beim 2. Würfelwurf eine Eins} die interessierenden Ereignisse, so stellt sich die Frage, ob diese Ereignisse unabhängig sind.

Da bei jedem Würfelwurf der zugehörige Ergebnisraum gegeben ist durch $\Omega = \{1, \ldots, 6\}$ und jedes Elementarereignis gleichwahrscheinlich ist, folgt: $p_j = \frac{1}{6}$, $j = 1, \ldots, 6$, und somit $P(A) = P(B) = \frac{1}{6}$.

Der Ergebnisraum beim zweimaligen Würfeln besteht aus den 36 möglichen Paaren der Zahlen $1, \ldots, 6$, d.h. $\Omega = \{(1,1), \ldots, (1,6), (2,1), \ldots, (2,6), \ldots, (6,1), \ldots, (6,6)\}$, d.h. $|\Omega| = 36$ und $p_\omega = \frac{1}{36}$, $\omega \in \Omega$. Damit ergibt sich

$$P(A \cap B) = P(\{(1,1)\}) = \frac{1}{36} = \frac{1}{6} \cdot \frac{1}{6} = P(A) \cdot P(B),$$

woraus folgt, daß die Ereignisse, beim 1. und beim 2. Würfelwurf eine Eins zu würfeln, voneinander unabhängig sind.

Diese Eigenschaft gilt allgemein beim zweifachen Würfeln: Ereignisse, die nur den 1. Wurf betreffen, sind unabhängig von Ereignissen, die nur den 2. Wurf betreffen. □

Urnenmodell **Beispiel 4.21**

In einer Urne befinden sich die Zahlen $1, 2, 3, 4$. Aus dieser Urne ziehen wir zweimal.

Legen wir dabei die gezogenen Zahlen jeweils wieder zurück, erhalten wir als Ergebnisraum $\Omega = \{(1,1), (1,2), (1,3), (1,4), \ldots, (4,1), (4,2), (4,3), (4,4)\}$ mit $|\Omega| = 16$. Beim Ziehen ohne Zurücklegen fallen gerade alle Paare (i, i) mit $i = 1, \ldots, 4$ weg, d.h. $\Omega = \{(1,2), (1,3), (1,4), \ldots, (4,1), (4,2), (4,3)\}$, also $|\Omega| = 12$.

Seien $A = \{\text{Eins wird beim 1. Mal gezogen}\}$ und $B = \{\text{Zwei wird beim 2. Mal gezogen}\}$, so gilt beim Ziehen mit Zurücklegen

$$P(A) = \frac{4}{16} = \frac{1}{4} = P(B),$$

während sich beim Ziehen ohne Zurücklegen

$$P(A) = \frac{3}{12} = \frac{1}{4} = P(B)$$

ergibt. Die Wahrscheinlichkeit für das gemeinsame Eintreten von A und B berechnet sich beim Ziehen mit Zurücklegen als

$$P(A \cap B) = P(\{(1,2)\}) = \frac{1}{16}$$

und ist somit gleich dem Produkt der Einzelwahrscheinlichkeiten, d.h.

$$P(A \cap B) = \frac{1}{16} = \frac{1}{4} \cdot \frac{1}{4} = P(A) \cdot P(B),$$

und damit sind A und B in diesem Fall unabhängig. Dies gilt aber nicht für das Ziehen ohne Zurücklegen. Hier ist

$$P(A \cap B) = P(\{(1,2)\}) = \frac{1}{12} \neq \frac{1}{4} \cdot \frac{1}{4} = P(A) \cdot P(B),$$

woraus folgt, daß A und B abhängig sind. □

Das Resultat aus Beispiel 4.21 kann man allgemein zeigen, d.h. es gilt:

Ziehen mit/ohne Zurücklegen

Beim Ziehen *mit* Zurücklegen sind die Ergebnisse der einzelnen Ziehungen unabhängig.
Beim Ziehen *ohne* Zurücklegen sind die Ergebnisse der einzelnen Ziehungen abhängig.

Der Begriff der stochastischen Unabhängigkeit von Ereignissen gehört zu den zentralen Begriffen der Wahrscheinlichkeitsrechnung. Diese Eigenschaft ist von großer Bedeutung für die induktive Statistik, wie wir noch im Zusammenhang mit der Herleitung von Schätzern (vgl. Abschnitt 9.3) und von statistischen Tests (vgl. etwa Abschnitt 11.1) sehen werden. Häufig wird dabei die Unabhängigkeit von Ereignissen bei komplexeren Zufallsvorgängen als Modellannahme formuliert. Natürlich ist im Einzelfall zu prüfen, ob diese Annahme in der jeweiligen Situation plausibel ist, wie etwa in dem folgenden Beispiel.

Beispiel 4.22 **Zehnmaliger Münzwurf**

Interessiert man sich für die Wahrscheinlichkeit, zehnmal Wappen zu werfen, so läßt sich diese leicht ausrechnen, wenn die folgenden Modellannahmen getroffen werden können: Zum einen nehmen wir an, daß die Münze fair ist, also bei jedem Wurf die Wahrscheinlichkeit für Wappen 0.5 beträgt. Zum anderen erscheint es plausibel anzunehmen, daß die Würfe sich gegenseitig nicht beeinflussen. Dies entspricht der stochastischen Unabhängigkeit der zugehörigen Ereignisse. Diese Annahme erleichtert die Berechnung der gesuchten Wahrscheinlichkeit deutlich, denn diese berechnet sich jetzt einfach als Produkt der Einzelwahrscheinlichkeiten, d.h.

$$P(\{\text{zehnmal Wappen}\}) = P(\{1.\text{ Wurf Wappen}\}) \cdot \ldots \cdot P(\{10.\text{ Wurf Wappen}\}) = 0.5^{10} \approx 0.001\,.$$

□

4.6 Totale Wahrscheinlichkeit

disjunkte Zerlegung

In gewissen Fällen ist es möglich, die Information über das bedingte Eintreten eines Ereignisses zu nutzen, um die Wahrscheinlichkeit für das Eintreten dieses Ereignisses insgesamt zu ermitteln. Wir gehen dazu von einer *disjunkten Zerlegung* des Ergebnisraumes Ω aus. Dabei spricht man von einer disjunkten Zerlegung, wenn sich Ω schreiben läßt als Vereinigung von Mengen $A_1, \ldots, A_k$ mit $A_i \subset \Omega$, d.h. $\Omega = A_1 \cup A_2 \cup \ldots \cup A_k$, wobei aber je zwei von diesen sich gegenseitig ausschließende Ereignisse sind, also paarweise disjunkt sein müssen, d.h. $A_i \cap A_j = \emptyset$ für alle $i, j = 1, \ldots, k, i \neq j$. Enthält der Ergebnisraum z.B. alle Frauen und Männer einer bestimmten Population, so besteht eine mögliche disjunkte Zerlegung in die Menge aller Frauen und die Menge aller Männer. Aber auch eine Kategorisierung nach dem Alter in etwa 10-Jahres-Intervalle würde zu einer disjunkten Zerlegung führen. Die Abbildung 4.2 möge das veranschaulichen.

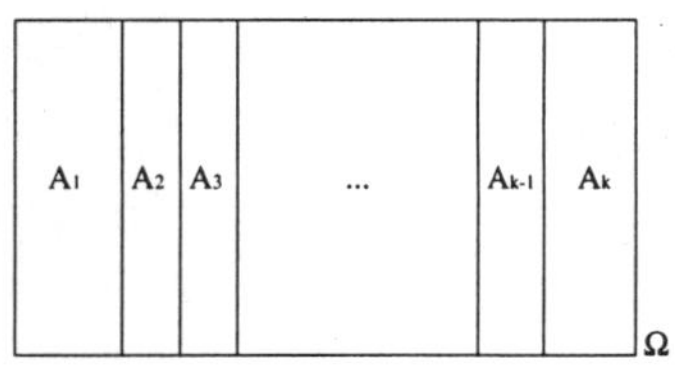

ABBILDUNG 4.2: Disjunkte Zerlegung des Ergebnisraums

Man betrachte nun ein weiteres Ereignis B aus Ω, für das gilt:

$$B = (B \cap A_1) \cup (B \cap A_2) \cup \ldots \cup (B \cap A_k)\,.$$

Graphisch läßt sich dies wie in der Abbildung 4.3 veranschaulichen. Wie aus Abbildung 4.3 zu

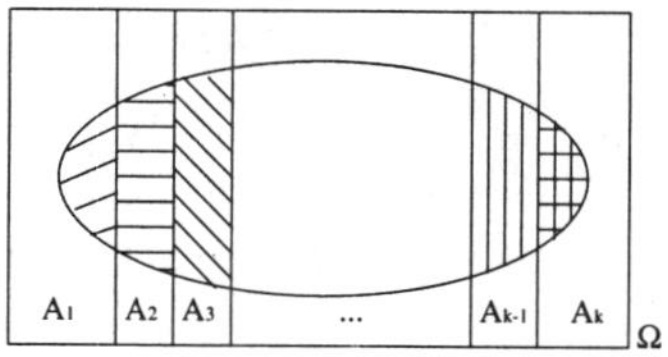

ABBILDUNG 4.3: Darstellung einer Menge B aus Ω über deren disjunkte Zerlegung

erkennen ist, ergibt die Vereinigung der einzelnen schraffierten Flächen, die gerade den Schnittereignissen $B \cap A_i, i = 1, \ldots, k$, entsprechen, das Ereignis B. Bei dieser Darstellung greifen wir erneut auf die Interpretation von Ereignissen als Mengen zurück. Da die $A_1, \ldots, A_k$ eine disjunkte Zerlegung von Ω bilden, sind auch die Schnittmengen $B \cap A_i, i = 1, \ldots, k$, paarweise disjunkt. Damit können wir die Wahrscheinlichkeit für das Eintreten von B anhand der Rechenregeln für Wahrscheinlichkeiten berechnen als:

$$P(B) = P(B \cap A_1) + P(B \cap A_2) + \ldots + P(B \cap A_k).$$

Häufig werden wir aber keine Information über das gemeinsame Eintreten von B und den Ereignissen $A_i, i = 1, \ldots, k$, haben, sondern über das bedingte Eintreten von B unter A_i sowie über das Eintreten der Ereignisse A_i selbst. Das heißt, wir kennen sowohl $P(B|A_i)$ als auch $P(A_i), i = 1, \ldots, k$. Diese Kenntnisse können wir unter Verwendung des Produktsatzes ausnutzen, um $P(B)$ zu berechnen, denn nach dem Produktsatz gilt: $P(B \cap A_i) = P(B|A_i) \cdot P(A_i)$. Damit erhalten wir:

$$P(B) = P(B|A_1) \cdot P(A_1) + \ldots + P(B|A_k) \cdot P(A_k).$$

Diese Formel ist als *Satz von der totalen Wahrscheinlichkeit* bekannt und wird im Anschluß an einem Beispiel veranschaulicht.

Satz von der totalen Wahrscheinlichkeit

Satz von der totalen Wahrscheinlichkeit

Sei $A_1, \ldots, A_k$ eine disjunkte Zerlegung von Ω. Dann gilt für $B \subset \Omega$:

$$P(B) = \sum_{i=1}^{k} P(B|A_i) \cdot P(A_i).$$

Beispiel 4.23

Siegchancen im Halbfinale

Bei einem Fußballturnier ist die Mannschaft TUS Rot-Blau bis ins Halbfinale gelangt. Der Trainer schätzt die Siegchancen seiner Mannschaft folgendermaßen ein: Von den anderen drei Mannschaften hat sie gegen WSV eine Siegchance von 0.7, gegen SVE eine von 0.65 und gegen ihren Angstgegner SVG lediglich eine von 0.2. Mit welcher Wahrscheinlichkeit erreicht TUS Rot-Blau das Finale? Der Gegner wird zufällig ausgelost. Bezeichnen wir die Ereignisse mit

$$\begin{aligned} B &= \{\text{TUS Rot-Blau gewinnt}\}\,, \\ A_1 &= \{\text{Gegner ist WSV}\}\,, \\ A_2 &= \{\text{Gegner ist SVE}\}\,, \\ A_3 &= \{\text{Gegner ist SVG}\}\,. \end{aligned}$$

Da der Gegner zufällig ausgelost wird, ist die Wahrscheinlichkeit dafür, daß A_1, A_2 oder A_3 eintritt, jeweils $1/3$. Außerdem wissen wir aus obigen Angaben:

$$P(B|A_1) = 0.7\,,$$

d.h. die Wahrscheinlichkeit dafür, daß TUS Rot-Blau gewinnt, wenn der Gegner WSV ist, ist gerade 0.7. Entsprechend lassen sich die anderen Wahrscheinlichkeiten schreiben als

$$\begin{aligned} P(B|A_2) &= 0.65\,, \\ P(B|A_3) &= 0.2\,. \end{aligned}$$

Die Wahrscheinlichkeit, daß TUS Rot-Blau das Finale erreicht, entspricht gerade $P(B)$. Diese läßt sich nach dem Satz über die totale Wahrscheinlichkeit berechnen als

$$\begin{aligned} P(B) &= \sum_{i=1}^{3} P(B|A_i) \cdot P(A_i) \\ &= 0.7 \cdot \frac{1}{3} + 0.65 \cdot \frac{1}{3} + 0.2 \cdot \frac{1}{3} \\ &= 1.55 \cdot \frac{1}{3} = 0.52\,. \end{aligned}$$

Damit stehen die Chancen für einen Sieg nur geringfügig besser als für eine Niederlage. □

4.7 Der Satz von Bayes

Bevor wir den Satz von Bayes in seiner allgemeinen Form herleiten, motivieren wir seine Herleitung anhand des folgenden Beispiels.

Medizinische Diagnostik **Beispiel 4.24**

Zur Erkennung von Krankheiten stehen in der Diagnostik medizinische Tests zur Verfügung, die so angelegt sein sollen, daß sie eine Erkrankung erkennen, wenn sie tatsächlich vorliegt, und nicht reagieren, wenn der entsprechende Patient nicht erkrankt ist. Diese Bedingungen können medizinische Tests nicht hundertprozentig erfüllen. Sie werden aber so entwickelt, daß sie eine hohe Sensitivität und Spezifität aufweisen. Dabei ist die Sensitivität eines medizinischen Tests gerade die Wahrscheinlichkeit dafür, daß ein Kranker als krank eingestuft wird, während die Spezifität der Wahrscheinlichkeit entspricht, einen Nichtkranken als nicht krank zu erkennen. Nehmen wir nun an, es geht um die Erkennung einer sehr seltenen Krankheit. Mit der Bezeichnung

$$A = \{\text{Patient ist krank}\}$$
$$B = \{\text{Testergebnis ist positiv}\}$$

lassen sich aus der Erprobungsphase des Tests folgende Wahrscheinlichkeiten als bekannt annehmen:

$$P(B|A) = P(\{\text{Testergebnis ist positiv bei Kranken}\}) = 0.98\,,$$
$$P(B|\overline{A}) = P(\{\text{Testergebnis ist positiv bei Nichtkranken}\}) = 0.03\,,$$
$$P(A) = 0.001.$$

Die letzte Wahrscheinlichkeit macht noch einmal deutlich, daß es sich um eine seltene Krankheit handelt. Für einen Patienten ist es natürlich von Interesse zu erfahren, wie sicher er davon ausgehen kann, tatsächlich krank zu sein, wenn der Test ein positives Ergebnis anzeigt. Diese Wahrscheinlichkeit ist gerade $P(A|B)$. Wie sich die gesuchte Wahrscheinlichkeit aus den angegebenen Wahrscheinlichkeiten gewinnen läßt, beantwortet der Satz von Bayes, der im folgenden allgemein hergeleitet wird. □

Zur Lösung des im Beispiel beschriebenen Problems gehen wir erneut von einer disjunkten Zerlegung des Ergebnisraums aus, d.h. $\Omega = A_1 \cup A_2 \cup \ldots \cup A_k$ mit $A_1, \ldots, A_k$ paarweise disjunkt. Im obigen Beispiel entspricht das Ereignis $\{\text{Patient ist krank}\}$ A_1 und das Ereignis $\{\text{Patient ist nicht krank}\}$ A_2. Offensichtlich ist dadurch eine disjunkte Zerlegung der Ergebnisraums gegeben. Nehmen wir analog z.B. an, daß die Wahrscheinlichkeiten für die Ereignisse $A_1, \ldots, A_k$, d.h. $P(A_1), \ldots, P(A_k)$, sowie die bedingten Wahrscheinlichkeiten bekannt seien. Nach der Definition von bedingten Wahrscheinlichkeiten gilt

$$P(A_1|B) = \frac{P(A_1 \cap B)}{P(B)}\,,$$

d.h. benötigt werden $P(A_1 \cap B)$ und $P(B)$. Die erste benötigte Wahrscheinlichkeit läßt sich leicht über den Produktsatz berechnen als

$$P(A_1 \cap B) = P(B|A_1) \cdot P(A_1)\,,$$

wobei die auftretenden Wahrscheinlichkeiten bekannt sind. Zur Bestimmung von $P(B)$ benutzen wir den Satz von der totalen Wahrscheinlichkeit und erhalten

$$P(B) = \sum_{i=1}^{k} P(B|A_i) \cdot P(A_i) .$$

Satz von Bayes

Setzen wir diese beiden Formeln in den Zähler und Nenner von $P(A_1|B)$ ein, so ergibt sich der *Satz von Bayes* allgemein formuliert für $P(A_j|B)$ als:

Satz von Bayes

Sei $A_1, \ldots, A_k$ eine disjunkte Zerlegung von Ω, wobei für mindestens ein $i, i = 1, \ldots, k, P(A_i) > 0$ und $P(B|A_i) > 0$ erfüllt ist. Dann gilt:

$$P(A_j|B) = \frac{P(B|A_j) \cdot P(A_j)}{\sum_{i=1}^{k} P(B|A_i) \cdot P(A_i)} = \frac{P(B|A_j) \cdot P(A_j)}{P(B)}, \quad j = 1, \ldots, k .$$

a-priori
a-posteriori

Im Zusammenhang mit dem Satz von Bayes werden die Wahrscheinlichkeiten $P(A_i)$ auch als *a-priori* Wahrscheinlichkeiten und $P(A_i|B)$ als *a-posteriori* Wahrscheinlichkeiten bezeichnet, da $P(A_i)$ das Eintreten von A_i *vor* Kenntnis des Ereignisses B und $P(A_i|B)$ das Eintreten dieses Ereignisses *nach* Kenntnis von B bewertet.

Beispiel 4.25 **Medizinische Diagnostik**

Mit dem Satz von Bayes läßt sich die gesuchte Wahrscheinlichkeit des vorhergehenden Beispiels direkt berechnen als

$$\begin{aligned} P(A|B) &= \frac{P(B|A) \cdot P(A)}{P(B|A) \cdot P(A) + P(B|\overline{A}) \cdot P(\overline{A})} \\ &= \frac{0.98 \cdot 0.001}{0.98 \cdot 0.001 + 0.03 \cdot 0.999} \\ &= \frac{0.00098}{0.00098 + 0.02997} = 0.032 , \end{aligned}$$

wobei hier $A_1 = A$ und $A_2 = \overline{A}$ gilt. Dieser Wert besagt nun, daß nur mit einer Wahrscheinlichkeit von 0.032 davon ausgegangen werden kann, daß eine Person wirklich krank ist, wenn der Test dies anzeigt. Anders ausgedrückt läßt sich diese Wahrscheinlickeit so interpretieren, daß nur bei 3.2 % der Patienten mit einem positiven Testergebnis davon ausgegangen werden kann, daß die Krankheit wirklich vorliegt. Bei den übrigen 96.8 % handelt es sich demnach um Fehldiagnosen.

Zur Erläuterung des Satzes von Bayes betrachten wir die folgenden Wahrscheinlichkeiten, die sich mit Hilfe des Produktsatzes berechnen lassen:

		Krankheit		
		ja (A)	nein ($\overline{A}$)	$\sum$
Test	pos (B)	0.00098	0.02997	0.03095
	neg ($\overline{B}$)	0.00002	0.96903	0.96905
	$\sum$	0.001	0.999	1

Diese lassen sich nun wie folgt interpretieren: Wegen $P(A) = 0.001$ ist in einer Population von z.B. 100 000 Personen bei 100 Personen mit der Krankheit zu rechnen, bei den verbleibenden 99 900 dagegen nicht. Die Wahrscheinlichkeit $P(B|A) = 0.98$ bedeutet nun, daß von den 100 Kranken 98 mit dem Test richtig diagnostiziert werden. Dagegen beinhaltet $P(B|\overline{A}) = 0.03$, daß von den 99 900 nicht kranken Personen fälschlicherweise 2997 als krank eingestuft werden. Insgesamt zeigt der Test also bei $98 + 2997 = 3095$ Personen ein positives Ergebnis an, von denen sind jedoch nur 98 tatsächlich krank. Das entspricht einem Anteil von $\frac{98}{3095} \cdot 100\,\% = 3.2\,\%$. Wir haben durch diese Überlegung demnach dasselbe Resultat erhalten, wie es der Satz von Bayes direkt liefert. □

Geldanlage

Beispiel 4.26

In diesem Beispiel interessieren die Wahrscheinlichkeiten für bestimmte Tendenzen in der Kursentwicklung, aufgrund dessen man über die Anlage seines Kapitals entscheidet. Es seien drei Ereignisse möglich: A_1 = {Der Zins fällt um $0.5\,\%$}, A_2 = {Der Zins bleibt unverändert} und A_3 = {Der Zins steigt um $0.5\,\%$}. Nach der eigenen subjektiven Einschätzung nehmen wir folgende a-priori Wahrscheinlichkeiten für das Eintreten obiger Ereignisse an:

$$P(A_1) = 0.1\,, \quad P(A_2) = 0.6\,, \quad P(A_3) = 0.3\,.$$

Als Ereignis B ziehen wir die Prognose eines Anlageberaters {Der Zins steigt um $0.5\,\%$} hinzu. Aufgrund von Erfahrungswerten sei zudem bekannt:

$$P(B|A_1) = 0.15\,, \quad P(B|A_2) = 0.30\,, \quad P(B|A_3) = 0.75\,.$$

Falls der Kurs also tatsächlich steigt, sagt der Anlageberater dies mit einer Wahrscheinlichkeit von 0.75 richtig voraus. Falls der Zins jedoch fällt, so hätte der Anlageberater mit einer Wahrscheinlichkeit von 0.15 eine Steigerung vorausgesagt. Im Fall gleichbleibender Zinsentwicklung hätte der Anlageberater die Prognose einer Zinssteigerung mit Wahrscheinlichkeit 0.3 getroffen.

Gesucht sind nun die Wahrscheinlichkeiten für das Eintreten obiger Zinsveränderungen unter Berücksichtigung der positiven Prognose des Anlageberaters, also $P(A_j|B), j = 1, 2, 3$. Diese werden, wie bereits erwähnt, auch als a-posteriori Wahrscheinlichkeiten bezeichnet und lassen sich wiederum über den Satz von Bayes ermitteln. Dazu benötigen wir die Wahrscheinlichkeit für das Eintreten einer positiven Prognose des Anlageberaters, die sich über die Formel von der totalen Wahrscheinlichkeit berechnet als:

$$\begin{aligned} P(B) &= P(B|A_1) \cdot P(A_1) + P(B|A_2) \cdot P(A_2) + P(B|A_3) \cdot P(A_3) \\ &= 0.15 \cdot 0.1 + 0.30 \cdot 0.6 + 0.75 \cdot 0.3 = 0.42. \end{aligned}$$

Die gesuchten Wahrscheinlichkeiten lassen sich damit bestimmen als:

$$P(A_1|B) = \frac{P(B|A_1) \cdot P(A_1)}{P(B)} = \frac{0.15 \cdot 0.1}{0.42} = 0.0357\,,$$

$$P(A_2|B) = \frac{P(B|A_2) \cdot P(A_2)}{P(B)} = \frac{0.30 \cdot 0.6}{0.42} = 0.4286\,,$$

$$P(A_3|B) = \frac{P(B|A_3) \cdot P(A_3)}{P(B)} = \frac{0.75 \cdot 0.3}{0.42} = 0.5357\,.$$

Da sich ein potentieller Anleger insbesondere für die Wahrscheinlichkeit einer steigenden Zinsentwicklung interessiert, ist die verbesserte Wahrscheinlichkeit für das Eintreten von A_3, also für einen Zinsanstieg, nach der Beratung durch einen Anlageberater eine wichtige Information. □

Beispiel 4.27 **Suche nach dem Mörder**

Am Tatort wird neben der Leiche eine Blutspur des Mörders gefunden. Der Laborbefund ergibt Blutgruppe B. Bereits kurze Zeit nach dem Auffinden der Leiche wird ein Tatverdächtiger festgenommen. Handelt es sich tatsächlich um den Täter? Betrachten wir folgende Ereignisse:

$$A_1 = \{\text{Der Tatverdächtige ist der Mörder}\}\,,$$

$$A_2 = \overline{A_1} = \{\text{Der Tatverdächtige ist nicht der Mörder}\}\,,$$

$$B = \{\text{Die Blutgruppe der Blutspur stimmt mit der des Tatverdächtigen überein}\}\,.$$

Der zuständige Kommissar denkt nun, entweder der Tatverdächtige hat die Tat begangen oder nicht, und nimmt daher an, daß $P(A_1) = P(\overline{A_1}) = 0.5$. Damit ist $P(B|A_1) = 1$, da die Blutgruppe der entdeckten Blutspur sicher mit der des Tatverdächtigen übereinstimmt, wenn dieser der Täter ist. Als $P(B|\overline{A_1})$ wählt man sinnvollerweise den Anteil der Personen in der Bevölkerung mit Blutgruppe B, d.h. $P(B|\overline{A_1}) = 0.25$. Die Anwendung des Satzes von Bayes liefert die Wahrscheinlichkeit dafür, daß der Tatverdächtige der Mörder ist, wenn er Blutgruppe B hat, und zwar als

$$P(A_1|B) = \frac{P(B|A_1) \cdot P(A_1)}{P(B|A_1) \cdot P(A_1) + P(B|\overline{A_1}) \cdot P(\overline{A_1})}$$

$$= \frac{1 \cdot 0.5}{1 \cdot 0.5 + 0.25 \cdot 0.5} = 0.8\,.$$

Die Wahrscheinlichkeit ist also sehr hoch, und es sieht nicht sehr gut für den Verdächtigen aus. Allerdings ist die Annahme der a-priori Wahrscheinlichkeit von 0.5 für seine Schuld unsinnig. Nimmt man im Gegensatz dazu an, daß jeder Bürger eines Landes mit einer Bevölkerungsstärke von zum Beispiel 60 Millionen Einwohnern der Mörder sein könnte, dann ist $P(A_1) = \frac{1}{6 \cdot 10^7}$. Mit Hilfe des Satzes von Bayes errechnet man dann:

$$P(A_1|B) = \frac{1/6 \cdot 10^{-7} \cdot 1}{1/6 \cdot 10^{-7} \cdot 1 + (1 - 1/6 \cdot 10^{-7}) \cdot 0.25} \approx \frac{3}{2} \cdot 10^{-7}\,.$$

Diese Wahrscheinlichkeit ist nun verschwindend gering. An diesem Beispiel wird deutlich, wie stark die a-posteriori Wahrscheinlichkeiten von den Annahmen über die a-priori Wahrscheinlichkeiten beeinflußt werden können. □

4.8 Unendliche Grundgesamtheiten

Bislang sind wir implizit davon ausgegangen, daß unser Experiment nur zu endlich vielen Ergebnissen führen kann. Für diesen Fall waren auch die Axiome von Kolmogoroff definiert. Es kann aber durchaus Situationen geben, in denen es notwendig wird, die Betrachtungen auf den Fall unendlich vieler Ergebnisse auszudehnen, wie das folgende Beispiel illustriert.

Würfeln **Beispiel 4.28**

Um bei dem Würfelspiel Mensch-Ärgere-Dich-Nicht ins Spiel zu kommen, muß eine Sechs gewürfelt werden. Ein Spieler würfelt nun so lange, bis die Sechs gewürfelt ist. Das Ergebnis des Experiments sei dabei die Anzahl an Würfen, die der Spieler bis zum Würfeln einer Sechs benötigt. Damit ist der Ergebnisraum als die gesamten natürlichen Zahlen gegeben, d.h. $\Omega = \{1, 2, 3, \dots\} = \mathbb{N}$, da der Spieler rein theoretisch beliebig oft würfeln muß (vgl. auch Kapitel 5, Geometrische Verteilung). Für die Wahrscheinlichkeiten ergibt sich dabei $P(\{\omega = 1\}) = 1/6$, da das Würfeln einer Sechs im 1. Wurf dem Ausgang eines Laplace-Experiments entspricht. Ist die Anzahl der Würfe gleich 2, wurde im 1. Wurf keine Sechs gewürfelt, aber im 2. Wurf, da sonst weitergewürfelt worden wäre. Für die entsprechende Wahrscheinlichkeit ergibt sich wegen der Unabhängigkeit der Würfe:

$$\begin{aligned} P(\{\omega = 2\}) &= P(\{\text{1. Wurf keine Sechs}\}) \cdot \\ &\quad P(\{\text{2. Wurf eine Sechs} | \text{1. Wurf keine Sechs}\}) \\ &= P(\{\text{1. Wurf keine Sechs}\}) \cdot P(\{\text{2. Wurf eine Sechs}\}) \\ &= \frac{5}{6} \cdot \frac{1}{6}. \end{aligned}$$

Allgemein können solche Wahrscheinlichkeiten mit den folgenden Bezeichnungen

$$\begin{aligned} A_i &= \{i\text{-ter Wurf keine Sechs}\} \\ B_i &= \{i\text{-ter Wurf eine Sechs}\} \\ C_i &= \{\text{Spiel endet nach } i \text{ Würfen}\} \end{aligned}$$

bestimmt werden als

$$\begin{aligned} P(C_i) &= P(A_1 \cap A_2 \cap A_3 \cap \ldots \cap A_{i-1} \cap B_i) \\ &= P(A_1) \cdot P(A_2) \cdot P(A_3) \cdot \ldots \cdot P(A_{i-1}) \cdot P(B_i) \\ &= \frac{5}{6} \cdot \frac{5}{6} \cdot \frac{5}{6} \cdot \ldots \cdot \frac{5}{6} \cdot \frac{1}{6} \\ &= \left(\frac{5}{6}\right)^{i-1} \cdot \frac{1}{6}. \end{aligned}$$

□

Da in dem obigen Beispiel i beliebig groß werden kann, müssen die Axiome von Kolmogoroff, d.h. speziell das dritte Axiom, auf abzählbar unendliche Vereinigungen verallgemeinert werden.

Axiome von Kolmogoroff für unendliche Ergebnisräume

(K1) $P(A) \geq 0$.
(K2) $P(\Omega) = 1$.
($\widetilde{\text{K3}}$) Seien $A_1, \ldots, A_k, \ldots \subset \Omega$ paarweise disjunkt, dann gilt:

$$P(A_1 \cup \ldots \cup A_k \cup \ldots) = \sum_{i=1}^{\infty} P(A_i).$$

Das derart erweiterte Axiom ($\widetilde{\text{K3}}$) schließt das Axiom (K3) ein. Die bislang hergeleiteten Rechenregeln und Formeln gelten im übrigen auch bei unendlichen Grundgesamtheiten bis auf den zentralen Unterschied, daß sich die Wahrscheinlichkeit für eine Menge mit überabzählbar vielen Elementen nicht mehr als Summe von Einzelwahrscheinlichkeiten berechnen läßt, wie das folgende Beispiel veranschaulicht.

Beispiel 4.29 **Das Idealexperiment**

Wenn wir bestimmte Variablen messen, so könnten wir das theoretisch beliebig genau machen; praktisch sind wir aber gezwungen, uns auf endlich viele Nachkommastellen zu beschränken. Im Idealexperiment hätten alle Zahlen unendlich viele Stellen nach dem Komma. Damit sind in vielen Fällen die tatsächlich durchgeführten Experimente Näherungen des Idealexperiments. Nehmen wir nun an, wir wollten aus dem Intervall $[0, 1]$ zufällig einen Punkt auswählen. Wie groß ist die Wahrscheinlichkeit, daß dieser aus dem Intervall $[0, 0.5]$ stammt?

In der **1. Näherung** „messen" wir auf eine Nachkommastelle genau und erhalten als Ergebnisraum $\Omega = \{0.0, 0.1, \ldots, 0.9, 1.0\}$. Damit ist $|\Omega| = 11$, woraus $p_\omega = 1/11$ folgt. Die Wahrscheinlichkeit dafür, daß ω aus dem Intervall $[0, 0.5]$ stammt, läßt sich berechnen als Summe der Einzelwahrscheinlichkeiten der rein diskreten Punkte in diesem Intervall, d.h.

$$\begin{aligned} P(\omega \in [0, 0.5]) &= P(\{0.0, 0.1, 0.2, 0.3, 0.4, 0.5\}) \\ &= \frac{6}{11} = \frac{1}{2} + \frac{1}{22} = \frac{1}{2} + \frac{1}{2 \cdot (10^1 + 1)}. \end{aligned}$$

Diese Darstellung der Wahrscheinlichkeit erscheint zunächst ungewöhnlich, wird uns aber bei den weiteren Überlegungen dienlich sein.

In der **2. Näherung** „messen" wir auf zwei Nachkommastellen genau. Damit ergibt sich $\Omega = \{0.00, 0.01, \ldots, 0.99, 1.00\}$ mit $|\Omega| = 101$ und $p_\omega = 1/101$. Entsprechend berechnet man

$$\begin{aligned} P(\omega \in [0, 0.5]) &= P(\{0.00, 0.01, \ldots, 0.49, 0.5\}) \\ &= \frac{51}{101} = \frac{1}{2} + \frac{1}{202} = \frac{1}{2} + \frac{1}{2 \cdot (10^2 + 1)}. \end{aligned}$$

Wir könnten dies nun beliebig oft weiterführen, aber die schon offensichtliche Struktur bei der Ermittlung von Ω und von $P(\omega \in [0, 0.5])$ liefert direkt bei der n-ten Näherung:

$$|\Omega| = 10^n + 1 \text{ mit } p_\omega = \frac{1}{10^n + 1} \text{ und}$$
$$P(\omega \in [0, 0.5]) = \frac{1}{2} + \frac{1}{2 \cdot (10^n + 1)},$$

d.h. je mehr Nachkommastellen wir „messen", also je größer n, desto näher liegt p_ω bei null und $P(\omega \in [0, 0.5])$ bei 0.5. Im Idealexperiment gilt schließlich:

$$p_\omega = 0 \quad \text{und} \quad P(\omega \in [0, 0.5]) = 0.5\,.$$

Damit wird offensichtlich, daß sich im Idealexperiment die Wahrscheinlichkeit für ein Ereignis nicht mehr als Summe der Wahrscheinlichkeiten für die Elementarereignisse darstellen läßt, d.h. also

$$P(A) \neq \sum_{\omega \in A} p_\omega\,.$$

□

Das in dem Beispiel beobachtete Phänomen ist darin begründet, daß einerseits alle Punkte eines Intervalls als Elemente des Ereignisses A möglich sind. Andererseits ist es aber nicht möglich, ein Intervall als abzählbare Vereinigung seiner Punkte darzustellen, d.h., daß z.B. $[0, 0.5]$ nicht darstellbar ist als $\{\omega_1\} \cup \{\omega_2\} \cup \{\omega_3\} \cup \ldots$. Das Axiom von Kolmogoroff $(\widetilde{K3})$ gilt aber nur für solche Vereinigungen. Wollen wir also Wahrscheinlichkeiten bestimmter Ereignisse eines Idealexperiments berechnen, bei dem alle Elemente eines Intervalls mit unendlich vielen Nachkommastellen als Ergebnis auftreten können, können wir $P(A)$ nicht länger als $\sum_{\omega \in A} p_\omega$ darstellen, sondern müssen über diese Menge integrieren. Dieser Aspekt wird in Kapitel 6 im Zusammenhang mit stetigen Zufallsvariablen erneut aufgegriffen.

4.9 Zusammenfassung und Bemerkungen

In der Statistik fassen wir den Ausgang empirischer Untersuchungen als Ergebnis eines *Zufallsvorgangs* auf. Dabei interessiert insbesondere, wie sicher man mit dem Eintreten eines bestimmten Ergebnisses rechnen kann. Eine solche Beurteilung wird möglich durch die Zuweisung von Wahrscheinlichkeiten. Man unterscheidet dabei grob den *objektiven* und den *subjektiven Wahrscheinlichkeitsbegriff*. Ersterer basiert auf der Häufigkeitsinterpretation von Wahrscheinlichkeiten und ist daher nicht vom jeweiligen Betrachter des Experiments abhängig. Die subjektive Wahrscheinlichkeit hängt hingegen von der persönlichen Einschätzung einer Situation ab.

Bei der Bewertung von Ergebnissen eines Zufallsvorgangs anhand von Wahrscheinlichkeiten ist es zweckmäßig, diese als Mengen anzusehen und zur Verknüpfung von Ergebnissen die üblichen Mengenoperationen einzusetzen. Dabei bezeichnen wir die Menge aller möglichen Ergebnisse mit *Ergebnis-* bzw. *Stichprobenraum*. Teilmengen des Ergebnisraums heißen *(Zufalls-)Ereignisse*. Die Bewertung von Ereignissen hinsichtlich ihres Eintretens erfolgt nun anhand von Zahlen, die die *Axiome von Kolmogoroff* erfüllen müssen. Diese zugeordneten Zahlen nennt man schließlich *Wahrscheinlichkeiten*. Für diese lassen sich aus den Axiomen Rechenregeln ableiten, die bereits aus dem Umgang mit relativen Häufigkeiten bekannt sind.

Zur konkreten Berechnung von Wahrscheinlichkeiten sind zusätzliche Informationen über den Zufallsvorgang erforderlich. In einigen Fällen wie etwa beim Glückspiel ist es gerechtfertigt, alle möglichen Ausgänge des Zufallsvorgangs als gleichwahrscheinlich anzusehen. Damit läßt sich bei endlichen Ergebnisräumen die Wahrscheinlichkeit für das Eintreten eines Ereignisses einfach über die sogenannte Abzählregel bestimmen. Dazu ist die Kenntnis der Anzahl aller möglichen Ergebnisse notwendig. Das bedeutet im Fall einer Stichprobenziehung, daß man die Anzahl aller möglichen Stichproben kennen muß. Diese hängt davon ab, ob man mit oder ohne Zurücklegen und mit oder ohne Berücksichtigung der Reihenfolge zieht. Natürlich kann man aber nicht immer davon ausgehen, daß die Ergebnisse eines Zufallsvorgangs gleich wahrscheinlich sind. Will man in solchen Fällen die Wahrscheinlichkeit für das Eintreten eines bestimmten Ereignisses ermitteln, so ist es oft hilfreich, diese als Grenzwert der relativen Häufigkeit für das Eintreten des interessierenden Ereignisses anzusehen.

Häufig kann bzw. muß man die Bewertung für das Eintreten eines Ereignisses relativieren, wenn man Informationen über ein anderes Ereignis hinzuzieht, das bereits eingetreten ist. Dies führt zu dem Begriff der bedingten Wahrscheinlichkeit erneut in Analogie zu dem entsprechenden Begriff bei den relativen Häufigkeiten. Verändert sich die Wahrscheinlichkeit für das Eintreten eines Ereignisses nicht, wenn man die Information über ein anderes, bereits eingetretenes Ereignis nutzt, so nennt man diese beiden Ereignisse stochastisch unabhängig. Die Eigenschaft der *stochastischen Unabhängigkeit* ist eine zentrale. Sie macht es möglich, selbst bei komplexen Zufallsvorgängen Wahrscheinlichkeiten für bestimmte Ereignisse noch relativ leicht zu berechnen.

Der Begriff der bedingten Wahrscheinlichkeit spielt erneut eine große Rolle bei dem *Satz von Bayes*, der es ermöglicht, a-posteriori Wahrscheinlichkeiten von Ereignissen zu bestimmen, wenn man deren a-priori und zusätzliche bedingte Wahrscheinlichkeiten kennt. In den Satz von Bayes geht der Satz von der totalen Wahrscheinlichkeit ein, bei dem die Wahrscheinlichkeit eines Ereignisses mit Hilfe einer disjunkten Zerlegung des Ergebnisraumes berechnet wird.

Abschließend sei noch besonders auf den Fall hingewiesen, daß der Ergebnisraum überabzählbar viele Elemente enthält. Hier ist es nicht mehr möglich, Wahrscheinlichkeiten für bestimmte Ereignisse als Summe von Einzelwahrscheinlichkeiten auszurechnen.

Als Ergänzung zu diesem Kapitel sei auf Rüger (1996) vergewiesen.

4.10 Aufgaben

Aufgabe 4.1

Das folgende Venn–Diagramm zeigt für eine Gesamtheit von 160 Studierenden der Soziologie im ersten Semester die Anzahlen, mit denen die Vorlesungen 'Statistik I' (S), 'Einführung in die Soziologie' (E) und 'Sozialstruktur der BRD' (B) besucht werden:

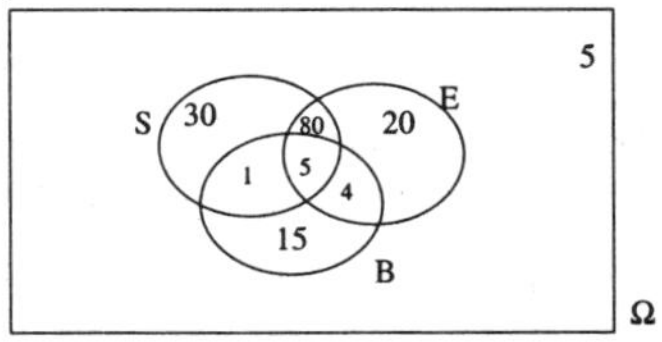

(a) Erstellen Sie eine Kontingenztafel der drei Variablen X_1 mit den Ausprägungen S und $\overline{S}$, X_2 mit den Ausprägungen E und $\overline{E}$ und X_3 mit den Ausprägungen B und$\overline{B}$. Geben Sie auch die zugehörigen Randverteilungen an.
(b) Wieviele der Studierenden besuchen die Vorlesungen
   (i) S und E,
   (ii) S und E, aber nicht B,
   (iii) weder S noch E,
   (iv) E oder B?
(c) Beschreiben Sie die folgenden Mengen in Worten, und geben Sie die zugehörigen Anzahlen an:
   (i) $\bar{S} \cap E \cap \overline{B}$,
   (ii) $S \cup \bar{B}$,
   (iii) $\overline{(S \cup E \cup B)}$.

Aufgabe 4.2

Im Senatsbericht der Frauenbeauftragten von 1995 zum Stand der Gleichstellungspolitik an der Universität München findet sich u.a. eine Aufstellung aller Professorenstellen. Dabei ist hier von Interesse, ob die Stelle von einer Frau (A) oder von einem Mann ($\overline{A}$) besetzt ist. Außerdem wird danach unterschieden, ob der Stelleninhaber/die Stelleninhaberin einen Lehrstuhl innehat (B) oder nicht ($\overline{B}$). Die Zahlen sind für das Jahr 1995 im folgenden Venn-Diagramm dargestellt:

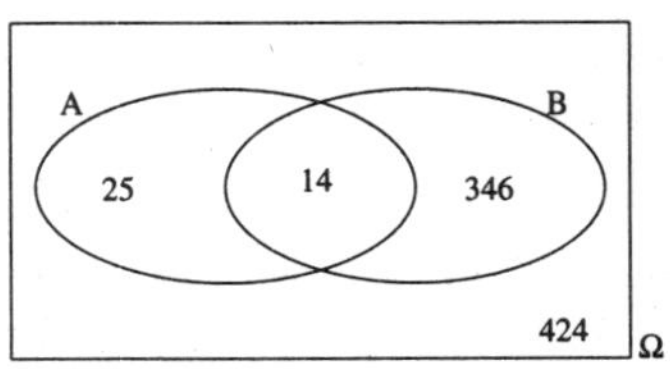

(a) Beschreiben Sie die beiden folgenden Ereignisse in Worten, und bestimmen Sie die zugehörigen Anzahlen: $\Omega \setminus A$, $A \cap B$.
(b) Wie groß ist die Wahrscheinlichkeit, daß eine zufällig ausgewählte Professorenstelle von einer Frau besetzt ist? Was sagt das Ergebnis aus?

(c) Wie groß ist die Wahrscheinlichkeit, daß ein zufällig ausgewählter Lehrstuhl von einer Frau besetzt ist? Was sagt das Ergebnis aus?
(d) Sind die Ereignisse A und B unabhängig (mit Begründung)?

Aufgabe 4.3 Überlegen Sie sich anhand von Venn–Diagrammen
(a) $A \subset B \Longrightarrow \overline{B} \subset \overline{A}$,
$A \setminus B = A \cap \overline{B}$,
(b) die Distributivgesetze
$(A \cup B) \cap C = (A \cap C) \cup (B \cap C)$,
$(A \cap B) \cup C = (A \cup C) \cap (B \cup C)$,
(c) die de Morganschen Regeln
$\overline{(A \cup B)} = \overline{A} \cap \overline{B}$,
$\overline{(A \cap B)} = \overline{A} \cup \overline{B}$.

Aufgabe 4.4 Ein Experiment bestehe aus dem Werfen eines Würfels und einer Münze.
(a) Geben Sie einen geeigneten Ergebnisraum Ω an.
(b) Zeigt die Münze Wappen, so wird die doppelte Augenzahl des Würfels notiert, bei Zahl nur die einfache. Wie groß ist die Wahrscheinlichkeit, daß eine gerade Zahl notiert wird?

Aufgabe 4.5 Aus einer Grundgesamtheit $G = \{1, 2, 3, 4\}$ wird eine einfache Zufallsstichprobe vom Umfang $n = 2$ gezogen. Betrachten Sie die beiden Fälle "Modell mit Zurücklegen" und "Modell ohne Zurücklegen".
(a) Listen Sie für beide Fälle alle möglichen Stichproben auf.
(b) Wie groß ist jeweils für ein einzelnes Element die Wahrscheinlichkeit, in die Stichprobe zu gelangen?
(c) Wie groß ist jeweils die Wahrscheinlichkeit, daß die Elemente 1 und 2 beide in die Stichprobe gelangen?

Aufgabe 4.6 Aus einer Gruppe von 3 Männern und 4 Frauen sind drei Positionen in verschiedenen Kommissionen zu besetzen. Wie groß ist die Wahrscheinlichkeit für die Ereignisse, daß mindestens eine der drei Positionen mit einer Frau besetzt wird bzw., daß höchstens eine der drei Positionen mit einer Frau besetzt wird,
(a) falls jede Person nur eine Position erhalten kann?
(b) falls jede Person mehrere Positionen erhalten kann?

Aufgabe 4.7 Eine Gruppe von 60 Drogenabhängigen, die Heroin spritzen, nimmt an einer Therapie teil (A = stationär, $\overline{A}$ = ambulant). Zudem unterziehen sich die Drogenabhängigen freiwillig einem HIV-Test (B = HIV-positiv, $\overline{B}$ = HIV-negativ). Dabei stellen sich 45 der 60 Personen als HIV-negativ und 15 als HIV-positiv heraus. Von denen, die HIV-positiv sind, sind 80 % in der stationären Therapie, während von den HIV-negativen nur 40 % in der stationären Therapie sind.
(a) Formulieren Sie die obigen Angaben als Wahrscheinlichkeiten.
(b) Sie wählen zufällig eine der 60 drogenabhängigen Personen aus. Berechnen Sie die Wahrscheinlichkeit, daß diese
(i) an der stationären Therapie teilnimmt und HIV-positiv ist,
(ii) an der stationären Therapie teilnimmt und HIV-negativ ist,
(iii) an der stationären Therapie teilnimmt.

(c) Berechnen Sie $P(B|A)$, und fassen Sie das zugehörige Ereignis in Worte.
(d) Welcher Zusammenhang besteht zwischen $P(A|B)$ und $P(A)$, wenn A und B unabhängig sind?

Aufgabe 4.8

Zeigen Sie:
Sind A und B stochastisch unabhängig, dann sind auch $\overline{A}$ und B stochastisch unabhängig.

Aufgabe 4.9

An einer Studie zum Auftreten von Farbenblindheit nimmt eine Gruppe von Personen teil, die sich zu $45\,\%$ aus Männern (M) und zu $55\,\%$ aus Frauen $(\overline{M})$ zusammensetzt. Man weiß, daß im allgemeinen $6\,\%$ der Männer farbenblind (F) sind, d.h. es gilt $P(F \mid M) = 0.06$. Dagegen sind nur $0.5\,\%$ der Frauen farbenblind, d.h. $P(F \mid \overline{M}) = 0.005$.
Verwenden Sie die angegebene Information zum Berechnen der Wahrscheinlichkeit, daß eine per Los aus der Gruppe ausgewählte Person eine farbenblinde Frau ist, d.h. zum Berechnen von $P(F \cap \overline{M})$. Berechnen Sie außerdem $P(\overline{M} \cap \overline{F})$, $P(M \cap F)$, $P(F)$ und $P(\overline{M} \mid F)$. Beschreiben Sie die zugehörigen Ereignisse in Worten.

Aufgabe 4.10

In einer Firma wird auf drei Anlagen (A_1, A_2, A_3) produziert. Die Anteile an der Gesamtproduktion betragen $30\,\%$ (von A_1) bzw. $50\,\%$ (von A_2) bzw. $20\,\%$ (von A_3). Von den Stücken, die A_1 produziert, sind $10\,\%$ Ausschuß. Bei A_2 sind es $20\,\%$ und bei A_3 $5\,\%$.
(a) Sie entnehmen der Produktion zufällig ein Werkstück und stellen fest, daß es ein Ausschußstück ist. Wie groß ist die Wahrscheinlichkeit, daß es von Anlage A_3 stammt?
(b) Nun wird die Zahl der auf Anlage A_3 produzierten Stücke verdoppelt, wodurch sich die Anteile der Anlagen A_1 und A_2 entsprechend reduzieren. Wieviel Prozent Ausschuß wird dann insgesamt produziert?

Aufgabe 4.11

An den Kassen von Supermärkten und Kaufhäusern wird ein zusätzliches Gerät bereitgestellt, mit dem die Echtheit von 100 DM–Scheinen geprüft werden soll. Aus Erfahrung weiß man, daß 15 von 10.000 Scheinen gefälscht sind. Bei diesem Gerät wird durch Aufblinken einer Leuchte angezeigt, daß der Schein als falsch eingestuft wird. Es ist bekannt, daß das Gerät mit einer Wahrscheinlichkeit von 0.95 aufblinkt, wenn der Schein falsch ist, und mit einer Wahrscheinlichkeit von 0.1, wenn der Schein echt ist. Wie sicher kann man davon ausgehen, daß der 100 DM–Schein tatsächlich falsch ist, wenn das Gerät aufblinkt?

5

Diskrete Zufallsvariablen

Einige Beispiele des vorangehenden Kapitels zeigen, daß die Ergebnisse von Zufallsvorgängen nicht immer Zahlen sind. Wie bei der Beschreibung von Ergebnissen einer Erhebung in der deskriptiven oder explorativen Statistik ist es jedoch zweckmäßig, die Ergebnisse von Zufallsvorgängen durch Zahlen zu repräsentieren. Oft interessiert man sich auch nicht primär für die zugrundeliegenden Ergebnisse selbst, sondern für daraus abgeleitete Zahlen, etwa wie oft Wappen beim mehrmaligen Werfen einer Münze auftritt. Ordnet man den Ergebnissen eines Zufallsvorgangs Zahlen zu, so erhält man eine Zufallsvariable. Dies entspricht im wesentlichen dem Begriff einer Variable oder eines Merkmals in der deskriptiven oder explorativen Statistik, nur wird jetzt betont, daß die möglichen Werte oder Ausprägungen als Ergebnisse eines Zufallsvorgangs gedeutet werden.

In den Kapiteln 5 bis 7 behandeln wir die grundlegenden Begriffe und Eigenschaften von *eindimensionalen* oder *univariaten Zufallsvariablen*. Sie bilden auch die Basis für die in vielen Anwendungen auftretende Situation, daß mehrere Zufallsvariablen gemeinsam betrachtet werden. Voneinander abhängige, mehrdimensionale Zufallsvariablen sind Gegenstand von Kapitel 8. Zunächst behandeln wir jedoch nur unabhängige eindimensionale Zufallsvariablen. Wir unterscheiden, wie in einführenden Darstellungen üblich, zwischen *diskreten* und *stetigen* Zufallsvariablen. Für die in Abschnitt 5.2 betrachteten diskreten Zufallsvariablen werden Analogien zu Kapitel 2 besonders deutlich. Entsprechende Begriffe und Eigenschaften für stetige Zufallsvariablen ergeben sich dann durch den Übergang vom diskreten zum stetigen Fall (Kapitel 6). Im folgenden Abschnitt verdeutlichen wir zunächst anhand von Beispielen, was man unter Zufallsvariablen versteht und schließen eine allgemeine Definition an, die noch nicht zwischen diskreten und stetigen Zufallsvariablen unterscheidet.

eindimensionale Zufallsvariablen

diskret
stetig

5.1 Zufallsvariablen

Die folgenden Beispiele veranschaulichen exemplarisch Situationen, in denen die Einführung von Zufallsvariablen zweckmäßig ist und zeigen, wie diese gebildet werden.

Beispiel 5.1 **Werfen einer Münze**

Eine Münze mit den Seiten Zahl (Z) und Wappen (W) werde viermal geworfen. Als Ergebnis erhält man z.B. (Z, W, W, Z). Wenn wir die Variable $X =$ "Anzahl von Wappen" einführen, so resultiert daraus $X = 2$. Erhält man beim nächsten Werfen (Z, W, Z, Z), so ist $X = 1$. Für die Variable X sind die Werte $0, 1, 2, 3$ und 4 möglich, aber vor jedem neuen Wurf ist nicht sicher, welcher dieser Werte sich ergeben wird. Wenn wir uns nur für X interessieren, nicht jedoch für den zugrundeliegenden Zufallsvorgang des viermaligen Münzwurfs selbst, so können wir uns auf den einfacheren Ergebnisraum $\{0, 1, 2, 3, 4\}$ beschränken. Die Ergebnisse des Zufallsvorgangs sind dann die Werte der Variable X selbst. Man nennt X deshalb Zufallsvariable. Die Bildung von X läßt sich demnach auch als Abbildung auffassen, wobei dem ursprünglichen Ergebnis $\omega \in \Omega$, etwa $\omega = (Z, W, W, Z)$, eine reelle Zahl $X(\omega) = 2$ zugeordnet wird.

In bezug auf die Variable X interessieren vor allem Ereignisse bei denen X bestimmte Werte annimmt, etwa

$$\{X = 2\} = \text{"Es tritt genau zweimal Wappen auf"}$$

oder

$$\{X \leq 2\} = \text{"Es tritt höchstens zweimal Wappen auf"}.$$

Zur Berechnung der Wahrscheinlichkeiten ist in diesem Beispiel die Darstellung durch die ursprünglichen Ergebnisse nützlich. Es gilt etwa

$$\begin{aligned}\{X = 2\} = \{&(Z, Z, W, W), (Z, W, Z, W), (Z, W, W, Z),\\ &(W, W, Z, Z), (W, Z, W, Z), (W, Z, Z, W)\}.\end{aligned}$$

Dann läßt sich die Abzählregel anwenden und man erhält

$$P(\{X = 2\}) = 6/16,$$

da es insgesamt $4^2 = 16$ verschiedene Ergebnisse beim viermaligen Münzwurf gibt. □

Beispiel 5.2 **Zweimal Würfeln**

Die ursprüngliche Ergebnismenge Ω besteht aus den 36 Zahlenpaaren $\omega = (i, j)$, $1 \leq i, j \leq 6$, vergleiche Beispiel 4.3(b) (Seite 177). Für die Variable X="Summe der Augenzahlen" erhält man zu jedem Ergebnis (i, j) den Wert $x = i + j$. Da die möglichen Ergebnisse (i, j) und damit die Werte $x = i + j$ vom Zufall abhängen, wird X zu einer Zufallsvariable mit der Werte- oder Ergebnismenge $\{2, 3, \ldots, 12\}$. Ebenso wie im vorangehenden Beispiel läßt sich somit X als Abbildung aus dem ursprünglichen Ergebnisraum $\Omega = \{i, j : 1 \leq i, j \leq 6\}$ nach $\{2, 3, \ldots, 12\}$ auffassen, mit $X : \omega \mapsto X(\omega) = x = i + j$. Interessierende Ereignisse sind z.B.

$$\{X = 4\} = \text{"Die Augensumme ist 4"}$$

oder

$$\{X \leq 4\} = \text{"Die Augensumme ist höchstens gleich 4"}.$$

Solche Ereignisse lassen sich auch durch die ursprünglichen Ergebnisse (i, j) ausdrücken. Es gilt

$$\{X = 4\} = \{(1,3), (2,2), (3,1)\}$$

und

$$\{X \leq 4\} = \{(1,1), (1,2), (1,3), (2,1), (2,2), (3,1)\}.$$

Auch hier ist die Rückführung auf die ursprünglichen Ergebnisse nützlich, um die Wahrscheinlichkeiten für derartige Ereignisse zu berechnen: Es ist z.B.

$$P(X = 4) = P(1,3) + P(2,2) + P(3,1) = \frac{3}{36} = \frac{1}{12}$$

und

$$P(X \leq 4) = P(1,1) + \ldots + P(3,1) = \frac{6}{36} = \frac{1}{6}.$$

□

Mietspiegelerhebung

Beispiel 5.3

Die Mietspiegelerhebung für München beruht auf einer Zufallsstichprobe, bei der nach einem bestimmten Stichprobenplan Wohnungen zufällig ausgewählt werden. Ergebnismenge ist die Menge Ω aller mietspiegelrelevanten Wohnungen und als typisches Ergebnis ω erhält man eine solche ausgewählte Wohnung. Die interessierenden Merkmale wie X="Nettomiete", Y="Wohnfläche", Z="Zimmeranzahl" usw. sind somit als Zufallsvariablen interpretierbar. Als Ergebnismenge für die stetigen Merkmale X und Y kann man $\mathbb{R}_+ = \{x : x \geq 0\}$ wählen, für das diskrete Merkmal Z entsprechend $\mathbb{N}_0 = \{0, 1, 2, \ldots\}$. Für statistische Analysen sind wieder vor allem Ereignisse der Form

$$\{X \leq c\}, \quad \{X > c\}, \quad \{a \leq X \leq c\}, \quad a, b, c \in \mathbb{R}_+$$

sowie deren Wahrscheinlichkeiten von Interesse. So bedeuten etwa

$\{X \leq 1000\}$	"Auswahl einer Wohnung mit einer Nettomiete von höchstens 1000 DM",
$\{900 \leq X \leq 1000\}$	"Auswahl einer Wohnung mit einer Nettomiete zwischen 900 DM und 1000 DM".

Auch in diesem Beispiel kann man X als Abbildung auffassen, bei der einer zufällig ausgewählten Wohnung ω die dafür zu zahlende Nettomiete $x = X(\omega)$ zugeordnet wird. Für die Bestimmung von Wahrscheinlichkeiten für Ereignisse obiger Art bringt dies hier jedoch keinen Nutzen. □

Aktienkurse

Beispiel 5.4

Tägliche oder gemittelte Kurse bzw. Renditen von Aktien sind von zufälligen Vorgängen mitbeeinflußt, auch wenn es unmöglich ist, den Zufallsvorgang oder einen zugrundeliegenden Ergebnisraum Ω explizit zu beschreiben. Trotzdem ist es für statistische Analysen zweckmäßig, das Merkmal X = "Rendite der Aktie X am Tag t" als Zufallsvariable zu interpretieren, deren Wert $x \in \mathbb{R}$ man nach

Börsenschluß am Tag t erfahren kann. Ebenso sind Ereignisse der Form $\{X = c\}$, $\{X \leq c\}$, $\{X \geq c\}$, $\{a \leq X \leq b\}$ und zugehörige Wahrscheinlichkeiten von Interesse. So bedeutet etwa $P\{X \geq 0\}$ die Wahrscheinlichkeit, keinen Verlust zu erleiden, und $P(2\,\% \leq X \leq 3\,\%)$ die Wahrscheinlichkeit, einen Gewinn zwischen 2 % und 3 % zu erzielen. □

Ähnliche Situationen wie in den beiden letzten Beispielen, bei denen der zugrundeliegende Zufallsvorgang nicht von primärem Interesse bzw. schwer oder nicht explizit beschreibbar ist, treten in vielen Anwendungen auf, etwa bei Lebensdauern oder Abmessungen von Geräten in der Produktion, der erzielten Punktezahl in einem Test, der Wartezeit an einer Bushaltestelle usw. Damit tritt auch die Auffassung einer Zufallsvariable als Abbildung, die wie in den Beispielen 5.1 (Seite 222) und 5.2 (Seite 222) den Ergebnissen ω eines zugrundeliegenden Zufallsvorgangs reelle Zahlen zuordnet, in den Hintergrund. Es ist dann wie in der folgenden Definition einfacher, als Ergebnisraum direkt den Wertebereich der Variable zu betrachten. Eine Definition, die den Charakter der Variable als Abbildung oder Zuordnungsvorschrift deutlicher betont, wird in Kapitel 7 gegeben.

Zufallsvariable

Eine Variable oder ein Merkmal X, dessen Werte oder Ausprägungen die Ergebnisse eines Zufallsvorgangs sind, heißt *Zufallsvariable* X. Die Zahl $x \in \mathbb{R}$, die X bei einer Durchführung des Zufallsvorgangs annimmt, heißt *Realisierung* oder Wert von X.

Skalierung

Stetige und diskrete Zufallsvariablen

Da aus dem Kontext meist ersichtlich ist, ob mit X eine Zufallsvariable gemeint ist, nennt man X kürzer auch wieder einfach Variable oder Merkmal und bezeichnet eine Realisierung x von X auch als Merkmalsausprägung. Ebenso werden die in Kapitel 1 definierten Begriffe zur *Skalierung* von Merkmalen (qualitativ, quantitativ, nominal-, ordinal- bzw. kardinalskaliert) und die Unterscheidung in diskrete und stetige Merkmale auf Zufallsvariablen übertragen. *Stetige Zufallsvariablen* sind meist metrisch, zumindest aber ordinalskaliert, während *diskrete Zufallsvariablen* nominal-, ordinal- oder kardinalskaliert vorliegen können. Wie in der deskriptiven Statistik muß man beachten, daß bestimmte Begriffe nicht für alle Skalenarten sinnvoll definiert oder interpretierbar sind.

Ereignisse

Wie in den Beispielen interessiert man sich bei Zufallsvariablen meist für *Ereignisse* der Art

$$\{X = x\}, \quad \{X \neq x\}, \quad \{X \leq x\}, \quad \{X > x\}, \quad \{a \leq X \leq b\}$$

bzw. allgemein

$$\{X \in I\},$$

zulässige Bereiche

wobei I ein abgeschlossenes, offenes oder halboffenes Intervall ist. Dabei ist für eine sinnvolle Interpretation von Ereignissen der Form $\{a \leq X \leq b\}$ usw. vorauszusetzen, daß X ordinalskaliert ist. Weitere durch X definierte *zulässige Bereiche* B ergeben sich daraus durch

Komplementbildung und abzählbare Durchschnitts- und Vereinigungsbildung. Die Festlegung, Berechnung oder Schätzung von Wahrscheinlichkeiten für solche Ereignisse ist eine zentrale Aufgabe der Wahrscheinlichkeitsrechnung und der induktiven Statistik.

Die Menge aller Wahrscheinlichkeiten $P(X \in I)$ oder $P(X \in B)$ für Intervalle I oder zulässige Bereiche B nennt man auch *Wahrscheinlichkeitsverteilung*.

Wahrscheinlichkeitsverteilung

5.2 Verteilungen und Parameter von diskreten Zufallsvariablen

5.2.1 Definition und Verteilung

Nach der allgemeinen Definition ist eine *diskrete Zufallsvariable* eine diskrete Variable, deren Werte als Ergebnisse eines Zufallsvorgangs aufgefaßt werden. Dies führt zur folgenden Definition.

Diskrete Zufallsvariable

Eine Zufallsvariable X heißt *diskret*, falls sie nur endlich oder abzählbar unendlich viele Werte $x_1, x_2, \ldots, x_k, \ldots$ annehmen kann. Die *Wahrscheinlichkeitsverteilung* von X ist durch die Wahrscheinlichkeiten

$$P(X = x_i) = p_i \,, \quad i = 1, 2, \ldots, k, \ldots \,,$$

gegeben.

Die Wertemenge von X wird auch als *Träger* von X bezeichnet, wir schreiben dafür kurz $\mathcal{T} = \{x_1, x_2, \ldots, x_k, \ldots\}$. Für die Wahrscheinlichkeiten p_i muß wegen der Axiome von Kolmogoroff

Träger

$$0 \leq p_i \leq 1$$

und

$$p_1 + p_2 + \ldots + p_k + \ldots = \sum_{i \geq 1} p_i = 1$$

gelten. Die Wahrscheinlichkeit $P(X \in A)$ dafür, daß X einen Wert aus einer Teilmenge A von $\mathcal{T}$ annimmt, ist durch die Summe der p_i mit x_i in A gegeben:

$$P(X \in A) = \sum_{i: x_i \in A} p_i \,.$$

Insbesondere gilt somit

$$P(a \leq X \leq b) = \sum_{i:a \leq x_i \leq b} p_i \,.$$

Dabei ist zu beachten, daß $\{a \leq X \leq b\}$ bzw. $a \leq x_i \leq b$ für eine sinnvolle Interpretation eine ordinalskalierte Variable X voraussetzen.

endliche diskrete Zufallsvariable

Analogon zur Häufigkeitsverteilung

In vielen Anwendungen reicht ein *endlicher* Wertebereich $\{x_1, \ldots, x_k\}$ zur Beschreibung des interessierenden Zufallsvorgangs aus. Wir sprechen dann von einer *endlichen diskreten* Zufallsvariable. Die oben auftretenden Summen sind somit alle endlich, z.B. muß $p_1 + \ldots + p_k = 1$ gelten. Die Wahrscheinlichkeitsverteilung $p_1, \ldots, p_k$ für die Werte $x_1, \ldots, x_k$ der Zufallsvariable X ist dann das *wahrscheinlichkeitstheoretische Analogon* zur *relativen Häufigkeitsverteilung* $f_1, \ldots, f_k$ für die möglichen Werte $a_1, \ldots, a_k$ des Merkmals X. Während die Wahrscheinlichkeitsverteilung das Verhalten einer Zufallsvariable und damit eines Zufallsexperiments charakterisiert, wird durch die relative Häufigkeitsverteilung jedoch die empirische Verteilung von Daten beschrieben.

binäre Zufallsvariable

Bernoulli-Vorgang

Ein in Anwendungen häufig auftretender Spezialfall sind *binäre Zufallsvariablen*: Oft interessiert man sich bei einem Zufallsvorgang nur dafür, ob ein bestimmtes Ereignis A eintritt oder nicht. Man spricht auch von einem *Bernoulli-Vorgang* oder *Bernoulli-Experiment*. Beispielsweise kann A das Ereignis sein, daß beim einmaligen Würfeln eine gerade Augenzahl erzielt wird, daß ein Kreditkunde nicht kreditwürdig ist, d.h. seinen Kredit nicht ordnungsgemäß zurückzahlt, oder daß ein Patient durch eine bestimmte Therapie geheilt wird. Die Zufallsvariable

$$X = \begin{cases} 1\,, & \text{falls } A \text{ eintritt} \\ 0\,, & \text{falls } A \text{ nicht eintritt} \end{cases}$$

Bernoulli-Variable

besitzt den Träger $\mathcal{T} = \{0, 1\}$ und indiziert, ob A eintritt oder nicht. Sie heißt *binäre Variable*, oder *Bernoulli-Variable*. Wenn $P(A) = \pi$ gilt, so folgt

$$P(X = 1) = \pi\,, \quad P(X = 0) = 1 - \pi\,.$$

Bernoulli-Verteilung

mehrkategoriale Zufallsvariablen

Diese Verteilung heißt *Bernoulli-Verteilung*.

Entsprechend definiert man *mehrkategoriale Zufallsvariablen*. Seien $A_1, \ldots, A_k$ sich gegenseitig ausschließende Ereignisse mit $A_1 \cup \ldots \cup A_k = \Omega$. Die Zufallsvariable X mit den Kategorien bzw. Werten

$$X = i\,, \quad \text{falls } A_i \text{ eintritt}\,, \quad i = 1, \ldots, k\,,$$

indiziert, welches Ereignis eintritt. Die Kategorien $1, \ldots, k$ können dabei geordnet oder ungeordnet sein, so daß die Zufallsvariable ordinal- oder nominalskaliert ist. Die Verteilung von X ist durch die Wahrscheinlichkeiten $P(X = i), i = 1, \ldots, k$ gegeben.

Reelle Zahlen $x \notin \mathcal{T}$, können nicht bzw. nur mit Wahrscheinlichkeit null auftreten, d.h. es ist $P(X = x) = 0$ für $x \notin \mathcal{T}$. Zusammen mit den Wahrscheinlichkeiten $P(X = x_i) = p_i$ ergibt dies die Wahrscheinlichkeitsfunktion.

Wahrscheinlichkeitsfunktion

Die *Wahrscheinlichkeitsfunktion* $f(x)$ einer diskreten Zufallsvariable X ist für $x \in \mathbb{R}$ definiert durch

$$f(x) = \begin{cases} P(X = x_i) = p_i\,, & x = x_i \in \{x_1, x_2, \ldots, x_k, \ldots\} \\ 0\,, & \text{sonst.} \end{cases}$$

Analog wie die relative Häufigkeitsverteilung läßt sich die Wahrscheinlichkeitsverteilung bzw. Wahrscheinlichkeitsfunktion durch ein *Stab-* oder *Säulendiagramm* darstellen, wobei die Stabhöhe über x_i, $i = 1, 2, \ldots, k, \ldots$ gleich p_i ist. Eine verwandte Darstellungsform sind *Wahrscheinlichkeitshistogramme.* Ähnlich wie bei Histogrammen empirischer Verteilungen werden Rechtecke gezeichnet, die über den Werten x_i zentriert sind und deren Flächen gleich oder proportional zu $p_i = P(X = x_i)$ sind. Für äquidistante Werte x_i werden die Rechtecke oft als aneinandergrenzend gezeichnet, ansonsten ergibt sich im wesentlichen wieder ein Säulendiagramm.

Stabdiagramm

Wahrscheinlichkeitshistogramm

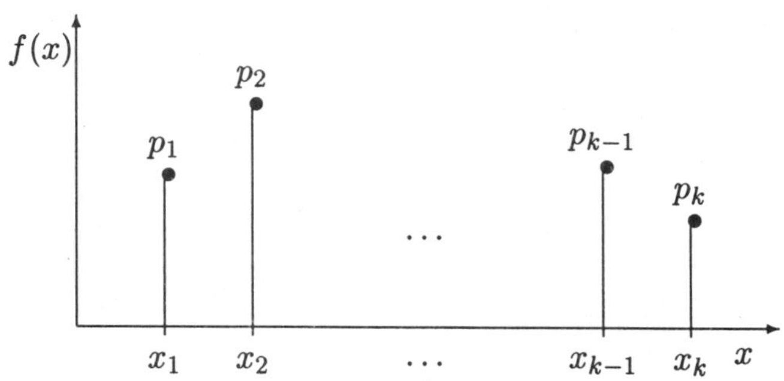

ABBILDUNG 5.1: Stabdiagramm

Durch die Wahrscheinlichkeitsverteilung bzw. Wahrscheinlichkeitsfunktion ist auch die Verteilungsfunktion $F(x) = P(X \leq x)$ gegeben, wenn man in der Formel für $P(X \in A)$ $A = \{X \leq x\}$ setzt. Für eine sinnvolle Interpretation setzen wir X als ordinalskaliert voraus und nehmen an, daß die Werte x_i bereits der Größe nach geordnet sind.

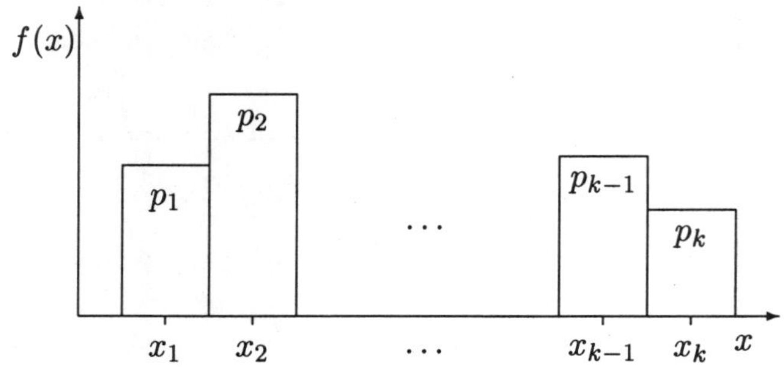

ABBILDUNG 5.2: Wahrscheinlichkeitshistogramm

Verteilungsfunktion einer diskreten Zufallsvariable

$$F(x) = P(X \leq x) = \sum_{i:x_i \leq x} f(x_i)\,.$$

Eigenschaften der Verteilungsfunktion
Treppenfunktion
rechtseitig stetig

Die Verteilungsfunktion ist somit ganz analog zur empirischen Verteilungsfunktion (Abschnitt 2.1.3) gebildet und hat auch die gleichen *Eigenschaften*: $F(x)$ ist eine *Treppenfunktion*, die an den Stellen x_i um den Wert $p_i = f(x_i)$ nach oben springt, dazwischen verläuft sie konstant. An den Sprungstellen ist der obere Wert, d.h. die Treppenkante, der zugehörige Funktionswert und die Funktion somit *rechtseitig stetig*. Für $x < x_1$ ist $F(x) = 0$ und für eine endliche diskrete Zufallsvariable mit größtem möglichen Wert x_k ist $F(x) = 1$ für $x \geq x_k$. Im nicht-endlichen Fall geht $F(x) \longrightarrow 1$ für $x \longrightarrow +\infty$, da $\{X \leq +\infty\}$ das sichere Ereignis ist und somit $P\{X \leq +\infty\} = 1$ gilt. Abbildung 5.3 auf der gegenüberliegenden Seite zeigt die zu den Abbildungen 5.1 und 5.2 gehörige Verteilungsfunktion.

Die Sprungstellen $x_1, x_2, \ldots$ und die zugehörigen Sprunghöhen entsprechen genau der Lage und der Höhe der Stäbe im Stabdiagramm. Trotz dieses Vorteils verwenden wir im weiteren in der Regel die Darstellung durch Säulendiagramme oder Wahrscheinlichkeitshistogramme, da diese wegen des optischen Eindrucks in der Praxis bevorzugt werden.

Beispiel 5.5 **Würfeln**

Beim einmaligen Werfen eines symmetrischen Würfels ist die Zufallsvariable X = "Augenzahl" diskret mit den Werten $x_1 = 1, \ldots, x_6 = 6$ und den Wahrscheinlichkeiten $p_i = P(X = i) = 1/6$:

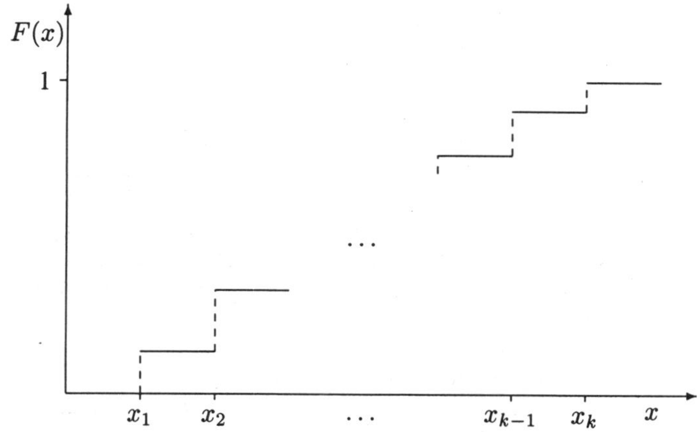

ABBILDUNG 5.3: Verteilungsfunktion

x	1	2	3	4	5	6
p	$\frac{1}{6}$	$\frac{1}{6}$	$\frac{1}{6}$	$\frac{1}{6}$	$\frac{1}{6}$	$\frac{1}{6}$

Das Wahrscheinlichkeitshistogramm $f(x)$ ist in der folgenden Abbildung 5.4 dargestellt.

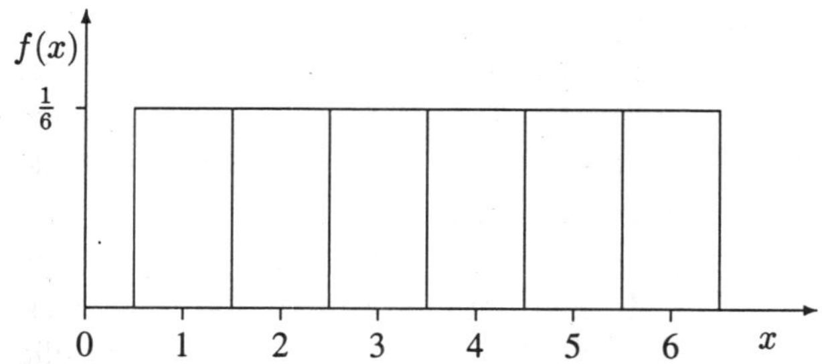

ABBILDUNG 5.4: Wahrscheinlichkeitshistogramm beim einmaligen Würfeln

Daraus ergibt sich die Verteilungsfunktion $F(x)$ aus Abbildung 5.5.

Beim zweimaligen Werfen eines Würfels definieren wir wie in Beispiel 5.2 (Seite 222) die Zufallsvariable X = "Summe der Augenzahlen". Sie besitzt den Träger $\mathcal{T} = \{2, 3, \ldots, 12\}$. Die Wahrscheinlichkeiten $P(X = 2), P(X = 3), \ldots, P(X = 12)$ berechnet man wie in Beispiel 5.2 nach der Abzählregel. Sie sind in der folgenden Tabelle angegeben.

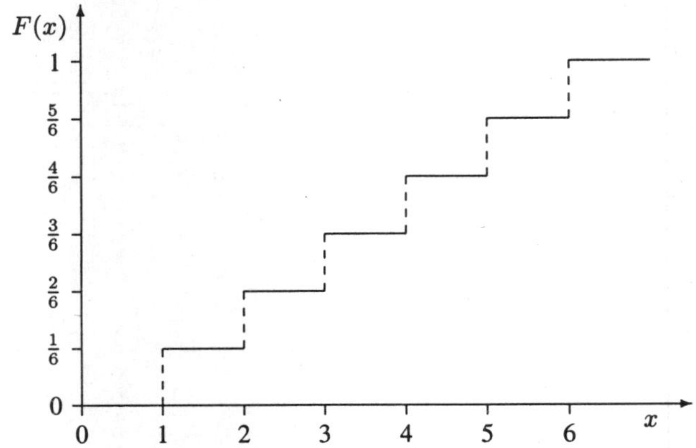

ABBILDUNG 5.5: Verteilungsfunktion beim einmaligen Würfeln

x	2	3	4	5	6	7	8	9	10	11	12
p	$\frac{1}{36}$	$\frac{2}{36}$	$\frac{3}{36}$	$\frac{4}{36}$	$\frac{5}{36}$	$\frac{6}{36}$	$\frac{5}{36}$	$\frac{4}{36}$	$\frac{3}{36}$	$\frac{2}{36}$	$\frac{1}{36}$

Abbildung 5.6 zeigt das Wahrscheinlichkeitshistogramm $f(x)$, Abbildung 5.7 die Verteilungsfunktion $F(x)$. Man liest etwa für $x = 5$ den Wert $10/36$ der Verteilungsfunktion ab, d.h. mit Wahrscheinlichkeit $10/36$ nimmt die Summe der Augenzahlen beim zweimaligen Würfeln einen Wert von höchstens 5 an.

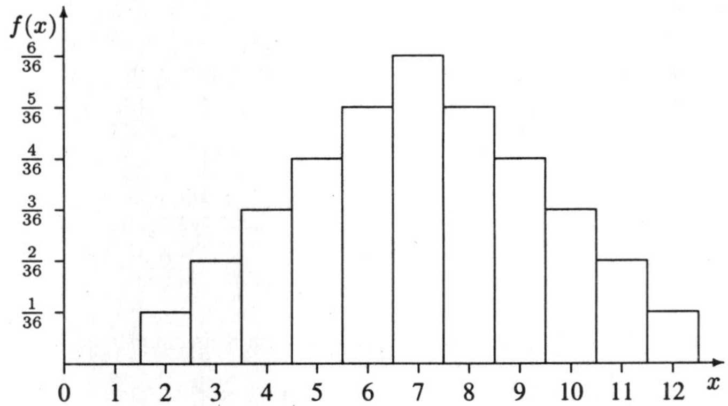

ABBILDUNG 5.6: Wahrscheinlichkeitshistogramm beim zweimaligen Würfeln

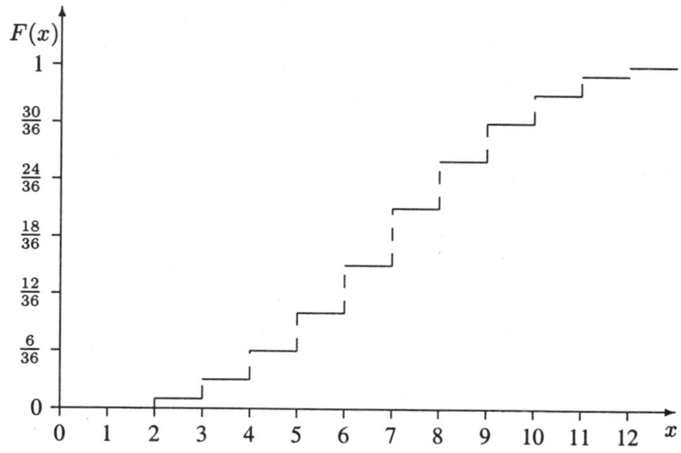

ABBILDUNG 5.7: Verteilungsfunktion beim zweimaligen Würfeln □

Treffer und Nieten

Beispiel 5.6

Ein Spieler nimmt an drei aufeinanderfolgenden unabhängigen Ausspielungen einer Lotterie teil. Die Wahrscheinlichkeit für einen Treffer sei bei jeder Ausspielung 20 %. Wie ist die Zufallsvariable

$$X = \text{“Anzahl der Treffer”}$$

verteilt?

Der Zufallsvorgang besteht aus drei unabhängigen Bernoulli-Experimenten mit den binären Variablen X_1, X_2 und X_3 für die Ausspielungen. Dabei bezeichnet $X_i = 1$ einen Treffer, der mit Wahrscheinlichkeit $P(X_i = 1) = 0.2$ eintritt, und $X_i = 0$ mit $P(X_i = 0) = 0.8$ eine Niete. Die möglichen Ergebnisse, Trefferzahlen X und zugehörigen Wahrscheinlichkeiten finden sich in der folgenden Tabelle. Bei der Berechnung der Wahrscheinlichkeiten verwendet man, daß die einzelnen Ausspielungen unabhängig sind.

Ergebnisse	x	Wahrscheinlichkeiten
$(0,0,0)$	0	$0.8 \cdot 0.8 \cdot 0.8 = 0.512$
$(0,0,1)$	1	$0.8 \cdot 0.8 \cdot 0.2 = 0.128$
$(0,1,0)$	1	$0.8 \cdot 0.2 \cdot 0.8 = 0.128$
$(1,0,0)$	1	$0.2 \cdot 0.8 \cdot 0.8 = 0.128$
$(0,1,1)$	2	$0.8 \cdot 0.2 \cdot 0.2 = 0.032$
$(1,0,1)$	2	$0.2 \cdot 0.8 \cdot 0.2 = 0.032$
$(1,1,0)$	2	$0.2 \cdot 0.2 \cdot 0.8 = 0.032$
$(1,1,1)$	3	$0.2 \cdot 0.2 \cdot 0.2 = 0.008$

Die Wahrscheinlichkeiten $p_i = P(X = i)$, $i = 0, \ldots, 3$ erhält man durch Addition der Wahrscheinlichkeiten der zugehörigen Ergebnisse:

x	0	1	2	3
p	0.512	0.384	0.096	0.008

Der Zufallsvorgang dieses Beispiels ist ein Spezialfall: Betrachtet man allgemeiner bei n unabhängigen Bernoulli-Experimenten und gleichbleibender Trefferwahrscheinlichkeit die Anzahl X der Treffer, so führt dies zur *Binomialverteilung*, die in Abschnitt 5.3.1 allgemein behandelt wird. □

Binomialverteilung

Diskrete Gleichverteilung

Die Zufallsvariable X = "Augenzahl" beim einmaligen Würfeln ist ein einfaches Beispiel einer *gleichverteilten* diskreten Zufallsvariable. Die allgemeine Definition ist:

Diskrete Gleichverteilung

Eine diskrete Zufallsvariable X heißt *gleichverteilt* auf dem Träger $\mathcal{T} = \{x_1, x_2, \ldots, x_k\}$, wenn für alle $i = 1, \ldots, k$

$$P(X = x_i) = \frac{1}{k}$$

gilt.

Die zugehörige Wahrscheinlichkeitsfunktion $f(x)$ besitzt dann das Wahrscheinlichkeitshistogramm aus Abbildung 5.8.

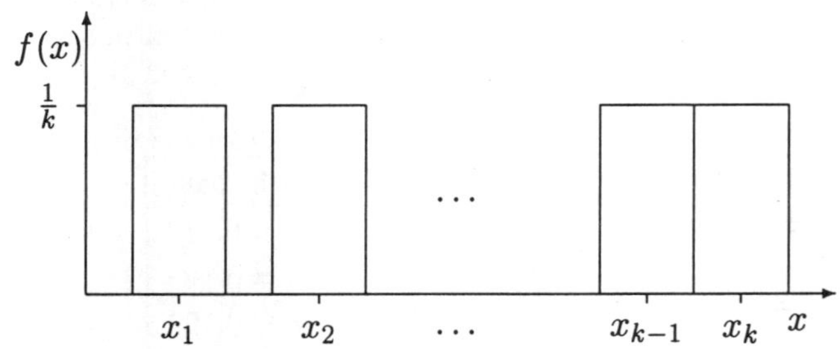

ABBILDUNG 5.8: Wahrscheinlichkeitshistogramm einer diskreten Gleichverteilung

In den bisherigen Beispielen waren die Zufallsvariablen endlich und diskret. Im folgenden Beispiel ist die Zufallsvariable nicht endlich.

Geometrische Verteilung

Wiederum sei bei einem Zufallsvorgang nur von Interesse, ob ein bestimmtes Ereignis A eintritt, wobei $P(A) = \pi$ mit $0 < \pi < 1$ gelte. Der Zufallsvorgang werde nun unabhängig voneinander sooft wiederholt, bis zum ersten Mal A eintritt. Als Zufallsvariable definieren wir

$$X = \text{"Anzahl der Versuche bis zum ersten Mal } A \text{ eintritt"}.$$

Beispielsweise könnte bei wiederholtem Würfeln X die Anzahl von Würfen sein, bis zum ersten Mal eine Sechs ($\pi = 1/6$) fällt, oder X könnte angeben, wieviel Wochen es dauert, bis jemand beim Lottospiel sechs Richtige hat. Da man keine noch so große Zahl k von Versuchen angeben kann, bei der mit Sicherheit A bereits zum ersten Mal eingetreten ist, kann X mit positiver Wahrscheinlichkeit jeden der Werte $1, 2, 3, \ldots$ annehmen. Somit ist X eine diskrete Zufallsvariable mit der Menge der natürlichen Zahlen $\mathbb{N} = \{1, 2, 3, \ldots\}$ als Träger. Um die Wahrscheinlichkeitsfunktion zu bestimmen, betrachten wir das Ereignis $\{X = k\}$. Es ist dadurch definiert, daß zunächst $(k-1)$-mal das Komplementärereignis $\bar{A}$ und beim k-ten Versuch A auftritt, also die Folge

$$\underbrace{\bar{A} \cdot \ldots \cdot \bar{A}}_{(k-1)\text{-mal}} \cdot A$$

beobachtet wird. Wegen der Unabhängigkeit der Versuche gilt

$$p_k = P(X = k) = (1 - \pi)^{k-1}\pi$$

für $k = 1, 2, 3, \ldots$. Da die Wahrscheinlichkeiten p_k eine geometrische Folge bilden, heißt die Verteilung geometrisch und die Zufallsvariable X heißt geometrisch verteilt.

Geometrische Verteilung

Ein Bernoulli-Versuch werde bei gleichbleibenden Wahrscheinlichkeiten $\pi = P(A)$ solange wiederholt, bis zum ersten Mal das interessierende Ereignis A eintritt. Dann heißt die Zufallsvariable

$$X = \text{"Anzahl der Versuche bis zum ersten Mal } A \text{ eintritt"}$$

geometrisch verteilt mit Parameter π, kurz $X \sim G(\pi)$. Der Träger von X ist $\mathcal{T} = \{1, 2, 3, \ldots\} = \mathbb{N}$. Die Wahrscheinlichkeitsverteilung ist durch

$$P(X = x) = (1 - \pi)^{x-1}\pi$$

gegeben.

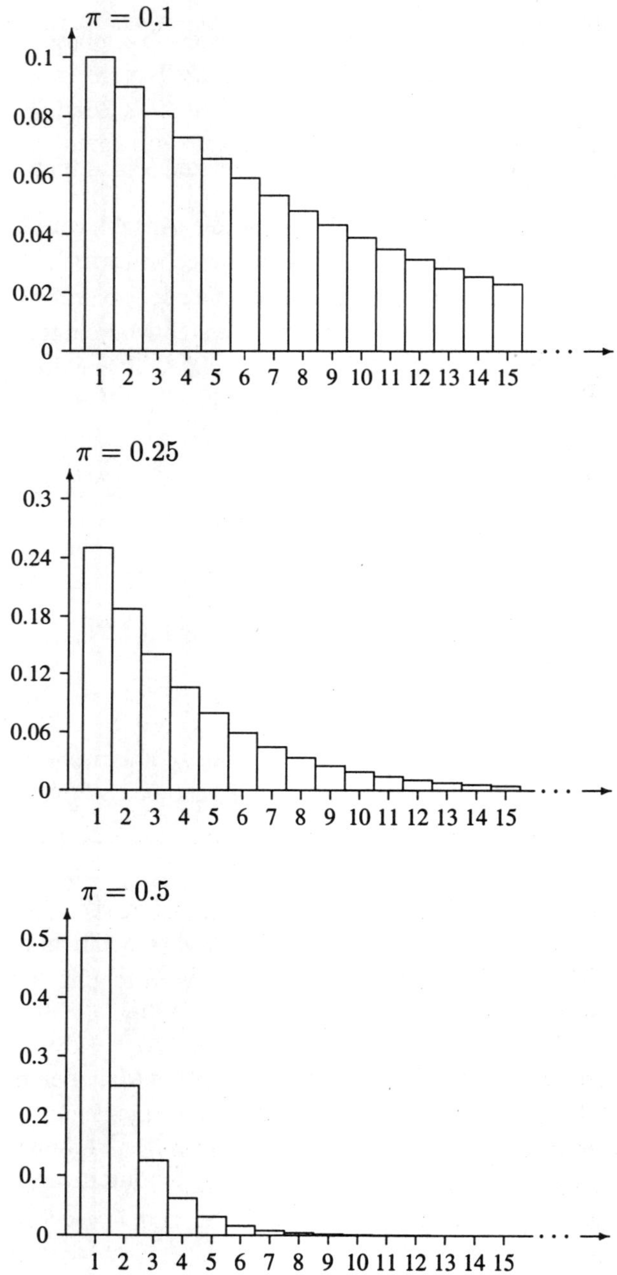

ABBILDUNG 5.9: Wahrscheinlichkeitshistogramme zur geometrischen Verteilung

Abbildung 5.9 zeigt die Wahrscheinlichkeitsfunktion $f(x)$ für verschiedene Werte von π.

Die Verteilungsfunktion $F(x) = P(X \leq x)$ berechnet man am einfachsten über die Beziehung

$$P(X \leq x) = 1 - P(X > x).$$

Das Ereignis $\{X > x\}$ bedeutet, daß x-mal das Ereignis $\bar{A}$ eingetreten ist. Wegen der Unabhängigkeit der Versuche gilt

$$P(X > x) = (1 - \pi)^x$$

und damit

$$F(x) = 1 - (1 - \pi)^x.$$

Der in Abbildung 5.10 wiedergegebene Graph erreicht für keinen endlichen x-Wert die 1, jedoch gilt $F(x) \longrightarrow 1$ für $x \longrightarrow +\infty$.

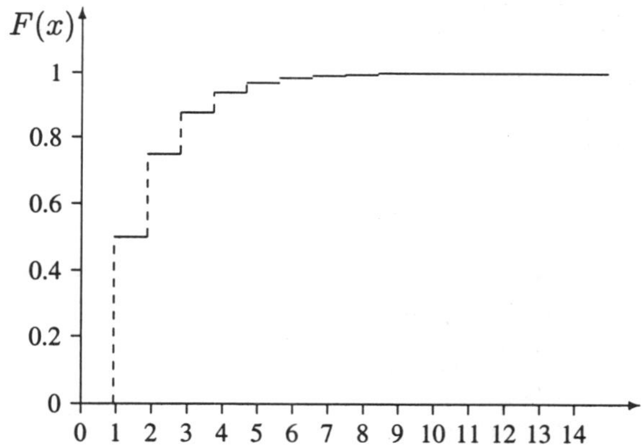

ABBILDUNG 5.10: Verteilungsfunktion der geometrischen Verteilung für $\pi = 0.5$

Die geometrische Verteilung kommt in vielen Anwendungen, bei denen der oben beschriebene Zufallsvorgang als zugrundeliegend angenommen werden kann, als Wahrscheinlichkeitsmodell in Frage. Insbesondere dient sie als einfaches Modell für eine diskrete Lebensdauer oder Wartezeitverteilung. Dazu werde die Zeitachse in gleich lange Zeiteinheiten $[0, 1), [1, 2), \ldots, [k - 1, k), \ldots$, z.B. Tage, Wochen, Monate eingeteilt. Am Ende eines jeden Zeitintervalls wird überprüft, ob ein Ereignis A zum ersten Mal eingetreten ist. Die Zufallsvariable X kann dann als Wartezeit bis zum Eintreten von A interpretiert werden. Beispiele dafür sind: Die Lebensdauer eines Geräts in Tagen, bis es zum ersten Mal ausfällt, die Dauer (in Wochen oder Monaten), bis ein bestimmter Kunde zum ersten Mal einen Schaden bei seiner KFZ-Versicherung meldet oder die Dauer der Arbeitslosigkeit (in Wochen oder Monaten), bis jemand wieder voll- oder teilzeiterwerbstätig wird.

geometrische Verteilung als Modell

Falls die Voraussetzungen für die geometrische Verteilung erfüllt sind, kann sie als Wahrscheinlichkeitsmodell in solchen oder ähnlichen Anwendungen dienen.

symmetrisch, schief

Wie bei empirischen Verteilungen unterscheidet man auch die Form diskreter Verteilungen dadurch, ob sie *symmetrisch* oder *schief* sind. Die Begriffe und auch die graphische Darstellung durch Wahrscheinlichkeitshistogramme entsprechen dabei genau den Begriffen für empirische Verteilungen aus Kapitel 2. So ist etwa die Verteilung der Zufallsvariable X = "Summe der Augenzahlen" beim zweimaligen Würfeln symmetrisch, während die geometrische Verteilung linkssteil ist. Symmetrie und Schiefe sind vor allem zur Charakterisierung der Verteilung von diskreten Zufallsvariablen mit vielen Ausprägungen und für stetige Zufallsvariablen (Kapitel 6) von Bedeutung.

5.2.2 Unabhängigkeit von diskreten Zufallsvariablen

abhängig

Bei Zufallsvorgängen interessiert man sich oft nicht nur für eine Zufallsvariable, sondern für zwei oder mehr Zufallsvariablen. In vielen Fällen beeinflussen sich die Zufallsvariablen gegenseitig, so daß sie als voneinander abhängig anzusehen sind. Dies ist in der Regel der Fall, wenn im Rahmen einer zufälligen Stichprobe an den ausgewählten Untersuchungseinheiten gleichzeitig die Werte von mehreren interessierenden Variablen X und Y oder $X_1, \ldots, X_n$ festgestellt werden. So kann man etwa in Beispiel 1.4 (Seite 5) die Merkmale X = "Kreditwürdigkeit" und Y = "laufendes Konto" als Zufallsvariablen interpretieren. Offensichtlich hat das laufende Konto Y einen bedeutenden Einfluß auf die Kreditwürdigkeit, so daß man X und Y als voneinander *abhängig* ansehen wird. Solche abhängigen mehrdimensionalen Zufallsvariablen sind Gegenstand des Kapitels 8.

unabhängig

Bernoulli-Kette

Falls sich dagegen zwei oder mehr Zufallsvariablen nicht gegenseitig beeinflussen, spricht man von *unabhängigen* Zufallsvariablen. Die wichtigste derartige Situation liegt vor, wenn n Zufallsvorgänge unabhängig voneinander durchgeführt werden. Sind $X_1, \ldots, X_n$ dazugehörige Zufallsvariablen, so sind diese unabhängig. Das einfachste Bespiel ergibt sich, falls ein Bernoulli-Experiment n-mal unabhängig wiederholt wird. Der Gesamtvorgang wird auch als *Bernoulli-Kette* bezeichnet. Die entsprechenden Bernoulli-Variablen $X_1, \ldots, X_n$ sind dann unabhängig. Ein anderes Beispiel ist das wiederholte Werfen eines Würfels, wobei X_i, $i = 1, \ldots, n$, die Augenzahl beim i-ten Werfen ist. Ähnliche Zufallsvorgänge treten bei vielen Glücksspielen, aber auch bei Zufallsstichproben auf. Für eine formale Definition der Unabhängigkeit von Zufallsvariablen überträgt man das Konzept der Unabhängigkeit von Ereignissen, indem man auf die durch die Zufallsvariablen definierten zulässigen Ereignisse zurückgeht. Betrachten wir zunächst den Spezialfall einer Bernoulli-Kette. Dabei bezeichnet $A_i, i = 1, \ldots, n$, das Ereignis, daß bei der i-ten Wiederholung A eingetreten ist und X_i die entsprechende Bernoulli-Variable. Dann sind neben den Ereignissen $A_1, \ldots, A_n$ auch Ereignisse der Form $\bar{A}_1, \bar{A}_2, \ldots, \bar{A}_i, \ldots, \bar{A}_n$ unabhängig, wobei $\bar{A}_i$ das Komplementärereignis zu

A_i ist. Somit gilt also

$$P(A_1 \cap \bar{A}_2 \cap \ldots \cap A_n) = P(A_1) \cdot P(\bar{A}_2) \cdot \ldots \cdot P(A_n)\,.$$

Formuliert man dies für die Bernoulli-Variablen $X_1, \ldots, X_n$, so gilt für diese die Beziehung

$$P(X_1 = i_1, X_2 = i_2, \ldots, X_n = i_n) = P(X_1 = i_1) \cdot P(X_2 = i_2) \cdot \ldots \cdot P(X_n = i_n)\,,$$

wobei $i_1, i_2, \ldots, i_n$ jeweils die Werte 0 oder 1 sein können. Allgemeiner läßt sich die Unabhängigkeit von diskreten Zufallsvariablen wie folgt definieren.

Unabhängigkeit von diskreten Zufallsvariablen

Zwei diskrete Zufallsvariablen X und Y mit den Trägern $\mathcal{T}_X = \{x_1, x_2, \ldots, x_k, \ldots\}$ und $\mathcal{T}_Y = \{y_1, y_2, \ldots, y_l, \ldots\}$ heißen *unabhängig*, wenn für beliebige $x \in \mathcal{T}_X$ und $y \in \mathcal{T}_Y$

$$P(X = x, Y = y) = P(X = x) \cdot P(Y = y)$$

gilt. Allgemeiner heißen n diskrete Zufallsvariablen $X_1, X_2, \ldots, X_n$ unabhängig, wenn für beliebige Werte $x_1, x_2, \ldots, x_n$ aus den jeweiligen Trägern

$$P(X_1 = x_1, X_2 = x_2, \ldots, X_n = x_n) = P(X_1 = x_1) \cdot P(X_2 = x_2) \cdot \ldots \cdot P(X_n = x_n)$$

gilt.

Sind zwei Zufallsvariablen X und Y gemäß dieser Definition unabhängig, so folgt sogar allgemeiner die Unabhängigkeit von zwei Ereignissen der Form $X \in A$ und $Y \in B$, d.h. es gilt

$$P(X \in A, Y \in B) = P(X \in A) \cdot P(Y \in B)\,.$$

Man erhält dies sofort, indem man die Beziehungen $P(X = i, Y = j) = P(X = i) \cdot P(Y = j)$ über alle i bzw. j, die in A bzw. B liegen, aufsummiert.

Mehrmaliges Würfeln **Beispiel 5.7**

Beim Werfen von zwei Würfeln läßt sich mit der Abzählregel feststellen, daß für die Augenzahlen X und Y

$$P(X = i, Y = j) = \frac{1}{36} = \frac{6}{36} \cdot \frac{6}{36} = P(X = i) \cdot P(Y = j)$$

für alle $1 \le i, j \le 6$ gilt. Somit sind X und Y unabhängig. Daraus folgt dann auch

$$P(X \in A, Y \in B) = P(X \in A) \cdot P(Y \in B)$$

durch Summation über die Wahrscheinlichkeiten für alle i und j, die in A und B liegen. Ganz entsprechend erhält man beim n-maligen Werfen eines Würfels die Unabhängigkeit der Zufallsvariablen X_1 = "Augenzahl beim ersten Wurf", ..., X_n = "Augenzahl beim n-ten Wurf". Genauso können zwei Würfel n-mal hintereinander geworfen werden. Mit $X_i, i = 1, \ldots, n$, sei dann die jeweilige Summe der Augenzahlen bezeichnet. Auch hier sind $X_1, \ldots, X_n$ unabhängig. Beispielsweise gilt somit

$$P(X_i \leq 4) = P(X_i = 2) + P(X_i = 3) + P(X_i = 4) = \frac{1}{6}$$

und

$$P(X_1 \leq 4, X_2 \leq 4, \ldots, X_n \leq 4) = \left(\frac{1}{6}\right)^n .$$

□

Beispiel 5.8

Gut/Schlecht-Prüfung in der Qualitätssicherung

Bei der Fertigung von elektronischen Bauteilen werden zur Qualitätssicherung zufällig n Bauteile aus der laufenden Produktion entnommen und daraufhin überprüft, ob sie den Qualitätsanforderungen genügen (gut) oder nicht (schlecht). Die binären Variablen

$$X_i = \begin{cases} 1, & \text{falls das } i\text{-te Bauteil gut ist} \\ 0, & \text{falls das } i\text{-te Bauteil schlecht ist} \end{cases}$$

indizieren die möglichen Ergebnisse der Stichprobe. Falls die Fertigung der Bauteile unabhängig und mit gleichbleibender Qualität, d.h. gleichbleibenden Wahrscheinlichkeiten $P(X_i = 1) = \pi$ für "gut", erfolgt, kann man annehmen, daß die Zufallsstichprobe eine Bernoulli-Kette bildet und die Zufallsvariablen $X_1, \ldots, X_n$ *unabhängig* und *identisch* mit

$$P(X_i = 1) = \pi\,, \quad P(X_i = 0) = 1 - \pi$$

verteilt sind. □

Beispiel 5.9

Zufallsstichproben aus einer endlichen Grundgesamtheit

In einer endlichen Grundgesamtheit vom Umfang N interessiere ein binäres Merkmal X, etwa die Präferenz (ja/nein) für einen Bürgermeisterkandidaten einer Stadt oder das Vorhandensein einer Zentralheizung (ja/nein) in den mietspiegelrelevanten Wohnungen einer Stadt. In einer Wahlumfrage werden $n = 500$ verschiedene Personen zufällig ausgewählt und befragt, ob sie den Bürgermeisterkandidaten präferieren oder nicht. Wir unterstellen damit, daß es sich um eine Zufallsstichprobe ohne Zurücklegen handelt, vgl. Abschnitt 4.3. Mit $A_i, i = 1, 2, \ldots, n$, bezeichnen wir das Ereignis, daß die i-te Person mit ja antwortet, und mit $X_i, i = 1, \ldots, n$, die zugehörigen Indikatorvariablen. Bildet die Folge der Ereignisse $A_1, A_2, \ldots, A_n$ bzw. der Indikatorvariablen $X_1, X_2, \ldots, X_n$ eine Bernoulli-Kette? Die Antwort ist: fast, aber nicht exakt. Nehmen wir an, daß die Grundgesamtheit (alle Wahlberechtigten) den Umfang $N = 900000$ habe, und daß davon $M = 300000$ den Kandidaten wählen werden. Die Wahrscheinlichkeit $P(X_1 = 1)$, daß die erste befragte Person mit ja antwortet, ist dann $300000/900000 = 1/3$. Nehmen wir an, die Person antwortet mit ja. Da es sich um eine Stichprobe ohne Zurücklegen handelt, ist die entsprechende Wahrscheinlichkeit $P(X_2 = 1)$ für die zweite befragte Person $299999/899999$, also ebenfalls annähernd $1/3$. Antwortet diese mit nein, erhält man für die nächste Person die Wahrscheinlichkeit $P(X_3 = 1) = 299999/8999998 \approx 1/3$, usw. □

Bei vielen Zufallsstichproben aus endlichen Grundgesamtheiten liegt eine ähnliche Situation vor. Sie entspricht dem *Ziehen ohne Zurücklegen* aus einer Urne mit N Kugeln, davon M schwarzen, vgl. Abschnitt 4.3.2. Wenn der Umfang n der Stichprobe klein ist im Verhältnis zum Umfang N der Grundgesamtheit, ändert die Entnahme wenig am Verhältnis M/N. Die Zufallsstichprobe kann dann für praktische Zwecke als Bernoulli-Kette betrachtet werden, d.h. wie eine *Zufallsstichprobe mit Zurücklegen*, vgl. Abschnitt 4.3.1.

Ziehen ohne und mit Zurücklegen

5.2.3 Lageparameter, Quantile und Streuungsparameter einer diskreten Verteilung

Wie sich im vorigen Abschnitt gezeigt hat, besitzen diskrete Verteilungen formal ganz ähnliche Eigenschaften wie empirische Verteilungen. Dies gilt auch für *Parameter* von Verteilungen, die z.B. die Lage oder die Variabilität beschreiben: Die in Abschnitt 2.2 behandelten Parameter von empirischen Verteilungen finden ihre Entsprechung für Verteilungen von Zufallsvariablen im wesentlichen dadurch, daß relative Häufigkeiten oder Anteile durch Wahrscheinlichkeiten ersetzt werden.

Parameter

Erwartungswert

Der Erwartungswert einer diskreten Zufallsvariable wird analog dem arithmetischen Mittel einer empirischen Verteilung gebildet und ist eine Maßzahl für das Zentrum einer Verteilung. Die Definition entspricht formal der des arithmetischen Mittels in der gewichteten Form $\bar{x} = a_1 f_1 + \ldots + a_k f_k$, indem man $a_1, \ldots, a_k$ durch die möglichen Werte $x_1, \ldots, x_k, \ldots$ und die relativen Häufigkeiten $f_1, \ldots, f_k$ durch die Wahrscheinlichkeiten $p_1, \ldots, p_k, \ldots$ ersetzt.

Erwartungswert einer diskreten Zufallsvariable

Der *Erwartungswert* $E(X)$ einer diskreten Zufallsvariable mit den Werten $x_1, \ldots,$ $x_k, \ldots$ und der Wahrscheinlichkeitsverteilung $p_1, \ldots, p_k, \ldots$ ist

$$E(X) = x_1 p_1 + \ldots + x_k p_k + \ldots = \sum_{i \geq 1} x_i p_i \,.$$

Mit der Wahrscheinlichkeitsfunktion $f(x)$ läßt sich $E(X)$ in der äquivalenten Form

$$E(X) = x_1 f(x_1) + \ldots + x_k f(x_k) + \ldots = \sum_{i \geq 1} x_i f(x_i)$$

schreiben. Statt $E(X)$ findet auch das Symbol μ_X oder einfach μ Verwendung.

Der Erwartungswert einer diskreten Zufallsvariable ist also ein mit den Wahrscheinlichkeiten p_i gewichtetes Mittel der möglichen Werte x_i von X. Wie das arithmetische Mittel ist der Erwartungswert für metrische Variablen sinnvoll definiert, nicht jedoch für qualitative Merkmale.

Trotz der formalen Ähnlichkeit von Erwartungswert und arithmetischem Mittel ist deren Funktion deutlich zu unterscheiden. Während das arithmetische Mittel die Lage von Daten charakterisiert, gibt der Erwartungswert die Lage der Verteilung wieder, *ohne* daß das Experiment durchgeführt wird, d.h. es liegen keine Daten vor. Es wird nur das potentielle Ergebnis eines Zufallsexperiments reflektiert.

Erwartungswert und arithmetisches Mittel

$E(X)$	charakterisiert das Verhalten eines Zufallsexperiments
$\bar{x}$	beschreibt den Schwerpunkt von Daten

Analoge Unterschiede gelten für alle im folgenden behandelten Kennwerte von Zufallsvariablen und deren Entsprechungen bei der Datenbeschreibung in Kapitel 2.

Wie Wahrscheinlichkeiten läßt sich der Erwartungswert objektiv oder subjektiv interpretieren. Die folgenden Beispiele zeigen, daß in Spiel- bzw. Verlust-Gewinn-Situationen der Erwartungswert als durchschnittlicher Gewinn pro Spiel auf lange Sicht objektiv interpretiert werden kann.

Beispiel 5.10

Werfen von Münzen und Würfeln

Beim Werfen einer Münze erhält Spieler A von Spieler B eine Geldeinheit, z.B. DM 1.-, falls Zahl oben liegt. Ansonsten muß A an B eine Geldeinheit zahlen. Die Zufallsvariable X = "Gewinn/Verlust für A bei einem Wurf" besitzt die Werte $+1$ und -1, die jeweils mit $P(X = +1) = P(X = -1) = 1/2$ auftreten können. Der Erwartungswert ist

$$E(X) = +1 \cdot \frac{1}{2} - 1 \cdot \frac{1}{2} = 0 .$$

Der durchschnittliche Gewinn für A nach n Spielen ist

$$+1 \cdot f_n(1) - 1 \cdot f_n(-1) ,$$

wobei $f_n(1)$ und $f_n(-1)$ die relativen Häufigkeiten der Ergebnisse Zahl bzw. Wappen sind. Für großes n ist nach der Häufigkeitsinterpretation von Wahrscheinlichkeiten $f_n(1) \approx 1/2$ und $f_n(-1) \approx 1/2$, also liegt der durchschnittliche Gewinn etwa bei $E(X) = 0$.

Nehmen wir nun an, daß eine andere Münze zur Verfügung steht, von der Spieler A glaubt, daß die Wahrscheinlichkeit für Zahl wegen einer Unsymmetrie bei 0.6 liege. Dann gilt $P(X = 1) = 0.6$, $P(X = -1) = 0.4$ und

$$E(X) = 1 \cdot 0.6 - 1 \cdot 0.4 = 0.2 .$$

Auch bei einem nur einmaligen Werfen wäre es für den Spieler A eine subjektiv richtige, rationale Entscheidung mit dieser Münze zu werfen, da die Gewinnerwartung positiv ist.

Für die Zufallsvariable X = "Augenzahl beim einmaligen Werfen eines Würfels" ist

$$E(X) = 1 \cdot \frac{1}{6} + 2 \cdot \frac{1}{6} + 3 \cdot \frac{1}{6} + 4 \cdot \frac{1}{6} + 5 \cdot \frac{1}{6} + 6 \cdot \frac{1}{6} = 3.5$$

gleich dem arithmetischen Mittel der Augenzahlen. Wir können $E(X) = 3.5$ als zu erwartende durchschnittliche Augenzahl bei einer größeren Zahl von Würfen ansehen. Würde man für die erzielte Augenzahl bei jedem Wurf eine Geldeinheit bekommen, so wäre "3.5 $\times$ Anzahl der Würfe" der zu erwartende Gewinn. Beim zweimaligen Werfen erhält man für X = "Augensumme" ganz analog

$$E(X) = 2 \cdot \frac{1}{36} + 3 \cdot \frac{2}{36} + \ldots 7 \cdot \frac{6}{36} + \ldots 11 \cdot \frac{2}{36} + 12 \cdot \frac{1}{36} = 7 .$$

□

Beispiel 5.11

Treffer und Nieten

Für die Zufallsvariable X = "Anzahl der Treffer" erhält man mit der Wahrscheinlichkeitstabelle von Beispiel 5.6 (Seite 231)

$$E(X) = 0 \cdot 0.512 + 1 \cdot 0.384 + 2 \cdot 0.096 + 3 \cdot 0.008 = 0.6 .$$

Die erwartete Anzahl von Treffern ist also 0.6, ein Wert der bei dreimaliger Ausspielung selbst nicht auftreten kann. Erhält der Spieler jedoch – abzüglich des Einsatzes – pro Treffer DM 10.-, so kann er einen Gewinn von DM 6.- erwarten.

Wir bemerken noch, daß $E(X) = 0.6$ gerade gleich der dreifachen Trefferwahrscheinlichkeit von 0.2 in jeder der drei Ausspielungen ist. Diese Eigenschaft gilt auch allgemeiner für binomialverteilte Zufallsvariablen, vgl. Abschnitt 5.3.1. □

Häufigkeitsinterpretation

Analoge Interpretationen objektiver oder subjektiver Art sind auch in anderen Beispielen möglich, wenn X eine metrische Zufallsvariable ist. Die *Häufigkeitsinterpretation* des *Erwartungswertes* läßt sich allgemein so beschreiben:

Der X zugrundeliegende Zufallsvorgang werde n mal unabhängig voneinander durchgeführt. Dabei werden die n Realisierungen $x_1, \ldots, x_n$ von X beobachtet. Dann liegt das arithmetische Mittel $\bar{x}$ mit hoher Wahrscheinlichkeit bei $\mu = E(X)$. Dabei geht die Wahrscheinlichkeit gegen 1 wenn n sehr groß ist. Dieses "Gesetz der großen Zahlen" wird in Abschnitt 7.1 formal behandelt. Somit kann $E(X)$ als der Wert interpretiert werden, der sich im Durchschnitt ergibt.

subjektive Interpretation

Für eine *subjektive Interpretation* kann man sich p_i als das "Gewicht" vorstellen, das dem Wert x_i zukommt, da man diesen mit Wahrscheinlichkeit $p_i = P(X = x_i)$ erwartet. Für X erwartet man dann die Summe der gewichteten Werte $x_i p_i$. Diese subjektive Interpretation entspricht folgender physikalischer Analogie: Auf der x-Achse als Waagebalken sitzen auf den Stellen x_i Gewichte p_i mit der Summe 1. Dann ist $E(X) = x_1 p_1 + \ldots + x_k p_k$ gerade der Gleichgewichtspunkt des Waagebalkens oder der Schwerpunkt der Verteilung der Gewichte.

binäre Zufallsvariablen

Dagegen ist die Bildung von $E(X)$ nicht sinnvoll, wenn die Zufallsvariable X nur nominal- oder ordinalskaliert ist. Eine Ausnahme bilden *binäre Zufallsvariablen* mit $P(X = 1) = \pi$, $P(X = 0) = 1 - \pi$. Dann ist nach Definition

$$E(X) = 1 \cdot \pi + 0 \cdot (1 - \pi) = \pi = P(X = 1)\,.$$

Am folgenden Beispiel der geometrischen Verteilung erkennt man, daß die Bestimmung des Erwartungswertes für unendlich-diskrete Zufallsvariablen i.a. mehr mathematischen Aufwand erfordert.

Beispiel 5.12 **Geometrische Verteilung**

Gemäß Definition gilt

$$E(X) = \sum_{x=1}^{\infty} x f(x) = \sum_{x=1}^{\infty} x (1 - \pi)^{x-1} \pi\,.$$

Die direkte Berechnung dieser Reihe ist zwar möglich, aber aufwendig und umständlich. Es ergibt sich jedoch das einfache Resultat

$$E(X) = \frac{1}{\pi}\,.$$

Statt den formalen Beweis zu führen, machen wir uns dieses Ergebnis folgendermaßen plausibel: Nach der Häufigkeitsinterpretation ist π die durchschnittliche "Trefferquote" mit der das interessierende

Ereignis bei *einem* Bernoulli-Experiment eintritt. Daher wird man im Durchschnitt $1/\pi$ Bernoulli-Experimente warten müssen, bis das Ereignis zum *ersten Mal* eintritt. Zum Beispiel beträgt die Wahrscheinlichkeit für sechs Richtige im Lotto $\pi = 1/13983816$, so daß man im Schnitt 13983816 mal tippen muß, bevor man zum ersten Mal sechs Richtige hat. □

Wir halten noch einige *Eigenschaften von Erwartungswerten* fest, die insbesondere auch bei ihrer Berechnung nützlich sind.

Eigenschaften von Erwartungswerten

Für eine reelle Funktion $g(x)$ ist mit X auch $Y = g(X)$ eine Zufallsvariable. Der Träger von Y besteht aus den transformierten Werten $y = g(x)$, wobei x aus dem Träger von X ist. Dabei kann es vorkommen, daß verschiedene x-Werte den gleichen y-Wert ergeben, beispielsweise führt Quadrieren von $\pm x$ zum gleichen Wert $y = x^2$. Zur Berechnung von $P(Y = y)$ muß man die Wahrscheinlichkeiten für alle Werte x_i aufsummieren, für die $y = g(x_i)$ gilt:

$$P(Y = y) = \sum_{i:g(x_i)=y} p_i \,.$$

Diese Berechnung kann recht mühsam sein. Dagegen läßt sich der Erwartungswert $E(Y)$ einfacher mit Hilfe der Verteilung von X bestimmen:

Transformationsregel für Erwartungswerte

Sei $g(x)$ eine reelle Funktion. Dann gilt für $Y = g(X)$:

$$E(Y) = E(g(X)) = \sum_{i\geq 1} g(x_i)p_i = \sum_{i\geq 1} g(x_i)f(x_i) \,.$$

Zum Beispiel gilt für $Y = X^2$ und eine endlich-diskrete Zufallsvariable X

$$E(X^2) = x_1^2 p_1 + \ldots + x_k^2 p_k \,.$$

Speziell für die lineare Transformation $g(x) = ax + b$ erhalten wir:

Lineare Transformation von Erwartungswerten

Für $Y = aX + b$ ist

$$E(Y) = aE(X) + b \,.$$

Diese Regel entspricht der Regel $\bar{y} = a\bar{x} + b$ bei arithmetischen Mitteln. Sie folgt aus

$y_i = ax_i + b$, $P(Y = y_i) = P(X = x_i) = p_i$ und $\sum_i p_i = 1$:

$$E(Y) = \sum_i y_i p_i = \sum_i ax_i p_i + \sum_i bp_i = a \sum_i x_i p_i + b \sum_i p_i = aE(X) + b\,.$$

Besonders einfach ist die Bestimmung des Erwartungswerts, wenn die Wahrscheinlichkeitsfunktion symmetrisch um einen Punkt ist, d.h. wenn es einen Punkt c gibt, für den $f(c+x) = f(c-x)$ für alle x gilt. Ein Beispiel hierfür sind die Wahrscheinlichkeitsfunktionen für die Augenzahl bzw. Augensumme beim zweimaligen Würfeln.

Erwartungswert von symmetrischen Verteilungen

Ist die Wahrscheinlichkeitsfunktion $f(x)$ symmetrisch um c, so ist

$$E(X) = c\,.$$

Dies folgt direkt aus der Definition des Erwartungswertes: $\sum_i x_i p_i$ läßt sich in der Form $\sum_j (c - x_j)p_j + \sum_j (c + x_j)p_j$ schreiben, so daß sich $\sum_i x_i p_i = c \sum_i p_i = c$ ergibt.

Sehr einfach kann man den Erwartungswert der Summe von zwei oder mehr Zufallsvariablen als Summe der einzelnen Erwartungswerte angeben:

Erwartungswert der Summe von Zufallsvariablen

Für zwei Zufallsvariablen X und Y ist

$$E(X + Y) = E(X) + E(Y)\,.$$

Allgemeiner gilt mit beliebigen Konstanten $a_1, \ldots, a_n$

$$E(a_1 X_1 + \ldots + a_n X_n) = a_1 E(X_1) + \ldots + a_n E(X_n)\,.$$

Die erste Formel drückt das plausible Ergebnis aus, daß der Erwartungswert der Summe von Zufallsvariablen gleich der Summe der jeweiligen Erwartungswerte ist. Beispielsweise könnte X bzw. Y die Dauer in Stunden für zwei Arbeitsvorgänge sein. Im Durchschnitt wird die Gesamtdauer $X + Y$ gerade gleich der Summe der durchschnittlichen Teildauern sein. Dabei dürfen X und Y durchaus voneinander abhängig sein. Ein formaler Beweis ist notationell aufwendig. Man macht sich die Gültigkeit leichter an einem Spezialfall, z.B. für zwei binäre Zufallsvariablen, klar. Die allgemeinere Formel für die gewichtete Summe $a_1 X_1 + \ldots + a_n X_n$ zeigt, daß die Erwartungswertbildung *additiv* und *linear* ist. Sie läßt sich durch wiederholtes

Additivität
Linearität

Anwenden der ersten Formel in Kombination mit der Regel für Lineartransformationen zeigen.

Für das Produkt von Zufallsvariablen gilt i.a. keine ähnlich einfache Regel. Vielmehr benötigt man dazu die *Unabhängigkeit* der Zufallsvariablen. *Unabhängigkeit*

Produktregel für unabhängige Zufallsvariablen

Für zwei *unabhängige* diskrete Zufallsvariablen X und Y gilt

$$E(X \cdot Y) = E(X) \cdot E(Y).$$

Beim zweimaligen Würfeln gilt also für das Produkt der Augenzahl $X \cdot Y$

$$E(X \cdot Y) = E(X) \cdot E(Y) = \frac{7}{2} \cdot \frac{7}{2} = \frac{49}{4}.$$

Eine direkte Berechnung wäre mühsam.

Weitere Lageparameter

Die Definition weiterer Lageparameter erfolgt in völliger Analogie zu entsprechenden Definitionen für empirische Verteilungen in Abschnitt 2.2, indem man relative Häufigkeiten durch Wahrscheinlichkeiten ersetzt.

So ist der *Modus* x_{mod} ein Wert x für den die Wahrscheinlichkeitsfunktion $f(x) = P(X = x)$ maximal wird. Für symmetrische Verteilungen mit einem eindeutigen Modus, beispielsweise beim zweimaligen Würfeln, gilt $E(X) = x_{mod}$. *Modus*

Median und *Quantile* setzen ordinales Skalenniveau voraus. Überträgt man die Definition aus Abschnitt 2.2.2, so erhält man: Jeder Wert x_p mit $0 < p < 1$ für den $P(X \leq x_p) = F(x_p) \geq p$ und $P(X \geq x_p) \geq 1 - p$ gilt, heißt p-*Quantil* der diskreten Zufallsvariable X mit Verteilungsfunktion $F(x)$. Für $p = 0.5$ heißt $x_{0.5}$ *Median.* *Median* *Quantile*

Bei dieser Definition treten die gleichen Schwierigkeiten auf wie bei der Definition von empirischen Quantilen: x_p ist nicht immer eindeutig. Dies wird für den Median, d.h. für $p = 0.5$, in der folgenden Abbildung 5.11 veranschaulicht.

Falls $F(x)$ den Wert 0.5 überspringt (Abb. 5.11, links) so ist der Median eindeutig. Nimmt jedoch wie in Abbildung 5.11 (rechts) $F(x)$ den Wert 0.5 an, so erfüllt jeder x-Wert in dem zur Treppe gehörigen Intervall die Definition. Man kann z.B. wie in Abschnitt 2.2.2 den Mittelpunkt des Intervalls als eindeutigen Median wählen oder auch den linken Randpunkt. Bei der zweiten Festlegung erreicht man, daß der Median zum Träger der Verteilung gehört. Die gleichen Überlegungen gelten entsprechend für beliebige Quantile.

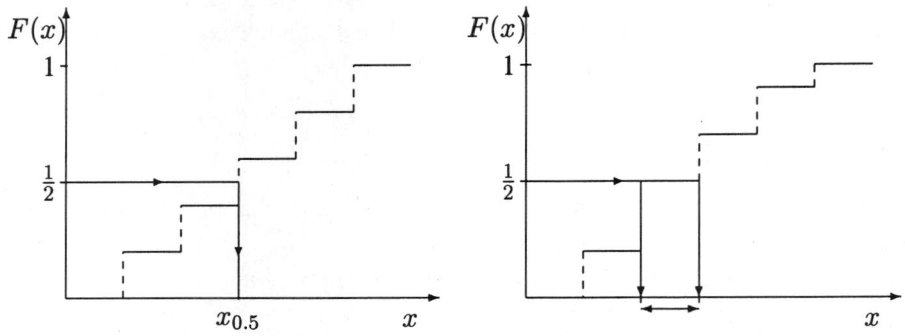

ABBILDUNG 5.11: Eindeutiger Median (links) und nicht eindeutiger Median (rechts)

Varianz und Standardabweichung

Varianz und Standardabweichung sind die wichtigsten Streuungsparameter einer diskreten Zufallsvariable. Sie sind in Analogie zu den entsprechenden empirischen Maßzahlen definiert und setzen metrisch skalierte Zufallsvariablen voraus. Wir ersetzen dazu in Abschnitt 2.2 Ausprägungen $a_1, \ldots, a_k, \ldots$ durch $x_1, \ldots, x_k, \ldots$, relative Häufigkeiten $f_1, \ldots, f_k, \ldots$ durch $p_1, \ldots, p_k, \ldots$ und das arithmetische Mittel $\bar{x}$ durch den Erwartungswert $\mu = E(X)$.

Varianz und Standardabweichung einer diskreten Zufallsvariable

Die *Varianz* einer diskreten Zufallsvariable ist

$$\begin{aligned}\sigma^2 = Var(X) &= (x_1 - \mu)^2 p_1 + \ldots + (x_k - \mu)^2 p_k + \ldots \\ &= \sum_{i \geq 1} (x_i - \mu)^2 f(x_i)\,.\end{aligned}$$

Die *Standardabweichung* ist

$$\sigma = +\sqrt{Var(X)}\,.$$

Führt man die Zufallsvariable $(X - \mu)^2$ ein, so läßt sich die Varianz gemäß dieser Definition auch in der folgenden Form schreiben:

Varianz als erwartete quadratische Abweichung

$$Var(X) = E(X - \mu)^2$$

Damit kann sie als die zu erwartende quadratische Abweichung der Zufallsvariable X von ihrem Erwartungswert interpretiert werden. In der *Häufigkeitsinterpretation* von Erwartungswerten bedeutet dies, daß bei n unabhängigen Wiederholungen von X mit den Werten $x_1, \ldots, x_n$ die durchschnittliche quadrierte Abweichung

Häufigkeitsinterpretation

$$\tilde{s}^2 = \frac{1}{n} \sum_{i=1}^{n} (x_i - \bar{x})^2$$

für große n mit hoher Wahrscheinlichkeit nahe bei σ^2 liegen wird.

Ähnlich wie beim Erwartungswert muß man bei unendlich-diskreten Zufallsvariablen voraussetzen, daß die auftretenden Summen einen endlichen Wert ergeben. Aus der Definition ergibt sich, daß $Var(X) \geq 0$ ist und daß $Var(X) = 0$ genau dann gilt, wenn X nur den einen Wert $x = \mu$ annehmen kann. Eine solche *"Zufallsvariable"* ist deterministisch, also eine feste Zahl μ. Ihre Varianz ist gleich null und ihre Verteilung heißt "entartet", da $P(X = x) = 0$ für alle $x \neq \mu$ gilt.

entartete Zufallsvariable

Für Varianzen gelten in Analogie zu empirischen Varianzen die Verschiebungsregel und die Regel für lineare Transformationen. Diese Regeln sind zum Berechnen von Varianzen oft hilfreich.

Verschiebungsregel

$$Var(X) = E(X^2) - (E(X))^2 = E(X^2) - \mu^2$$

bzw. allgemeiner

$$Var(X) = E((X - c)^2) - (\mu - c)^2 .$$

Die einfachere Form der Verschiebungsregel ergibt sich aus der allgemeinen Regel für $c = 0$. Der Beweis erfolgt direkt in Analogie zum Beweis des Verschiebungssatzes in Abschnitt 2.2.3 oder so:

$$Var(X) = E(X - \mu)^2 = E(X^2 - 2\mu X + \mu^2) .$$

Wegen der Linearität des Erwartungswertes folgt

$$Var(X) = E(X^2) - 2\mu E(X) + \mu^2 = E(X^2) - 2\mu^2 + \mu^2 = \\ = E(X^2) - \mu^2 .$$

Die Verschiebungsregel vereinfacht das Berechnen der Varianz, wenn vorher bereits der Erwartungswert berechnet wurde. Man bildet dann die Tabelle

p	p_1	$\ldots$	p_i	$\ldots$	p_k	$\ldots$	
x	x_1	$\ldots$	x_i	$\ldots$	x_k	$\ldots$	$\sum x_i p_i = \mu$
x^2	x_1^2	$\ldots$	x_i^2	$\ldots$	x_k^2	$\ldots$	$\sum x_i^2 p_i = E(X^2)$

und berechnet daraus die Varianz.

Lineare Transformation

Für $Y = aX + b$ ist

$$Var(Y) = Var(aX + b) = a^2 Var(X) \quad \text{und} \quad \sigma_Y = |a|\sigma_X .$$

Man kann dies wieder ähnlich wie für empirische Varianzen zeigen oder wie folgt:

$$Var(aX + b) = E(aX + b - a\mu - b)^2 = E(aX - a\mu)^2 = \\ = a^2 E((X - \mu)^2) = a^2 Var(X) ,$$

wobei die Linearität des Erwartungswertes ausgenutzt wurde.

unabhängig

Für die Summe von Zufallsvariablen erhält man eine ähnlich einfache Regel, wie für Erwartungswerte, wenn die Variablen *unabhängig* sind. Ohne diese Voraussetzung gelten die folgenden Formeln i.a. nicht.

Varianz der Summe von unabhängigen Zufallsvariablen

Für unabhängige Zufallsvariablen X und Y bzw. $X_1, \ldots , X_n$ gilt

$$Var(X + Y) = Var(X) + Var(Y)$$

und mit beliebigen Konstanten $a_1, \ldots , a_n$

$$Var(a_1 X_1 + \ldots + a_n X_n) = a_1^2 Var(X_1) + \ldots + a_n^2 Var(X_n) .$$

Der Beweis der ersten Formel ist aufwendig. Die zweite ergibt sich daraus in Kombination mit der Regel für lineare Transformationen.

Binäre Zufallsvariablen

Beispiel 5.13

Für binäre Null-Eins-Variablen mit $P(X = 1) = \pi$, $P(X = 0) = 1 - \pi$ gilt $E(X) = \pi$. Für $E(X^2)$ erhält man

$$E(X^2) = 0^2(1 - \pi) + 1^2 \cdot \pi = \pi\,,$$

und mit der Verschiebungsregel ergibt sich

$$Var(X) = \pi - \pi^2 = \pi(1 - \pi)\,.$$

Man kann X als metrische Zufallsvariable interpretieren: X zählt, mit den Werten 0 oder 1, das Eintreten von A bei einmaliger Durchführung des Zufallsvorgangs. Die Varianz $\pi(1 - \pi)$ ist klein, wenn $\pi = E(X)$ nahe bei 0 oder 1 liegt, d.h. wenn die Wahrscheinlichkeit für A gering oder groß ist. $Var(X)$ wird am größten ($= 0.25$) für $\pi = 0.5$, d.h. wenn die Unsicherheit, ob A oder $\bar{A}$ eintritt, am größten ist.

□

Würfeln

Beispiel 5.14

Beim einmaligen Würfeln mit X = "Augenzahl" gilt nach Beispiel 5.10 (Seite 241) $E(X) = 7/2$. Mit der Verschiebungsregel erhalten wir

$$Var(X) = (1^2 + 2^2 + \ldots + 6^2) \cdot \frac{1}{6} - \left(\frac{7}{2}\right)^2 = \frac{91}{6} - \frac{49}{4} = \frac{70}{24} = 2.92\,.$$

Betrachten wir zum Vergleich eine Zufallsvariable Y, die nur die Werte 1 und 6 jeweils mit Wahrscheinlichkeit $P(Y = 1) = P(Y = 6) = 1/2$ annimmt. Dann gilt $E(Y) = 7/2$ wie bei X, jedoch ist

$$Var(Y) = \frac{1}{2}(1^2 + 6^2) - \left(\frac{7}{2}\right)^2 = \frac{37}{2} - \frac{49}{4} = 6.25\,,$$

d.h. Y hat eine größere Varianz als X, da die Werte von Y im Mittel weiter ($(6 - 3.5)^2 = (1 - 3.5)^2 = 6.25$) von $\mu = 7/2$ liegen.

Beim zweimaligen Würfeln mit X = "Augensumme" kann man analog, aber mühsam

$$Var(X) = (2^2 \cdot \frac{1}{36} + 3^2 \cdot \frac{2}{36} + \ldots + 11^2 \cdot \frac{2}{36} + 12^2 \frac{1}{36}) - 7^2 = \frac{35}{6}$$

berechnen. Die gleiche Zahl ergibt sich jedoch wesentlich einfacher durch die Regel für die Varianz einer Summe von unabhängigen Zufallsvariablen: Wenn X_1 die Augenzahl beim ersten Wurf und X_2 die Augenzahl beim zweiten Wurf bezeichnet, so sind X_1 und X_2 unabhängig, und es ist $X = X_1 + X_2$ die Augensumme. Damit gilt

$$Var(X) = Var(X_1) + Var(X_2) = \frac{70}{24} + \frac{70}{24} = \frac{35}{6}\,.$$

□

Beispiel 5.15 **Geometrische Verteilung**

Für eine geometrisch verteilte Zufallsvariable X gilt $E(X) = 1/\pi$. Die Berechnung der Varianz ist ebenfalls aufwendig. Es läßt sich zeigen, daß

$$Var(X) = \frac{1-\pi}{\pi^2}$$

gilt. □

5.3 Spezielle diskrete Verteilungsmodelle

Dieser Abschnitt beschreibt einige weitere diskrete Verteilungen, die häufig zur Modellierung von Zufallsvorgängen und zur Datenanalyse mittels induktiver Statistik eingesetzt werden. Zwei öfter verwendete spezielle Verteilungen haben wir bereits im vorangehenden Abschnitt kennengelernt: die diskrete Gleichverteilung und die geometrische Verteilung. Dabei handelt es sich jeweils um eine Familie von *parametrischen Verteilungen*: Die Wahrscheinlichkeitsfunktion hängt noch von einem oder auch *mehreren Parametern* ab, wie etwa von der Erfolgswahrscheinlichkeit π bei der geometrischen Verteilung. Erst wenn für die Parameter numerische Werte eingesetzt werden, ist die Wahrscheinlichkeitsfunktion eindeutig festgelegt. In Anwendungen werden die Parameterwerte so festgelegt, daß eine möglichst gute Übereinstimmung mit einer aus Daten gewonnenen empirischen Verteilung erzielt wird, siehe dazu Kapitel 9.

parametrische Verteilungen

Modellcharakter

Damit wird auch der Modellcharakter spezieller parametrischer Verteilungen deutlich: In der Regel gelingt es nur in einfachen Situationen und unter gewissen Idealisierungen, etwa bei Glücksspielen, durch logische Kausalschlüsse zu zeigen, daß eine bestimmte Verteilung dem Sachverhalt exakt angepaßt ist. Meistens läßt sich nur feststellen, auch mit Mitteln der Statistik, ob eine gewählte Verteilung dem Sachverhalt und den Daten gut oder schlecht angepaßt ist.

5.3.1 Die Binomialverteilung

Mit der in den Beispielen 5.6 (Seite 231) und 5.11 (Seite 241) betrachteten Anzahl von Treffern wurde bereits exemplarisch eine spezielle, binomialverteilte Zufallsvariable betrachtet. Im folgenden werden die dabei erhaltenen Ergebnisse und Eigenschaften allgemein formuliert.

Wir betrachten eine Bernoulli-Kette von n-mal wiederholten Bernoulli-Experimenten mit $\pi = P(A)$ für das interessierende Ereignis und der Folge $A_1, A_2, \ldots, A_n$ von unabhängigen Ereignissen. Dabei steht A_i für das Eintreten von A im i-ten Versuch. Zur Bernoulli-Kette definieren wir die Zufallsvariable

$$X = \text{"Anzahl der Versuche, bei denen } A \text{ eintritt"}.$$

Urnenmodell

Ziehen mit Zurücklegen

Ziehen ohne Zurücklegen

Einfache Beispiele hierfür sind das wiederholte Werfen von Münzen bzw. Würfeln, wobei X zählt wie oft "Kopf" bzw. "Sechs" auftritt. Das Standardmodell für eine Bernoulli-Kette ist das *Ziehen mit Zurücklegen* aus einer Urne, die N Kugeln, darunter M schwarze, enthält. Daraus werden zufällig und mit Zurücklegen nacheinander n Kugeln gezogen. Die Ereignisse A_i "Bei der i-ten Ziehung wird eine schwarze Kugeln gezogen" sind dann unabhängig und es ist $P(A_i) = M/N = \pi$. Ähnlich Zufallsvorgänge treten bei vielen Glücksspielen, aber auch beim zufälligen Ziehen mit Zurücklegen aus einer endlichen Grundgesamtheit auf. Auch bei der laufenden Gut/Schlecht-Prüfung im Beispiel 5.8 (Seite 238) kann man oft von einer Bernoulli-Kette ausgehen, bei der X die Anzahl defekter Stücke bedeutet. Das Beispiel 5.9 (Seite 238) zeigt, daß auch bei zufälligem *Ziehen ohne Zurücklegen* angenähert eine Bernoulli-Kette vorliegt, wenn das Verhältnis n/N klein ist. Die Zufallsvariable X ist somit bei vielen *Zählvorgängen* von Bedeutung.

Die Wahrscheinlichkeitsfunktion von X läßt sich (in Verallgemeinerung der Überlegungen in Beispiel 5.6, Seite 231) folgendermaßen ableiten: Der Träger von X ist $\mathcal{T} = \{0, 1, \ldots, n\}$. Das Ereignis $\{X = x\}$ resultiert z. B. für die Ereignisfolge

$$A_1 A_2 \cdots A_x \bar{A}_{x+1} \cdots \bar{A}_n \,,$$

bei der in der Bernoulli-Kette zuerst x-mal das Ereignis A und anschließend $(n-x)$-mal $\bar{A}$ auftritt. Wegen der Unabhängigkeit der einzelnen Versuche gilt

$$\begin{aligned} P(A_1 A_2 \cdots A_x \bar{A}_{x+1} \cdots \bar{A}_n) &= \underbrace{\pi \cdot \ldots \cdot \pi}_{x-\text{mal}} \underbrace{(1-\pi) \cdot \ldots \cdot (1-\pi)}_{(n-x)-\text{mal}} = \\ &= \pi^x (1-\pi)^{n-x} \,. \end{aligned}$$

Das Ereignis $\{X = x\}$ tritt aber auch ein, wenn x-mal A und $(n-x)$-mal $\bar{A}$ in irgendeiner anderen Reihenfolge erscheinen. Die Wahrscheinlichkeit ist dabei jeweils ebenfalls $\pi^x(1-\pi)^{n-x}$. Insgesamt gibt es nach Abschnitt 4.3 genau $\binom{n}{x}$ verschiedene derartige Reihenfolgen. Damit folgt

$$P(X = x) = \binom{n}{x} \pi^x (1-\pi)^{n-x} \,, \quad x = 0, 1, \ldots, n \,.$$

Man nennt eine Zufallsvariable mit dieser Wahrscheinlichkeitsfunktion binomialverteilt.

Binomialverteilung

Eine Zufallsvariable heißt *binomialverteilt* mit den Parametern n und π, kurz $X \sim B(n, \pi)$, wenn sie die Wahrscheinlichkeitsfunktion

$$f(x) = \begin{cases} \binom{n}{x}\pi^x(1-\pi)^{n-x}, & x = 0, 1, \dots, n \\ 0, & \text{sonst} \end{cases}$$

besitzt. Die Verteilung heißt *Binomialverteilung* oder kurz $B(n, \pi)$-Verteilung. Sie ergibt sich, wenn aus n unabhängigen Wiederholungen einer Bernoulli-Experiments mit konstanter Wahrscheinlichkeit π die Summe der Treffer gebildet wird.

Die folgende Abbildung 5.12 zeigt für $n = 10$ zu verschiedenen Werten von π die Wahrscheinlichkeitshistogramme der Binomialverteilung.

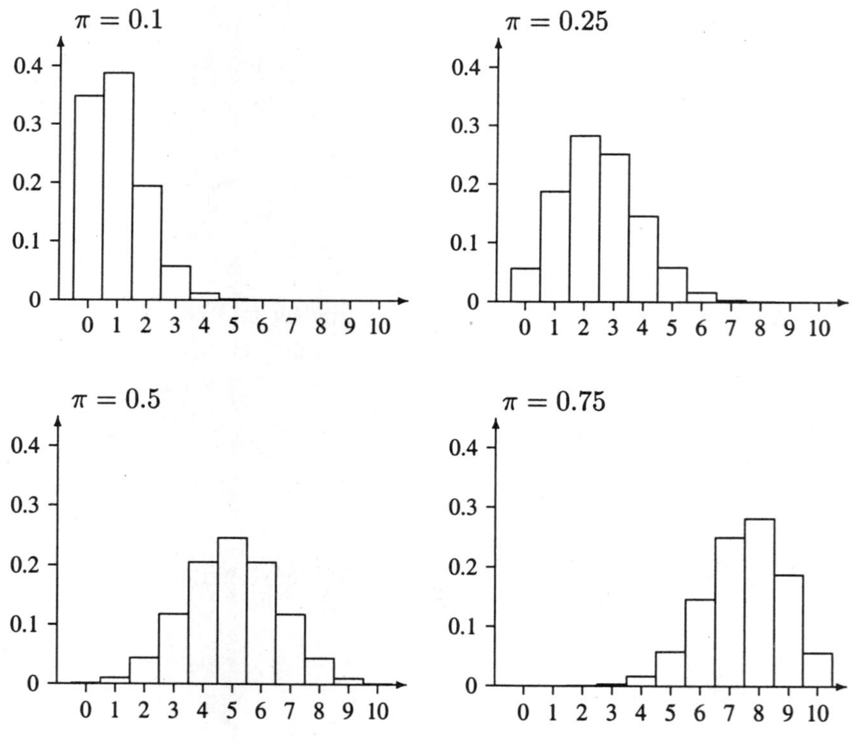

ABBILDUNG 5.12: Wahrscheinlichkeitshistogramme von Binomialverteilungen für $n = 10$

Man erkennt, daß die Verteilung für $\pi < 0.5$ linkssteil ist und zwar umso deutlicher, je kleiner π ist. Für $\pi = 0.5$ ist die Verteilung symmetrisch zum Wert $x = n\pi$. Für $\pi > 0.5$ erhält man rechtssteile Verteilungen als "Spiegelbild" zu entsprechenden linkssteilen Verteilungen (etwa $\pi = 0.25$ und $\pi = 0.75$).

Für größeres n läßt sich das Wahrscheinlichkeitshistogramm gut durch die Dichtekurve einer Normalverteilung mit $\mu = n\pi$ und $\sigma^2 = n\pi(1-\pi)$ approximieren, siehe die Abbildungen 5.13. Diese Approximation ist umso besser, je näher π bei 0.5 liegt, und wird schlechter, je näher π bei 0 oder 1 liegt. Die theoretische Rechtfertigung liefert der zentrale Grenzwertsatz aus Abschnitt 7.1.2.

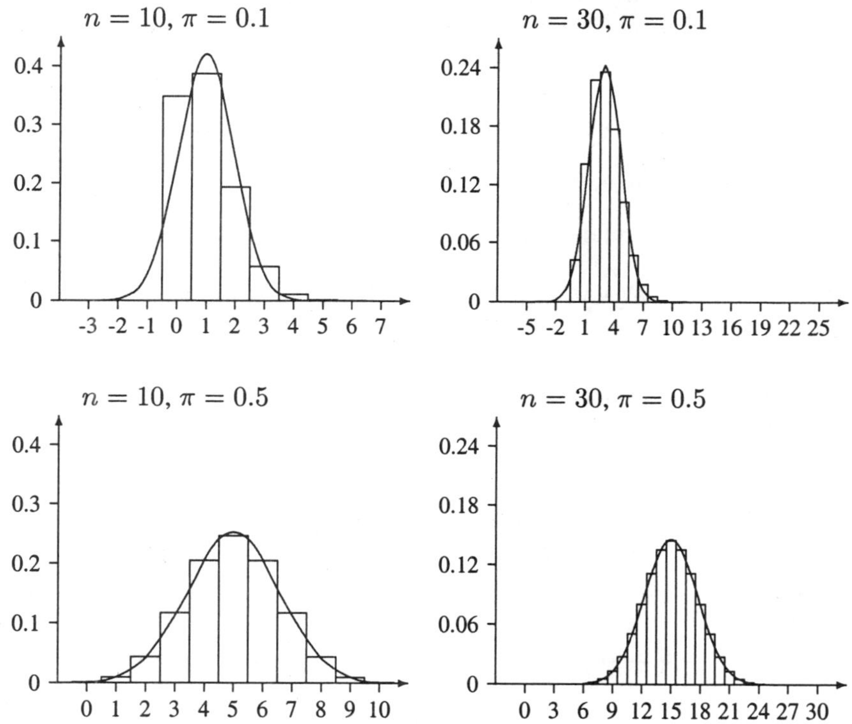

ABBILDUNG 5.13: Approximation von Wahrscheinlichkeitshistogrammen durch Dichtekurven der Normalverteilung

Erwartungswert und Varianz der $B(n, \pi)$-Verteilung lassen sich leicht berechnen, wenn man die unabhängigen Indikatorvariablen

$$X_i = \begin{cases} 1, & \text{falls beim } i\text{-ten Versuch } A \text{ eintritt} \\ 0, & \text{falls beim } i\text{-ten Versuch } A \text{ nicht eintritt}, \end{cases}$$

$i = 1, \ldots, n$, einführt. Für diese gilt

$$P(X_i = 1) = \pi\,, \quad P(X_i = 0) = 1 - \pi\,, \quad E(X_i) = \pi\,, \quad Var(X_i) = \pi(1-\pi)\,.$$

Jedes X_i ist also binomialverteilt mit $n = 1$ und π. Offensichtlich läßt sich X in der *Summendarstellung*

Summendarstellung

$$X = X_1 + \ldots + X_n$$

schreiben. Daraus folgt nach den Rechenregeln für Erwartungswerte und für Varianzen unabhängiger Zufallsvariablen

$$\begin{aligned} E(X) &= E(X_1) + \ldots + E(X_n) = n\pi\,, \\ Var(X) &= Var(X_1) + \ldots + Var(X_n) = n\pi(1-\pi)\,. \end{aligned}$$

Erwartungswert und Varianz

einer $B(n, \pi)$-verteilten Zufallsvariable X:

$$E(X) = n\pi\,, \quad Var(X) = n\pi(1-\pi)\,.$$

Folgende beide Eigenschaften sind oft nützlich:

Additionseigenschaft

Sind $X \sim B(n, \pi)$ und $Y \sim B(m, \pi)$ unabhängig, so ist $X + Y \sim B(n + m, \pi)$.

Symmetrieeigenschaft

Sei $X \sim B(n, \pi)$ und $Y = n - X$. Dann gilt

$$Y \sim B(n, 1 - \pi)\,.$$

Die Summe von unabhängigen binomialverteilten Zufallsvariablen mit gleichem Parameter π ist also wieder binomialverteilt. Die Eigenschaft ergibt sich aus der Darstellung von X und Y

als Summe von Indikatorvariablen. Die Symmetrieeigenschaft folgt aus

$$f_X(x) = P(X = x) = \binom{n}{x}\pi^x(1-\pi)^{n-x} = \binom{n}{n-x}(1-\pi)^{n-x}\pi^{n-(n-x)}$$
$$= \binom{n}{y}(1-\pi)^y\pi^{n-y} = P(Y = y) = f_Y(y)\,.$$

Zum praktischen Arbeiten ist die Verteilungsfunktion

$$B(x|n,\pi) = P(X \leq x|n,\pi) = \sum_{t=0}^{x} f(t)$$

für ausgewählte Werte von π und in der Regel für $n \leq 30$ tabelliert (Tabelle B). Dabei genügt es wegen der Symmetrieeigenschaft, die Tabelle nur für $\pi \leq 0.5$ anzulegen. Für $\pi > 0.5$ gilt

$$B(x|n,\pi) = P(X \leq x|n,\pi) = P(Y \geq n-x|n,\pi)$$
$$= 1 - P(Y \leq n-x-1|n,1-\pi) = 1 - B(n-x-1|n,1-\pi)\,.$$

Die Wahrscheinlichkeitsfunktion ergibt sich aus den Tabellen durch

$$f(x) = P(X = x) = B(x|n,\pi) - B(x-1|n,\pi)\,.$$

Für größeres n verwendet man die *Approximation* durch eine *Normalverteilung*, vgl. Abschnitt 7.2.

Normalverteilungsapproximation

Treffer und Nieten **Beispiel 5.16**

(a) In Beispiel 5.6 (Seite 231) gilt für die Anzahl X von Treffern bei drei unabhängigen Ausspielungen der Lotterie $X \sim B(3, 0.20)$. Die in Beispiel 5.6 direkt berechnete Wahrscheinlichkeitsfunktion von X ergibt sich auch aus Tabelle B der Verteilungsfunktion $B(x|3, 0.20)$ dieser Binomialverteilung. Beispielsweise liest man für $x = 0$

$$P(X = 0) = B(0|3, 0.20) = 0.512$$

ab. Mit

$$P(X \leq 1) = B(1|3, 0.20) = 0.896$$

erhält man den Wert

$$P(X = 1) = P(X \leq 1) - P(X = 0) = 0.896 - 0.512 = 0.384$$

wie in der Wahrscheinlichkeitstabelle von Beispiel 5.6 (Seite 231). Die Wahrscheinlichkeit $P(X \geq 1)$, mindestens einen Treffer zu erzielen, ist

$$P(X \geq 1) = 1 - P(X < 1) = 1 - P(X = 0) = 0.488\,.$$

(b) Bei der Produktion eines Massenartikels, etwa von Skiern oder Bauteilen, vgl. Beispiel 5.8 (Seite 238), liege der Anteil einwandfrei produzierter und somit nicht nachzubehandelnder Stücke bei $\pi = 0.90$. Aus der laufenden Produktion werden 20 Stücke entnommen. Wenn man wie in Beispiel 5.8 annimmt, daß die Fertigung der einzelnen Skier oder Bauteile unabhängig erfolgt, so bildet die Stichprobe eine Bernoulli-Kette, und es gilt für die Anzahl X von einwandfreien Stücken

$$X \sim B(20, 0.90).$$

Um Wahrscheinlichkeiten, etwa $P(X \leq 18)$, für interessierende Ereignisse zu berechnen, geht man zunächst zur Anzahl $Y = n - X$ nicht einwandfreier Stücke über, da die $B(20, 0.90)$-Verteilung nicht tabelliert ist. Für Y gilt dann

$$Y \sim B(20, 0.10).$$

Damit errechnet man z.B.

$$\begin{aligned} P(X \leq 18) = P(Y \geq 20 - 18) = 1 - P(Y < 2) &= 1 - P(Y \leq 1) \\ &= 1 - 0.3917 = 0.6083, \end{aligned}$$

oder

$$\begin{aligned} P(X = 18) = P(Y = 2) &= P(Y \leq 2) - P(Y \leq 1) \\ &= 0.6769 - 0.3917 = 0.2852. \end{aligned}$$

Die Wahrscheinlichkeit, den Erwartungswert $n\pi = 20 \cdot 0.90 = 18$ zu erhalten, liegt also bei fast 30 %. □

5.3.2 Die hypergeometrische Verteilung

Urnenmodell ohne Zurücklegen

Aus einer endlichen Grundgesamtheit von N Einheiten, von denen M eine Eigenschaft A besitzen, wird *n-mal rein zufällig, aber ohne Zurücklegen* gezogen. Im Urnenmodell mit N Kugeln, davon M schwarzen, entspricht dies dem zufälligen n-maligen Ziehen ohne Zurücklegen. Wir interessieren uns wieder für die Zufallsvariable

$$X = \text{“Anzahl der gezogenen Objekte mit der Eigenschaft } A\text{”}.$$

Auswahlsatz
Faustregel

Falls der *Auswahlsatz* n/N klein genug ist (*Faustregel*: $n/N \leq 5\,\%$), ist X *näherungsweise binomialverteilt* mit Parametern n und $\pi = M/N$. Falls n/N größer ist, muß die Verteilung von X exakt bestimmt werden. Dies führt zur *hypergeometrischen* Verteilung.

Wertebereich

Zunächst geben wir den *Wertebereich* von X an. Der größtmögliche Wert x_{max} von X ist n, wenn $n \leq M$ ist, und er ist M, wenn $M < n$ ist. Also ist

$$x_{max} = \min(n, M),$$

die kleinere der beiden Zahlen n und M. Ähnlich überlegt man, daß der kleinstmögliche Wert

$$x_{min} = \max(0, n - (N - M))$$

ist. Damit besitzt X den Träger $\mathcal{T} = \{x_{min}, \ldots, x_{max}\}$. Falls $n \leq M$ und $n \leq M - N$ gilt, vereinfacht sich der Träger zu $\mathcal{T} = \{0, 1, \ldots, n\}$, also dem gleichen Träger wie bei der Binomialverteilung. Die Wahrscheinlichkeitsverteilung von X läßt sich mit den anschließend angeführten kombinatorischen Argumenten herleiten.

Hypergeometrische Verteilung

Eine Zufallsvariable X heißt *hypergeometrisch verteilt* mit Parametern n, M und N, kurz $X \sim H(n, M, N)$, wenn sie die Wahrscheinlichkeitsfunktion

$$f(x) = \begin{cases} \dfrac{\binom{M}{x}\binom{N-M}{n-x}}{\binom{N}{n}}, & x \in \mathcal{T} \\ 0, & \text{sonst} \end{cases}$$

besitzt. Dabei ist $\mathcal{T}$ durch $\{\max(0, n - (N - M)), \ldots, \min(n, N)\}$ gegeben. Es gilt

$$E(X) = n\frac{M}{N}, \quad Var(X) = n\frac{M}{N}\left(1 - \frac{M}{N}\right)\frac{N-n}{N-1}.$$

Damit besitzt eine $H(n, M, N)$-verteilte Zufallsvariable den gleichen Erwartungswert wie eine $B(n, M/N)$-verteilte Zufallsvariable. Jedoch ist die Varianz kleiner, da der sogenannte *Korrekturfaktor* $(N - n)/(N - 1)$ für $n > 1$ kleiner als 1 ist. Diese Verkleinerung der Varianz ist plausibel, da man *ohne* Zurücklegen zieht und somit keine schon gewonnene Information verschenkt. Für kleine Werte n/N des Auswahlsatzes ist der Korrekturfaktor praktisch gleich 1; die Varianzen sind dann also näherungsweise gleich. *Korrekturfaktor*

Eine hypergeometrisch verteilte Zufallsvariable läßt sich ebenfalls als Summe

$$X = X_1 + \ldots + X_n$$

von Indikatorvariablen

$$X_i = \begin{cases} 1, & \text{wenn beim } i\text{-ten Ziehen } A \text{ eintritt} \\ 0, & \text{wenn beim } i\text{-ten Ziehen } A \text{ nicht eintritt} \end{cases}$$

darstellen. *Vor Beginn* der Ziehungen gilt weiterhin

$$X_i \sim B(1, M/N), \quad i = 1, \ldots, n,$$

jedoch sind die Indikatorvariablen voneinander abhängig. Wegen der Additivität des Erwartungswertes folgt sofort

$$E(X) = E(X_1) + \ldots + E(X_n) = n\frac{M}{N}.$$

Die entsprechende Summenformel für Varianzen gilt jedoch wegen der Abhängigkeit nicht, so daß der Beweis für $Var(X)$ aufwendiger wird.

Die Wahrscheinlichkeitsfunktion selbst läßt sich nach der Abzählregel folgendermaßen ableiten: Insgesamt gibt es $\binom{N}{n}$ Möglichkeiten aus N Kugeln n ohne Zurücklegen und ohne Beachtung der Reihenfolge zu ziehen. Dies ergibt den Nenner. Um aus M schwarzen Kugeln genau x herauszugreifen, gibt es $\binom{M}{x}$ Möglichkeiten. Genauso verbleiben $\binom{N-M}{n-x}$ Möglichkeiten, um aus $N - M$ weißen Kugeln genau $n - x$ herauszugreifen. Dies ergibt für den Zähler insgesamt $\binom{M}{x}\binom{N-M}{n-x}$ "günstige" Möglichkeiten.

5.3.3 Die Poisson-Verteilung

Poisson-Verteilung
Zählvorgänge

Binomial- und hypergeometrisch verteilte Zufallsvariablen zählen, *wie oft* bei n-maligem Ziehen aus Urnen oder Grundgesamtheiten ein bestimmtes Ereignis A eintritt. Der Wertebereich ist nach oben durch n begrenzt und somit endlich. Die geometrische Verteilung (Abschnitt 5.2) zählt, *wie lange* man warten muß, bis ein Ereignis A *zum erstenmal* eintritt. Der Wertebereich ist die Menge $\mathbb{N}$ der natürlichen Zahlen und nicht nach oben begrenzt. Die *Poisson-Verteilung* eignet sich ebenfalls zur Modellierung von *Zählvorgängen*. Dabei werden bestimmte Ereignisse gezählt, die innerhalb eines festen, vorgegebenen Zeitintervalls eintreten können. Die mögliche Anzahl der Ereignisse ist gleichfalls nicht nach oben begrenzt. Zugleich soll die Wahrscheinlichkeit, daß ein Ereignis in einem sehr kleinen Zeitintervall eintritt, ebenfalls sehr klein sein. Beispiele für Zählvorgänge dieser Art sind die Anzahl von Schadensmeldungen bei einer Sachversicherung innerhalb eines Jahres, die Anzahl von Krankheitsfällen einer (seltenen) Krankheit in einem Monat, oder die Anzahl von Kunden, die in einem Monat bei einer Bank einen Kredit beantragen, usw.

In Abbildung 5.14 sind die Ereignisse auf der Zeitachse durch Sterne markiert. Als Zeitintervall wählen wir das Einheitsintervall $[0, 1]$, was sich durch geeignete Wahl der Zeitskala immer erreichen läßt.

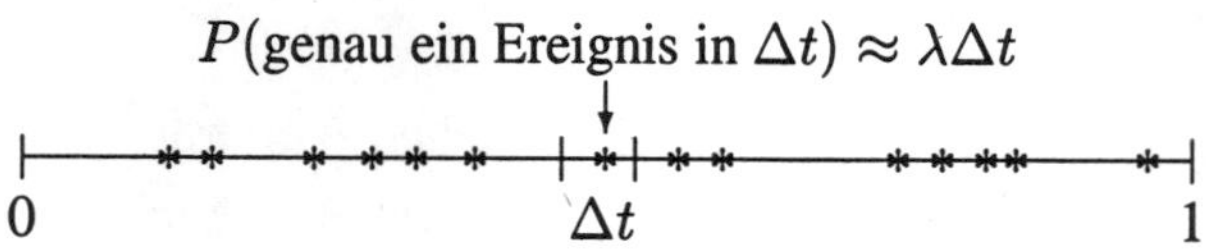

ABBILDUNG 5.14: Ereignisse im Zeitverlauf

Die Markierung durch Sterne auf der Zeitachse unterstellt bereits, daß Ereignisse zu *Zeitpunkten* oder innerhalb vernachlässigbar kleiner Zeitspannen auftreten. Dies setzen wir im weiteren voraus.

Wir interessieren uns somit für die Zufallsvariable

$$X = \text{“Anzahl der Ereignisse, die innerhalb des Intervalls } [0,1] \text{ eintreten”}.$$

Da keine obere Schranke für X bekannt oder aber sehr groß ist, nehmen wir als Wertebereich von X die Zahlen $\mathbb{N}_0 = \{0, 1, 2, \dots\}$ an. Falls für den Zählvorgang folgende *Annahmen* zutreffen, ergibt sich für X eine *Poisson-Verteilung*:

Annahmen Poisson-Verteilung

1. Zwei Ereignisse können nicht genau gleichzeitig auftreten.
2. Die Wahrscheinlichkeit, daß ein Ereignis während eines kleinen Zeitintervalls der Länge Δt stattfindet ist annähernd $\lambda \Delta t$, vgl. Abbildung 5.14. Wenn Δt klein genug ist, wird diese Wahrscheinlichkeit ebenfalls sehr klein. Die Poisson-Verteilung wird deshalb gelegentlich als *Verteilung der seltenen Ereignisse* bezeichnet. Der Parameter λ heißt auch (Intensitäts-)Rate.

   Verteilung der seltenen Ereignisse
3. Die Wahrscheinlichkeit für das Eintreten einer bestimmten Zahl von Ereignissen in einem Teilintervall hängt nur von dessen Länge l, aber nicht von seiner Lage auf der Zeitachse ab (I_1 und I_2 in Abbildung 5.15).
4. Die Anzahlen von Ereignissen in zwei disjunkten Teilintervallen sind unabhängig (I_1 und I_3 in Abbildung 5.15, nicht jedoch I_2 und I_3).

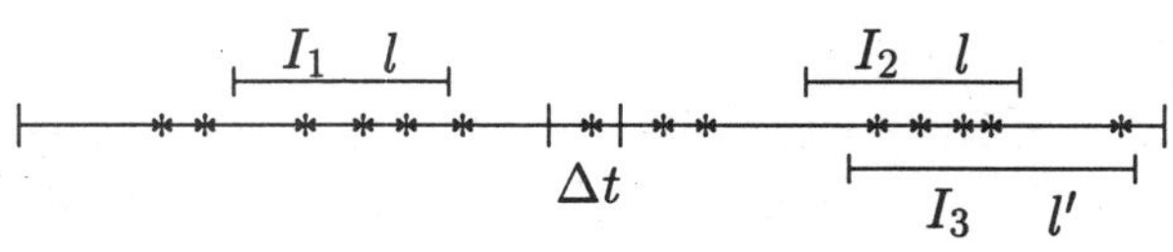

ABBILDUNG 5.15: Zu den Annahmen der Poissonverteilung

Ob diese Annahmen – zumindest näherungsweise – in bestimmten Anwendungen erfüllt sind, muß kritisch geprüft werden. Falls sie jedoch gelten, ist die Zufallsvariable X Poisson-verteilt.

Poisson-Verteilung

Eine Zufallsvariable X mit der Wahrscheinlichkeitsfunktion

$$f(x) = P(X = x) = \begin{cases} \frac{\lambda^x}{x!} e^{-\lambda}, & x \in \{0, 1, \dots\} \\ 0, & \text{sonst} \end{cases}$$

heißt *Poisson-verteilt* mit Parameter (oder Rate) $\lambda > 0$, kurz $X \sim Po(\lambda)$. Es gilt

$$E(X) = \lambda, \quad Var(X) = \lambda.$$

Die Abbildung 5.16 zeigt die Wahrscheinlichkeitshistogramme für verschiedene Werte von λ.

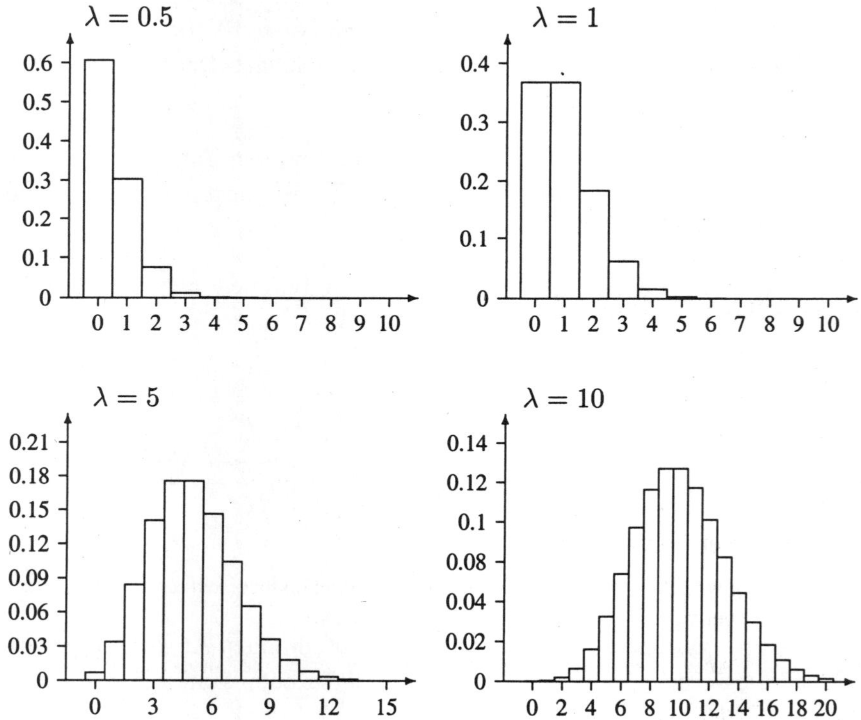

ABBILDUNG 5.16: Wahrscheinlichkeitshistogramme von Poisson-Verteilungen

Normalverteilungs-approximation

Man erkennt: Je kleiner λ ist desto linkssteiler wird die Wahrscheinlichkeitsfunktion und desto größer werden die Wahrscheinlichkeiten für kleine x-Werte. Für größeres λ, etwa ab $\lambda \geq 10$, wird die Verteilung annähernd symmetrisch und läßt sich durch eine Normalverteilungsdichte approximieren, vgl. dazu Abschnitt 7.2. Die Eigenschaft $E(X) = Var(X) = \lambda$, also Gleichheit von Erwartungswert und Varianz, ist charakteristisch für eine Poisson-verteilte Zählvariable. Unterscheiden sich bei Zähldaten aus einer empirischen Erhebung $\bar{x}$ und $\tilde{s}^2$ deutlich, so ist ein Poisson-Modell ungeeignet. Die Poisson-Verteilung läßt sich auch als Grenzfall der Binomialverteilung ableiten. Dazu nimmt man etwa im Beispiel von Schadensmeldungen bei einer Versicherung an, daß diese eine große Anzahl n von Kunden habe, aber jeder Kunde mit sehr kleiner Wahrscheinlichkeit π einen Schaden in der Zeitperiode (Monat, Jahr) melde. Definiert man $\lambda = n\pi$ und läßt (bei festgehaltenem λ) $n \longrightarrow \infty$ und $\pi \longrightarrow 0$ gehen, so ergibt sich für die Anzahl X von Schadensmeldungen eine $Po(\lambda)$-Verteilung. Somit kann für große n und kleine π die $B(n, \pi)$-Verteilung durch eine $Po(\lambda)$-Verteilung mit $\lambda = n\pi$ approximiert werden.

Approximation der Binomialverteilung

Ähnlich wie für die Binomialverteilung gilt noch eine Additionseigenschaft:

Addition von unabhängigen Poisson-verteilten Zufallsvariablen

Sind $X \sim Po(\lambda), Y \sim Po(\mu)$ und voneinander unabhängig, so gilt

$$X + Y \sim Po(\lambda + \mu).$$

Damit läßt sich auch folgendes zeigen:

Poisson-Verteilung für Intervalle beliebiger Länge

Falls die Anzahl X von Ereignissen im Einheitsintervall $Po(\lambda)$-verteilt ist, so ist die Anzahl Z von Ereignissen in einem Intervall der Länge t Poisson-verteilt mit Parameter λt, kurz $Z \sim Po(\lambda t)$.

Schadensfälle bei einer Versicherung **Beispiel 5.17**

Eine Rückversicherung will die Prämien für Versicherungen gegen Großunfälle kalkulieren. Aufgrund von Erfahrungswerten geht sie davon aus, daß die Zufallsvariable

X = "Anzahl der Großunfälle im Winterhalbjahr (Oktober bis März)"

Poisson-verteilt ist mit der Rate $\lambda = 3$. Dagegen wird

Y = "Anzahl der Großunfälle im Sommerhalbjahr (April bis September)"

als Poisson-verteilt mit der Rate $\mu = 6$ betrachtet. Beispielsweise läßt sich damit die Wahrscheinlichkeit für genau zwei Großunfälle in einem Winter bestimmen:

$$P(X = 2) = e^{-3}\frac{3^2}{2!} = 0.2240\,.$$

Mehr als ein Großunfall geschieht im Winter mit der Wahrscheinlichkeit

$$\begin{aligned} P(X \geq 2) &= 1 - P(X = 0) - P(X = 1) \\ &= 1 - e^{-3}\left(\frac{3^0}{0!} + \frac{3^1}{1!}\right) \\ &= 1 - 0.1991 = 0.8009\,. \end{aligned}$$

Diese Wahrscheinlichkeiten lauten im Sommerhalbjahr 4.4 % für genau einen bzw. 98.3 % für mindestens zwei Unfälle:

$$\begin{aligned} P(Y = 2) &= e^{-6}\frac{6^2}{2!} = 0.044\,, \\ P(Y \geq 2) &= 1 - P(Y = 0) - P(Y = 1) \\ &= 1 - e^{-6}\left(\frac{6^0}{0!} + \frac{6^1}{1!}\right) = 1 - 0.01735 = 0.9826\,. \end{aligned}$$

Wegen $E(X) = \lambda = 3$ und $E(Y) = \mu = 6$ sind mit drei Unfällen im Winter weniger Unfälle als im Sommer zu erwarten.

Da man annehmen kann, daß Unfälle im Sommer und im Winter in keinem Zusammenhang stehen, können ferner die Zufallsvariablen X und Y als *unabhängig* behandelt werden. Die Wahrscheinlichkeit, daß sowohl im Winter als auch im Sommer mehr als zwei Unfälle geschehen, beträgt dann mit Hilfe der Rechenregeln für unabhängige Zufallsvariablen

$$\begin{aligned} P(X \geq 2, Y \geq 2) &= P(X \geq 2) \cdot P(Y \geq 2) \\ &= 0.8009 \cdot 0.9826 = 0.7870\,, \end{aligned}$$

also ca. 79 %. Betrachtet man nun die Anzahl Z der Großunfälle in einem ganzen Jahr, so gilt $Z = X + Y$ und wiederum wegen der Unabhängigkeit von X und Y ist Z Poisson-verteilt mit Rate $\lambda + \mu = 3 + 6 = 9$. □

5.4 Zusammenfassung und Bemerkungen

Definitionen, Eigenschaften und Rechenregeln für diskrete Zufallsvariablen entsprechen formal weitgehend Begriffen und Ergebnissen für empirische Verteilungen von Häufigkeitsdaten von Kapitel 2. Dabei sind die relativen Häufigkeiten $f_1, \ldots, f_k$ für Ausprägungen $a_1, \ldots, a_k$ durch die Wahrscheinlichkeiten $p_1, \ldots, p_k, \ldots$ für die möglichen Werte $x_1, \ldots, x_k, \ldots$ zu ersetzen. Trotz der formalen Ähnlichkeiten sind jedoch Funktion und Interpretation deutlich zu unterscheiden: Die relative Häufigkeitsverteilung und daraus abgeleitete Begriffe wie arithmetisches Mittel und empirische Varianz beschreiben die Verteilung von Daten. Dagegen wird durch die *Wahrscheinlichkeitsverteilung*, den *Erwartungswert* und die *Varianz* das

Verhalten einer *Zufallsvariable* charakterisiert. Der zugrundeliegende Zufallsvorgang muß dazu nicht durchgeführt werden, so daß auch keine Daten vorliegen. Der Zusammenhang zwischen empirischen Verteilungen und Wahrscheinlichkeitsverteilungen läßt sich jedoch über die Häufigkeitsinterpretation von Wahrscheinlichkeiten herstellen: Wenn der Zufallsvorgang n-mal unabhängig wiederholt wird, nähern sich mit wachsendem n die empirische Verteilung der resultierenden Daten $x_1, \ldots, x_n$, das arithmetische Mittel und die empirische Varianz der Wahrscheinlichkeitsverteilung der Zufallsvariable X, ihrem Erwartungswert und ihrer Varianz immer besser an. Formalisiert wird dieser Zusammenhang erst durch Gesetze großer Zahlen in Abschnitt 7.1.

Die folgende Übersicht faßt die in diesem Kapitel behandelten diskreten Verteilungsmodelle zusammen.

Schreibweise:	Binomialverteilung	$X \sim B(n, \pi)$
	Hypergeometrische Verteilung	$X \sim H(n, N, M)$
	Poissonverteilung	$X \sim Po(\lambda)$
	Geometrische Verteilung	$X \sim G(\pi)$

Verteilung	Dichte	$E(X)$	$Var(X)$
$X \sim B(n, \pi)$	$f(x) = \begin{cases} \binom{n}{x} \pi^x (1-\pi)^{n-x} & \text{für } x = 0, 1, \ldots, n \\ 0 & \text{sonst} \end{cases}$	$n\pi$	$n\pi(1-\pi)$
$X \sim H(n, N, M)$	$f(x) = \begin{cases} \dfrac{\binom{M}{x}\binom{N-M}{n-x}}{\binom{N}{n}} & \text{für } x = 0, 1, \ldots, n \\ 0 & \text{sonst} \end{cases}$ $(n \leq M, n \leq M - N)$	$n\frac{M}{N}$	$n\frac{M}{N}\frac{(N-M)}{N}\frac{(N-n)}{(N-1)}$
$X \sim Po(\lambda)$	$f(x) = \begin{cases} \frac{\lambda^x}{x!} e^{-\lambda} & \text{für } x = 0, 1, 2, \ldots \\ 0 & \text{sonst} \end{cases}$ $(\lambda > 0)$	λ	λ
$X \sim G(\pi)$	$f(x) = \begin{cases} (1-\pi)^{x-1}\pi & \text{für } x = 1, 2, 3, \ldots \\ 0 & \text{sonst} \end{cases}$ $(0 < \pi < 1)$	$\dfrac{1}{\pi}$	$\dfrac{1-\pi}{\pi^2}$

TABELLE 5.1: Spezielle diskrete Verteilungen mit ihren Dichten, Erwartungswerten und Varianzen

Diese speziellen diskreten Verteilungen vor allem zur Modellierung von Zählvorgängen geeignet. Im folgenden Diagramm wird dies nochmals aufgezeigt. Die Pfeile weisen dabei auf Beziehungen zwischen den Verteilungen bzw. Zufallsvariablen hin.

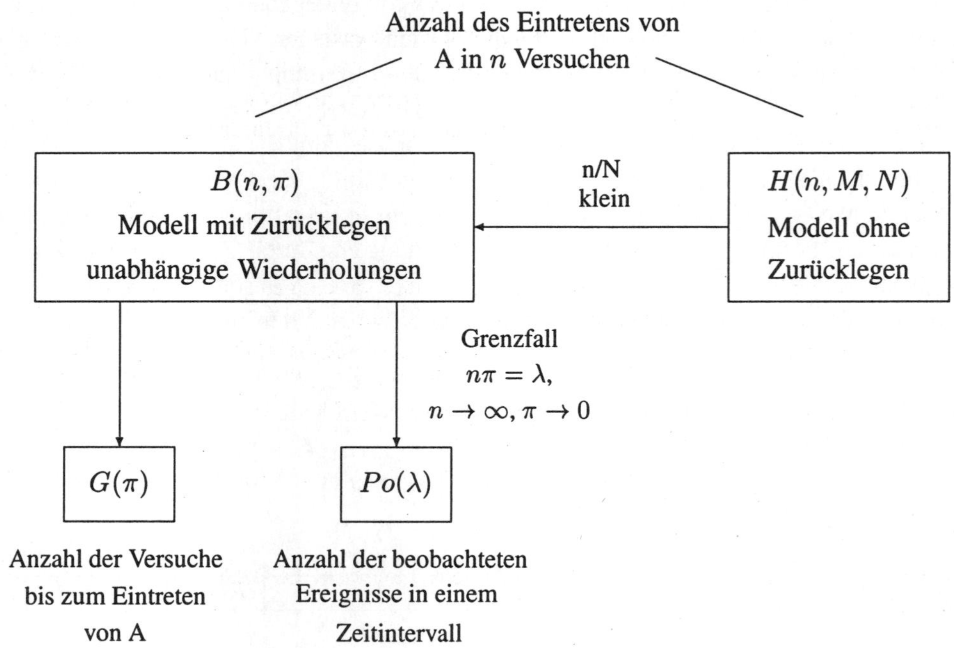

ABBILDUNG 5.17: Diskrete Verteilungsmodelle

Die hier dargestellten diskreten Verteilungsmodelle sind zwar am bekanntesten und werden entsprechend häufig eingesetzt. Trotzdem sind sie nicht in jeder Anwendung zur Modellierung geeignet, sondern es werden oft flexiblere, aber auch kompliziertere Verteilungen benötigt. Für eine umfassende Darstellung verweisen wir auf das Nachschlagewerk von Johnson und Kotz (1969).

5.5 Aufgaben

Aufgabe 5.1 Die Zufallsvariable X sei gegeben durch die Anzahl von Wappen beim viermaligen Werfen einer symmetrischen Münze, d.h. für jeden Wurf gilt $P(\text{Wappen}) = P(\text{Zahl})$.

(a) Bestimmen Sie die Wahrscheinlichkeitsfunktion von X und zeichnen Sie das Wahrscheinlichkeitshistogramm sowie die Verteilungsfunktion.

(b) Berechnen Sie den Erwartungswert und die Varianz von X.

Aufgabe 5.2 Sie und Ihr Freund werfen je einen fairen Würfel. Derjenige, der die kleinere Zahl wirft, zahlt an den anderen so viele Geldeinheiten, wie die Differenz der Augenzahlen beträgt. Die Zufallsvariable X

beschreibt Ihren Gewinn, wobei ein negativer Gewinn für Ihren Verlust steht.

(a) Bestimmen Sie die Wahrscheinlichkeitsfunktion von X und berechnen Sie den Erwartungswert.

(b) Falls Sie beide die gleiche Zahl würfeln, wird der Vorgang noch einmal wiederholt, aber die Auszahlungen verdoppeln sich. Würfeln Sie wieder die gleiche Zahl, ist das Spiel beendet. Geben Sie für das modifizierte Spiel die Wahrscheinlichkeitsfunktion von Y für Ihren Gewinn bzw. Verlust an.

Aufgabe 5.3

Ein Student, der keine Zeit hat, sich auf einen 20-Fragen-Multiple-Choice-Test vorzubereiten, beschließt, bei jeder Frage aufs Geratewohl zu raten. Dabei besitzt jede Frage fünf Antwortmöglichkeiten.

(a) Welche Verteilung hat die Zufallsvariable, die die Anzahl der richtigen Antworten angibt? Wieviele Fragen wird der Student im Mittel richtig beantworten?

(b) Der Test gilt als bestanden, wenn 10 Fragen richtig beantwortet sind. Wie groß ist die Wahrscheinlichkeit des Studenten, den Test zu bestehen? Wo müßte die Grenze liegen, wenn die Chance des Studenten, die Klausur durch Raten zu bestehen, größer als 5 % sein soll?

Aufgabe 5.4

Berechnen Sie den Erwartungswert und die Varianz der diskreten Gleichverteilung auf dem Träger $\mathcal{T} = \{a, a+1, a+2, \ldots, b-2, b-1, b\}$.

Aufgabe 5.5

Sind die beiden Zufallsvariablen X und Y, die die Augensumme bzw. die Differenz beim Werfen zweier fairer Würfel angeben, unabhängig?

Aufgabe 5.6

Zeigen Sie für zwei unabhängige binäre Zufallsvariablen $X \sim B(1, \pi)$ und $Y \sim B(1, \rho)$ die Linearität von Erwartungswert und Varianz:

$$E(X+Y) = E(X) + E(Y), \quad Var(X+Y) = Var(X) + Var(Y) \quad ,$$

sowie die Produktregel für Erwartungswerte:

$$E(X \cdot Y) = E(X) \cdot E(Y)$$

Aufgabe 5.7

Bestimmen Sie den Median der geometrischen Verteilung mit dem Parameter $\pi = 0.5$. Vergleichen Sie Ihr Resultat mit dem Erwartungswert dieser Verteilung. Was folgt gemäß der Lageregel für die Gestalt des Wahrscheinlichkeitshistogramms? Skizzieren Sie das Wahrscheinlichkeitshistogramm, um Ihre Aussage zu überprüfen.

Aufgabe 5.8

Welche Verteilungen besitzen die folgenden Zufallsvariablen:
X_1 = Anzahl der Richtigen beim Lotto "6 aus 49".
X_2 = Anzahl der Richtigen beim Fußballtoto wenn alle Spiele wegen unbespielbarem Platz ausfallen und die Ergebnisse per Los ermittelt werden.
X_3 = Anzahl von Telephonanrufen in einer Auskunftstelle während einer Stunde.
In einer Urne mit 100 Kugeln befinden sich 5 rote Kugeln:
X_4 = Anzahl der roten Kugeln in der Stichprobe, wenn 10 Kugeln auf einen Schlag entnommen werden.
X_5 = Anzahl der Studenten, die den Unterschied zwischen der Binomial- und der Hypergeometrischen

Verteilung verstanden haben, unter 10 zufällig ausgewählten Hörern einer Statistikveranstaltung, an der 50 Studenten teilnehmen.
X_6 = Stückzahl eines selten gebrauchten Produkts, das bei einer Lieferfirma an einem Tag nachgefragt wird.

Aufgabe 5.9 Bei einem Fußballspiel kommt es nach einem Unentschieden zum Elfmeterschießen. Zunächst werden von jeder Mannschaft fünf Elfmeter geschossen, wobei eine Mannschaft gewinnt, falls sie häufiger getroffen hat als die andere. Nehmen Sie an, daß die einzelnen Schüsse unabhängig voneinander sind und jeder Schütze mit einer Wahrscheinlichkeit von 0.8 trifft. Wie groß ist die Wahrscheinlichkeit, daß es nach zehn Schüssen (fünf pro Mannschaft) zu einer Entscheidung kommt?

Aufgabe 5.10 Wie groß ist die Wahrscheinlichkeit beim Samstagslotto "6 aus 49" während eines Jahres (52 Ausspielungen) kein einziges Mal bzw. mindestens dreimal drei Richtige zu haben?

Aufgabe 5.11 Aus Erfahrung weiß man, daß die Wahrscheinlichkeit dafür, daß bei einem Digitalcomputer eines bestimmten Typus während 12 Stunden kein Fehler auftritt, 0.7788 beträgt.

(a) Welche Verteilung eignet sich zur näherungsweisen Beschreibung der Zufallsvariable X = "Anzahl der Fehler, die während 12 Stunden auftreten"?
(b) Man bestimme die Wahrscheinlichkeit dafür, daß während 12 Stunden mindestens zwei Fehler auftreten.
(c) Wie groß ist die Wahrscheinlichkeit, daß bei vier (voneinander unabhängigen) Digitalcomputern desselben Typus während 12 Stunden genau ein Fehler auftritt?

Aufgabe 5.12 Von den 20 Verkäuferinnen eines mittelgroßen Geschäftes sind vier mit längeren Ladenöffnungszeiten einverstanden. Ein Journalist befragt für eine Dokumentation der Einstellung zu einer Änderung der Öffnungszeiten fünf Angestellte, die er zufällig auswählt. Wie groß ist die Wahrscheinlichkeit, daß sich keine der Befragten für längere Öffnungszeiten ausspricht? Mit welcher Wahrscheinlichkeit sind genau bzw. mindestens zwei der ausgewählten Angestellten bereit, länger zu arbeiten?

6

Stetige Zufallsvariablen

6.1 Definition und Verteilung

stetige Zufallsvariable

Eine Variable oder ein Merkmal X heißt *stetig*, falls zu zwei Werten $a < b$ auch jeder Zwischenwert im Intervall $[a, b]$ möglich ist (vgl. die Definition von Kapitel 1). Falls die Werte von X als Ergebnisse eines Zufallsvorgangs resultieren, wird X zu einer stetigen Zufallsvariable. Wie lassen sich nun Wahrscheinlichkeiten für Ereignisse der Form $\{a \leq X \leq b\}$ festlegen? Für diskrete Zufallsvariablen ist $P(a \leq X \leq b)$ gleich der Summe jener Wahrscheinlichkeiten $p_i = f(x_i) = P(X = x_i)$, für die x_i in $[a, b]$ liegt. Für stetige Zufallsvariablen sind die x-Werte in $[a, b]$ nicht mehr abzählbar, sondern überabzählbar, so daß ein solches Aufsummieren nicht möglich ist. Um zu sehen, wie man für eine stetige Zufallsvariable X Wahrscheinlichkeiten $P(a \leq X \leq b)$ geeignet festlegt, ist es dennoch zweckmäßig von einer diskreten Zufallsvariable X_d auszugehen, die man als Approximation von X ansehen kann. Stuft man den Wertebereich von X_d immer feiner ab, gelangt man dann durch eine Grenzbetrachtung zu sinnvollen Definitionen und Begriffsbildungen für stetige Zufallsvariablen.

Wir gehen dazu zunächst vom einfachsten diskreten Verteilungsmodell, einer diskreten Gleichverteilung, aus. Glücksräder in Casinos oder Spielshows sind ähnlich wie beim Roulette in gleich große Sektoren unterteilt. Einfachheitshalber denken wir uns das Glücksrad wie in Abbildung 6.1 in 10 Sektoren unterteilt.

Nachdem das Glücksrad in Schwung gebracht worden ist, wird nach einer zufälligen Zeitspanne mit dem Abbremsen begonnen, bis das Rad schließlich anhält. Jener Sektor, der vor einer fixen Markierung durch einen Pfeil anhält, entspricht dann der ausgespielten Gewinnzahl. Der zugrundeliegende Zufallsvorgang ist dabei so angelegt, daß jeder Sektor die gleiche Wahrscheinlichkeit hat, vor der Markierung stehenzubleiben. Bei 10 Sektoren ist dann die Zufallsvariable X_d = "ausgewählter Sektor" diskret mit den Werten $1, \ldots, 10$ und jeweiligen Wahrscheinlichkeiten $1/10$. Wenn wir den Rand des Glücksrads als Einheitsintervall auf der x-Achse ausrollen, erhalten wir das Wahrscheinlichkeitshistogramm für X_d in Abbildung 6.2. Dabei ist die Fläche über jedem Teilintervall der Länge 0.1 gleich der Wahrscheinlichkeit 0.1 für die jeweiligen Sektoren. Entsprechend ist die Wahrscheinlichkeit, daß einer der Sektoren

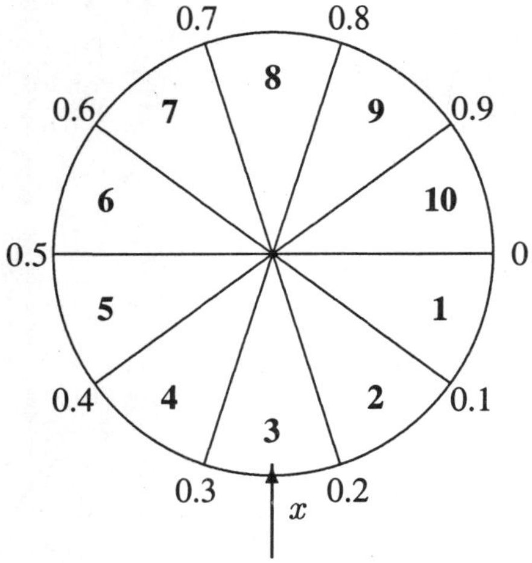

ABBILDUNG 6.1: Glücksrad

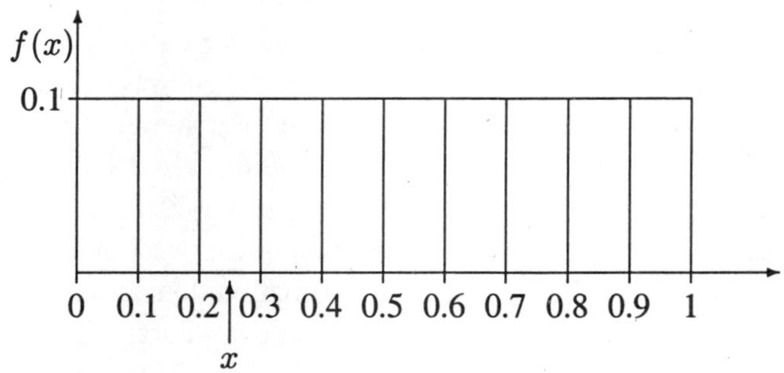

ABBILDUNG 6.2: Wahrscheinlichkeitshistogramm zum Glücksrad

$3, 4, 5$ oder 6 vor der Markierung stehen bleibt, gleich der Fläche über dem Intervall $[0.2, 0.6]$, also gleich 0.4. Unterteilt man das Glücksrad bzw. das Intervall feiner, z.B. in 100 Teilintervalle der Länge 0.01, so werden zwar die Flächen über diesen Teilintervallen gleich $1/100$. Die Fläche 0.4 über dem Intervall $[0.2, 0.6]$ ist jedoch weiter die Wahrscheinlichkeit, daß einer der Teilsektoren zwischen 0.2 und 0.6 vor der Markierung zum Stehen kommt. Betrachtet man nun als Zufallsergebnis die genaue Zahl x aus $[0, 1]$ worauf die Markierung zeigt, so wird dadurch eine stetige Zufallsvariable X mit Werten aus $[0, 1]$ definiert. Die Wahrscheinlichkeit $P(0.2 \leq X \leq 0.6)$ ist weiter die Fläche 0.4 zwischen dem Intervall $[0.2, 0.6]$ und der stetigen Funktion $f(x) = 1$. Allgemeiner ist $P(a \leq X \leq b)$ durch die Fläche über dem Intervall $[a, b]$ gegeben. Für Intervalle $[a, b]$ und $[c, d]$ mit unterschiedlicher Lage, aber gleicher Länge $b - a = c - d$ ergeben sich gleiche Wahrscheinlichkeiten $P(a \leq X \leq b) = P(c \leq X \leq d)$.

Diese Gleichheit ist die "stetige Entsprechung" des Modells einer diskreten Gleichverteilung.

Die Festlegung von Wahrscheinlichkeiten durch Flächen unter einer *nichtnegativen* Funktion $f(x)$ läßt sich in gleicher Weise für andere Verteilungsformen als die Gleichverteilung veranschaulichen. In Abbildung 6.3 ist das Wahrscheinlichkeitshistogramm einer diskreten Zufallsvariable X_d gegeben. *Nichtnegativität*

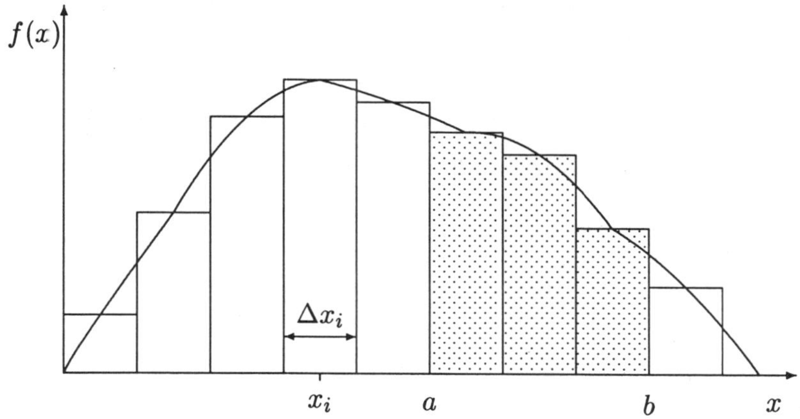

ABBILDUNG 6.3: Dichte und approximierendes Wahrscheinlichkeitshistogramm

Die möglichen Werte seien die Klassenmitten x_i der i-ten Klasse mit der Länge Δx_i. Die Rechtecksfläche über Δx_i ist gleich $P(X_d = x_i) = f(x_i)\Delta x_i$. Für gegen null gehende Klassenbreiten Δx_i geht X_d über in eine stetige Zufallsvariable X. Das Histogramm geht über in eine stetige Kurve $f(x)$ mit der Eigenschaft, daß $P(a \leq X \leq b)$ gleich der Fläche zwischen dem Intervall $[a, b]$ und $f(x)$ ist.

Für $\Delta x_i \longrightarrow 0$ geht auch die Fläche der zugehörigen Rechtecke über $[a, b]$ gegen diese Fläche, so daß auch $P(a \leq X_d \leq b) \longrightarrow P(a \leq X \leq b)$ gilt. Diese Überlegungen führen zur folgenden Definition von stetigen Zufallsvariablen, wobei gleichzeitig die *Dichtefunktion* $f(x)$ definiert wird. *Dichtefunktion*

Stetige Zufallsvariablen und Dichten

Eine Zufallsvariable X heißt *stetig*, wenn es eine Funktion $f(x) \geq 0$ gibt, so daß für jedes Intervall $[a, b]$

$$P(a \leq X \leq b) = \int_a^b f(x)dx$$

gilt. Die Funktion $f(x)$ heißt (*Wahrscheinlichkeits-*) *Dichte* von X.

Somit ist für jede stetige Zufallsvariable die Wahrscheinlichkeit $P(a \leq X \leq b)$ gleich der Fläche zwischen dem Intervall $[a, b]$ und der darüberliegenden Funktion $f(x)$. Die Berechnung dieser Fläche läßt sich allerdings nicht immer in so einfacher Weise geometrisch durchführen wie im Eingangsbeispiel. Auch die Integration wird oft so schwierig, daß sie mit numerischen Verfahren am Computer durchgeführt werden muß.

Aus der Definition folgt, daß die Wahrscheinlichkeiten unverändert bleiben, wenn man die Grenzen a, b des Intervalls nicht mitrechnet. Wenn die Länge des Intervalls gegen null geht, in der Grenze also $a = b$ gilt, folgt mit $x = a = b$ auch $P(X = x) = 0$ für jedes beliebige $x \in \mathbb{R}$.

Wahrscheinlichkeiten stetiger Zufallsvariablen

Für stetige Zufallsvariablen X gilt

$$P(a \leq X \leq b) = P(a < X \leq b) = P(a \leq X < b) = P(a < X < b)$$

und

$$P(X = x) = 0 \quad \text{für jedes } x \in \mathbb{R}.$$

Obwohl die zweite Eigenschaft aus der Definition mathematisch ableitbar ist, verwundert sie doch auf den ersten Blick. Sie läßt sich aber auch intuitiv nachvollziehen: Für das Glücksrad gilt $P(0.29 \leq X \leq 0.31) = 0.02$, $P(0.299 \leq X \leq 0.301) = 0.002$, $P(0.2999 \leq X \leq 0.3001) = 0.0002$ usw. Die Wahrscheinlichkeit $P(X = 0.3)$ dafür, daß X *exakt* gleich 0.3 ist, muß deshalb gleich null sein. Positive Wahrscheinlichkeiten können sich nur für – möglicherweise kleine – Intervalle um x ergeben.

Da $-\infty < X < +\infty$ sicher eintritt, muß $P(-\infty < X < +\infty) = 1$ sein. Somit gilt für jede Dichte neben der Nichtnegativität die

Normierungseigenschaft

$$\int_{-\infty}^{+\infty} f(x)dx = 1\,,$$

d.h. die Gesamtfläche zwischen x-Achse und der Dichte $f(x)$ ist gleich 1.

Die Dichte $f(x)$ einer stetigen Zufallsvariable muß nicht für alle x größer als null sein. Wir nennen wie bei der Wahrscheinlichkeitsfunktion die Menge der x-Werte, für die $f(x) > 0$

ist, den *Träger* $\mathcal{T} = \{x : f(x) > 0\}$. Die auftretenden Integrationen erstrecken sich dann tatsächlich nur über Bereiche von $\mathcal{T}$, vergleiche die Beispiele 6.1 (Seite 273) und 6.2 (Seite 275). Die Dichte $f(x)$ besitzt einige Analogien zur Wahrscheinlichkeitsfunktion einer diskreten Zufallsvariable. Deshalb wird auch die gleiche Bezeichnung verwendet. Ein wesentlicher Unterschied ist jedoch, daß die Werte $f(x)$ einer stetigen Dichte *keine Wahrscheinlichkeiten* sind. Somit können Dichten auch Werte $f(x) > 1$ annehmen.

Dichte ist keine Wahrscheinlichkeit

Aus der Definition von Dichten erhält man für die Verteilungsfunktion $F(x) = P(X \leq x) = P(-\infty < X \leq x)$ sofort folgende Beziehung:

Verteilungsfunktion einer stetigen Zufallsvariable

$$F(x) = P(X \leq x) = \int_{-\infty}^{x} f(t)dt$$

Die Verteilungsfunktion einer stetigen Zufallsvariable ist also das unbestimmte Integral der Dichte, d.h. die Gesamtfläche zwischen dem Teil der x-Achse links vom Wert x und der darüberliegenden Dichte, vgl. Abbildung 6.4.

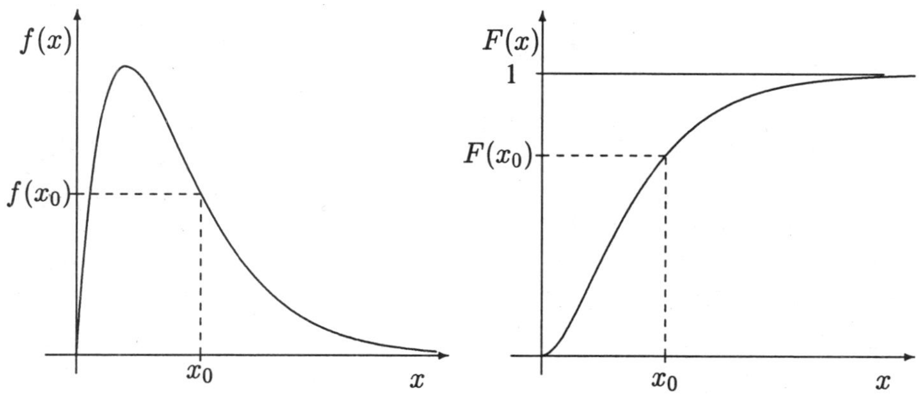

ABBILDUNG 6.4: Dichte und Verteilungsfunktion einer stetigen Zufallsvariable

Diese Beziehung ist das stetige Analogon zur Beziehung

$$F(x) = \sum_{x_i \leq x} f(x_i)$$

im diskreten Fall. In der Darstellung durch ein Wahrscheinlichkeitshistogramm wie in Abbildung 6.3 erhält man $F(x)$ durch Summation der Rechtecksflächen bis x. Der Grenzübergang liefert die obige Integrationsbeziehung.

Aus der Definition der Verteilungsfunktion folgen mittels der Axiome und Rechenregeln für Wahrscheinlichkeiten die folgenden Eigenschaften.

Eigenschaften der Verteilungsfunktion einer stetigen Zufallsvariable

1. $F(x)$ ist stetig und monoton wachsend mit Werten im Intervall $[0, 1]$.
2. Für die Grenzen gilt

$$F(-\infty) = \lim_{x \longrightarrow -\infty} F(x) = 0 \,,$$
$$F(+\infty) = \lim_{x \longrightarrow +\infty} F(x) = 1 \,.$$

3. Für Werte von x, an denen $f(x)$ stetig ist, gilt

$$F'(x) = \frac{dF(x)}{dx} = f(x) \,,$$

   d.h. die Dichte ist die Ableitung der Verteilungsfunktion.
4. Für Intervalle erhält man

$$P(a \leq X \leq b) = F(b) - F(a) \,,$$
$$P(X \geq a) = 1 - F(a) \,.$$

Die erste Eigenschaft folgt aus den Axiomen von Kolmogoroff und der Definition von $F(x)$. $F(-\infty) = 0$ gilt wegen $P(X \leq x) \longrightarrow 0$ für $x \longrightarrow -\infty$ (unmögliches Ereignis), und $F(+\infty) = 1$ ist die Wahrscheinlichkeit für das sichere Ereignis. Die Eigenschaften 3 und 4 folgen direkt aus den Definitionen.

Unabhängigkeit von stetigen Zufallsvariablen

Um die Unabhängigkeit von stetigen Zufallsvariablen zu definieren, überträgt man, ähnlich wie im diskreten Fall, das Konzept der Unabhängigkeit von Ereignissen, indem man etwa für zwei Zufallsvariablen X und Y alle Ereignisse der Form $\{X \leq x\}$ und $\{Y \leq y\}$ als unabhängig fordert. Dies führt zur folgenden Definition:

Unabhängigkeit von stetigen Zufallsvariablen

Zwei stetige Zufallsvariablen X und Y sind *unabhängig*, wenn für alle $x \in \mathbb{R}$ und $y \in \mathbb{R}$

$$P(X \leq x, Y \leq y) = P(X \leq x) \cdot P(Y \leq y) = F_X(x) \cdot F_Y(y)$$

gilt. Dabei ist F_X bzw. F_Y die Verteilungsfunktion von X bzw. Y.
Allgemeiner sind die stetigen Zufallsvariablen $X_1, \ldots, X_n$ unabhängig, wenn für $x_1, \ldots, x_n \in \mathbb{R}$

$$P(X \leq x_1, \ldots, X_n \leq x_n) = P(X_1 \leq x_1) \cdot \ldots \cdot P(X_n \leq x_n)$$

gilt.

Es läßt sich – wiederum in Analogie zum diskreten Fall – zeigen, daß aus dieser Definition auch die Unabhängigkeit von allgemeineren durch die Zufallsvariablen definierten Ereignissen folgt: Falls $X_1, \ldots, X_n$ unabhängig sind, so gilt für beliebige zulässige Ereignisse $A_1, \ldots, A_n$, insbesondere für Intervalle $[a_1, b_1], \ldots, [a_n, b_n]$,

$$P(X_1 \in A_1, \ldots, X_n \in A_n) = P(X_1 \in A_1) \cdot \ldots \cdot P(X_n \in A_n)\,.$$

Stetige Gleichverteilung **Beispiel 6.1**

Die stetige Zufallsvariable $X =$ "Stelle des Glücksrads, auf die der Pfeil zeigt" heißt auf dem Intervall $[0, 1]$ gleich- (oder gleichmäßig) verteilt, da für Intervalle gleicher Länge

$$P(a \leq X \leq b) = P(c \leq X \leq d)$$

gilt. Die Dichte ist bestimmt durch

$$f(x) = \begin{cases} 1\,, & 0 \leq x \leq 1 \\ 0\,, & \text{sonst}\,. \end{cases}$$

Die Verteilungsfunktion ergibt sich sofort zu

$$F(x) = \begin{cases} 0\,, & x < 0 \\ x\,, & 0 \leq x \leq 1 \\ 1\,, & x > 1\,. \end{cases}$$

Gleichverteilte stetige Zufallsvariablen sind auch in anderen Situationen brauchbare Modelle für Zufallsvorgänge. Ein – in Variationen – oft verwendetes Beispiel ist das folgende: Ein Tourist kommt am Flughafen München-Erding an. Er möchte mit der Airport-Linie S8, die normalerweise regelmäßig alle 20 Minuten abfährt, zum Marienplatz. Da er den Fahrplan nicht kennt, geht er nach

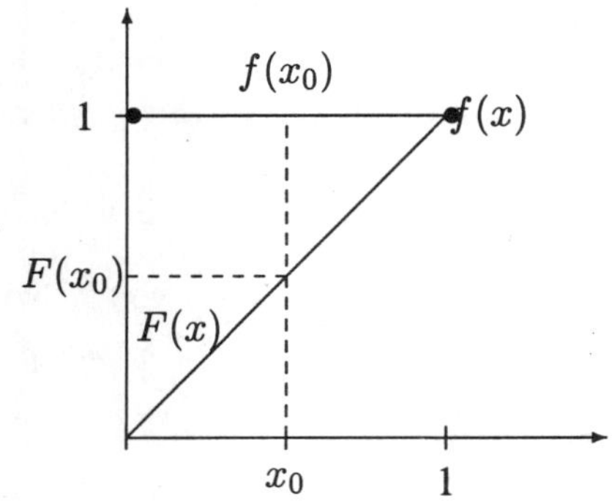

ABBILDUNG 6.5: Dichte und Verteilungsfunktion einer auf $[0, 1]$ gleichverteilten Zufallsvariable

der Gepäckabfertigung und dem Kauf eines Fahrscheins zum S-Bahnsteig und wartet auf die nächste Abfahrt. Die Wartezeit (in Minuten) X auf die nächste Abfahrt kann dann als Zufallsvariable mit Werten im Intervall $[0, 20]$ interpretiert werden. Da der Tourist "rein zufällig" ankommt, ist es plausibel, X als gleichverteilt auf $[0, 20]$ anzunehmen, d.h. die Wahrscheinlichkeiten für gleichlange Teilintervalle, etwa $0 \leq X \leq 5$ und $10 \leq X \leq 15$, sind gleich groß. Dies wird durch eine über $[0, 20]$ konstante Dichte $f(x) = k > 0$ erreicht. Wegen der Normierungseigenschaft muß $k \cdot 20 = 1$, also $k = 1/20$ gelten. Damit ist

$$f(x) = \begin{cases} \frac{1}{20}\,, & 0 \leq x \leq 20 \\ 0\,, & \text{sonst} \end{cases}$$

die Dichte einer auf dem Intervall $[0, 20]$ gleichverteilten Zufallsvariable. Die Verteilungsfunktion $F(x)$ ergibt sich für $0 \leq x \leq 20$ aus

$$F(x) = \int_{-\infty}^{x} f(t)dt = \int_{0}^{x} \frac{1}{20}dt = \frac{x}{20}\,.$$

Also ist

$$F(x) = \begin{cases} 0\,, & x < 0 \\ \frac{1}{20}x\,, & 0 \leq x \leq 20 \\ 1\,, & x > 20\,. \end{cases}$$

Für eine Wartezeit von höchstens x Minuten erhält man somit $P(X \leq x) = x/20$, d.h. die Wahrscheinlichkeit ist proportional zur Dauer x. □

Ähnliche Situationen treten auch bei anderen Transport- oder Bedienungssystemen auf. Bei der Produktion größerer Systeme oder Geräte arbeiten Maschinen oft in einer Fertigungslinie. Eine Maschine benötige zur Anfertigung eines bestimmten Teils eine feste Bearbeitungszeit von d Zeiteinheiten. Nach Beendigung des Auftrags werden die Teile in einem "Puffer" oder Lager abgelegt. Dort werden die Teile zu zufälligen Zeiten von der nächsten Maschine der Linie oder durch eine externe Nachfrage abgeholt. Um kostengünstig zu arbeiten, sind stets nur wenig

Teile im Puffer, manchmal ist das Puffer auch leer. Im letzteren Fall ist für die Wartezeit X, bis das Puffer wieder ein Teil enthält und die Nachfrage befriedigt werden kann, die Annahme einer Gleichverteilung auf $[0, d]$ eine plausible Modellvorstellung. Dies gilt in analoger Weise für Kunden, die zufällig vor einem Bedienungssystem oder "Schalter" eintreffen, an dem gerade ein Auftrag bearbeitet wird. Die allgemeine Definition für eine stetige Gleichverteilung ist:

Stetige Gleichverteilung

Eine stetige Zufallsvariable heißt *gleichverteilt* auf dem Intervall $[a, b]$, wenn sie eine *Dichte*

$$f(x) = \begin{cases} \frac{1}{b-a} & \text{für } a \leq x \leq b \\ 0 & \text{sonst} \end{cases}$$

besitzt. Eine auf $[0, 1]$ gleichverteilte Zufallsvariable nennt man auch *standardgleichverteilt*.

Die *Verteilungsfunktion* ergibt sich dann für $a \leq x \leq b$ zu *Verteilungsfunktion*

$$F(x) = \int_{-\infty}^{x} f(t)dt = \int_{a}^{x} \frac{1}{b-a} dt = \frac{x-a}{b-a}.$$

Für $x < a$ ist $F(x) = 0$ und für $x > b$ ist $F(x) = 1$. Also ist

$$F(x) = \begin{cases} 0 \ , & x < a \\ \frac{x-a}{b-a} \ , & a \leq x \leq b \\ 1 \ , & x > b \,. \end{cases}$$

Die Dichte ist an den Stellen $x = a$ und $x = b$ unstetig, die Verteilungsfunktion weist Knickpunkte auf, ist also dort nicht differenzierbar. An allen anderen Stellen x ist $F(x)$ differenzierbar, $f(x)$ ist stetig, und es gilt

$$F'(x) = f(x) \,.$$

Abweichungen vom Sollwert **Beispiel 6.2**

Bei der Produktion von Kolben für Zylinder wird duch die Art der Herstellung garantiert, daß Abweichungen des Durchmessers nach oben oder unten höchstens gleich einem Wert d sind. Zur Vereinfachung setzen wir im weiteren $d = 1$. Interpretieren wir die in der laufenden Produktion auftretenden Abweichungen als Realisierungen einer Zufallsvariable, so besitzen allerdings Abweichungen um 0 normalerweise eine deutlich größere Wahrscheinlichkeit als Abweichungen, die weiter von 0 entfernt

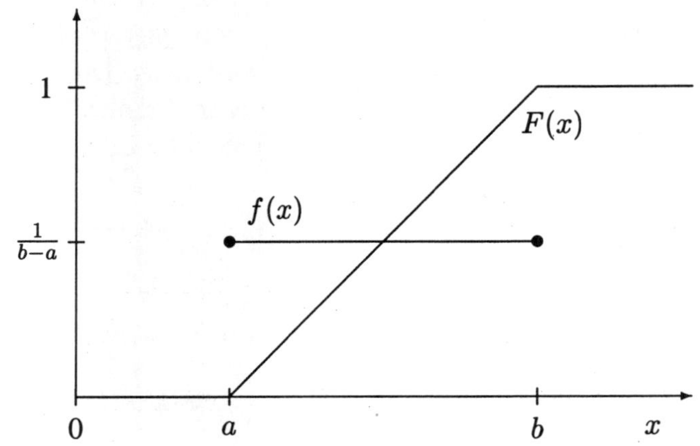

ABBILDUNG 6.6: Dichte und Verteilungsfunktion einer auf $[a, b]$ gleichverteilten Zufallsvariable

sind. Das Modell einer Gleichverteilung für die Abweichungen ist daher nicht sinnvoll. Wenn diese Wahrscheinlichkeiten für ± 1 gegen null gehen und die Abweichungen um 0 nach oben und unten symmetrisch sind, so könnte eine konkave Parabel $f(x) = ax^2 + bx + c$, die ihr Maximum für $x = 0$ annimmt und für die $f(-1) = f(+1) = 0$ gilt, eine geeignete Dichte für die Verteilung der Zufallsvariable $X =$ "Abweichung vom Sollwert" sein. Die Parameter a, b, c von $f(x)$ sind dabei so festzulegen, daß $f(-1) = f(+1) = 0$ gilt und die Gesamtfläche unter $f(x) = 1$ ist, so daß $f(x)$ eine Dichte ist. Aus $f(1) = 0$ folgt $a+b+c = 0$, aus $f(-1) = 0$ folgt $a-b+c = 0$. Addition der beiden Gleichungen ergibt $2a+2c = 0$ und somit $c = -a$. Aus $a+b-a = 0$ folgt dann $b = 0$. Um die Normierungseigenschaften zu erfüllen, muß

$$1 = \int_{-1}^{+1} (ax^2 - a)dx = a\left[\frac{x^3}{3} - x\right]_{-1}^{+1} = a\left(-\frac{2}{3} - \frac{2}{3}\right) = -\frac{4}{3}a\,,$$

also $a = -\frac{3}{4}$ gelten. Die gewünschte Dichte ist also (Abbildung 6.7)

$$f(x) = -\frac{3}{4}x^2 + \frac{3}{4} = \frac{3}{4}(1 - x^2)\,.$$

Die Verteilungsfunktion $F(x)$ ergibt sich durch Integration:

$$F(x) = \int_{-\infty}^{x} f(t)dt = \frac{3}{4}\left[t - \frac{t^3}{3}\right]_{-1}^{x} = -\frac{1}{4}x^3 + \frac{3}{4}x + \frac{1}{2}\,.$$

$F(x)$ ist an allen Stellen differenzierbar, und $f(x) = F'(x)$ ist stetig.

Wenn wir nun zehn Kolben aus der laufenden Produktion herausgreifen, wie groß ist dann die Wahrscheinlichkeit, daß alle zehn Abweichungen zwischen -0.8 und $+0.8$ liegen? Wenn wir annehmen, daß die Abweichungen $X_1, X_2, \ldots, X_n$ unabhängig und unter gleichen Bedingungen durch die Maschine

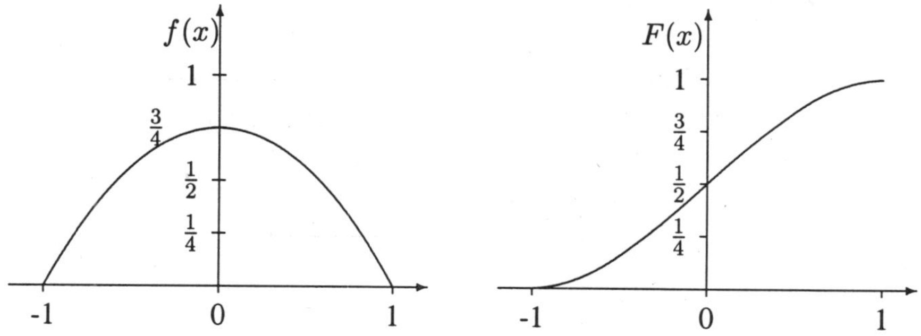

ABBILDUNG 6.7: Dichte und Verteilungsfunktion der Abweichungen vom Sollwert

produziert wurden, so gilt

$$P(-0.8 \leq X_1 \leq 0.8, -0.8 \leq X_2 \leq 0.8, \ldots, -0.8 \leq X_{10} \leq 0.8) =$$
$$P(-0.8 \leq X_1 \leq 0.8) \cdot P(-0.8 \leq X_2 \leq 0.8) \cdot \ldots \cdot P(-0.8 \leq X_{10} \leq 0.8) =$$
$$\{P(-0.8 \leq X \leq 0.8)\}^{10} = \left\{ \int_{-0.8}^{0.8} \frac{3}{4}(1 - x^2)dx \right\}^{10} .$$

Damit erhält man für die gesuchte Wahrscheinlichkeit

$$\left\{ \frac{3}{4} \left[x - \frac{x^3}{3} \right]_{-0.8}^{0.8} \right\}^{10} = 0.5619 .$$

In beiden Beispielen war der Wertebereich von X ein endliches Intervall. Im nächsten Beipiel betrachten wir eine stetige Zufallsvariable X mit nichtnegativen, nach oben nicht beschränkten Werten. □

Exponentialverteilung

In Abschnitt 5.2.1 hatten wir die geometrische Verteilung als mögliches Modell für eine in diskreten Zeitabständen gemessene Lebensdauer oder Wartezeit abgeleitet. Die *Exponentialverteilung* ist das stetige Analogon zur *geometrischen Verteilung*, wenn man die Lebensdauer oder Wartezeit bis zu einem bestimmten Ereignis als stetige Zufallsvariable auffaßt. Dementsprechend wird die Exponentialverteilung zur Modellierung von Dauern, bei denen die Zeit – zumindest approximativ – stetig gemessen wird, etwa die Lebensdauer von Produkten oder technischen Systemen, die Zeit bis zur nächsten Schadensmeldung bei einer Sachversicherung, die Bearbeitungszeit von Kundenaufträgen oder die Überlebenszeit nach einer Operation. Ähnlich wie die geometrische Verteilung ist die Exponentialverteilung nur dann als *Lebensdauerverteilung* geeignet, wenn folgende *Voraussetzung* erfüllt ist: Für jeden Zeitpunkt t hängt die noch verbleibende Lebensdauer nicht von der bereits bis t verstrichenen Lebensdauer ab.

Exponentialverteilung
geometrische Verteilung

Lebensdauerverteilung

Dies entspricht der Voraussetzung der Unabhängigkeit der einzelnen Versuche bei der geometrischen Verteilung. Für ein technisches System heißt das etwa, daß dieses nicht altert, also die Ausfallwahrscheinlichkeit unabhängig vom Alter immer gleich groß ist. Man spricht deshalb auch von *Gedächtnislosigkeit* der Exponentialverteilung. Die Definition lautet folgendermaßen:

Gedächtnislosigkeit

Exponentialverteilung

Eine stetige Zufallsvariable X mit nichtnegativen Werten heißt *exponentialverteilt* mit dem *Parameter* $\lambda > 0$, kurz $X \sim Ex(\lambda)$, wenn sie die Dichte

$$f(x) = \begin{cases} \lambda e^{-\lambda x} & \text{für} \quad x \geq 0 \\ 0 & \text{für} \quad x < 0 \end{cases}$$

besitzt. Die zugehörige Verteilung heißt *Exponentialverteilung* mit Parameter λ.

Der Parameter λ steuert, wie schnell die Exponentialfunktion für $x \longrightarrow \infty$ gegen 0 geht. Die Fläche unter $f(x)$ ist immer gleich 1.

Verteilungsfunktion

Die *Verteilungsfunktion* ergibt sich durch Integration zu

$$F(x) = \begin{cases} 1 - e^{-\lambda x} & \text{für} \quad x \geq 0 \\ 0 & \text{für} \quad x < 0\,. \end{cases}$$

Abbildung 6.8 zeigt Dichten und Verteilungsfunktion für verschiedene Werte von λ. Je größer der Parameter λ ist, desto schneller geht die Dichte für $x \longrightarrow \infty$ gegen 0 und die Verteilungsfunktion gegen 1.

Grenzfall der geometrischen Verteilung

Wir zeigen noch, wie sich die Exponentialverteilung als *Grenzfall der geometrischen Verteilung* ergibt. Dazu teilen wir die Zeitachse zunächst in Zeitintervalle der Länge 1 ein und halbieren diese Zeitintervalle laufend.

Sei $\pi = P(A)$ die Wahrscheinlichkeit für den Eintritt des Ereignisses A, das die (diskrete) Wartezeit beendet, in einem Zeitintervall der Länge 1. Mit der laufenden Verfeinerung durch Halbierung der Zeitintervalle sollen die Wahrscheinlichkeiten entsprechend kleiner werden: $\pi/2, \pi/4, \ldots, \pi/n, \ldots$ usw. Man erhält dann für festes x auf dem Zahlengitter von Intervallen der Länge $1/n$

$$P(X > x) = (1 - \frac{\pi}{n})^{nx}\,, \quad n = 1, 2, \ldots \quad .$$

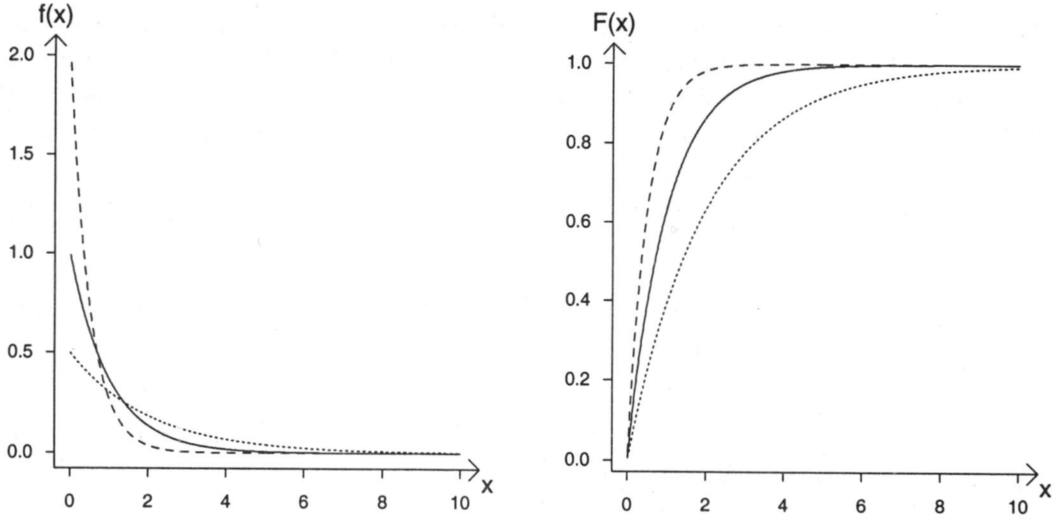

ABBILDUNG 6.8: Dichte und Verteilungsfunktion der Exponentialverteilung für $\lambda = 0.5$ $(\cdots)$, $\lambda = 1.0$ (——) und $\lambda = 2.0$ $(- - -)$

Der Grenzübergang $n \longrightarrow \infty$ liefert

$$P(X > x) = e^{-\pi x}, \quad P(X \leq x) = 1 - e^{-\pi x}$$

und mit $\pi = \lambda$ die Exponentialverteilung.

Die Exponentialverteilung steht auch in engem *Zusammenhang zur Poisson-Verteilung* (vgl. Abschnitt 5.3.3, insbesondere Abbildung 5.14): Die Anzahl von Ereignissen in einem Zeitintervall ist genau dann $Po(\lambda)$-verteilt, wenn die Zeitdauern zwischen aufeinanderfolgenden Ereignissen unabhängig und exponentialverteilt mit Parameter λ sind. *Poisson-Verteilung*

6.2 Lageparameter, Quantile und Varianz von stetigen Zufallsvariablen

Da wir nur stetige Zufallsvariablen behandeln, die metrisch skaliert sind, sind alle Lageparameter sowie die Quantile und die Varianz sinnvoll definiert.

Erwartungswert

Zur Definition des Erwartungswertes betrachten wir den Grenzübergang von einer approximierenden diskreten Zufallsvariable X_d zu einer stetigen Zufallsvariable X wie bei der Definition der Dichte $f(x)$. Wir unterteilen wieder den Wertebereich von X in gleich große Intervalle $[c_{i-1}, c_i]$ der Länge Δx_i mit Klassenmitten x_i und approximieren die Dichte $f(x)$ durch ein Wahrscheinlichkeitshistogramm mit Rechtecken der Fläche $p_i = f(x_i)\Delta x_i$ über den Klassenmitten, siehe Abbildung 6.9. Dazu definieren wir die diskrete Zufallsvariable X_d mit Werten x_i und der Wahrscheinlichkeitsverteilung p_i. Für kleine Δx_i ist dann $p_i \approx P(c_{i-1} \leq X \leq c_i)$, und X_d kann als Approximation der stetigen Zufallsvariable X aufgefaßt werden.

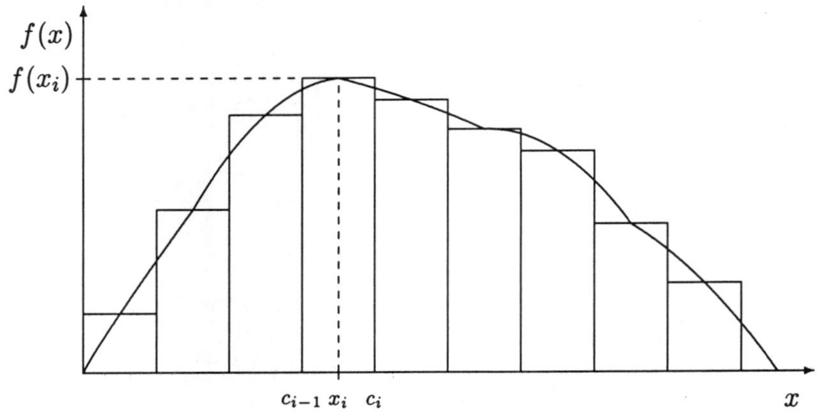

ABBILDUNG 6.9: Dichte von X und approximierendes Histogramm von X_d

Für den Erwartungswert von X_d gilt

$$E(X_d) = \sum_i x_i p_i = \sum_i x_i f(x_i) \Delta x_i \,.$$

Verkleinert man die Intervallängen Δx_i, so wird die Approximation von X durch X_d besser. Der (heuristische) Grenzübergang $\Delta x_i \longrightarrow 0$ für alle Intervalle liefert

$$\sum_i x_i f(x_i) \Delta x_i \longrightarrow \int_{-\infty}^{+\infty} x f(x) dx \,.$$

Deshalb definiert man die rechte Seite als den Erwartungswert einer stetigen Zufallsvariable.

Erwartungswert

Der *Erwartungswert* $E(X)$ einer stetigen Zufallsvariable X mit Dichte $f(x)$ ist

$$\mu = E(X) = \int_{-\infty}^{+\infty} x f(x) \, dx \,.$$

Falls der Träger $\mathcal{T} = \{x : f(x) > 0\}$ nur aus einem endlichen Intervall besteht, durchläuft x nur diesen Bereich und $E(X)$ ist endlich. Falls dies nicht gilt, wie etwa für $\mathcal{T} = [0, \infty)$ oder $\mathcal{T} = \mathbb{R}$, ist $|E(X)| < \infty$ nicht generell gewährleistet, sondern muß im folgenden vorausgesetzt werden. Wie bei unendlich-diskreten Zufallsvariablen setzt man sogar mehr voraus, nämlich, daß $\int |x| f(x) dx < \infty$ ist.

Interpretation und Eigenschaften von Erwartungswerten lassen sich vom diskreten auf den stetigen Fall ohne wesentliche Änderung übertragen. Wir fassen die Eigenschaften nochmals zusammen, verzichten aber auf Beweise, die teils in Analogie zum diskreten Fall geführt werden können.

Eigenschaften von Erwartungswerten

1. Transformationen:
   Sei $g(x)$ eine reelle Funktion. Dann gilt für $Y = g(X)$

$$E(Y) = E(g(X)) = \int_{-\infty}^{+\infty} g(x) f(x) dx \,.$$

2. Lineare Transformationen:
   Für $Y = aX + b$ ist

$$E(Y) = E(aX + b) = aE(X) + b \,.$$

3. Symmetrische Verteilungen:
   Ist die Dichte $f(x)$ symmetrisch um den Punkt c, d.h. ist $f(c - x) = f(x + c)$ für alle x, so gilt

$$E(X) = c \,.$$

4. Additivität:
   Für zwei Zufallsvariablen X und Y ist

$$E(X + Y) = E(X) + E(Y) \,.$$

5. Allgemeiner gilt mit beliebigen Konstanten $a_1, \ldots, a_n$

$$E(a_1 X_1 + \ldots + a_n X_n) = a_1 E(X_1) + \ldots + a_n E(X_n) \,.$$

Diese Eigenschaften erleichtern oft die Berechnung von Erwartungswerten. Die Eigenschaften 2, 4 und 5 nennt man zusammen *Linearität* und *Additivität* des Erwartungswertes.

Linearität
Additivität

Beispiel 6.3 **Stetige Gleichverteilung**

Sei X wie in Beispiel 6.1 (Seite 273) auf $[a, b]$ gleichverteilt. Dann ist

$$E(X) = \int_{-\infty}^{+\infty} x\, f(x)\, dx = \int_a^b x \frac{1}{b-a}\, dx = \frac{1}{b-a}\left(\frac{b^2}{2} - \frac{a^2}{2}\right) = \frac{(b-a)(b+a)}{2(b-a)},$$

also

$$E(X) = \frac{a+b}{2}.$$

Dieses Ergebnis hätten wir auch ohne Integration aus der Symmterieeigenschaft erhalten können: Der Mittelpunkt $(a + b)/2$ des Intervalls $[a, b]$ ist Symmetriepunkt der Gleichverteilung.

Für das Beispiel der Wartezeit auf die nächste S-Bahn ist also die zu erwartende Wartezeit gleich 10 Minuten. □

Beispiel 6.4 **Abweichungen vom Sollwert**

Der Erwartungswert der Zufallsvariablen X = "Abweichung vom Sollwert" ist durch

$$E(X) = \int_{-\infty}^{+\infty} x f(x) dx = \int_{-1}^{+1} x \frac{3}{4}(1 - x^2)\, dx = \frac{3}{4} \int_{-1}^{+1} (x - x^3)\, dx$$

definiert. Integration ergibt

$$E(X) = \frac{3}{4} \left[\frac{x^2}{2} - \frac{x^4}{4}\right]_{-1}^{+1} = 0.$$

Das gleiche Ergebnis erhält man auch aus der Symmetrie von $f(x)$ zum Punkt 0.

Falls man wiederholt, etwa n-mal, Abweichungen $x_1, x_2, \ldots, x_n$ mißt, wird nach der Häufigkeitsinterpretation das arithmetische Mittel $\bar{x} = (x_1 + x_2 + \ldots + x_n)/n$ dieser Abweichungen nahe bei null liegen. □

Beispiel 6.5 **Exponentialverteilung**

Für eine exponentialverteilte Zufallsvariable $X \sim Ex(\lambda)$ ist

$$E(X) = \lambda \int_0^{\infty} x e^{-\lambda x}\, dx = \frac{1}{\lambda}.$$

Die Integration ist nicht mehr elementar durchführbar. Man kann aber Formelsammlungen entnehmen, daß die Funktion

$$\frac{e^{-\lambda x}}{\lambda^2}(\lambda x - 1)$$

Stammfunktion von $xe^{-\lambda x}$ ist, und daraus das Ergebnis erhalten, oder man benutzt partielle Integration:

$$\int_0^{\infty} x\lambda e^{-\lambda x}\, dx = \left[x \cdot (-1) e^{-\lambda x}\right]_0^{\infty} + \int_0^{\infty} e^{-\lambda x}\, dx = 0 + 1/\lambda.$$

□

Modus

Die Definition bezieht sich nun auf Maxima der Dichte $f(x)$.

> **Modus**
>
> Jeder x-Wert, für den $f(x)$ ein Maximum besitzt, ist *Modus*, kurz x_{mod}. Falls das Maximum eindeutig ist und $f(x)$ keine weiteren lokalen Maxima besitzt, heißt $f(x)$ unimodal.

Existieren zwei oder mehrer (lokale) Maxima, heißt $f(x)$ bimodal oder multimodal. *Modalität*

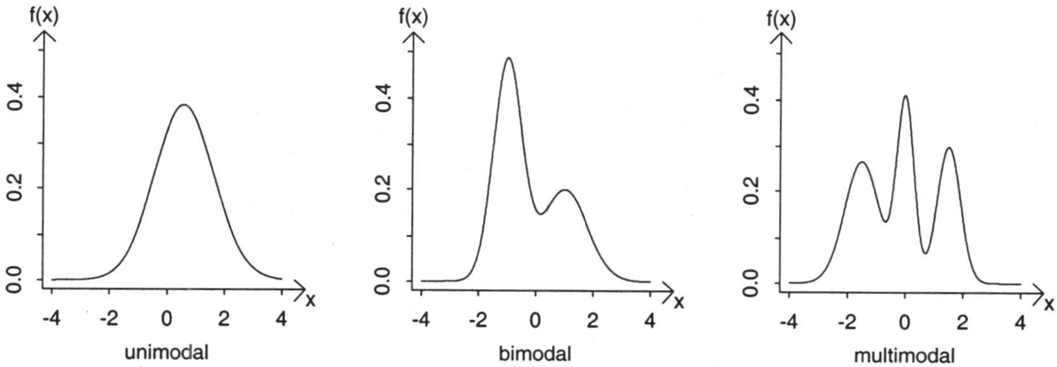

ABBILDUNG 6.10: Uni- und multimodale Dichten

Falls $f(x)$ unimodal und symmetrisch um c ist, ist offensichtlich $c = x_{mod} = E(X)$. Als Lageparameter ist x_{mod} nur für unimodale Verteilungen sinnvoll. In Beispiel 6.4 ist $E(X) = 0 = x_{mod}$, für die Gleichverteilung ist aber nach unserer Definition jeder Wert $x \in [a, b]$ auch Modus, womit natürlich die Lage nicht charakterisiert wird.

Median und Quantile

Wir betrachten zunächst den in der induktiven Statistik weitaus wichtigsten Fall, daß die Verteilungsfunktion auf ihrem Träger $\mathcal{T} = \{x : f(x) > 0\}$ *streng* monoton wachsend ist wie in Abbildung 6.11. Der Median x_{med} ist dann der Wert auf der x-Achse, für den

$$F(x_{med}) = P(X \leq x_{med}) = P(X \geq x_{med}) = 1 - F(x_{med}) = \frac{1}{2}$$

gilt. Damit teilt der *Median* auch die Fläche 1 unter der Dichte in zwei gleich große Teilflächen. *Median*

Für $0 < p < 1$ sind *p-Quantile* x_p ganz analog durch *p-Quantile*

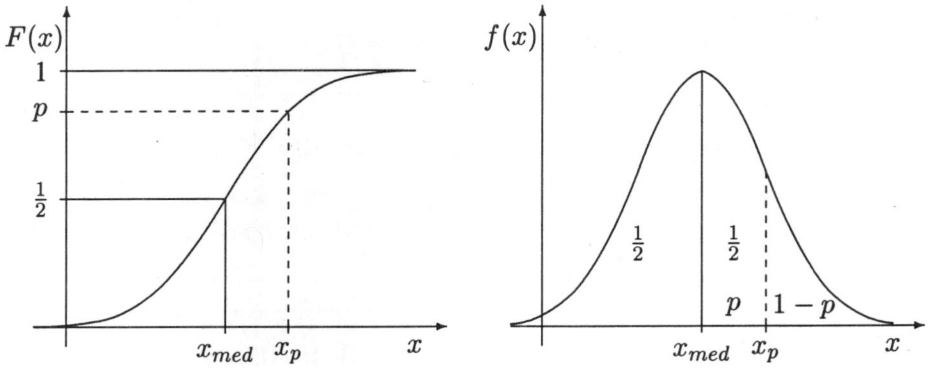

ABBILDUNG 6.11: Verteilungsfunktion, Dichte, Median und Quantile

$$F(x_p) = P(X \leq x_p) = p$$

definiert. Das p-Quantil teilt dann die Gesamtfläche unter $f(x)$ auf in eine Teilfläche der Größe p links von x_p und eine Teilfläche der Größe $1 - p$ rechts von x_p.

Median und Quantile

Für $0 < p < 1$ ist das *p-Quantil* x_p die Zahl auf der x-Achse, für die

$$F(x_p) = p$$

gilt. Der *Median* x_{med} ist das 50 %-Quantil, es gilt also

$$F(x_{med}) = 1/2 .$$

Für streng monotone Verteilungsfunktionen $F(x)$ sind p-Quantil und Median eindeutig bestimmt.

Für nicht streng monoton wachsende Verteilungsfunktionen kann zum Beispiel der Median nicht eindeutig bestimmt sein, wenn $F(x) = 0.5$ auf einem Intervall gilt. Dann wäre jeder x-Wert aus diesem Intervall Median. Zur eindeutigen Festlegung könnte man etwa den linken Randpunkt oder den Mittelpunkt des Intervalls wählen. Dieser Fall tritt selten auf und hat somit geringere Anwendungsrelevanz.

Symmetrie

Für zu einem Punkt c symmetrische Verteilungen gilt offensichtlich

$$E(X) = x_{mod} = x_{med} .$$

Im allgemeinen gilt diese Gleichung jedoch nicht.

Stetige Gleichverteilung, Exponentialverteilung **Beispiel 6.6**

Bei der stetigen Gleichverteilung gilt wegen der Symmetrie

$$x_{med} = \frac{a+b}{2}.$$

Für die Exponentialverteilung berechnet sich der Median aus der Gleichung

$$\int_0^{x_{med}} \lambda e^{-\lambda x} dx = \frac{1}{2},$$

also

$$\left[-e^{-\lambda x}\right]_0^{x_{med}} = -e^{-\lambda x_{med}} + 1 = \frac{1}{2}.$$

Logarithmieren ergibt

$$-\lambda x_{med} = \ln\left(-\frac{1}{2}\right) = -\ln 2, \quad x_{med} = \frac{\ln 2}{\lambda}.$$

Somit ist

$$x_{med} = \frac{\ln 2}{\lambda} < \frac{1}{\lambda} = E(X).$$

Da der Modus = 0 ist, erhält man insgesamt

$$x_{mod} < x_{med} < E(X).$$

□

Varianz

Wie für den Erwartungswert kann die Definition der Varianz durch einen Grenzübergang vom diskreten zum stetigen Fall motiviert werden. Die Varianz der approximierenden diskreten Zufallsvariable X_d ist

$$Var(X_d) = \sum_i (x_i - \mu)^2 f(x_i)\Delta x_i.$$

Für $\Delta x_i \longrightarrow 0$ wird diese Summe zu einem Integral, und man erhält folgende Definition.

Varianz und Standardabweichung einer stetigen Zufallsvariable

Die *Varianz* $Var(X)$ einer stetigen Zufallsvariable X mit Dichte $f(x)$ ist

$$\sigma^2 = Var(X) = \int_{-\infty}^{+\infty} (x-\mu)^2 f(x) dx$$

mit $\mu = E(X)$.
Die *Standardabweichung* ist

$$\sigma = +\sqrt{Var(X)}.$$

Interpretationen und Eigenschaften gelten wie im diskreten Fall.

Eigenschaften von Varianzen

1. Es gilt $Var(X) = E((X - \mu)^2)$
2. Verschiebungsregel

$$Var(X) = E(X^2) - (E(X))^2 = E(X^2) - \mu^2$$

bzw.

$$Var(X) = E((X - c)^2) - (\mu - c)^2 \,.$$

3. Lineare Transformationen
Für $Y = aX + b$ ist

$$Var(Y) = Var(aX + b) = a^2 Var(X)\,,$$
$$\sigma_Y = |a|\sigma_X \,.$$

4. Varianz der Summe von *unabhängigen* Zufallsvariablen
Falls X und Y bzw. $X_1, \ldots, X_n$ unabhängig sind gilt

$$Var(X + Y) = Var(X) + Var(Y)$$

bzw. mit beliebigen Konstanten $a_1, \ldots, a_n$

$$Var(a_1 X_1 + \ldots + a_n X_n) = a_1^2 Var(X_1) + \ldots + a_n^2 Var(X_n)\,.$$

Die Beweise für diese Eigenschaften aus Abschnitt 5.2.2 können dabei zum Teil unverändert übernommen werden.

Beispiel 6.7 **Stetige Gleichverteilung**

Es ist zunächst

$$E(X^2) = \int_{-\infty}^{+\infty} x^2 f(x)\,dx = \int_a^b x^2 \frac{1}{b-a}\,dx = \frac{b^3 - a^3}{3(b-a)}\,.$$

Aus dem Verschiebungssatz erhalten wir

$$Var(X) = E(X^2) - (E(X))^2 = \frac{b^3 - a^3}{3(b-a)} - \frac{(a+b)^2}{4} = \frac{(b-a)^3}{12(b-a)} = \frac{(b-a)^2}{12}\,.$$

Die Varianz wächst also quadratisch und die Standardabweichung $\sigma = (b - a)/\sqrt{12}$ linear mit der Länge des Intervalls. □

Abweichungen vom Sollwert

Beispiel 6.8

Für die Zufallsvariable $X =$ "Abweichung vom Sollwert" ist $E(X) = 0$. Also ist

$$\begin{aligned}
Var(X) = E(X^2) &= \int_{-1}^{+1} x^2 \cdot \frac{3}{4}(1 - x^2)\, dx \\
&= \frac{3}{4}\int_{-1}^{+1} (x^2 - x^4)\, dx = \left[\frac{3}{4}\left(\frac{x^3}{3} - \frac{x^5}{5}\right)\right]_{-1}^{+1} = \\
&= \frac{3}{4}\left(\frac{1}{3} - \frac{1}{5}\right) - \frac{3}{4}\left(-\frac{1}{3} + \frac{1}{5}\right) = \frac{3}{2}\frac{5-3}{15} = \frac{1}{5}\,.
\end{aligned}$$

□

Exponentialverteilung

Beispiel 6.9

Die Integration erfordert hier wieder größeren Aufwand; wir führen sie nicht durch. Es ergibt sich für $X \sim Ex(\lambda)$

$$Var(X) = \frac{1}{\lambda^2}\,.$$

Die Varianz ist also umgekehrt proportional zu λ^2: Je größer λ ist, desto steiler geht die Dichte $f(x)$ gegen null, desto näher ist die Verteilung bei null konzentriert und desto kleiner ist somit die Varianz. □

Standardisierung von Zufallsvariablen

Eine Zufallsvariable X mit $\mu = E(X)$ und $\sigma = Var(X)$ kann man ähnlich wie ein Merkmal bzw. Daten *standardisieren*. Man geht über zu

$$Z = \frac{X - \mu}{\sigma}\,.$$

Dann gilt nach den Regeln für lineare Transformationen

$$E(Z) = 0 \quad \text{und} \quad Var(Z) = 1\,.$$

Symmetrie und Schiefe

Wie bei empirischen Verteilungen ist auch bei Verteilungen von Zufallsvariablen nach Lage und Streuung die Schiefe die nächstwichtige, die Form der Verteilung charakterisierende Eigenschaft. Abbildung 6.12 zeigt für stetige Zufallsvariablen die Dichten einer linkssteilen (oder rechtsschiefen), einer symmetrischen und einer rechtssteilen (oder linksschiefen) Verteilung. Die Graphen entsprechen schiefen oder symmetrischen Dichtekurven in Kapitel 2.

Eine formale Definition von Symmetrie und Schiefe ist über die Entfernung der Quantile x_p und x_{1-p}, $0 < p < 1$, vom Median möglich.

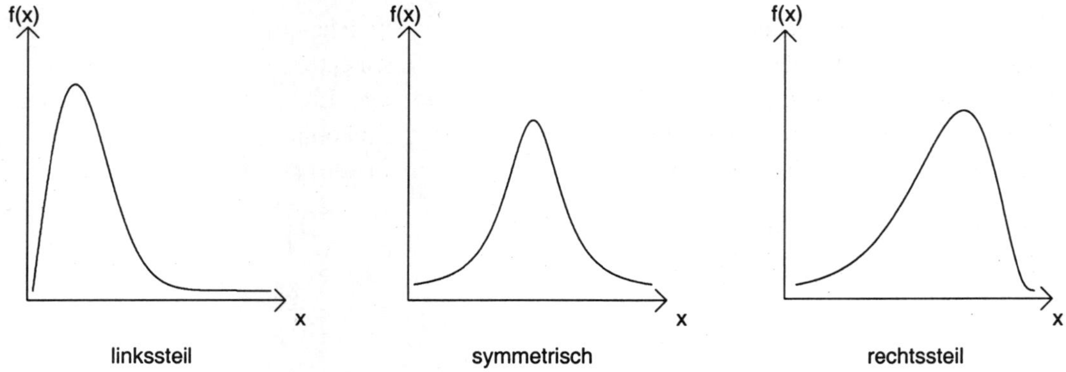

ABBILDUNG 6.12: Dichten einer linkssteilen, symmetrischen und rechtssteilen Verteilung

Symmetrie und Schiefe stetiger Verteilungen

Sei X eine stetige Zufallsvariable. Dann heißt die Verteilung

symmetrisch,	wenn	$x_{med} - x_p = x_{1-p} - x_{med}$
linkssteil, (oder *rechtsschief*)	wenn	$x_{med} - x_p \leq x_{1-p} - x_{med}$
rechtssteil, (oder *linksschief*)	wenn	$x_{med} - x_p \geq x_{1-p} - x_{med}$

jeweils für alle $0 < p < 1$ gilt und bei linkssteilen bzw. rechtssteilen Verteilungen für mindestens ein p das $<$ bzw. $>$ Zeichen gilt.

Diese Definitionen entsprechen dem Verhalten empirischer Verteilungen, das auch in Box-Plots visualisiert wird. Charakteristisch ist auch die folgende Lageregel bezüglich Modus, Median und Erwartungswert:

Lageregel

Symmetrische Verteilung:	$x_{mod} = x_{med} = E(X)$
Linkssteile Verteilung:	$x_{mod} < x_{med} < E(X)$
Rechtssteile Verteilung:	$x_{mod} > x_{med} > E(X)$

Diese Lageregeln gelten auch für diskrete Verteilungen, vergleiche etwa die geometrische Verteilung. Eine sehr einfache linkssteile Verteilung ist die Exponentialverteilung, bei der wir die Lageregel im Beispiel 6.6 (Seite 285) nachvollziehen können. Linkssteile Verteilungen spielen insbesondere bei der Modellierung von Lebensdauern, Einkommensverteilungen u.a. eine wichtige Rolle. Wir geben noch ein einfaches Beispiel einer rechtssteilen Verteilung an.

Eine rechtssteile Verteilung **Beispiel 6.10**

Die Zufallsvariable X habe die Dichte

$$f(x) = \begin{cases} 2x\,, & 0 \leq x \leq 1 \\ 0\,, & \text{sonst}\,. \end{cases}$$

Die Verteilung ist rechtssteil mit $x_{mod} = 1$ und

$$\mu = E(X) = \int_0^1 x2x dx = \frac{2}{3}\,.$$

Der Median x_{med} berechnet sich aus

$$F(x_{med}) = 1/2$$

mit der Verteilungsfunktion

$$F(x) = \begin{cases} 0\,, & x < 0 \\ x^2\,, & 0 \leq x \leq 1 \\ 1\,, & x > 1\,. \end{cases}$$

Damit folgt $x_{med} = \sqrt{1/2}$. Es gilt also die Lageregel. □

6.3 Spezielle stetige Verteilungsmodelle

Dieser Abschnitt beschreibt einige wichtige Verteilungen für stetige Zufallsvariablen. Bezüglich des Modellcharakters gelten die gleichen Vorbemerkungen wie zu diskreten Verteilungsmodellen in Abschnitt 5.3. Die stetige Gleichverteilung und die Exponentialverteilung wurden als zeitstetige Analoga zur diskreten Gleichverteilung und zur geometrischen Verteilung bereits im vorangehenden Abschnitt behandelt. Die Dichtekurve der Normalverteilung, der wichtigsten stetigen Verteilung, wurde bereits in Abschnitt 2.4.2, allerdings ohne Bezug zu Zufallsvariablen, eingeführt.

6.3.1 Die Normalverteilung

Die Normalverteilung ist die bekannteste und wichtigste Verteilung. Zwei wesentliche Gründe dafür sind: In vielen Anwendungen läßt sich die empirische Verteilung von Daten, die zu einem stetigen oder quasi-stetigen, d.h. feinabgestuften diskreten, Merkmal X erhoben werden, durch eine Normalverteilung ausreichend gut approximieren, zumindest dann wenn die Originaldaten bzw. das ursprüngliche Merkmal geeignet transformiert wurden. Deshalb wurde die Dichtekurve der Normalverteilung bereits in Kapitel 2 eingeführt. Die glockenförmige Gestalt dieser Dichte ist insbesondere dann ein gutes Modell für die Verteilung einer Variable X, wenn diese durch das Zusammenwirken einer größeren Zahl von zufälligen Einflüssen entsteht, etwa bei Meßfehlern, bei Abweichungen von einem Soll- oder Durchschnittswert bei der Produktion von Geräten, bei physikalischen Größen wie Gewicht, Länge, Volumen, bei Punktezahlen in Tests usw. Die theoretische Rechtfertigung für dieses empirisch beobachtbare Phänomen liefert der zentrale Grenzwertsatz (Abschnitt 7.1.2). Für die induktive Statistik noch entscheidender ist, daß sich viele andere Verteilungen, insbesondere solche, die bei Schätz- und Testprozeduren mit größerem Stichprobenumfang auftreten, durch die Normalverteilung gut approximieren lassen. Auch hierfür liefert der zentrale Grenzwertsatz die theoretische Rechtfertigung.

Normalverteilung

Eine Zufallsvariable X heißt *normalverteilt* mit Parametern $\mu \in \mathbb{R}$ und $\sigma^2 > 0$, kurz $X \sim N(\mu, \sigma^2)$, wenn sie die Dichte

$$f(x) = \frac{1}{\sqrt{2\pi}\sigma} \exp\left(-\frac{(x-\mu)^2}{2\sigma^2}\right), \quad x \in \mathbb{R}$$

besitzt. Es gilt

$$E(X) = \mu, \quad Var(X) = \sigma^2 .$$

Die Normalverteilung wird auch als Gauß-Verteilung und die Dichtekurve als Gauß-Kurve bezeichnet.
Speziell für $\mu = 0$, $\sigma^2 = 1$ erhält man die *Standardnormalverteilung* $N(0,1)$ mit der Dichte

$$\phi(x) = \frac{1}{\sqrt{2\pi}} \exp\left(-\frac{1}{2}x^2\right).$$

Symmetrie

Die Dichte ist *symmetrisch* zu μ, d.h. es gilt

$$f(\mu - x) = f(\mu + x), \quad x \in \mathbb{R}.$$

Glockenform

Die Gauß-Kurve hat *Glockenform* mit dem Maximum an der Stelle μ und den Wendepunkten bei $\mu \pm \sigma$. Eine Veränderung von μ bei gleichbleibender Varianz bewirkt nur eine Lageverschiebung auf der x-Achse, jedoch keine Veränderung der Form. Diese wird durch den Wert von σ bestimmt: Die Glockenkurve fällt umso schneller bzw. langsamer vom Maximum an

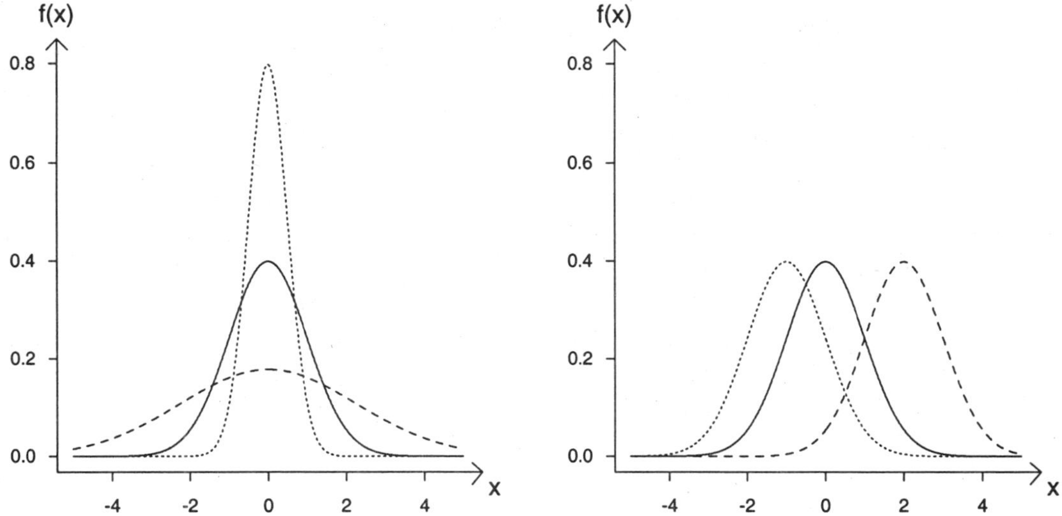

ABBILDUNG 6.13: Dichten von Normalverteilungen für $\mu = 0$ und $\sigma^2 = 0.25$ (····), $\sigma^2 = 1$ (——) und $\sigma^2 = 5$ (- - -) links bzw. $\sigma^2 = 1$ und $\mu = -1$ (····), $\mu = 0$ (——) sowie $\mu = 2$ (- - -) rechts

der Stelle μ gegen null ab, je kleiner bzw. größer der Wert der Standardabweichung σ ist. Abbildung 6.13 zeigt einige Dichten für verschiedene Werte von μ und σ.

Aus der Symmetrie um μ folgt sofort, daß $E(X) = \mu$ ist. Auf die schwierigeren Beweise, daß $f(x)$ eine Dichte ist, d.h. $\int f(x)dx = 1$ gilt, und daß σ^2 die Varianz von X ist, verzichten wir.

Die *Verteilungsfunktion* ist definitionsgemäß durch

Verteilungsfunktion

$$F(x) = P(X \leq x) = \int_{-\infty}^{x} f(t)\, dt$$

gegeben. Dieses Integral läßt sich nicht analytisch berechnen und durch bekannte Funktionen in geschlossener Form schreiben. Dies gilt ebenso für die *Verteilungsfunktion* $\Phi(x)$ der *Standardnormalverteilung*

Standardnormal-verteilung

$$\Phi(x) = \int_{-\infty}^{x} \phi(t)dt = \int_{-\infty}^{x} \frac{1}{\sqrt{2\pi}} \exp\left(-\frac{t^2}{2}\right) dt\,.$$

Deshalb muß $\Phi(x)$ durch spezielle numerische Verfahren am Computer berechnet werden und ist für bequemeres Rechnen tabelliert. Da $\phi(x)$ symmetrisch zum Nullpunkt ist, folgt die *Symmetriebeziehung*

Symmetriebeziehung

$$\Phi(-x) = 1 - \Phi(x)\,.$$

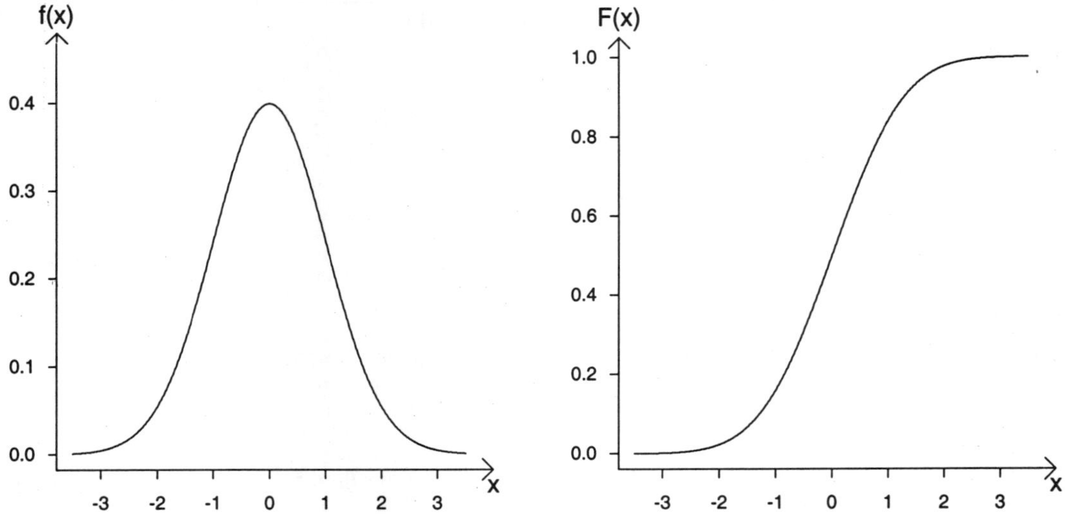

ABBILDUNG 6.14: Dichte und Verteilungsfunktion der Standardnormalverteilung

Daher reicht es aus, $\Phi(x)$ für $x \geq 0$ zu berechnen bzw. zu tabellieren. Um die Verteilungsfunktion $F(x) = P(X \leq x)$ und Wahrscheinlichkeiten anderer Ereignisse für beliebige $N(\mu, \sigma^2)$-verteilte Zufallsvariablen zu berechnen, genügt es, $\Phi(x)$ sowie $\mu = E(X)$ und $\sigma^2 = Var(X)$ zu kennen. Entscheidend ist die folgende Eigenschaft:

Standardisierung

Ist X eine $N(\mu, \sigma^2)$-verteilte Zufallsvariable, so ist die *standardisierte Zufallsvariable*

$$Z = \frac{X - \mu}{\sigma}$$

standardnormalverteilt, d.h. $Z \sim N(0, 1)$.

Damit läßt sich die Verteilungsfunktion F einer $N(\mu, \sigma^2)$-verteilten Zufallsvariable durch die Verteilungsfunktion Φ der Standardnormalverteilung ausdrücken.

$$F(x) = P(X \leq x) = P\left(\frac{X - \mu}{\sigma} \leq \frac{x - \mu}{\sigma}\right) = P\left(Z \leq \frac{x - \mu}{\sigma}\right) = \Phi\left(\frac{x - \mu}{\sigma}\right).$$

Zusammen mit der Symmetriebeziehung kann damit $F(x)$ über die Tabelle A für die Standardnormalverteilung $\Phi(x)$ berechnet werden. Die $\Phi(-x) = 1 - \Phi(x)$ entsprechende Symmetriebeziehung für $F(x)$ ist $F(\mu - x) = 1 - F(\mu + x)$.

Rückführung auf Standardnormalverteilung

$$F(x) = \Phi\left(\frac{x-\mu}{\sigma}\right) = \Phi(z) \quad \text{mit} \quad z = \frac{x-\mu}{\sigma}.$$

Quantile

Die Quantile z_p der Standardnormalverteilung sind durch die Gleichung

$$\Phi(z_p) = p\,, \quad 0 < p < 1\,,$$

bestimmt. Das p-Quantil z_p teilt damit die Fläche unter der Dichte $\phi(z)$ in eine Fläche mit Inhalt p links von z_p und eine Fläche mit Inhalt $1-p$ rechts davon auf.

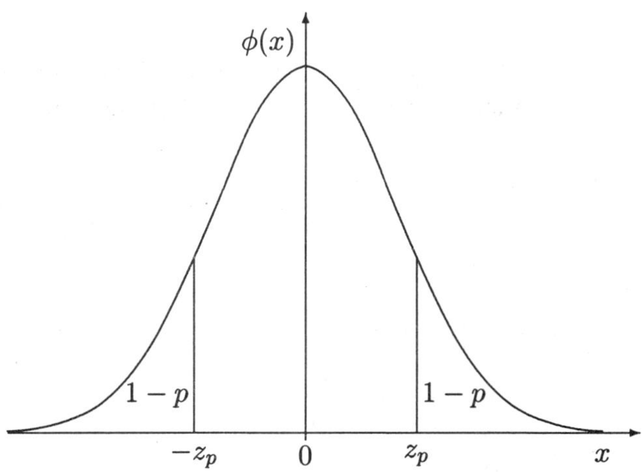

ABBILDUNG 6.15: Quantile der Standardnormalverteilung

Wegen der Symmetrie gilt

$$z_p = -z_{1-p}\,.$$

Wichtige Quantile der Standardnormalverteilung sind (vgl. Abschnitt 2.4.2)

p	50 %	75 %	90 %	95 %	97.5 %	99 %
z_p	0.0 (Median)	0.67	1.28	1.64	1.96	2.33

Zwischen den Quantilen x_p einer $N(\mu, \sigma^2)$-Verteilungsfunktion $F(x)$ und den z_p-Quantilen besteht durch die Standardisierung folgende Beziehung:

Quantile

$$z_p = \frac{x_p - \mu}{\sigma} \quad \text{bzw.} \quad x_p = \mu + \sigma z_p \,.$$

zentrale Schwankungsintervalle

Mit den Quantilen lassen sich auch sofort die Wahrscheinlichkeiten für sogenannte *zentrale Schwankungsintervalle* der Form $\mu - c \leq X \leq \mu + c$ angeben. Dabei gibt man entweder c vor, zum Beispiel $c = 2\sigma$, und bestimmt dazu α bzw. $1 - \alpha$ so, daß $P(\mu - c \leq X \leq \mu + c) = 1 - \alpha$ gilt, oder man gibt die Wahrscheinlichkeit $1 - \alpha$ vor und bestimmt mittels Quantile das richtige c, vgl. Abbildung 6.16.

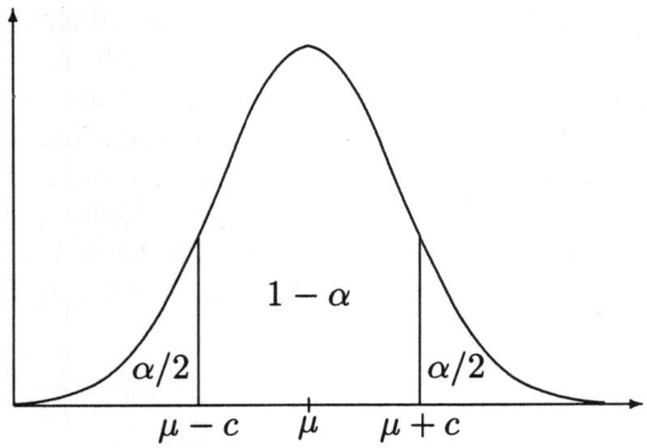

ABBILDUNG 6.16: Zentrales Schwankungsintervall

Zentrale Schwankungsintervalle, $k\sigma$-Bereiche

Für $X \sim N(\mu, \sigma^2)$ gilt

$$P(\mu - z_{1-\alpha/2}\sigma \leq X \leq \mu + z_{1-\alpha/2}\sigma) = 1 - \alpha \,.$$

Für $z_{1-\alpha/2} = k$ erhält man die *$k\sigma$-Bereiche*

$$\begin{aligned} k = 1 &: P(\mu - \sigma \leq X \leq \mu + \sigma) = 0.6827 \\ k = 2 &: P(\mu - 2\sigma \leq X \leq \mu + 2\sigma) = 0.9545 \\ k = 3 &: P(\mu - 3\sigma \leq X \leq \mu + 3\sigma) = 0.9973 \end{aligned}$$

Diese Beziehungen ergeben sich über die Standardisierung. Die erste Gleichung folgt direkt aus

$$P(\mu - z_{1-\alpha/2}\sigma \leq X \leq \mu + z_{1-\alpha/2}\sigma) = P(-z_{1-\alpha/2} \leq \frac{X-\mu}{\sigma} \leq z_{1-\alpha/2}) = 1-\alpha\,.$$

Weiter gilt

$$\begin{aligned} F(\mu + k\sigma) - F(\mu - k\sigma) &= \Phi\left(\frac{\mu + k\sigma - \mu}{\sigma}\right) - \Phi\left(\frac{\mu - k\sigma - \mu}{\sigma}\right) \\ &= \Phi(k) - \Phi(-k) = 2\Phi(k) - 1\,. \end{aligned}$$

Für $k = 1, 2, 3$ erhält man die angegebenen Wahrscheinlichkeiten aus Tabelle A.

Stühle und Tische **Beispiel 6.11**

Eine Firma erhält den Auftrag, für die oberen Klassen (14 – 16jährige) einer Hauptschule neue Schulmöbel herzustellen. Da zufallsbedingte Ungenauigkeiten in der Herstellung nicht ausgeschlossen werden können, wurde angenommen, daß die Höhe der Stühle in guter Approximation als normalverteilte Zufallsvariable angesehen werden kann mit einer durchschnittlichen Sitzhöhe von 83 cm und einer Standardabweichung von 5 cm. Möchte man beispielsweise die Wahrscheinlichkeit dafür bestimmen, daß ein Stuhl eine Sitzhöhe von mindestens 82 cm hat, so ist X zunächst in eine standardnormalverteilte Zufallsvariable Z zu transformieren, damit die zugehörige Tabelle A verwendet werden kann. Da X $N(83, 25)$-verteilt ist, besitzt $Z = (X - 83)/5$ eine $N(0, 1)$-Verteilung und es gilt

$$\begin{aligned} P(X \geq 82) &= P\left(Z \geq \frac{82-83}{5}\right) = P(Z \geq -0.2) \\ &= 1 - \Phi(-0.2) = 1 - 1 + \Phi(0.2) = 0.5793\,. \end{aligned}$$

Also beträgt die gesuchte Wahrscheinlichkeit ca. 58 %. Interessiert man sich andererseits für die Mindesthöhe x der 20 % höchsten Stühle, so erfüllt das gesuchte x zunächst die Beziehung

$$P(X \geq x) = 1 - F(x) = 0.2\,,$$

also $F(x) = 0.8$ und durch Standardisierung erhält man

$$F(x) = \Phi\left(\frac{x-83}{5}\right) = 0.8\,.$$

Das 0.8-Quantil der Standardnormalverteilung ist laut Tabelle ungefähr gleich 0.84. (Genaugenommen ist dieser Wert das 0.7994-Quantil. Mit Hilfe von Statistik-Programm-Paketen erhält man mit 0.8416 ein genaueres 0.8-Quantil.) Die Gleichung

$$\frac{x-83}{5} = 0.84$$

liefert dann die gesucht Mindesthöhe von $x = 0.84 \cdot 5 + 83 = 87.2$ cm. Der 2σ-Bereich der Verteilung der Stuhlhöhe ist das Intervall $[73, 93]$, d.h. etwa 95 % der produzierten Stühle sind mindestens 73 cm und höchstens 93 cm hoch. □

Zwei wichtige Eigenschaften von normalverteilten Zufallsvariablen betreffen ihr Verhalten bei linearen Transformationen und bei Addition.

Lineare Transformation

Für $X \sim N(\mu, \sigma^2)$ ist die linear transformierte Variable $Y = aX + b$ wieder normalverteilt mit

$$Y \sim N(a\mu + b, a^2\sigma^2)\,.$$

Addition

Sind $X \sim N(\mu_X, \sigma_X^2)$ und $Y \sim N(\mu_Y, \sigma_Y^2)$ normalverteilt und *unabhängig*, so gilt

$$X + Y \sim N(\mu_X + \mu_Y, \sigma_X^2 + \sigma_Y^2)\,.$$

Sind $X_i \sim N(\mu_i, \sigma_i^2)$, $i = 1, \dots, n$, *unabhängig*, so ist jede Linearkombination $Y = a_1X_1 + \ldots + a_nX_n$ wieder normalverteilt mit

$$Y \sim N(a_1\mu_1 + \ldots + a_n\mu_n, a_1^2\sigma_1^2 + \ldots + a_n^2\sigma_n^2)\,.$$

Die Normalverteilungseigenschaft bleibt also bei der linearen Transformation und bei der Addition von unabhängigen Zufallsvariablen erhalten.

Wir zeigen nur die lineare Transformationsregel. Es ist

$$P(Y \le y) = P(aX + b \le y) = P\left(X \le \frac{y - \mu}{\sigma}\right) =$$
$$= \int_{-\infty}^{\frac{y-b}{a}} f(x)dx = \int_{-\infty}^{y} f\left(\frac{t-b}{a}\right) \cdot \frac{1}{a}dt\,,$$

wobei die Substitution von $t = ax + b$, $dt = adx$ verwendet wurde. Einsetzen liefert

$$\frac{1}{a} f\left(\frac{t-b}{a}\right) = \frac{1}{a\sqrt{2\pi}\sigma} \exp\left(-\frac{1}{2}\frac{\left((t-b)/a-\mu\right)^2}{\sigma^2}\right)$$
$$= \frac{1}{\sqrt{2\pi}a\sigma} \exp\left(-\frac{1}{2}\frac{\left(t-(a\mu+b)\right)^2}{a^2\sigma^2}\right),$$

also gerade die Dichte der $N(a\mu + b, a^2\sigma^2)$-Verteilung.

Die Regel für die Linearkombinationen ergibt sich aus der Verbindung der beiden ersten Aussagen.

Stühle und Tische **Beispiel 6.12**

Bei der Herstellung der Stuhltische ergab sich, daß ihre Höhe Y als $N(113, 16)$-verteilte Zufallsvariable angesehen werden kann. Aus orthopädischen Untersuchungen ist bekannt, daß eine optimale Sitzposition dann gegeben ist, wenn der Schultisch um 28 cm höher ist als der Stuhl. Somit ist die Zufallsvariable $V = Y - X$, die die Differenz zwischen der Tischhöhe aus Beispiel 6.11 und der Stuhlhöhe beschreibt, von Interesse. Aufgrund der Transformationsregel (mit $a = -1$) folgt $-X$ einer $N(-83, 25)$-Verteilung, so daß V wegen der Additionsregel $N(113 - 83, 16 + 25)$, also $N(30, 41)$-verteilt ist. Dabei darf die Additionsregel nur verwendet werden, da Tische und Stühle von verschiedenen Maschinen hergestellt werden, so daß X und Y als unabhängig betrachtet werden können. Entnimmt man nun der Produktion zufällig einen Tisch und einen Stuhl, so weicht diese Kombination mit nur ca. 12 % Wahrscheinlichkeit um weniger als 1 cm von der optimalen Sitzposition ab:

$$\begin{aligned}
P(27 \leq X \leq 29) &= P\left(\frac{27-30}{\sqrt{41}} \leq \frac{V-\mu}{\sigma} \leq \frac{29-30}{\sqrt{41}}\right) \\
&\approx \Phi(-0.16) - \Phi(-0.47) \\
&= 1 - \Phi(0.16) - 1 + \Phi(0.47) \\
&= -0.5636 + 0.6808 = 0.1172\,.
\end{aligned}$$

□

6.3.2 Die logarithmische Normalverteilung

Verteilungen von nichtnegativen Zufallsvariablen, etwa Lebensdauern, Wartezeiten oder Einkommen, sind häufig linkssteil. Eine einfache, aber nicht immer adäquate Möglichkeit zur Modellierung solcher Variablen bietet die Exponentialverteilung.

Eine andere Möglichkeit besteht darin, eine nichtnegative Zufallsvariable X mit linkssteiler Verteilung zu transformieren, um eine Zufallsvariable mit symmetrischer Verteilung zu erhalten. Häufig logarithmiert man X zu $Y = \ln(X)$ und hofft, daß Y zumindest annähernd normalverteilt ist.

Logarithmische Normalverteilung

Eine nichtnegative Zufallsvariable X heißt *logarithmisch normalverteilt* mit Parametern μ und σ^2, kurz $X \sim LN(\mu, \sigma^2)$, wenn $Y = \ln(X)$ $N(\mu, \sigma^2)$-verteilt ist. Es gilt

$$E(X) = e^{\mu+\sigma^2/2}, \quad Var(X) = e^{2\mu+\sigma^2}(e^{\sigma^2} - 1).$$

Die Dichte läßt sich ebenfalls über die logarithmische Transformation in geschlossener Form angeben. Abbildung 6.17 zeigt für verschiedene Werte von μ und σ^2 die Dichtekurven.

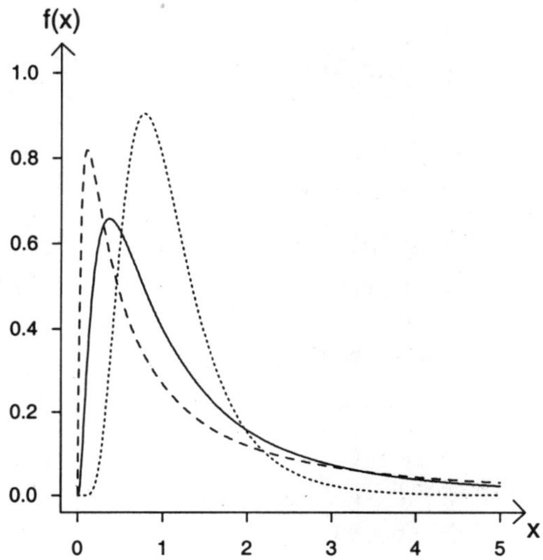

ABBILDUNG 6.17: Dichten der logarithmischen Normalverteilung für $\mu = 0$ und $\sigma^2 = 0.25$ (····), $\sigma^2 = 1$ (——) und $\sigma^2 = 2.25$ (- - -) links bzw. $\sigma^2 = 1$ und $\mu = -0.4$ (····), $\mu = 0$ (——) sowie $\mu = 1.2$ (- - -) rechts

Weitere Verteilungen, die häufig zur Analyse von Lebensdauern eingesetzt werden, sind Weibull-Verteilungen, Gamma-Verteilungen (mit der Exponentialverteilung als Spezialfall) und die Pareto-Verteilung (insbesondere als Modell für Einkommensverteilungen).

6.3.3 Chi-Quadrat-, Student- und Fisher-Verteilung

Quantile
inferentielle Statistik

Von den folgenden Verteilungen werden wir insbesondere die zugehörigen *Quantile* für Schätz- und Testverfahren der *inferentiellen Statistik* benötigen. Die Chi-Quadrat-Verteilung kann aber auch zur Modellierung von *Lebensdauern* und die Student-Verteilung für *robuste Verfahren* verwendet werden.

Die Chi-Quadrat-Verteilung

Viele Teststatistiken besitzen, vor allem für sogenannte Anpassungstests (vgl. Kapitel 11), unter geeigneten Voraussetzungen zumindest approximativ eine Chi-Quadrat-Verteilung. Diese läßt sich als Verteilung der Summe von unabhängigen und quadrierten standardnormalverteilten Zufallsvariablen herleiten.

χ^2-Verteilung

Seien $X_1, \ldots, X_n$ unabhängige und identisch $N(0,1)$-verteilte Zufallsvariablen. Dann heißt die Verteilung der Zufallsvariablen

$$Z = X_1^2 + \ldots + X_n^2$$

Chi-Quadrat-Verteilung mit n *Freiheitsgraden*, kurz $\chi^2(n)$-Verteilung, und Z heißt $\chi^2(n)$-verteilt, kurz $Z \sim \chi^2(n)$. Es gilt

$$E(Z) = n\,, \quad Var(Z) = 2n\,.$$

Die Dichten der $\chi^2(n)$-Verteilung lassen sich in geschlossener Form angeben, werden jedoch hier nicht benötigt. Abbildung 6.18 zeigt für verschiedene Freiheitsgrade n die Dichtekurven. Für kleine n sind die Dichten deutlich linkssteil. Für wachsendes n nähern sie sich der Gaußschen Glockenkurve an. Dies ist eine Folge des zentralen Grenzwertsatzes (Abschnitt 7.1.2), da die Summe der Zufallsvariablen $X_1^2, \ldots, X_n^2$ dessen Voraussetzungen erfüllt. Für $n \leq 30$ sind zu ausgewählten Werten von p die Quantile tabelliert (Tabelle C). Für $n > 30$ benutzt man folgende *Normalverteilungsapproximation*:

Normalverteilungs-approximation

$$x_p = \frac{1}{2}(z_p + \sqrt{2n-1})^2\,,$$

wobei z_p das p-Quantil der $N(0,1)$-Verteilung ist. Diese Approximation ist besser als die direkte Approximation der $\chi^2(n)$-Verteilung durch eine $N(n, 2n)$-Verteilung.

Die Student-Verteilung

Diese Verteilung findet besonders bei Parametertests und bei Konfidenzintervallen für Parameter Verwendung, vgl. Kapitel 9 bzw. 11. Sie wird häufig auch als Students t-Verteilung oder kurz t-Verteilung bezeichnet.

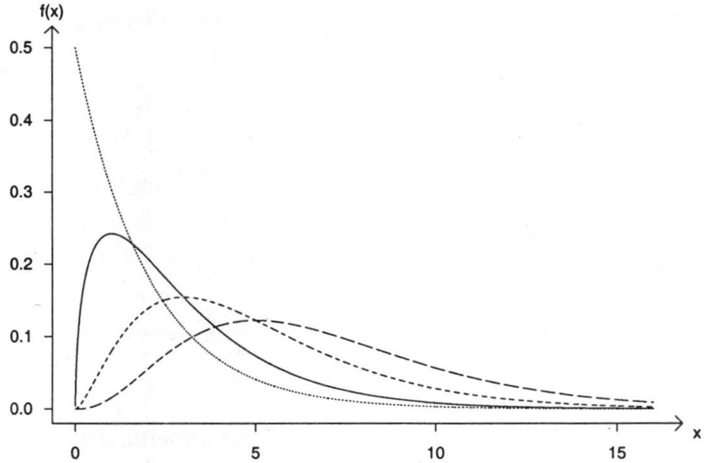

ABBILDUNG 6.18: Dichten von χ^2-Verteilungen für $n = 2$ (···), $n = 3$ (—) $n = 5$ (- - -) und $n = 7$ (— —) Freiheitsgrade

t-Verteilung, Student-Verteilung

Seien $X \sim N(0,1)$, $Z \sim \chi^2(n)$ sowie X und Z unabhängig. Dann heißt die Verteilung der Zufallsvariable

$$T = \frac{X}{\sqrt{Z/n}}$$

t-Verteilung mit n *Freiheitsgraden*, kurz $t(n)$-Verteilung. Die Zufallsvariable T heißt $t(n)$-verteilt, kurz $T \sim t(n)$. Es gilt

$$E(T) = 0\,, \quad Var(T) = \frac{n}{n-2} \;\; (n \geq 3)\,.$$

Die Formel für die Dichten werden hier nicht benötigt. Abbildung 6.19 zeigt für ausgewählte Freiheitsgrade n die entsprechenden Dichtekurven. Man erkennt folgendes: Gemäß der Definition sind die t-Verteilungen symmetrisch um null. Für kleineres n besitzen sie im Vergleich zur Standardnormalverteilung breitere Enden, d.h. die Flächen unter der Dichtekurve für kleine und große Werte von x sind größer. Umgekehrt ist weniger Wahrscheinlichkeitsmasse im Zentrum um $x = 0$ verteilt. Damit eignet sich die t-Verteilung auch zur Modellierung von Daten, die – im Vergleich zur Normalverteilung – einen größeren Anteil an extremen Werten enthalten. Deshalb wird die t-Verteilung auch für *robuste* Verfahren der inferentiellen Statistik eingesetzt.

robust

Für $n \longrightarrow \infty$ konvergiert die Dichtekurve gegen die Dichte ϕ der *Standardnormal-*

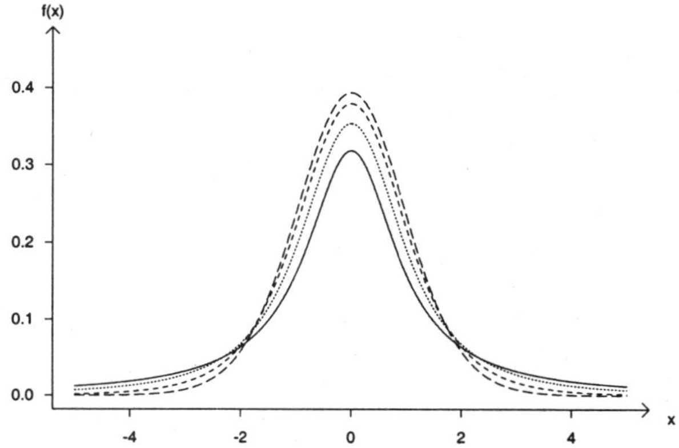

ABBILDUNG 6.19: Dichten von t-Verteilungen für $n = 1$ (—) $n = 2$ ($\cdots$), $n = 5$ (- - -) und $n = 20$ (— —) Freiheitsgrade

verteilung. Ab $n > 30$ ist die *Approximation* bereits sehr gut. Deshalb sind die Quantile nur bis $n = 30$ vertafelt (Tabelle D). *Normalverteilungs-approximation*

Die Fisher-Verteilung

Quantile der Fisher-Verteilung werden vor allem bei Testverfahren der Regressions- und Varianzanalyse (vgl. Kapitel 12 und 13) benötigt.

Fisher-Verteilung

Seien $X \sim \chi^2(m)$ und $Y \sim \chi^2(n)$-verteilt und voneinander unabhängig. Dann heißt die Verteilung der Zufallsvariable

$$Z = \frac{X/m}{Y/n}$$

Fisher- oder F-verteilt mit den *Freiheitsgraden* m und n, kurz $Z \sim F(m, n)$. Es gilt

$$E(Z) = \frac{n}{n-2} \quad \text{für} \quad n \geq 3\,,$$
$$Var(Z) = \frac{2n^2(n+m-2)}{m(n-4)(n-2)^2} \quad \text{für} \quad n \geq 5\,.$$

Abbildung 6.20 zeigt für verschiedene Freiheitsgrade die Dichtekurven.

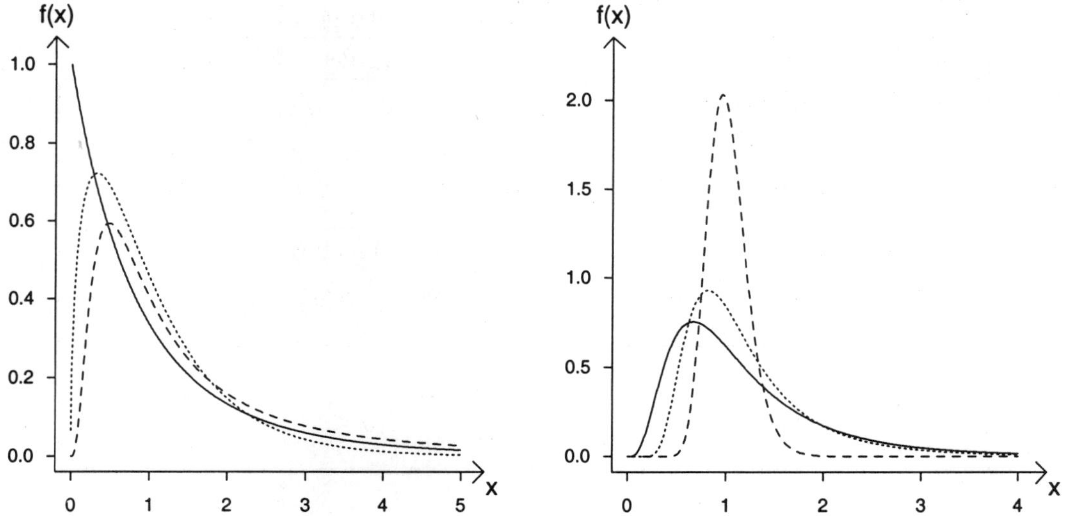

ABBILDUNG 6.20: Dichten der $F(2, 10)$-(——), der $F(3, 100)$- (····) und $F(10, 3)$-(- - -) links, sowie der $F(10, 10)$-(——), $F(100, 10)$-(····) und der $F(100, 100)$-Verteilung (- - -) rechts

Quantile

Wichtige Quantile sind für ausgewählte Werte der Freiheitsgrade m und n tabelliert (Tabelle E). Für andere Werte von m und n genügt es zu interpolieren. Zusätzlich beachte man, daß aufgrund der Definition der F-Verteilung zwischen dem p-Quantil $x_p(m, n)$ der $F(m, n)$-Verteilung und dem $(1 - p)$-Quantil $x_{1-p}(n, m)$ der $F(n, m)$-Verteilung die Beziehung

$$x_p(m, n) = \frac{1}{x_{1-p}(n, m)}.$$

gilt.

6.4 Zusammenfassung und Bemerkungen

Stuft man den Wertebereich von diskreten Zufallsvariablen immer feiner ab, so gelangt man zu geeigneten Begriffsbildungen für stetige Zufallsvariablen. Vielfach gehen dabei Summen in Integrale über, jedoch gelten wichtige Eigenschaften und Rechenregeln unverändert für den diskreten und stetigen Fall. Die Tabelle 6.1 gibt dazu eine Zusammenfassung, siehe dazu auch Hartung (1995).

Diskrete Zufallsvariable X	Stetige Zufallsvariable X
diskreter Wertebereich $\{x_1, x_2, \ldots\}$	stetiger Wertebereich $\subseteq \mathbb{R}$
$f(x)$ Wahrscheinlichkeitsfunktion $0 \leq f(x) \leq 1$ $\sum_{i \geq 1} f(x_i) = 1$	$f(x)$ Dichte $f(x) \geq 0$ $\int f(x)\,dx = 1$
$F(x) = P(X \leq x)$ Verteilungsfunktion	
$F(x) = \sum_{i:x_i \leq x} f(x_i)$	$F(x) = \int_{-\infty}^{x} f(t)\,dt$
Wahrscheinlichkeiten	
$P(a \leq X \leq b) = \sum_{i:a \leq x_i \leq b} f(x_i)$	$P(a \leq X \leq b) = \int_a^b f(x)\,dx$
Erwartungswert	
$\mu = E(X) = \sum_{i \geq 1} x_i f(x_i)$	$\mu = E(X) = \int_{-\infty}^{+\infty} x f(x)\,dx$
Varianz	
$Var(X) = \sum_{i \geq 1} (x_i - \mu)^2 f(x_i)$ $= E(X - \mu)^2$	$Var(X) = \int (x - \mu)^2 f(x)\,dx$ $= E(X - \mu)^2$
Erwartungswert von Summen $E(a_1 X_1 + \ldots + a_n X_n) = a_1 E(X_1) + \ldots + a_n E(X_n)$	
Varianz für Summen von *unabhängigen* Zufallsvariablen $Var(a_1 X_1 + \ldots + a_n X_n) = a_1^2 Var(X_1) + \ldots + a_n^2 Var(X_n)$	

TABELLE 6.1: Definition und Eigenschaften von diskreten und stetigen Zufallsvariablen

In Tabelle 6.2 sind die wichtigsten speziellen Verteilungen zusammengestellt. Viele weitere wichtige Verteilungen, z.B. die *Gamma-* oder *Pareto-Verteilung* zur Modellierung von *Lebensdauern* oder *Einkommensverteilungen* finden sich im Nachschlagewerk von Johnson und Kotz (1970).

Verteilung	Dichte	Erwartungswert	Varianz
Gleichverteilung	$f(x) = \begin{cases} \frac{1}{b-a} & \text{für } a \leq x \leq b \\ 0 & \text{sonst} \end{cases}$	$\frac{a+b}{2}$	$\frac{(b-a)^2}{12}$
Exponentialverteilung	$f(x) = \begin{cases} \lambda e^{-\lambda x} & \text{für } x \geq 0 \\ 0 & \text{sonst} \end{cases}$ wobei $\lambda > 0$	$\frac{1}{\lambda}$	$\frac{1}{\lambda^2}$
$X \sim N(\mu, \sigma^2)$ Normalverteilung	$f(x) = \frac{1}{\sqrt{2\pi\sigma^2}} \exp\left\{\frac{-(x-\mu)^2}{2\sigma^2}\right\}$ für $x \in \mathbb{R}$	μ	σ^2
$Z \sim \chi^2(n)$ χ^2-Verteilung	siehe Johnson und Kotz (1970)	n	$2n$
$T \sim t(n)$ t-Verteilung	siehe Johnson und Kotz (1970)	0	$\frac{n}{n-2}$
$Z \sim F(m, n)$ F-Verteilung	siehe Johnson und Kotz (1970)	$\frac{n}{n-2}$	$\frac{2n^2(n+m+2)}{m(n-4)(n-2)^2}$

TABELLE 6.2: Spezielle stetige Verteilungen mit ihren Dichten, Erwartungswerten und Varianzen

6.5 Aufgaben

Aufgabe 6.1 Für eine stetige Zufallsvariable X gilt:

$$f(x) = \begin{cases} 4ax\,, & 0 \leq x < 1 \\ -ax + 0.5\,, & 1 \leq x \leq 5 \\ 0\,, & \text{sonst} \end{cases}$$

Bestimmen Sie den Parameter a so, daß $f(x)$ eine Dichtefunktion von X ist. Ermitteln Sie die zugehörige Verteilungsfunktion und skizzieren Sie deren Verlauf. Berechnen Sie den Erwartungswert sowie die Varianz von X.

Aufgabe 6.2 Das statistische Bundesamt hält für die Wachstumsrate des Bruttosozialproduktes X alle Werte im Intervall $2 \leq x \leq 3$ für prinzipiell möglich und unterstellt für ihre Analyse folgende Funktion

$$f(x) = \begin{cases} c \cdot (x-2)\,, & 2 \leq x \leq 3 \\ 0\,, & \text{sonst} \end{cases}$$

(a) Bestimmen Sie c derart, daß obige Funktion die Dichtefunktion einer Zufallsvariable X ist.
(b) Bestimmen Sie die Verteilungsfunktion der Zufallsvariable X.

(c) Berechnen Sie $P(2.1 < X)$ und $P(2.1 < X < 2.8)$.
(d) Berechnen Sie $P(-4 \leq X \leq 3 | X \leq 2.1)$ und zeigen Sie, daß die Ereignisse $\{-4 \leq X \leq 3\}$ und $\{X \leq 2.1\}$ stochastisch unabhängig sind.
(e) Bestimmen Sie den Erwartungswert, den Median und die Varianz von X.

Aufgabe 6.3

An der Münchner U–Bahn–Station "Universität" verkehren zwei Linien tagsüber jeweils im 10–Minuten–Takt, wobei die U3 drei Minuten vor der U6 fährt. Sie gehen gemäß einer stetigen Gleichverteilung nach der Vorlesung zur U–Bahn. Wie groß ist die Wahrscheinlichkeit, daß als nächstes die Linie U3 fährt?

Aufgabe 6.4

Sei X eine zum Parameter λ exponentialverteilte Zufallsvariable. Zeigen Sie die "Gedächtnislosigkeit" der Exponentialverteilung, d.h. daß

$$P(X \leq x | X > s) = P(X \leq x - s)$$

für $x, s \in \mathbb{R}$ mit $s < x$ gilt.

Aufgabe 6.5

In Aufgabe 5.11 wurde die Zufallsvariable X betrachtet, die die Anzahl der Fehler, die während 12 Stunden an einem Digitalcomputer auftreten, beschreibt.
(a) Welche Verteilung hat unter den gegebenen Voraussetzungen die Zufallsvariable Y="Wartezeit auf den nächsten Fehler" ?
(b) Wie lange wird man im Mittel auf den nächsten Fehler warten?
(c) Während 12 Stunden ist kein Fehler aufgetreten. Wie groß ist die Wahrscheinlichkeit, daß sich in den nächsten 12 Stunden ebenfalls kein Fehler ereignet?

Aufgabe 6.6

Sei X eine Zufallsvariable mit Erwartungswert μ und Varianz σ^2. Bestimmen Sie den Erwartungswert und die Varianz der standardisierten Zufallsvariable $Z = (X - \mu)/\sigma$.

Aufgabe 6.7

Beweisen Sie die Markov–Ungleichung

$$P(X \geq c) \leq \frac{E(X)}{c}$$

für jede positive Zahl c, falls X nur nichtnegative Werte annimmt.

Aufgabe 6.8

Die Erlang–n–Verteilung wird häufig zur Modellierung von Einkommensverteilungen verwendet. Sie ergibt sich als Summe von n unabhängigen mit Parameter λ exponentialverteilten Zufallsgrößen. Beispielsweise hat für $n = 2$ die Dichte die Form

$$f(x) = \begin{cases} \lambda^2 x e^{-\lambda x}, & x \geq 0 \\ 0, & \text{sonst.} \end{cases}$$

(a) Zeigen Sie, daß $f(x)$ tatsächlich eine Dichtefunktion ist.
(b) Zeigen Sie, daß

$$F(x) = \begin{cases} 0, & x < 0 \\ 1 - e^{-\lambda x}(1 + \lambda x), & x \geq 0 \end{cases}$$

die zugehörige Verteilungsfunktion ist.

(c) Berechnen Sie den Erwartungswert, den Median und den Modus der Erlang–2–Verteilung mit Parameter $\lambda = 1$. Was folgt gemäß der Lageregel für die Gestalt der Dichtefunktion? Skizzieren Sie die Dichte, um Ihre Aussage zu überprüfen.

(d) Bestimmen Sie den Erwartungswert und die Varianz der Erlang–n–Verteilung für beliebige $n \in N$ und $\lambda \in \mathbb{R}^+$.

Aufgabe 6.9 In einer Klinik wird eine Studie zum Gesundheitszustand von Frühgeburten durchgeführt. Das Geburtsgewicht X eines in der 28ten Schwangerschaftswoche geborenen Kindes wird als normalverteilte Zufallsvariable mit Erwartungswert 1000 g und Standardabweichung 50 g angenommen.

(a) Wie groß ist die Wahrscheinlichkeit, daß ein in der 28ten Schwangerschaftswoche geborenes Kind ein Gewicht zwischen 982 und 1050 g hat?

(b) Bestimmen Sie das 10 %–Quantil des Geburtsgewichts. Was sagt es hier aus?

(c) Geben Sie ein um den Erwartungswert symmetrisches Intervall an, in dem mit einer Wahrscheinlichkeit von 95 % das Geburtsgewicht liegt.

Aufgabe 6.10 Eine Firma verschickt Tee in Holzkisten mit jeweils 10 Teepackungen. Das Bruttogewicht der einzelnen Teepackungen sei normalverteilt mit $\mu = 6$ kg und der Standardabweichung $\sigma = 0.06$. Das Gewicht der leeren Holzkiste sei normalverteilt mit dem Erwartungswert $\mu = 5$ kg und der Standardabweichung $\sigma = 0.05$ kg. Geben Sie ein symmetrisch zum Erwartungswert liegendes Intervall an, in dem in 95 % der Fälle das Bruttogewicht der versandfertigen Holzkiste liegt.

Aufgabe 6.11 Da Tagesrenditen von Aktien oft Ausreißer enthalten, wird zu ihrer Modellierung häufig anstelle einer Normalverteilung eine t–Verteilung verwendet. Beispielsweise lassen sich die Renditen der MRU-Aktie (= X) aus Beispiel 2.8 nach der Transformation $Y = (X - 0.0007)/0.013$ durch eine t–Verteilung mit 1 Freiheitsgrad gut approximieren. Wie groß ist demnach die Wahrscheinlichkeit, eine Rendite größer als 0.04 zu erzielen? Wie groß wäre diese Wahrscheinlichkeit, wenn für X eine $N(0.0007, 0.013^2)$–Verteilung zugrundegelegt würde? Geben Sie ferner für jedes Modell ein zentrales Schwankungsintervall an, in dem mit einer Wahrscheinlichkeit von 99 % die Tagesrenditen liegen.

7

Mehr über Zufallsvariablen und Verteilungen

Gemäß der Häufigkeitsinterpretation von Wahrscheinlichkeiten nähert sich bei n-maliger unabhängiger Wiederholung eines Zufallsvorgangs die relative Häufigkeit $f(A)$, mit der ein interessierendes Ereignis A eintritt, immer besser der Wahrscheinlichkeit $P(A)$ an. In Abschnitt 7.1 wird dieses "Gesetz großer Zahlen" formal und in allgemeiner Form präzisiert. Desweiteren enthält der Abschnitt den grundlegenden "zentralen Grenzwertsatz". Dieser rechtfertigt in vielen Fällen die Approximation von diskreten oder stetigen Verteilungen durch eine Normalverteilung (Abschnitt 7.2). Mit Zufallszahlen (Abschnitt *7.3) lassen sich Zufallsvorgänge am Rechner nachbilden. Sie liefern somit die Basis für Computersimulationen. Mit Zufallszahlen können auch theoretische Resultate, wie z.B. das Gesetz großer Zahlen empirisch bestätigt werden. Abschnitt *7.4 enthält einige ergänzende Begriffe und Resultate.

7.1 Gesetz der großen Zahlen und Grenzwertsätze

In den vorhergehenden Abschnitten wurde des öfteren folgende Situation betrachtet: Ein Zufallsvorgang, dessen Ergebnisse die Realisierungen einer diskreten oder stetigen Zufallsvariable X sind, wird n-mal unabhängig wiederholt. Der einfachste Fall ist dabei eine Bernoulli-Kette, bei der die einzelnen Bernoulli-Versuche mit gleichbleibender Wahrscheinlichkeit $P(A)$ für das Eintreten des Ereignisses A wiederholt werden. Dann ist X binär mit

$$X = \begin{cases} 1, & \text{falls } A \text{ eintritt} \\ 0, & \text{falls } A \text{ nicht eintritt}, \end{cases}$$

d.h. X ist $B(1, \pi)$-verteilt mit $\pi = P(A)$. Die einzelnen Bernoulli-Versuche werden durch die unabhängigen Indikatorvariablen

$$X_i = \begin{cases} 1, & \text{falls } A \text{ im } i\text{-ten Versuch eintritt} \\ 0, & \text{falls } A \text{ im } i\text{-ten Versuch nicht eintritt}, \end{cases}$$

beschrieben, mit $X_i \sim B(1, \pi)$ für $i = 1, \ldots, n$. Dies läßt sich auch so formulieren: Die Zufallsvariablen $X_1, \ldots, X_n$ sind *unabhängig und identisch wie* $X \sim B(1, \pi)$ verteilt. Bei einer konkreten Durchführung erhält man als Ergebnis die Realisierungen $x_1, \ldots, x_n$ (jeweils 1 oder 0) der Zufallsvariablen $X_1, \ldots, X_n$.

"Gesetz großer Zahlen"

Ein zugehöriges *"Gesetz großer Zahlen"* wird dann heuristisch folgendermaßen formuliert: Für großes n liegt die *relative Häufigkeit* $f_n(A) = f_n(X = 1)$ für das Auftreten von A mit großer Wahrscheinlichkeit nahe bei der Wahrscheinlichkeit $P(A) = P(X = 1)$, d.h.

$$f_n(X = 1) \approx P(X = 1)\,,$$

und für $n \longrightarrow \infty$ "konvergiert" $f_n(X = 1)$ gegen $P(X = 1)$, d.h.

$$f_n(X = 1) \quad \longrightarrow \quad P(A) \text{ für } n \longrightarrow \infty\,.$$

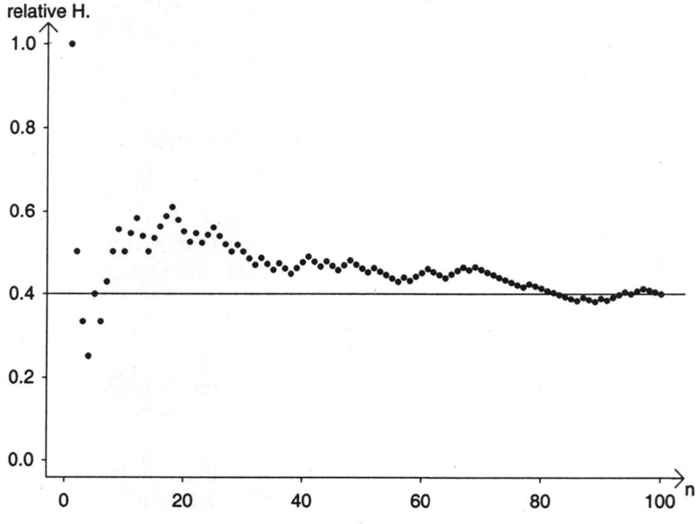

ABBILDUNG 7.1: Relative Häufigkeit f_n, durch Punkte markiert, nach n unabhängigen Wiederholungen eines Bernoulli-Versuchs mit $\pi = 0.4$

In Abbildung 7.1 sieht man, wie die relative Häufigkeit f_n mit wachsender Anzahl der Versuchswiederholungen tendenziell immer näher am wahren Wert $\pi = 0.4$ liegt.

In diesem Abschnitt werden Gesetze großer Zahlen in präziserer und in genereller Form, d.h. für allgemeinere diskrete und stetige Zufallsvariablen als grundlegende Sätze dargestellt. Entsprechendes gilt für die Summe

$$H_n = X_1 + \ldots + X_n\,,$$

der *absoluten Häufigkeit* des Auftretens von A. Für jedes endliche n ist H_n $B(n, \pi)$-verteilt. Für großes n ist die Summe approximativ normalverteilt bzw. die Verteilung von H_n "konvergiert" gegen eine Normalverteilung (vgl. Abschnitt 5.3.1). Eine formale und allgemeinere Beschreibung dieses Sachverhalts wird durch den *zentralen Grenzwertsatz* gegeben.

zentraler Grenzwertsatz

Wir fassen zunächst das für das Beispiel der Bernoulli-Kette dargestellte Konzept der n-maligen unabhängigen Versuchswiederholung in seiner allgemeinen Form zusammen.

Unabhängige und identische Wiederholung

Sei X eine diskrete oder stetige Zufallsvariable mit Erwartungswert μ, Varianz σ^2 und einer bestimmten Verteilungsfunktion F. Der zu X gehörende Zufallsvorgang werde n-mal unabhängig wiederholt. Die Zufallsvariablen X_i, $i = 1, \ldots, n$, geben an, welchen Wert X beim i-ten Teilversuch annehmen wird.
Die Zufallsvariablen $X_1, \ldots, X_n$ sind unabhängig und besitzen alle die gleiche Verteilungsfunktion F und damit insbesondere den gleichen Erwartungswert μ und die gleiche Varianz σ^2 wie X. Man sagt kurz:

$X_1, \ldots, X_n$ sind *unabhängig identisch verteilt wie* X, oder
$X_1, \ldots, X_n$ sind *unabhängige Wiederholungen von* X.

Die nach der Durchführung erhaltenen Ergebnisse sind Realisierungen $x_1, \ldots, x_n$ von $X_1, \ldots, X_n$.

Diese Annahme ist bei vielen Zufallsstichproben vom Umfang n für ein Merkmal X zumindest näherungsweise erfüllt. Wir setzen für diesen Abschnitt im weiteren diese Annahme voraus.

7.1.1 Das Gesetz der großen Zahlen und der Hauptsatz der Statistik

Das *arithmetische Mittel*

arithmetisches Mittel

$$\bar{X}_n = \frac{1}{n}(X_1 + \ldots + X_n)$$

gibt den durchschnittlichen Wert von X bei n Versuchen wieder. Nach Durchführung wird

$$\bar{x}_n = \frac{1}{n}(x_1 + \ldots + x_n)$$

als Realisierung von $\bar{X}_n$ beobachtet. Zur Verdeutlichung sei hier noch einmal erwähnt, daß große Buchstaben die Zufallsvariablen bezeichnen und kleine Buchstaben für die Realisierungen verwendet werden. Nach den Rechenregeln für Summen von unabhängigen Zufallsvariablen gilt:

Erwartungswert und Varianz des arithmetischen Mittels

$$E(\bar{X}_n) = \mu\,, \quad Var(\bar{X}_n) = \frac{\sigma^2}{n}\,.$$

Beweis

Dabei folgt $E(\bar{X}_n) = \mu$ aus $E(\bar{X}_n) = (E(X_1)+\ldots+E(X_n))/n = n\mu/n = \mu$ und $Var(\bar{X}) = Var(X_1 + \ldots + X_n)/n^2 = n\sigma^2/n^2 = \sigma^2/n$, wobei für $Var(\bar{X}_n)$ die Unabhängigkeit der $X_1, \ldots, X_n$ ausgenutzt wird.

Der Erwartungswert des arithmetischen Mittels ist also gleich dem von X selbst. Die Varianz σ^2/n ist umgekehrt proportional zu n und geht für $n \longrightarrow \infty$ gegen null. Damit ist für großes n die Verteilung von $\bar{X}_n$ stark um $\mu = E(X)$ konzentriert. Formal läßt sich dies so fassen:

Gesetz der großen Zahlen

Für beliebig kleines $c > 0$ gilt

$$P(|\bar{X}_n - \mu| \leq c) \longrightarrow 1 \quad \text{für} \quad n \longrightarrow \infty\,.$$

Man sagt: $\bar{X}_n$ *konvergiert nach Wahrscheinlichkeit* gegen μ.

Interpretation

Das Gesetz der großen Zahlen sagt also aus, daß die Wahrscheinlichkeit mit der das arithmetische Mittel in ein beliebig vorgegebenes Intervall $[\mu - c, \mu + c]$ fällt, gegen 1 konvergiert, wenn $n \longrightarrow \infty$ geht. Für großes n ist damit $P(\mu - c \leq \bar{X}_n \leq \mu + c)$ nahe bei 1.

Der an sich einfache Beweis benutzt die Ungleichung von Tschebyscheff, siehe Abschnitt 7.4.3. Für $n \longrightarrow \infty$ geht σ^2/nc^2 gegen null. Daraus folgt die Behauptung.

Für den eingangs betrachteten Fall $X \sim B(1, \pi)$ ist $\pi = P(A) = P(X = 1) = E(X)$ und $\bar{X}_n = (X_1 + \ldots + X_n)/n$ gerade die relative Häufigkeit H_n/n des Eintretens von A. Also gilt:

Theorem von Bernoulli

Die relative Häufigkeit, mit der ein Ereignis A bei n unabhängigen Wiederholungen eines Zufallsvorgangs eintritt, konvergiert nach Wahrscheinlichkeit gegen $P(A)$.

Das Theorem von Bernoulli läßt sich direkt auf empirische Verteilungsfunktionen anwenden: Für jedes feste x ist die *empirische Verteilungsfunktion* $F_n(x)$ die relative Häufigkeit des Ereignisses $\{X \leq x\}$. Faßt man die Daten $x_1, \ldots, x_n$ als Realisierung der unabhängigen und identisch wie X verteilten Zufallsvariablen $X_1, \ldots, X_n$ auf, so folgt daß $F_n(x)$ für jedes feste x mit $n \longrightarrow \infty$ nach Wahrscheinlichkeit gegen die Verteilungsfunktion $F(x)$ von X *konvergiert*. Tatsächlich gilt eine entsprechende Aussage nicht nur für jedes feste x, sondern global (*"gleichmäßig"*) für alle $x \in \mathbb{R}$.

empirische Verteilungsfunktion

gleichmäßige Konvergenz

Hauptsatz der Statistik (Satz von Glivenko-Cantelli)

Sei X eine Zufallsvariable mit der Verteilungsfunktion $F(x)$. Dann gilt für die zu unabhängigen und identisch wie X verteilten $X_1, \ldots, X_n$ gebildete Verteilungsfunktion $F_n(x)$

$$P(\sup_{x \in \mathbb{R}} |F_n(x) - F(x)| \leq c) \longrightarrow 1 \quad \text{für} \quad n \longrightarrow \infty\,.$$

Mit "sup" wird damit die maximale Abweichung zwischen $\hat{F}_n(x)$ und $\hat{F}(x)$ bezeichnet. Der Hauptsatz der Statistik zeigt also, daß für Zufallsstichproben, bei denen $X_1, \ldots, X_n$ unabhängig und identisch wie das interessierende Merkmal X verteilt sind, die unbekannte Verteilung $F(x)$ von X durch die empirische Verteilungsfunktion $F_n(x)$ für $n \longrightarrow \infty$ gut approximiert wird. Stimmen umgekehrt $F_n(x)$ und eine theoretische Verteilung $F(x)$, etwa die Normalverteilung, schlecht überein, so entstammen die Daten vermutlich einer anderen Verteilung. Sowohl das Gesetz der großen Zahlen als auch der Satz von Glivenko-Cantelli gelten übrigens auch unter schwächeren Annahmen, insbesondere läßt sich die Voraussetzung der Unabhängigkeit der $X_1, \ldots, X_n$ abschwächen.

Abbildung 7.2 zeigt anhand von 100 bzw. 1000 unabhängigen Wiederholungen einer standardnormalverteilten Zufallsvariable X, daß die empirische Verteilungsfunktion umso näher an der theoretischen Verteilungsfunktion liegt, je größer die Anzahl der Wiederholungen n ist. Die unabhängigen Ziehungen wurden dabei am Computer mit Hilfe von Zufallszahlen simuliert, vgl. Abschnitt *7.3.

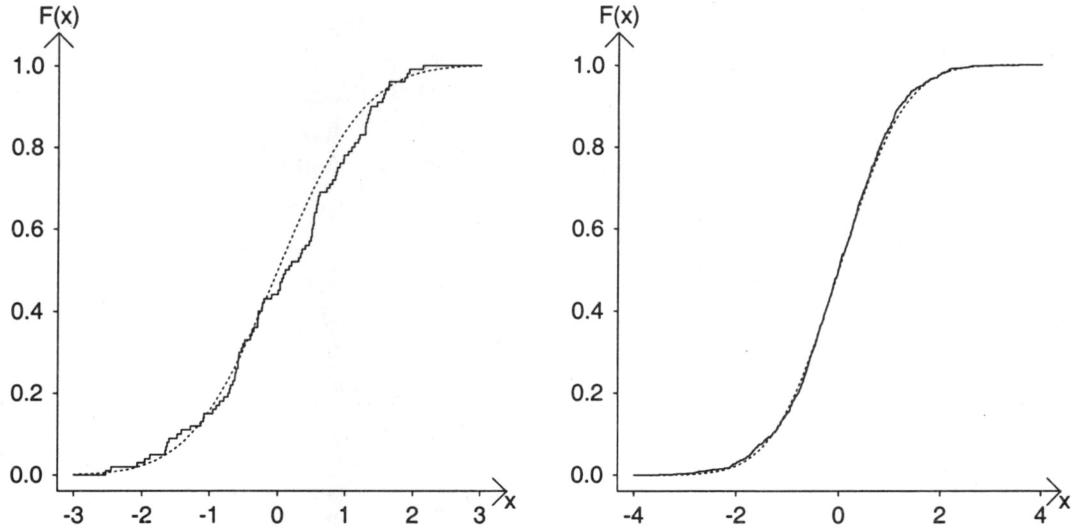

ABBILDUNG 7.2: Empirische Verteilungsfunktion (—) von 100 (links) und 1000 (rechts) standardnormalverteilten Zufallszahlen im Vergleich mit der Verteilungsfunktion der Standardnormalverteilung (····)

7.1.2 Der zentrale Grenzwertsatz

Im Fall einer binomialverteilten Zufallsvariable $X \sim B(n, \pi)$ hatte sich gezeigt, daß sich die Verteilung, genauer das Wahrscheinlichkeitshistogramm, von

$$X = X_1 + \ldots + X_n \quad \text{mit} \quad X_i \sim B(1, \pi)$$

für größeres n gut durch eine Normalverteilung approximieren läßt. Die folgenden Abbildungen zeigen, daß dies auch für andere Verteilungen gilt. Die durchgezogene Kurve in Abbildung 7.3(a) gibt die Dichte $f(x)$ einer Zufallsvariable X_1 mit $E(X_1) = 0$, $Var(X_1) = 1$ an. Dazu ist die Dichte $\phi(x)$ der Standardnormalverteilung gezeichnet. In Abbildung 7.3(b), (c) und (d) sieht man die standardisierten Dichten der Summen $X_1 + X_2, X_1 + X_2 + X_3, X_1 + \ldots + X_6$ von unabhängigen nach $f(x)$ verteilten Zufallsvariablen $X_1, \ldots, X_6$. Man erkennt deutlich, daß die entsprechenden Dichten mit wachsender Anzahl von Summanden immer besser durch eine Normalverteilung approximiert werden können.

Tatsächlich gilt sehr allgemein, daß die Verteilung einer Summe $X_1 + \ldots + X_n$ von Zufallsvariablen für $n \longrightarrow \infty$ gegen eine Normalverteilung konvergiert bzw. für großes n approximativ normalverteilt ist. Für unabhängige und identisch verteilte Zufallsvariablen $X_1, \ldots, X_n$ mit $E(X_i) = \mu$, $Var(X_i) = \sigma^2$ sind dabei Erwartungswert und Varianz der Summe gemäß den Rechenregeln für Erwartungswerte und Varianzen durch

$$E(X_1 + \ldots + X_n) = n\mu, \quad Var(X_1 + \ldots + X_n) = n\sigma^2$$

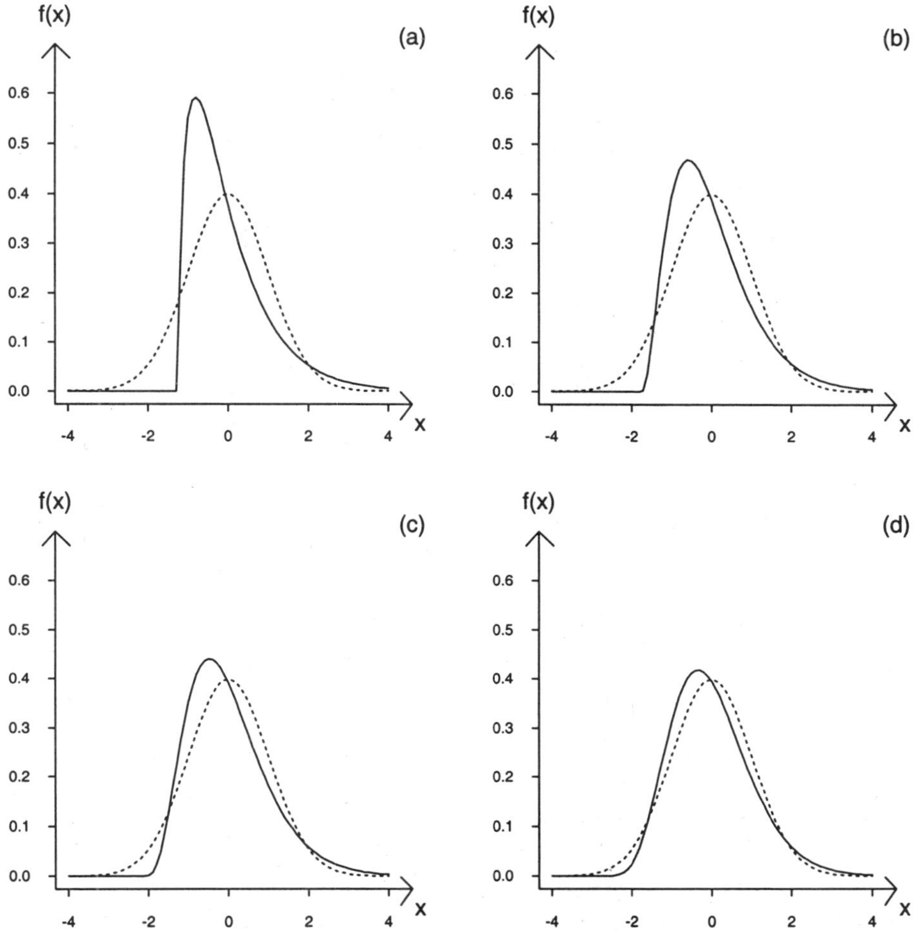

ABBILDUNG 7.3: Dichten von (a) $X_1 \sim f(x)$, (b) $X_1 + X_2$, (c) $X_1 + X_2 + X_3$, (d) $X_1 + \ldots + X_6$ und approximierende Normalverteilungsdichte $\phi(x)$

gegeben. Für die Formulierung des Grenzwertsatzes ist es zweckmäßig, zur *standardisierten Summe* überzugehen. Dabei steht $\overset{a}{\sim}$ für approximativ (bei größerem n) oder asymptotisch (für $n \longrightarrow \infty$) verteilt. Für die unstandardisierte Summe $X_1 + \ldots + X_n$ gilt in dieser Schreibweise

standardisierte Summe

$$X_1 + \ldots + X_n \overset{a}{\sim} N(n\mu, n\sigma^2).$$

Für endliches n ist die Summe umso besser *approximativ normalverteilt*, je weniger asymmetrisch die Verteilung der X_i ist. Umgekehrt ist für deutlich asymmetrische Verteilungen ein größeres n nötig, um eine ähnliche Approximationsgüte zu erreichen. Typischerweise

Normalverteilungsapproximation

formuliert man den sogenannten Zentralen Grenzwertsatz jedoch nicht für $X_1 + \ldots + X_n$ selbst, sondern für die standardisierte Summe. Ein Grund ist, daß für $n \longrightarrow \infty$ die Verteilung $N(n\mu, n\sigma^2)$ unendlichen Erwartungswert und unendliche Varianz besitzt.

Zentraler Grenzwertsatz

$X_1, \ldots, X_n$ seien unabhängig identisch verteilte Zufallsvariablen mit

$$E(X_i) = \mu \quad \text{und} \quad Var(X_i) = \sigma^2 > 0\,.$$

Dann konvergiert die Verteilungsfunktion $F_n(z) = P(Z_n \leq z)$ der standardisierten Summe

$$Z_n = \frac{X_1 + \ldots + X_n - n\mu}{\sqrt{n}\sigma} = \frac{1}{\sqrt{n}} \sum_{i=1}^{n} \frac{X_i - \mu}{\sigma}$$

für $n \longrightarrow \infty$ an jeder Stelle $z \in \mathbb{R}$ gegen die Verteilungsfunktion $\Phi(z)$ der Standardnormalverteilung:

$$F_n(z) \longrightarrow \Phi(z)\,.$$

Wir schreiben dafür kurz

$$Z_n \overset{a}{\sim} N(0,1)\,.$$

Der zentrale Grenzwertsatz gilt in noch wesentlich allgemeineren Varianten, wobei die $X_1, \ldots, X_n$ abhängig und verschieden verteilt sein dürfen. Entscheidend ist, daß keine der Zufallsvariablen X_i die restlichen deutlich dominiert. Damit liefern die zentralen Grenzwertsätze die theoretische Begründung dafür, daß eine Zufallsvariable X dann in guter Näherung normalverteilt ist, wenn sie durch das Zusammenwirken von vielen kleinen zufälligen Effekten entsteht. Für den eingangs betrachteten Spezialfall einer binomialverteilten Variable

$$H_n = X_1 + \ldots + X_n \sim B(n, \pi)$$

mit unabhängigen Bernoulli-Variablen $X_i \sim B(1, \pi)$, $E(X_i) = \pi$, $Var(X_i) = \pi(1 - \pi)$ erhält man:

Grenzwertsatz von de Moivre

Für $n \longrightarrow \infty$ konvergiert die Verteilung der standardisierten *absoluten Häufigkeit*

$$\frac{H_n - n\pi}{\sqrt{n\pi(1-\pi)}}$$

gegen eine Standardnormalverteilung. Für großes n gilt

$$H_n \overset{a}{\sim} N(n\pi, n\pi(1-\pi)),$$

d.h. die $B(n,\pi)$-Verteilung läßt sich durch eine Normalverteilung mit $\mu = n\pi$, $\sigma^2 = n\pi(1-\pi)$ approximieren. Für die *relative Häufigkeit* H_n/n gilt entsprechend

$$H_n/n \overset{a}{\sim} N(\pi, \pi(1-\pi)/n)$$

7.2 Approximation von Verteilungen

Dieser Abschnitt faßt einige Möglichkeiten zur Approximation von diskreten und stetigen Verteilungen durch in der Regel einfacher handhabbare Verteilungen zusammen. Besonders wichtig ist die Approximation der Binomialverteilungen durch eine Normalverteilung sowie die Approximation von Quantilen stetiger Verteilungen, insbesondere der Chi-Quadrat und Student-Verteilung, durch Quantile der Normalverteilung. Die theoretische Grundlage liefert in vielen Fällen der zentrale Grenzwertsatz.

Die *Normalverteilungsapproximation der Binomialverteilung* beruht direkt auf dem Grenzwertsatz von Moivre, einem Spezialfall des zentralen Grenzwertsatzes. Danach läßt sich die Verteilungsfunktion $P(X \leq x) = B(x|n,\pi)$ von $X \sim B(n,\pi)$ durch eine Normalverteilung mit $\mu = n\pi$ und $\sigma^2 = n\pi(1-\pi)$ annähern. Es gilt also *Normalverteilungsapproximation*

$$P(X \leq x) \approx \Phi\left(\frac{x - n\pi}{\sqrt{n\pi(1-\pi)}}\right)$$

Die Approximation wird besser, wenn die Treppenfunktion des Wahrscheinlichkeitshistogramms von der Dichtekurve etwa in der Mitte getroffen wird. Dies führt zur sogenannten *Stetigkeitskorrektur*, bei der im Zähler 0.5 addiert wird. *Stetigkeitskorrektur*

Approximation der Binomialverteilung mit Stetigkeitskorrektur

Sei $X \sim B(n,\pi)$-verteilt. Falls $n\pi$ und $n(1-\pi)$ groß genug sind, gilt

$$P(X \le x) = B(x|n,\pi) \approx \Phi\left(\frac{x+0.5-n\pi}{\sqrt{n\pi(1-\pi)}}\right)$$

$$P(X = x) \approx \Phi\left(\frac{x+0.5-n\pi}{\sqrt{n\pi(1-\pi)}}\right) - \Phi\left(\frac{x-0.5-n\pi}{\sqrt{n\pi(1-\pi)}}\right)$$

Faustregel: $n\pi \ge 5\,, n(1-\pi) \ge 5$

Die in der Literatur angegebenen Faustregeln sind nicht immer einheitlich, sondern schwanken in Abhängigkeit von der angestrebten Approximationsgüte.

Beispiel 7.1 **Treffer und Nieten**

In Beispiel 5.16(b) (Seite 255) wurden 20 Stück eines Massenartikel geprüft. Wenn größere Stückzahlen entnommen werden, arbeitet man mit der Normalverteilungsapproximation. Sei etwa $n = 100$, also $X \sim B(100, 0.90)$. Dann wird wegen $n\pi = 90$, $n(1-\pi) = 10$ die Faustregel gerade erfüllt. Dann ist etwa

$$P(X \le 90) \approx \Phi\left(\frac{90.5-90}{\sqrt{100\cdot 0.90\cdot 0.10}}\right) = \Phi\left(\frac{0.5}{3}\right)$$
$$= \Phi(0.167) = 0.576\,,$$

und

$$P(X = 90) \approx \Phi\left(\frac{0.5}{3}\right) - \Phi\left(-\frac{0.5}{3}\right) = 2\Phi\left(\frac{0.5}{3}\right) - 1 = 0.134\,.$$

Dabei nützt man $\Phi(-x) = 1 - \Phi(x)$ aus, vgl. Abschnitt 6.3.1. Die Wahrscheinlichkeit, genau den Erwartungswert $E(X) = n\pi = 90$ zu erhalten, sinkt damit auf ca. 13 %. □

Das Diagramm der Abbildung 7.4 zeigt im Überblick weitere Approximationsmöglichkeiten zusammen mit Faustregeln auf. Die Pfeile zwischen den Verteilungen bedeuten dabei "approximierbar durch". Die Approximationsbedingungen sind zusätzlich angegeben.

Viele dieser Approximationen wurden in den Abschnitten 5.3 und 6.2 bereits angesprochen, weitere ergeben sich daraus durch Verknüpfung untereinander. So ergibt sich beispielsweise durch die Betrachtung der Poisson-Verteilung als Grenzfall der Binomialverteilung für $n \to \infty$ und $\pi \to 0$ die Näherung

$$B(n,\pi) \overset{a}{\sim} Po(\lambda = n\pi)$$

mit der angegebenen Faustregel.

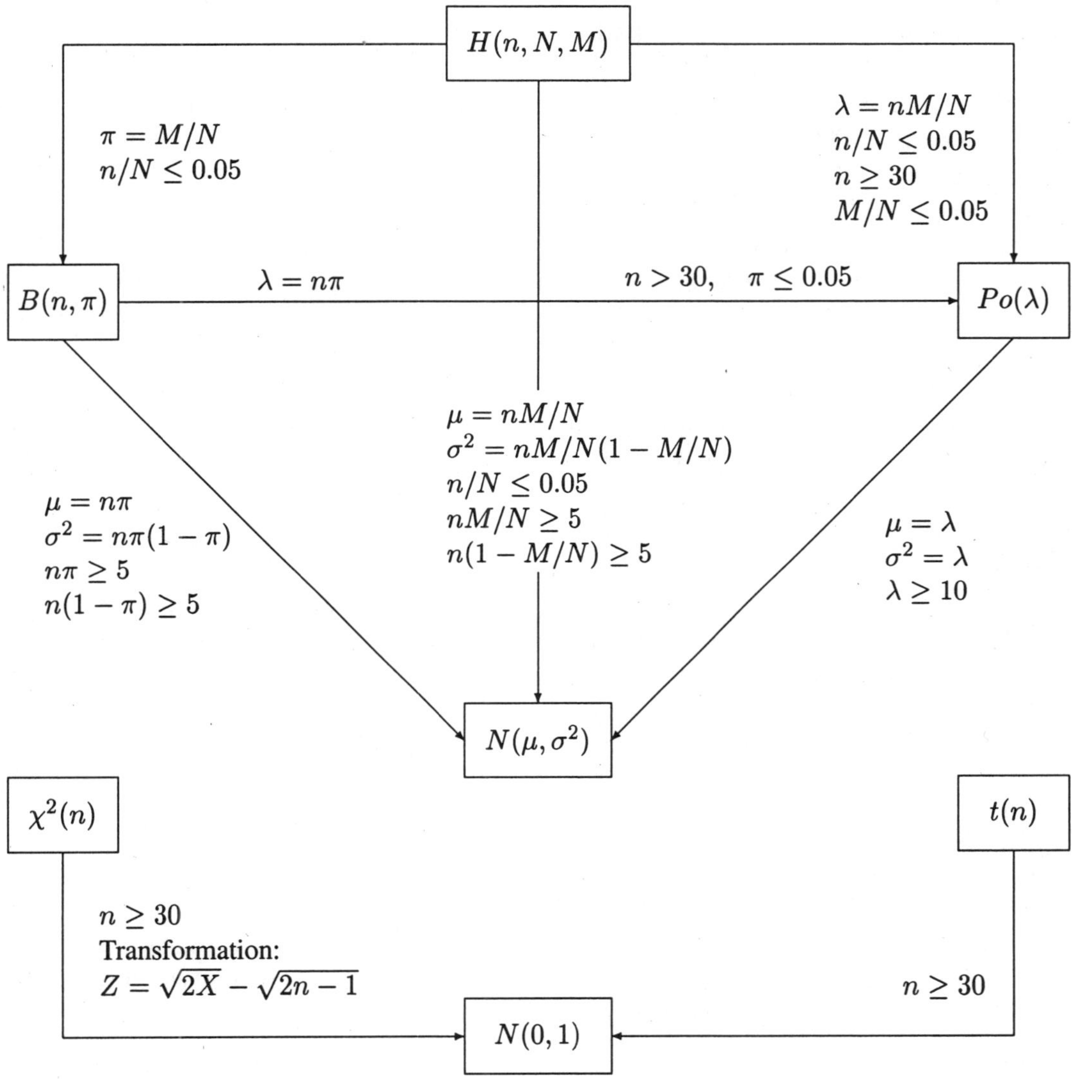

ABBILDUNG 7.4: Approximationsmöglichkeiten und Reproduktionseigenschaften der Verteilungen

Die Approximation der Binomialverteilung durch eine Normalverteilung führt dazu, daß auch die Poisson-Verteilung für größeres λ approximativ normalverteilt ist. Bei Berücksichtigung der Stetigkeitskorrektur erhält man für $X \sim Po(\lambda)$ und $\lambda \geq 10$

$$P(X \leq x) \approx \Phi\left(\frac{x + 0.5 - \lambda}{\sqrt{\lambda}}\right).$$

*7.3 Zufallszahlen und Simulation

Computer-simulationen
Zufallszahlen

Zur Untersuchung komplexer Zufallsvorgänge, z.B. bei der Planung von Produktionssystemen oder von Großprojekten, spielen *Computersimulationen* eine wichtige Rolle. Dabei werden am Computer *Zufallszahlen* $x_1, \ldots, x_n$ mit Hilfe spezieller Algorithmen berechnet. Solche Algorithmen nennt man *Zufallsgeneratoren.*

Pseudo-Zufallszahlen
Gleichverteilung

Grundlegend ist dabei die Erzeugung von Zufallszahlen $x_1, x_2, \ldots, x_n$, deren Werte sich in sehr guter Näherung wie Realisierungen von unabhängigen auf $[0,1]$ *gleichverteilten* Zufallsvariablen $X_1, X_2, \ldots, X_n$ verhalten. Da die Werte $x_1, x_2, \ldots, x_n$ tatsächlich jedoch *berechnet* werden, sind sie nicht echt zufällig. Man spricht deshalb auch genauer von *Pseudo-Zufallszahlen,* die sich (fast) wie echte verhalten. Für die zugrundeliegenden numerischen Algorithmen verweisen wir auf die in Abschnitt 7.5 angegeben Spezialliteratur. Mit Hilfe von *gleichverteilten Zufallszahlen* lassen sich Zufallszahlen für andere Verteilungen durch geeignete Transformationen erzeugen.

Monte-Carlo-Methoden

Mit Zufallszahlen können wir auch innerhalb der Statistik sogenannte *Monte-Carlo-Methoden* einsetzen. Mit gleichverteilten Zufallszahlen können wir z.B. Spiele mit dem Glücksrad am Rechner simulieren. Wenn wir etwa die relative Häufigkeit von Werten berechnen, die im Intervall $[0.2, 0.6]$ liegen, und mit der Wahrscheinlichkeit $P(0.2 \leq X \leq 0.6) = 0.4$ vergleichen, dann sollte für größeres n die relative Häufigkeit nach dem Gesetz großer Zahlen mit hoher Wahrscheinlichkeit bei 0.4 liegen. Auch sollte die empirische Verteilungsfunktion der gezogenen Zahlen $x_1, x_2, \ldots, x_n$ sich der $[0,1]$-Gleichverteilung annähern.

Wir "spielen" nun Glücksrad am Computer, indem wir wiederholt auf $[0,1]$ gleichverteilte Zufallszahlen ziehen. Das Intervall $[0,1]$ wird wie in Abbildung 7.5 in 10 Teilintervalle der Länge 0.1 zerlegt und zu jedem "Spiel" wird festgestellt, in welches Teilintervall die gezogene Zufallszahl fällt. Abbildung 7.5 zeigt links das resultierende Histogramm mit den relativen Häufigkeiten für die 10 Teilklassen nach $n = 100$ Spielen. Man sieht, daß die relativen Häufigkeiten zum Teil noch deutlich von dem zu erwartenden Wert 0.10 abweichen. Für $n = 1000$ haben sich diese Häufigkeiten bereits wesentlich besser um den Wert 0.10 stabilisiert. Anders ausgedrückt: Die empirische Verteilung der gezogenen Zahlen approximiert die "wahre" Gleichverteilung besser.

Bernoulli-Verteilung

Zufallszahlen für andere Verteilungen lassen sich aus gleichverteilten Zufallszahlen durch geeignete Transformationen gewinnen. Je nach Verteilung kann dies sehr einfach oder aber auch kompliziert sein. Will man beispielsweise Zufallszahlen $x_1, \ldots, x_n$ zur *Bernoulli-Verteilung* $B(1, \pi)$ erzeugen, kann man folgendermaßen vorgehen: Zunächst "zieht" man gleichverteilte Zufallszahlen $u_1, \ldots, u_n$. Ist $u_i \leq \pi$ setzt man $x_i = 1$, sonst $x_i = 0$, $i = 1, \ldots, n$. Durch Addition erhält man mit $x = x_1 + \ldots + x_n$ eine Zufallszahl zur *Binomialverteilung* $B(n, \pi)$.

Binomialverteilung

Exponential-verteilung

Das Erzeugen von *exponentialverteilten Zufallsvariablen* ist bereits etwas schwieriger. Dazu müssen wir Zahlen $x_1, x_2, \ldots, x_n$ erzeugen, die als Realisierungen von unabhängigen

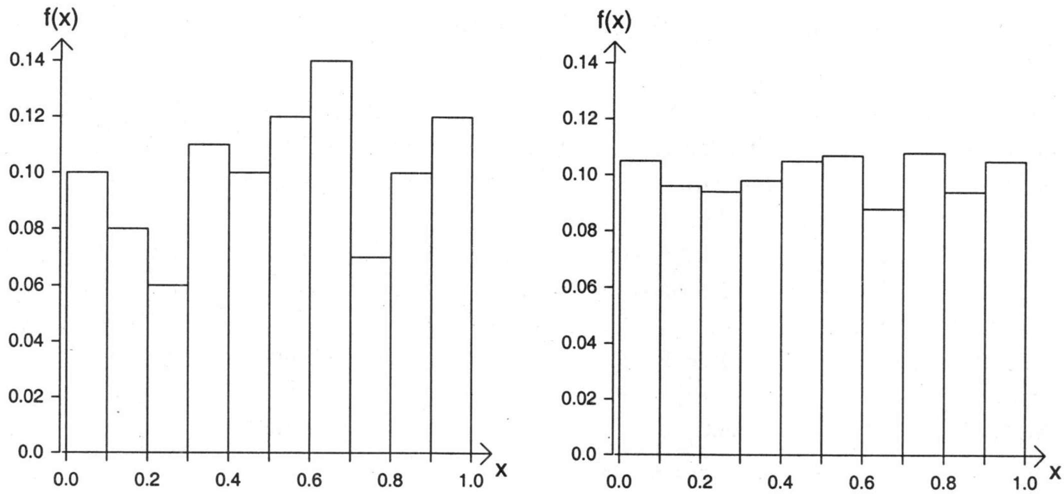

ABBILDUNG 7.5: Empirische Häufigkeitsverteilungen beim Ziehen von $n = 100$ (links) und $n = 1000$ rechts auf $[0,1]$ gleichverteilten Zufallszahlen

Zufallsvariablen $X_1, X_2, \ldots, X_n$, die alle wie $X \sim Ex(\lambda)$-verteilt sind, angesehen werden können. Dies geschieht durch geeignete Transformation von Zufallszahlen $u_1, u_2, \ldots, u_n$ aus einer $[0,1]$-Gleichverteilung. Die Transformation ergibt sich durch folgende Überlegung: Für $X \sim Ex(\lambda)$ gilt

$$P(X \leq x) = 1 - e^{-\lambda x} = F(x)\,.$$

Mit der Umkehrfunktion

$$F^{-1}(x) = -\frac{1}{\lambda}\ln(1-x)$$

gilt

$$F(x) = u \quad \Longleftrightarrow \quad x = F^{-1}(u)\,.$$

Mit der transformierten Zufallsvariable $U = F(X)$ gilt dann

$$P(U \leq u) = P(F^{-1}(U) \leq F^{-1}(u)) = P(X \leq x) = 1 - e^{-\lambda x} = u\;, \quad 0 \leq u \leq 1\,,$$

d.h. U ist auf $[0,1]$ gleichverteilt. Somit liefert die Transformation

$$x_i = F^{-1}(u_i) = -\frac{1}{\lambda}\ln(1-u_i)\,, \quad i = 1, 2, \ldots, n\,,$$

von auf $[0,1]$ gleichverteilten Zufallszahlen $u_1, u_2, \ldots, u_n$ exponentialverteilte Zufallszahlen $x_1, x_2, \ldots, x_n$.

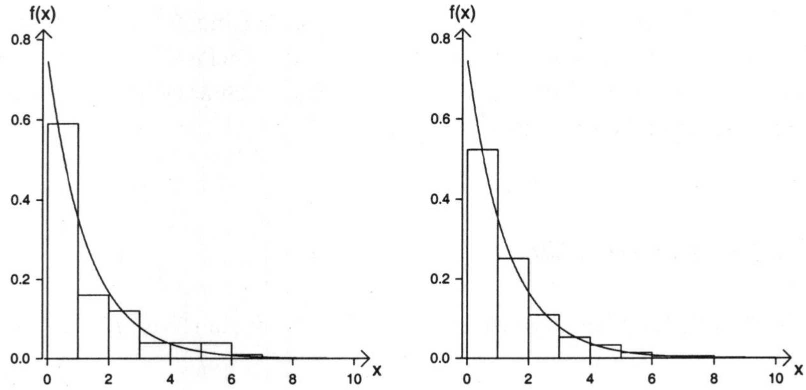

ABBILDUNG 7.6: Histogramme zu $n = 100$ (links) und $n = 1000$ (rechts) auf $[0, 1]$ exponentialverteilten Zufallszahlen

Wenn wir analog wie bei der Gleichverteilung 100 bzw. 1000 mit Parameter $\lambda = 0.75$ exponentialverteilte Zufallszahlen bilden, ergeben sich die Histogramme der empirischen Häufigkeitsverteilung in Abbildung 7.6.
Man erkennt wieder, daß die zugrundeliegende "wahre" Exponentialverteilung für größeres n besser approximiert wird.

Standardnormalverteilung

Mit Hilfe geeigneter Transformationen von gleichverteilten Zufallsvariablen, auf die wir hier nicht näher eingehen, lassen sich am Computer auch *standardnormalverteilte* Zufallszahlen $x_1, \ldots, x_n, \ldots$ erzeugen, die als Realisierungen von unabhängigen $N(0,1)$-Variablen $X_1, \ldots, X_n, \ldots$ angesehen werden können. Durch den Übergang zu $y_i = \mu + \sigma x_i$ erhält man dann $N(\mu, \sigma^2)$-verteilte Zufallszahlen.

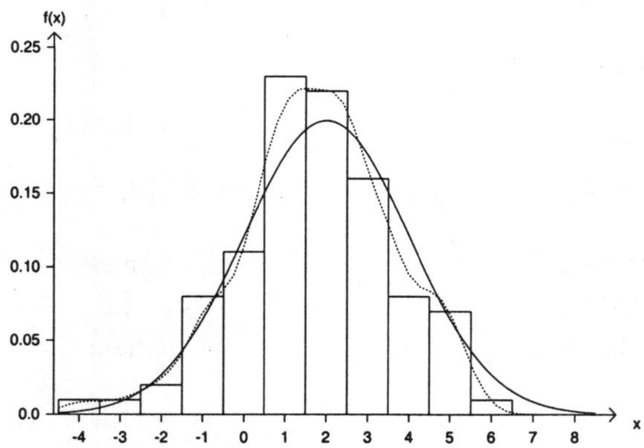

ABBILDUNG 7.7: Dichte der $N(2, 2)$-Verteilung, Histogramm und Dichtekurve (····) der empirischen Verteilung

Abbildung 7.7 zeigt für $\mu = 2$ und $\sigma^2 = 4$ die "wahre" Dichte der $N(2,2)$-Verteilung, das resultierende Histogramm und eine Kernapproximation der Dichtekurve der empirischen Verteilung zu $n = 100$ gezogenen Zufallszahlen. Dabei zeigen sich noch deutliche Abweichungen zwischen theoretischer und empirischer Verteilung.

*7.4 Einige Ergänzungen

Dieser Abschnitt enthält einige Ergänzungen zu Zufallsvariablen, Verteilungen und ihren Eigenschaften.

7.4.1 Zufallsvariablen als Abbildungen

In den einführenden Beispielen 5.1 bis 5.3 (ab Seite 222) hatten wir gezeigt, daß sich eine Zufallsvariable X auch als Abbildung auffassen läßt: Jedem Ergebnis ω einer zugrundeliegenden Ergebnismenge Ω wird dabei sein Wert $X(\omega) = x$, eine reelle Zahl, zugeordnet. So ist etwa in Beispiel 5.2 (Zweimal Würfeln) jedem Paar $\omega = (i,j)$, $1 \leq i,j \leq 6$, durch die Zufallsvariable X = "Augensumme" der Wert $X(\omega) = x = i + j$ zugeordnet. In Beispiel 5.3 (Mietspiegel) wird für jede ausgewählte Wohnung ω aus der Gesamtheit Ω aller mietspiegelrelevanten Wohnungen die zu zahlende Nettomiete $x = X(\omega)$ oder ihre Wohnfläche $y = Y(\omega)$ festgestellt. Ergebnisse der Art $\{X = x\}$, $\{X \leq x\}$ usw. lassen sich dann auf Ereignisse der ursprünglichen Ergebnismenge zurückführen. Man identifiziert jeweils

$$\{X = x\}\text{mit}\{\omega : X(\omega) = x\},$$
$$\{X \leq x\}\text{mit}\{\omega : X(\omega) \leq x\}$$

usw. So ist beim zweimaligen Würfeln

$$\{X = 4\} = \{(1,3),(2,2),(3,1)\},$$
$$\{X \leq 4\} = \{(1,1),(1,2),(1,3),(2,1),(2,2),(3,1)\},$$

und beim Mietspiegel tritt das Ereignis $\{X \leq 1000\}$ ein, wenn eine Wohnung mit einer Nettomiete von höchstens 1000 DM gezogen wird, d.h. der Menge $\{\omega : X(\omega) \leq 1000\}$ angehört.

Nimmt man diese *Abbildungseigenschaft* von Zufallsvariablen explizit in die Definition auf, so ergibt sich: *Abbildungseigenschaft*

Zufallsvariablen und Ereignisse

Gegeben sei ein Zufallsexperiment mit der Ergebnismenge Ω. Eine *Zufallsvariable* X ist eine Abbildung, die jedem $\omega \in \Omega$ eine reelle Zahl $X(\omega) = x$ zuordnet, kurz

$$\begin{aligned} X : \Omega &\longrightarrow \mathbb{R} \\ \omega &\mapsto X(\omega) = x \,. \end{aligned}$$

Der Wert x, den X bei Durchführung des Zufallsexperiments annimmt, heißt *Realisierung* von X.
Durch die Zufallsvariable X werden *Ereignisse* festgelegt, beispielsweise von der Art:

$$\begin{aligned} \{X = x\} &= \{\omega \in \Omega | X(\omega) = x\}\,, \\ \{X \leq x\} &= \{\omega \in \Omega | X(\omega) \leq x\}\,, \\ \{a \leq X \leq b\} &= \{\omega \in \Omega | a \leq X(\omega) \leq b\}\,, \\ \{X \in I\} &= \{\omega \in \Omega | X(\omega) \in I\}\,, \end{aligned}$$

wobei I ein Intervall ist.

Wie etwa Beispiel 5.4 (Seite 223) zeigt, ist es in vielen Anwendungen nicht notwendig, nicht wichtig oder nicht möglich, einen zugrundeliegenden Ergebnisraum wie in den Beispielen 5.1 bis 5.3 zu finden. Trotzdem lassen sich die dabei interessierenden Merkmale X, etwa die Rendite einer Aktie wie in Beispiel 5.4, formal ebenfalls als Zufallsvariable im Sinne der obigen Definition auffassen: Als Ergebnisraum Ω wählt man die Menge aller für x möglichen Werte, d.h. den Träger $\mathcal{T}$ oder auch eine Obermenge dieser Werte, also in jedem Fall $\Omega \subseteq \mathbb{R}$. Als Zuordnungsvorschrift wählt man $\omega = x = X(\omega)$, d.h. X ist formal die "identische" Abbildung.

Tatsächlich interessiert man sich aber selten für X als Abbildung, insbesondere nicht für das eben beschriebene Konstrukt. Vielmehr möchte man etwas über die Verteilung von X wissen, d.h. über Wahrscheinlichkeiten der Form $P(X \in I)$ oder $P(X \in B)$, wobei I ein Intervall oder allgemeiner B eine "zulässige" Teilmenge von $\mathbb{R}$ ist, vgl. Abschnitt 5.1.

Wahrscheinlichkeitsverteilung

Die *Wahrscheinlichkeitsverteilung* oder kurz Verteilung von X ist die Zuordnung von Wahrscheinlichkeiten

$$P(X \in I) \quad \text{oder} \quad P(X \in B)$$

für Intervalle oder zulässige Bereiche.

7.4.2 Verteilungsfunktion und ihre Eigenschaften

Die Festlegung aller Wahrscheinlichkeiten $P(X \in I)$ wäre für praktische Zwecke mühsam, aber auch unnötig. Wegen der Rechenregeln für Wahrscheinlichkeiten genügt es nämlich, die Wahrscheinlichkeiten $P(X \leq x)$ für Ereignisse der Form $\{X \leq x\}$ zu kennen. Daraus lassen sich die Wahrscheinlichkeiten für andere Ereignisse berechnen. Dies führt sofort zur folgenden Definition der Verteilungsfunktion, bei der wir zunächst nicht mehr zwischen diskreten und stetigen Zufallsvariablen unterscheiden:

Verteilungsfunktion

Sei X eine Zufallsvariable. Die Funktion $F(x)$, die jedem $x \in \mathbb{R}$ die Wahrscheinlichkeit $P(X \leq x)$ zuordnet,

$$F(x) = P(X \leq x)\,,$$

heißt *Verteilungsfunktion* von X.

Für diskrete Zufallsvariablen ist $F(x)$ immer eine monoton wachsende Treppenfunktion, für stetige Zufallsvariablen eine monoton wachsende stetige Funktion. Es gibt jedoch auch Zufallsvariablen, die weder diskret noch stetig sind. Sei beispielsweise X die Wartezeit eines Kunden vor einem Schalter. Dann kann etwa mit Wahrscheinlichkeit 0.2 der Schalter frei sein, d.h. $P(X = 0) = 0.2$. Ist der Schalter jedoch nicht frei, kann die Wartezeit etwa auf dem Intervall $(0, m]$ gleichverteilt sein, wenn m die maximale Wartezeit ist. Die Verteilungsfunktion sieht dann wie in Abbildung 7.8 aus:

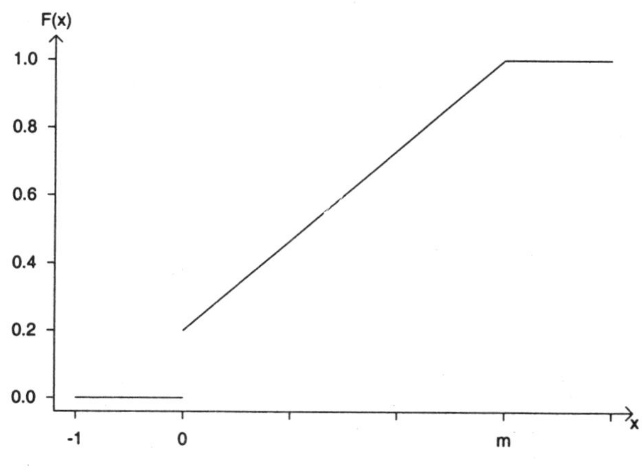

ABBILDUNG 7.8: Eine gemischt stetig-diskrete Verteilungsfunktion

Sie weist bei $x = 0$ einen Sprung der Höhe 0.2 auf, sonst ist sie stetig. Es gibt offensichtlich auch noch kompliziertere Formen von Verteilungsfunktionen, auf die wir aber nicht eingehen.

Aus der Definition $F(x) = P(X \leq x)$ lassen sich über Axiome und Rechenregeln folgende allgemeine Eigenschaften von Verteilungsfunktionen zeigen:

Eigenschaften von Verteilungsfunktionen

1. $F(x)$ ist monoton wachsend, d.h. es gilt

$$F(x_1) \leq F(x_2) \quad \text{für} \quad x_1 < x_2 \,.$$

2. Es gilt

$$\lim_{x \to -\infty} F(x) = 0 \,, \qquad \lim_{x \to +\infty} F(x) = 1 \,.$$

3. $F(x)$ ist rechtsseitig stetig, d.h. für $h > 0$ gilt

$$\lim_{h \to 0} F(x + h) = F(x) \,.$$

Mit dem linksseitigen Grenzwert

$$\lim_{h \to 0} F(x - h) = F(x^-)$$

gilt

$$F(x) - F(x^-) = P(X = x) \,.$$

Die Sprunghöhe $F(x) - F(x^-)$ ist also gleich der Wahrscheinlichkeit für das Ereignis $\{X = x\}$.

Für stetige Verteilungsfunktionen ist $F(x) = F(x^-)$, also $P(X = x) = 0$. Für Verteilungsfunktionen von diskreten Zufallsvariablen ergibt Eigenschaft 3 gerade die Sprunghöhen der Treppenfunktion. Die ersten beiden Eigenschaften lassen sich folgendermaßen beweisen:

1. Für $x_1 < x_2$ ist $\{X \leq x_1\} \subset \{X \leq x_2\}$. Damit folgt

$$F(x_1) = P(X \leq x_1) \leq P(X \leq x_2) = F(x_2) \,.$$

2. Für jede aufsteigende Folge $x_n \longrightarrow \infty$ gilt

$$(-\infty, x_1] \cup (x_1, x_2] \cup \ldots (x_{n-1}, x_n] \cup \ldots = \mathbb{R} \,.$$

Daraus erhält man für $x_n \longrightarrow \infty$

$$P(X \leq x_n) = F(x_n) \longrightarrow \lim_{x \to \infty} F(x) = 1 \,.$$

$\lim_{x \to -\infty} F(x) = 0$ beweist man durch Komplementbildung.

Der Beweis zu Eigenschaft 3 verlangt etwas mehr Aufwand, so daß wir an dieser Stelle darauf verzichten.

Viele Begriffe und Eigenschaften von Zufallsvariablen lassen sich nicht nur für diskrete und stetige Zufallsvariablen, sondern auch für allgemeinere Typen ableiten, etwa Mischformen mit diskreten und stetigen Anteilen wie im obigen Beispiel. So gilt etwa die Definition der Unabhängigkeit von Zufallsvariablen ganz allgemein, wenn man in der Definition der Unabhängigkeit für stetige Zufallsvariablen beliebige Verteilungsfunktionen zuläßt. Ebenso ist es möglich, Erwartungswerte, Varianzen, aber auch höhere Momente, die bei Schiefe- und Wölbungsmaßen in Abschnitt 7.4.4 Verwendung finden, allgemein zu definieren. Entsprechend gelten Rechenregeln, Gesetze großer Zahlen, die folgende Ungleichung von Tschebyscheff und vieles andere nicht nur für diskrete und stetige Zufallsvariablen, sondern allgemeiner.

7.4.3 Ungleichung von Tschebyscheff

Bei metrisch skalierten Zufallsvariablen ist man oft an den Wahrscheinlichkeiten für Ereignisse der Form $\{\mu - c < X < \mu + c\} = \{|X - \mu| \leq c\}$, $c > 0$, oder den Komplementärereignissen $\{|X - \mu| > c\}$ interessiert. Dabei kann man $\mu = E(X)$ als "Sollwert" interpretieren, und $\{|X - \mu| \leq c\}$ heißt, daß X um maximal $\pm c$ vom Sollwert μ entfernt ausfällt. Zur Berechnung von $P(|X - \mu| \leq c)$ benötigt man i.a. die Wahrscheinlichkeitsfunktion von X. Die Ungleichung von Tschebyscheff ermöglicht es, diese Wahrscheinlichkeit allein bei Kenntnis der Varianz abzuschätzen.

Ungleichung von Tschebyscheff

Für eine Zufallsvariable X mit $E(X) = \mu$ und $Var(X) = \sigma^2$ gelten für beliebiges $c > 0$ folgende Ungleichungen:

$$P(|X - \mu| \geq c) \leq \frac{\sigma^2}{c^2} \quad \text{und} \quad P(|X - \mu| < c) \geq 1 - \frac{\sigma^2}{c^2}.$$

Die zweite Ungleichung ergibt sich dabei aus der ersten wegen $P(|X - \mu| \geq c) = 1 - P(|X - \mu| < c)$. Sie besagt, daß bei festem c die Wahrscheinlichkeit für $\{\mu - c < X < \mu + c\}$ desto näher bei 1 liegt, je kleiner σ^2 ist. Entsprechend liegt sie bei fester Varianz σ^2 desto näher bei 1, je größer c ist.

Die erste Ungleichung läßt sich folgendermaßen zeigen: Man definiert die diskrete Zufallsvariable

$$Y = \begin{cases} 0\,, & \text{falls} \quad |X - \mu| < c \\ c^2\,, & \text{falls} \quad |X - \mu| \geq c\,. \end{cases}$$

Damit gilt $P(Y = 0) = P(|X - \mu| < c)$ und $P(Y = c^2) = P(|X - \mu| \geq c)$. Somit ist

$$E(Y) = c^2 P(|X - \mu| \geq c)\,.$$

Da nach Definition von Y immer $Y \leq |X - \mu|^2$ gilt, folgt

$$E(Y) \leq E(X - \mu)^2 = Var(X) = \sigma^2\,,$$

d.h. die erste Ungleichung.

Beispiel 7.2 **Würfeln**

Für X = "Augenzahl beim einmaligen Würfeln" ist $\mu = 3.5$ und $\sigma^2 = 2.92$. Für $c = 2$ gilt nach der Ungleichung von Tschebyscheff

$$\begin{aligned} P(3.5 - 2 < X < 3.5 + 2) &= P(1.5 < X < 5.5) \\ &\geq 1 - \frac{2.92}{4} = 0.27\,. \end{aligned}$$

Wegen $\{1.5 < X < 5.5\} = \{x \in \{2, 3, 4, 5\}\}$ gilt jedoch

$$P\{1.5 < X < 5.5\} = \frac{4}{6} = \frac{2}{3}\,.$$

Die Abschätzung ist also hier sehr ungenau. □

kσ-Bereiche

Die Ungleichung von Tschebyscheff findet vor allem für feinabgestufte diskrete oder stetige Zufallsvariablen Verwendung. Insbesondere wird die zweite Form oft zur Abschätzung für die Wahrscheinlichkeiten von *$k\sigma$-Bereichen* $[\mu - k\sigma, \mu + k\sigma]$, $k = 1, 2, 3, \ldots$, benutzt. Man erhält mit $c = k\sigma$

$$P(\mu - k\sigma \leq X \leq \mu + k\sigma) \geq 1 - \frac{\sigma^2}{(k\sigma)^2} = 1 - \frac{1}{k^2}\,.$$

Für $k = 1$ ist die Abschätzung wertlos. Für $k = 2$ und $k = 3$ ergibt sich

$$P(\mu - 2\sigma \leq X \leq \mu + 2\sigma) \geq \frac{3}{4}\,,$$
$$P(\mu - 3\sigma \leq X \leq \mu + 3\sigma) \geq \frac{8}{9}\,.$$

Falls X normalverteilt ist, ergeben sich als Wahrscheinlichkeiten für die entsprechenden Bereiche die Werte 0.9545 ($k = 2$) und 0.9973 ($k = 3$), vgl. Abschnitt 6.3. Auch hier, wenn auch nicht in dem Maße wie im vorangehenden Beispiel, wird der Informationsverlust deutlich, den man erleidet, wenn keine Kenntnis über die Verteilung benutzt wird.

Mit der Ungleichung von Tschebyscheff läßt sich auch das Gesetz der großen Zahlen leicht beweisen. Dazu wendet man die Ungleichung auf das arithmetische Mittel $\bar{X}_n$ an. Wegen $E(\bar{X} = \mu)$, $Var(\bar{X}_n) = \sigma^2/n$ erhält man

$$P(|\bar{X}_n - \mu)| \leq c) \geq 1 - \frac{\sigma^2}{nc^2}.$$

Für $n \longrightarrow \infty$ geht σ^2/nc^2 gegen null. Daraus folgt die Behauptung.

7.4.4 Maßzahlen für Schiefe und Wölbung

Maßzahlen für die Schiefe von Verteilungen lassen sich in Analogie zu Kennzahlen für empirische Verteilungen definieren. Der p-Quantilskoeffizient nutzt die Beziehung zwischen Median und Quantilen.

p-Quantilskoeffizient der Schiefe

$$\gamma_p = \frac{(x_{1-p} - x_{med}) - (x_{med} - x_p)}{x_{1-p} - x_p}, \quad 0 < p < 1,$$

$\gamma_{0.25}$ heißt *Quartilskoeffizient der Schiefe.*

Es gilt $-1 \leq \gamma_p \leq 1$ und

$$\begin{aligned} \gamma_p &= 0 \quad \text{für symmetrische Verteilungen}\,,\\ \gamma_p &> 0 \quad \text{für linkssteile Verteilungen}\,,\\ \gamma_p &< 0 \quad \text{für rechtssteile Verteilungen}\,. \end{aligned}$$

Ein weiterer Schiefeparameter ist der

Momentenkoeffizient der Schiefe

$$\gamma_m = \frac{E(X-\mu)^3}{\sigma^3}$$

mit $\mu = E(X)$, $\sigma^2 = Var(X)$.

Wegen der dritten Potenz wird γ_m positiv, wenn die x-Werte überwiegen, die größer als μ sind.

Dies ist bei linkssteilen Verteilungen der Fall. Bei symmetrischen Verteilungen heben sich positive und negative Abweichungen gerade auf. Also gilt

$$\begin{aligned}
\gamma_m &= 0 \quad \text{für symmetrische Verteilungen}\,,\\
\gamma_m &> 0 \quad \text{für linkssteile Verteilungen}\,,\\
\gamma_m &< 0 \quad \text{für rechtssteile Verteilungen}\,.
\end{aligned}$$

Beispiel 7.3 **Rechtssteile Verteilung**

Im Beispiel 6.10 (Seite 289) ist $x_{0.75} = \sqrt{0.75}$, $x_{0.25} = \sqrt{0.25}$. Daraus folgt

$$\gamma_{0.25} = \frac{(\sqrt{0.75} - \sqrt{0.5}) - (\sqrt{0.5} - \sqrt{0.25})}{\sqrt{0.75} - \sqrt{0.25}} = -0.13\,.$$

Der negative Quartilskoeffizient indiziert also eine rechtssteile Verteilung. □

7.5 Zusammenfassung und Bemerkungen

Die in Abschnitt 7.1.1 formulierten *Gesetze großer Zahlen* sind von grundlegender Bedeutung für die induktive Statistik: Falls man Daten $x_1, \ldots, x_n$ so erhebt, daß sie sich als Ergebnisse von n *unabhängigen* Wiederholungen der interessierenden Zufallsvariable X interpretieren lassen, dann konvergieren für $n \to \infty$ empirische Verteilungen und Parameter gegen die Verteilung von X und entsprechende Verteilungsparameter. Für Zufallsstichproben wie sie in den späteren Kapiteln zur induktiven Statistik zugrundegelegt werden, ist diese Voraussetzung zumindest näherungsweise erfüllt. Dann lassen sich die Verteilungen bzw. Parameter von X durch die empirischen Analoga sinnvoll schätzen. Ebenso grundlegend ist der *zentrale Grenzwertsatz*: Er rechtfertigt die Annahme einer – zumindest approximativen – Normalverteilung für Zufallsvariablen, die sich additiv aus vielen zufälligen Einflüssen ähnlicher Größenordnung erklären lassen, und – noch wichtiger – *Normalverteilungsapproximationen* für eine Reihe von Schätz- und Teststatistiken der *induktiven Statistik*. Beweise dieser Grenzwertsätze und Verallgemeinerungen finden sich in Lehrbüchern zur Wahrscheinlichkeitstheorie und mathematischen Statistik, z.B. Fisz (1989).

Zufallszahlen sind Basisbausteine für moderne, computerintensive Simulationstechniken. Sie können aber auch (wie in Abschnitt *7.3) zur empirischen Überprüfung oder zur Gewinnung von theoretischen Resultaten der Statistik dienen. Umfasssende Darstellungen zur Erzeugung von Zufallszahlen finden sich bei Ripley (1987) und Devroye (1986).

7.6 Aufgaben

Aufgabe 7.1 Die Studie zum Gesundheitszustand von Frühgeburten aus Aufgabe 6.9 wurde an mehreren Kliniken durchgeführt, so daß insgesamt 500 Kinder teilgenommen haben. Welche Verteilung besitzt die Anzahl der Kinder, die weniger als 980 g wiegen? Wie groß ist die Wahrscheinlichkeit, daß genau 175 Kinder der Studie ein Geburtsgewicht kleiner als 980 g aufweisen?

Aufgabe 7.2 In der Situation von Aufgabe 5.12 befragt der Journalist zufällig fünf der 200 Angestellten eines Kaufhauses. Wie lauten annähernd die gesuchten Wahrscheinlichkeiten, wenn der Anteil der Angestellten, die bereit sind, länger zu arbeiten, wieder gleich 0.2 ist? Welche approximative Verteilung hat die interessierende Zufallsvariable ferner, wenn 40 Personen der ganzen Warenhauskette mit 1000 angestellten Verkäuferinnen befragt würden?

Aufgabe 7.3 Ihr kleiner Neffe bastelt eine 50–teilige Kette, deren einzelne Glieder im Mittel eine Länge von 2 cm mit einer Standardabweichung von 0.2 cm aufweisen. Welche Verteilung hat die Gesamtlänge der Spielzeugkette?

Aufgabe 7.4 Die Nettomiete von Zwei–Zimmer–Wohnungen eines Stadtteils sei annähernd symmetrisch verteilt mit Erwartungswert 570 und Standardabweichung 70. Es wird eine Zufallsstichprobe von 60 solcher Wohnungen gezogen. Geben Sie mit Hilfe der Ungleichung von Tschebyscheff ein um den Erwartungswert symmetrisches Intervall an, in dem das Stichprobenmittel mit 95 % Wahrscheinlichkeit liegt.

Aufgabe 7.5 Eine Fertigungslinie stellt Fußbälle her, deren Durchmesser im Mittel normgerecht ist, aber eine Standardabweichung von 0.4 cm aufweisen. Bälle die mehr als 0.5 cm von der Norm abweichen gelten als Ausschuß. Wie groß ist der Auschußanteil höchstens?

Aufgabe 7.6 Wie kann man mit Hilfe von normalverteilten Zufallszahlen t-verteilte Zufallszahlen simulieren?

Aufgabe 7.7 Bestimmen Sie den Quartilskoeffizienten der geometrischen Verteilung mit $\pi = 0.5$ sowie der Exponentialverteilung mit dem Parameter $\lambda = 0.5$.

8

Mehrdimensionale Zufallsvariablen

Bei der Durchführung von Zufallsexperimenten interessiert man sich häufig nicht nur für ein einziges Merkmal allein, sondern für zwei oder mehrere Variablen, die für dieselben Untersuchungseinheiten erfaßt werden. Es ist dann notwendig, die *gemeinsame* Verteilung dieser Merkmale zu betrachten. Im folgenden wird zuerst das Konzept mehrdimensionaler Zufallsvariablen eingeführt und anschließend der zweidimensionale Fall für diskrete und stetige Zufallsvariablen eingehender betrachtet. Ein wesentlicher Abschnitt gilt der Kovarianz und der Korrelation als Verteilungsparametern, die den Zusammenhang zwischen je zwei Zufallsvariablen charakterisieren.

8.1 Begriff mehrdimensionaler Zufallsvariablen

Eindimensionale Zufallsvariablen erhält man, indem man die Ausprägungen von Merkmalen als Ergebnisse eines Zufallsvorgangs auffaßt. Mehrdimensionale Zufallsvariablen ergeben sich dadurch, daß anstatt eines Merkmals, d.h. einer Zufallsvariable, mehrere betrachtet werden. Den Ergebnissen des Zufallsvorgangs werden demnach mindestens zwei reelle Zahlen zugeordnet. Einige typische Beispiele sollen dies veranschaulichen.

Mietspiegel **Beispiel 8.1**

Bei der Erstellung eines Mietspiegels ist man an mehreren Merkmalen wie beipielsweise Nettomiete, Wohnfläche und Zimmerzahl interessiert. Jede Wohnung weist für diese Merkmale bestimmte Ausprägungen auf. Die Merkmale lassen sich als Abbildungen verstehen, die jeder Wohnung die ihr entsprechende Nettomiete, Wohnfläche und Zimmerzahl zuordnet. Wählt man nun eine der Wohnungen rein zufällig aus, so ist die Wahrscheinlichkeit, mit der bestimmte Ausprägungen des Tupels (Nettomiete, Wohnfläche, Zimmerzahl) resultieren, bestimmt durch die in der jeweiligen Stadt vorliegenden Wohnverhältnisse. □

Beispiel 8.2 **Roulette**

Die Felder des Roulettes tragen die Zahlen 0, 1 bis 36. Geht man von einem idealen Kessel aus, wird jedes Feld mit der Wahrscheinlichkeit 1/37 auftreten. Setzt man nicht auf Zahlen, sondern auf das Merkmal "Farbe" (also rot oder schwarz) bzw. auf den "Zahlentyp" (gerade oder ungerade) fokussiert sich das Interesse nur auf das Ergebnis dieser beiden Merkmale. Man betrachtet somit die Zufallsvariablen Farbe

$$X = \begin{cases} 1 & \text{rote Zahl} \\ 2 & \text{schwarze Zahl} \\ 3 & \text{Zero} \end{cases}$$

und Typ

$$Y = \begin{cases} 1 & \text{gerade Zahl} \\ 2 & \text{ungerade Zahl} \\ 3 & \text{Zero.} \end{cases}$$

Das gesamte Zufallsexperiment reduziert sich damit auf die Betrachtung der Wahrscheinlichkeiten für $X = i, Y = j$ mit $i, j \in \{1, 2, 3\}$.

Die Felder des Roulette sind bestimmt durch das folgende Schema, wobei die schwarzen Felder schattiert und die roten unschattiert sind.

34	31	28	25	22	19	16	13	10	7	4	1	
35	32	29	26	23	20	17	14	11	8	5	2	0
36	33	30	27	24	21	18	15	12	9	6	3	

Die Wahrscheinlichkeit für das gemeinsame Ereignis $X = 1, Y = 1$, also gerade *und* rot, entspricht demnach dem Auftreten der Zahlen 12, 14, 16, 18, 30, 32, 34, 36, d.h.

$$P(X = 1, Y = 1) = P(\{12, 14, 16, 18, 30, 32, 34, 36\}) = 8/37.$$

Die Wahrscheinlichkeiten für $X = i, Y = j$ lassen sich für jede Ausprägung von X und Y analog zu diesem Beispiel berechnen und in einer Tabelle darstellen

			Y		
$P(X = i, Y = j)$			gerade	ungerade	Zero
			1	2	3
	rot	1	8/37	10/37	0
X	schwarz	2	10/37	8/37	0
	Zero	3	0	0	1/37

□

Meßwiederholungen **Beispiel 8.3**

Ein einfaches Experiment wie der Münzwurf wird dreimal wiederholt. Bezeichne X_k das Merkmal

$$X_k = \begin{cases} 1 & \text{Kopf im } k\text{-ten Wurf} \\ 0 & \text{Zahl im } k\text{-ten Wurf.} \end{cases}$$

Eine Sequenz wie (K, K, Z) steht für das sukzessive Auftreten von Kopf, Kopf, Zahl beim 1., 2. und 3. Wurf. Für die gemeinsamen Auftretenswahrscheinlichkeiten erhält man beispielsweise

$$P(X_1 = 1, X_2 = 1, X_3 = 1) = P(\{(K, K, K)\}),$$
$$P(X_1 = 1, X_2 = 1, X_3 = 0) = P(\{(K, K, Z)\}).$$

Die jeweils rechts stehenden Wahrscheinlichkeiten sind die Wahrscheinlichkeiten des Zufallsexperiments. Links steht die dadurch festgelegte Wahrscheinlichkeit für das gemeinsame Auftreten bestimmter Ausprägungen der einzelnen Zufallsvariablen. □

Jede Komponente von mehrdimensionalen Zufallsvariablen ist eine eindimensionale Zufallsvariable im Sinne der Kapitel 5 und 6. Während bei eindimensionalen Zufallsvariablen jedem Ergebnis eines Zufallsvorgangs genau eine reelle Zahl zugeordnet wird, werden nun *einem* Ergebnis simultan *mehrere* reelle Zahlen zugeordnet. Jede Komponente, d.h. jede einzelne Zufallsvariable, entspricht dabei einer Zuordnung. Mehrdimensionale Zufallsvariablen lassen sich somit in Analogie zu Abschnitt *7.4 auch als mehrdimensionale Abbildungen verstehen. Den Zufallsvariablen $X_1, \ldots, X_n$ liegt die Abbildung

$$\begin{aligned} X_1, X_2, \ldots, X_n : \Omega &\longrightarrow \mathbb{R}^n \\ \omega &\longmapsto (X_1(\omega), \ldots, X_n(\omega)) \end{aligned}$$

zugrunde, die jedem Ergebnis ω genau n Meßwerte zuordnet. Im Mietspiegelbeispiel entspricht Ω der Menge aller Wohnungen, im Roulette-Beispiel der Menge der Zahlen und im Münzwurfbeispiel der Menge möglicher Kopf-Wappen-Kombinationen. Der Zufallscharakter der Ausprägungen von $X_1, \ldots, X_n$ ergibt sich aus dem Zufallsexperiment "Ziehen aus Ω".

Von zentraler Bedeutung ist die sich daraus ergebende gemeinsame Verteilung der Zufallsvariablen. Für die Zufallsvariablen $X_1, \ldots, X_n$ ist diese bestimmt durch

$$P(X_1 \in B_1, \ldots, X_n \in B_n),$$

womit die Wahrscheinlichkeit bezeichnet wird, daß die Zufallsvariable X_1 Werte in der Menge B_1 annimmt, gleichzeitig X_2 Werte in der Menge B_2 annimmt, usw. Die Schreibweise $X_1 \in B_1, X_2 \in B_2, \ldots, X_n \in B_n$, bei der Ereignisse durch Kommata getrennt sind, entspricht wiederum dem logischen "und", d.h. alle Ereignisse treten gemeinsam (Schnittmenge) auf. Unter Betonung des Abbildungscharakters läßt sich das Ereignis $\{X_1 \in B_1, \ldots, X_n \in B_n\}$ auch darstellen durch $\{\omega | X_1(\omega) \in B_1, \dots, X_n(\omega) \in B_n\}$. Wie sich die gemeinsame Verteilung analog zum Fall einer Variable durch Instrumente wie Verteilungsfunktion und Dichte näher charakterisieren läßt, wird in den nächsten Abschnitten behandelt. Dabei werden wir uns weitgehend auf den Fall zweier Zufallsvariablen X und Y beschränken.

8.2 Zweidimensionale diskrete Zufallsvariablen

Seien X und Y zwei diskrete Zufallsvariablen, wobei X die Werte $x_1, x_2, \dots$ und Y die Werte $y_1, y_2, \dots$ annehmen kann. Die gemeinsame Wahrscheinlichkeitsverteilung ist bestimmt durch die Wahrscheinlichkeiten, mit der die Werte (x_i, y_j), $i = 1, 2, \dots,$ $j = 1, 2, \dots$, angenommen werden.

Gemeinsame Wahrscheinlichkeitsfunktion

Die *Wahrscheinlichkeitsfunktion* der bivariaten diskreten Zufallsvariable (X, Y) ist bestimmt durch

$$f(x,y) = \begin{cases} P(X = x, Y = y) & \text{für } (x,y) \in \{(x_1,y_1),(x_1,y_2),\dots\} \\ 0 & \text{sonst.} \end{cases}$$

Wir bezeichnen die Wahrscheinlichkeitsfunktion auch als (gemeinsame) *diskrete Dichte* oder (gemeinsame) *Verteilung*.

endlich viele Ausprägungen

In der Wahrscheinlichkeitsfunktion ist die gesamte Information des Zufallsexperiments in bezug auf die Merkmale X, Y enthalten. Besitzen X und Y jeweils nur *endlich viele Ausprägungen*, läßt sich die gemeinsame Wahrscheinlichkeitsfunktion übersichtlich in Kontingenztafeln zusammenfassen. Besitze X die möglichen Ausprägungen $x_1, \dots, x_k$ und Y die möglichen Ausprägungen $y_1, \dots, y_m$. Bezeichne

$$p_{ij} = P(X = x_i, Y = y_j) = f(x_i, y_j)$$

Kontingenztafel der Wahrscheinlichkeiten

die Auftretenswahrscheinlichkeit an den Stellen (x_i, y_j), $i = 1, \dots, k$, $j = 1, \dots, m$, mit positiver Wahrscheinlichkeitsfunktion, erhält man die *Kontingenztafel der Wahrscheinlichkeiten* durch

$$\begin{array}{c|ccc|} & y_1 & \cdots & y_m \\ \hline x_1 & p_{11} & \cdots & p_{1m} \\ \vdots & \vdots & \ddots & \vdots \\ x_k & p_{k1} & \cdots & p_{km} \\ \hline \end{array}$$

Ein einfaches Beispiel für eine Kontingenztafel ist die in Beispiel 8.2 wiedergegebene Tabelle für die Merkmale "Farbe" und "Zahlentyp". Eine graphische Veranschaulichung läßt sich durch ein *Stabdiagramm* in der (x–y)-Ebene erreichen (siehe Abbildung 8.1, Seite 335). *Stabdiagramm*

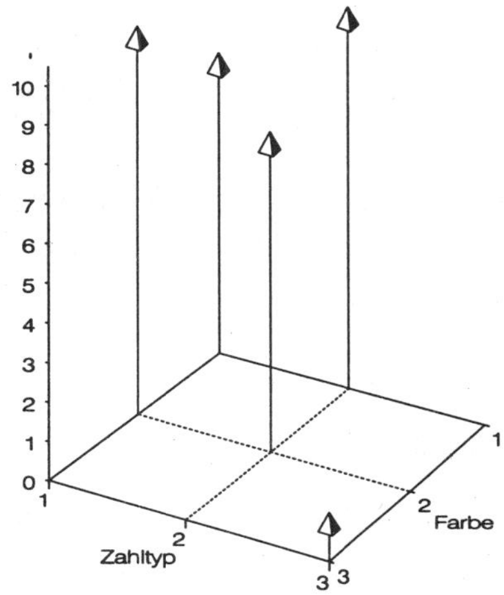

ABBILDUNG 8.1: Stabdiagramm zu den Zufallsvariablen "Farbe" (1: rot, 2: schwarz, 3: Zero) und "Zahltyp" (1: gerade, 2: ungerade, 3: Zero) beim Roulette (Beispiel 8.2)

Aus der gemeinsamen Verteilung $f(x, y)$ erhält man problemlos die Verteilung der Zufallsvariable X ohne Berücksichtigung der Zufallsvariable Y durch einfaches Aufsummieren. Die entsprechende *Randverteilung von X* ist bestimmt durch *Randverteilung von X*

$$f_X(x) = P(X = x) = \sum_j P(X = x, Y = y_j) = \sum_j f(x, y_j).$$

Das Aufsummieren über sämtliche mögliche Werte von Y bedeutet, daß nicht berücksichtigt wird, welchen Wert Y annimmt. Insbesondere gilt $f_X(x) = 0$, wenn x nicht aus der Menge der möglichen Ausprägungen $x_1, x_2, \ldots$ ist. Entsprechend ergibt sich die *Randverteilung von Y* durch die Wahrscheinlichkeitsfunktion *Randverteilung von Y*

$$f_Y(y) = P(Y = y) = \sum_i P(X = x_i, Y = y) = \sum_i f(x_i, y)$$

mit $f_Y(y) = 0$, wenn $y \notin \{y_1, y_2, \ldots\}$.

Randverteilungen

Die *Randverteilung von X* ist gegeben durch

$$f_X(x) = P(X = x) = \sum_j f(x, y_j),$$

die *Randverteilung von Y* durch

$$f_Y(y) = P(Y = y) = \sum_i f(x_i, y).$$

Für den Fall endlich vieler Ausprägungen von X und Y lassen sich die Randverteilungen wieder als Ränder der Kontingenztafel darstellen, die die Wahrscheinlichkeiten enthält. In Analogie zu den Kontingenztafeln für relative Häufigkeiten in Abschnitt 3.1 wählt man dann wieder die "Punktnotation", in der

$$p_{i\cdot} = \sum_{j=1}^{m} p_{ij} = f_X(x_i) \qquad \text{und} \qquad p_{\cdot j} = \sum_{i=1}^{k} p_{ij} = f_Y(y_j)$$

die jeweiligen Zeilen- und Spaltensummen bezeichnen.

Kontingenztafel der Wahrscheinlichkeiten

Die $(k \times m)$ Kontingenztafel der Wahrscheinlichkeiten hat die Form

	y_1	$\cdots$	y_m	
x_1	p_{11}	$\cdots$	p_{1m}	$p_{1\cdot}$
$\vdots$	$\vdots$	$\ddots$	$\vdots$	$\vdots$
x_k	p_{k1}	$\cdots$	p_{km}	$p_{k\cdot}$
	$p_{\cdot 1}$	$\cdots$	$p_{\cdot m}$	1

Dabei bezeichnen für $i = 1, \ldots, k,\ j = 1, \ldots, m,$

$$p_{ij} = P(X = x_i, Y = y_j) \quad \text{die Wahrscheinlichkeiten für } (x_i, y_j),$$

$$p_{i\cdot} = \sum_{j=1}^{m} p_{ij} \quad \text{die Wahrscheinlichkeiten für } x_i,$$

$$p_{\cdot j} = \sum_{i=1}^{k} p_{ij} \quad \text{die Wahrscheinlichkeiten für } y_j.$$

Der wesentliche Unterschied zwischen dieser Kontingenztafel und den Kontingenztafeln in Abschnitt 3.1 liegt darin, daß dort Häufigkeiten zusammengefaßt sind, d.h. Daten beschrieben werden, während die Einträge in der hier betrachteten Kontingenztafel die wahren, allerdings in Anwendungen meist unbekannten Wahrscheinlichkeiten sind.

Wenn man die gemeinsame Verteilung der Zufallsvariablen X und Y kennt, kann man einfach ableiten, wie eine der Zufallsvariablen verteilt ist, wenn man die Ausprägung der anderen kennt. Unter der *bedingten Wahrscheinlichkeitsfunktion* von X gegeben $Y = y$ (abgekürzt $X|Y = y$) versteht man die Verteilung der Zufallsvariable X, wenn bekannt ist, daß $Y = y$ eingetreten ist. Es gilt also bei festgehaltenem y zu bestimmen, mit welcher Wahrscheinlichkeit die Werte $x_1, x_2, \ldots$ unter dieser Voraussetzung auftreten. Aus der Definition der bedingten Wahrscheinlichkeit erhält man für $P(Y = y) \neq 0$

bedingte Wahrscheinlichkeitsfunktion

$$P(X = x_i|Y = y) = \frac{P(X = x_i, Y = y)}{P(Y = y)} = \frac{f(x_i, y)}{f_Y(y)},$$

wobei benutzt wird, daß die Schreibweisen $X = x$ oder $Y = y$ Abkürzungen für Ereignisse sind. Daraus ergibt sich unmittelbar die *bedingte Wahrscheinlichkeitsfunktion von X gegeben $Y = y$* bzw. die *diskrete Dichte von X gegeben $Y = y$* durch

bedingte Wahrscheinlichkeitsfunktion von X

$$f_X(x|y) = \frac{f(x, y)}{f_Y(y)} \quad \text{für festen Wert } y.$$

Für den (uninteressanten) Fall $f_Y(y) = 0$ definiert man $f_X(x|y) = 0$ für alle x. Für *festgehaltenes* y ist $f_X(x|y)$ wieder eine Wahrscheinlichkeitsfunktion für die x-Werte, d.h. es gilt $\sum_i f_X(x_i|y) = 1$. Die Wahrscheinlichkeitsfunktion beschreibt das Verhalten der bedingten Zufallsvariable $X|Y = y$.

Man beachte, daß die bedingte Verteilung von X völlig analog zur *bedingten Häufigkeitsverteilung* von X konstruiert ist. In Abschnitt 3.1.2 wird die bedingte Häufigkeitsverteilung $f_X(a_i|b_j) = h_{ij}/h_{\cdot j}$ betrachtet. Im Nenner findet sich dabei die Häufigkeit des Auftretens von $Y = b_j$, entsprechend bezieht man sich nur auf die Population mit $Y = b_j$. In der Entsprechung dazu findet sich in der Definition der bedingten Wahrscheinlichkeitsfunktion im Nenner die Wahrscheinlichkeit $P(Y = y)$, man bezieht sich also auf die Subpopulation, für die $Y = y$ gilt.

Völlig analog ergibt sich die *bedingte Wahrscheinlichkeitsfunktion von Y gegeben $X = x$* (kurz: $Y|X = x$) durch

bedingte Wahrscheinlichkeitsfunktion von Y

$$f_Y(y|x) = \frac{f(x, y)}{f_X(x)}.$$

Dadurch wird das Verhalten der Zufallsvariable Y beschrieben, wenn bekannt ist, daß $X = x$ aufgetreten ist.

Bedingte Wahrscheinlichkeitsfunktionen

Die *bedingte Wahrscheinlichkeitsfunktion von X gegeben $Y = y$* ist (für festen Wert y und $f_Y(y) \neq 0$) bestimmt durch

$$f_X(x|y) = \frac{f(x,y)}{f_Y(y)},$$

die *bedingte Wahrscheinlichkeitsfunktion von Y gegeben $X = x$* ist (für festen Wert x und $f_X(x) \neq 0$) bestimmt durch

$$f_Y(y|x) = \frac{f(x,y)}{f_X(x)}.$$

Für $f_Y(y) = 0$ legt man $f_X(x|y) = 0$ und für $f_X(x) = 0$ entsprechend $f_Y(y|x) = 0$ fest.

Beispiel 8.4 **Roulette**

Die Randverteilungen des Roulette-Beispiels mit den Variablen Farbe (X) und Zahlentyp (Y) ergeben sich unmittelbar als die Randsummen in der folgenden Tabelle.

$P(X = i, Y = j)$			Y: gerade 1	ungerade 2	Zero 3	
	rot	1	8/37	10/37	0	18/37
X	schwarz	2	10/37	8/37	0	18/37
	Zero	3	0	0	1/37	1/37
			18/37	18/37	1/37	1

(Zeilensummen: f_X; Spaltensummen: f_Y)

Die Randsummen spiegeln wider, daß weder eine Farbausprägung noch ein bestimmter Zahlentyp beim Roulette bevorzugt werden. Es gilt jeweils die Wahrscheinlichkeit 18/37 für die einzelnen Ausprägungen, wobei Zero natürlich eine Sonderstellung einnimmt.

Für die bedingte Wahrscheinlichkeitsfunktion der Zufallsvariable "Zahlentyp, gegeben rote Zahl", die vom Typ $Y|X = 1$ ist, ergibt sich

$$P(Y = 1|X = 1) = 8/18, \qquad P(Y = 2|X = 1) = 10/18, \qquad P(Y = 3|X = 1) = 0.$$

Für "Zahlentyp, gegeben schwarze Zahl" erhält man

$$P(Y = 1|X = 2) = 10/18, \qquad P(Y = 2|X = 2) = 8/18, \qquad P(Y = 3|X = 2) = 0.$$

Daraus ergibt sich für logisch denkende Spieler, daß wenn sie auf rot ($X = 1$) gesetzt haben, sie im gleichen Spieldurchgang besser auf ungerade ($Y = 2$) setzen als auf gerade ($Y = 1$), wenn Sie die Chance auf eine Verdoppelung des Einsatzes im Auge haben. Zu bemerken ist allerdings, daß die Gewinnerwartung insgesamt nicht von der Plazierung des zweiten Chips abhängt. Die Zufallsvariablen X und Y sind offensichtlich nicht unabhängig im Sinne von Abschnitt 5.2.2. □

Die Verallgemeinerung des Konzeptes der Verteilungsfunktion auf zwei Variablen führt zu einer zweidimensionalen Funktion. Die *gemeinsame Verteilungsfunktion von X und Y* ist gegeben durch

gemeinsame Verteilungsfunktion

$$F(x, y) = P(X \leq x, Y \leq y) = \sum_{x_i \leq x} \sum_{y_j \leq y} f(x_i, y_j).$$

In dieser weniger anschaulichen, aber gelegentlich hilfreichen Funktion wird die simultane Wahrscheinlichkeit angegeben, daß X Werte annimmt, die kleiner oder gleich x sind, und Y gleichzeitig Werte annimmt, die kleiner oder gleich y sind.

Aus $F(x, y)$ lassen sich unmittelbar die *Randverteilungsfunktionen* von X bzw. Y bestimmen. Man erhält

Randverteilungsfunktion

$$F_X(x) = P(X \leq x) = F(x, \infty) = \sum_{x_i \leq x} \sum_{y_j} f(x_i, y_j),$$

$$F_Y(y) = P(Y \leq y) = F(\infty, y) = \sum_{x_i} \sum_{y_j \leq y} f(x_i, y_j).$$

Gemeinsame Verteilungsfunktion

Als *gemeinsame Verteilungsfunktion* zu X und Y erhält man

$$F(x, y) = P(X \leq x, Y \leq y) = \sum_{x_i \leq x} \sum_{y_j \leq y} f(x_i, y_j).$$

8.3 Zweidimensionale stetige Zufallsvariablen

Wenn X und Y stetig sind, das heißt, wenn zu jeweils zwei Werten auch jeder Zwischenwert auftreten kann, läßt sich die Wahrscheinlichkeit für das gemeinsame Auftreten bestimmter Werte $X = x$ und $Y = y$ nicht mehr sinnvoll angeben.

Wie in der eindimensionalen Betrachtung läßt sich aber die Wahrscheinlichkeit für Intervalle angeben.

Gemeinsame stetige Verteilung und Dichte zweier Zufallsvariablen

Die Zufallsvariablen X und Y sind *gemeinsam stetig verteilt*, wenn es eine *zweidimensionale Dichtefunktion* $f(x, y) \geq 0$ gibt, so daß

$$P(a \leq X \leq b, c \leq Y \leq d) = \int_a^b \int_c^d f(x, y) dy dx.$$

Die Dichtefunktion f besteht nicht wie im diskreten Fall nur aus Stäben an bestimmten Punkten, sondern ist eine zumindest stückweise glatte Funktion, die darstellt, wie dicht die Wahrscheinlichkeit an bestimmten Stellen "gepackt" ist. Das Doppelintegral in der Definition entspricht anschaulich dem von der Funktion $f(x, y)$ eingeschlossenen Volumen über der Grundfläche $[a, b] \times [c, d]$.

Ein Beispiel für eine derartige Dichtefunktion ist in Abbildung 8.2 dargestellt.

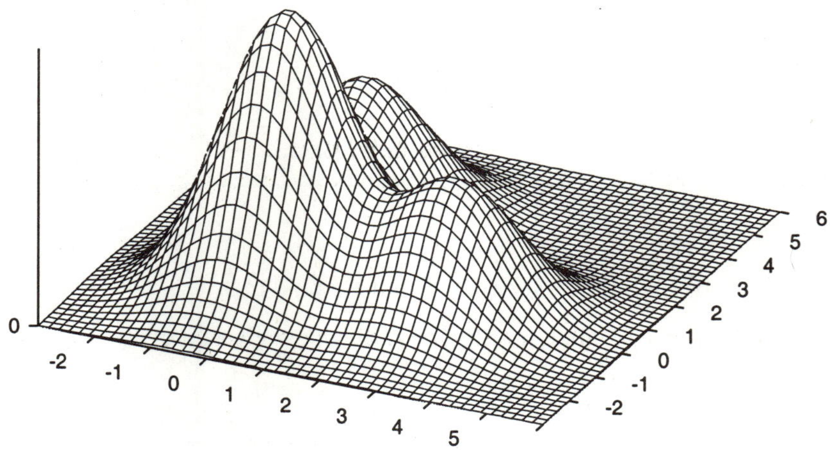

ABBILDUNG 8.2: Form einer zweidimensionalen Dichte $f(x, y)$

Jede zweidimensionale Dichtefunktion läßt sich als derartiges "Gebirge" in der $(x$–$y)$-Ebene darstellen, wobei das Volumen des Gebirges der Gesamtwahrscheinlichkeit entsprechend eins beträgt.

Aus dem durch f festgelegtem Verteilungsgesetz lassen sich wieder die Randdichten bestimmen. Die *Randdichte von* X, d.h. unter Vernachlässigung von Y, ist bestimmt durch

Randdichte von X

$$f_X(x) = \int_{-\infty}^{\infty} f(x,y)dy.$$

Das bei diskreten Zufallsvariablen benutzte Summieren über alle möglichen y-Werte wird hier ersetzt durch das Integrieren über alle y-Werte. Entsprechend ergibt sich die *Randdichte von* Y (unter Vernachlässigung von X) durch

Randdichte von Y

$$f_Y(y) = \int_{-\infty}^{\infty} f(x,y)dx.$$

In völliger Analogie zum diskreten Fall erhält man die *bedingte Dichte von* $X|Y = y$ durch

bedingte Dichte von $X|Y = y$

$$f_X(x|y) = \frac{f(x,y)}{f_Y(y)} \qquad \text{für festes } y \text{ mit } f_Y(y) \neq 0.$$

Diese Dichtefunktion gibt das Verteilungsgesetz von X wieder, wenn $Y = y$ bekannt ist, d.h. das Verteilungsgesetz der Zufallsvariable $X|Y = y$. Wie man einfach nachprüft, ist $f_X(x|y)$ für *festes* y wieder eine stetige Dichte, d.h. es gilt

$$\int_{-\infty}^{\infty} f_X(x|y)dx = 1.$$

Die *bedingte Dichte von* $Y|X = x$ ist entsprechend bestimmt durch

bedingte Dichte von $Y|X = x$

$$f_Y(y|x) = \frac{f(x,y)}{f_X(x)}.$$

Die gemeinsame Verteilungsfunktion stetiger Variablen ist gegeben durch

$$F(x,y) = P(X \leq x, Y \leq y) = \int_{-\infty}^{x} \int_{-\infty}^{y} f(u,v)dv\,du.$$

Da x und y hier die Integrationsgrenzen bezeichnen, werden als Argumente in f die Variablen u und v benutzt.

Randdichten

Die *Randdichte von* X ist gegeben durch

$$f_X(x) = \int_{-\infty}^{\infty} f(x,y)dy,$$

die *Randdichte von* Y durch

$$f_Y(y) = \int_{-\infty}^{\infty} f(x,y)dx.$$

Bedingte Dichten und Verteilungsfunktion

Die *bedingte Dichte von* Y *unter der Bedingung* $X = x$, kurz $Y|X = x$, ist für festen Wert x und $f_X(x) \neq 0$ bestimmt durch

$$f_Y(y|x) = \frac{f(x,y)}{f_X(x)}.$$

Für $f_X(x) = 0$ legt man $f_Y(y|x) = 0$ fest.
Die *bedingte Dichte von* X *unter der Bedingung* $Y = y$, kurz $X|Y = y$, ist für festen Wert y und $f_Y(y) \neq 0$ bestimmt durch

$$f_X(x|y) = \frac{f(x,y)}{f_Y(y)}.$$

Für $f_Y(y) = 0$ legt man $f_X(x|y) = 0$ fest.
Die *gemeinsame Verteilungsfunktion* zu (X, Y) erhält man aus

$$F(x,y) = P(X \leq x, Y \leq y) = \int_{-\infty}^{x} \int_{-\infty}^{y} f(u,v)dv\,du.$$

8.4 Unabhängigkeit von Zufallsvariablen

Die Unabhängigkeit von Zufallsvariablen wurde bereits in den Abschnitten 5.2.2 und 6.1 eingeführt. Im folgenden wird der Zusammenhang zwischen Unabhängigkeit und den bedingten

Dichten hergestellt. Darüber hinaus wird der Begriff der Unabhängigkeit auf mehr als zwei Variablen erweitert.

Betrachten wir zuerst zwei Zufallsvariablen X und Y. Wie in den vorangehenden Abschnitten dargestellt, führt Vorwissen über eine der beiden Variablen zur bedingten Verteilung. Ist $X = x$ bekannt, betrachtet man die Verteilung von $Y|X = x$, die durch

$$f_Y(y|x) = \frac{f(x,y)}{f_X(x)}$$

bestimmt ist. Wenn das Vorwissen $X = x$ Information über die Verteilung von Y enthält, sollte die bedingte Verteilung $f_Y(y|x)$ tatsächlich von dem Vorwissen $X = x$ abhängen. Ist dies nicht der Fall, gilt also für alle x und y

$$f_Y(y|x) = f_Y(y),$$

Unabhängigkeit

nennt man X und Y (stochastisch) *unabhängig*. Die bedingte Verteilung $f_Y(y|x)$ ist dann mit der Randverteilung $f_Y(y)$ identisch. Aus der Definition der bedingten Verteilung ergibt sich unmittelbar, daß die Identität $f_Y(y|x) = f_Y(x)$ genau dann gilt, wenn sich die gemeinsame Verteilung als Produkt

$$f(x,y) = f_X(x)f_Y(y)$$

darstellen läßt.

Völlig analog kann man natürlich die Verteilung von $X|Y = y$ zugrunde legen. Unabhängigkeit drückt sich dann dadurch aus, daß $f_X(x|y)$ nicht von y abhängt, d.h. $f_X(x|y) = f_X(x)$ gilt. Aus der Definition der bedingten Verteilung erhält man für unabhängige Zufallsvariablen wiederum die Produktbedingung $f(x,y) = f_X(x)f_Y(y)$.

Unabhängigkeit von zwei Zufallsvariablen

Die Zufallsvariablen X und Y heißen *unabhängig*, wenn für alle x und y gilt

$$f(x,y) = f_X(x)f_Y(y).$$

Ansonsten heißen X und Y *abhängig*.

Die Unabhängigkeit von Zufallsvariablen wurde bereits in den Kapiteln 6 (diskrete Zufallsvariablen) und 7 (stetige Zufallsvariablen) betrachtet. Zu betonen ist, daß die Begriffsbildung identisch ist. Die in Kapitel 6 gewählte Darstellung der Unabhängigkeit diskreter Zufallsvariablen, nämlich wenn $P(X = x, Y = y) = P(X = x) \cdot P(Y = y)$ gilt, entspricht unmittelbar der Produktbedingung. In Kapitel 7 wurden stetige Variablen als unabhängig bezeichnet, wenn

$P(X \leq x, Y \leq y) = P(X \leq x) \cdot P(Y \leq y)$ gilt. Dies folgt unmittelbar aus der Produktbedingung, da wegen $f(x,y) = f_X(x) f_Y(y)$ gilt

$$\begin{aligned} P(X \leq x, Y \leq y) &= \int_{-\infty}^{x} \int_{-\infty}^{y} f(u,v) dv\, du \\ &= \int_{-\infty}^{x} f_X(u) du \int_{-\infty}^{y} f_Y(v) dv \\ &= P(X \leq x) \cdot P(Y \leq y). \end{aligned}$$

Die umgekehrte Aussage, daß aus $P(X \leq x, Y \leq y) = P(X \leq x) \cdot P(Y \leq y)$ die Produktbedingung folgt, ist etwas aufwendiger zu zeigen, gilt aber ebenso.

Beispiele für die Unabhängigkeit finden sich bereits in den Kapiteln 6 und 7. In Beispiel 8.4 wurde gezeigt, daß für das Roulette Zahlentyp und Farbe keine unabhängigen Zufallsvariablen sind.

Beispiel 8.5 **Meßwiederholungen**

Bezeichnet X_i das Ergebnis des i-ten Münzwurfes, $i = 1, 2$, einer fairen Münze mit $X_i = 1$ für Kopf in Wurf i und $X_i = 0$ für Zahl in Wurf i, so erhält man die gemeinsame Verteilung durch

		X_2: 1	X_2: 0
X_1	1	1/4	1/4
	0	1/4	1/4

Für die Randverteilungen gilt

$$f_{X_1}(1) = \frac{1}{2}, \qquad f_{X_2}(1) = \frac{1}{2}$$

und somit $f(x_1, x_2) = f_{X_1}(x_1) f_{X_2}(x_2)$ für alle $x_1, x_2 \in \{0, 1\}$. Die Zufallsvariablen X_1 und X_2 sind daher unabhängig. □

Der Begriff der Unabhängigkeit von Zufallsvariablen läßt sich auf mehr als zwei Zufallsvariablen erweitern. Analog zum Fall zweier Zufallsvariablen lassen sich die Zufallsvariablen $X_1, \ldots, X_n$ als unabhängig verstehen, wenn die bedingte Verteilung jeder dieser Zufallsvariablen, gegeben die Ausprägungen der übrigen $n-1$ Zufallsvariablen, nicht von diesen Ausprägungen abhängt. Dies führt zur einfachen Darstellung der gemeinsamen Dichte als Produkt der Randdichten.

Die gemeinsame n-dimensionale Dichte ist im diskreten Fall bestimmt durch $f(x_1, \ldots, x_n) = P(X_1 = x_1, \ldots, X_n = x_n)$, im stetigen Fall ist es diejenige Funktion

$f(x_1, \dots, x_n)$, für die gilt

$$F(x_1, \dots, x_n) = P(X_1 \leq x_1, \dots, X_n \leq x_n)$$
$$= \int_{-\infty}^{x_1} \cdots \int_{-\infty}^{x_n} f(u_1, \dots, u_n) du_n \dots du_1.$$

Unabhängigkeit von Zufallsvariablen

Die Zufallsvariablen $X_1, \dots, X_n$ heißen *unabhängig*, wenn für alle $x_1, \dots, x_n$ gilt

$$P(X_1 \leq x_1, \dots, X_n \leq x_n) = P(X_1 \leq x_n) \cdot \ldots \cdot P(X_n \leq x_n).$$

Äquivalent dazu ist die Produktbedingung

$$f(x_1, \dots, x_n) = f_{X_1}(x_1) \cdot \ldots \cdot f_{X_n}(x_n),$$

wobei $f(x_1, \dots, x_n)$ die gemeinsame Dichte von $X_1, \dots, X_n$ und $f_{X_i}(x_i)$ die Dichte der Zufallsvariable X_i bezeichnen $(i = 1, \dots, n)$.

8.5 Kovarianz und Korrelation

Der die beiden Zufallsvariablen X und Y steuernde Wahrscheinlichkeitsmechanismus ist in der gemeinsamen Verteilung $f(x, y)$ enthalten. In vielen Fällen will man jedoch die wesentliche Information in wenigen Parametern zusammengefaßt zur Verfügung haben. Als Kenngrößen der zentralen Tendenz dienen wiederum die Erwartungswerte, wobei jetzt zwei Erwartungswerte, nämlich $E(X)$ und $E(Y)$, auftreten. Diese sind definiert als eindimensionale Erwartungswerte, die aus den Randverteilungen zu X bzw. Y bestimmt werden. Völlig analog erhält man für jede Zufallsvariable aus den Randverteilungen Kennwerte wie Varianz oder Schiefe.

Ein neuer Aspekt bei der Behandlung zweier Zufallsvariablen ist die Frage nach dem Zusammenhang der beiden Variablen. Ein Maß für diesen Zusammenhang ist die Kovarianz.

Kovarianz

Die *Kovarianz* der Zufallsvariablen X und Y ist bestimmt durch

$$Cov(X, Y) = E([X - E(X)][Y - E(Y)]).$$

Die Kovarianz ist nach Definition der Erwartungswert der Zufallsvariable $[X - E(X)][Y - E(Y)]$, die selbst ein Produkt von zwei Zufallsvariablen ist. Die Zufallsvariablen, die das Produkt bilden, sind um null zentriert, d.h. es gilt $E(X - E(X)) = 0$ und $E(Y - E(Y)) = 0$. Man kann sich — ähnlich wie für den empirischen Korrelationskoeffizienten — leicht klar machen, daß das Produkt positiv ist, wenn X und Y tendenzmäßig einen gleichsinnigen linearen Zusammenhang aufweisen, hingegen ist es negativ, wenn X und Y einen gegensinnigen linearen Zusammenhang besitzen. Deutlich wird dies aus der Darstellung

$$Cov(X,Y) = \begin{cases} \sum\limits_i \sum\limits_j f(x_i, y_j)(x_i - E(X))(y_j - E(Y)) & X \text{ und } Y \text{ diskret} \\ \int\limits_{-\infty}^{\infty} \int\limits_{-\infty}^{\infty} f(x,y)(x - E(X))(y - E(Y))dx\,dy & X \text{ und } Y \text{ stetig.} \end{cases}$$

Insbesondere für diskrete Variablen ist erkennbar, daß in einem Koordinatensystem durch den Punkt $(E(X), E(Y))$ in der Summe alle Werte des ersten und dritten Quadranten einen positiven, alle Werte des zweiten und vierten Quadranten einen negativen Beitrag liefern. Die Überlegung erfolgt völlig analog zu der Behandlung des empirischen Korrelationskoeffizienten. Im Unterschied zu den Überlegungen dort sind jetzt (x_i, y_j) keine Beobachtungen, sondern die möglichen Ausprägungen, gewichtet mit der tatsächlichen Auftretenswahrscheinlichkeit $f(x_i, y_j)$.

Beispiel 8.6 **Meßwiederholungen**

Bezeichne X_i das Ergebnis des i-ten Münzwurfes einer fairen Münze, wobei

$$X_i = \begin{cases} 1 & \text{Kopf bei Wurf } i \\ 0 & \text{Zahl bei Wurf } i. \end{cases}$$

Für zwei Münzwürfe berechnet sich die gemeinsame Wahrscheinlichkeitsverteilung als Laplace-Wahrscheinlichkeiten durch

		X_2 = 1	X_2 = 0
X_1	1	1/4	1/4
	0	1/4	1/4

Daraus erhält man mit $E(X_i) = 0.5$ die Kovarianz

$$\begin{aligned} Cov(X_1, X_2) &= \frac{1}{4}(1-0.5)(1-0.5) + \frac{1}{4}(1-0.5)(0-0.5) \\ &\quad + \frac{1}{4}(0-0.5)(1-0.5) + \frac{1}{4}(0-0.5)(0-0.5) \\ &= \frac{1}{4}(0.25 - 0.25 - 0.25 + 0.25) = 0. \end{aligned}$$

Man erhält somit für die Kovarianz zwischen X_1 und X_2 den Wert null. Wie im folgenden dargestellt wird, gilt dies generell für unabhängige Zufallsvariablen. □

Einige Eigenschaften der Kovarianz, die von weiterer Bedeutung sind, werden im folgenden zusammengefaßt:

Verschiebungssatz

$$Cov(X,Y) = E(XY) - E(X) \cdot E(Y)$$

Symmetrie

$$Cov(X,Y) = Cov(Y,X)$$

Lineare Transformation
Die Kovarianz der transformierten Zufallsvariablen $\widetilde{X} = a_X X + b_X$, $\widetilde{Y} = a_Y Y + b_Y$ ist bestimmt durch

$$Cov(\widetilde{X},\widetilde{Y}) = a_X a_Y Cov(X,Y).$$

Zu diesen Eigenschaften gelten folgende Bemerkungen:

1. Die durch den Verschiebungssatz bestimmte alternative Darstellung der Varianz ist rechentechnisch häufig vorteilhafter, da $E(X)$ und $E(Y)$ meist vorher schon berechnet wurden, und damit nur $E(XY)$ zu berechnen ist durch

rechentechnisch günstige Variante

$$E(XY) = \begin{cases} \sum\limits_i \sum\limits_j f(x_i, y_i) x_i y_i & X \text{ und } Y \text{ diskret} \\ \int\limits_{-\infty}^{\infty} \int\limits_{-\infty}^{\infty} xy\, f(x,y) dy\, dx & X \text{ und } Y \text{ stetig.} \end{cases}$$

2. Die Vertauschbarkeit von X und Y ergibt sich unmittelbar aus der Definition, da die Reihenfolge der Multiplikation in $[X - E(X)][Y - E(Y)]$ beliebig ist.

Vertauschbarkeit

3. Die Kovarianz der transformierten Variablen $\widetilde{X} = a_X X + b_X$, $\widetilde{Y} = a_Y Y + b_Y$ erhält man aus der Kovarianz von X und Y durch Multiplikation mit den Transformationskonstanten $a_X a_Y$. Die Kovarianz ist damit *maßstabsabhängig*.

Maßstabsabhängigkeit der Kovarianz

Die letzte Eigenschaft der Maßstabsabhängigkeit hat zur Folge, daß, wenn statt X der zehnfache Wert $10 \cdot X$ betrachtet wird, für die Kovarianz $Cov(10X,Y) = 10Cov(X,Y)$ gilt. Diese

Abhängigkeit von der Skalenwahl macht die Kovarianz als Absolutzahl schwierig interpretierbar. Eine geeignete Normierung liefert der Korrelationskoeffizient.

Korrelationskoeffizient

Der *Korrelationskoeffizient* ist bestimmt durch

$$\rho = \rho(X,Y) = \frac{Cov\,(X,Y)}{\sqrt{Var(X)}\sqrt{Var(Y)}} = \frac{Cov\,(X,Y)}{\sigma_X \sigma_Y}.$$

Eigenschaften

Der Korrelationskoeffizient hat folgende *Eigenschaften*:

1. Sein Wertebereich ist bestimmt durch

$$-1 \leq \rho(X,Y) \leq 1.$$

2. Es läßt sich zeigen, daß

$|\rho(X,Y)| = 1$ genau dann gilt, wenn Y eine lineare Transformation von X ist, d.h. $Y = aX + b$ für Konstanten a, b gilt.

Wenn $a > 0$ ist, gilt $\rho(X,Y) = 1$, und wenn $a < 0$ ist, gilt $\rho(X,Y) = -1$.

3. Aus dem Satz für lineare Transformationen von Kovarianzen ergibt sich für die "standardisierten" Zufallsvariablen $\widetilde{X} = X/\sigma_X$ und $\widetilde{Y} = Y/\sigma_Y$

$$Cov\,(\widetilde{X},\widetilde{Y}) = Cov\,(X/\sigma_X, Y/\sigma_Y) = \frac{1}{\sigma_X \sigma_Y} Cov\,(X,Y) = \rho(X,Y).$$

Die Korrelation von X und Y läßt sich daher als die Kovarianz der "standardisierten" Zufallsvariablen verstehen.

Maßstabsunabhängigkeit des Korrelationskoeffizienten

4. Eine wichtige Eigenschaft des Korrelationskoeffizienten ist die Maßstabsunabhängigkeit. Wie man einfach ableitet, gilt für die Korrelation der transformierten Variablen $\widetilde{X} = a_X X + b_X,\ a_X \neq 0, \widetilde{Y} = a_Y Y + b_Y,\ a_Y \neq 0$, die Aussage

$$\rho(\widetilde{X},\widetilde{Y}) = \frac{a_X a_Y}{|a_X||a_Y|}\rho(X,Y),$$

d.h. insbesondere

$$|\rho(\widetilde{X},\widetilde{Y})| = |\rho(X,Y)|.$$

Wie für den empirischen Korrelationskoeffizienten gilt $\rho(\widetilde{X}, \widetilde{Y}) = -\rho(X, Y)$ wenn eine der Variablen ein anderes Vorzeichen erhält, d.h. wenn $a_X > 0, a_Y < 0$ bzw. $a_X < 0, a_Y > 0$ gilt.

Generell ist ρ ein Maß für den linearen Zusammenhang zwischen den Zufallsvariablen X und Y. Für das Verschwinden der Korrelation wird die Bezeichnung Unkorreliertheit verwendet:

Unkorreliertheit

Zwei Zufallsvariablen X und Y heißen *unkorreliert*, wenn gilt

$$\rho(X, Y) = 0.$$

Wenn $\rho(X, Y) \neq 0$ gilt, heißen sie *korreliert*.

Die Eigenschaft der Unkorreliertheit fordert etwas weniger als die Unabhängigkeit von X und Y. Allgemein gilt die folgenden Aussage.

Unabhängigkeit und Korrelation

Sind zwei Zufallsvariablen *unabhängig*, so sind sie auch *unkorreliert*, d.h. es gilt $\rho(X, Y) = 0$.

Die Gültigkeit dieser Aussage ist unmittelbar einsehbar. Für unabhängige Zufallsvariablen gilt $E(X \cdot Y) = E(X) \cdot E(Y)$. Daraus folgt mit dem Verschiebungssatz $Cov(X, Y) = E(X \cdot Y) - E(X) \cdot E(Y) = 0$ und damit $\rho(X, Y) = 0$. Die Umkehrung, daß unkorrelierte Zufallsvariablen auch unabhängig sind, gilt nicht allgemein. Sie gilt allerdings dann, wenn X und Y gemeinsam normalverteilt sind (vgl. Abschnitt 8.6).

Klar zu unterscheiden sind der theoretische Parameter Korrelationskoeffizient und der empirische Korrelationskoeffizient. Während der Korrelationskoeffizient den wahren, aber meist unbekannten linearen *Zusammenhang zwischen den Zufallsvariablen X und Y* mißt, beschreibt der empirische Korrelationskoeffizient den beobachteten *Zusammenhang von Daten*. Der Korrelationskoeffizient $\rho(X, Y)$ beschreibt keine Daten, sondern das zugrundeliegende stochastische Verhalten eines Systems. Dies sei an einem Beispiel nochmals veranschaulicht.

Münzwurf **Beispiel 8.7**

Eine faire Münze mit Kopf (K) und Zahl (Z) werde viermal geworfen. Bezeichne X die Anzahl der Würfe, bei denen Kopf resultiert, und Y die Anzahl der Würfe, bei denen Zahl resultiert. Man überlegt sich einfach, daß für (X, Y) nur die Paare $(0, 4)$, $(1, 3)$, $(2, 2)$, $(3, 1)$, $(4, 0)$ auftreten können. Da diese

Werte alle auf einer Geraden negativer Steigung liegen, ergibt sich $\rho(X,Y) = -1$ (richtige Berechnung führt natürlich zu demselben Wert). Die maximal-negative Korrelation ist dadurch begründet, daß sich Kopf und Zahl bei jedem Wurf ausschließen. Wesentlich ist jedoch, daß das Experiment nicht durchgeführt werden muß, um zu bestimmen, daß $\rho(X,Y) = -1$ gilt. Die Korrelation folgt nur aus dem Verteilungsgesetz und der Art der betrachteten Variablen und ist somit eine Systemeigenschaft. Es werden keinerlei Daten erhoben. □

Die Varianz der Summe von Zufallsvariablen wurde bisher nur für unabhängige Zufallsvariablen betrachtet. Betrachtet man allgemeiner die Zufallsvariablen X_1 und X_2 erhält man aus der Definition der Varianz

$$\begin{aligned} Var(X_1 + X_2) &= E([X_1 + X_2 - E(X_1) - E(X_2)]^2) \\ &= E[(X_1 - E(X_1))^2 + (X_2 - E(X_2))^2 \\ &\quad + 2(X_1 - E(X_1))(X_2 - E(X_2))] \\ &= Var(X_1) + Var(X_2) + 2Cov(X_1, X_2). \end{aligned}$$

Bei der Bestimmung der Varianz einer Summe von Zufallsvariablen ist demnach die Kovarianz mit zu berücksichtigen.

Varianz der Summe zweier Zufallszahlen

Für die Varianz einer Summe von Zufallsvariablen gilt

$$Var(X_1 + X_2) = Var(X_1) + Var(X_2) + 2Cov(X_1, X_2).$$

Kovarianz und Korrelation sind Maße für den (linearen) Zusammenhang jeweils zweier Variablen. Für n Zufallsvariablen $X_1, \ldots, X_n$ läßt sich jeweils paarweise die Kovarianz $Cov(X_i, Y_j)$ bzw. die Korrelation $\rho(X_i, X_j)$ betrachten. Diese Kovarianzen werden generell bedeutungsvoll, wenn *Linearkombinationen* von Zufallsvariablen gebildet werden. Anstatt der einfachen Summe $X_1 + \cdots + X_n$ betrachte man allgemeiner die gewichtete Summe

Linearkombination

$$X = a_1 X_1 + \cdots + a_n X_n,$$

wobei $a_1, \ldots, a_n$ feste Gewichte darstellen. Beispielsweise kann X den Gewinn eines internationalen Konzerns darstellen, der sich aus der Summe der Einzelgewinne ergibt, wobei $a_1, \ldots, a_n$ die entsprechenden Faktoren zur Umrechnung in eine Währungseinheit darstellen (Dollar und DM sollte man nicht addieren).

Was erfährt man aus der Kenntnis der Erwartungswerte und Varianzen der einzelnen Zufallsvariablen über das Verhalten der gewichteten Summe? Aus den folgenden Transformationsregeln läßt sich auf deren Erwartungswert und Varianz schließen. Für den Erwartungswert weiß man aus den Kapiteln 5 und 6, daß $E(X) = a_1 E(X_1) + \cdots + a_n E(X_n)$ gilt. Damit erhält man für die Varianz unmittelbar aus der Definition von Varianz und Kovarianz

$$\begin{aligned}
Var(X) &= E([X - E(X)]^2) \\
&= E\left(\left[\sum_{i=1}^{n} a_i X_i - \sum_{i=1}^{n} a_i E(X_i)\right]^2\right) = E\left(\left[\sum_{i=1}^{n} a_i (X_i - E(X_i))\right]^2\right) \\
&= E\left(\sum_{i=1}^{n} a_i^2 (X_i - E(X_i))^2 + \sum_{i \neq j} a_i a_j (X_i - E(X_i))(X_j - E(X_j))\right) \\
&= \sum_{i=1}^{n} a_i^2 Var(X_i) + \sum_{i \neq j} a_i a_j Cov(X_i, X_j) \\
&= \sum_{i=1}^{n} a_i^2 Var(X_i) + 2 \sum_{i<j} a_i a_j Cov(X_i, X_j).
\end{aligned}$$

Dabei wird $\sum_{i \neq j}$, d.h. die Summe über alle Werte i und j mit $i \neq j$, wegen $Cov(X_i, X_j) = Cov(X_j, X_i)$ ersetzt durch $2 \sum_{i<j}$, d.h. die Summe über alle Werte i und j für die $i < j$ gilt; entsprechend wird jedes Paar $Cov(X_i, X_j)$ doppelt gezählt.

Für die Varianz der gewichteten Summe sind also nicht nur die Varianzen der einzelnen Variablen von Relevanz, sondern auch der Zusammenhang der Variablen, soweit er in den Kovarianzen erfaßt ist. Diese Aussage hat wesentliche Konsequenzen beispielsweise bei der Risikominimierung von Wertpapiermischungen (vgl. Beispiel 8.8).

Sind alle Variablen unkorreliert, d.h. gilt $\rho(X_i, X_j) = 0$ und damit $Cov(X_i, X_j) = 0$, erhält man die einfache Form

$$Var(X) = \sum_{i=1}^{n} a_i^2 Var(X_i),$$

die bereits in den Kapiteln 5 und 6 benutzt wurde. In der folgenden Übersicht ist ergänzend die aus diesem Kapitel bekannte Formel für den Erwartungswert einer Summe von Zufallsvariablen nochmals wiedergegeben. Im Gegensatz zur Varianz von X ist diese Formel für korrelierte und unkorrelierte Zufallsvariablen gültig.

Erwartungswert und Varianz von Linearkombinationen

Die gewichtete Summe

$$X = a_1X_1 + \cdots + a_nX_n$$

der Zufallsvariablen $X_1, \ldots, X_n$ besitzt den *Erwartungswert*

$$E(X) = a_1E(X_1) + \cdots + a_nE(X_n)$$

und die *Varianz*

$$\begin{aligned} Var(X) &= a_1^2 Var(X_1) + \cdots + a_n^2 Var(X_n) \\ &\quad + 2a_1a_2 Cov(X_1, X_2) + 2a_1a_3 Cov(X_1, X_3) + \ldots \\ &= \sum_{i=1}^{n} a_i^2 Var(X_i) + 2\sum_{i<j} a_ia_j Cov(X_i, X_j). \end{aligned}$$

Beispiel 8.8 **Portfolio-Optimierung**

Ein zur Verfügung stehender Betrag sei aufgeteilt in zwei Anlageformen. Der Anteil a_1 wird in eine erste Wertanlage (beispielsweise Aktie A), der Anteil a_2 wird in eine zweite Wertanlage (beispielsweise Aktie B) investiert, d.h. $a_1 + a_2 = 1$. Man betrachtet nun die Rendite dieser Wertpapiermischung, d.h. den prozentualen Gewinn des Portefeuilles während eines festen Zeitraums. Die Gesamtrendite ergibt sich durch

$$X = a_1X_1 + a_2X_2,$$

wobei X_1, X_2 die Renditen der beiden Anlageformen darstellen. Renditen, insbesondere bei Risikoanlagen sind Zufallsvariablen. Die festverzinsliche risikofreie Anlage läßt sich als Spezialfall mit verschwindender Varianz ($Var(X_i) = 0$) betrachten. Nach den entwickelten Formeln erhält man für die zu erwartende Gesamtrendite

$$E(X) = a_1E(X_1) + a_2E(X_2),$$

also eine gemäß den Anteilen gewichtete Summe der zu erwartenden Einzelrenditen. Ein wichtiger Indikator für eine Wertpapiermischung ist das Portefeuillerisiko, unter dem die Varianz der Gesamtrendite verstanden wird. Man erhält unmittelbar

$$Var(X) = a_1^2 Var(X_1) + a_2^2 Var(X_2) + 2a_1a_2 Cov(X_1, X_2).$$

Das Risiko der Gesamtrendite wird demnach nicht nur vom Risiko der Einzelrenditen, sondern auch von der Kovarianz bestimmt. Wegen $\rho = Cov(X_1, X_2)/\sqrt{Var(X_1)Var(X_2)}$ läßt sich diese Beziehung mit $\sigma_i = \sqrt{Var(X_i)}$ auch darstellen durch

$$Var(X) = a_1^2\sigma_1^2 + a_2^2\sigma_2^2 + 2a_1a_2\rho\sigma_1\sigma_2,$$

wobei die Kovarianz jetzt durch den Korrelationskoeffizienten ersetzt ist. Der Vorteil ist, daß der Wertebereich von ρ bekannt ist, da $-1 \leq \rho \leq 1$ gilt. Man sieht daraus, daß für negativ korrelierte Renditen ($\rho < 0$) ein Gesamtrisiko resultiert, das kleiner ist als das Gesamtrisiko für unkorrelierte Renditen ($\rho = 0$).

Zur Veranschaulichung sei der Spezialfall $\sigma_1 = \sigma_2 = \sigma$ betrachtet. Man erhält durch Einsetzen

$$Var(X) = (a_1^2 + a_2^2 + 2a_1a_2\rho)\sigma^2.$$

Es ist unmittelbar ersichtlich, daß für den Extremfall positiver Korrelation ($\rho = 1$) die Beziehung

$$Var(X) = (a_1 + a_2)^2\sigma^2 = \sigma^2$$

gilt. Für den Extremfall negativer Korrelation ($\rho = -1$) erhält man die Beziehung

$$Var(X) = (a_1 - a_2)^2\sigma^2.$$

Eine gleichmäßige Mischung $a_1 = a_2 = 0.5$ führt dann zum risikolosen Portefeuille mit $Var(X) = 0$. Prinzipiell gilt, daß negativ korrelierte Renditen das Risiko vermindern. □

8.6 Die zweidimensionale Normalverteilung

Die eindimensionale Normalverteilung wurde als eines der wichtigsten stetigen Verteilungsmodelle bereits behandelt. Ihre Dichte ist von der Form

$$f(x) = \frac{1}{\sqrt{2\pi}\sigma} \exp\left\{-\frac{1}{2}\left(\frac{x-\mu}{\sigma}\right)^2\right\},$$

wobei $\mu = E(X)$ der Erwartungswert und $\sigma^2 = Var(X)$ die Varianz der normalverteilten Zufallsvariable X bezeichnet. Erwartungswert μ und Varianz σ^2 sind die beiden charakterisierenden Parameter.

Betrachtet man zwei stetige Zufallsvariablen X und Y, beispielsweise Haushaltseinkommen und Haushaltsausgaben, dann sind für die gemeinsame Verteilung mehr Parameter von Interesse. Insbesondere sind das

$\mu_1 = E(X)$,	der Erwartungswert von X,
$\mu_2 = E(Y)$,	der Erwartungswert von Y,
$\sigma_1^2 = Var(X)$,	die Varianz von X,
$\sigma_2^2 = Var(Y)$,	die Varianz von Y und
$\rho = Cov(X,Y)/\sigma_1\sigma_2$,	die Korrelation zwischen X und Y.

In der Erweiterung der Normalverteilung auf zweidimensionale Zufallsvariablen, die im folgenden gegeben ist, treten alle diese Parameter auf.

Zweidimensionale Normalverteilung

Die Zufallsvariablen X und Y heißen *gemeinsam normalverteilt*, wenn die Dichte bestimmt ist durch

$$f(x,y) = \frac{1}{2\pi\sigma_1\sigma_2\sqrt{1-\rho^2}}$$
$$\times \exp\left\{ -\frac{1}{2(1-\rho^2)}\left[\left(\frac{x-\mu_1}{\sigma_1}\right)^2 - 2\rho\left(\frac{x-\mu_1}{\sigma_1}\right)\left(\frac{y-\mu_2}{\sigma_2}\right) + \left(\frac{y-\mu_2}{\sigma_2}\right)^2\right]\right\}.$$

In den Abbildungen 8.3 bis 8.6 sind Dichten zweidimensionaler Normalverteilungen dargestellt.

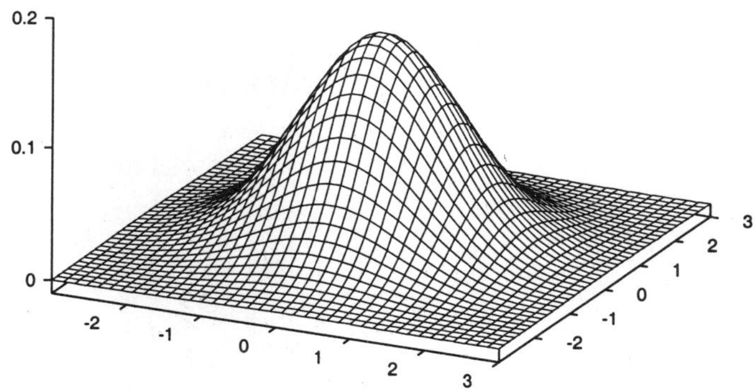

ABBILDUNG 8.3: Zweidimensionale Normalverteilungsdichte für unkorrelierte Merkmale, $\rho = 0$, mit $\mu_1 = \mu_2 = 0, \sigma_1 = \sigma_2 = 1.0$

Die Erwartungswerte sind in allen Abbildungen durch $\mu_1 = \mu_2 = 0$ festgelegt. Da alle Normalverteilungsdichten *eingipflig* sind mit dem Gipfel an der Stelle (μ_1, μ_2), sind sämtliche Abbildungen um den Nullpunkt $(0,0)$ zentriert. Die Dichten in den Abbildungen 8.3 und 8.4 zeigen mit $\rho = 0$ unkorrelierte Variablen. Die beiden Abbildungen unterscheiden sich nur in der Standardabweichung von X. In Abbildung 8.3 wird $\sigma_1 = \sigma_2 = 1$, in Abbildung 8.4 wird $\sigma_1 = 1.5, \sigma_2 = 1.0$ zugrunde gelegt. Die Abbildungen 8.5 und 8.6 zeigen mit $\rho = 0.8$ einmal den Fall starker positiver Korrelation und mit $\rho = -0.8$ den Fall stark negativer Korrelation.

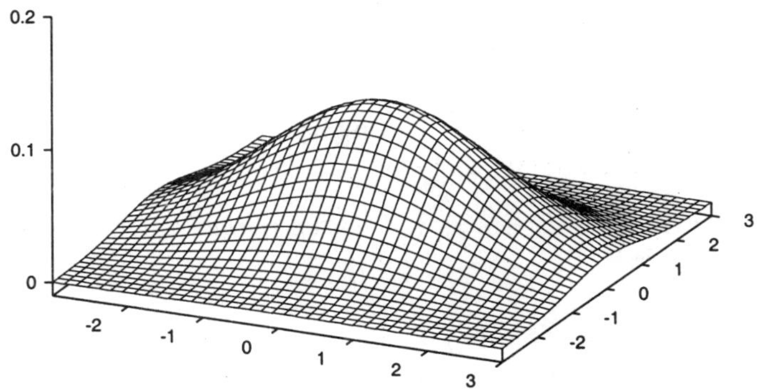

ABBILDUNG 8.4: Zweidimensionale Normalverteilungsdichte für unkorrelierte Merkmale, $\rho = 0$, mit $\mu_1 = \mu_2 = 0, \sigma_1 = 1.5, \sigma_2 = 1.0$

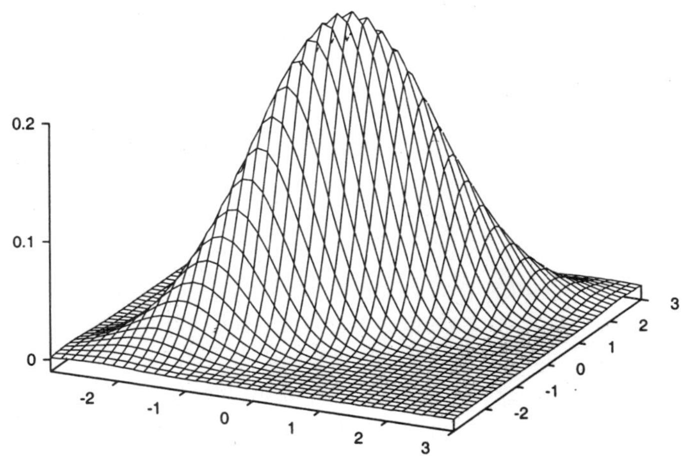

ABBILDUNG 8.5: Zweidimensionale Normalverteilungsdichte, $\rho = 0.8, \mu_1 = \mu_2 = 0, \sigma_1 = \sigma_2 = 1.0$

In diesen beiden Abbildungen wurde $\sigma_1 = \sigma_2 = 1$ gewählt. Die Varianzen σ_1^2, σ_2^2 bestimmen, wie stark die Verteilung in die x-, bzw. y-Richtung auseinandergezogen ist. Dies ist ersichtlich aus den Abbildungen 8.3 und 8.4. In Abbildung 8.4 ist wegen $\sigma_1 = 1.5 > \sigma_2 = 1$ die Dichte in Richtung der x-Achse stärker auseinandergezogen. Da das von den Dichten umschlossene Volumen eins beträgt, ist der Gipfel entsprechend niedriger. Die Korrelation ρ legt fest, wie der "Bergrücken" in der $(x$–$y)$-Ebene ausgerichtet ist und bestimmt (für feste Wer-

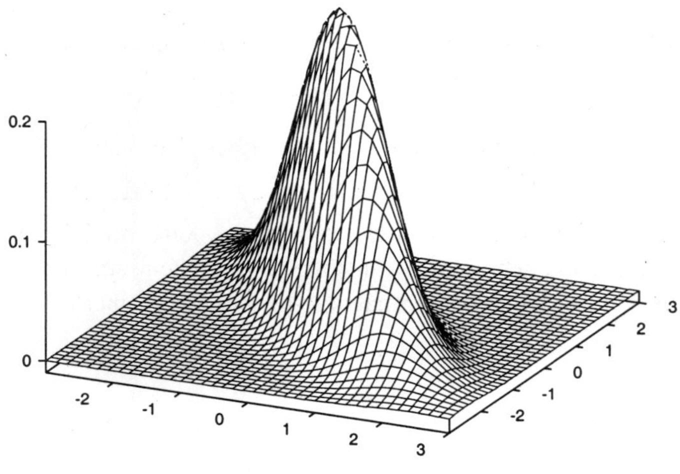

ABBILDUNG 8.6: Zweidimensionale Normalverteilungsdichte, $\rho = -0.8, \mu_1 = \mu_2 = 0, \sigma_1 = \sigma_2 = 1.0$

te σ_1^2, σ_2^2), wie stark der Bergrücken in die Breite gezogen ist. Für $|\rho|$ in der Nähe von 1 ist der Bergrücken schmaler, für $|\rho|$ nahe null ist der Bergrücken breiter. Für die positive Korrelation in Abbildung 8.5 ist der Bergrücken dem gleichsinnigen Zusammenhang der beiden Variablen entsprechend an der Winkelhalbierenden des ersten Quadranten ausgerichtet. Die Abbildung 8.6 zeigt, wie bei negativer Korrelation, dem gegensinnigen Zusammenhang entsprechend, große Ausprägungen der ersten Variable tendenziell mit kleinen Ausprägungen der zweiten Variable einhergehen. Prinzipiell wird $|\rho| < 1$ vorausgesetzt, was man unmittelbar daran sieht, daß $1 - \rho^2$ in der gemeinsamen Dichte im Nenner erscheint. Für $\rho = 1$ ist die Verteilung entartet, d.h. geht die Korrelation von X und Y gegen eins, so wird der Bergrücken beliebig schmal.

Man sieht aus der gemeinsamen Dichtefunktion, daß für $\rho = 0$ gilt

$$f(x,y) = \frac{1}{\sqrt{2\pi}\sigma_1} \exp\left\{-\frac{1}{2}\left(\frac{x-\mu_1}{\sigma_1}\right)^2\right\} \frac{1}{\sqrt{2\pi}\sigma_2} \exp\left\{-\frac{1}{2}\left(\frac{x-\mu_2}{\sigma_2}\right)^2\right\},$$

d.h. die Dichte läßt sich als Produkt der Randdichten $f_X(x)$ und $f_Y(y)$ von X bzw. Y darstellen. Die Produktdarstellung $f(x,y) = f_X(x)f_Y(y)$ ist äquivalent zur Aussage, daß X und Y unabhängig sind. Für gemeinsam normalverteilte Zufallsgrößen X und Y gilt demnach, daß unkorrelierte Zufallsgrößen ($\rho = 0$) auch unabhängig sind.

Unabhängigkeit und Korrelation bei normalverteilten Zufallsvariablen

Für gemeinsam normalverteilte Zufallsvariablen X und Y gilt:

X und Y sind unabhängig genau dann, wenn sie unkorreliert sind.

Für den Spezialfall unkorrelierter Größen läßt sich die gemeinsame Dichte demnach als Produkt der Randdichten darstellen. Auch für korrelierte gemeinsam normalverteilte Zufallsgrößen gilt, daß die Randverteilungen normalverteilt sind, d.h. man erhält

$$X \sim N(\mu_1, \sigma_1^2), \qquad Y \sim N(\mu_2, \sigma_2^2).$$

8.7 Zusammenfassung und Bemerkungen

Die Untersuchung der gemeinsamen Verteilung von Zufallsvariablen ist ein Grundstein zum Verständnis der Analyse des Zusammenhangs von Variablen. Zentrale Konzepte wie Kovarianz, Korrelation und Unabhängigkeit ermöglichen es, diesen Zusammenhang zu quantifizieren. Kovarianz und Korrelation sind *theoretische* Zusammenhangsmaße, erfaßt wird dadurch der durch ein Zufallsexperiment bedingte *zugrundeliegende* Zusammenhang, der selbst nicht direkt beobachtbar ist. Sie bilden den theoretischen Hintergrund, auf dem erklärbar ist, daß zweidimensionale Beobachtungen, also Realisationen von Zufallsexperimenten eine gemeinsame – gegensinnige oder gleichsinnige – Tendenz aufweisen.

Der Begriff der *Unabhängigkeit* von Zufallsvariablen wird auch in den folgenden Kapiteln eine wichtige Rolle spielen. Wenn Zufallsexperimente wiederholt unter gleichen Bedingungen und unabhängig voneinander durchgeführt werden, erhält man unabhängige Zufallsvariablen $X_1, \ldots, X_n$, die – als Stichprobenvariablen bezeichnet – die Grundlage für Rückschlüsse auf die Grundgesamtheit darstellen. Dabei erweisen sich die in diesem Kapitel behandelten Regeln zur Bildung von Erwartungswert und Varianz von Summen von Zufallsvariablen als wichtig.

Ausführlichere Darstellungen mehrdimensionaler Zufallsvariablen und die sich ergebenden Probleme, die Zusammenhangsstruktur von mehr als zwei Zufallsvariablen zu erfassen, finden sich in der Literatur zur multivariaten Statistik, z.B. in Fahrmeir, Hamerle und Tutz (1996).

8.8 Aufgaben

Die gemeinsame Verteilung von X und Y sei durch die folgende Kontingenztafel der Auftretenswahrscheinlichkeiten bestimmt: **Aufgabe 8.1**

		Y: 1	Y: 2	Y: 3
X	1	0.25	0.15	0.10
	2	0.10	0.15	0.25

(a) Man bestimme den Erwartungswert und die Varianz von X bzw. Y.
(b) Man bestimme die bedingten Verteilungen von $X|Y = y$ und $Y|X = x$.
(c) Man bestimme die Kovarianz und die Korrelation von X und Y.
(d) Man bestimme die Varianz von $X + Y$.

Aufgabe 8.2 In Beispiel 8.4 (Seite 338) ist die Kontingenztafel der Auftretenswahrscheinlichkeiten für die Variablen Farbe (X) und Zahlentyp (Y) beim Roulette gegeben. Man bestimme die Kovarianz und die Korrelation von X und Y. Sind X und Y unabhängig?

Aufgabe 8.3 Die gemeinsame Wahrscheinlichkeitsfunktion von X und Y sei bestimmt durch

$$f(x,y) = \begin{cases} e^{-2\lambda} \frac{\lambda^{x+y}}{x!y!} & \text{für } x, y \in \{0, 1, \dots\} \\ 0 & \text{sonst.} \end{cases}$$

(a) Man bestimme die Randverteilung von X bzw. Y.
(b) Man bestimme die bedingten Verteilungen von $X|Y = y$ und $Y|X = x$ und vergleiche diese mit den Randverteilungen.
(c) Man bestimme die Kovarianz von X und Y.

Aufgabe 8.4 Der Türsteher einer Nobeldiskothek entscheidet sequentiell. Der erste Besucher wird mit der Wahrscheinlichkeit 0.5 eingelassen, der zweite mit 0.6 und der dritte mit 0.8. Man betrachte die Zufallsvariable X: "Anzahl der eingelassenen Besucher unter den ersten beiden Besuchern" und Y: "Anzahl der eingelassenen Besucher unter den letzten beiden Besuchern".
(a) Man bestimme die gemeinsame Wahrscheinlichkeitsfunktion von X und Y.
(b) Man untersuche, ob X und Y unabhängig sind.

Aufgabe 8.5 Ein Anleger verfügt zu Jahresbeginn über 200000 DM. 150000 DM legt er bei einer Bank an, die ihm eine zufällige Jahresrendite R_1 garantiert, welche gleichverteilt zwischen 6 % und 8 % ist. Mit den restlichen 50000 DM spekuliert er an der Börse, wobei er von einer $N(8,4)$-verteilten Jahresrendite R_2 (in %) ausgeht. Der Anleger geht davon aus, daß die Renditen R_1 und R_2 unabhängig verteilt sind.
(a) Man bestimme den Erwartungswert und die Varianz von R_1 und R_2.
(b) Man berechne die Wahrscheinlichkeiten, daß der Anleger an der Börse eine Rendite von 8 %, von mindestens 9 % bzw. zwischen 6 % und 10 % erzielt.
(c) Wie groß ist die Wahrscheinlichkeit, daß der Anleger bei der Bank eine Rendite zwischen 6.5 % und 7.5 % erzielt?
(d) Man stelle das Jahresendvermögen V als Funktion der Renditen R_1 und R_2 dar und berechne Erwartungswert und Varianz von V.
(e) Angenommen, die beiden Renditen sind nicht unabhängig sondern korrelieren mit $\rho = -0.5$. Wie würden Sie die 200000 DM aufteilen, um eine minimale Varianz der Gesamtrendite zu erzielen. Wie ändert sich die zu erwartende Rendite?

9

Parameterschätzung

Die Ziehung von Stichproben, die ein möglichst getreues Abbild der Grundgesamtheit wiedergeben sollen, erfolgt nicht zum Selbstzweck. Vielmehr besteht das Ziel einer Stichprobenziehung darin, Informationen über das Verhalten eines Merkmals in der Grundgesamtheit zu gewinnen. Genau dieser Aspekt ist entscheidend: Man ist nicht eigentlich daran interessiert zu erfahren, wie sich das Merkmal in der Stichprobe verhält, sondern diese Information wird benutzt, um daraus auf das Verhalten in der Grundgesamtheit zu schließen. Um diesen Schluß ziehen zu können, benötigt man ein Modell, das die Verteilung des interessierenden Merkmals in der Grundgesamtheit beschreibt. Damit können Ergebnisse, die man für eine Stichprobe – sofern deren Ziehung bestimmten Kriterien genügt – ermittelt hat, auf die entsprechende Grundgesamtheit übertragen werden. Diese Verallgemeinerung ist natürlich nicht mit hundertprozentiger Präzision möglich, da zum einen das Modell, in dem man sich bewegt eben nur ein Modell ist und zum anderen die Stichprobe nicht absolut den zuvor festgelegten Kriterien genügt. Allerdings ist es möglich, wie wir in den folgenden Kapiteln sehen werden, unter Vorgabe einer gewissen Präzision solche Schlüsse vorzunehmen. Dabei unterscheidet man grob Schätz- und Testverfahren.

Interessiert man sich beispielsweise für den Anteil von Frauen an deutschen Hochschullehrern, so kann man eine Stichprobe aus allen deutschen Hochschullehrern ziehen. In dieser Stichprobe zählt man, wieviele Hochschullehrer weiblich und wieviele männlich sind. Der Anteil der weiblichen Hochschullehrer in dieser Stichprobe sei 0.12. Dieser Wert gibt i.a. nicht den Anteil der weiblichen Hochschullehrer in der Grundgesamtheit aller Hochschullehrer wieder. Ziehen wir nämlich eine zweite Stichprobe, so könnten wir z.B. einen Anteilswert von 0.09 erhalten. Der beobachtete Anteilswert hängt also ab von der gezogenen Stichprobe, die wiederum eine zufällige Auswahl ist. Damit ist auch der berechnete Anteilswert die Ausprägung einer Zufallsvariable, die den Anteil der weiblichen Hochschullehrer beschreibt. Was hat man dann überhaupt von diesem berechneten Wert? Der in der Stichprobe beobachtete Anteilswert liefert einen *Schätzer* für den wahren Anteil in der Grundgesamtheit. Wie gut er den wahren Anteil schätzt, also wie nahe er an den wahren Wert heranreicht und wie stabil er ist, d.h. wie stark er von Stichprobe zu Stichprobe schwankt, wird unter anderem vom Stichprobenumfang, aber

Schätzer

auch von der Qualität des Schätzverfahrens und von der Qualität der Stichprobe beeinflußt. Schätzverfahren und deren Güte sind Thema dieses Kapitels.

9.1 Punktschätzung

Schätzverfahren zielen darauf ab, aus einer Zufallsstichprobe auf die Grundgesamtheit zurückzuschließen. Dabei konzentriert man sich auf bestimmte Aspekte des in einer Grundgesamtheit untersuchten Merkmals. Ob man die Intelligenz in einer Studentenpopulation untersucht oder die von einer Maschine produzierte Schraubenlänge, meist sind bestimmte Aspekte (Parameter) der Verteilung von primärem Interesse, die beispielsweise Auskunft über Lage oder Streuung des Merkmals geben. Engeres Ziel der Punktschätzung ist es, einen möglichst genauen Näherungswert für einen derartigen unbekannten Grundgesamtheitsparameter anzugeben. Parameter treten dabei insbesondere in zwei Formen auf, nämlich als *Kennwerte einer beliebigen, unbekannten Verteilung* oder als *spezifische Parameter eines angenommenen Verteilungsmodells.* Beispiele für den ersten unspezifischen Typ von Parametern sind

- Erwartungswert und Varianz einer Zufallsvariable
- Median oder p-Quantil einer Zufallsvariable
- Korrelation zwischen zwei Zufallsvariablen.

Häufig läßt sich der Typ einer Verteilung bei guter Anpassung an den realen Sachverhalt annehmen. Beispielsweise sind Intelligenzquotienten so konstruiert, daß sie einer Normalverteilung folgen, Zählvorgänge wie die Anzahl bestimmter Schadensmeldungen innerhalb eines Jahres lassen sich häufig durch die Poisson-Verteilung approximieren. Modelliert man Merkmale durch die Annahme des Verteilungstyps, reduziert sich das Schätzproblem darauf, daß nur noch die Parameter dieser Verteilung zu bestimmen sind. Beispiele dafür sind

- der Parameter λ, wenn die Anzahl der Schadensmeldungen durch die Poisson-Verteilung $Po(\lambda)$ modelliert wird,
- die Parameter μ, σ^2, wenn von einer Normalverteilung $N(\mu, \sigma^2)$ der produzierten Schraubenlängen auszugehen ist,
- der Parameter λ, wenn für die Wartezeit eine Exponentialverteilung $E(\lambda)$ angenommen wird.

Wie man aus diesen Beispielen sieht, sind gelegentlich "unspezifische" Parameter wie Erwartungswert und die Parameter eines Verteilungstyps identisch, z.B. gilt für die Normalverteilung $E(X) = \mu$. Der Parameter λ der Exponentialverteilung hingegen unterscheidet sich vom Erwartungswert der zugehörigen Zufallsvariable.

Ausgangspunkt der Punktschätzung sind n Stichprobenziehungen oder Zufallsexperimente, die durch die Zufallsvariablen $X_1, \ldots, X_n$ repräsentiert werden. $X_1, \ldots, X_n$ werden auch als *Stichprobenvariablen* bezeichnet. Häufig fordert man von Stichprobenvariablen, daß sie *unabhängige Wiederholungen von* X sind. Durch diese knappe Formulierung wird ausgedrückt, daß

Stichprobenvariablen

unabhängige Wiederholungen

- die den Zufallsvariablen $X_1, \ldots, X_n$ zugrundeliegenden Experimente unabhängig sind,
- jedesmal dasselbe Zufallsexperiment (enthalten in "Wiederholung") durchgeführt wird.

Aus den Realisierungen $x_1, \ldots, x_n$ dieser Zufallsvariablen soll auf einen Parameter θ geschlossen werden. Der Parameter θ steht hier stellvertretend für einen festgelegten Kennwert: Das kann der Erwartungswert sein aber ebenso die Varianz oder der Parameter der Poisson-Verteilung. Eine *Punktschätzung* für θ ist eine Funktion der Realisierungen $x_1, \ldots, x_n$ der Form

Punktschätzung

$$t = g(x_1, \ldots, x_n).$$

Beispielsweise liefert die Funktion $g(x_1, \ldots, x_n) = \sum_i x_i/n$ einen Schätzwert für den zugrundeliegenden Erwartungswert $\theta = E(X)$. Der Zufallscharakter des Verfahrens, der sich dadurch ausdrückt, daß jedesmal, wenn diese n Stichprobenziehungen durchgeführt werden, ein anderer Schätzwert resultiert, wird deutlich in der Darstellung der Schätzfunktion durch

$$T = g(X_1, \ldots, X_n).$$

T ist als Funktion von Zufallsvariablen selbst eine Zufallsvariable. So ist das arithmetische Mittel $\bar{X} = g(X_1, \ldots, X_n) = \sum_i X_i/n$ eine Zufallsvariable, deren Variabilität von den Zufallsvariablen $X_1, \ldots, X_n$ bestimmt wird. Eine derartige *Schätzfunktion* bzw. Stichprobenfunktion heißt auch *Schätzstatistik* oder einfach nur *Statistik*.

Schätzfunktion, Schätzstatistik

Eine *Schätzfunktion* oder *Schätzstatistik* für den Grundgesamtheitsparameter θ ist eine Funktion

$$T = g(X_1, \ldots, X_n)$$

der Stichprobenvariablen $X_1, \ldots, X_n$. Der aus den Realisationen $x_1, \ldots, x_n$ resultierende numerische Wert

$$g(x_1, \ldots, x_n)$$

ist der zugehörige *Schätzwert*.

In der deskriptiven Statistik wurden Lage- und Streuungsparameter *der Stichprobe* bestimmt. Hinter diesen deskriptiven Parametern stehen Schätzfunktionen, deren Argumente Zufallsvariablen sind. Die *resultierenden Realisationen* dieser Schätzfunktionen entsprechen dann direkt den deskriptiven Lage- bzw. Streuungsparametern. So läßt sich

$\bar{X} = g(X_1, \ldots, X_n) = \frac{1}{n}\sum_{i=1}^{n} X_i$ als Schätzfunktion für den Erwartungswert $\mu = E(X)$ verstehen, $\bar{x}$ ist die zugehörige Realisation oder das arithmetische Mittel der Stichprobe.

Weitere Schätzfunktionen sind:

$\bar{X} = g(X_1, \ldots, X_n) = \frac{1}{n}\sum_{i=1}^{n} X_i,\ X_i \in \{0, 1\}$, für die Auftretenswahrscheinlichkeit bzw. den Anteilswert $\pi = P(X = 1)$,

$S^2 = g(X_1, \ldots, X_n) = \frac{1}{n-1}\sum\limits_{i=1}^{n}(X_i - \bar{X})^2$ für die Varianz $\sigma^2 = Var(X)$,

$\widetilde{S}^2 = g(X_1, \ldots, X_n) = \frac{1}{n}\sum\limits_{i=1}^{n}(X_i - \bar{X})^2$ für die Varianz $\sigma^2 = Var(X)$.

9.2 Eigenschaften von Schätzstatistiken

Eine Schätzstatistik wie $\bar{X}$ für den Erwartungswert ist zwar intuitiv einleuchtend, daraus folgt jedoch nicht, daß sie ein gutes oder das "beste" Schätzverfahren darstellt. Insbesondere in komplexeren Schätzproblemen ist es wichtig, klare Kriterien für die Güte eines Schätzverfahrens zur Verfügung zu haben, d.h. die entsprechenden Eigenschaften der Schätzstatistik zu kennen.

9.2.1 Erwartungstreue

Man erwartet von einer Schätzstatistik, daß sie *tendenziell* den richtigen Wert liefert, d.h. weder systematisch über- noch unterschätzt. Diese Eigenschaft wird als *Erwartungstreue* bezeichnet und wird an einem einfachen Beispiel illustriert.

Beispiel 9.1 **Dichotome Grundgesamtheit**

Man betrachte n unabhängige Wiederholungen der Zufallsvariable

$$X = \begin{cases} 1 & \text{CDU-Wähler} \\ 0 & \text{sonstige Partei.} \end{cases}$$

Aus den resultierenden Zufallsvariablen $X_1, \ldots, X_n$ bilde man die relative Häufigkeit $\bar{X} = \sum_i X_i/n$. Nimmt man nun an, in der Population seien 40 % CDU-Wähler (Wahrscheinlichkeit $\pi = P(X = 1) =$

0.4), dann läßt sich der Erwartungswert von $\bar{X}$ berechnen. Da unter dieser Voraussetzung $E(X_i) = 0.4$ gilt, folgt unmittelbar

$$E(\bar{X}) = \frac{1}{n} \sum_{i=1}^{n} E(X_i) = \frac{1}{n} n \, 0.4 = 0.4.$$

Nimmt man hingegen an, daß in der Population 35 % CDU-Wähler sind, dann folgt mit $E(X_i) = 0.35$ unmittelbar $E(\bar{X}) = 0.35$. Allgemeiner heißt das, unabhängig davon, welches π tatsächlich zugrunde liegt, wenn man den Erwartungswert von $\bar{X}$ bildet, ergibt sich $E(\bar{X}) = \pi$. Für die Berechnung des Erwartungswertes wird dabei vorausgesetzt, daß ein bestimmtes, wenn auch unbekanntes π in der Grundgesamtheit vorliegt. Essentiell ist dabei, daß dieses π nicht bekannt ist, der Erwartungswert ist berechenbar allein aus der Annahme, daß π der wahre Parameter ist. Um auszudrücken, daß der Erwartungswert unter dieser Annahme gebildet wird, nimmt man gelegentlich und genauer den Wert π als Index des Erwartungswertes hinzu, so daß $E_\pi(\bar{X}) = \pi$ resultiert. □

Allgemein heißt eine Schätzstatistik $T = g(X_1, \ldots, X_n)$ *für den Parameter* θ *erwartungstreu* oder *unverzerrt*, wenn gilt *Erwartungstreue*

$$E_\theta(T) = \theta.$$

Bestimmt man also den Erwartungswert von T unter der Voraussetzung, daß der unbekannte Parameter θ zugrunde liegt, ergibt sich θ als Erwartungswert. Man kann auf diese Art ohne Kenntnis der tatsächlichen Größe des Parameters θ untersuchen, ob der Erwartungswert die richtige Tendenz besitzt. Eine erwartungstreue Schätzstatistik adaptiert sich automatisch an den tatsächlich in der Grundgesamtheit vorliegenden Sachverhalt.

Eine erwartungstreue Schätzstatistik für den Erwartungswert $\mu = E(X)$ ist das Stichprobenmittel $\bar{X} = \sum_i X_i/n$, da gilt

$$E_\mu(\bar{X}) = \frac{1}{n} \sum_i E_\mu(X_i) = \frac{1}{n} n\mu = \mu.$$

Schätzt man damit beispielsweise den zu erwartenden Intelligenzquotienten einer Studentenpopulation, erhält man $E(\bar{X}) = 110$, wenn der tatsächliche Wert 110 beträgt, aber 105, wenn der tatsächliche Wert 105 beträgt.

Ein Extrembeispiel einer nicht erwartungstreuen Schätzstatistik für μ wäre $T = 110$, d.h. T nimmt unabhängig von $X_1, \ldots, X_n$ immer den Wert 110 an. Entsprechend gilt $E(T) = 110$ und die Schätzstatistik ist nur dann unverzerrt, wenn tatsächlich $\mu = 110$ gilt, für alle anderen Werte ist sie verzerrt.

Systematische Über- oder Unterschätzung einer Schätzstatistik wird erfaßt in der *Verzerrung*, auch *Bias* genannt, die bestimmt ist durch *Verzerrung, Bias*

$$Bias_\theta(T) = E_\theta(T) - \theta.$$

Beispiel 9.2 **Erwartungstreue Schätzstatistiken**

In den folgenden Beispielen wird von unabhängigen Wiederholungen ausgegangen.

1. Es läßt sich zeigen, daß die Stichprobenvarianz

$$S^2 = \frac{1}{n-1}\sum_{i=1}^{n}(X_i - \bar{X})^2$$

eine erwartungstreue Schätzstatistik für die Varianz $\sigma^2 = Var(X)$ ist. Es gilt $E_{\sigma^2}(S^2) = \sigma^2$. Hier findet auch die Normierung durch $1/(n-1)$ ihren tieferen Grund. Eben diese Normierung liefert eine erwartungstreue Schätzstatistik für die Varianz. Die im ersten Schritt "natürlicher" scheinende Normierung durch $1/n$ liefert hingegen eine verzerrte Schätzstatistik (siehe 2.).

2. Für die empirische Varianz bzw. mittlere quadratische Abweichung

$$\widetilde{S}^2 = \frac{1}{n}\sum_{i=1}^{n}(X_i - \bar{X})^2$$

gilt, sofern die Varianz endlich ist, $E_{\sigma^2}(\widetilde{S}^2) = \frac{n-1}{n}\sigma^2$. $\widetilde{S}^2$ ist somit nicht erwartungstreu für σ^2. Die Verzerrung

$$Bias_{\sigma^2}(\widetilde{S}^2) = E_{\sigma^2}(\widetilde{S}^2) - \sigma^2 = -\frac{1}{n}\sigma^2$$

zeigt, daß $\widetilde{S}^2$ die Varianz tendenziell unterschätzt. Allerdings verschwindet die Verzerrung für wachsenden Stichprobenumfang n.

3. Zwar ist S^2 eine erwartungstreue Schätzstatistik für σ^2, die Wurzel daraus, also S ist jedoch i.a. nicht erwartungstreu für σ. S unterschätzt tendenziell die Standardabweichung.

4. Für den Anteilswert $\pi = P(X = 1)$ einer dichotomen Grundgesamtheit mit $X \in \{1, 0\}$, ist die relative Häufigkeit

$$\bar{X} = \frac{1}{n}\sum_i X_i$$

eine erwartungstreue Schätzstatistik. □

asymptotische Erwartungstreue

Eine abgeschwächte Forderung an die Schätzstatistik ist die asymptotische Erwartungstreue. Eine Schätzstatistik heißt *asymptotisch erwartungstreu*, wenn gilt

$$\lim_{n\to\infty} E_\theta(T) = \theta,$$

d.h. mit wachsendem Stichprobenumfang verschwindet die Verzerrung von T. Für die mittlere quadratische Abweichung gilt

$$E_{\sigma^2}(\widetilde{S}^2) = \frac{n-1}{n}\sigma^2.$$

$\widetilde{S}^2$ ist daher nicht erwartungstreu. Wegen $\lim\limits_{n\to\infty} \frac{n-1}{n} = 1$ ist aber $\widetilde{S}^2$ asymptotisch erwartungstreu für σ^2.

Asymptotische Erwartungstreue bezieht sich auf große Stichprobenumfänge. Für kleines n kann eine asymptotische erwartungstreue Schätzstatistik erheblich verzerrte Schätzungen liefern. Für $n = 2$ liefert beispielsweise die mittlere quadratische Abweichung mit $E_{\sigma^2}(\widetilde{S}^2) = \sigma^2/2$ eine erhebliche Unterschätzung von σ^2.

Erwartungstreue und Verzerrung (Bias)

Eine Schätzstatistik $T = g(X_1, \ldots, X_n)$ heißt *erwartungstreu für* θ, wenn gilt

$$E_\theta(T) = \theta.$$

Sie heißt *asymptotisch erwartungstreu für* θ, wenn gilt

$$\lim_{n\to\infty} E_\theta(T) = \theta.$$

Der *Bias* ist bestimmt durch

$$Bias_\theta(T) = E_\theta(T) - \theta.$$

Wir werden im folgenden beim Erwartungswert auf den Index θ verzichten, wobei weiterhin Erwartungswerte, aber auch Varianzen und Wahrscheinlichkeiten unter der Annahme der unbekannten zugrundeliegenden Verteilung bestimmt werden.

Eine Schätzstatistik liefert zu den Realisationen $x_1, \ldots, x_n$ einen Schätzwert, der aber i.a. nicht mit dem wahren Wert θ identisch ist. Die Genauigkeit der Schätzung ergibt sich nicht aus dem Schätzwert selbst. Für erwartungstreue Schätzstatistiken, die also zumindest die richtige Tendenz aufweisen, läßt sich die *Genauigkeit des Schätzverfahrens* an der Varianz der Schätzstatistik festmachen. Die Wurzel aus dieser Varianz, also die Standardabweichung der Schätzstatistik wird als *Standardfehler* bezeichnet. Da sie i.a. nicht bekannt ist, muß sie selbst geschätzt werden. *Standardfehler*

Arithmetisches Mittel **Beispiel 9.3**

Die Schätzfunktion $\bar{X} = \sum_i X_i/n$ besitzt wegen $Var(\bar{X}) = \sigma^2/n$ den Standardfehler $\sigma_{\bar{X}} = \sigma/\sqrt{n} = \sqrt{Var(X)/n}$. Eine Schätzung des Standardfehlers von $\bar{X}$ liefert

$$\hat{\sigma}_{\bar{X}} = \frac{\sqrt{S^2}}{\sqrt{n}} = \frac{\sqrt{\frac{1}{n-1}\sum_i (X_i - \bar{X})^2}}{\sqrt{n}}.$$

□

Standardfehler

Der *Standardfehler* einer Schätzstatistik ist bestimmt durch die Standardabweichung der Schätzstatistik

$$\sigma_g = \sqrt{Varg(X_1, \ldots, X_n)}.$$

9.2.2 Erwartete mittlere quadratische Abweichung und Konsistenz

Wie die asymptotische Erwartungstreue ist die Konsistenz eine Eigenschaft, die das Verhalten bei großen Stichprobenumfängen reflektiert. Während bei der Erwartungstreue nur das Verhalten des Erwartungswerts, also die zu erwartende mittlere Tendenz der Schätzstatistik eine Rolle spielt, wird bei der Konsistenz die Varianz der Schätzung mit einbezogen. Dazu betrachtet man als ein generelles Maß der Schätzgüte die zu erwartende *mittlere quadratische Abweichung*, kurz MSE für *mean squared error*, die gegeben ist durch

mittlere quadratische Abweichung

mean squared error

$$E([T-\theta]^2).$$

Die mittlere quadratische Abweichung gibt nach Definition wieder, welche Abweichung zwischen Schätzfunktion T und wahrem Wert θ für die Schätzfunktion T zu erwarten ist. Sie läßt sich durch Ergänzen und Ausmultiplizieren einfach umformen zu

$$\begin{aligned} &E([T-\theta]^2) \\ &\quad = E([T-E(T)+E(T)-\theta]^2) \\ &\quad = E([T-E(T)]^2) + 2E([T-E(T)][E(T)-\theta]) + E([E(T)-\theta]^2) \\ &\quad = E([T-E(T)]^2) + [E(T)-\theta]^2 = Var(T) + Bias\,(T)^2. \end{aligned}$$

Die zu erwartende quadratische Abweichung läßt sich somit darstellen als Summe aus der Varianz von T und dem quadrierten Bias, d.h. die Minimierung der zu erwartenden quadratischen Abweichung stellt einen Kompromiß dar, zwischen Dispersion der Schätzstatistik und Verzerrtheit.

Aus dieser Darstellung der zu erwartenden kleinsten quadratischen Abweichung wird deutlich, daß die Varianz der Schätzstatistik bzw. deren Wurzel als Kriterium für die Güte der Schätzung nur Sinn macht, wenn die Verzerrung mitberücksichtigt wird. Der Standardfehler als Vergleichsmaß für die Güte ist daher auf erwartungstreue Statistiken beschränkt, d.h. wenn $Bias\,(T) = 0$ gilt.

Erwartete mittlere quadratische Abweichung (MSE)

Die *erwartete mittlere quadratische Abweichung* (mean squared error) ist bestimmt durch

$$MSE = E([T - \theta]^2)$$

und läßt sich ausdrücken in der Form

$$MSE = Var(T) + Bias\,(T)^2.$$

Asymptotische Erwartungstreue beinhaltet, daß die Verzerrung für wachsenden Stichprobenumfang verschwindet. Geht gleichzeitig auch die Varianz gegen null, spricht man von *Konsistenz*, genauer von Konsistenz im quadratischen Mittel. Wegen der Zerlegung der mittleren quadratischen Abweichung in einen Varianz- und einen Verzerrungsanteil verschwinden mit wachsendem Stichprobenumfang sowohl Verzerrung als auch Varianz, wenn die mittlere quadratische Abweichung gegen null konvergiert. *Konsistenz*

Konsistenz (im quadratischen Mittel) oder MSE-Konsistenz

Eine Schätzstatistik heißt *konsistent im quadratischen Mittel*, wenn gilt

$$MSE \overset{n\to\infty}{\longrightarrow} 0.$$

Im Gegensatz zur Erwartungstreue, die für endlichen Stichprobenumfang definiert wird, ist Konsistenz eine *asymptotische Eigenschaft*, die das Verhalten für große Stichprobenumfänge wiedergibt. Eine konsistente Schätzstatistik kann für *endlichen* Stichprobenumfang eine erhebliche Verzerrung und große Varianz besitzen. *asymptotische Eigenschaft*

Häufig findet man eine alternative Definition der Konsistenz, die auch als *schwache Konsistenz* bezeichnet wird. Eine Schätzstatistik heißt schwach konsistent, wenn die Wahrscheinlichkeit, daß die Schätzfunktion Werte in einem beliebig kleinen Intervall um den wahren Parameterwert annimmt, mit wachsendem Stichprobenumfang gegen eins wächst. Formal führt dies zur folgenden Definition. *schwache Konsistenz*

Schwache Konsistenz

Die Schätzstatistik $T = g(X_1, \dots, X_n)$ heißt *schwach konsistent*, wenn zu beliebigem $\varepsilon > 0$ gilt

$$\lim_{n\to\infty} P(|T - \theta| < \varepsilon) = 1$$

bzw.

$$\lim_{n\to\infty} P(|T - \theta| \geq \varepsilon) = 0.$$

Die Definition besagt somit, daß egal wie klein das Intervall um den wahren Wert gewählt wird, die Wahrscheinlichkeit für das Ereignis $T \in (\theta - \varepsilon, \theta + \varepsilon)$ gegen eins wächst, also die Abweichung vom wahren Wert um höchstens ε gegen 0 konvergiert. Für großen Stichprobenumfang sollte der Schätzwert also in unmittelbarer Nähe des wahren (unbekannten) Parameters θ liegen. Prinzipiell ist festzuhalten, eine Schätzstatistik, die im quadratischen Mittel konsistent ist, ist auch schwach konsistent.

Beispiel 9.4 **Arithmetisches Mittel**

Ein Merkmal X sei normalverteilt mit $X \sim N(\mu, \sigma^2)$. Aus unabhängigen Wiederholungen $X_1, \dots, X_n$ wird der Erwartungswert durch die Schätzstatistik $\bar{X} = \sum_i X_i/n$ geschätzt. Für $\bar{X}$ erhält man unmittelbar $E(\bar{X}) = \mu$ (d.h. Erwartungstreue) und $Var(\bar{X}) = \sum_i \sigma^2/n = \sigma^2/n$, d.h. es gilt

$$\bar{X} \sim N\left(\mu, \frac{\sigma^2}{n}\right).$$

$\bar{X}$ ist somit eine für μ erwartungstreue Schätzstatistik, deren Varianz mit zunehmendem Stichprobenumfang abnimmt. Daraus ergibt sich, daß $\bar{X}$ konsistent (im quadratischem Mittel) ist.

Darüber hinaus erhält man

$$\begin{aligned} P(|\bar{X} - \mu| \leq \varepsilon) &= P\left(\left|\frac{\bar{X} - \mu}{\sigma/\sqrt{n}}\right| \leq \frac{\varepsilon}{\sigma/\sqrt{n}}\right) \\ &= \Phi\left(\frac{\varepsilon}{\sigma}\sqrt{n}\right) - \Phi\left(-\frac{\varepsilon}{\sigma}\sqrt{n}\right). \end{aligned}$$

Für feste Werte von ε und σ läßt sich damit unmittelbar die Wahrscheinlichkeit $P(|\bar{X} - \mu| \leq \varepsilon)$ aus der Tabelle der Standardnormalverteilungsfunktion ablesen. In Abbildung 9.1 ist die Wahrscheinlichkeit für das Ereignis $|\bar{X} - \mu| \leq \varepsilon$ für zwei Stichprobenumfänge dargestellt. Man sieht deutlich, wie die Wahrscheinlichkeit dieses Ereignisses als Fläche über dem Intervall mit wachsendem Stichprobenumfang zunimmt. $\bar{X}$ ist damit schwach konsistent.

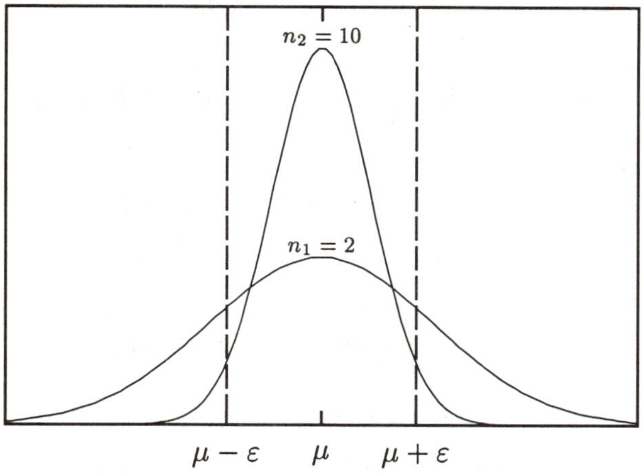

ABBILDUNG 9.1: Wahrscheinlichkeit für $|\bar{X} - \mu| \leq \varepsilon$ für $\varepsilon = 1$, $\sigma = 1$ und den Stichprobenumfängen $n_1 = 2, n_2 = 10$. □

Eine erwartungstreue Schätzstatistik ist offensichtlich konsistent im quadratischen Mittel, wenn die Varianz für wachsenden Stichprobenumfang gegen null konvergiert. Auch die schwache Konvergenz läßt sich in diesem Fall einfach an der Varianz festmachen, da sich für erwartungstreue Schätzstatistiken die Wahrscheinlichkeit einer Abweichung um ε durch die Tschebyscheffsche Ungleichung (Abschnitt 7.4.3) abschätzen läßt. Es gilt wegen $E(T) = 0$

$$P(|T - \theta| \geq \varepsilon) \leq \frac{Var(T)}{\varepsilon^2}.$$

Daraus folgt unmittelbar, daß jede erwartungstreue Schätzstatistik schwach konsistent ist, wenn $Var(T) \to 0$ für $n \to \infty$.

Für unabhängige Wiederholungen erhält man insbesondere die im quadratischen Mittel und damit auch schwach konsistenten Schätzstatistiken

- $\bar{X}$ für den Erwartungswert $\mu = E(X)$ (siehe auch Gesetz der großen Zahlen, Abschnitt 7.1),
- $\bar{X}$ bei dichotomem Merkmal für den Anteilswert π,
- S^2 für die Varianz $\sigma^2 = Var(X)$.

9.2.3 Wirksamste Schätzstatistiken

Die mittlere quadratische Abweichung ist ein Maß für die Güte der Schätzung, das sowohl die Verzerrung als auch die Varianz der Schätzfunktion einbezieht. Darauf aufbauend läßt sich eine

MSE-Wirksamkeit

Schätzstatistik im Vergleich zu einer zweiten Schätzstatistik als *MSE-wirksamer* bezeichnen, wenn ihre mittlere quadratische Abweichung (MSE) kleiner ist. Zu berücksichtigen ist dabei, daß der Vergleich zweier Statistiken jeweils für eine Klasse von zugelassenen Verteilungen erfolgt. Beispielsweise wird man Schätzungen für den Parameter λ einer Poisson-Verteilung nur vergleichen unter Zulassung aller Poisson-Verteilungen (mit beliebigem λ). Bei der Schätzung des Erwartungwertes lassen sich entweder alle Verteilungen mit endlicher Varianz zugrunde legen oder auch nur alle Normalverteilungen. Die Effizienz einer Statistik kann daher von der Wahl der zugelassenen Verteilungen abhängen. Mit der Bezeichnung $MSE(T)$ für die mittlere quadratische Abweichung der Schätzstatistik T erhält man die folgende Begriffsbildung.

MSE – Wirksamkeit von Schätzstatistiken

Von zwei Schätzstatistiken T_1 und T_2 heißt T_1 MSE*-wirksamer*, wenn

$$MSE(T_1) \leq MSE(T_2)$$

für alle zugelassenen Verteilungen gilt. Eine Statistik heißt MSE*-wirksamst*, wenn ihre mittlere quadratische Abweichung für alle zugelassenen Verteilungen den kleinsten möglichen Wert annimmt.

Beschränkt man sich auf *erwartungstreue* Statistiken, d.h. *Bias* $= 0$, reduziert sich die MSE-Wirksamkeit auf den Vergleich der Varianzen von Schätzstatistiken. Dieser Vergleich läßt sich allerdings auch ohne Bezug zur MSE-Wirksamkeit motivieren. Erwartungstreue Schätzstatistiken besitzen als Erwartungswert den tatsächlich zugrundeliegenden Parameter, haben also prinzipiell die "richtige" Tendenz. Will man nun zwei erwartungstreue Schätzstatistiken hinsichtlich ihrer Güte miteinander vergleichen, ist es naheliegend, diejenige zu bevorzugen, die um den "richtigen" Erwartungswert am wenigsten schwankt. Mißt man die Variation durch die Varianz der Schätzfunktion erhält man unmittelbar ein Kriterium zum Vergleich der Güte von Schätzstatistiken.

Wirksamkeit von erwartungstreuen Schätzstatistiken

Von zwei *erwartungstreuen* Schätzstatistiken T_1 und T_2 heißt T_1 *wirksamer* oder *effizienter* als T_2, wenn

$$Var(T_1) \leq Var(T_2)$$

für alle zugelassenen Verteilungen gilt.

Eine erwartungstreue Schätzstatistik heißt *wirksamst* oder *effizient*, wenn ihre Varianz für alle zugelassenen Verteilungen den kleinsten möglichen Wert annimmt.

Zu dieser Begriffsbildung ist zu bemerken:

Ein Varianzvergleich macht natürlich nur Sinn für erwartungstreue Schätzstatistiken. Die fast immer verzerrte Schätzstatistik $T_0 = 100$, die immer den Wert 100 annimmt, besitzt die Varianz null. Würde man eine derartige Statistik zur Konkurrenz zulassen, wäre ihre Varianz nicht unterbietbar, obwohl sie tendenziell fast immer verzerrte Werte liefert.

Die Erwartungstreue von Schätzstatistiken hängt immer von den zugelassenen Verteilungen ab. Beispielsweise gilt für Poisson-Verteilungen $E(X) = Var(X) = \lambda$ und damit sind sowohl $\bar{X}$ als auch S^2 erwartungstreu für $E(X)$. S^2 ist jedoch nicht unverzerrt für $E(X)$, wenn auch Normalverteilungen zugelassen sind.

Für die Varianz einer erwartungstreuen Schätzstatistik läßt sich eine untere Schranke angeben, die sogenannte Cramér-Rao Schranke. Wirksamste Statistiken erreichen diese Schranke, die wir hier nicht explizit angeben.

Wirksamste Schätzstatistiken sind insbesondere:

$\bar{X}$ für den Erwartungswert, wenn alle Verteilungen mit endlicher Varianz zugelassen sind,

$\bar{X}$ für den Erwartungswert, wenn alle Normalverteilungen zugelassen sind,

$\bar{X}$ für den Anteilswert π dichotomer Grundgesamtheiten, wenn alle Bernoulli-Verteilungen zugelassen sind,

$\bar{X}$ für den Parameter λ, wenn alle Poisson-Verteilungen $Po(\lambda)$ zugelassen sind.

9.3 Konstruktion von Schätzfunktionen

Bisher haben wir wünschenswerte Eigenschaften von Schätzstatistiken diskutiert. Dabei wurden Schätzfunktionen betrachtet, die zum Teil schon aus den vorhergehenden Kapiteln bekannt sind. In diesem Abschnitt wird die Herkunft dieser Schätzfunktionen reflektiert. Es werden Methoden entwickelt, wie man eine geeignete Schätzfunktion für einen unbekannten Parameter findet. Der Schwerpunkt liegt auf dem sehr generellen Maximum Likelihood-Prinzip, das auch in komplexen Schätzsituationen anwendbar ist.

9.3.1 Maximum Likelihood-Schätzung

Aus Gründen der Einfachheit seien $X_1, \ldots, X_n$ unabhängige und identische Wiederholungen eines Experiments. Im bisherigen wurde oft betrachtet, mit welcher Wahrscheinlichkeit bestimmte Werte einer Zufallsvariable X auftreten, wenn eine feste Parameterkonstellation zugrunde liegt. Beispielsweise haben wir für Bernoulli-Variablen mit Parameter π abgeleitet, daß für $x \in \{0, 1\}$

$$f(x|\pi) = P(X = x|\pi) = \pi^x (1 - \pi)^{1-x}$$

gilt. Bei stetigen Variablen tritt an die Stelle der Wahrscheinlichkeit eine stetige Dichte, beispielsweise bei der Normalverteilung mit den Parametern μ und σ die Dichte

$$f(x|\mu, \sigma) = \frac{1}{\sqrt{2\pi}\sigma} \exp\left(-\frac{(x-\mu)^2}{2\sigma^2}\right).$$

Geht man allgemeiner von dem Parameter θ aus, der auch zwei- oder höherdimensional sein kann und betrachtet den Fall unabhängiger identischer Wiederholungen, ergibt sich die (diskrete oder stetige) Dichte

$$f(x_1, \ldots, x_n|\theta) = f(x_1|\theta) \cdots f(x_n|\theta).$$

Anstatt für festen Parameter θ die Dichte an beliebigen Werten $x_1, \ldots, x_n$ zu betrachten, läßt sich umgekehrt für feste Realisationen $x_1, \ldots, x_n$ die Dichte als Funktion in θ auffassen. Diese Funktion

$$L(\theta) = f(x_1, \ldots, x_n|\theta)$$

Likelihoodfunktion
Maximum Likelihood-Prinzip

heißt *Likelihoodfunktion* und besitzt als Argument den Parameter θ bei festen Realisationen $x_1, \ldots, x_n$. Das *Maximum Likelihood-Prinzip* zur Konstruktion einer Schätzfunktion beruht auf der Maximierung dieser Likelihood.

Maximum Likelihood-Prinzip

Das *Maximum Likelihood-Prinzip* besagt: Wähle zu $x_1, \ldots, x_n$ als Parameterschätzung denjenigen Parameter $\hat{\theta}$, für den die Likelihood maximal ist, d.h.

$$L(\hat{\theta}) = \max_{\theta} L(\theta)$$

bzw.

$$f(x_1, \ldots, x_n|\hat{\theta}) = \max_{\theta} f(x_1, \ldots, x_n|\theta).$$

Man wählt somit zu den Realisationen $x_1, \ldots, x_n$ denjenigen Parameter $\hat{\theta}$, für den die Wahrscheinlichkeit bzw. Dichte, daß gerade diese Werte $x_1, \ldots, x_n$ auftreten, maximal wird. Man sucht somit zu den Realisierungen $x_1, \ldots, x_n$ denjenigen Parameter, der die plausibelste Erklärung für das Zustandekommen dieser Werte liefert. Nach Konstruktion erhält man damit einen Schätzwert $\hat{\theta}$ zu jeder Realisierungsfolge $x_1, \ldots, x_n$, also letztendlich eine Schätzung $\hat{\theta} = \hat{\theta}(x_1, \ldots, x_n)$. Das Einsetzen beliebiger Realisationen liefert die Schätzfunktion $g(x_1, \ldots, x_n) = \hat{\theta}(x_1, \ldots, x_n)$. Eine derart konstruierte Schätzfunktion heißt *Maximum Likelihood-Schätzer*.

Maximum Likelihood-Schätzer

Üblicherweise bestimmt man das Maximum einer Funktion durch Ableiten und Nullsetzen der Ableitung. Für die Likelihood führt das wegen der Produkte in $L(\theta)$ meist zu unfreundlichen Ausdrücken. Es empfiehlt sich daher, statt der Likelihood selbst die logarithmierte Likelihood, die sogenannte *Log-Likelihood*, zu maximieren. Da Logarithmieren eine streng monoton wachsende Transformation ist, liefert das Maximieren von $L(\theta)$ und $\ln L(\theta)$ denselben Wert $\hat{\theta}$. Für den bisher betrachteten Fall unabhängiger und identischer Wiederholungen ergibt sich die Log-Likelihood als Summe

Log-Likelihood

$$\ln L(\theta) = \sum_{i=1}^{n} \ln f(x_i|\theta).$$

Poisson-Verteilung **Beispiel 9.5**

Seien $X_1, \ldots, X_4$ unabhängige Wiederholungen einer Poisson-verteilten Größe $Po(\lambda)$ mit zu schätzendem Wert λ. Die Realisationen seien $x_1 = 2$, $x_2 = 4$, $x_3 = 6$, $x_4 = 3$. Damit erhält man die Likelihoodfunktion

$$\begin{aligned} L(\lambda) &= f(x_1|\lambda) \cdots f(x_4|\lambda) = e^{-\lambda}\frac{\lambda^2}{2!}e^{-\lambda}\frac{\lambda^4}{4!}e^{-\lambda}\frac{\lambda^6}{6!}e^{-\lambda}\frac{\lambda^3}{3!} \\ &= e^{-4\lambda}\lambda^{15}\frac{1}{2!\,4!\,6!\,3!} \end{aligned}$$

bzw. die Log-Likelihood-Funktion

$$\ln L(\lambda) = -4\lambda + 15 \ln \lambda - \ln(2!\,4!\,6!\,3!).$$

Ableiten und Nullsetzen ergibt

$$\frac{\partial \ln L(\lambda)}{\partial \lambda} = -4 + \frac{15}{\hat{\lambda}} = 0$$

und damit

$$\hat{\lambda} = \frac{15}{4}.$$

Bemerkenswert ist daran, daß $\hat{\lambda} = \bar{X} = (2 + 4 + 6 + 3)/4$, d.h. es ergibt sich eine bekannte Schätzfunktion.

Das Verfahren läßt sich natürlich genereller für die Realisationen $x_1, \ldots, x_n$ durchführen. Man erhält die Log-Likelihood-Funktion

$$\ln L(\lambda) = \sum_{i=1}^{n} \ln f(x_i|\lambda) = \sum_{i=1}^{n} \ln \left(e^{-\lambda} \frac{\lambda^{x_i}}{x_i!} \right)$$
$$= \sum_{i=1}^{n} (-\lambda + x_i \ln \lambda - \ln(x_i!)).$$

Ableiten und Nullsetzen liefert

$$\frac{\partial \ln L(\lambda)}{\partial \lambda} = \sum_{i=1}^{n} \left(-1 + \frac{x_i}{\hat{\lambda}} \right) = 0$$

und damit

$$-n + \frac{\sum_{i=1}^{n} x_i}{\hat{\lambda}} = 0 \qquad \text{bzw.} \qquad \hat{\lambda} = \frac{\sum_{i=1}^{n} x_i}{n} = \bar{x}.$$

Der Maximum Likelihood-Schätzer ist also in diesem Fall für jede Realisationsfolge identisch mit dem arithmetischen Mittel. □

Beispiel 9.6 **Normalverteilung**

Seien $X_1, \ldots, X_n$ unabhängige Wiederholungen einer Normalverteilung $N(\mu, \sigma^2)$. Zu schätzen sind μ und σ, d.h. der Parameter $\theta = (\mu, \sigma)$. Die Likelihoodfunktion besitzt hier für generelle Realisationen $x_1, \ldots, x_n$ die Form

$$L(\mu, \sigma) = \frac{1}{\sqrt{2\pi}\sigma} e^{-\frac{(x_1-\mu)^2}{2\sigma^2}} \cdot \ldots \cdot \frac{1}{\sqrt{2\pi}\sigma} e^{-\frac{(x_n-\mu)^2}{2\sigma^2}},$$

die Log-Likelihood-Funktion ist bestimmt durch

$$\ln L(\mu, \sigma) = \sum_{i=1}^{n} \left[\ln \left(\frac{1}{\sqrt{2\pi}\sigma} \right) - \frac{(x_i - \mu)^2}{2\sigma^2} \right] = \sum_{i=1}^{n} \left[-\ln \sqrt{2\pi} - \ln \sigma - \frac{(x_i - \mu)^2}{2\sigma^2} \right].$$

Partielles Differenzieren nach μ und σ und Nullsetzen ergibt das Gleichungssystem

$$\frac{\partial \ln L(\mu, \sigma)}{\partial \mu} = \sum_{i=1}^{n} \frac{x_i - \hat{\mu}}{\hat{\sigma}^2} = 0,$$

$$\frac{\partial \ln L(\mu, \sigma)}{\partial \sigma} = \sum_{i=1}^{n} \left(-\frac{1}{\hat{\sigma}} + \frac{2(x_i - \hat{\mu})^2}{2\hat{\sigma}^3} \right) = 0.$$

Aus der ersten Gleichung ergibt sich $\sum_{i=1}^{n} x_i - n\hat{\mu} = 0$ und damit $\hat{\mu} = \bar{x}$. Aus der zweiten Gleichung erhält man

$$-\frac{n}{\hat{\sigma}} + \sum_{i=1}^{n} \frac{(x_i - \hat{\mu})^2}{\hat{\sigma}^3} = 0$$

und daraus

$$\hat{\sigma} = \sqrt{\frac{1}{n} \sum_i (x_i - \hat{\mu})^2} = \sqrt{\frac{1}{n} \sum_i (x_i - \bar{x})^2}.$$

Als Maximum Likelihood-Schätzer für μ und σ im Fall der Normalverteilung erhält man somit die bereits bekannten Schätzstatistiken $\bar{X}$ und $\widetilde{S}$. □

9.3.2 Kleinste-Quadrate-Schätzung

Ein einfaches Prinzip der Parameterschätzung besteht darin, die aufsummierten quadratischen Abweichungen zwischen Beobachtungswert und geschätztem Wert zu minimieren. Dieses Prinzip findet insbesondere Anwendung in der Regressionsanalyse (siehe Abschnitt 3.6.2).

Arithmetisches Mittel **Beispiel 9.7**

Zur Schätzung der zentralen Tendenz wird μ so geschätzt, daß

$$\sum_{i=1}^{n} (X_i - \mu)^2 \to \min.$$

Daraus resultiert nach einfacher Ableitung als Schätzer das arithmetische Mittel $\bar{X}$. □

9.4 Intervallschätzung

Die Punktschätzung liefert uns einen Parameterschätzwert $\hat{\theta}$, der im Regelfall nicht mit dem wahren θ identisch ist. In jeder sinnvollen Anwendung ist es daher notwendig, neben dem Schätzwert $\hat{\theta}$ selbst, die Präzision des Schätzverfahrens mitanzugeben. Für erwartungstreue Schätzer ist der Standardfehler, d.h. die Standardabweichung der Schätzstatistik, ein sinnvolles Maß für die Präzision.

Intervallschätzung

Ein anderer Weg, die Genauigkeit des Schätzverfahrens direkt einzubeziehen, ist die *Intervallschätzung*. Als Ergebnis des Schätzverfahrens ergibt sich hier ein Intervall, wobei man versucht, die Wahrscheinlichkeit, mit der das Verfahren ein Intervall liefert, das den wahren Wert θ *nicht* enthält, durch eine vorgegebene Irrtumswahrscheinlichkeit α zu kontrollieren. Übliche Werte für diese *Irrtumswahrscheinlichkeit* sind $\alpha = 0.10, \alpha = 0.05$ oder $\alpha = 0.01$. Entsprechend ergibt sich die Wahrscheinlichkeit, daß das Verfahren ein Intervall liefert, das den wahren Wert θ enthält, durch die Gegenwahrscheinlichkeit $1 - \alpha$, die auch als *Überdeckungswahrscheinlichkeit* bezeichnet wird. Für diese erhält man dann die Werte 0.90, 0.95 bzw. 0.99.

Überdeckungswahrscheinlichkeit

Man benötigt zur Intervallschätzung zwei Stichprobenfunktionen,

$$G_u = g_u(X_1, \ldots, X_n) \qquad \text{und} \qquad G_o = g_o(X_1, \ldots, X_n),$$

für die untere bzw. die obere Intervallgrenze.

(1 − α)-Konfidenzintervall

Zu vorgegebener *Irrtumswahrscheinlichkeit* α liefern die aus den Stichprobenvariablen $X_1, \ldots, X_n$ gebildeten Schätzstatistiken

$$G_u = g_u(X_1, \ldots, X_n) \text{ und } G_o = g(X_1, \ldots, X_n)$$

ein $(1 - \alpha)$-*Konfidenzintervall* (Vertrauensintervall), wenn gilt

$$P(G_u \leq G_o) = 1$$
$$P(G_u \leq \theta \leq G_o) = 1 - \alpha.$$

$1 - \alpha$ wird auch als *Sicherheits- oder Konfidenzwahrscheinlichkeit* bezeichnet. Das sich aus den Realisationen $x_1, \ldots, x_n$ ergebende realisierte Konfidenzintervall besitzt die Form

$$[g_u, g_o],$$

wobei $g_u = g_u(x_1, \ldots, x_n)$, $g_o = g_o(x_1, \ldots, x_n)$.

Sind sowohl G_u als auch G_o Statistiken mit echter Variabilität, erhält man damit ein *zweiseitiges Konfidenzintervall*, d.h. eine Intervallschätzung $[g_u, g_o]$ mit i.a. nichtentarteten Grenzen $g_u \neq -\infty, g_o \neq \infty$. Wir werden uns im folgenden auf den Fall *symmetrischer Konfidenzintervalle* beschränken. Bei symmetrischen Konfidenzintervallen ist nach Konstruktion die Wahrscheinlichkeit, daß θ über der oberen Grenze liegt dieselbe, wie die Wahrscheinlichkeit, daß θ unter der unteren Grenze liegt. Wenn man die Abweichung der Schätzung vom wahren Wert nur in eine Richtung kontrollieren will, gibt es die Möglichkeit eine der Grenzen prinzipiell durch $-\infty$ bzw. ∞ festzusetzen. Daraus ergeben sich *einseitige Konfidenzintervalle*.

zweiseitiges Konfidenzintervall

Einseitige $(1-\alpha)$-Konfidenzintervalle

Setzt man prinzipiell $G_u = -\infty$ (für alle Werte $X_1, \ldots, X_n$) erhält man ein *einseitiges Konfidenzintervall*

$$P(\theta \leq G_o) = 1 - \alpha$$

mit der oberen Konfidenzschranke G_o. Für $G_o = \infty$ erhält man ein einseitiges Konfidenzintervall

$$P(G_u \leq \theta) = 1 - \alpha$$

mit der unteren Konfidenzschranke G_u.

Das Problem einseitiger Konfidenzintervalle stellt sich, wenn nur Abweichungen in eine Richtung Konsequenzen haben. Benötigt man beispielsweise für das Bestehen einer Klausur eine bestimmte Punktzahl und will seine Leistungsfähigkeit aus der Bearbeitung von Probeklausuren (den Stichprobenvariablen) ableiten, dann gilt das Interesse einem einseitigen Konfidenzintervall der Form $[g_u, \infty]$. Man will nur absichern, daß eine bestimmte Punktzahl überschritten wird, die Abweichung nach oben ist uninteressant, wenn nur das Bestehen oder Nichtbestehen von Relevanz ist.

Prinzipiell ist zur Interpretation von Konfidenzintervallen festzuhalten: Die Intervallgrenzen sind Zufallsvariablen. Die Schätzung von Konfidenzintervallen ist so konstruiert, daß mit der Wahrscheinlichkeit $1-\alpha$ das Intervall $[G_u, G_o]$ den wahren Wert θ überdeckt. Das ist jedoch eine *Eigenschaft des Schätzverfahrens*, d.h. $1-\alpha$ ist die Wahrscheinlichkeit, mit der das Verfahren zu Konfidenzintervallen führt, die den wahren Wert enthalten. Für das realisierte Konfidenzintervall $[g_u, g_o]$ mit den Realisationen g_u, g_o läßt sich daraus *nicht* schließen, daß θ mit der Wahrscheinlichkeit $1-\alpha$ darin enthalten ist. In einem konkreten Konfidenzintervall ist θ enthalten oder nicht. Es läßt sich nur aussagen, daß das Verfahren so konstruiert ist, daß in $(1-\alpha) \cdot 100\,\%$ der Fälle, in denen Konfidenzintervalle geschätzt werden, die resultierenden Intervalle den wahren Wert enthalten.

Häufigkeitsinterpretation

9.4.1 Konfidenzintervalle für Erwartungswert und Varianz

Generell seien im folgenden $X_1, \ldots, X_n$ unabhängige Wiederholungen einer $N(\mu, \sigma^2)$-verteilten Zufallsvariablen. Gesucht ist eine Konfidenzintervall-Schätzung für den unbekannten Erwartungswert μ.

1. Fall: σ^2 bekannt

Ausgangspunkt bei der Bestimmung des Konfidenzintervalls ist ein Punktschätzer für den unbekannten Erwartungswert μ. Ein Schätzer, der sich anbietet, ist das arithmetische Mittel $\bar{X}$, das normalverteilt ist gemäß $N(\mu, \sigma^2/n)$. $\bar{X}$ läßt sich standardisieren, so daß gilt

$$\frac{\bar{X} - \mu}{\sigma/\sqrt{n}} \sim N(0, 1).$$

Man hat damit eine Statistik,

- die den unbekannten Parameter μ enthält (σ ist bekannt),
- deren Verteilung man kennt. Darüber hinaus ist diese Verteilung nicht von μ abhängig.

Für diese Statistik läßt sich unmittelbar ein zweiseitig beschränkter Bereich angeben, in dem sie mit der Wahrscheinlichkeit $1 - \alpha$ liegt. Es gilt

$$P\left(-z_{1-\alpha/2} \leq \frac{\bar{X} - \mu}{\sigma/\sqrt{n}} \leq z_{1-\alpha/2}\right) = 1 - \alpha,$$

wobei $z_{1-\alpha/2}$ das $(1 - \alpha/2)$-Quantil der bekannten Standardnormalverteilung bezeichnet. Ein Konfidenzintervall erhält man daraus durch einfaches Umformen der Ungleichungen innerhalb der Klammern. Man erhält

$$\begin{aligned} 1 - \alpha &= P\left(-z_{1-\alpha/2} \leq \frac{\bar{X} - \mu}{\sigma}\sqrt{n} \leq z_{1-\alpha/2}\right) \\ &= P\left(-z_{1-\alpha/2}\frac{\sigma}{\sqrt{n}} \leq \bar{X} - \mu \leq z_{1-\alpha/2}\frac{\sigma}{\sqrt{n}}\right) \\ &= P\left(\bar{X} - z_{1-\alpha/2}\frac{\sigma}{\sqrt{n}} \leq \mu \leq \bar{X} + z_{1-\alpha/2}\frac{\sigma}{\sqrt{n}}\right). \end{aligned}$$

In der letzten Form sind die Bedingungen für ein $(1 - \alpha)$-Konfidenzintervall erfüllt, das sich damit ergibt durch

$$\left[\bar{X} - z_{1-\alpha/2}\frac{\sigma}{\sqrt{n}}, \bar{X} + z_{1-\alpha/2}\frac{\sigma}{\sqrt{n}}\right].$$

Die Breite dieses Konfidenzintervalls ist gegeben durch

$$b_{KI} = 2z_{1-\alpha/2}\frac{\sigma}{\sqrt{n}}.$$

Das heißt, neben σ hängt die Breite vom Stichprobenumfang n und der Irrtumswahrscheinlichkeit α ab. Genauer kann man festhalten:

- Die Breite des Konfidenzintervalls nimmt mit zunehmendem Stichprobenumfang n so ab, daß $b_{KI} \to 0$ für $n \to \infty$. Die wachsende Schätzgenauigkeit drückt sich in kleineren Konfidenzintervallen aus.
- Die Breite des Konfidenzintervalls nimmt mit wachsender Sicherheitswahrscheinlichkeit $1-\alpha$ (abnehmender Irrtumswahrscheinlichkeit α) zu. Für $1-\alpha \to \infty$, also $\alpha \to 0$ ergibt sich $b_{KI} \to \infty$, das 100 %-Konfidenzintervall ist unendlich groß.

Maximalbreite von Konfidenzintervallen

Die Abhängigkeit von α und n bietet mehrere Möglichkeiten der Steuerung. Will man beispielsweise zu fester Irrtumswahrscheinlichkeit α Konfidenzintervalle bestimmter Maximalbreite haben, läßt sich der Stichprobenumfang entsprechend anpassen durch $n \geq (2z_{1-\alpha/2}\sigma)^2/b_{KI}$.

Aus der standardisierten Zufallsvariable $(\bar{X}-\mu)/(\sigma/\sqrt{n})$ lassen sich in analoger Art und Weise einseitige Konfidenzintervalle ableiten. Man erhält

$$\begin{aligned} 1-\alpha &= P\left(\frac{\bar{X}-\mu}{\sigma}\sqrt{n} \leq z_{1-\alpha}\right) = P\left(\bar{X}-\mu \leq z_{1-\alpha}\frac{\sigma}{\sqrt{n}}\right) \\ &= P\left(\mu \geq \bar{X} - z_{1-\alpha}\frac{\sigma}{\sqrt{n}}\right) \end{aligned}$$

und damit das einseitige Konfidenzintervall

$$\left[\bar{X} - z_{1-\alpha}\frac{\sigma}{\sqrt{n}}, \infty\right).$$

Die Begrenzung nach oben ergibt das einseitige Konfidenzintervall

$$\left(-\infty, \bar{X} + z_{1-\alpha}\frac{\sigma}{\sqrt{n}}\right].$$

2. Fall: σ^2 unbekannt

Die wesentliche Voraussetzung bei der Konstruktion der obigen Konfidenzintervalle war die Existenz einer Zufallsvariable, die den wahren Parameter enthält, deren Verteilung bekannt ist und deren Verteilung nicht von dem unbekannten Parameter abhängt. Eine derartige Variable heißt Pivot-Variable und ist für den Fall, daß σ^2 unbekannt ist, gegeben durch $(\bar{X}-\mu)/(S/\sqrt{n})$, wobei σ durch die Schätzung $S=\sqrt{\sum_i (X_i - \bar{X})^2/(n-1)}$ ersetzt wird. Diese Variable besitzt eine t-Verteilung mit $n-1$ Freiheitsgraden (zur t-Verteilung vgl. Abschnitt 6.3), d.h. es gilt

$$\frac{\bar{X}-\mu}{S}\sqrt{n} \sim t(n-1).$$

Für diese Variable läßt sich wiederum ein Bereich angeben, der mit der Wahrscheinlichkeit $1-\alpha$ angenommen wird. Es gilt

$$P\left(-t_{1-\alpha/2}(n-1) \le \frac{\bar{X}-\mu}{S}\sqrt{n} \le t_{1-\alpha/2}(n-1)\right) = 1-\alpha,$$

wobei $t_{1-\alpha/2}(n-1)$ nun das $(1-\alpha/2)$-Quantil der t-Verteilung mit $n-1$ Freiheitsgraden darstellt.

Die Umformung in völliger Analogie zum Fall für unbekanntes σ^2 führt zum zweiseitigen Konfidenzintervall

$$\left[\bar{X} - t_{1-\alpha/2}(n-1)\frac{S}{\sqrt{n}},\ \bar{X} + t_{1-\alpha/2}(n-1)\frac{S}{\sqrt{n}}\right].$$

Die Breite dieses Konfidenzintervalls ist bestimmt durch

$$b_{KI} = 2t_{1-\alpha/2}(n-1)\frac{S}{\sqrt{n}} = 2t_{1-\alpha/2}(n-1)\frac{S}{\sqrt{n}}.$$

$(1-\alpha)$-Konfidenzintervalle für μ bei normalverteiltem Merkmal

Wenn σ^2 *bekannt* ist, erhält man

$$\left[\bar{X} - z_{1-\alpha/2}\frac{\sigma}{\sqrt{n}}, \bar{X} + z_{1-\alpha/2}\frac{\sigma}{\sqrt{n}}\right],$$

wenn σ^2 *unbekannt* ist, ergibt sich

$$\left[\bar{X} - t_{1-\alpha/2}(n-1)\frac{S}{\sqrt{n}},\ \bar{X} + t_{1-\alpha/2}(n-1)\frac{S}{\sqrt{n}}\right]$$

mit $S = \sqrt{\frac{1}{n-1}\sum_i (X_i - \bar{X})^2}$.

Zu bemerken ist, daß für *beliebig verteiltes Merkmal* aber großen Stichprobenumfang ($n > 30$) wegen der approximativen Normalverteilung

$$\left[\bar{X} - z_{1-\alpha/2}\frac{\sigma}{\sqrt{n}},\ \bar{X} + z_{1-\alpha/2}\frac{\sigma}{\sqrt{n}}\right]$$

ein approximatives Konfidenzintervall darstellt, wenn σ bekannt ist, und

$$\left[\bar{X} - z_{1-\alpha/2}\frac{S}{\sqrt{n}},\ \bar{X} + z_{1-\alpha/2}\frac{S}{\sqrt{n}}\right]$$

ein approximatives Konfidenzintervall ist, wenn σ unbekannt ist.

$(1-\alpha)$-Konfidenzintervall für μ bei beliebiger Verteilung ($n > 30$)

Wenn σ^2 bekannt ist, stellt

$$\left[\bar{X} - z_{1-\alpha/2}\frac{\sigma}{\sqrt{n}},\ \bar{X} + z_{1-\alpha/2}\frac{\sigma}{\sqrt{n}}\right],$$

wenn σ^2 unbekannt ist, stellt

$$\left[\bar{X} - z_{1-\alpha/2}\frac{S}{\sqrt{n}},\ \bar{X} + z_{1-\alpha/2}\frac{S}{\sqrt{n}}\right]$$

ein *approximatives* Konfidenzintervall für μ dar.

Ein Konfidenzintervall für σ^2 bei normalverteilter Grundgesamtheit läßt sich konstruieren aus der Verteilung von S^2. Es gilt, daß eine "normierte" Version von S^2, nämlich $\frac{n-1}{\sigma^2}S^2$, eine χ^2-Verteilung mit $n-1$ Freiheitsgraden besitzt, d.h.

$$\frac{n-1}{\sigma^2}S^2 \sim \chi^2(n-1).$$

Daraus erhält man mit

$$q_{\alpha/2} = \chi^2_{\alpha/2}(n-1),$$

dem $(\alpha/2)$-Quantil der $\chi^2(n-1)$-Verteilung und

$$q_{1-\alpha/2} = \chi^2_{1-\alpha/2}(n-1),$$

dem $(1-\alpha/2)$-Quantil der $\chi^2(n-1)$-Verteilung

$$\begin{aligned}
1-\alpha &= P\left(q_{\alpha/2} \leq \frac{n-1}{\sigma^2}S^2 \leq q_{1-\alpha/2}\right) \\
&= P\left(\frac{q_{\alpha/2}}{(n-1)S^2} \leq \frac{1}{\sigma^2} \leq \frac{q_{1-\alpha/2}}{(n-1)S^2}\right) \\
&= P\left(\frac{(n-1)S^2}{q_{1-\alpha/2}} \leq \sigma^2 \leq \frac{(n-1)S^2}{q_{\alpha/2}}\right).
\end{aligned}$$

Daraus ergibt sich das zweiseitige Konfidenzintervall:

$(1-\alpha)$-Konfidenzintervall für σ^2 bei normalverteiltem Merkmal

Das *zweiseitige Konfidenzintervall* ist bestimmt durch die Grenzen

$$\left[\frac{(n-1)S^2}{q_{1-\alpha/2}}, \frac{(n-1)S^2}{q_{\alpha/2}}\right]$$

9.4.2 Konfidenzintervalle für den Anteilswert

In einer dichotomen Grundgesamtheit interessiert man sich für den Anteilswert bzw. die Auftretenswahrscheinlichkeit

$$\pi = P(X = 1),$$

wobei X ein dichotomes Merkmal mit den Ausprägungen 0 oder 1 ist. Für n unabhängige Wiederholungen ist die Summe $\sum_i X_i$ binomialverteilt mit

$$\sum_{i=1}^{n} X_i \sim B(n, \pi).$$

Der zentrale Grenzwertsatz (vgl. Abschnitt 7.1) besagt, daß die normierte Version $\bar{X} = \sum_i X_i/n$ für großen Stichprobenumfang approximativ normalverteilt ist, d.h. daß annähernd gilt

$$\frac{\bar{X} - E(\bar{X})}{\sqrt{Var(\bar{X})}} \sim N(0,1).$$

Wegen $E(\bar{X}) = \pi$ und $Var(\bar{X}) = \pi(1-\pi)/n$ gilt damit approximativ

$$\frac{\bar{X} - \pi}{\sqrt{\pi(1-\pi)/n}} \sim N(0,1).$$

Approximiert man nun noch den Nenner, indem man π durch die relative Häufigkeit $\hat{\pi} = \bar{X}$ ersetzt, ergibt sich zu vorgegebenem α

$$\begin{aligned} 1 - \alpha &\approx P\left(-z_{1-\alpha/2} \leq \frac{\hat{\pi} - \pi}{\sqrt{\hat{\pi}(1-\hat{\pi})/n}} \leq z_{1-\alpha/2}\right) \\ &= P\left(\hat{\pi} - z_{1-\alpha/2}\sqrt{\frac{\hat{\pi}(1-\hat{\pi})}{n}} \leq \pi \leq \hat{\pi} + z_{1-\alpha/2}\sqrt{\frac{\hat{\pi}(1-\hat{\pi})}{n}}\right). \end{aligned}$$

(1 − α)-Konfidenzintervall für den Anteilswert π

In dichotomen Grundgesamtheiten ist für großen Stichprobenumfang ($n \geq 30$) ein *approximatives* Konfidenzintervall gegeben durch

$$\left[\hat{\pi} - z_{1-\alpha/2}\sqrt{\frac{\hat{\pi}(1-\hat{\pi})}{n}}, \hat{\pi} + z_{1-\alpha/2}\sqrt{\frac{\hat{\pi}(1-\hat{\pi})}{n}}\right],$$

wobei $\hat{\pi} = \bar{X}$ die relative Häufigkeit bezeichnet.

Sonntagsfrage **Beispiel 9.8**

Von den 435 zur Präferenz von Parteien befragten Männern äußerten 144 eine Präferenz für die CDU/CSU. Unter den 496 befragten Frauen waren es 200, die eine Präferenz für die CDU/CSU zeigten (vgl. Beispiel 3.12, Seite 126). Legt man eine Sicherheitswahrscheinlichkeit von $1 - \alpha = 0.95$ zugrunde, erhält man $z_{1-\alpha/2} = 1.96$. Für Männer ergibt sich

$$\begin{aligned}\hat{\pi} \pm z_{1-\alpha/2}\sqrt{\frac{\hat{\pi}(1-\hat{\pi})}{n}} &= 0.331 \quad \pm 1.96\sqrt{\frac{0.331 \cdot 0.669}{435}} \\ &= 0.331 \pm 0.044\end{aligned}$$

und damit das approximative 0.95-Konfidenzintervall $[0.287,\ 0.375]$. Für Frauen erhält man

$$\begin{aligned}\hat{\pi} \pm z_{1-\alpha/2}\sqrt{\frac{\hat{\pi}(1-\hat{\pi})}{n}} &= 0.403 \quad \pm 1.96\sqrt{\frac{0.403 \cdot 0.597}{496}} \\ &= 0.403 \pm 0.043\end{aligned}$$

und daraus das approximative 0.95-Konfidenzintervall $[0.360,\ 0.446]$. □

9.5 Zusammenfassung und Bemerkungen

Schätzverfahren lassen sich unterteilen in Verfahren der Punktschätzung und der Intervallschätzung. *Punktschätzer* stellen eine Regel dar, den Ergebnissen einer Zufallsstichprobe *einen* Schätzwert zuzuordnen, der möglichst nahe an dem wahren Parameterwert liegt. Wie gut diese Regel ist, läßt sich an den Eigenschaften der Schätzfunktion ablesen. Eine wünschenswerte Eigenschaft ist die Erwartungstreue, da erwartungstreue Schätzstatistiken unverzerrt sind, d.h. die Parameter werden weder systematisch über- noch unterschätzt. Allerdings besagt Erwartungstreue allein noch nicht, daß das Verfahren wirklich gut ist, da damit nichts über die Streuung der Schätzung ausgesagt wird. Ein Kriterium, das sowohl die Variabilität als auch die Verzerrung des Schätzers einbezieht, ist die *erwartete mittlere quadratische Abweichung* (MSE). *Konsistenz*, d.h. die Tendenz zum richtigen Wert bei wachsendem Stichprobenumfang, läßt sich am Verschwinden dieser mittleren quadratischen Abweichung festmachen. Man fordert, daß für wachsenden Stichprobenumfang $MSE \to 0$ gilt. *Wirksamkeit* als Vergleichskriterium für Schätzstatistiken bei endlichen Stichproben beruht auf dem Vergleich der erwarteten mittleren quadratischen Abweichung. Bei erwartungstreuen Statistiken reduziert sich dieser Vergleich auf die Betrachtung der Varianzen von Schätzstatistiken.

Intervallschätzung berücksichtigt die Unsicherheit der Schätzung dadurch, daß ein Intervall konstruiert wird, das mit vorgegebener Sicherheitswahrscheinlichkeit den wahren Parameter überdeckt. Die Breite des Intervalls hängt vom Stichprobenumfang, von der Sicherheitswahrscheinlichkeit und vom Vorwissen über den Verteilungstyp ab.

Bei der Konstruktion von Punktschätzern wurde vorwiegend das Maximum Likelihood-Prinzip betrachtet. Alternativen dazu, wie die *Momenten-Methode* oder *Bayes-Schätzer*, werden in Rohatgi (1976) ausführlich dargestellt. Eine Einführung in *robuste* Schätzverfahren, die unempfindlich sind gegenüber einzelnen extremen Beobachtungen, sogenannten Ausreißern, findet sich beispielsweise in Schlittgen (1996b). Dort werden auch generelle Methoden zur Konstruktion von Intervallschätzern dargestellt. Weitere vertiefende Bücher sind Rüger (1996) und das Übungsbuch von Hartung und Heine (1996).

9.6 Aufgaben

Aufgabe 9.1 Die Suchzeiten von n Projektteams, die in verschiedenen Unternehmen dasselbe Problem lösen sollen, können als unabhängig und identisch exponentialverteilt angenommen werden. Aufgrund der voliegenden Daten soll nun der Parameter λ der Exponentialverteilung mit der Maximum Likelihood-Methode geschätzt werden. Es ergab sich eine durchschnittliche Suchzeit von $\bar{x} = 98$.

Man stelle die Likelihoodfunktion auf, bestimme die ML-Schätzfunktion für λ und berechne den ML-Schätzwert für λ.

Aufgabe 9.2 Die durch die Werbeblöcke erzielten täglichen Werbeeinnahmen eines Fernsehsenders können als unabhängige und normalverteilte Zufallsvariablen angesehen werden, deren Erwartungswert davon abhängt, ob ein Werktag vorliegt oder nicht.

Für die weitere Auswertung wurden folgende Statistiken berechnet (alle Angaben in DM):

Werktage (Mo–Fr):	$(n = 36)$	$\bar{x} = 145\,500$	$s = 32\,700$
Wochenende (Sa–So):	$(n = 25)$	$\bar{x} = 375\,500$	$s = 52\,700$

Man gebe jeweils ein Schätzverfahren zur Berechnung von 0.99-Konfidenzintervallen für die wahren täglichen Werbeeinnahmen an Werktagen bzw. Wochenenden an, und berechne die zugehörigen Schätzungen.

Aufgabe 9.3

Eine Grundgesamtheit besitze den Mittelwert μ und die Varianz σ^2. Die Stichprobenvariablen $X_1, \ldots, X_5$ seien unabhängige Ziehungen aus dieser Grundgesamtheit. Man betrachtet als Schätzfunktionen für μ die Stichprobenfunktionen

$$\begin{aligned}
T_1 &= \bar{X} = \frac{1}{5}(X_1 + X_2 + \cdots + X_5), \\
T_2 &= \frac{1}{3}(X_1 + X_2 + X_3), \\
T_3 &= \frac{1}{8}(X_1 + X_2 + X_3 + X_4) + \frac{1}{2}X_5, \\
T_4 &= X_1 + X_2, \\
T_5 &= X_1.
\end{aligned}$$

(a) Welche Schätzfunktionen sind erwartungstreu für μ?
(b) Welche Schätzfunktion ist die wirksamste, wenn alle Verteilungen mit existierender Varianz zur Konkurrenz zugelassen werden?

Aufgabe 9.4

Aus einer dichotomen Grundgesamtheit seien $X_1, \ldots, X_n$ unabhängige Wiederholungen der dichotomen Zufallsvariable X mit $P(X = 1) = \pi, P(X = 0) = 1 - \pi$. Bezeichne $\hat{\pi} = \sum_{i=1}^{n} X_i/n$ die relative Häufigkeit.
(a) Man bestimme die erwartete mittlere quadratische Abweichung (MSE) für $\pi \in \{0, 0.25, 0.5, 0.75, 1\}$ und zeichne den Verlauf von MSE in Abhängigkeit von π.
(b) Als alternative Schätzfunktion betrachtet man

$$T = \frac{n}{\sqrt{n} + n}\hat{\pi} + \frac{\sqrt{n}}{n + \sqrt{n}}0.5$$

Man bestimme den Erwartungswert und die Varianz dieser Schätzfunktion und skizziere die erwartete mittlere quadratische Abweichung.

Aufgabe 9.5

Bei der Analyse der Dauer von Arbeitslosigkeit in Beispiel 3.3, Seite 111 wurde der Zusammenhang zwischen Ausbildungsniveau und Dauer der Arbeitslosigkeit untersucht. Unter den 123 Arbeitslosen ohne Ausbildung waren 86 Kurzzeit-, 19 mittelfristige und 18 Langzeitarbeitslose.

Man schätze die Wahrscheinlichkeit, daß ein Arbeitsloser kurzzeitig, mittelfristig oder langfristig arbeitslos ist und gebe für jede der Schätzungen ein 0.95- und 0.99-Konfidenzintervall an. Wieviel größer müßte der Stichprobenumfang sein, um die Länge der Konfidenzintervalle zu halbieren?

Aufgabe 9.6

Zeigen Sie, daß für die empirische Varianz $\widetilde{S}^2$ gilt:

$$E_{\sigma^2}(\widetilde{S}^2) = \frac{n-1}{n}\sigma^2 .$$

10

Testen von Hypothesen

Neben dem Schätzen von Parametern theoretischer Verteilungen ist es oft von zentralem Interesse zu überprüfen, ob bestimmte Vermutungen über einen Parameter oder eine Verteilung in der Grundgesamtheit zutreffen oder nicht. So könnte ein Forscher bereits eine gewisse Vorstellung über den Anteil der Frauen an den Hochschullehrern oder über die Stärke eines Zusammenhangs oder über die Wirksamkeit eines Medikaments haben. Diese Vermutung, z.B. daß der Anteil von weiblichen Hochschullehrern unterhalb 15 % liegt, kann in der Regel nicht anhand der Grundgesamtheit geprüft werden. Zwar wird die Vermutung hinsichtlich des Verhaltens des interessierenden Merkmals in der Grundgesamtheit aufgestellt, überprüft wird sie aber wieder auf Stichprobenbasis. Die Überprüfung solcher Annahmen über das Verhalten des Untersuchungsmerkmals in der Grundgesamtheit fällt unter den Begriff des *statistischen Testens*. Die Regeln, die zur Überprüfung eingesetzt werden, heißen entsprechend *statistische Tests*. Damit statistische Tests zur Beantwortung solcher Fragestellungen eingesetzt werden können, müssen die entsprechenden Vermutungen nicht nur operationalisiert, sondern auch als *statistisches Testproblem* formuliert werden.

statistisches Testen

In diesem Kapitel werden nun sowohl erste konkrete Verfahren vorgestellt als auch die Prinzipien des statistischen Testens diskutiert. Da statistische Tests jedoch von der interessierenden Fragestellung, dem Skalenniveau und anderen Kriterien abhängen, gibt es eine Vielzahl von diesen Prüfregeln. Diese werden problemadäquat in den nachfolgenden Kapiteln eingeführt.

10.1 Der Binomial- und der Gauß-Test

Statistische Tests spielen in den verschiedensten Bereichen eine große Rolle. Man kann sogar sagen, daß diese nahezu stets eingesetzt werden, wenn Daten anfallen - sei es in der täglichen Praxis oder in geplanten empirischen Forschungsvorhaben. Bevor wir im folgenden auf drei konkrete Testvorschriften näher eingehen, sollen die nachstehenden Beispiele die Idee und die Verwendung statistischer Tests verdeutlichen.

Beispiel 10.1 **Qualitätsprüfung (Gut-Schlecht)**

In Produktionsfirmen wird vor der Auslieferung einer bestimmten Warenpartie deren Qualität auf Stichprobenbasis kontrolliert. Dazu werden statistische Methoden eingesetzt und zwar zunächst geeignete Verfahren zur Stichprobenziehung und anschließend statistische Tests zur Auswertung der erhobenen Daten. Häufig findet dabei lediglich eine sogenannte "Gut-Schlecht-" oder auch *Attributenprüfung* statt. Das heißt, daß bei jedem produzierten Stück nur festgehalten wird, ob es den Qualitätsstandards genügt ("gut") oder nicht ("schlecht"). Ein schlechtes Stück wird als Ausschuß bezeichnet. Gezählt werden schließlich die schlechten Stücke. Diese Anzahl kann als binomialverteilt mit Erfolgswahrscheinlichkeit π angesehen werden, wobei diese dem *Ausschußanteil* π in der Grundgesamtheit entspricht.

Attributenprüfung

Ausschußanteil

Bei diesem wichtigen Teilgebiet der Statistik, der statistischen Qualitätskontrolle bzw. -sicherung, geht es häufig darum zu garantieren, daß der Ausschußanteil in einer Lieferung unter einer bestimmten Grenze liegt. So könnte ein Vertrag zwischen Produzent und Kunde vereinfacht lauten, daß der Kunde die Lieferung akzeptiert, sofern der Ausschußanteil mit einer bestimmten Wahrscheinlichkeit unter 10 % liegt. Natürlich ist es i.a. aus Kosten und Zeitgründen, aber auch insbesondere im Fall einer zerstörenden Prüfung nicht möglich, sämtliche Teile einer Lieferung hinsichtlich ihrer Qualität zu überprüfen. Man zieht, wie bereits oben beschrieben, stattdessen eine Stichprobe und zählt die Ausschußstücke in dieser Stichprobe. Nehmen wir der Einfachheit halber an, die Stichprobe wäre vom Umfang $n = 1000$ Stück und in dieser Stichprobe befänden sich 102 Ausschußstücke. Damit ergäbe sich als Schätzer für den wahren, aber unbekannten Ausschußanteil π in dieser Lieferung $\hat{\pi} = \frac{102}{1000} = 0.102$, also 10.2 %. Sicherlich ließe sich jetzt leicht argumentieren, daß dieser Wert so wenig größer ist als 10 %, daß die Lieferung vom Kunden akzeptiert werden muß, aber welcher Ausschußanteil hätte sich bei einer anderen Stichprobe ergeben? Anders formuliert stellt sich die Frage, ob der Unterschied von 10.2 % zu 10 % gering genug ist, um daraus schließen zu können, daß der tatsächliche Ausschußanteil sogar kleiner ist als 10 %? Oder ist der beobachtete Unterschied rein zufällig bedingt und eine andere Zufallsstichprobe hätte vielleicht sogar zu einem geschätzten Anteilswert geführt, der wesentlich über der Grenze von 10 % liegt? □

Zur Beantworung dieser Fragen benötigt man ein objektives Entscheidungskriterium. Dieses ist gerade in einem *statistischen Test* gegeben. Allerdings kann auch ein statistischer Test zu einem falschen Ergebnis, d.h. zu *Fehlentscheidungen* gelangen. Letztendlich basiert seine Entscheidung nur auf der gezogenen Stichprobe, auch wenn ein Test, wie wir noch sehen werden, zusätzliche Information über die Verteilung des Merkmals in der Grundgesamtheit nutzt. Damit ist es also in unserem obigen Beispiel möglich, daß der statistische Test aufgrund der Stichprobe zu der Entscheidung kommt, daß der wahre Ausschußanteil kleiner ist als 10 %, obwohl dieser tatsächlich darüber liegt. Aber auch der umgekehrte Fall kann eintreten, d.h. der statistische Test entscheidet, daß der wahre Ausschußanteil nicht unterhalb der 10 %-Grenze liegt, obwohl in der gesamten Lieferung dieser die 10 %-Grenze nicht überschreitet. Solche Fehlentscheidungen können nicht ausgeschlossen werden. Man wird aber versuchen, einen statistischen Test so zu konstruieren, daß die Wahrscheinlichkeiten für solche Fehlentscheidungen möglichst gering sind.

statistischer Test

Fehlentscheidungen

Kontrollkarten

Beispiel 10.2

In dem obigen Beispiel haben wir den Fall betrachtet, daß am Ende des Produktionsprozesses vor der Auslieferung eine Warenausgangskontrolle vorgenommen wird. Natürlich finden auch während des laufenden Prozesses Qualitätskontrollen statt. Ein häufig eingesetztes Mittel sind in diesem Zusammenhang *Kontrollkarten*. Bei der abgebildeten Regelkarte, die uns freundlicherweise von der Firma BMW zur Verfügung gestellt wurde, handelt es sich um eine sogenannte kombinierte $\bar{x}/R$-Karte (siehe Abb. 10.1).

Kontrollkarten

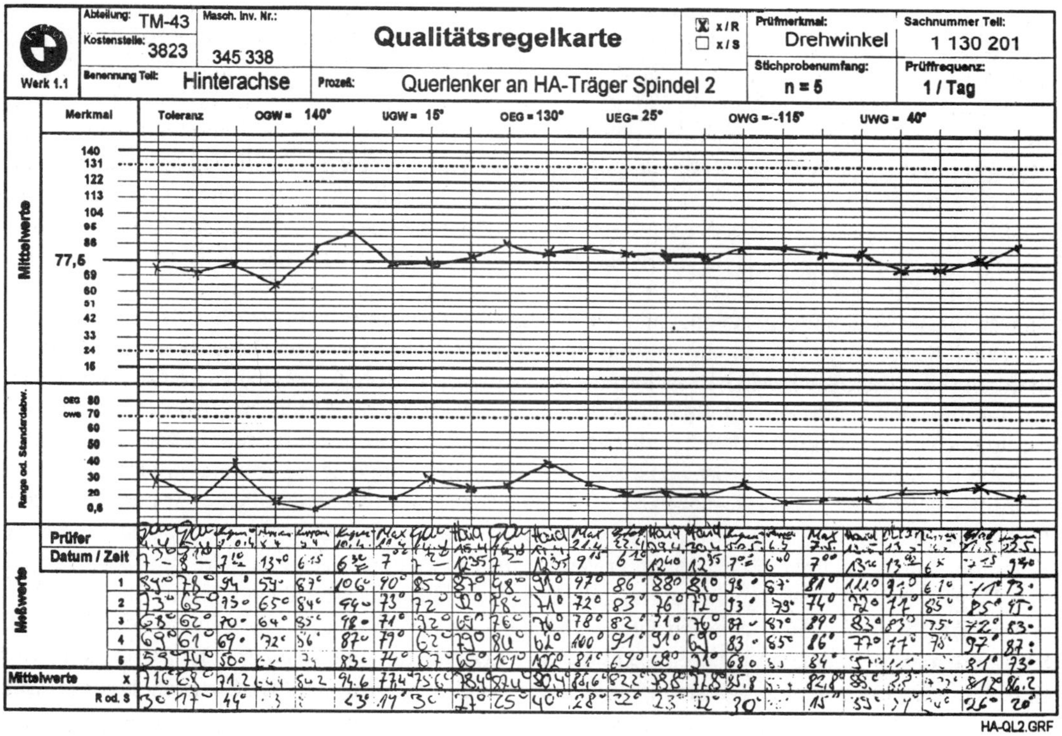

ABBILDUNG 10.1: Beispiel für eine $\bar{x}/R$-Karte

Dazu wird auf der horizontalen Achse dieser Karte die Zeit abgetragen. Auf der vertikalen Achse trägt man den Sollwert ab, den beispielsweise die Länge eines bestimmten Werkstücks einhalten soll. Zudem werden zwei zur Zeitachse parallele Linien eingezeichnet, die im selben Abstand unter- und oberhalb des *Sollwerts* liegen. Diese markieren i.a. die *Kontrollgrenzen*. Zu bestimmten Zeitpunkten wird nun der laufenden Produktion jeweils eine Anzahl n von Werkstücken entnommen, deren Länge gemessen und daraus das arithmetische Mittel berechnet. Dieses trägt man dann in der $\bar{x}$-Karte ein. Solange die Werte von $\bar{x}$ innerhalb der Kontrollgrenzen liegen, spricht man davon, daß der Prozeß unter *statistischer Kontrolle* ist. Man spricht dabei von einer statistischen Kontrolle, weil die Grenzen mit Hilfe statistischer

Sollwert
Kontrollgrenzen

statistische Kontrolle

Überlegungen, genauer auf der Basis statistischer Tests, ermittelt werden. Man geht zunächst davon aus, daß das interessierende Merkmal wie etwa die Länge des Werkstücks normalverteilt ist, wobei der Erwartungswert mit dem Sollwert übereinstimmt, solange der Prozeßverlauf unter Kontrolle ist. Die Varianz wird aufgrund zahlreicher Vorläufe als bekannt vorausgesetzt. Die Grenzen werden nun unter der Annahme ermittelt, der Sollwert würde eingehalten und beobachtete Abweichungen davon wären nur zufällig bedingt.

Unter dieser Annahme soll die Wahrscheinlichkeit dafür, daß $\bar{x}$ sich gerade in diesem Bereich realisiert, 0.99 betragen. Da Schwankungen in diesem Bereich also als zufallsbedingt angesehen werden, wird erst in den laufenden Prozeß zwecks Reparatur- oder Adjustierungsmaßnahmen an der Maschine eingegriffen, wenn $\bar{x}$ außerhalb dieser Schranken liegt. Man geht dann davon aus, daß eine so große Abweichung vom Sollwert nur noch mit einer extrem kleinen Wahrscheinlichkeit auftreten kann, wenn der Prozeß unter Kontrolle ist. Das heißt, daß eine solche Abweichung eher ein Indiz dafür ist, daß der Sollwert eben nicht mehr eingehalten wird. □

Das folgende überschaubare Beispiel soll nun dazu dienen, die Grundidee statistischer Tests zu verdeutlichen.

Beispiel 10.3 **Mädchen- und Jungengeburten**

Es wird oft die Vermutung geäußert, daß mehr Jungen als Mädchen geboren werden, daß also der Anteil der Jungengeburten an den Geburten insgesamt über 50 % liegt. Die Gegenaussage besagt, daß es genauso viele Jungen- wie Mädchengeburten gibt.

Die oben geäußerte Vermutung läßt sich empirisch überprüfen. Man wähle etwa ein Krankenhaus zufällig aus und zähle die Mädchen und Jungen, die innerhalb von 24 Stunden in diesem Krankenhaus geboren werden. Dieser Versuchsplan ist selbstverständlich nicht geeignet, um das Problem umfassend zu lösen, aber zu illustrativen Zwecken ist es ausreichend, sich ein solches Vorgehen vorzustellen. Nehmen wir weiter an, es wären zehn Kinder geboren worden. Wenn die Gegenaussage zutrifft, daß der Anteil der Jungengeburten 50 % beträgt, erwarten wir also unter den zehn Kindern fünf Mädchen und fünf Jungen. Ist dieser Fall eingetreten, so fällt die Entscheidung auch ohne Durchführung eines statistischen Tests leicht, daß die Stichprobe darauf hindeutet, daß der Anteil der Jungengeburten 50 % beträgt. Sind nun aber sechs Jungen geboren und vier Mädchen, liegt es immer noch nahe anzunehmen, daß ein solches Ergebnis auch möglich wäre, wenn der Anteil der Jungen an der Gesamtheit aller Geburten 50 % beträgt. Bei einem Verhältnis von sieben zu drei wird man schon etwas verunsichert, ob sich diese Abweichung von dem Verhältnis fünf zu fünf noch mit zufälligen Schwankungen bedingt durch die Stichprobe erklären läßt. Man kann dieses Abwägen bis zum Extremfall von zehn Jungengeburten im Verhältnis zu keiner Mädchengeburt weiter durchgehen. Die Unsicherheit wird dabei wachsen, daß solche extremen Ergebnisse noch möglich sind, wenn tatsächlich die Anzahlen übereinstimmen. Solche extremen Ergebnisse sind aber auch dann möglich, wenn die tatsächliche Wahrscheinlichkeit für Mädchen- oder Jungengeburten gleich ist. Allerdings treten sie nur mit einer sehr kleinen Wahrscheinlichkeit ein. Da diese Wahrscheinlichkeit so klein ist, sind wir eher geneigt anzunehmen, daß extreme Ergebnisse dafür sprechen, daß in der Gesamtheit mehr Jungen als Mädchen geboren werden. □

10.1.1 Der exakte Binomialtest

Die in Beispiel 10.3 beschriebene Situation ist vom selben Typ wie in Beispiel 10.1 (Seite 388). In beiden Fällen beobachten wir ein dichotomes Merkmal und zählen, wie oft das interessierende Ereignis eintritt. Um das Vorgehen zu formalisieren, führen wir die folgende Bezeichnung ein (vgl. Beispiel 5.13):

$$X_i = \begin{cases} 1 & \text{falls } A \text{ eintritt} \\ 0 & \text{falls } \bar{A} \text{ eintritt.} \end{cases}$$

In Beispiel 10.1 (Seite 388) werden die schlechten Werkstücke gezählt. Das interessierende Ereignis A in Beispiel 10.3 entspricht gerade einer Jungengeburt. Die Wahrscheinlichkeit für das Ereignis $\{X_i = 1\}$ sei auch hier mit π bezeichnet. Die Aussage, daß Jungen- und Mädchengeburten gleich häufig auftreten, läßt sich also auch als Aussage über π und zwar als $\pi = 0.5$ formulieren. Dementsprechend läßt sich die Vermutung, daß mehr Jungen geboren werden, als $\pi > 0.5$ beschreiben.

Zu Beginn dieses Kapitels wurde bereits erwähnt, daß zur Durchführung statistischer Tests die inhaltliche Fragestellung als *statistisches Testproblem* aufgefaßt wird. Dabei wird die interessierende Forschungshypothese als *statistische Alternativhypothese* (kurz: Alternative) über den entsprechenden Parameter formuliert. Diese muß sich gegen die *Nullhypothese* (kurz: Hypothese) durchsetzen. In Beispiel 10.3 auf der vorherigen Seite beschreibt die Vermutung, daß Jungengeburten häufiger auftreten als Mädchengeburten, die Alternative H_1, die sich formal angeben läßt als

statistisches Testproblem
Alternative
Nullhypothese

$$H_1 : \pi > 0.5\,,$$

während die Nullhypothese H_0 die Gleichheit der Anteile widerspiegelt, also

$$H_0 : \pi = 0.5\,.$$

Will man nun, wie in obigen Beispielen beschrieben, auf empirischem Wege die über π geäußerte Vermutung bestätigen oder widerlegen, zieht man eine Stichprobe $X_1, \ldots, X_n$, also beispielsweise $n = 10$ Geburten, und zählt, wie oft das interessierende Ereignis eingetreten ist. Das heißt, daß auch beim statistischen Testen analog zum Schätzen die Information aus der Stichprobe verdichtet werden muß. Man nennt diese zusammenfassende Größe im Rahmen statistischer Tests *Prüfgröße* oder auch *Teststatistik.* In der obigen Situation bietet sich also

Prüfgröße
Teststatistik

$$\text{die Anzahl} \quad X = \sum_{i=1}^{n} X_i \qquad \text{bzw. der Anteil} \quad \bar{X} = \frac{1}{n}\sum_{i=1}^{n} X_i$$

als Prüfgröße an. Anhand dieser Prüfgröße entscheidet man über die Ablehnung der Nullhypothese zugunsten der Alternative, in unserem Beispiel also darüber, ob der Anteil der Jungengeburten größer ist als der der Mädchengeburten. Für die Alternative H_1 spricht, wenn $\bar{X}$ zu "groß" wird, also

$$\bar{X} > c$$

für einen geeigneten "kritischen Wert" c. Dabei tritt gerade die oben beschriebene Frage auf, wie groß c zu wählen ist.

Es soll hier noch einmal betont werden, daß es bei einem statistischen Test darum geht zu entscheiden, ob das für die gezogene Stichprobe beobachtete Verhalten auch für die Grundgesamtheit, also beispielsweise für die Gesamtheit aller Geburten gilt. Hypothese und Alternative sind daher immer *Aussagen über die Grundgesamtheit* und nicht über die Stichprobe.

Aussagen über die Grundgesamtheit

In vielen Fällen ist es für die obige Situation gerechtfertigt anzunehmen, daß die Ziehungen unabhängig voneinander erfolgen und somit die Anzahl $X = \sum_{i=1}^{n} X_i$ binomialverteilt ist mit Parametern n und π (vgl. Abschnitt 5.3.1). An dieser Fomulierung wird noch einmal deutlich, daß das Ergebnis dieser Stichprobe selbst wieder eine Zufallsvariable ist, von der aber die Verteilung unter der Nullhypothese bekannt ist. Im Beispiel ist X demnach binomialverteilt mit Parametern 10 und 0.5, d.h. mit der Symbolik aus Abschnitt 5.3.1 gilt also

$$X \sim B(10, 0.5) .$$

Mit diesen Modellannahmen ist es möglich zu berechnen, wie wahrscheinlich das Auftreten von keiner, einer bis hin zu zehn Jungengeburten ist. Aus der Binomialverteilungstabelle mit $n = 10$, $\pi = 0.5$ können wir diese Wahrscheinlichkeiten ablesen. Sie sind in Tabelle 10.1 zusammengefaßt.

x	0	1	2	3	4	5
$P(X = x)$	0.001	0.01	0.044	0.117	0.205	0.246

TABELLE 10.1: Wahrscheinlichkeitsfunktion einer $B(10, 0.5)$-Verteilung

Da die Verteilung symmetrisch ist um ihren Erwartungswert, der sich unter der Nullhypothese ergibt als $E(X) = 10 \cdot 0.5 = 5$, ist es ausreichend, die angegebenen Werte wie in Tabelle 10.1 aufzulisten. Die Wahrscheinlichkeit $P(X = 4)$ beispielsweise ist aufgrund der Symmetrie identisch mit $P(X = 6)$.

Da die erwartete Anzahl von Jungengeburten unter der Nullhypothese der Gleichwahrscheinlichkeit von Jungen- und Mädchengeburten fünf beträgt, sprechen also Anzahlen größer fünf für die Alternative $H_1 : \pi > 0.5$. Die Frage, die jetzt noch zu klären ist, lautet: Wie groß müssen die Werte sein, daß es extrem unwahrscheinlich ist, daß sie noch unter H_0 zustande gekommen sind? Zur Beantwortung dieser Frage gibt man sich zunächst vor, was man unter 'extrem unwahrscheinlich' verstehen will. Übliche Werte dafür sind $0.01, 0.05$ oder auch 0.1. Diese Wahrscheinlichkeit bezeichnet man als *Signifikanzniveau*. Als Symbol für das Signifikanzniveau verwendet man α. Dann konstruiert man sich einen Bereich, auch *Ablehnungsbereich* oder *kritischer Bereich* genannt, der gerade die Beobachtungen des Zufallsexperiments umfaßt, die in die Richtung der Alternative weisen und deren Wahrscheinlichkeit insgesamt kleiner oder gleich dem vorgegebenen Wert von z.B. 0.01 ist.

Signifikanzniveau
Ablehnungsbereich

Mädchen- und Jungengeburten **Beispiel 10.4**

Sei zunächst die Wahrscheinlichkeit für den Ablehnungsbereich, also das Signifikanzniveau α, als 0.1 vorgegeben, d.h. dieser Bereich besteht aus allen Beobachtungen einer Binomialverteilung mit Parametern $n = 10$ und $\pi = 0.5$, die

- in die Richtung der Alternative zeigen, also größer als fünf sind, und
- die unter H_0 als Vereinigung mit einer Wahrscheinlichkeit von *höchstens* 0.1 eintreten.

Da es um so naheliegender ist, von der Gültigkeit der Alternative auszugehen, je mehr Jungen geboren werden, füllt man nun sukzessive den Ablehnungsbereich beginnend mit $x = 10$ solange auf, bis der Bereich insgesamt unter H_0 die Wahrscheinlichkeit 0.1 besitzt. Da $P_{H_0}(X = 10) = 0.001 < 0.1$, wobei die Schreibweise P_{H_0} bedeutet, daß die Wahrscheinlichkeit für das Eintreten von A unter der Nullhypothese H_0 ermittelt wird, kann die Zehn in den Ablehnungsbereich aufgenommen werden. Man betrachte nun im nächsten Schritt $x = 9$. Es gilt: $P_{H_0}(X = 9) = 0.01$ und damit

$$P_{H_0}(\{9, 10\}) = 0.001 + 0.01 = 0.011 < 0.1\,,$$

d.h. auch die Neun liegt noch im Ablehnungsbereich. Für $x = 8$ erhalten wir $P_{H_0}(X = 8) = 0.044$, also

$$P_{H_0}(\{8, 9, 10\}) = 0.001 + 0.01 + 0.044 = 0.055 < 0.1\,.$$

Damit kann auch die Acht in den Ablehnungsbereich genommen werden. Als nächstes untersuchen wir $x = 7$. Für $P_{H_0}(X = 7)$ liest man aus Tabelle 10.1 auf der gegenüberliegenden Seite den Wert 0.117 ab. Dieser Wert allein ist schon größer als 0.1 und somit

$$P_{H_0}(\{7, 8, 9, 10\}) = 0.055 + 0.117 = 0.172$$

erst recht. Die Sieben kann also nicht mehr in den Ablehnungsbereich gelangen, der sich damit als $\{8, 9, 10\}$ ergibt.

Inhaltlich läßt sich dieses Ergebnis wie folgt interpretieren: Acht, neun oder zehn Jungengeburten können unter der Annahme, daß Mädchen- und Jungengeburten gleichwahrscheinlich sind, nur mit einer Wahrscheinlichkeit von höchstens 10 % eintreten. Diese Wahrscheinlichkeit sehen wir als so gering an, daß wir bei mindestens acht Jungengeburten schließen, daß die Alternative gilt, also die Wahrscheinlichkeit für eine Jungengeburt größer ist als 0.5. Man sagt dann auch: Die Nullhypothese kann zugunsten der Alternative verworfen werden. Sieben Jungengeburten wären im Gegensatz dazu unter der Nullhypothese mit einer so großen Wahrscheinlichkeit (0.117) möglich, daß ein solches Ergebnis nicht mehr für die Gültigkeit der Alternative spricht. □

Für den Fall, daß das Testproblem

$$H_0 : \pi = 0.5 \quad \text{gegen} \quad H_1 : \pi < 0.5$$

lautet, geht man völlig analog vor, nur daß nun kleine Werte für die Alternative sprechen. Man erhält dementsprechend als Ablehnungsbereich die Menge $\{0, 1, 2\}$. Falls man lediglich wissen möchte, ob sich Mädchen- und Jungengeburten in ihrer Häufigkeit unterscheiden, erhält man als Testproblem

$$H_0 : \pi = 0.5 \quad \text{gegen} \quad H_1 : \pi \neq 0.5$$

In diesem Fall sprechen Werte, die in unserem Beispiel von fünf verschieden sind, also sowohl kleine als auch große Werte für die Alternative. Will man für dieses Testproblem den Ablehnungsbereich bestimmen, so teilt man die Wahrscheinlichkeit, die man diesem Bereich maximal zuweisen möchte, gleichmäßig auf die Teilmengen der kleinen und der großen Werte auf. Kommen wir wieder auf unser Beispiel zurück, bedeutet das, man faßt am oberen und unteren Ende des Wertebereiches $\{0, 1, \ldots, 10\}$ soviele Beobachtungen zusammen, bis die Wahrscheinlichkeit für deren Vereinigung jeweils $0.05 = \frac{0.1}{2}$ beträgt. Es ergibt sich dann, wie man leicht nachrechnet, als Ablehnungsbereich die Menge $\{0, 1\} \cup \{9, 10\}$.

exakter Binomialtest

Erarbeitet man sich die Ablehnungsbereiche im Fall eines Testproblems über den Parameter π einer Binomialverteilung wie oben durchgeführt anhand der exakten Wahrscheinlichkeit der entsprechenden Binomialverteilung unter der Nullhypothese, so heißt der statistische Test, der auf dem so errechneten Ablehnungsbereich basiert, *exakter Binomialtest*. Man kann sich leicht vorstellen, daß die Durchführung des exakten Binomialtests, d.h. die Berechnung der dafür erforderlichen Ablehnungsbereiche mit wachsendem Stichprobenumfang n sehr aufwendig wird. Wir werden daher im folgenden eine Möglichkeit vorstellen, den Ablehnungsbereich numerisch weniger aufwendig, wenn auch nur approximativ zu bestimmen.

10.1.2 Der approximative Binomialtest

approximativer Binomialtest

Aus Abschnitt 5.3.1 ist bekannt, daß sich die Binomialverteilung für großes n durch die Normalverteilung approximieren läßt. Damit kann man also für großes n den Ablehnungsbereich des exakten Binomialtests über die Normalverteilung annähern. Man erhält so den *approximativen Binomialtest*. Genauer gilt mit $X = \sum_{i=1}^{n} X_i \sim B(n, \pi)$ für $n\pi$ und $n(1-\pi)$ groß genug, daß

$$X \overset{a}{\sim} N(n\pi, n\pi(1-\pi)) \quad \text{bzw.} \quad Z = \frac{X - n\pi}{\sqrt{n\pi(1-\pi)}} \overset{a}{\sim} N(0, 1)\,.$$

Zur Illustration dieses approximativen Vorgehens kommen wir auf Beispiel 10.1 (Seite 388) zurück. Dort ist es von Interesse zu erfahren, ob der Ausschußanteil π bei der Endabnahme größer 0.1 ist. Dies läßt sich als Testproblem wie folgt formulieren:

$$H_0 : \pi = 0.1 \quad \text{gegen} \quad H_1 : \pi > 0.1\,.$$

Wie man sieht, wird der eigentlich interessierende Sachverhalt wieder als statistische Alternative formuliert. Da insgesamt $n = 1000$ Stück in der zu liefernden Charge sind, können die

Voraussetzungen zur Anwendung der Approximation als erfüllt angesehen werden. Damit ist also

$$Z = \frac{X - 1000 \cdot 0.1}{\sqrt{1000 \cdot 0.1 \cdot 0.9}} = \frac{X - 100}{\sqrt{90}} \overset{a}{\sim} N(0,1)\,.$$

Zur Bestimmung des Ablehnungsbereichs des Tests, der auf dieser Prüfgröße basiert, ist es hilfreich, die graphische Darstellung der Dichte der Standardnormalverteilung zu betrachten (vgl. Abb. 10.2).

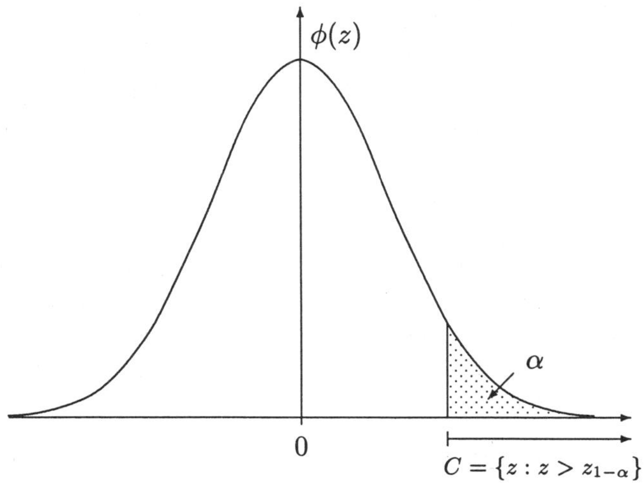

ABBILDUNG 10.2: Ablehnungsbereich eines statistischen Tests basierend auf einer standardnormalverteilten Prüfgröße

Da im obigen Testproblem große Werte von Z für die Alternative sprechen, ist der Ablehnungsbereich des Tests gerade als die Menge gegeben, die am rechten Rand der z-Achse liegt und deren Wahrscheinlichkeit höchstens α beträgt. Dabei ist der linke äußere Punkt dieses Bereichs bereits bekannt als das $(1-\alpha)$-Quantil der Standardnormalverteilung (vgl. Abschnitt 6.3.1), so daß man als Ablehnungsbereich C erhält

$$C = \{z : z > z_{1-\alpha}\}\,.$$

kritischer Wert

Der äußere Punkt des Ablehnungsbereiches, in diesem Fall $z_{1-\alpha}$, wird auch als *kritischer Wert* bezeichnet. Wir entscheiden uns wieder für die Alternative, falls der beobachtete Prüfwert in C liegt.

Beispiel 10.5 **Gut-Schlecht-Prüfung**

Für Beispiel 10.1 (Seite 388) lautet nach obigen Ausführungen das Testproblem

$$H_0 : \pi = 0.1 \quad \text{gegen} \quad H_1 : \pi > 0.1 .$$

Als Wahrscheinlichkeit, mit der wir uns für die Alternative entscheiden, obwohl eigentlich die Nullhypothese gilt, wählen wir $\alpha = 0.05$. Dies ist also unter der Nullhypothese die Wahrscheinlichkeit dafür, daß die Prüfgröße im Ablehnungsbereich C des Tests liegt. Da $z_{1-\alpha} = z_{0.95} = 1.64$, ist C gegeben als

$$\{z : z > 1.64\} .$$

Der Wert des Prüfgröße $Z = \frac{X-100}{9.5}$ berechnet sich bei einer Anzahl fehlerhafter Stücke von $x = 102$ als

$$z = \frac{102 - 100}{9.5} = 0.21 .$$

Da $0.21 < 1.64$, können wir sagen, daß die Anzahl von 102 fehlerhaften Stücken in der Stichprobe nicht den Schluß zuläßt, daß der Anteil fehlerhafter Stücke in der gesamten Partie über 10 % liegt. Diese Abweichung von der unter der Annahme eines Schlechtanteils von 10 % erwarteten Anzahl von 100 schlechten Stücken ist zu gering, als daß sie nicht rein zufällig bedingt sein könnte. □

In Beispiel 10.5 haben wir den statistischen Test mittels der standardisierten Prüfgröße Z durchgeführt. Dabei fällt die Entscheidung für H_1, falls $z \in C$, also falls $z > z_{1-\alpha}$. Alternativ kann man den Test auch über die Anzahl x selbst durchführen, denn

$$z = \frac{x - n\pi_0}{\sqrt{n\pi_0(1 - \pi_0)}} > z_{1-\alpha}$$

ist äquivalent zu

$$x > n\pi_0 + \sqrt{n\pi_0(1 - \pi_0)}z_{1-\alpha} ,$$

wobei π_0 gerade den Wert des Schlechtanteils unter H_0 bezeichnet. In Beispiel 10.1 (Seite 388) ist $\pi_0 = 0.1$ und

$$n\pi_0 + \sqrt{n\pi_0(1 - \pi_0)}z_{1-\alpha} = 100 + 9.5 \cdot 1.64 = 115.58 .$$

Da die beobachtete Anzahl fehlerhafter Stücke 102 und somit kleiner als 115.58 ist, gelangt man zu derselben Entscheidung wie unter Verwendung der Prüfgröße Z.

Für den Fall, daß das Testproblem gegeben ist als

$$H_0 : \pi = \pi_0 \quad \text{gegen} \quad H_1 : \pi < \pi_0 ,$$

sprechen kleine Werte der Prüfgröße für die Alternative, und der Ablehnungsbereich C befindet sich somit am linken Rand der z-Achse, d.h.

$$C = \{z : z < z_\alpha\} = \{z : z < -z_{1-\alpha}\} ,$$

da die Standardnormalverteilung symmetrisch ist um 0 (vgl. Abschnitt 6.3.1).

Liegt das Testproblem

$$H_0 : \pi = \pi_0 \quad \text{gegen} \quad H_1 : \pi \neq \pi_0$$

vor, setzt sich der Ablehnungsbereich C basierend auf der Prüfgröße Z wieder zusammen aus dem linken und dem rechten Rand der z-Achse, wobei für jede dieser Mengen die Wahrscheinlichkeit $\alpha/2$ beträgt. Damit ergibt sich der Ablehnungsbereich C als

$$\begin{aligned} C &= \{z : z > z_{1-\alpha/2}\} \cup \{z : z < z_{\alpha/2} = -z_{1-\alpha/2}\} \\ &= \{z : z > z_{1-\alpha/2} \quad \text{oder} \quad z < -z_{1-\alpha/2}\} \\ &= \{z : |z| > z_{1-\alpha/2}\} . \end{aligned}$$

Wir fassen zusammen:

Approximativer Binomialtest

Gegeben seien folgende Testprobleme über den Parameter π einer $B(n, \pi)$-Verteilung

$$\begin{array}{llll} \text{(a)} & H_0 : \pi = \pi_0 & \text{gegen} & H_1 : \pi \neq \pi_0 \\ \text{(b)} & H_0 : \pi = \pi_0 & \text{gegen} & H_1 : \pi < \pi_0 \\ \text{(c)} & H_0 : \pi = \pi_0 & \text{gegen} & H_1 : \pi > \pi_0 . \end{array}$$

Basierend auf der Prüfgröße

$$Z = \frac{X - n\pi_0}{\sqrt{n\pi_0(1-\pi_0)}} = \frac{\hat{\pi} - \pi_0}{\sqrt{\frac{\pi_0(1-\pi_0)}{n}}} \overset{a}{\underset{H_0}{\sim}} N(0,1)$$

und dem vorgegebenen Niveau α fällt die Entscheidung für H_1 im Testproblem

(a), falls $|z| > z_{1-\alpha/2}$
(b), falls $z < -z_{1-\alpha}$
(c), falls $z > z_{1-\alpha}$.

10.1.3 Der Gauß-Test

Bei dem oben formulierten Testproblem über π handelt es sich um Hypothesen und Alternativen bezüglich des Erwartungswerts einer speziellen Verteilung und zwar der $B(1, \pi)$-Verteilung. Fragestellungen dieses Typs sind aber natürlich auch für Erwartungswerte anderer

Verteilungen von Interesse. Beispiel 10.2 (Seite 389) beschreibt gerade ein solches Problem. Es geht darum zu beurteilen, ob der Sollwert beispielsweise für die Länge eines Werkstücks bei der Fertigung eingehalten wird. Um dies zu überprüfen, benötigt man wieder eine geeignete Prüfgröße. Da sich der Sollwert auffassen läßt als Erwartungwert μ der Länge X eines Werkstücks, also $\mu = E(X)$, bietet sich als Prüfgröße das Stichprobenmittel $\bar{X}$ an. Dabei wollen wir voraussetzen, daß wir eine Stichprobe unabhängig identisch und stetig verteilter Zufallsvariablen $X_1, \ldots, X_n$ gezogen haben. In diesem Kapitel gehen wir zudem davon aus, daß die Varianz $Var(X_i) = Var(X) = \sigma^2$, $i = 1, \ldots, n$, bekannt ist. Diese Voraussetzung ist i.a. als kritisch zu bewerten. Im Bereich der statistischen Qualitätskontrolle kann man sie jedoch als nahezu erfüllt ansehen, da die Standardabweichung σ der Produktionstücke als feste "Maschinengenauigkeit" vom Hersteller angegeben wird, während μ als "Einstellung" variiert werden kann. Dementsprechend sind nur Aussagen über $E(X_i) = \mu$, $i = 1, \ldots, n$, zu treffen.

Dazu betrachten wir analog zu den Aussagen über π die folgenden Testprobleme:

$$
\begin{array}{llll}
\text{(a)} & H_0 : \mu = \mu_0 & \text{gegen} & H_1 : \mu \neq \mu_0 \\
\text{(b)} & H_0 : \mu = \mu_0 & \text{gegen} & H_1 : \mu < \mu_0 \\
\text{(c)} & H_0 : \mu = \mu_0 & \text{gegen} & H_1 : \mu > \mu_0 \,.
\end{array}
$$

Im Beispiel 10.2 (Seite 389) entspricht μ_0 gerade dem Sollwert der Werkstücklänge. Zur Bestimmung des Ablehnbereichs überlegen wir zunächst erneut, welche Beobachtungswerte für die jeweilige Alternative sprechen. Da unter der Nullhypothese gilt:

$$E_{H_0}(\bar{X}) = \mu_0 \,,$$

spricht also im Testproblem

(a) eine starke Abweichung des Stichprobenmittels $\bar{x}$ von μ_0 für H_1, also

$$|\bar{x} - \mu_0| > c_a \,,$$

(b) ein wesentlich kleinerer Wert von $\bar{x}$ als μ_0 für H_1, also

$$\bar{x} - \mu_0 < c_b \quad \text{mit} \quad c_b < 0 \,,$$

und schließlich

(c) ein wesentlich größerer Wert von $\bar{x}$ als μ_0 für H_1, also

$$\bar{x} - \mu_0 > c_c \,.$$

Das Problem, das sich auch hier stellt, liegt darin, wie c_a, c_b und c_c zu bestimmen sind. Wie oben schon angemerkt, erscheint $\bar{X}$ als Prüfgröße naheliegend und sinnvoll. Es ergibt sich als Verteilung von $\bar{X}$ unter der Nullhypothese im Fall, daß alle X_i zusätzlich zu den obigen Annahmen *normalverteilt* sind, eine $N(\mu_0, \frac{\sigma^2}{n})$-Verteilung. Es ist daher günstiger, statt $\bar{X}$ selbst erneut (vgl. approximativer Binomialtest) seine standardisierte Variante als Prüfgröße zu verwenden:

Normalverteilungsannahme

$$Z = \frac{\bar{X} - \mu_0}{\sigma} \sqrt{n} \, .$$

Diese ist unter H_0 standardnormalverteilt. Damit läßt sich der Ablehnungsbereich des statistischen Tests basierend auf Z wieder über die entsprechenden Quantile der Standardnormalverteilung festlegen.

Kontrollkarten **Beispiel 10.6**

Bei der Konstruktion von Kontrollkarten wird implizit zu jedem der Kontrollzeitpunkte ein statistisches Testproblem unterstellt. Es geht jeweils darum zu prüfen, ob der Erwartungswert der produzierten Stücke noch mit dem Sollwert übereinstimmt, oder ob in den laufenden Prozeß aufgrund einer nicht zufallsbedingten Abweichung eingegriffen werden muß. Nehmen wir an, bei dem produzierten Werkstück handelt es sich um Bleistifte, deren Länge 17 cm betragen soll, dann lautet das Testproblem:

$$H_0 : \mu = 17 \quad \text{gegen} \quad H_1 : \mu \neq 17 \, .$$

Es sei bekannt, daß die Länge X der Bleistifte (approximativ) normalverteilt ist mit $E(X) = \mu$ und $Var(X) = \sigma^2 = 2.25$. Es wird nun zum Zeitpunkt $t = 1$ eine unabhängige Stichprobe aus der laufenden Produktion entnommen. Folgende Längen werden an den fünf Bleistiften gemessen:

19.2 cm, 17.4 cm, 18.5 cm, 16.5 cm, 18.9 cm.

Daraus ergibt sich $\bar{x}$ als 18.1 cm. Als standardisierte Prüfgröße erhält man

$$z = \frac{\bar{x} - \mu_0}{\sigma} \sqrt{n} = \frac{18.1 - 17}{1.5} \sqrt{5} = 1.64 \, .$$

Legen wir die Wahrscheinlichkeit, uns irrtümlicherweise für die Alternative zu entscheiden, also die Wahrscheinlichkeit unter H_0 für den Ablehnungsbereich als $\alpha = 0.01$ fest, so müssen wir analog zu dem für den approximativen Binomialtest angegeben kritischen Wert zunächst das $(1-\alpha/2) = (1-0.005) = 0.995$-Quantil der Standardnormalverteilung bestimmen, das sich als 2.5758 ergibt. Damit muß davon ausgegangen werden, daß sich der Prozeß nicht mehr unter statistischer Kontrolle befindet, falls für den Prüfgrößenwert z gilt:

$$|z| > 2.5758 \, .$$

Da für die obige Stichprobe Z den Wert 1.64 angenommen hat, kann der Prozeß weiterlaufen. Ein Eingriff ist nicht nötig.

Im Gegensatz zu diesem Vorgehen ist die $\bar{x}$-Karte leichter zu handhaben, wenn die kritischen Werte, d.h. die Kontrollgrenzen für $\bar{x}$ bestimmt werden und nicht für z. Diese ergeben sich als

$$\mu_0 \pm z_{1-\alpha/2} \cdot \frac{\sigma}{\sqrt{n}} \, ,$$

da

$$|z| > z_{1-\alpha/2}$$

äquivalent ist zu

$$\bar{x} > z_{1-\alpha/2} \cdot \frac{\sigma}{\sqrt{n}} + \mu_0 \quad \text{bzw.} \quad \bar{x} < \mu_0 - z_{1-\alpha/2} \cdot \frac{\sigma}{\sqrt{n}} .$$

Diese Grenzen sind bereits bekannt und zwar aus der Konfidenzintervallschätzung. Auf diesen Zusammenhang wird an späterer Stelle noch einmal eingegangen. □

Gauß-Test

Der Test, der auf obiger Prüfgröße basiert, wird üblicherweise als *Gauß-Test* bezeichnet, da er für Testprobleme über den Erwartungswert einer Normalverteilung konstruiert ist. Aufgrund des zentralen Grenzwertsatzes (vgl. Abschnitt 7.1.2) kann man jedoch dieselbe Prüfgröße und dieselben kritischen Werte auch dann verwenden, wenn die $X_i, i = 1, \ldots, n$, nicht normalverteilt sind, aber der Stichprobenumfang groß genug ist, denn dann sind $\bar{X}$ und Z zumindest *approximativ normalverteilt*.

Zusammenfassend ergeben sich folgende Entscheidungregeln des Gauß-Tests.

Gauß-Test

Gegeben seien unabhängig identisch verteilte Zufallsvariablen $X_1, \ldots, X_n$ mit $X_i \sim N(\mu, \sigma^2)$, σ^2 bekannt, bzw. mit beliebiger stetiger Verteilung und $E(X_i) = \mu$, $Var(X_i) = \sigma^2$, n groß genug (Faustregel: $n \geq 30$).
Man betrachte folgende Testprobleme:

$$\begin{array}{llcl} \text{(a)} & H_0 : \mu = \mu_0 & \text{gegen} & H_1 : \mu \neq \mu_0 \\ \text{(b)} & H_0 : \mu = \mu_0 & \text{gegen} & H_1 : \mu < \mu_0 \\ \text{(c)} & H_0 : \mu = \mu_0 & \text{gegen} & H_1 : \mu > \mu_0 . \end{array}$$

Für $\mu = \mu_0$ ist

$$Z = \frac{\bar{X} - \mu_0}{\sigma} \sqrt{n} \overset{(a)}{\sim} N(0,1) \quad \text{bzw.} \quad \bar{X} \overset{(a)}{\sim} N(\mu_0, \frac{\sigma}{\sqrt{n}})$$

Basierend auf der Prüfgröße Z fällt die Entscheidung für H_1 im Testproblem

(a), falls $|z| > z_{1-\alpha/2}$
(b), falls $z < -z_{1-\alpha}$
(c), falls $z > z_{1-\alpha}$.

Im folgenden Abschnitt werden die Prinzipien statistischer Tests unter allgemeinen formalen Gesichtspunkten beschrieben, wobei aber auf die hier präsentierten Beispiele zur Illustration zurückgegriffen wird.

10.2 Prinzipien des Testens

An den in Abschnitt 10.1 vorgestellten Beispielen sieht man, daß die Durchführung eines statistischen Tests gewissen Prinzipien genügen muß. Bevor wir diese im folgenden formalisieren, seien sie hier zunächst noch einmal zusammengefaßt.

Im *1. Schritt* muß das inhaltliche Problem quantifiziert werden. In Beispiel 10.1 (Seite 388) wurde die Frage nach der Annahme der Warenpartie über die Größe des Ausschußanteils formuliert.

Im *2. Schritt* müssen die Modellannahmen formuliert werden. In Beispiel 10.2 (Seite 389) wurde angenommmen, daß $X_1, \dots, X_n$ unabhängig und identisch $N(\mu, \sigma^2)$-verteilt sind, wobei σ^2 als bekannt vorausgesetzt wurde.

Im *3. Schritt* wird das quantifizierte inhaltliche Problem als ein statistisches Testproblem über den Modellparameter dargestellt. Dazu werden die Nullhypothesen und die Alternative festgelegt. In Beispiel 10.6 (Seite 399) wurde dementsprechend das Testproblem über die erwartete Länge der Bleistifte als

$$H_0 : \mu = 17 \quad \text{gegen} \quad H_1 : \mu \neq 17$$

angegeben, wobei 17 cm der Sollwert der Bleistiftlänge war.

Im *4. Schritt* muß festgelegt werden, wie groß das Signifikanzniveau α sein soll, mit der man sich höchstens für die Alternative entscheidet, obwohl eigentlich die Nullhypothese zutrifft. Das heißt, es muß die Wahrscheinlichkeit für den Ablehnungsbereich unter H_0 festgelegt werden. Im Beispiel 10.6 wurde $\alpha = 0.01$ gewählt.

Im *5. Schritt* geht es um die Bestimmung des Ablehnungsbereiches C. Das Komplement von C heißt *Annahmebereich* des Tests. Dazu muß zunächst eine geeignete *Prüfgröße* bzw. *Teststatistik* aus $X_1, \dots, X_n$ gebildet werden. Geeignet bedeutet dabei, daß

Annahmebereich

Prüfgröße

- anhand des Wertes, den sie für die gezogene Stichprobe annimmt, tatsächlich beurteilt werden kann, ob eher H_0 oder H_1 für die Grundgesamtheit zutrifft, d.h. daß die Prüfgröße sensibel für das Testproblem ist. In Beispiel 10.6 erfüllt $\bar{X}$ als Prüfgröße diese Anforderung.

- ihre Verteilung unter der Nullhypothese bestimmt werden kann, da aus dieser Verteilung die kritischen Werte des Ablehnungsbereiches ermittelt werden. Diese Verteilung wird auch als *Prüfverteilung* bezeichnet. In Beispiel 10.6 wurde zur standardisierten Größe

Prüfverteilung

$Z = \frac{\bar{X}-\mu_0}{\sigma}\sqrt{n}$ übergegangen, deren Verteilung unter H_0 gerade die Standardnormalverteilung ist, so daß die kritischen Werte leicht als die entsprechenden $(1-\alpha/2)$-Quantile aus der Tabelle abgelesen werden konnten.

Schließlich wird der Ablehnungsbereich C so konstruiert, daß

- in ihm Werte zusammengefaßt werden, die tatsächlich für die Alternative sprechen, womit der Forderung der Sensibilität für das Testproblem Rechnung getragen wird. Da die Alternative H_1 in Beispiel 10.6 $\mu \neq 17$ lautete, waren dies sowohl sehr kleine als auch sehr große Werte der Prüfgröße Z.

- die Wahrscheinlichkeit des Ablehnungsbereichs C unter H_0 höchstens gleich α ist. In Beispiel 10.6 ergab sich daher $C = \{z : |z| > z_{1-\alpha/2} = z_{0.995} = 2.5758\}$. Hierbei wurde ausgenutzt, daß die Verteilung der Teststatistik für $\mu = 17$, also unter H_0, bekannt ist.

Im *6. Schritt* wird für die konkrete Stichprobe der Wert der Prüfgröße berechnet. In Beispiel 10.6 berechnete sich Z als 1.64.

Der *7. Schritt* beinhaltet schließlich die Entscheidung darüber, ob die Nullhypothese zugunsten der Alternative verworfen werden kann oder beibehalten werden muß. Dazu überprüft man, ob der berechnete Prüfgrößenwert im Ablehnungsbereich liegt oder nicht. Liegt dieser im Ablehnungsbereich, so wird die Nullhypothese verworfen. Diese formale Entscheidung hat häufig eine weitreichende inhaltliche Bedeutung. So hatte die Nicht-Verwerfung der Nullhypothese in Beispiel 10.6 die Konsequenz, daß nicht in den laufenden Prozeß eingegriffen wird, der Prozeß also als unter statistischer Kontrolle angesehen wird.

Bei statistischen Testproblemen sind weitere Unterscheidungen üblich. Für den Fall, daß unter der Alternative sowohl Abweichungen nach oben als auch nach unten interessieren, wie etwa in Beispiel 10.6 mit

$$H_0 : \mu = 17 \quad \text{gegen} \quad H_1 : \mu \neq 17$$

zweiseitiges Testproblem

spricht man von einem *zweiseitigen Testproblem*. Ansonsten, d.h. für

$$H_0 : \mu \leq 17 \quad \text{gegen} \quad H_1 : \mu > 17 \quad \text{bzw.}$$
$$H_0 : \mu \geq 17 \quad \text{gegen} \quad H_1 : \mu < 17,$$

einseitiges Testproblem

liegt jeweils ein *einseitiges Testproblem* vor.

einfache Hypothese

zusammengesetzte Hypothese

Falls H_0 oder H_1 nur aus einem Punkt bestehen, wie z.B. $H_0 : \mu = 17$, nennt man H_0 oder H_1 *einfach*. Für den Fall, daß H_0 oder H_1 eine Menge von Punkten beschreiben, heißen diese auch *zusammengesetzt*.

Abweichend von den Beispielen in Abschnitt 10.1 ist in den obigen Testproblemen nicht nur die Alternative zusammengesetzt, sondern auch die Nullhypothese, d.h. statt $H_0 : \mu = \mu_0$

betrachten wir nun $H_0 : \mu \leq \mu_0$ mit z.B. $\mu_0 = 17\,\text{cm}$. In Beispiel 10.6 (Seite 399) etwa wurde nun der kritische Wert des Tests bzw. der Ablehnungsbereich aus der Standardnormalverteilung ermittelt, da unter der Nullhypothese, d.h. für $\mu = \mu_0$, $Z = \frac{\bar{X}-\mu_0}{\sigma}\sqrt{n}$ gerade $N(0,1)$-verteilt ist. Wie kann man nun vorgehen, wenn man eigentlich die Verteilung von Z unter der zusammengesetzten Nullhypothese bestimmen müßte? Da dies nicht möglich ist, bestimmt man den Ablehnungsbereich so, daß für den Wert von μ aus H_0, der am dichtesten an der Alternative liegt, also für $\mu = \mu_0$ die Wahrscheinlichkeit für den Ablehnungsbereich α beträgt. In Abbildung 10.3 wird deutlich, daß durch dieses Vorgehen garantiert ist, daß für andere Werte von μ, d.h. für $\mu < \mu_0$, aus H_0 die Wahrscheinlichkeit α sogar unterschritten und somit die Bedingung für die Konstruktion des Ablehnungsbereichs eingehalten wird.

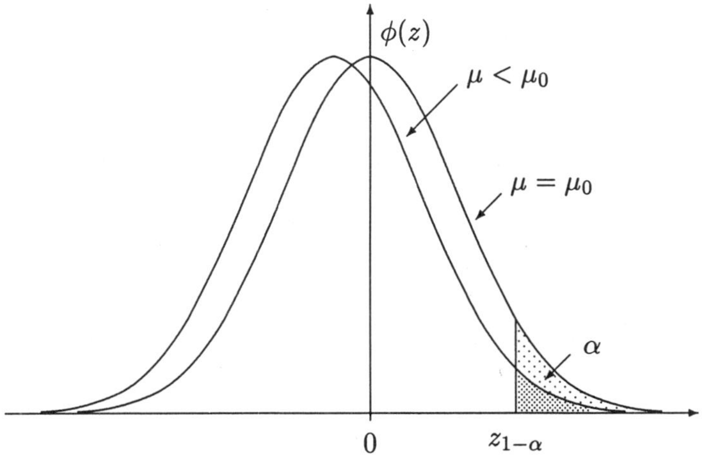

ABBILDUNG 10.3: Ablehnungsbereiche für das Testproblem $H_0 : \mu \leq \mu_0$ und $H_1 : \mu > \mu_0$ basierend auf $Z = \frac{\bar{X}-\mu_0}{\sigma}\sqrt{n}$

Eine weitere Unterscheidung statistischer Tests ergibt sich durch die getroffenen Modellannahmen, die bei der Beschreibung einer allgemeinen Vorgehensweise beim statistischen Testen im 2. Schritt formuliert wurden. Diese sind wichtig, um eine geeignete Prüfgröße bzw. Teststatistik zu konstruieren und deren Verteilung unter der Nullhypothese bestimmen zu können. Für den Fall, daß die Verteilung des Merkmals in der Grundgesamtheit von Typ her, also zum Beispiel Normalverteilung, bekannt oder der Stichprobenumfang groß genug ist, lassen sich häufig direkt Prüfgrößen für bestimmte Verteilungsparameter angeben, deren Verteilung noch relativ leicht zu bestimmen ist. Komplizierter wird es, wenn man keine Vorstellung von der Verteilung des Merkmals in der Grundgesamtheit hat. Man versucht dann Tests zu konstruieren, deren Prüfgröße derart ist, daß ihre Verteilung unter der Nullhypothese auch ohne genauere Angaben

verteilungsfrei
nonparametrischer Test
parametrischer Test

über die Verteilung der Zufallsvariablen $X_1, \dots, X_n$ bestimmbar ist. Solche Tests heißen *verteilungsfreie* oder *nonparametrische Tests*. Entsprechend nennt man Tests, deren Prüfgröße zur Bestimmung der Prüfverteilung Annahmen über den Verteilungstyp in der Grundgesamtheit benötigen, *parametrische Tests*.

Die wichtigsten Begriffe seien noch einmal kurz zusammengefaßt.

Statistisches Testproblem, statistischer Test

Ein *statistisches Testproblem* besteht aus einer Nullhypothese H_0 und einer Alternative H_1, die sich gegenseitig ausschließen und Aussagen über die gesamte Verteilung oder über bestimmte Parameter des interessierenden Merkmals in der Grundgesamtheit beinhalten.
Falls das Testproblem lautet:

$$H_0 : \text{“} = \text{”} \quad \text{gegen} \quad H_1 : \text{“} \neq \text{”},$$

nennt man dieses *zweiseitig*. Falls

$$\begin{aligned} H_0 &: \text{“} \leq \text{”} \quad \text{gegen} \quad H_1 : \text{“} > \text{”} \quad \text{bzw.} \\ H_0 &: \text{“} \geq \text{”} \quad \text{gegen} \quad H_1 : \text{“} < \text{”} \end{aligned}$$

zu testen ist, spricht man von *einseitigen* Testproblemen.
Bestehen H_0 bzw. H_1 nur aus einem einzelnen Punkt, so heißen diese *einfache* Hypothese bzw. Alternative. Umfassen H_0 bzw. H_1 mehrere Punkte, so heißen diese *zusammengesetzte* Hypothese bzw. Alternative.
Ein *statistischer Test* basiert auf einer geeignet gewählten Prüfgröße und liefert eine formale Entscheidungsregel, die aufgrund einer Stichprobe darüber entscheidet, ob eher H_0 oder H_1 für die Grundgesamtheit zutrifft.

Fehlentscheidungen

H_0 beibehalten

H_0 ablehnen, verwerfen

In den obigen Beispielen wurden die Entscheidungen über H_0 und H_1, die die Grundgesamtheit betreffen, bereits verbalisiert. So spricht man davon, “daß H_0 *beibehalten* wird”, wenn der Wert der Prüfgröße nicht im kritischen Bereich liegt. Realisiert sich die Prüfgröße für die konkrete Stichprobe im Ablehnungsbereichs des Tests, so sagt man “*H_0 wird abgelehnt*” oder “*H_0 wird verworfen*”. Dabei haben wir bereits das Problem angesprochen, daß aufgrund eines statistischen Tests Fehlentscheidungen möglich sind. In Beispiel 10.6 (Seite 399) könnte der Test aufgrund einer gezogenen Stichprobe an Bleistiften zu der Entscheidung kommen, daß die durchschnittliche Länge der Bleistifte von 17 cm verschieden ist, obwohl dies tatsächlich nicht der Fall ist. Eine solche Fehlentscheidung, bei der also H_0 aufgrund der Stichprobe verworfen wird, obwohl H_0 für die Grundgesamtheit zutrifft, nennt man *Fehler 1. Art*. Der umgekehrte Fall, daß H_0 beibehalten wird, obwohl die Alternative H_1 wahr ist, kann ebenfalls eintreten. Man spricht dann von einem *Fehler 2. Art*. In Beispiel 10.6 hätte ein Fehler 2. Art zur Folge, daß die Entscheidung fiele, daß die durchschnittliche Bleistiftlänge 17 cm beträgt, obwohl eigentlich Bleistifte mit einer systematisch von 17 cm verscheidenen Länge produziert werden. Solche Fehlentscheidungen sind möglich, weil man mit der Durchführung eines statistischen Tests den Schluß von einer konkreten Stichprobe auf die Grundgesamtheit wagt. Dementsprechend schlagen sich systematische oder zufällige Fehler in der Stichprobe auf die Testentscheidung nieder.

Fehler 1. Art

Fehler 2. Art

Fehler 1. Art, Fehler 2. Art

Bei einem statistischen Testproblem H_0 gegen H_1 und einem geeigneten statistischen Test spricht man von einem

- *Fehler 1. Art*, wenn H_0 verworfen wird, obwohl H_0 wahr ist,
- *Fehler 2. Art*, wenn H_0 beibehalten wird, obwohl H_1 wahr ist.

Es können demnach folgende Ausgänge eines statistischen Tests eintreten:

	Entscheidungen für H_0	H_1
H_0 wahr	richtig	falsch Fehler 1. Art (α-Fehler)
H_1 wahr	falsch Fehler 2. Art (β-Fehler)	richtig

Fehlentscheidungen dieses Typs sind immer möglich. Zudem läßt sich bei einer vorliegenden Testentscheidung nicht beurteilen, ob diese nun richtig oder falsch ist. Man konstruiert statistische Tests daher so, daß die Wahrscheinlichkeit für den Fehler 1. Art durch eine kleine vorgegebene obere Schranke kontrolliert wird. Diese obere Schranke wird als *Signifikanzniveau* bezeichnet. Aus den Beispielen des vorigen Abschnitts ist es bereits als Wahrscheinlichkeit α für den Ablehnungsbereich unter der Nullhypothese bekannt. Entsprechend spricht man auch von $1 - \alpha$ auch als *Sicherheitswahrscheinlichkeit*. Die *Wahrscheinlichkeit für den Fehler 2. Art*, kurz als β bezeichnet, wird dagegen nicht kontrolliert. Man sucht jedoch unter allen Tests,

Signifikanzniveau

Wahrscheinlichkeit für den Fehler 2. Art

die die Wahrscheinlichkeit für den Fehler 1. Art durch α kontrollieren, nach solchen, die die Wahrscheinlichkeit für den Fehler 2. Art möglichst gering halten. Eine gleichzeitige Minimierung beider Fehlerwahrscheinlichkeiten ist i.a. nicht möglich. Die fälschliche Verwerfung der Nullhypothese ist somit durch das Signifikanzniveau α abgesichert. Man spricht dann auch von einem *statistischen Test zum (Signifikanz-) Niveau* α. Die Wahrscheinlichkeit für den Fehler 2. Art wird nicht vorgegeben und wird in Abhängigkeit von dem in der Grundgesamtheit vorliegenden Parameter betrachtet, wie wir an der Darstellung der Gütefunktion noch sehen werden. Es gilt: Je näher der wahre Parameter aus der Alternative an dem nicht wahren Wert der Nullhypothese liegt, desto größer wird die Wahrscheinlichkeit für den Fehler 2. Art. Man nehme an, die wahre produzierte Bleistiftlänge beträgt im Mittel 17.2 cm, vgl. Beispiel 10.6 (Seite 399), der Sollwert ist aber als 17 cm festgelegt. Dieser kleine Unterschied ist anhand eines statistischen Tests nur schwer zu erkennen. Der statistische Test wird dazu tendieren, die Nullhypothese nicht zu verwerfen, d.h. der Test wird vermutlich zu der falschen Entscheidung gelangen, daß der Sollwert eingehalten wird. Die Wahrscheinlichkeit für den Fehler 2. Art ist also groß. Liegt das Mittel des produzierten Bleistiftlänge jedoch bei 20 cm, um einen Extremfall zu nennen, wird der statistische Test eher darauf erkennen, daß der Sollwert nicht mehr eingehalten wird. Die Wahrscheinlichkeit für den Fehler 2. Art ist klein. Diese *Ungleichbehandlung* der beiden Fehlerarten ist der Grund dafür, daß die eigentlich interessierende Fragestellung als statistische Alternative formuliert wird. Entscheidet man sich für diese, so möchte man mit Sicherheit sagen können, mit welchem Fehler diese Entscheidung behaftet ist. Eine solche Aussage ist für den Fall, daß H_0 beibehalten wird, nur schwer möglich.

Test zum Niveau α

Ungleichbehandlung

Signifikanztest

Ein statistischer Test heißt *Test zum Signifikanzniveau* α, $0 < \alpha < 1$, oder *Signifikanztest*, falls

$$P(H_1 \text{ annehmen } | H_0 \text{ wahr }) \leq \alpha \, ,$$

d.h.

$$P(\text{ Fehler 1. Art}) \leq \alpha \, .$$

Typische Werte für das Signifikanzniveau α sind $0.1, 0.05, 0.01$.

Anschaulich kann man das Signifikanzniveau α wie folgt interpretieren: Nehmen wir an, es würden 100 gleichgroße Stichproben zu derselben Fragestellung gezogen, z.B. 100 Stichproben mit je 10 Geburten. Außerdem gelte die Nullhypothese, d.h. in unserem Beispiel seien Jungen- und Mädchengeburten gleich wahrscheinlich. Dann würde ein statistischer Test zum Niveau $\alpha = 5\,\%$ in höchstens 5 der 100 Stichproben die Nullhypothese verwerfen. Da Testentscheidungen somit von dem vorgegebenen Signifikanzniveau abhängen, sagt man im Fall einer Verwerfung der Nullhypothese "Das Ergebnis ist *statistisch signifikant* (zum Niveau α)" und im Fall einer Beibehaltung der Nullhypothese "Das Ergebnis ist *nicht statistisch signifikant* (zum Niveau α)". Bei dieser Formulierung wird auch noch einmal deutlich, daß der Test lediglich erkennt, ob ein Ergebnis im statistischen Sinn bedeutend ist. Statistische Signifikanz ist also nicht ohne weiteres gleichzusetzen damit, daß ein Ergebnis auch unter substanzwissenschaftlichem Gesichtspunkt bedeutend ist.

(nicht) statistisch signifikant

Statistische Tests und Konfidenzintervalle

Interessant ist es an dieser Stelle anzumerken, daß die Entscheidung eines Signifikanztests bei einem zweiseitigen Testproblem analog über das entsprechende Konfidenzintervall gefällt werden kann. Dieser Zusammenhang läßt sich gut anhand des Gauß-Tests veranschaulichen. Dort gilt, daß H_0 zu verwerfen ist, falls

$$|z| = \left|\frac{\bar{x} - \mu_0}{\sigma}\sqrt{n}\right| > z_{1-\alpha/2}\,,$$

bzw. daß H_0 beizubehalten ist, falls

$$|z| = \left|\frac{\bar{x} - \mu_0}{\sigma}\sqrt{n}\right| \leq z_{1-\alpha/2}\,.$$

Letztere Ungleichung läßt sich äquivalent umformen zu

$$|\bar{x} - \mu_0| \leq z_{1-\alpha/2} \cdot \frac{\sigma}{\sqrt{n}}\,,$$

d.h.

$$\bar{x} - \mu_0 \geq -z_{1-\alpha/2} \cdot \frac{\sigma}{\sqrt{n}} \quad \text{oder} \quad \bar{x} - \mu_0 \leq z_{1-\alpha/2} \cdot \frac{\sigma}{\sqrt{n}}$$

bzw.

$$-\mu_0 \geq -\bar{x} - z_{1-\alpha/2} \cdot \frac{\sigma}{\sqrt{n}} \quad \text{oder} \quad -\mu_0 \leq -\bar{x} + z_{1-\alpha/2} \cdot \frac{\sigma}{\sqrt{n}}$$

bzw.

$$\mu_0 \leq \bar{x} + z_{1-\alpha/2} \cdot \frac{\sigma}{\sqrt{n}} \quad \text{oder} \quad \mu_0 \geq \bar{x} - z_{1-\alpha/2} \cdot \frac{\sigma}{\sqrt{n}}\,.$$

Diese Grenzen sind bekannt als Grenzen des $(1 - \alpha)$-Konfidenzintervalls für μ, das gegeben ist als

$$\left[\bar{x} - z_{1-\alpha/2} \cdot \frac{\sigma}{\sqrt{n}}\;,\;\; \bar{x} + z_{1-\alpha/2} \cdot \frac{\sigma}{\sqrt{n}}\right].$$

Damit kann man aufgrund obiger Äquivalenzumformungen also entscheiden, daß H_0 beizubehalten ist, falls μ_0 in dem $(1-\alpha)$-Konfidenzintervall für μ liegt, bzw. daß H_0 zu verwerfen ist, falls μ_0 nicht Element des entsprechenden Konfidenzintervalls ist.

Allgemein können wir also festhalten, daß ein $(1-\alpha)$-Konfidenzintervall gerade dem Annahmebereich des zugehörigen zweiseitigen Signifikanztests entspricht.

Überschreitungswahrscheinlichkeit

p-Werte

Alternativ zu der oben beschriebenen Vorgehensweise lassen sich statistische Tests auch über die sogenannten *p-Werte* bzw. *Überschreitungswahrscheinlichkeiten* durchführen. Diese werden standardgemäß von statistischen Software-Paketen ausgegeben. Anstatt die Prüfgröße mit einem bestimmten kritischen Wert zu vergleichen, um über die Ablehnung der Nullhypothese zu entscheiden, vergleicht man den p-Wert direkt mit dem vorgegebenen Signifikanzniveau α. Da der $p-$Wert gerade die Wahrscheinlichkeit angibt, unter H_0 den beobachteten Prüfgrößenwert oder einen in Richtung der Alternative extremeren Wert zu erhalten, ist die Nullhypothese dann zu verwerfen, falls der p-Wert kleiner ist als α (vgl. dazu auch Abb. 10.4).

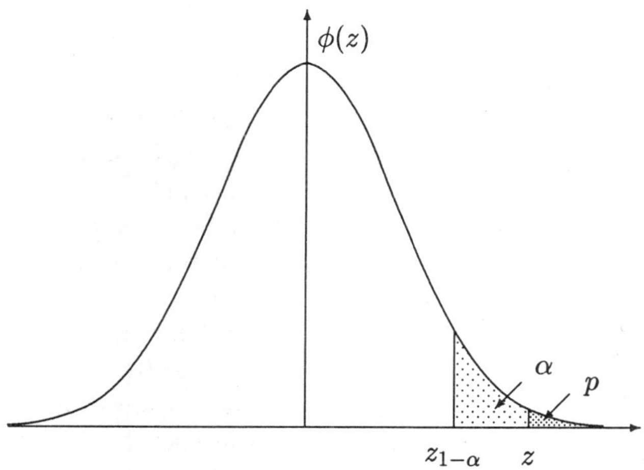

ABBILDUNG 10.4: Zusammenhang zwischen p-Wert und Signifikanzniveau

Wenn der p-Wert nämlich sehr klein ist, bedeutet das, daß es unter H_0 sehr unwahrscheinlich ist, diesen Prüfgrößenwert zu beobachten. Dies spricht dafür, daß H_0 eher falsch ist.

Die einzelnen Schritte, die bei der Durchführung eines statistischen Tests zu machen sind, bleiben unverändert, wenn man diesen anhand von p-Werten durchführt. Lediglich die Entscheidung über die Verwerfung der Nullhypothese wird mittels einer formal anderen Regel getroffen, d.h. mittels "H_0 wird abgelehnt, falls der p-Wert kleiner ist als α", statt mittels "H_0 wird abgelehnt, falls der Prüfgrößenwert in den kritischen Bereich fällt".

Gut-Schlecht-Prüfung

Beispiel 10.7

In Beispiel 10.5 (Seite 396) betrug der Prüfgrößenwert $z = 0.21$. Da die Alternative über den Schlechtanteil π formuliert war als $H_1 : \pi > 0.1$, sind in Richtung der Alternative extremere Prüfgrößenwerte solche, die größer sind als z. Damit ist der p-Wert gegeben als

$$p = P_{H_0}(Z > 0.21) = 1 - P_{H_0}(Z \leq 0.21) = 1 - \Phi(0.21) = 1 - 0.5832 = 0.4168\,.$$

Da der p-Wert größer ist als das vorgegebene Signifikanzniveau α von 0.05, kann die Nullhypothese nicht verworfen werden. Diese Entscheidung stimmt mit der in Beispiel 10.5 getroffenen überein. □

Bei der Berechnung des p-Werts ist also die Überlegung entscheidend, welche Prüfgrößenwerte noch stärker gegen H_0 sprechen.

> **p-Wert**
>
> Der *p-Wert* ist definiert als die Wahrscheinlichkeit, unter H_0 den beobachteten Prüfgrößenwert oder einen in Richtung der Alternative extremeren Wert zu erhalten.
> Ist der p-Wert kleiner oder gleich dem vorgegebenen Signifikanzniveau α, so wird H_0 verworfen. Ansonsten behält man H_0 bei.

Da p-Werte Wahrscheinlichkeiten sind, nehmen sie stets Werte größer gleich 0 und kleiner gleich 1 an. Somit haben sie den Vorteil, daß sie die Vergleichbarkeit verschiedener Testergebnisse ermöglichen. Außerdem werden sie, wie schon erwähnt, von statistischen Programmpaketen automatisch ausgegeben, wodurch eine schnelle Durchführung statistischer Tests möglich ist und zwar in Form folgender Regel: Falls der p-Wert kleiner als oder gleich α ist, lehne H_0 ab. Ist der p-Wert größer als α, behalte H_0 bei. P-Werte liefern zudem mehr Informationen als die ja-nein-Entscheidung bzgl. der Ablehnung der Nullhypothese: Man kann an ihnen ablesen, zu welchem Niveau der zugehörige Test die Nullhypothese gerade noch verworfen hätte. Diese letzte Interpretation birgt jedoch die *Gefahr eines Mißbrauchs* insofern, als zunächst der Test durchgeführt, also der p-Wert berechnet werden kann und dann das Signifikanzniveau festgelegt wird, und zwar gerade so, daß man H_0 noch ablehnen kann. Dies setzt natürlich die gesamte dahinterstehende Testtheorie außer Kraft, was anhand der Diskussion der Gütefunktion deutlich wird.

Gefahr eines Mißbrauchs

Gütefunktion

Bei der obigen Diskussion statistischer Tests wurden Fehler 1. Art und 2. Art als zwei Kriterien zur Beurteilung ihrer Qualität eingeführt. Diese beiden Kriterien lassen sich unter dem Begriff der *Gütefunktion* zusammenführen. Zur Erinnerung seien noch einmal die Wahrscheinlichkei-

Gütefunktion

ten für Fehler 1. und 2. Art formal angegeben:

$$\begin{aligned} P(\text{Fehler 1. Art}) &= P(H_0 \text{ ablehnen}|H_0 \text{ wahr}), \\ P(\text{Fehler 2. Art}) &= P(H_0 \text{ beibehalten}|H_1 \text{ wahr}) \\ &= 1 - P(H_0 \text{ ablehnen}|H_1 \text{wahr}). \end{aligned}$$

Die letzte Umformung ist zum Verständnis der Gütefunktion entscheidend. Diese gibt für einen Signifikanztest nämlich gerade in Abhängigkeit des interessierenden Parameters die Wahrscheinlichkeit an, die Nullhypothese zu verwerfen. Falls also der wahre Parameter aus der Alternative stammt, entspricht die Gütefunktion der Wahrscheinlichkeit, die richtige Entscheidung zu treffen, nämlich H_0 zu verwerfen. Für den Fall, daß der wahre Parameter in der Nullhypothese liegt, gibt die Gütefunktion die Wahrscheinlichkeit für den Fehler 1. Art an, die durch das vorgegebene Signifikanzniveau nach oben beschränkt ist. Der Verlauf einer idealen Gütefunktion ist in Abbildung 10.5 skizziert.

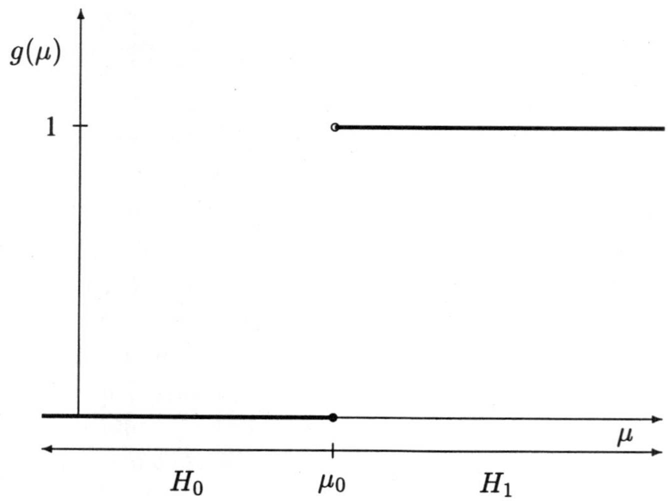

ABBILDUNG 10.5: Verlauf einer idealen Gütefunktion

Eine solche Gütefunktion gehört zu einem statistischen Test, bei dem weder ein Fehler 1. Art noch ein Fehler 2. Art auftreten kann, da die Wahrscheinlichkeit, die Hypothese zu verwerfen, für Werte aus H_0 gerade null und für Werte aus H_0 eins beträgt. Dies ist, wie wir oben überlegt haben, praktisch nicht möglich.

Zur Konkretisierung dieses Begriffs betrachten wir erneut den Gauß-Test für das Testproblem:

$$H_0 : \mu \leq \mu_0 \quad \text{gegen} \quad H_1 : \mu > \mu_0 .$$

Für dieses Testproblem ist die Gütefunktion g in Abhängigkeit vom interessierenden Parameter als Funktion von μ zu betrachten, d.h.

$$g(\mu) = P(H_0 \text{ ablehnen}|\mu)\,.$$

An dieser Schreibweise wird deutlich, daß $g(\mu)$ für die verschiedensten Werte des unbekannten, aber wahren Parameters μ die Wahrscheinlichkeit angibt, H_0 zu verwerfen. Gilt

- $\mu \in H_0$, so ist $g(\mu) \leq \alpha$,
- $\mu \in H_1$, so ist $1 - g(\mu)$ die Wahrscheinlichkeit für den Fehler 2. Art.

Wie läßt sich $g(\mu)$ nun genauer berechnen? Dies kann i.a. recht kompliziert werden. Für den Gauß-Test läßt sich $g(\mu)$ aber relativ einfach herleiten. Nach Definition ist $g(\mu) = P(H_0 \text{ ablehnen}|\mu)$. Da H_0 im obigen Testproblem abgelehnt wird, falls $\frac{\bar{X}-\mu_0}{\sigma}\sqrt{n} > z_{1-\alpha}$, läßt sich $g(\mu)$ auch schreiben als

$$g(\mu) = P\left(\frac{\bar{X}-\mu_0}{\sigma}\sqrt{n} > z_{1-\alpha}|\mu\right).$$

Diese Wahrscheinlichkeit ist für $\mu = \mu_0$ exakt α. Für alle anderen Werte von μ müßte die Prüfgröße jedoch neu standardisiert werden, um wieder zu einer standardnormalverteilten Größe zu gelangen. Dazu wenden wir einen in der Mathematik üblichen Trick an und addieren $\mu - \mu$, also eigentlich eine Null. Wir erhalten

$$\begin{aligned} g(\mu) &= P\left(\frac{\bar{X}-\mu_0}{\sigma}\sqrt{n} > z_{1-\alpha}|\mu\right) = P\left(\frac{\bar{X}-\mu_0+\mu-\mu}{\sigma}\sqrt{n} > z_{1-\alpha}|\mu\right) \\ &= P\left(\frac{\bar{X}-\mu}{\sigma}\sqrt{n} + \frac{\mu-\mu_0}{\sigma}\sqrt{n} > z_{1-\alpha}|\mu\right) = P\left(\frac{\bar{X}-\mu}{\sigma}\sqrt{n} > z_{1-\alpha} - \frac{\mu-\mu_0}{\sigma}\sqrt{n}|\mu\right) \\ &= 1 - \Phi\left(z_{1-\alpha} - \frac{\mu-\mu_0}{\sigma}\sqrt{n}\right), \end{aligned}$$

da μ der wahre Parameter und somit $\frac{\bar{X}-\mu}{\sigma}\sqrt{n}$ $N(0,1)$-verteilt ist. Die Gütefunktion kann man für ein vorgegebenes α und festen Stichprobenumfang n als Funktion von μ graphisch darstellen, wie in Abbildung 10.6 skizziert und in Beispiel 10.8 illustriert ist.

Qualitätsprüfung **Beispiel 10.8**

Kommen wir noch einmal auf Beispiel 10.6 (Seite 399) zurück. Von Interesse sei nun aber nicht die Konstruktion einer Kontrollkarte, sondern folgendes Testproblem

$$H_0: \mu \leq 17\,\text{cm} \quad \text{gegen} \quad H_1: \mu > 17\,\text{cm}\,.$$

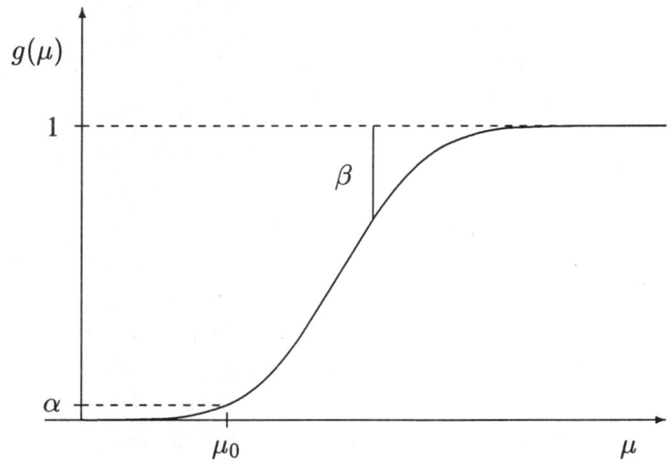

ABBILDUNG 10.6: Skizze einer Gütefunktion $g(\mu) = 1 - \Phi\left(z_{1-\alpha} - \frac{\mu-\mu_0}{\sigma}\sqrt{n}\right)$

Hier wird also versucht, eine Abweichung der Bleistiftlänge vom Sollwert nach oben zu verhindern. Sei $\alpha = 0.05$ und $n = 10$. Die Standardabweichung sei wieder als $\sigma = 1.5$ vorausgesetzt. Dann ist die Gütefunktion gegeben als

$$g(\mu) = 1 - \Phi\left(z_{0.95} - \frac{\mu - 17}{1.5}\sqrt{10}\right) = 1 - \Phi\left(1.64 - \frac{\mu - 17}{1.5} \cdot 3.16\right).$$

Die Werte der Funktion $g(\mu)$ können aus der Tabelle der Verteilungsfunktion der Standardnormalverteilung für verschiedene Werte von μ abgelesen werden. Man erhält folgende Wertetabelle:

μ	16	16.5	17	17.5	18	18.5	19
$g(\mu)$	0	0.003	0.05	0.279	0.68	0.936	0.995

Als Rechenbeispiel betrachte man $\mu = 17.5$, wofür sich ergibt:

$$g(17.5) = 1 - \Phi\left(1.64 - \frac{17.5 - 17}{1.5} \cdot 3.16\right) = 1 - \Phi(0.59) = 0.279.$$

Man sieht, daß die Wahrscheinlichkeit, H_0 zu verwerfen, für $\mu = 17.5$ cm mit 0.279 sehr klein ist. Das heißt: Obwohl wir sicher wissen, daß mit $\mu = 17.5$ cm die Alternative zutrifft, fällt die Entscheidung des Tests mit einer großen Wahrscheinlichkeit von $1 - 0.279 = 0.721$ für H_0. Dies ist gerade die Wahrscheinlichkeit für den Fehler 2. Art. Man erkennt deutlich, daß diese Wahrscheinlichkeit von den Werten der Alternative abhängt: Je größer die Abweichung von μ_0, also je größer der zu entdeckende Effekt ist, desto kleiner wird die Wahrscheinlichkeit für den Fehler 2. Art. Ebenso wird ersichtlich, vgl. Abbildung 10.6, daß die Wahrscheinlichkeit für den Fehler 1. Art für alle Werte μ aus H_0 kleiner oder gleich $\alpha = 0.05$ ist. Für $\mu = \mu_0 = 17$ cm nimmt $g(\mu)$ den Wert des Signifikanzniveaus α an.

Dies verdeutlicht noch einmal, daß die Gütefunktion für $\mu \in H_1$ gerade $1-$Wahrscheinlichkeit für den Fehler 2. Art und für $\mu \in H_0$ die Wahrscheinlichkeit für den Fehler 1. Art angibt, wobei letzterer durch α an der Stelle $\mu = \mu_0$ nach oben beschränkt ist. □

Für das zweiseitige Testproblem $H_0 : \mu = \mu_0$ gegen $H_1 : \mu \neq \mu_0$ (vgl. Abb. 10.7, Seite 414) und das andere einseitige Testproblem $H_0 : \mu \geq \mu_0$ gegen $H_1 : \mu < \mu_0$ ermittelt man $g(\mu)$ analog.

Gütefunktion

Für vorgegebenes Signifikanzniveau α und festen Stichprobenumfang n gibt die *Gütefunktion* g die Wahrscheinlichkeit für einen statistischen Test an, die Nullhypothese zu verwerfen.
Speziell für den Gauß-Test ergibt sich die Gütefunktion $g(\mu)$ im Fall des Testproblems
(a) $H_0 : \mu = \mu_0$ gegen $H_1 : \mu \neq \mu_0$ als

$$g(\mu) = \Phi\left(-z_{1-\alpha/2} + \frac{\mu - \mu_0}{\sigma}\sqrt{n}\right) + \Phi\left(-z_{1-\alpha/2} - \frac{\mu - \mu_0}{\sigma}\sqrt{n}\right)$$

(b) $H_0 : \mu \geq \mu_0$ gegen $H_1 : \mu < \mu_0$ als

$$g(\mu) = \Phi\left(z_\alpha - \frac{\mu - \mu_0}{\sigma}\sqrt{n}\right)$$

(c) $H_0 : \mu \leq \mu_0$ gegen $H_1 : \mu > \mu_0$ als

$$g(\mu) = 1 - \Phi\left(z_{1-\alpha} - \frac{\mu - \mu_0}{\sigma}\sqrt{n}\right),$$

wobei Φ die Verteilungsfunktion der $N(0,1)$-Verteilung bezeichnet.

Die Gütefunktion erlaubt also Aussagen über die Qualität eines statistischen Tests. Sie enthält nicht nur Informationen darüber, für welche Parameterwerte die Nullhypothese mit großer Wahrscheinlichkeit verworfen wird, sondern auch das Signifikanzniveau. Diese Zweiteilung bei der Interpretation der Gütefunktion spiegelt sich auch in ihrer Namensgebung wider. Für Werte aus der Alternative spricht man von der Gütefunktion auch als *Macht, Trennschärfe* oder *Power* eines Tests. Gütefunktionen werden daher zum Vergleich mehrerer konkurrierender Tests zu einem Testproblem herangezogen. Man wählt, falls möglich, den Test unter allen Niveau-α-Tests aus, der die größte Macht besitzt, oder wie bereits zu Beginn dieses Unterkapitels formuliert, die geringste Wahrscheinlichkeit für einen Fehler 2. Art. *Power*

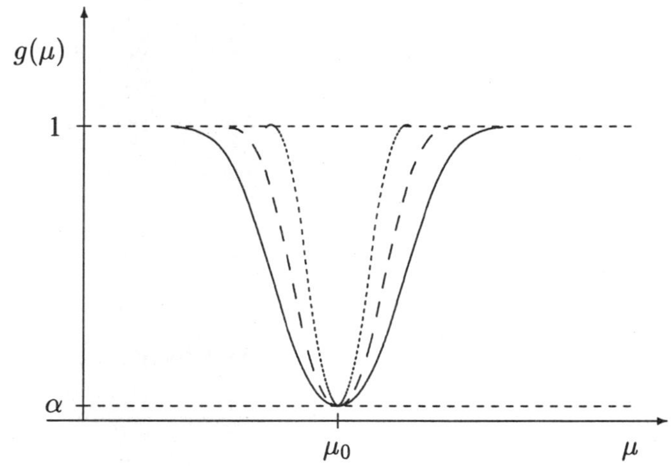

ABBILDUNG 10.7: Skizze einer Gütefunktion des zweiseitigen Gauß-Tests mit $n = 10$ (——), $n = 20$ (- - -), $n = 50$ (⋯)

Bei der Herleitung der Gütefunktion des Gauß-Tests hat man aber gesehen, daß $g(\mu)$ als Funktion von μ noch von dem Signifikanzniveau α und dem Stichprobenumfang n abhängt. Diese Abhängigkeit werden wir im folgenden am Beispiel des Gauß-Tests genauer untersuchen.

Beispiel 10.9

Qualitätsprüfung

Betrachten wir zunächst die Abhängigkeit der Güte eines Tests vom Stichprobenumfang n anhand des obigen Beispiels. Wir haben gesehen, daß eine Abweichung von 0.5 cm nach oben vom Sollwert nur mit einer Wahrscheinlichkeit von 0.279 von dem statistischen Test entdeckt worden wäre. Läßt sich diese Abweichung besser entdecken, wenn n vergrößert wird? Zur Beantwortung dieser Frage sei nun $n = 50$ und $n = 100$ gewählt. Es ergibt sich:

- $n = 50: \quad g(17.5) = 1 - \Phi(1.64 - \frac{17.5-17}{1.5} \cdot \sqrt{50}) = 1 - \Phi(-0.71) = 0.761,$
- $n = 100: \quad g(17.5) = 1 - \Phi(1.64 - \frac{17.5-17}{1.5} \cdot \sqrt{100}) = 1 - \Phi(-1.69) = 0.954,$

d.h. schon für $n = 50$ wäre die Abweichung von 0.5 cm mit einer Wahrscheinlichkeit von 0.761 und für $n = 100$ schließlich mit einer Wahrscheinlichkeit von 0.954 ziemlich sicher entdeckt worden (vgl. auch Abb. 10.8).

Man kann also durch eine Vergrößerung des Stichprobenumfangs erreichen, daß auch kleine Effekte bzw. kleine Abweichungen durch den statistischen Test entdeckt werden. Nur sollte man sich dabei fragen, ob die Entdeckung sehr kleiner Effekte unter substanzwissenschaftlichem Gesichtpunkt überhaupt sinnvoll ist, d.h. es ist vielleicht fraglich, ob dermaßen kleine Effekte eigentlich noch interpretierbar sind.

Der zweite Aspekt der Gütefunktion, den wir untersuchen wollen, betrifft ihre Abhängigkeit vom Signifikanzniveau α. Zu Beginn der Diskussion der Prinzipien statistischer Tests wurde angemerkt, daß es nicht möglich ist, beide Fehlerwahrscheinlichkeiten gleichzeitig zu minimieren. Das müßte also zur Folge haben, daß eine Veränderung von α auch eine Veränderung der Wahrscheinlichkeit für den Fehler

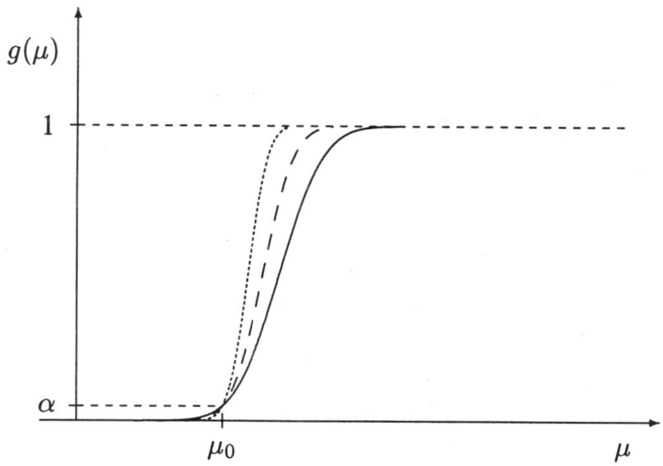

ABBILDUNG 10.8: Gütefunktion des einseitigen Gaußtests für verschiedene Stichprobenumfänge $n = 10$ (——), $n = 20$ (- - -), $n = 50$ (⋯), $\sigma = 1.5$

2. Art nach sich zieht und zwar insofern, daß eine Vergrößerung von α eine Verkleinerung von β und umgekehrt bewirkt. Betrachten wir daher im obigen Beispiel $\alpha = 0.01$ und $\alpha = 0.1$ für $\mu = 17.5$. Für $\alpha = 0.01$ ergibt sich $z_{1-\alpha} = z_{0.99}$ als 2.3262, und für $\alpha = 0.1$ erhält man als kritischen Wert $z_{0.9} = 1.2816$ und somit

- $\alpha = 0.01: \quad g(17.5) = 1 - \Phi(2.3263 - \frac{17.5-17}{1.5}\sqrt{10}) = 1 - \Phi(1.27) = 0.102,$
- $\alpha = 0.1: \quad g(17.5) = 1 - \Phi(1.2816 - \frac{17.5-17}{1.5}\sqrt{10}) = 1 - \Phi(0.23) = 0.41.$

Man sieht deutlich, daß die Wahrscheinlichkeit für den Fehler 2. Art kleiner wird, wenn man bei der Wahrscheinlichkeit für den Fehler 1. Art gewisse Abstriche macht (vgl. auch Abb. 10.9). □

Folgende Eigenschaften einer Gütefunktion lassen sich zusammenfassen (vgl. auch Abb. 10.8, 10.9):

Eigenschaften einer Gütefunktion eines statistischen Tests

1. Für Werte aus H_1 heißt die Gütefunktion Trennschärfe oder Macht.
2. Für Werte aus H_0 ist die Gütefunktion kleiner gleich α.
3. Für wachsendes n wird die Macht eines Tests größer, d.h. die Gütefunktion wird steiler.
4. Für wachsendes α wird die Macht eines Tests größer.
5. Für eine wachsende Abweichung zwischen Werten aus H_1 und H_0 wird die Macht eines Tests größer.

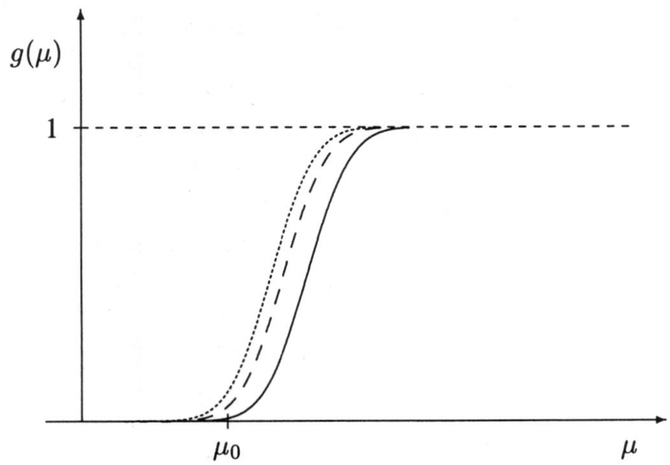

ABBILDUNG 10.9: Gütefunktion des einseitigen Gaußtests für verschiedene Signifikanzniveaus $\alpha = 0.01$ (——), $\alpha = 0.05$ (- - -), $\alpha = 0.1$ (····), $\sigma = 1.5$

*Multiple Testprobleme

Häufig sind an empirische Studien mehrere wissenschaftliche Fragen geknüpft, die alle anhand von Signifikanztests überprüft werden sollen.

Beispiel 10.10 **Gut-Schlecht-Prüfung**

Nehmen wir an, über die Qualität eines Werkstücks wird anhand dreier verschiedener Merkmale entschieden. Das Werkstück wird als schlecht eingestuft, wenn mindestens eines der drei Qualitätsmerkmale als nicht erfüllt angesehen wird. Ob die Qualitätsanforderung erfüllt ist oder nicht, wird jeweils anhand eines statistischen Tests entschieden. Das heißt, es werden drei Tests durchgeführt und zwar jeweils zum Niveau $\alpha = 0.05$. Mit welcher Fehlerwahrscheinlichkeit ist dann die Entscheidung über die Qualität des Werkstücks insgesamt behaftet? Dazu überlegt man sich, daß das Werkstück genau dann als schlecht eingestuft wird, wenn mindestens einer der drei Tests die entsprechende Nullhypothese verwirft, daß das jeweilige Qualitätsmerkmal in Ordnung ist. Das Komplementärereignis dazu ist, daß keiner der Tests ablehnt. Es gilt, da jeder der Tests ein Niveau-α-Test ist:

$$P_{H_0^i}(H_0^i \text{ verwerfen}) = 0.05 \quad , \quad i = 1, 2, 3 .$$

Sind die Tests stochastisch unabhängig voneinander, berechnet sich die Wahrscheinlichkeit dafür, daß keiner der Tests ablehnt im Fall, daß die Nullhypothesen gelten, als

$$0.95 \cdot 0.95 \cdot 0.95 = 0.85735 .$$

Damit ist die Wahrscheinlichkeit, daß mindestens einer der Tests fälschlicherweise ablehnt, gegeben als

$$1 - 0.85735 = 0.14265 .$$

Das heißt, eine falsche Entscheidung über die Qualität des Werkstücks insgesamt in Form einer Bewertung als schlecht ist mit einer Wahrscheinlichkeit von 0.143 behaftet, also mit einer viel größeren Fehlerwahrscheinlichkeit als jede einzelne Entscheidung. □

Sollen aufgrund eines Datensatzes mehrere Testprobleme anhand von Signifikanztests überprüft werden, spricht man von einem *multiplen Testproblem*. Die Wahrscheinlichkeit, mindestens einen Fehler 1. Art zu begehen, wächst mit der Anzahl der durchzuführenden Tests. Im Fall von k unabhängigen Tests gilt in Verallgemeinerung von Beispiel 10.10 auf der gegenüberliegenden Seite für die Wahrscheinlichkeit von α^*, mindestens ein fälschlicherweise signifikantes Ergebnis zu erhalten:

multiples Testproblem

$$\alpha^* = 1 - (1 - \alpha)^k .$$

Wählt man $\alpha = 0.05$, vgl. Beispiel 10.10, so erhält man

k	α^*
3	0.143
5	0.226
10	0.401
100	0.994(!)

Zum Schutz gegen eine solche Überschreitung einer vorgegebenen Fehlerwahrscheinlichkeit läßt sich etwa die *Bonferroni-Korrektur* anwenden, bei der jeder Test zum Niveau α/k statt zum Niveau α durchgeführt wird. Es gibt allerdings wesentlich subtilere Verfahren zur Korrektur, die in einschlägigen Werken zu finden sind.

Bonferroni-Korrektur

10.3 Zusammenfassung und Bemerkungen

Vielen empirischen Untersuchungen liegt eine bestimmte Fragestellung über ein Merkmal in der Grundgesamtheit zugrunde, die mit Hilfe statistischer Methoden auf Stichprobenbasis geklärt werden soll. Um den Einsatz statistischer Verfahren zu ermöglichen, muß die Fragestellung zunächst quantifiziert werden. Für den Fall, daß diese bereits eine Vermutung beispielsweise über einen Parameter der Verteilung des interessierenden Merkmals in der Grundgesamtheit beinhaltet, wird die zu klärende Fragestellung dann als *statistisches Testproblem* formuliert. Ein solches Testproblem besteht aus einer *Nullhypothese* und einer *Alternative*, wobei letztere in der Regel die interessierende Forschungshypothese wiedergibt. Das geeignete Instrumentarium zur Lösung eines statistischen Testproblems liefert nun ein *statistischer*

Test. Dieser stellt eine formale Entscheidungsregel dar, mit der es möglich sein soll zu unterscheiden, ob das in der Stichprobe beobachtete Verhalten ein reines Zufallsprodukt ist oder den Schluß auf die Grundgesamtheit zuläßt. Ein solcher statistischer Test basiert auf einer *Prüfgröße* bzw. *Teststatistik*, die so konstruiert ist, daß sie für das interessierende Testproblem sensibel ist und daß ihre Verteilung unter der Nullhypothese bekannt ist. Damit läßt sich dann ein Bereich, der sogenannte *Ablehnungs-* oder *kritische Bereich*, ermitteln, der aus Werten der Prüfgröße besteht, deren Zustandekommen unter der Nullhypothese sehr unwahrscheinlich wäre und die somit für die Alternative sprechen. Die Nullhypothese wird demnach abgelehnt, wenn der beobachtete Prüfgrößenwert in dem Ablehnungsbereich liegt. Ansonsten wird sie beibehalten. Die Wahrscheinlichkeit für den Ablehnungsbereich unter der Annahme, daß die Nullhypothese doch für die Grundgesamtheit zutrifft, soll also klein sein. Diese Wahrscheinlichkeit wird als *Signifikanzniveau* bezeichnet. Statistische Tests liefern also nie hundertprozentige Aussagen. Die Unsicherheit, die durch die Ziehung einer Zufallsstichprobe an den Daten haftet, überträgt sich auf die Testentscheidung, wobei zwei Fehlentscheidungen möglich sind. Die Wahrscheinlichkeit für den *Fehler 1. Art*, der darin besteht, die Nullhypothese zu verwerfen, obwohl sie für die Grundgesamtheit zutrifft, wird gerade durch das Signifikanzniveau nach oben begrenzt. Die Wahrscheinlichkeit für den *Fehler 2. Art*, die Nullhypothese beizubehalten, obwohl die Alternative zutrifft, versucht man, möglichst klein zu halten. Man wählt unter allen Tests zum Signifikanzniveau α denjenigen mit der kleinsten Wahrscheinlichkeit für den Fehler 2. Art bzw. mit der größten *Trennschärfe* aus. Ein solcher Vergleich zwischen statistischen Tests erfolgt über die *Gütefunktion*, die gerade die Wahrscheinlichkeit angibt, die Nullhypothese zu verwerfen. Sie beinhaltet damit sowohl Information über das Signifikanzniveau als auch über die Trennschärfe.

In Analogie zu dem kritischen Bereich eines Tests lassen sich alle Prüfgrößenwerte, die nicht zur Ablehnung der Nullhypothese führen, in dem *Annahmebereich* des Tests zusammenfassen. Dieser entspricht bei einem zweiseitigen Test zum Signifikanzniveau α gerade dem zugehörigen $(1 - \alpha)$-Konfidenzintervall. Als weiterführende Literatur, insbesondere hinsichtlich der Konstruktion von Teststatistiken, sei auf Rüger (1996) und Schlittgen (1996b) verwiesen. Als zusätzliches Übungsbuch bietet sich beispielsweise Hartung und Heine (1996) an.

Alternativ zu dem obigen Vorgehen lassen sich statistische Tests auch mittels sogenannter *p-Werte* durchführen. Diese geben die Wahrscheinlichkeit an, unter der Nullhypothese den beobachteten Prüfgrößenwert oder einen in Richtung der Alternative extremeren Wert zu erhalten. Dementsprechend wird die Nullhypothese bei Verwendung des p-Werts dann abgelehnt, wenn dieser kleiner oder gleich dem vorgegebenen Signifikanzniveau ist.

Ein zusätzliches Problem tritt dann auf, wenn mehrere statistische Tests auf Grundlage eines Datensatzes durchgeführt werden sollen. Man spricht dann von einem *multiplen Testproblem.* Hier ist besondere Vorsicht geboten, da ohne Berücksichtigung der Multiplizität der Fragestellung signifikante Ergebnisse rein zufällig auftreten können. Verfahren, die davor schützen, finden sich beispielsweise in Hochberg und Tamhane (1987) und in Hsu (1996).

Grundlegend für die Durchführung statistischer Tests ist neben der Formulierung eines der praktischen Fragestellung angemessenen statistischen Testproblems die Bereitstellung einer geeigneten Prüfgröße. Diese hängt von der Skalierung des Merkmals, den Annahmen über die Verteilung der Stichprobenvariablen in der Grundgesamtheit und dem Testproblem ab. Wir haben hier den exakten und den approximativen Binomialtest zur Überprüfung von Anteilen kennengelernt. Im Zusammenhang mit der Qualitätskontrolle wurde der Gauß-Test eingeführt. Zur Vertiefung der für die Qualitätskontrolle relevanten Methoden sei z.B. das Buch von Rinne und Mittag (1991) genannt. Weitere konkrete Tests werden speziell in Kapitel 11, aber auch in den nachfolgenden behandelt.

10.4 Aufgaben

Aufgabe 10.1

Eine Verbraucherzentrale möchte überprüfen, ob ein bestimmtes Milchprodukt Übelkeit bei den Verbrauchern auslöst. In einer Studie mit zehn Personen wird bei sieben Personen nach dem Genuß dieses Milchprodukts eine auftretende Übelkeit registriert. Überprüfen Sie zum Signifikanzniveau $\alpha = 0.05$ die statistische Nullhypothese, daß der Anteil der Personen mit Übelkeitssymptomen nach dem Genuß dieses Produkts in der Grundgesamtheit unter 60 % liegt. Geben Sie zunächst das zugehörige statistische Testproblem an.

Aufgabe 10.2

Bisher ist der Betreiber des öffentlichen Verkehrsnetzes in einer Großstadt davon ausgegangen, daß 35% der Fahrgäste Zeitkarteninhaber sind. Bei einer Fahrgastbefragung geben 112 der insgesamt 350 Befragten an, daß sie eine Zeitkarte benutzen. Testen Sie zum Niveau $\alpha = 0.05$, ob sich der Anteil der Zeitkarteninhaber verändert hat. Formulieren Sie die Fragestellung zunächst als statistisches Testproblem.

Aufgabe 10.3

Bei Ausgrabungen werden Skelettreste bestimmter ausgewachsener Tiere gefunden. Anhand von Messungen am Schädelknochen soll geprüft werden, ob es Tiere derjenigen Art sind, für die ein durchschnittliches Maß von $\mu = 146$ bekannt ist. Zudem weiß man, daß die Varianz σ^2 derartiger Messungen 36 beträgt, und daß die Schädelmessungen Realisationen einer normalverteilten Zufallsvariable sind. An $n = 10$ Skeletten werden folgende Werte gemessen:

$$141, 140, 145, 135, 147, 141, 154, 138, 152, 149$$

(a) Testen Sie $H_0 : \mu = 146$ gegen $H_1 : \mu \neq 146$ zu einem Signifikanzniveau von $\alpha = 0.05$.
(b) Berechnen Sie ein 95%-Konfidenzintervall für den Mittelwert in der Grundgesamtheit. Welche Aussage erhalten Sie aufgrund des Konfidenzintervalls über die Hypothese aus (a)?

Aufgabe 10.4

Aufgrund einer Theorie über die Vererbung von Intelligenz erwartet man bei einer bestimmten Gruppe von Personen einen mittleren Intelligenzquotienten (IQ) von 105. Dagegen erwartet man bei Nichtgültigkeit der Theorie einen mittleren IQ von 100. Damit erhält man das folgende statistische Testproblem:

$$H_0 : \mu = 100 \quad \text{gegen} \quad H_1 : \mu = 105 .$$

Die Standardabweichung des als normalverteilt angenommenen IQs sei $\sigma = 15$. Das Signifikanzniveau sei mit $\alpha = 0.1$ festgelegt.

(a) Geben Sie zunächst allgemein für eine Stichprobe vom Umfang $n = 25$
- den Ablehnungsbereich eines geeigneten statistischen Tests,
- den Annahmebereich dieses Tests und
- die Wahrscheinlichkeit für den Fehler 2. Art an.

(b) Welchen Bezug haben die Wahrscheinlichkeiten für den Fehler 1. Art und für den Fehler 2. Art zur Gütefunktion dieses Tests?

(c) In der Stichprobe ergibt sich ein mittlerer IQ von 104. Zu welcher Entscheidung kommen Sie?

Aufgabe 10.5 Ein Markforschungsinstitut führt jährliche Untersuchungen zu den Lebenshaltungskosten durch. Die Kosten für einen bestimmten Warenkorb beliefen sich in den letzten Jahren auf durchschnittlich 600 DM. Im Beispieljahr wurde in einer Stichprobe von 40 zufällig ausgewählten Kaufhäusern jeweils der aktuelle Preis des Warenkorbs bestimmt. Als Schätzer für den aktuellen Preis des Warenkorbs ergab sich ein mittlerer Preis von 605 DM. Die Varianz $\sigma^2 = 225$ sei aufgrund langjähriger Erfahrung bekannt. Gehen Sie von einer Normalverteilung des Preises für den Warenkorb aus.

(a) Hat sich der Preis des Warenkorbs im Vergleich zu den Vorjahren signifikant zum Niveau $\alpha = 0.01$ erhöht? Wie lautet das zugehörige statistische Testproblem?

(b) Was sagt der Fehler 2. Art hier aus? Bestimmten Sie die Wahrscheinlichkeit für den Fehler 2. Art unter der Annahme, daß 610 DM der tatsächliche aktuelle Preis des Warenkorbs ist. Geben Sie zunächst die allgemeine Formel für die Gütefunktion des obigen Tests in diesem konkreten Testproblem an.

(c) Wie groß müßte der Stichprobenumfang mindestens sein, um bei einem Niveau von $\alpha = 0.01$ eine Erhöhung des mittleren Preises um 5 DM als signifikant nachweisen zu können. Überlegen Sie sich dazu eine allgemeine Formel zur Bestimmung des erforderlichen Stichprobenumfangs.

Aufgabe 10.6 Bei der Abfüllung von Mineralwasser in 1 l-Flaschen soll der Sollwert von 1 l eingehalten werden. Für die verwendete Abfüllanlage gilt nach Herstellerangaben, daß die Abfüllungen normalverteilt sind mit $\mu = 1000$ [ml] und $\sigma^2 = 100$. Zur Überprüfung der Abfüllmenge werden zu bestimmten Zeitpunkten Stichproben vom Umfang $n = 10$ erhoben. Dabei ergab sich beim letzten Zeitpunkt eine durchschnittliche Abfüllmenge von 1020 ml.

(a) Befindet sich der Abfüllprozeß nicht mehr unter statistischer Kontrolle ($\alpha = 0.01$)? Wie läßt sich diese Frage als statistisches Testproblem erfassen?

(b) Was sagt der Fehler 1. Art hier aus?

Aufgabe 10.7 Berechnen Sie für die Tests aus den obigen Aufgaben 10.1 bis 10.6 den jeweiligen p-Wert, und führen Sie die Tests anhand dieser Werte durch.

11

Spezielle Testprobleme

Nachdem im vorangehenden Kapitel die grundlegende Struktur von Signifikanztests dargestellt wurde, werden in diesem Kapitel exemplarisch Testverfahren zu einigen Standardproblemen behandelt. Die betrachteten Problemstellungen stehen in engem Zusammenhang mit dem Typ der erhobenen Daten. Zur Einführung werden kurz unterschiedliche Problemstellungen und Datensituationen skizziert.

Ein-Stichproben-Fall — Untersuchung einer Verteilung

Von Interesse ist die Verteilung *eines* Untersuchungsmerkmals, beispielsweise der Nettomiete in einem bestimmten Wohnviertel. Ausgehend von einer einfachen Stichprobe vom Umfang n sollen nun bestimmte Eigenschaften dieses Merkmals mit Hilfe statistischer Tests untersucht werden. Hypothesen über die Eigenschaften des Untersuchungsmerkmals können die gesamte Verteilung betreffen oder aber nur bestimmte Kennwerte der Verteilung wie Erwartungswert, Median oder Varianz zum Gegenstand haben. Eine Nullhypothese vom letzteren Typ der Kennwertuntersuchung ist beispielsweise

H_0 : "Die zu erwartende Nettomiete in einem bestimmten Wohnviertel beträgt 15 DM/qm".

Eine Hypothese vom ersten Typ, die die gesamte Verteilung spezifiziert, ist

H_0 : "Die Nettomiete ist normalverteilt".

Unabhängige Stichproben — Vergleich von Verteilungen

Das Untersuchungsmerkmal wird unter zwei unterschiedlichen Bedingungen bzw. in unterschiedlichen Teilgesamtheiten separat erhoben. Man erhält entsprechend zwei Stichproben, für jede Bedingung bzw. Teilgesamtheit eine, wobei die Stichproben voneinander unabhängig sind. Die Hypothesen beziehen sich nun auf den Vergleich der beiden zugrundeliegenden Verteilungen des Merkmals. Einfache Beispiele für Nullhypothesen zum Vergleich von Kennwerten sind

H_0 : "Die zu erwartende Nettomiete in den Wohnvierteln A und B ist identisch".

H_0 : "Das zu erwartende Einkommen männlicher und weiblicher Arbeitnehmer (in vergleichbarer Position einer Branche) ist gleich".

Einem Vergleich der gesamten Verteilung entspricht die Nullhypothese

H_0 : "Das Einkommen männlicher Arbeitnehmer besitzt dieselbe Verteilung wie das Einkommen weiblicher Arbeitnehmer".

Verbundene Messungen — Vergleich von Verteilungen

Will man untersuchen, wie sich ein Merkmal unter verschiedenen Bedingungen verhält, ist es oft sinnvoll, das Merkmal unter diesen Bedingungen an denselben Stichprobenelementen zu messen. Interessiert man sich beispielsweise für den Umfang des Vokabulars einer Fremdsprache vor und nach einem Ergänzungskurs in dieser Sprache, ist es naheliegend, *dieselben* Teilnehmer vor und nach dem Kurs zu testen. Da die Merkmalvarianten derselben Untersuchungseinheiten gemessen werden, spricht man auch von *verbundenen Messungen*. Vergleichen lassen sich nun — wie im Fall unabhängiger Stichproben — die Verteilungen des Merkmals unter den beiden Bedingungen, beispielsweise durch die Nullhypothese

verbundene Messungen

H_0 : "Die zu erwartende Anzahl richtiger Wortübersetzungen vor und nach dem Sprachkurs unterscheidet sich um 10".

Völlig analog lassen sich wöchentliche Absatzzahlen einzelner Filialen vor und nach einer Werbekampangne untersuchen durch

H_0 : "Der zu erwartende Zuwachs an wöchentlichem Absatz beträgt 100 Einheiten".

Zusammenhangsanalyse aus verbundenen Messungen

In Fragestellungen nach dem Zusammenhang zweier Variablen, beispielsweise dem Mietpreis und der Quadratmeterzahl, müssen beide Variablen an jeweils denselben Wohnungen erhoben werden. Man geht also wiederum von verbundenen Messungen aus. Interessante Hypothesen betreffen beispielsweise die Stärke dieses Zusammenhangs, z.B. in den Nullhypothesen

H_0 : "Die Korrelation zwischen Mietpreis und Quadratmeterzahl beträgt 0.8",

H_0 : "Geschlecht und Parteipräferenz sind unabhängig".

11.1 Ein-Stichproben-Fall

Ziel ist es, die Eigenschaften einer Zufallsvariable X zu untersuchen. Dazu wird im folgenden vorausgesetzt, daß $X_1, \ldots, X_n$ unabhängige Wiederholungen dieser Zufallsvariable sind.

11.1.1 Tests zu Lagealternativen

t-Test für den Erwartungswert

Die als erste betrachtete Testsituation entspricht der aus Abschnitt 10.1: Ein hypothetischer Erwartungswert μ_0 soll verglichen werden mit dem tatsächlichen, unbekannten Erwartungswert $\mu = E(X)$. Entsprechend sind die Hypothesen dieselben wie für den Gauß-Test. Das Hypothesenpaar zum zweiseitigen Test besitzt die Form

$$H_0: \mu = \mu_0 \qquad H_1: \mu \neq \mu_0.$$

Beim einfachen Gauß-Test wird vorausgesetzt, daß die zugrundeliegende Zufallsvariable X normalverteilt ist *mit bekannter Varianz* σ^2. Entsprechend läßt sich als Teststatistik die Zufallsvariable

$$Z = \frac{\bar{X} - \mu_0}{\sigma}\sqrt{n}$$

anwenden. In vielen Testsituationen ist jedoch σ^2 nicht bekannt, so daß Z als Testgröße nicht in Frage kommt. Die Gauß-Teststatistik Z enthält im wesentlichen das Stichprobenmittel $\bar{X}$ als sensiblen Indikator für das unbekannte μ, Z selbst stellt nur eine normierte Version von $\bar{X}$ dar, deren Verteilung unter H_0 bekannt ist. Eine Testgröße, die als wesentliches Element wiederum das Stichprobenmittel $\bar{X}$ enthält, allerdings anders normiert ist, ist der sogenannte *t-Test* *t-Test*

$$T = \frac{\bar{X} - \mu_0}{S}\sqrt{n},$$

wobei $S^2 = \sum(X_i - \bar{X})^2/(n-1)$ die Stichprobenvarianz bezeichnet und $S = \sqrt{S^2}$ die entsprechende Standardabweichung ist. Die Statistik T unterscheidet sich von Z nur im Nenner. Das nun unbekannte σ in Z wird ersetzt durch die geschätzte Standardabweichung S. Von Teststatistiken wird erwartet, daß

- sie sensibel für das Testproblem sind,
- die Verteilung unter H_0 bekannt ist.

Die erste Bedingung ist erfüllt, da T eine "normierte" Version von $\bar{X}$ darstellt. Die zweite Bedingung ist ebenfalls erfüllt, da T für $\mu = \mu_0$ eine bekannte und tabellierte Verteilung, nämlich eine t-Verteilung mit $n-1$ Freiheitsgraden, besitzt.

In völliger Analogie zum Gauß-Test wird H_0 abgelehnt, wenn T zu große oder zu kleine Werte annimmt. Um das Signifikanzniveau α einzuhalten, wird H_0 abgelehnt, wenn $T < t_{\alpha/2}(n-1)$ oder $T > t_{1-\alpha/2}(n-1)$, wobei $t_{\alpha/2}(n-1)$ das $(\alpha/2)$-Quantil der t-Verteilung mit $n-1$ Freiheitsgraden bezeichnet und $t_{1-\alpha/2}(n-1)$ das entsprechende $(1-\alpha/2)$-Quantil. Der

Unterschied zum Gauß-Test liegt also darin, daß die Quantile der Standardnormalverteilung durch die entsprechenden Quantile der t-Verteilung mit $n-1$ Freiheitsgraden ersetzt werden.

Bei einseitigen Problemstellungen wird entsprechend H_0 abgelehnt, wenn T zu große bzw. zu kleine Werte annimmt. Die Nullhypothese

$$H_0: \ \mu \leq \mu_0$$

wird daher zugunsten von $H_1: \mu > \mu_0$ abgelehnt, wenn T das $(1-\alpha)$-Quantil der t-Verteilung mit $n-1$ Freiheitsgraden überschreitet, d.h. wenn $T > t_{1-\alpha}(n-1)$. Die Nullhypothese

$$H_0: \ \mu \geq \mu_0$$

wird abgelehnt, wenn $T < t_\alpha(n-1)$ (α-Quantil der Verteilung). Wesentlich ist, daß T auch bei einseitigen Testproblemen unter der Bedingung $\mu = \mu_0$, also an der Grenze zwischen Null- und Alternativhypothese, wiederum t-verteilt ist mit $n-1$ Freiheitsgraden.

t-Test (Ein-Stichproben-Fall)

Annahmen:	$X_1, \ldots, X_n$ unabhängig und identisch verteilt mit $X \sim N(\mu, \sigma^2)$ bzw. beliebig verteilt bei $n > 30$
Hypothesen:	(a) $H_0: \mu = \mu_0 \quad H_1: \mu \neq \mu_0$ (b) $H_0: \mu \geq \mu_0 \quad H_1: \mu < \mu_0$ (c) $H_0: \mu \leq \mu_0 \quad H_1: \mu > \mu_0$
Teststatistik:	$T = \frac{\bar{X}-\mu_0}{S}\sqrt{n}$
Verteilung unter $\mu = \mu_0$:	$t(n-1)$, für $n \geq 30$ approximativ $N(0,1)$
Ablehnungsbereich:	(a) $\lvert T\rvert > t_{1-\alpha/2}(n-1)$ (b) $T < t_\alpha(n-1) = -t_{1-\alpha}(n-1)$ (c) $T > t_{1-\alpha}(n-1)$ Für $n \geq 30$ ersetze $t(n-1)$-Quantile durch $N(0,1)$-Quantile.

Beispiel 11.1 **Kontrollkarten für Bleistiftlängen**

In Beispiel 10.6 (Seite 399) wurden die Kontrollgrenzen bestimmt, deren Überschreiten eine Entartung des Produktionsprozesses signalisiert. Ausgangspunkt war dort eine zugrundeliegende Normalverteilung mit bekannter Varianz. Wir wollen hier dieselbe Problemstellung betrachten, allerdings ohne die

Annahme bekannter Varianz. Das produzierte Werkstück sind Bleistifte mit einer Sollänge von 17 cm, d.h. man betrachtet das Hypothesenpaar

$$H_0 : \mu = 17 \qquad \text{gegen} \qquad H_1 : \mu \neq 17.$$

Als Daten ergeben sich die fünf Bleistiftlängen

$$19.2\,\text{cm}, 17.4\,\text{cm}, 18.5\,\text{cm}, 16.5\,\text{cm}, 18.9\,\text{cm}.$$

Aus Beispiel 10.6 (Seite 399) kennt man bereits $\bar{x} = 18.1$. Man berechnet damit die Stichprobenvarianz $s^2 = 1.265$, und daraus

$$t = \frac{\bar{x} - \mu_0}{s}\sqrt{n} = \frac{18.1 - 17}{1.125}\sqrt{5} = 2.186\,.$$

Der kritische Wert ergibt sich nun als $(1 - \alpha/2)$-Quantil der $t(n-1)$-Verteilung, d.h. für $\alpha = 0.01$ erhält man $t_{.995}(4) = 4.604$. Da für die Realisation von T gilt $|2.186| < 4.604$, wird H_0 beibehalten.

In Beispiel 10.6 wurde von der bekannten Varianz $\sigma^2 = 2.25$ ausgegangen. Entsprechend läßt sich der Gauß-Test durchführen, der bei $\alpha = 0.01$ die kritische Schranke 2.579 liefert. Die entsprechende kritische Schranke des t-Tests (bei $n = 5$ Beobachtungen) ist mit 4.604 wesentlich höher. Darin drückt sich die größere Unsicherheit aus, die entsteht, wenn die wahre Varianz σ^2 durch die Schätzung S^2 ersetzt wird. Technisch betrachtet, ist die größere kritische Schranke des t-Tests darauf zurückzuführen, daß die t-Verteilung bzw. Student-Verteilung im Vergleich zur Standardnormalverteilung weniger Masse im Zentrum um 0 konzentriert und dafür mehr Masse in den Enden enthält. Für wachsenden Stichprobenumfang $n \to \infty$ verschwinden allerdings die Unterschiede zwischen t-Verteilung und Standardnormalverteilung und die kritischen Schranken beider Tests werden identisch. Dies ist ein Ausdruck dafür, daß die Schätzung von σ^2 durch S^2 mit wachsendem Stichprobenumfang zunehmend genauer wird. Deshalb kann man ab einem Stichprobenumfang von etwa 30 die Quantile der t-Verteilung durch die Quantile der Normalverteilung ersetzen. □

Nonparametrische Tests zur Lage der Verteilung

Gauß- und t-Test setzen zumindest für kleinen Stichprobenumfang eine Normalverteilung des zugrundeliegenden Merkmals X voraus. Ist die Abweichung von dieser Annahme sehr stark, beispielsweise bei einem erheblich rechtsschiefen Merkmal, empfiehlt es sich nicht, diesen Tests zu vertrauen. Eine Alternative sind sogenannte *nonparametrische* bzw. *verteilungsfreie* Tests. Der Begriff nonparametrisch bezieht sich darauf, daß nicht die Parameter der Verteilung, beispielsweise λ bei $Po(\lambda)$, im Vordergrund stehen, sondern generelle Charakteristika wie Median oder Quantile. Der Begriff verteilungfrei erfaßt den wesentlichen Sachverhalt, daß die Verteilung der Teststatistik "unter H_0" nicht von der Verteilung des zugrundeliegenden Merkmals abhängt. Im folgenden werden zwei einfache Testverfahren für den Median betrachtet, wobei vorausgesetzt wird, daß X eine stetige Verteilungsfunktion besitzt.

nonparametrisch

verteilungsfrei

Das Testproblem ist bestimmt durch das Hypothesenpaar

$$H_0 : x_{med} = \delta_0 \qquad H_1 : x_{med} \neq \delta_0,$$

wobei x_{med} den unbekannten Median des Merkmals X bezeichnet und δ_0 ein vorgegebener, hypothetischer Wert ist. Aus den unabhängigen Wiederholungen $X_1, \ldots, X_n$ läßt sich ein Prüfgröße bestimmen, deren Verteilung unter H_0 einfach anzugeben ist. Man betrachtet

$$A = \text{Anzahl der } X_i \text{ mit einem Wert kleiner als } \delta_0.$$

Unter der Vorausetzung, daß H_0 wahr ist, kann man jedes Ziehen von X_i als Bernoulli-Experiment betrachten mit den beiden Ausgängen

$$\{X_i < \delta_0\} \quad \text{und} \quad \{X_i \geq \delta_0\}.$$

Da die Wahrscheinlichkeit für das Eintreten von $\{X_i < \delta_0\}$ genau $\pi = 0.5$ beträgt, erhält man unmittelbar

$$A \sim B(n, 0.5).$$

Vorzeichentest

Der zugehörige Signifikanztest, der sogenannte *Vorzeichentest* oder *sign-Test*, lehnt die Nullhypothese ab, wenn A nach oben oder unten stark abweicht. Die Grenzen der Abweichungen bestimmen sich so, daß die Wahrscheinlichkeit für ein derart extremes Ereignis kleiner oder gleich einem vorgegebenen α ist. Das führt zur Ablehnung der Nullhypothese, wenn

$$A \leq b_{\alpha/2} \quad \text{oder} \quad n - A \leq b_{\alpha/2},$$

wobei $b_{\alpha/2}$ der größte Wert ist, für den die $B(n, 0.5)$-Verteilungsfunktion den Wert $\alpha/2$ nicht überschreitet. Es gilt also

$$P(A \leq b_{\alpha/2}) \leq \alpha/2 \quad \text{und} \quad P(A \leq b_{\alpha/2} + 1) > \alpha/2.$$

konservativer Test

Das Signifikanzniveau α wird dadurch häufig nicht ganz ausgeschöpft, das tatsächliche Signifikanzniveau ist $\alpha - P(A \leq b_{\alpha/2})$ und damit eventuell kleiner als α. Tests, die das Signifikanzniveau nicht voll ausschöpfen, heißen auch *konservativ*. Alternativ läßt sich der Test durchführen mit dem p-Wert (der Überschreitungswahrscheinlichkeit). Der p-Wert gibt die Wahrscheinlichkeit wieder, daß die Teststatistik bei Gültigkeit von H_0 den beobachteten Prüfgrößenwert oder einen in Richtung der Alternative extremeren Wert annimmt. Man berechnet also zu dem realisierten Prüfgrößenwert a (sofern $a < n/2$) die Wahrscheinlichkeiten

$$P(A = 0), \ P(A = 1), \ldots, P(A = a)$$

für die potentielle Abweichung nach unten. Wegen der Symmetrie der Verteilung erhält man

$$p = 2(P(A = 0) + \cdots + P(A = a)).$$

Gilt $a > n/2$ ergibt sich $P(A = n), \ldots, P(A = n - a)$ als Abweichung nach oben und damit

$$p = 2(P(A = n) + \cdots + P(A = n - a)).$$

Für $a = n/2$, was nur für gerades n auftreten kann, ist der p-Wert im zweiseitigen Fall gleich Eins.

Bei einseitigen Testproblemen ergibt sich der p-Wert völlig analog, allerdings wird nur $p = P(A = 0) + \cdots + P(A = a)$ bestimmt bei $H_1 : x_{med} > \delta_0$. Für $H_1 : x_{med} < \delta_0$ muß logischerweise $p = P(A = n) + \cdots + P(A = n - a)$ ermittelt werden. Wegen der Symmetrie der Verteilung ist das jedoch identisch mit $p = P(A = 0) + \cdots + P(A = a)$.

Aus der Konstruktion des Testverfahrens ergibt sich unmittelbar, daß es genügt, für X ordinales Skalenniveau anzunehmen, da nur betrachtet wird, ob eine Realisation kleiner oder größer als der hypothetische Wert δ_0 ist. Die Voraussetzungen des Vorzeichentests sind genau genommen etwas stärker. Man läßt nur Verteilungsfunktionen zu, die dieselbe Form besitzen, allerdings jeweils um einen Lageparameter verschoben sind. Wie sich aus der folgenden Übersicht ergibt, läßt sich der Vorzeichentest auch auf einseitige Hypothesen anwenden.

Vorzeichen-Test

Annahmen:	$X_1, \ldots, X_n$ unabhängige Wiederholungen, X besitzt stetige Verteilungsfunktion
Hypothesen:	$(a)\quad H_0 : x_{med} = \delta_0 \quad H_1 : x_{med} \neq \delta_0$ $(b)\quad H_0 : x_{med} \geq \delta_0 \quad H_1 : x_{med} < \delta_0$ $(c)\quad H_0 : x_{med} \leq \delta_0 \quad H_1 : x_{med} > \delta_0$
Teststatistik:	A = Anzahl der Stichprobenvariablen mit einem Wert kleiner als δ_0
Verteilung unter $x_{med} = \delta_0$:	$B(n, 0.5)$, für $n \geq 25$ approximativ $N(0.5n, 0.25n)$
Ablehnungsbereich:	$(a)\quad A \leq b_{\alpha/2}$ oder $n - A \leq b_{\alpha/2}$ $(b)\quad A > o_{1-\alpha}$ $(c)\quad A \leq b_\alpha$

Die kritischen Schranken $b_{\alpha/2}$ und b_α sind bestimmt durch

$$\begin{aligned} B(b_{\alpha/2}) \leq \ & \alpha/2 < B(b_{\alpha/2} + 1) \\ B(b_\alpha) \leq \ & \alpha < B(b_\alpha + 1), \end{aligned}$$

wobei B die Binomialverteilungsfunktion zu $B(n, 0.5)$ bezeichnet.
Die obere kritische Schranke $o_{1-\alpha}$ ist bestimmt durch

$$B(o_{1-\alpha}) < 1 - \alpha \leq B(o_{1-\alpha} + 1)).$$

Gelegentlich treten bei diesem Test auch Meßwerte auf, die mit dem postulierten Median δ_0 identisch sind. Da diese Beobachtungen nichts über die Richtung der Abweichung von der Nullhypothese aussagen, werden sie meist ignoriert, d.h. der Test wird nur mit den verbleibenden Messungen durchgeführt. Dadurch reduziert sich der benutzte Stichprobenumfang n um die Anzahl der Messungen, die den Wert δ_0 besitzen. Da eine zusätzliche, dem Test zugrundeliegende Annahme die Stetigkeit der Verteilung ist, sollten derartige Meßwerte nicht zu häufig auftreten.

Beispiel 11.2 **Bleistiftlänge**

Betrachten wir das Problem der Bleistiftlänge aus Beispiel 11.1 (Seite 424). Das analoge Hypothesenpaar ist

$$H_0 : x_{med} = 17 \qquad H_1 : x_{med} \neq 17$$

mit den Daten

$$19.2\,\text{cm}, 17.4\,\text{cm}, 18.5\,\text{cm}, 16.5\,\text{cm}, 18.9\,\text{cm}.$$

Man berechnet daraus unmittelbar $A = 1$, da nur ein einziger Bleistift kleiner als 17 cm ist.

Wenn H_0 wahr ist, d.h. $A \sim B(5, 0.5)$ gilt, erhält man die Wahrscheinlichkeitsverteilung bzw. die Verteilungsfunktion $P(A \leq x) = B(x|5, 0.5)$ durch

x	0	1	2	3	4	5
$P(A = x)$	0.0313	0.1562	0.3125	0.3125	0.1562	0.0313
$B(x\|5, 0.5)$	0.0313	0.1875	0.5000	0.8125	0.9687	1.0000

Zu $\alpha = 0.1$ ergibt sich $b_{0.05}$ durch 0, da $B(0|5, 0.5) \leq 0.1 < B(1|5, 0.5)$. Folglich wird H_0 nicht verworfen. Alternativ läßt sich der Test mit dem Konzept des p-Werts durchführen. Die Abweichungen, die noch stärker oder genauso stark für H_1 sprechen würden als der Beobachtungswert $A = 1$, sind bestimmt durch $A = 0, A = 1$ (nach unten) und $A = 5$, $A = 4$ (nach oben). Der entsprechende p-Wert ist

$$\begin{aligned} p &= P(A = 0) + P(A = 1) + P(A = 5) + P(A = 4) \\ &= 2(P(A = 0) + P(A = 1)) = 0.375. \end{aligned}$$

Bei einem Signifikanzniveau von $\alpha = 0.1$ ergibt sich ein p-Wert, der größer ist als α, damit wird H_0 beibehalten. □

Der Vorzeichentest besitzt als verteilungsfreier Test die angestrebte Eigenschaft, daß die Verteilung der Teststatistik nicht von der Verteilung des Merkmals abhängt. Die Verteilung der Teststatistik läßt sich hier sehr einfach nachvollziehen. Allerdings wird dies dadurch erreicht, daß von den Daten nur benutzt wird, ob sie kleiner oder größer als der hypothetische Wert δ_0 sind. Bei anderen verteilungsfreien Tests, die die in den Daten enthaltene Information effektiver nutzen, ist die Verteilung der Teststatistik schwieriger abzuleiten. Ein Test dieser Art ist der im folgenden dargestellte *Wilcoxon-Vorzeichen-Rang-Test*.

Wilcoxon-Vorzeichen-Rang-Test

Die Konstruktion der Teststatistik erfolgt hier in mehreren Schritten:

1. Berechne die Differenzen $D_i = X_i - \delta_0,\ i = 1, \dots, n$.

2. Bilde die zugehörigen betragsmäßigen Differenzen $|D_1|, \dots, |D_n|$.

3. Ordne diesen betragsmäßigen Differenzen Ränge zu, d.h. der kleinste Betrag erhält den Rang 1, der zweitkleinste Betrag den Rang 2, usw.

Bezeichnet $rg\,|D_i|$ den Rang von $|D_i|$, ergibt sich die Teststatistik als die Summe

$$W^+ = \sum_{i=1}^{n} rg\,|D_i| Z_i \quad \text{mit} \quad Z_i = \begin{cases} 1 & \text{wenn } D_i > 0 \\ 0 & \text{wenn } D_i < 0. \end{cases}$$

W^+ stellt damit die Summe über alle Ränge dar, die zu Beobachtungen gehören, für die $X_i > \delta_0$, d.h. $D_i > 0$ gilt. Die Variable Z_i hat nur eine Auswahlfunktion. Als Indikatorvariable mit den Ausprägungen 0 und 1 wählt sie genau die Beobachtungen aus, für die $D_i > 0$ gilt.

Man kann sich einfach überlegen, daß W^+ sensibel für den zugrundeliegenden wahren Median ist. Ist der wahre Median tatsächlich δ_0, sollten bei symmetrischer Verteilung die Summen der Ränge mit $D_i > 0$ und mit $D_i < 0$ etwa gleich sein. Man erhält als Erwartungswert $E(W^+) = n(n+1)/4$, d.h. die Hälfte der totalen Rangsumme $rg\,(D_1) + \dots + rg\,(D_n) = 1 + \dots + n = n(n+1)/2$.

Ist der wahre Median kleiner als δ_0, liegt der Erwartungswert niedriger, da die Anzahl der Stichprobenvariablen, die größer als δ_0 sind, tendenzmäßig absinkt. Entsprechend ist der Erwartungswert größer, wenn der wahre Median größer ist.

Daraus ergibt sich die im folgenden gegebene Testprozedur, wobei die kritischen Werte der Verteilung von W^+ tabelliert sind (siehe Tabelle F). Diese Verteilung hängt wiederum nicht von der Verteilung des zugrundeliegenden Merkmals X ab.

Wilcoxon-Vorzeichen-Rang-Test

Annahmen: $X_1, \ldots, X_n$ unabhängig und identisch verteilt wie X.
X metrisch skaliert. Verteilungsfunktion stetig und symmetrisch.

Hypothesen:
(a) $H_0 : x_{med} = \delta_0 \quad H_1 : x_{med} \neq \delta_0$
(b) $H_0 : x_{med} \geq \delta_0 \quad H_1 : x_{med} < \delta_0$
(c) $H_0 : x_{med} \leq \delta_0 \quad H_1 : x_{med} > \delta_0$

Teststatistik:
$$W^+ = \sum_{i=1}^{n} rg\,|D_i| Z_i$$
$$\text{mit } D_i = X_i - \delta_0, \quad Z_i = \begin{cases} 1 & D_i > 0 \\ 0 & D_i < 0 \end{cases}$$

Für $n > 20$ ist W^+ approximativ verteilt nach $N\left(\frac{n(n+1)}{4}, \frac{n(n+1)(2n+1)}{24}\right)$.

Ablehnungsbereich:
(a) $W^+ < w^+_{\alpha/2}$ oder $W^+ > w^+_{1-\alpha/2}$
(b) $W^+ < w^+_{\alpha}$
(c) $W^+ > w^+_{1-\alpha}$,
wobei $w^+_{\tilde{\alpha}}$ das tabellierte $\tilde{\alpha}$-Quantil der Verteilung von W^+ ist.

Bei großen Stichproben läßt sich die Verteilung von W^+ durch eine Normalverteilung annähern mit Erwartungswert $\mu_W = n(n+1)/4$ und Varianz $\sigma^2_W = (n(n+1)(2n+1))/24$. W^+ wird dann approximativ ersetzt durch die *standardnormalverteilte* Größe $(W^+ - \mu_W)/\sigma_W$, und die Quantile w^+_α und $w^+_{1-\alpha}$ werden durch die Quantile der Standardnormalverteilung aus Tabelle A $z_{1+\alpha}$ bzw. $z_{1-\alpha}$ ersetzt.

Bindungen
Ties

Bei der Durchführung dieses Tests erhält man gelegentlich sogenannte *Bindungen.* Man spricht von Bindungen oder *Ties*, wenn identische Werte oder die Null auftreten. Der erste Bindungstyp liegt vor, wenn $|D_i| = |D_j|$ für zwei oder mehr Differenzen gilt. Man bildet dann die Durchschnittsränge, d.h. den Durchschnitt über die Ränge, die diesen Ausprägungen zukommen würden, wenn man die Bindung ignorieren und fortlaufend Ränge vergeben würde. Ein einfaches Beispiel ist gegeben durch

$\|D_i\|$	2.5	3.8	4.1	4.1	4.1
$rg\,\|D_i\|$	1	2	4	4	4

Hier würden den letzten drei Messungen die Ränge 3, 4 und 5 zugeordnet. Stattdessen erhält jeder dieser Werte den Durchschnittsrang $(3+4+5)/3 = 4$. Wenn $D_i = X_i - \delta_0 = 0$

gilt, wird diese Beobachtung weglassen, der für die Tabelle relevante Stichprobenumfang reduziert sich dann um diesen Wert. Bei mehreren Bindungen dieses Typs reduziert sich der Stichprobenumfang entsprechend stärker.

Mietspiegel

Beispiel 11.3

Es soll überprüft werden, ob die durchschnittliche Quadratmetermiete für Wohnungen unter 50 m^2, die nach 1983 gebaut wurden, größer ist als der aus einer anderen Stadt bekannte Durchschnittswert von 15.5 DM/qm. Das Hypothesenpaar hat also die Form

$$H_0 : \mu = 15.5 \qquad H_1 : \mu > 15.5.$$

Eine Teilstichprobe von $n = 11$ Wohnungen ergab

x_1	x_2	x_3	x_4	x_5	x_6	x_7	x_8	x_9	x_{10}	x_{11}
26.43	13.92	19.84	28.07	16.07	20.33	23.86	26.15	27.27	10.10	23.26

Unter der Annahme der Normalverteilung des Merkmals Nettomiete/qm wird ein t-Test durchgeführt. Mit $\bar{x} = 21.39,\ s^2 = 35.24$ ergibt sich

$$t = \frac{\bar{x} - 15.5}{s}\sqrt{n} = 3.293.$$

Für $\alpha = 0.05$ ergibt sich die kritische Schranke $t_{.95}(10) = 1.1825$, und H_0 wird abgelehnt. Die Bestimmung des p-Wertes, also $P(T > 3.293)$ unter der Hypothese, H_0 ist wahr, ergibt 0.019, d.h. ein derart extremes Ergebnis ist nur mit relativ kleiner Wahrscheinlichkeit möglich, wenn $\mu = 15.5$ gilt.

Für das Hypothesenpaar

$$H_0 : x_{med} = 15.5 \qquad H_1 : x_{med} > 15.5$$

lassen sich der Vorzeichen-Test oder der Wilcoxon Vorzeichen-Rang-Test anwenden. Unter H_0 gilt beim Vorzeichentest $A \sim B(11, 0.5)$ und man erhält mit der Realisation $a = 2$ den p-Wert

$$\begin{aligned} p &= P(A = 11) + P(A = 10) + P(A = 9) \\ &= P(A = 0) + P(A = 1) + P(A = 2) = B(2, 0.5) = 0.0327. \end{aligned}$$

Der p-Wert ist zwar größer als für den t-Test aber immer noch deutlich unter $\alpha = 0.05$; somit wird H_0 abgelehnt zum Signifikanzniveau $\alpha = 0.05$.

Als informationsintensiverer Test läßt sich noch der Wilcoxon-Vorzeichen-Rang-Test durchführen. Dazu bildet man als erstes die Differenzen $D_i = x_i - \delta_0$, also $D_i = x_i - 15.5$. Man erhält

i	1	2	3	4	5	6	7	8	9	10	11
D_i	10.93	−1.58	4.34	12.57	0.57	4.83	3.36	10.65	11.77	−5.4	7.76
$\|D_i\|$	10.93	1.58	4.34	12.57	0.57	4.83	3.36	10.65	11.77	5.4	7.76
rg $\|D_i\|$	9	2	4	11	1	5	3	8	10	6	7

Daraus ergibt sich

$$W^+ = 1 + 3 + 4 + 5 + 7 + 8 + 9 + 10 + 11 = 58.$$

Bei einem kritischen Wert von $w^+_{1-\alpha}(n) = w^+_{0.95}(11) = 51$ erweist sich auch dieser Test als signifikant zum Niveau $\alpha = 0.05$. □

11.1.2 Anpassungstests

Im vorhergehenden Abschnitt galt das Interesse nur der Lage der Verteilung. Einige der dort betrachteten Verfahren beruhen auf der expliziten Annahme, daß das zugrundeliegende Merkmal normalverteilt ist. Ist diese Voraussetzung jedoch zweifelhaft, ist zusätzlich zu untersuchen, ob dieser Zweifel nicht gerechtfertigt ist. Man möchte somit überprüfen, ob das interessierende Merkmal einem bestimmten *Verteilungstyp*, nämlich der Normalverteilung folgt. In anderen Problemstellungen kann die zu untersuchende Verteilung vollständig gegeben sein. Weiß man beispielsweise, daß die Preise von Zwei-Zimmerwohnungen in Deutschland $N(\mu_0, \sigma_0^2)$-verteilt sind mit bekanntem (μ_0, σ_0^2), stellt sich die Frage, ob dieselbe Verteilung auch in München vorliegt. Generell überprüft man in derartigen Problemstellungen, ob die tatsächliche Verteilung einer *vorgegebenen* Verteilung entspricht, d.h. ob die Daten dieser Verteilung hinreichend angepaßt sind. Man spricht daher auch von *Anpassungs-* oder *Goodness-of-fit-Tests*. Im folgenden werden Testverfahren betrachtet, die für nominal- oder höherskalierte Merkmale geeignet sind.

Goodness-of-fit-Tests

χ^2-Test für kategoriale Merkmale

Beispiel 11.4 **Würfeln**

Bestehen erhebliche Zweifel daran, daß ein Würfel fair ist, ist es naheliegend, diese Eigenschaft experimentell zu untersuchen. Die Ergebnisse eines Würfeldurchgangs von beispielsweise 1000 Würfen führt zur folgenden Kontingenztabelle

Augenzahl	1	2	3	4	5	6
Anzahl der aufgetretenen Augenzahlen	162	160	166	164	170	178

Bei einem fairen Würfel wäre die zu erwartende Anzahl in jeder Zelle 166.66. Zu entscheiden ist, ob die beobachtete Abweichung der Anzahlen als signifikant zu betrachten ist, so daß man nicht weiterhin von der Fairness dieses konkreten Würfels ausgehen kann. □

Im Beispiel des fairen Würfels wird ein nominales Merkmal, die Augenzahl, betrachtet. Zu diesem Merkmal gibt es eine Hypothese über die Wahrscheinlichkeiten des Auftetens bestimmter Ausprägungen, d.h. eine Hypothese über die Verteilung des Merkmals, die ja durch diese Wahrscheinlichkeiten bestimmt ist. Für das Würfelbeispiel ist es die diskrete Gleichverteilung über die Kategorien $1, \ldots, 6$. In anderen Anwendungen, beispielsweise bei der Sonntagsfrage mit fünf Parteien, könnte die Hypothese durch die bei der letzten Wahl erreichten Anteile bestimmt sein. Man interessiert sich dann dafür, ob tatsächlich eine Veränderung der Parteipräferenzen stattgefunden hat.

Formal betrachtet man n unabhängige Wiederholungen $X_1, \ldots, X_n$ des kategorialen Merkmals $X \in \{1, \ldots, k\}$. Die relevante Information wird in einer Kontingenztabelle zusammengefaßt

Ausprägungen von X	1	2	...	k
Häufigkeiten	h_1	h_2	...	h_k

Die hypothetisch angenommene Verteilung wird als Nullhypothese fomuliert

$$H_0: \; P(X = i) = \pi_i, \quad i = 1, \ldots, k,$$

wobei $\pi_1, \ldots, \pi_k$ fest vorgegebene Werte darstellen. Für das Würfelbeispiel erhält man

$$H_0: \; P(X = i) = 1/6, \quad i = 1, \ldots, 6.$$

Für die Sonntagsfrage mit X = Parteipräferenz stellen die Wahrscheinlichkeiten π_i die bekannten Ergebnisse der letzten Wahl dar. Die Alternativhypothese ist das logische Pendant

$$H_1: \; P(X = i) \neq 1/6 \quad \text{für mindestens ein } i.$$

Es sollte offensichtlich sein, daß — auch wenn die Nullhypothese wahr ist — die relativen Häufigkeiten h_i/n i.a. ungleich den postulierten Auftretenswahrscheinlichkeiten sind. Die Häufigkeiten stellen natürlich das Ergebnis eines Zufallsexperimentes dar, wobei man sich einfach überlegt, daß die Häufigkeiten in Zelle i eine binomialverteilte Zufallsvariable darstellen.

Indem man aus den n unabhängigen Wiederholungen nur die Information verwendet, ob die Beobachtung in Zelle i fällt oder nicht, ergibt sich unter der Annahme $P(X = i) = \pi_i$, also der Nullhypothese, die Verteilung

$$h_i \sim B(n, \pi_i).$$

Daraus folgt, daß $E(h_i) = n\pi_i$ gilt, d.h. unter der Nullhypothese sind $n\pi_i$ Beobachtungen in Zelle i zu erwarten. Allerdings ist mit einiger Variation um diesen Erwartungswert zu rechnen. Die Stärke dieser Variation läßt sich durch die Varianz $Var(h_i) = n\pi_i(1 - \pi_i)$ erfassen.

Wollte man *jede Zelle einzeln* auf Gültigkeit von $P(X = i) = \pi_i$ testen, ließe sich der Binomialtest anwenden. Eine simultane Teststatistik zu H_0 : $P(X = i)$, $i = 1, \ldots, k$, die die Abweichung von der Nullhypothese bewertet, läßt sich nun so konstruieren, daß man für jede Zelle die tatsächlich beobachtete Häufigkeit h_i mit der unter der Nullhypothese zu erwartenden vergleicht. Dazu betrachtet man die quadrierten Differenzen zwischen diesen Werten, die man außerdem noch geeignet normiert, um die Verteilung der zu konstruierenden Teststatistik bestimmen zu können. Die Summe dieser normierten Abweichungen liefert dann die χ^2-Statistik

χ^2-Statistik

$$\chi^2 = \sum_{i=1}^{k} \frac{(h_i - n\pi_i)^2}{n\pi_i}.$$

Für großes n ($n \to \infty$) ist χ^2 unter H_0 approximativ χ^2-verteilt mit $k-1$ Freiheitsgraden, d.h.

$$\chi^2 \overset{a}{\sim} \chi^2(k-1).$$

Der Verlust eines Freiheitsgrades ist darauf zurückzuführen, daß die Anzahlen $h_1, \ldots, h_k$ nicht unabhängig sind. Wegen der Randbedingung $h_1 + \cdots + h_k = n$ ist jede Zellhäufigkeit durch die restlichen $k-1$ Häufigkeiten deterministisch bestimmt.

Bei einem α-Signifikanz-Test ist darauf zu achten, daß H_0 fälschlicherweise nur mit der Wahrscheinlichkeit α abgelehnt wird. Gegen die Nullhypothese spricht es, wenn die Abweichung χ^2, die nur quadrierte Terme enthält, sehr groß wird. Entsprechend wird durch einen α-Signifikanz-Test H_0 verworfen, wenn

$$\chi^2 > \chi^2_{1-\alpha}(k-1),$$

wobei $\chi^2_{1-\alpha}(k-1)$ das $(1-\alpha)$-Quantil der χ^2-Verteilung mit $k-1$ Freiheitsgraden bezeichnet.

χ^2-Anpassungstest bei kategorialem Merkmal

Annahme:	$X_1, \ldots, X_n$ unabhängig und identisch verteilt wie $X \in \{1, \ldots, k\}$
Hypothesen:	$H_0: P(X = i) = \pi_i,\ i = 1, \ldots, k$ $H_1: P(X = i) \neq \pi_i$ für mindestens ein i
Teststatistik:	$\chi^2 = \sum_{i=1}^{k} \frac{(h_i - n\pi_i)^2}{n\pi_i}$
Verteilung unter H_0:	approximativ $\chi^2(k-1)$, Approximation anwendbar, wenn $n\pi_i \geq 1$ für alle i, $n\pi_i \geq 5$ für mindestens 80 % der Zellen
Ablehnungsbereich:	$\chi^2 > \chi^2_{1-\alpha}(k-1)$

Zu bemerken ist, daß der χ^2-Test für das Merkmal X nur nominales Skalenniveau voraussetzt. Er ist natürlich auch anwendbar, wenn höheres Skalenniveau vorliegt, beispielsweise, wenn X selbst bestimmte Anzahlen spezifiziert wie X = "Anzahl der Personen in einem Haushalt". Wesentlich ist nur, daß X endlich viele Ausprägungen besitzt. Da die Teststatistik nur approximativ χ^2-verteilt ist, ist darauf zu achten, daß die zu erwartenden Zellbesetzungen nicht zu niedrig sind. Für große Zellzahl k ist das Verfahren prinzipiell anwendbar, aber der Stichprobenumfang muß dann auch entsprechend groß sein. Will man z.B. beim Roulette die Ausgewogenheit des Kessels untersuchen, d.h. die Nullhypothese $H_0 : P(X = i) = 1/37$ für die möglichen Ergebnisse $0, 1, \ldots, 36$, wären $n = 185$ Beobachtungen notwendig, um $n \cdot 1/37 \geq 5$ für alle Zellen zu sichern.

Absolventenstudie **Beispiel 11.5**

In der Münchener Absolventenstudie (Beispiel 1.10, Seite 15) wurde unter anderem erhoben, welche Art der Diplomarbeit angefertigt wurde. Sieht man von der sehr seltenen Form empirischer Primärerhebung ab, erhält man die Kategorien 1:"empirische Sekundäranalyse", 2:"empirisch-qualitativ" und 3:"theoretische Arbeit". Die interessierende Hypothese besagt, daß alle diese Formen der Diplomarbeit gleichwahrscheinlich sind, d.h. man erhält das Hypothesenpaar

$$H_0 : \pi_1 = \pi_2 = \pi_3 = 1/3 \qquad H_1 : \pi_i \neq 1/3 \text{ für zwei } i,$$

wobei $\pi_i = P(X = i)$ die Wahrscheinlichkeit für das Auftreten des i-ten Typs bezeichnet. Aus den Daten

h_1	h_2	h_3	n
4	12	18	34

berechnet man die bei Gültigkeit der Nullhypothese zu erwartenden Zellhäufigkeiten $n\pi_i = 34 \cdot 1/3 = 11.33$ und erhält

$n\pi_1$	$n\pi_2$	$n\pi_3$	n
11.33	11.33	11.33	34

.

Für festgehaltenen Stichprobenumfang $n = 34$ sind in jeder Kategorie 11.33 Diplomarbeiten zu erwarten. Man vergleicht den χ^2-Wert

$$\chi^2 = \frac{(4 - 11.33)^2}{11.33} + \frac{(12 - 11.33)^2}{11.33} + \frac{(18 - 11.33)^2}{11.33} = 8.706$$

mit dem 0.95-Quantil der χ^2-Verteilung mit 2 Freiheitsgraden $\chi^2_{0.95}(2) = 5.99$. Da $8.71 > 5.99$, ist bei einem Niveau von $\alpha = 0.05$ von einer signifikanten Abweichung von der Nullhypothese auszugehen. Es lassen sich also unterschiedliche Wahlwahrscheinlichkeiten nachweisen. □

χ^2-Test für gruppierte Daten

Der χ^2-Test des vorhergehenden Abschnitts setzt ein kategoriales Merkmal $X \in \{1, \ldots, k\}$ voraus. Dasselbe Testprinzip läßt sich anwenden, wenn X sehr viele Ausprägungen besitzt, beispielsweise unendlich viele wie bei einer Poisson-Verteilung oder wenn X sogar stetig ist wie bei einem normalverteilten Merkmal. Es ist dann nur notwendig, einen Gruppierungsschritt vorzuschalten. Naheliegend ist es, wie in der univariaten Deskription Klassen benachbarter Intervalle zu bilden durch

$$[c_0, c_1), [c_1, c_2), \ldots, [c_{k-1}, c_k).$$

Der Informationsgehalt der Daten wird nun reduziert auf diese Intervalle indem man nur noch abzählt, wieviele Beobachtungen in die i-te Klasse (das i-te Intervall) fallen. Dies ergibt die Beobachtungszahl für die i-te Zelle. Die Daten sind also von der gleichen Art wie im vorausgehenden Abschnitt. Man erhält Zellbesetzungen

$$h_1, \ldots, h_k.$$

Die Nullhypothese ist im wesentlichen dieselbe wie im Fall ungruppierter Daten. Man sollte sich jedoch verdeutlichen, daß dahinter eine generellere Hypothese steht.

Betrachten wir als Beispiel die Nullhypothese, daß die Lebensdauer eines Gerätes exponentialverteilt ist mit einem Erwartungswert von 10 Stunden, d.h. $X \sim Ex(0.1)$. Das zugrundeliegende Hypothesenpaar lautet

$$\begin{aligned} &H_0 : X \text{ ist exponentialverteilt mit } Ex(0.1) \\ &H_1 : X \text{ ist nicht } Ex(0.1)\text{-verteilt.} \end{aligned}$$

Das speziellere Hypothesenpaar, das eigentlich überprüft wird, ergibt sich aus der Intervallbildung. Betrachtet man die 16 Intervalle

$$[0.0, 0.01), [0.01, 0.02), \ldots [0.14, 0.15), [0.15, \infty),$$

ergeben sich die hypothetischen Werte $\pi_i = \int_{c_{i-1}}^{c_i} \lambda e^{-\lambda x} dx$ mit $\lambda = 0.1$ und den Intervallgrenzen c_i. Untersucht wird nun im engeren Sinne das Hypothesenpaar

$$\begin{aligned} &H_0 : P(X_i \in [c_{i-1}, c_i)) = \pi_i, \; i = 1, \ldots, k \\ &H_1 : P(X_i \in [c_{i-1}, c_i)) \neq \pi_i \quad \text{für mindestens ein } i. \end{aligned}$$

Durch die χ^2-Statistik wird unmittelbar die Gültigkeit des letzteren Hypothesenpaares untersucht. Nur Daten zu diesem spezielleren Hypothesenpaar, nämlich die in Intervallen gruppierten Daten, werden in der Teststatistik benutzt.

Die χ^2-Teststatistik ist dieselbe wie für ein kategoriales Merkmal. Allerdings sind zwei Fälle zu unterscheiden: Entweder ist die Verteilung vollständig spezifiziert inklusive sämtlicher Parameter, oder nur der Verteilungstyp ist spezifiziert und die Parameter werden erst aus den Daten geschätzt. Der erste Fall liegt im Beispiel oben vor mit

$$H_0: \ X \text{ ist } Ex(0.1)\text{-verteilt.}$$

Ein Beispiel vom zweiten Typ wäre

$$H_0: X \text{ ist exponentialverteilt}$$
$$H_1: X \text{ ist nicht exponentialverteilt.}$$

Im letzten Fall ist zur Berechnung von π_i die Schätzung von λ notwendig, beispielsweise durch $\hat{\lambda} = \sum_i X_i/n$. Die einzige Auswirkung dieser Parameterschätzung besteht darin, daß die Freiheitsgrade der χ^2-Verteilung sich um *einen* weiteren Freiheitsgrad reduziert, da *ein* Parameter geschätzt wurde.

χ^2-Test für gruppierte Daten

Annahmen:	$X_1, \ldots, X_n$ unabhängig und identisch verteilt wie X
Hypothesen:	$H_0: \ P(X = i) = \pi_i, \ i = 1, \ldots, k,$ $H_1: \ P(X = i) \neq \pi_i$ für mindestens zwei i, wobei π_i aus einer vorgegebenen Verteilung bestimmt ist.
Teststatistik:	$\chi^2 = \sum_{i=1}^{k} \frac{(h_i - n\pi_i)^2}{n\pi_i}$
Verteilung unter H_0:	Wenn Verteilung voll spezifiziert: approximativ $\chi^2(k-1)$-verteilt. Wenn zur Bestimmung von π_i Parameter geschätzt werden: approximativ $\chi^2(k - 1 - \text{Anzahl geschätzter Parameter})$-verteilt
Ablehnungsbereich:	$\chi^2 > \chi^2_{1-\alpha}(\text{Freiheitsgrade})$

Mietspiegel **Beispiel 11.6**

In Beispiel 2.7 findet sich ein Histogramm der Mietpreise kleiner Wohnungen, das zeigt, daß die beobachteten Mietpreise etwas rechtsschief sind, aber insgesamt einer Normalverteilung entsprechen könnten. Man will nun untersuchen, ob die Normalverteilungsannahme zutrifft, d.h. die Hypothesen sind bestimmt durch

$$H_0 : X \text{ ist normalverteilt}$$
$$H_1 : X \text{ ist nicht normalverteilt.}$$

Zur Umsetzung in ein χ^2-Testverfahren kategorisiert man in 50er Schritten, d.h. in Intervalle $[100, 150), [150, 200)$, usw. Zum weiteren bestimmt man $\bar{x} = 588.331$ und $s = 220.293$. Die Annahme einer Normalverteilung hat zur Folge, daß die Wahrscheinlichkeit für ein Intervall $[c_{i-1}, c_i)$ bestimmt ist durch

$$\pi_i = P(c_{i-1} \le X < c_i) = P\left(\frac{c_{i-1} - \mu}{\sigma} \le \frac{X - \mu}{\sigma} < \frac{c_i - \mu}{\sigma}\right)$$
$$= \Phi\left(\frac{c_i - \mu}{\sigma}\right) - \Phi\left(\frac{c_{i-1} - \mu}{\sigma}\right).$$

Da μ und σ nicht bekannt sind, ersetzt man μ durch $\bar{x}$ und σ durch s. Man erhält so die zu erwartenden Auftretenswahrscheinlichkeiten approximativ durch

$$\pi_i \approx \Phi\left(\frac{c_i - \bar{X}}{S}\right) - \Phi\left(\frac{c_{i-1} - \bar{X}}{S}\right).$$

Daraus ergibt sich die Tabelle

	h_i	$n\pi_i$		h_i	$n\pi_i$
< 150	2	6.317	$[750, 800)$	15	17.1264
$[150, 200)$	2	4.244	$[800, 850)$	10	13.7834
$[200, 250)$	9	6.326	$[850, 900)$	8	10.5384
$[250, 300)$	3	8.9434	$[900, 950)$	6	7.6544
$[300, 350)$	13	12.021	$[950, 1000)$	4	5.2817
$[350, 400)$	17	15.351	$[1000, 1050)$	4	3.4622
$[400, 450)$	31	18.263	$[1050, 1100)$	1	2.1560
$[450, 500)$	30	21.463	$[1100, 1150)$	2	1.2755
$[500, 550)$	23	23.498	$[1150, 1200)$	2	0.7169
$[550, 600)$	31	24.441	$[1200, 1250)$	2	0.3827
$[600, 650)$	16	24.150	$[1250, 1300)$	0	0.1941
$[650, 700)$	19	22.669	$[1300, 1350)$	1	0.0935
$[700, 750)$	19	20.216	≥ 1350	1	0.0739

Die Bestimmung der Teststatistik ergibt $\chi^2 = 59.704$. Die Anzahl der Freiheitsgrade erhält man wegen der beiden geschätzten Parameter $\bar{x}$ und s durch $k - 1 - 2 = 25 - 1 - 2 = 22$. Mit $\chi^2_{0.95}(22) = 33.924$ ergibt sich bei einem Signifikanzniveau von $\alpha = 0.05$ eine signifikante Abweichung von der Normalverteilung.

Das Ergebnis ist allerdings wenig zuverlässig, da für die vorgenommene Gruppierung die Faustregeln nicht erfüllt sind. Insbesondere für Mietpreise ab DM 1000 sind die Zellen relativ schwach besetzt. Diese Mietpreise werden daher in zwei Zellen zusammengefaßt mit dem Ergebnis

	h_i	$n\pi_i$
$[1000, 1100)$	5	5.618
$[1100, 1400)$	8	2.737

Man erhält mit dieser neuen Gruppierung $\chi^2 = 39.061$. Aus der neuen Zellzahl $k = 20$ erhält man als das entsprechende Quantil $\chi^2_{0.95}(17) = 27.587$. H_0 wird also auch mit dieser Testprozedur verworfen.

□

Ein-Stichproben-Tests: Hypothesen über den Erwartungswert

$$
\begin{array}{llll}
(a) & H_0: \mu = \mu_0 & H_1: \mu \neq \mu_0 \\
(b) & H_0: \mu \geq \mu_0 & H_1: \mu < \mu_0 \\
(c) & H_0: \mu \leq \mu_0 & H_1: \mu > \mu_0
\end{array}
$$

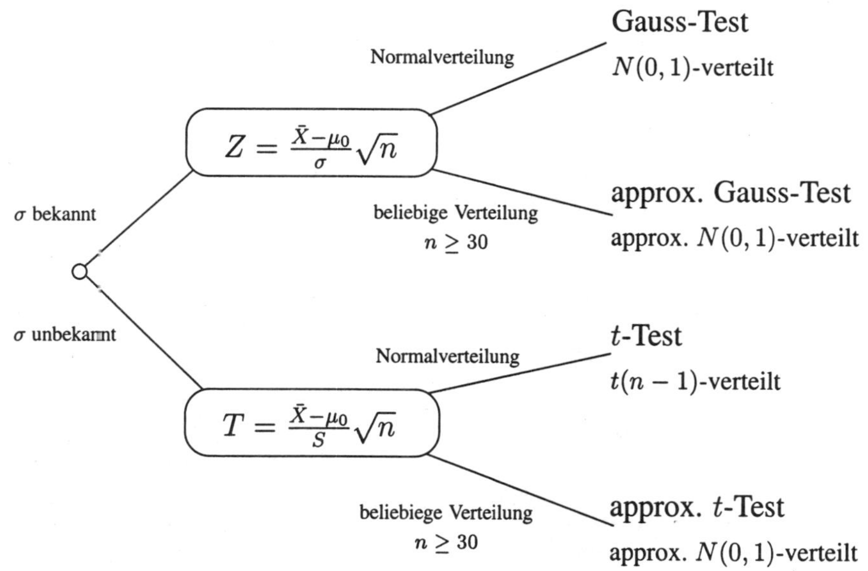

Ein-Stichproben-Tests: Hypothesen über den Median

(für symmetrische Verteilung identisch mit Hypothesen über den Erwartungswert)

$$(a)\quad H_0 : x_{med} = \delta_0 \quad H_1 : x_{med} \neq \delta_0$$
$$(b)\quad H_0 : x_{med} \geq \delta_0 \quad H_1 : x_{med} < \delta_0$$
$$(c)\quad H_0 : x_{med} \leq \delta_0 \quad H_1 : x_{med} > \delta_0$$

stetige Verteilungsfunktion: $A = \text{Werte} \leq \delta_0$ — Vorzeichen-Test, $B(n, 0.5)$-verteilt

stetige symmetrische Verteilungsfunktion: $W^+ = \sum_{i=1}^{n} rg\,|D_i| Z_i$ — Wilcoxon-Vorzeichen-Test, Verteilung tabelliert

Ein-Stichproben-Tests: Anteilswerte

$$(a)\quad H_0 : \pi = \pi_0 \quad H_1 : \pi \neq \pi_0$$
$$(b)\quad H_0 : \pi \geq \pi_0 \quad H_1 : \pi < \pi_0$$
$$(c)\quad H_0 : \pi \leq \pi_0 \quad H_1 : \pi > \pi_0$$

Exakter Test: X = Anzahl der Treffer — Binomialtest, $B(n, \pi_0)$-verteilt

Approximativer Test: $Z = \frac{X - n\pi_0}{\sqrt{n\pi_0(1-\pi_0)}}$ — Approximativer Binomialtest, app. $N(0,1)$-verteilt

Ein-Stichproben-Test: χ^2-Anpassungstest

$$H_0 : P(X = i) = \pi_i, \qquad i = 1, \ldots, k$$
$$H_1 : P(X = i) \neq \pi_i \qquad \text{für ein } i$$

$$\chi^2 = \sum_{i=1}^{k} \frac{(h_i - n\pi_i)^2}{h_i}$$

Bei voll spezifizierter Verteilung: approximativ $\chi^2(k-1)$-verteilt.
Bei l geschätzten Parametern: approximativ $\chi^2(k-1-l)$-verteilt.

11.2 Vergleiche aus unabhängigen Stichproben

Prinzipiell werden im folgenden zwei Merkmale X und Y unterschieden, deren Verteilungen wir vergleichen wollen. Um Verteilungen miteinander vergleichen zu können, müssen die Mermale X und Y sinnvoll vergleichbare Größen darstellen. Meist stellen X und Y dasselbe Merkmal dar, allerdings gemessen unter verschiedenen Bedingungen bzw. in unterschiedlichen Populationen. Ist beispielsweise die Nettomiete eines Wohnungstyps von Interesse, läßt sich diese vergleichen für das Wohnviertel A (Variable X) und das Wohnviertel B (Variable Y). Von den Daten wird vorausgesetzt, daß sie sich als unabhängige Realisationen ergeben, wobei

$$X_1, \ldots, X_n \quad \text{unabhängig und identisch verteilt sind wie } X,$$
$$Y_1, \ldots, Y_m \quad \text{unabhängig und identisch verteilt sind wie } Y.$$

Darüber hinaus wird vorausgesetzt, daß die Gesamtstichprobe unabhängig ist, d.h. $X_1, \ldots, X_n, Y_1, \ldots, Y_m$ sind unabhängig. Man spricht dann auch von *unabhängigen Stichproben.*

unabhängige Stichproben

Die Voraussetzungen sind in der Regel erfüllt, wenn unter den beiden — X und Y entsprechenden — Bedingungen bzw. Populationen separate einfache Stichproben gezogen werden. Im Beispiel der Nettomieten setzt man also voraus, daß n Wohnungen in Viertel A rein zufällig gezogen werden und davon unabhängig m Wohnungen im Viertel B. Die Stichprobenumfänge der separaten (unabhängigen) Stichproben können unterschiedlich sein.

11.2.1 Tests zu Lagealternativen

Parametrische Verfahren

Der häufig wichtigste Vergleich bezieht sich auf die Erwartungswerte der beiden Merkmale X und Y. In der zweiseitigen Variante betrachtet man im einfachsten Fall das Hypothesenpaar

$$H_0: \mu_X = \mu_Y \qquad H_1: \mu_X \neq \mu_Y,$$

wobei $\mu_X = E(X)$ und $\mu_Y = E(Y)$ die unbekannten Erwartungswerte in den beiden Populationen darstellen. Zur Beurteilung der Nullhypothese ist es naheliegend, die Mittelwerte $\bar{X} = \sum_{i=1}^{n} X_i/n$ und $\bar{Y} = \sum_{i=1}^{m} Y_i/m$ heranzuziehen. Wegen

$$E(\bar{X}) = \mu_X \quad \text{und} \quad E(\bar{Y}) = \mu_Y$$

sind $\bar{X}$ und $\bar{Y}$ sensible Indikatoren für die zugrundeliegenden Erwartungswerte μ_X und μ_Y. Entsprechend sollte die Differenz

$$D = \bar{X} - \bar{Y}$$

sensibel für die unbekannten Differenz $\mu_X - \mu_Y$ sein. Man erhält

$$E(\bar{X} - \bar{Y}) = E(\bar{X}) - E(\bar{Y}) = \mu_X - \mu_Y.$$

Die Zufallsvariable D läßt sich nur schwierig unmittelbar als Testgröße verwenden, da die Verteilung natürlich noch von der Varianz der Merkmale X bzw. Y abhängt. Man betrachtet daher wie im Ein-Stichproben-Fall wiederum eine normierte Version der Testgröße D. Die Varianz von $D = \bar{X} - \bar{Y}$ ergibt sich wegen der Unabhängigkeit von X und Y durch

$$Var(\bar{X} - \bar{Y}) = Var(\bar{X}) + Var(\bar{Y}) = \frac{\sigma_X^2}{n} + \frac{\sigma_Y^2}{m},$$

wobei $\sigma_X^2 = Var(X)$, $\sigma_Y^2 = Var(Y)$.

Es gilt nun, wiederum zwei Fälle zu unterscheiden, nämlich ob σ_X^2 und σ_Y^2 bekannt oder unbekannt sind. Im ersten Fall lassen sich σ_X^2 und σ_Y^2 zur Normierung von $\bar{X} - \bar{Y}$ verwenden, im zweiten Fall müssen σ_X^2 und σ_Y^2 geschätzt werden.

Für bekannte Varianzen läßt sich $\bar{X} - \bar{Y}$ normieren durch

$$Z = \frac{\bar{X} - \bar{Y}}{\sqrt{\frac{\sigma_X^2}{n} + \frac{\sigma_Y^2}{m}}},$$

wobei nachvollziehbar ist, daß $E(Z) = 0$ und $Var(Z) = 1$ gilt, wenn H_0 wahr ist. Ist allerdings die Alternativhypothese wahr, gilt $E(Z) > 0$, wenn $\mu_X > \mu_Y$, und $E(Z) < 0$, wenn

$\mu_x < \mu_Y$. Entsprechend wird H_0 verworfen zugunsten von $H_1 : \mu_X \neq \mu_Y$, wenn Z sehr große bzw. sehr kleine Werte annimmt. In der folgenden Übersicht werden die Testvarianten in einer etwas allgemeineren Form betrachtet. Anstatt der einfachen Nullhypothese der Gleichheit der Erwartungswerte betrachtet man allgemeiner Hypothesenpaare der Form

$$H_0 : \mu_X - \mu_Y = \delta_0 \qquad H_1 : \mu_X - \mu_Y \neq \delta_0.$$

Hier wird spezifiziert, ob die Differenz $\mu_X - \mu_Y$ einer fest vorgegebenen hypothetischen Differenz δ_0 entspricht. Beispielsweise läßt sich so untersuchen, ob die zu erwartende Mietpreisdifferenz/qm zwischen dem Villenviertel A und dem einfacheren Wohnviertel B tatsächlich 5 DM/qm beträgt. Für $\delta_0 = 0$ ergibt sich natürlich die einfache Hypothese $\mu_X = \mu_Y$. Bei einseitigen Hypothesen spezifiziert man zusätzlich eine Richtung der Abweichung.

Vergleich der Erwartungswerte, bekannte Varianzen

Annahme: $X_1, \ldots, X_n$ unabhängige Wiederholungen von X
$Y_1, \ldots, Y_m$ unabhängige Wiederholungen von Y
$X_1, \ldots, X_n, Y_1, \ldots, Y_m$ unabhängig
σ_X^2, σ_Y^2 bekannt

Hypothesen:

(a) $H_0 : \mu_X - \mu_Y = \delta_0 \qquad H_1 : \mu_X - \mu_Y \neq \delta_0$
(b) $H_0 : \mu_X - \mu_Y \geq \delta_0 \qquad H_1 : \mu_X - \mu_Y < \delta_0$
(c) $H_0 : \mu_X - \mu_Y \leq \delta_0 \qquad H_1 : \mu_X - \mu_Y > \delta_0$

Teststatistik:

$$Z = \frac{\bar{X} - \bar{Y} - \delta_0}{\sqrt{\dfrac{\sigma_X^2}{n} + \dfrac{\sigma_Y^2}{m}}}$$

Verteilung unter

$\mu_X - \mu_Y = \delta_0$: Für $X \sim N(\mu_X, \sigma_X^2)$, $Y \sim N(\mu_Y, \sigma_Y^2) : Z \sim N(0,1)$
Für $n, m \geq 30$ gilt die Standardnormalverteilung von Z approximativ.

Ablehnungsbereich:

(a) $|Z| > z_{1-\alpha/2}$
(b) $Z < -z_{1-\alpha}$
(c) $Z > z_{1-\alpha}$

Sind die Varianzen unbekannt, werden σ_X^2 und σ_Y^2 durch die entsprechenden Schätzungen

$$S_X^2 = \frac{1}{n-1}\sum_{i=1}^{n}(X_i - \bar{X})^2, \quad S_Y^2 = \frac{1}{m-1}\sum_{i=1}^{m}(Y_i - \bar{Y})^2$$

ersetzt. Entsprechend ergibt sich — da nur approximativ normiert wird — im folgenden Testverfahren keine Normalverteilung, sondern eine t-Verteilung.

Vergleich der Erwartungswerte, unbekannte Varianzen

Annahmen und Hypothesen wie im Fall bekannter Varianzen

Teststatistik:
$$T = \frac{\bar{X} - \bar{Y} - \delta_0}{\sqrt{\dfrac{S_X^2}{n} + \dfrac{S_Y^2}{m}}}$$

Verteilung unter $\mu_X - \mu_Y = \delta_0$: Wenn $X \sim N(\mu_X, \sigma_X^2)$, $Y \sim N(\mu_Y, \sigma_Y^2)$: $T \sim t(k)$ mit den Freiheitsgraden

$$k = (S_X^2/n + S_Y^2/m)^2 \Big/ \left(\frac{1}{n-1}\left(\frac{S_X^2}{n}\right)^2 + \frac{1}{m-1}\left(\frac{S_Y^2}{m}\right)^2\right)$$

Ablehnungsbereiche:
(a) $|T| > t_{1-\alpha/2}(k)$
(b) $T < -t_{1-\alpha}(k)$
(c) $T > t_{1-\alpha}(k)$

Man beachte, daß die Freiheitsgrade der t-Verteilung als reelle Zahl k gegeben sind. Zur Bestimmung der eigentlichen Freiheitsgrade rundet man k zu einer ganzen Zahl ab. Für große Stichprobenumfänge $(n, m > 30)$ ersetzt man die t-Verteilungsquantile wiederum durch die Quantile der Standardnormalverteilung.

In der folgenden Übersicht ist eine weitere Variante des Erwartungswertvergleichs wiedergegeben, die darauf basiert, daß die Varianzen von X und Y zwar unbekannt sind, aber als gleich angenommen werden können.

Vergleich der Erwartungswerte im Zwei-Stichproben-Fall

Voraussetzung	Teststatistik	Verteilung
$X \sim N(\mu_X, \sigma_X^2)$ $Y \sim N(\mu_Y, \sigma_Y^2)$ σ_X, σ_Y bekannt	$\dfrac{\bar{X} - \bar{Y} - \delta_0}{\sqrt{\frac{\sigma_X^2}{n} + \frac{\sigma_Y^2}{m}}}$	$N(0,1)$
$X \sim N(\mu_X, \sigma_X^2)$ $Y \sim N(\mu_Y, \sigma_Y^2)$ $\sigma_X = \sigma_Y$ unbekannt	$\dfrac{\bar{X} - \bar{Y} - \delta_0}{\sqrt{\left(\frac{1}{n} + \frac{1}{m}\right) \frac{(n-1)S_X^2 + (m-1)S_Y^2}{n+m-2}}}$	$t(n+m-2)$
$X \sim N(\mu_X, \sigma_X^2)$ $Y \sim N(\mu_Y, \sigma_Y^2)$ σ_X, σ_Y unbekannt	$\dfrac{\bar{X} - \bar{Y} - \delta_0}{\sqrt{\frac{S_X^2}{n} + \frac{S_Y^2}{m}}}$	$t(k)$ für $n, m > 30$ appr. $N(0,1)$
X, Y beliebig verteilt $n, m \geq 30$	$\dfrac{\bar{X} - \bar{Y} - \delta_0}{\sqrt{\frac{S_X^2}{n} + \frac{S_Y^2}{m}}}$	appr. $N(0,1)$

Wilcoxon-Rangsummen-Test

Im Ein-Stichproben-Fall wurde der Wilcoxon-Test als nonparametrische Alternative zu Gauß- und t-Test dargestellt. Auch im Zwei-Stichprobenfall gibt es eine auf Rängen aufbauende Alternative zum im vorhergehenden Abschnitt eingeführten Verfahren. Prinzipielle Voraussetzung ist, daß die Verteilungsfunktionen von X und Y dieselbe Form besitzen, allerdings möglicherweise um einen Betrag verschoben sind. Unter dieser Voraussetzung gilt, daß die Gleichheit der Mediane, d.h. $x_{med} = y_{med}$, äquivalent ist zur Gleichheit der Verteilungsfunktionen. Gilt $x_{med} > y_{med}$, so ist die Verteilungsfunktion von X gegenüber der Verteilungsfunktion von Y nach rechts verschoben, bei Gültigkeit von $x_{med} < y_{med}$ entsprechend nach links. Der Test geht von dem Grundgedanken aus, daß bei Gültigkeit der Nullhypothese $H_0 : x_{med} = y_{med}$ die Werte der X- und Y-Stichprobe gut "durchmischt" sein sollten, d.h. keine der beiden Stichproben zeigt im Verhältnis zur anderen Stichprobe eine Tendenz zu besonders großen bzw. kleinen Werten.

Entsprechend wird die Teststatistik aus den Rängen sämtlicher Beobachtungen $X_1, \ldots, X_n, Y_1, \ldots, Y_m$, der sogenannten *gepoolten Stichprobe*, gebildet. Man erhält somit *rg* $(X_1), \ldots,$ *rg* (Y_m). Die Teststatistik selbst besteht dann aus der Summe derjenigen Ränge, die zu Werten der X-Stichprobe gehören. Wenn Bindungen zwischen X- und Y-Werten auftreten, d.h. $X_i = Y_j$, werden Durschnittsränge gebildet. Bei Bindungen innerhalb der X- oder *gepoolte Stichprobe*

Y-Werte sind entsprechende Ränge zufällig zu vergeben. Die Verteilung dieser Statistik ist wiederum tabelliert. Die folgende Übersicht gibt das Bestimmungsschema für die Teststatistik wieder.

Wilcoxon-Rangsummen-Test

Annahmen: $X_1, \ldots, X_n$ unabhängige Wiederholungen von X, $Y_1, \ldots, Y_m$ unabhängige Wiederholungen von Y, $X_1, \ldots, X_n, Y_1, \ldots, Y_m$ unabhängig, X und Y besitzen stetige Verteilungsfunktionen F bzw. G

Hypothesen:

(a) $H_0 : x_{med} = y_{med}$ $\quad H_1 : x_{med} \neq y_{med}$

(b) $H_0 : x_{med} \geq y_{med}$ $\quad H_1 : x_{med} < y_{med}$

(c) $H_0 : x_{med} \leq y_{med}$ $\quad H_1 : x_{med} > y_{med}$

Teststatistik: Bilde aus sämtlichen Beobachtungen $X_1, \ldots, X_n, Y_1, \ldots, Y_n$ die Ränge $rg(X_1), \ldots, rg(X_n), rg(Y_1), \ldots, rg(Y_m)$. Die Teststatistik ist bestimmt durch

$$T_W = \sum_{i=1}^{n} rg(X_i) = \sum_{i=1}^{n+m} iV_i$$

$$\text{mit } V_i = \begin{cases} 1 & i\text{-te Beobachtung der geordneten gepoolten Stichprobe ist } X\text{-Variable} \\ 0 & \text{sonst.} \end{cases}$$

Ablehnungsbereich:

(a) $T_W > w_{1-\alpha/2}(n,m)$ oder $T_W < w_{\alpha/2}(n,m)$

(b) $T_W < w_\alpha(n,m)$

(c) $T_W > w_{1-\alpha}(n,m)$,

wobei $w_{\tilde{\alpha}}$ das $\tilde{\alpha}$-Quantil der tabellierten Verteilung bezeichnet.

Für große Stichproben (m oder $n > 25$) Approximation durch $N(n(n+m+1)/2, nm(n+m+1)/12)$.

Mietspiegel **Beispiel 11.7**

Es soll zu einem Signifikanzniveau von $\alpha = 0.01$ untersucht werden, ob sich der Mietpreis/qm für Ein- und Zwei-Zimmerwohnungen signifikant unterscheidet. Als arithmethisches Mittel ergeben sich $\bar{x} = 16.312$ für Ein-Zimmerwohnungen und $\bar{y} = 13.507$ für Zwei-Zimmerwohnungen. Ohne Berücksichtigung der Varianz läßt sich daraus natürlich keine Aussage über einen möglichen Unterschied machen. Mit der Bezeichnung μ_X und μ_Y für den erwarteten Quadratmeterpreis für Ein- bzw. Zwei-Zimmerwohnungen läßt sich das Testproblem formulieren mit den Hypothesen

$$H_0 : \mu_X = \mu_Y \qquad H_1 : \mu_X \neq \mu_Y .$$

Für den t-Test basierend auf 137 Ein- und 374 Zwei-Zimmerwohnungen erhält man $t = 5.363$ bei 509 Freiheitsgraden. Legt man $\alpha = 0.01$ zugrunde, ergibt sich mit der Annährerung durch die Normalverteilung die kritische Schranke $z_{1-0.005} = z_{0.995} = 2.58$ und der Unterschied erweist sich als signifikant. Der p-Wert für dieses Testproblem ist verschwindend klein, so daß die Nullhypothese abgelehnt wird.□

Mietspiegel **Beispiel 11.8**

Wir betrachten dieselbe Fragestellung wie in Beispiel 11.7, allerdings für 5- und 6-Zimmerwohnungen, d.h.

$$H_0 : \mu_X = \mu_Y \qquad H_1 : \mu_X \neq \mu_Y ,$$

wobei μ_X und μ_Y den Erwartungswert für 5- bzw. 6-Zimmerwohnungen bezeichnen. Als Mietpreise/qm ergaben sich die folgenden Realisationen

X 5-Z-Whng	8.70	11.28	13.24	8.37	12.16	11.04	10.47	11.16	4.28	19.54
Y 6-Z-Whng	3.36	18.35	5.19	8.35	13.10	15.65	4.29	11.36	9.09	

Mit den Stichprobenumfängen $n = 10$, $m = 9$ berechnet man $\bar{x} = 11.024$, $\bar{y} = 9.86$, $s_X^2 = 15.227$, $s_Y^2 = 27.038$. Unter der Annahme $\sigma_X = \sigma_Y$ erhält man $t = 0.558$ und 17 Freiheitsgrade. Mit $t_{0.95}(17) = 1.74$ erweist sich der Unterschied zu $\alpha = 0.10$ als nicht signifikant. Geht man von $\sigma_X \neq \sigma_Y$ aus, ergibt sich $t = 0.547$. Für die Freiheitsgrade erhält man nun $k = 14.787$ und mit $t_{0.95}(14) = 1.761$ ist der Unterschied zu $\alpha = 0.10$ ebenfalls nicht signifikant.

Als alternativer Test wird der Wilcoxon-Rangsummen-Test herangezogen. Dazu wird die Stichprobe gepoolt, wobei man festhalten muß, ob der betreffende Meßwert der X- oder der Y-Stichprobe entstammt. Für die geordnete gepoolte Stichprobe ergibt sich

Meßwert	3.36	4.28	4.29	5.19	8.35	8.37	8.70
Stichprobenzugehörigkeit	Y	X	Y	Y	Y	X	X
Rang	1	2	3	4	5	6	7
	9.09	10.47	11.04	11.16	11.28	11.36	
	Y	X	X	X	X	Y	
	8	9	10	11	12	13	
	12.16	13.10	13.24	15.65	18.35	19.54	
	X	Y	X	Y	Y	X	
	14	15	16	17	18	19	

Die Summe der Ränge aus der X-Stichprobe ergibt sich als $T_W = 2 + 6 + 7 + 9 + 10 + 11 + 12 + 14 + 16 + 19 = 106$. Legt man ein Signifikanzniveau von $\alpha = 0.10$ zugrunde, erhält man die kritischen Schranken $w_{0.05}(10, 9) = 80$ und $w_{0.95} = 120$. Da $T_w \in (80, 120)$, wird die Nullhypothese der Gleichheit der Lage der Verteilungen beibehalten. Der p-Wert beträgt 0.661 und signalisiert damit keine extreme Abweichung in Richtung einer Lageverschiebung. □

11.2.2 χ^2-Homogenitätstest

Allgemeiner als in den vorangehenden Abschnitten wird hier die Hypothese untersucht, ob k Verteilungen identisch sind.

Sei X_i das Merkmal in der i-ten Population bzw. unter der i-ten Versuchsbedingung. Wir gehen davon aus, daß das Merkmal entweder nur m Kategorien annehmen kann oder in m Klassen gruppiert ist, beispielsweise in die Intervalle $[c_0, c_1), \ldots, [c_{m-1}, c_m)$. Das Merkmal wird in jeder der k Populationen separat erhoben, d.h. es liegen unabhängige Stichproben vor. Die Ergebnisse werden in einer Kontingenztabelle zusammengefaßt. Man erhält somit

		Merkmalsausprägungen			
		1	...	m	
Population	1	h_{11}	...	h_{1m}	n_1
	2	h_{21}	...	h_{2m}	n_2
	$\vdots$	$\vdots$		$\vdots$	$\vdots$
	k	h_{k1}	...	h_{km}	n_k
		$h_{\cdot 1}$	...	$h_{\cdot m}$	

Die Randsummen $n_1, \ldots, n_k$ über die Zeilen entsprechen hier den Stichprobenumfängen in den einzelnen Populationen. Die Randsummen über die Spalten werden wieder durch die "Punkt-Notation" $h_{\cdot 1}, \ldots, h_{\cdot m}$ bezeichnet.

Beispiel 11.9 **Kreditwürdigkeit**

In Beispiel 1.4 (Seite 5) zur Kreditwürdigkeit wurden 300 problematische und 700 unproblematische Kreditnehmer ausgewählt. Für diese wurde jeweils festgestellt, ob sie bisher ein laufendes Konto bei der Bank unterhielten und wenn ja, wie der Kontostand zu bewerten ist. Es ergab sich folgende Kontingenztabelle

		Konto			
		nein	gut	mittel	
Kreditwürdigkeit	unproblematische Kredite	139	348	213	700
	Problemkredite	135	46	119	300
		274	394	332	1000

Zu untersuchen ist, ob die Verteilung auf die Kategorien des Merkmals "Konto" für unproblematische Kreditnehmer und für Problemkunden voneinander abweicht. Sollte dies der Fall sein, läßt sich die Variable "Konto" eventuell als Prädiktor verwenden. □

In Abschnitt 11.1.2 wurde mit dem χ^2-Koeffizienten ein auf Kontingenztafeln aufbauender Test für den Zusammenhang zweier Merkmale entwickelt. Obwohl in dem hier betrachteten Kontingenztabellen die Zeilen keinem zufällig erhobenen Merkmal entsprechen, sondern den Populationen, aus denen gezogen wird, läßt sich der χ^2-Koeffizient als Abweichungsmaß anwenden. Das ist einfach einzusehen, wenn man die Nullhypothese

$$H_0: \; P(X_1 = j) = \cdots = P(X_k = j) \qquad \text{für } j = 1, \ldots, m$$

betrachtet. Die Nullhypothese postuliert die Homogenität der Verteilungen, d.h. die Verteilung des Merkmals ist in jeder Population dieselbe. Wäre diese Nullhypothese wahr, ließen sich alle Populationen $1, \ldots, k$ zusammenfassen und die relativen Häufigkeiten

$$P(X_i = j) = \frac{h_{\cdot j}}{n}, \qquad j = 1, \ldots, m,$$

ergäben eine vernünftige Schätzung für *jede* Population, da nach Voraussetzungen die Verteilungen identisch sind. Da die Anzahlen h_{ij} binomialverteilt sind mit $B(n_i, P(X_i = j))$, erhält man unmittelbar als Schätzung für die zu erwartende Anzahl

$$\tilde{h}_{ij} = n_i \hat{P}(X_i = j),$$

und wenn die aus der Nullhypothese abgeleitete Bedingung gilt, ergibt sich

$$\tilde{h}_{ij} = \frac{n_i h_{\cdot j}}{n}.$$

Als Maß der Abweichung zwischen tatsächlichen Beobachtungen h_{ij} und den aus der Gültigkeit von H_0 abgeleiteten Erwartungswerten $\tilde{h}_{ij}$ bestimmt man

$$\chi^2 = \sum_{i=1}^{k} \sum_{j=1}^{m} \frac{\left(h_{ij} - \frac{n_i h_{\cdot j}}{n}\right)^2}{\frac{n_i h_{\cdot j}}{n}}.$$

Diese Größe, die als Teststatistik verwendet wird, ist identisch mit dem in Abschnitt 3.2 abgeleiteten χ^2-Koeffizienten, wobei dort die Zeilenrandsummen durch $h_{i\cdot}$ statt n_i bezeichnet wurden. Der kritische Bereich des folgenden Tests ergibt sich aus der Überlegung, daß große Werte von χ^2, also eine große Diskrepanz zwischen tatsächlichen und unter H_0 zu erwartenden Beobachtungen, gegen die Nullhypothese sprechen.

χ^2-Homogenitätstest/k Stichproben

Annahmen:	Unabhängige Stichprobenziehung in den k Populationen
Hypothesen:	$H_0: P(X_1 = j) = \cdots = P(X_k = j), \quad j = 1, \ldots, m$ $H_1: P(X_{i_1} = j) \neq P(X_{i_2} = j)$ für mindestens ein Tupel (i_1, i_2, j)
Teststatistik:	$\chi^2 = \sum_{i=1}^{k} \sum_{j=1}^{m} \frac{\left(h_{ij} - \frac{n_i h_{\cdot j}}{n}\right)^2}{\frac{n_i h_{\cdot j}}{n}}$
Verteilung unter H_0:	approximativ $\chi^2((k-1)(m-1))$
Ablehnungsbereich:	$\chi^2 > \chi^2_{1-\alpha}((k-1)(m-1))$

Beispiel 11.10 **Kreditwürdigkeit**

Für die Kontingenztafel aus Beispiel 11.9 ergaben sich die Werte der zu erwartenden Häufigkeit durch

		Konto			
		nein	gut	mittel	
Kreditwürdigkeit	unproblematische Kredite	191.80	275.80	232.40	700
	Problemkredite	82.20	118.20	99.60	300
		274	394	332	1000

Daraus errechnet sich ein χ^2-Wert von 116.851. Der Vergleich mit dem Quantil der $\chi^2(2)$-Verteilung ergibt $116.851 > \chi^2_{0.95}(2) = 5.99$. Die Hypothese einer identischen Verteilung in den Subpopulationen wird somit abgelehnt. Der Kontostand erweist sich als möglicher Prädiktor. □

11.3 Vergleiche aus verbundenen Stichproben

Bisher wurde beim Vergleich von Verteilungen das interessierende Merkmal in separaten unabhängigen Stichproben erhoben. Im folgenden wird von verbundenen Messungen ausgegangen, d.h. die Merkmalsvarianten werden an denselben Untersuchungseinheiten erhoben. Ein Beispiel soll nochmals den Unterschied verdeutlichen.

Waldschäden **Beispiel 11.11**

In Waldschadensuntersuchungen soll die Veränderung des Schädigungsgrades von Bäumen bestimmt werden. Als Indikator wird ein metrisches Merkmal, z.B die Anzahl toter Äste, zugrunde gelegt und der Vergleich soll zwischen den Jahren 1994 und 1996 erfolgen. Die erste Möglichkeit der Datenerhebung besteht darin, in dem spezifizierten Waldstück der Untersuchung in den Jahren 1994 und 1996 jeweils separate Stichproben zu ziehen, d.h. die im Jahre 1994 ausgewählten n Bäume sind i.a. andere als die im Jahre 1996 ausgewählten Bäume. Bei entsprechend großem Waldstück kann man von *unabhängigen* Stichproben ausgehen. Eine alternative Erhebungsform besteht darin, das Merkmal in beiden Jahren an denselben Bäumen zu messen. Man erhält somit an jedem Baum zwei Messungen, eine im Jahre 1994 und eine im Jahr 1996. Dies sind *verbundene Messungen* an der Erhebungseinheit Baum. □

Bei verbundenen Messungen liegen die Stichprobenvariablen in der Form

$$(X_1, Y_1), \ldots, (X_n, Y_n)$$

vor, wobei X_i und Y_i das interessierende Merkmal unter variierenden Bedingungen bezeichnen. Für das Beispiel Waldschaden stellt X_i die Messung im Jahr 1994, Y_i die Messung im Jahr 1996 dar. Weiterhin wird angenommen, daß die Tupel (X_i, Y_i) unabhängig sind, d.h. die Erhebungseinheiten, an denen X und Y gemessen werden, sind zufällig und unabhängig gewählt.

Prinzipielles Ziel ist es, die Verteilung von X mit der Verteilung von Y zu vergleichen, beispielsweise, indem man mögliche Unterschiede hinsichtlich der Erwartungswerte $\mu_X = E(X)$ und $\mu_Y = E(Y)$ untersucht.

Ausgehend von den unabhängigen Messungen $(X_1, Y_1), \ldots, (X_n, Y_n)$ ist der Grundgedanke bei metrischen Merkmalen die sich ergebenden Differenzen

$$D_i = X_i - Y_i, \quad i = 1, \ldots, n$$

zu betrachten. Die Differenzen D_i lassen sich als unabhängige Wiederholungen der zugrundeliegenden Merkmalsdifferenzen $X - Y$ verstehen.

Eine Nullhypothese über die Differenz der Erwartungswerte

$$H_0 : \; E(X) - E(Y) = \delta_0$$

läßt sich im vorliegenden Fall als Nullhypothese

$$H_0 : \; E(X - Y) = \delta_0$$

formulieren. Damit ist eine Nullhypothese über Verteilungseigenschaften *eines* Merkmals, nämlich $X - Y$, formuliert, und das Testproblem ist äquivalent zu den im Ein-Stichproben-Fall betrachteten Testproblemen. Wie im Ein-Stichproben-Fall werden auch unabhängige univariate Stichprobenvariablen, nämlich die Differenzen $D_i = X_i - Y_i$, vorausgesetzt. Konsequenterweise lassen sich damit die Testprozeduren des Ein-Stichproben-Falles (Abschnitt 11.1) anwenden.

11.4 Zusammenhangsanalyse

Die Problemstellungen dieses Abschnitts zielen auf den Zusammenhang zweier Merkmale X und Y ab. Ausgangspunkt sind wiederum unabhängige Wiederholungen (X_i, Y_i), $i = 1, \ldots, n$, der Zufallsgröße (X, Y).

Beispiel 11.12 **Sonntagsfrage**

In Abschnitt 3.2 wurde bereits eine Erhebung zur Parteipräferenz am nächsten Sonntag behandelt. In der folgenden Tabelle sind die Daten nochmals wiedergegeben,

	CDU/CSU	SPD	FDP	Grüne	Rest	
Männer	144	153	17	26	95	435
Frauen	200	145	30	50	71	496
insgesamt	344	298	47	76	166	931

Das Untersuchungsziel ist festzustellen, ob die voneinander abweichenden Häufigkeiten für Männer und Frauen rein zufallsmäßige Schwankungen darstellen oder ob zwischen Geschlecht und Parteipräferenz ein Zusammenhang besteht. □

11.4.1 χ^2-Unabhängigkeitstest

Für kategoriale oder kategorisierte Merkmale X und Y mit $X \in \{1, \ldots, k\}$ und $Y \in \{1, \ldots, m\}$ läßt sich eine Zusammenfassung in Kontingenztafeln betrachten. In der Kontingenztafel

$$
\begin{array}{cc|ccc|c}
 & & & Y & & \\
 & & 1 & \ldots & m & \\
\hline
 & 1 & h_{11} & \ldots & h_{1m} & h_{1\cdot} \\
 & 2 & h_{21} & \ldots & h_{2m} & h_{2\cdot} \\
X & \vdots & \vdots & & \vdots & \vdots \\
 & k & h_{k1} & \ldots & h_{km} & h_{k\cdot} \\
\hline
 & & h_{\cdot 1} & \ldots & h_{\cdot m} & n
\end{array}
$$

bezeichnen die Zellhäufigkeiten h_{ij} die Anzahlen der Beobachtungen mit den Ausprägungen $(X = i, Y = j)$.

Die Hypothese H_0 : "X und Y sind unabhängig" nimmt für kategoriale Merkmale eine sehr einfache Form an. Die Nullhypothese, formuliert durch

$$H_0: \; P(X = i, Y = j) = P(X = i) \cdot P(Y = j) \quad \text{für alle } i, j,$$

besagt, daß sich die gemeinsame Auftretenswahrscheinlichkeit als Produkt der Randwahrscheinlichkeiten darstellen läßt. Mit den Abkürzungen $\pi_{ij} = P(X = i, Y = j)$, $\pi_{i\cdot} = P(X = i)$ und $\pi_{\cdot j} = P(Y = j)$ erhält man

$$H_0: \ \pi_{ij} = \pi_{i\cdot}\pi_{\cdot j} \quad \text{für alle } i, j.$$

Man überlegt sich nun wieder, wieviele Beobachtungen in Zelle (i, j) zu erwarten sind, wenn H_0 wahr ist. Man geht darüber hinaus von fest vorgegebenen Rändern $h_{i\cdot}, h_{\cdot j}$ der Kontingenztafel aus.

Die Randwahrscheinlichkeiten lassen sich einfach durch relative Häufigkeiten schätzen. Man erhält

$$\hat{\pi}_{i\cdot} = \frac{h_{i\cdot}}{n}, \quad i = 1, \ldots, k,$$
$$\hat{\pi}_{\cdot j} = \frac{h_{\cdot j}}{n}, \quad j = 1, \ldots, m.$$

Wenn H_0 wahr ist, sollte daher

$$\hat{\pi}_{ij} = \hat{\pi}_{i\cdot}\hat{\pi}_{\cdot j}$$

ein vernünftiger Schätzer für die gemeinsame Auftretenswahrscheinlichkeit sein. $\hat{\pi}_{ij}$ ist nur aus den als fest angenommenen Randsummen bestimmt. Wäre dieses $\hat{\pi}_{ij}$ die tatsächliche Auftretenswahrscheinlichkeit, dann wäre h_{ij} binomialverteilt mit $h_{ij} \sim B(n, \hat{\pi}_{ij})$ und dem Erwartungswert $\tilde{h}_{ij} = n\hat{\pi}_{ij}$. Man erhält

$$\tilde{h}_{ij} = n\hat{\pi}_{ij} = n\frac{h_{i\cdot}}{n}\frac{h_{\cdot j}}{n} = \frac{h_{i\cdot}h_{\cdot j}}{n}.$$

Die unter H_0 zu erwartenden Zellbesetzungen $\tilde{h}_{ij}$ ergeben sich also in sehr einfacher Form aus Produkten der entsprechenden Randsummen. Sie lassen sich in einer "Unabhängigkeitstafel" zusammenfassen:

		Y			
		1	...	m	
X	1	$\frac{h_{1\cdot}h_{\cdot 1}}{n}$	...	$\frac{h_{1\cdot}h_{\cdot m}}{n}$	$h_{1\cdot}$
	2	$\frac{h_{2\cdot}h_{\cdot 1}}{n}$	...	$\frac{h_{2\cdot}h_{\cdot m}}{n}$	$h_{2\cdot}$
	$\vdots$	$\vdots$		$\vdots$	$\vdots$
	k	$\frac{h_{k\cdot}h_{\cdot 1}}{n}$	...	$\frac{h_{k\cdot}h_{\cdot m}}{n}$	$h_{k\cdot}$
		$h_{\cdot 1}$	...	$h_{\cdot m}$	n

Man betrachtet nun wieder die Diskrepanz zwischen den tatsächlichen Beobachtungen h_{ij} und den zu erwartenden Beobachtungszahlen $\tilde{h}_{ij}$, die aus der Gültigkeit der Nullhypothese berechnet wurden. Dies führt zum folgenden χ^2-Unabhängigkeitstest, der äquivalent ist zum χ^2-Homogenitätstest. Man vergleiche dazu auch die Ableitung von χ^2 als Zusammenhangsmaß im Abschnitt 3.2.2.

χ^2-Unabhängigkeitstest

Annahmen:	Unabhängige Stichprobenvariablen (X_i, Y_i), $i = 1, \ldots, n$, gruppiert in eine $(k \times m)$-Kontingenztafel
Hypothese:	$H_0: P(X = i, Y = j) = P(X = i) \cdot P(Y = j)$ für alle i, j $H_1: P(X = i, Y = j) \neq P(X = i) \cdot P(Y = j)$ für mindestens ein Paar (i, j)
Teststatistik:	$\chi^2 = \sum_{i=1}^{k} \sum_{j=1}^{m} \frac{\left(h_{ij} - \tilde{h}_{ij}\right)^2}{\tilde{h}_{ij}}$ mit $\tilde{h}_{ij} = \frac{h_{i\cdot} h_{\cdot j}}{n}$
Verteilung unter H_0:	approximativ $\chi^2((k-1)(m-1))$
Ablehnungsbereich:	$\chi^2 > \chi^2_{1-\alpha}((k-1)(m-1))$

Beispiel 11.13 **Sonntagsfrage**

Der zur Kontingenztabelle aus Beispiel 11.12 gehörende χ^2-Wert wurde bereits in Kapitel 3 (Beispiel 3.12, Seite 126) berechnet. Während der χ^2-Wert dort nur als deskriptives Maß verwendet wurde, wird hier der Zufallscharakter der χ^2-Größe mitberücksichtigt. Legt man die Nullhypothese

$$H_0: P(X = i, Y = j) = P(X = i)P(Y = j), \quad i = 1, 2, \; j = 1, \ldots, 5,$$

zugrunde, erhält man für die χ^2-Statistik eine χ^2-Verteilung mit $(k-1)(m-1) = 4$ Freiheitsgraden. Für $\alpha = 0.05$ erhält man das Quantil $\chi^2_{0.95}(4) = 9.488$. Der aus den Daten resultierende χ^2-Wert von 20.065 führt wegen $20.065 > \chi^2_{0.95}(4)$ zur Ablehnung der Nullhypothese. Zu einem Signifikanzniveau von $\alpha = 0.05$ läßt sich somit auf einen Zusammenhang zwischen Geschlecht und Präferenzverhalten bzgl. der Parteien schließen. □

11.4.2 Korrelation bei metrischen Merkmalen

Für gemeinsam normalverteilte Merkmale (X, Y) gilt nach Abschnitt 8.6, daß X und Y genau dann unabhängig sind, wenn sie auch unkorreliert sind. Die Hypothese der Unabhängigkeit reduziert sich damit auf

$$H_0: \rho_{XY} = 0,$$

wobei ρ_{XY} den Korrelationskoeffizienten bezeichnet. Testverfahren dazu bauen naturgemäß auf dem empirischen Korrelationkoeffizienten

$$r_{XY} = \frac{\sum_{i=1}^{n}(X_i - \bar{X})(Y_i - \bar{Y})}{\sqrt{\sum_{i=1}^{n}(X_i - \bar{X})^2 \sum_{i=1}^{n}(Y_i - \bar{Y})^2}}$$

auf. Liegt die Zufallsgröße r_{XY} weit von dem postulierten Wert $\rho_{XY} = 0$ entfernt spricht das gegen die Hypothese der Unabhängigkeit bzw. Unkorreliertheit. In den folgenden Testverfahren wird auch die generellere Hypothese $H_0 : \rho_{XY} = \rho_0$ für einen hypothetischen Wert ρ_0 berücksichtigt.

Korrelations-Tests

Annahmen: Unabhängige gemeinsam normalverteilte Stichprobenvariablen (X_i, Y_i), $i = 1, \ldots, n$

Hypothesen:

(a) $H_0 : \rho_{XY} = \rho_0 \quad H_1 : \rho_{XY} \neq \rho_0$

(b) $H_0 : \rho_{XY} \geq \rho_0 \quad H_1 : \rho_{XY} < \rho_0$

(c) $H_0 : \rho_{XY} \leq \rho_0 \quad H_1 : \rho_{XY} > \rho_0$

Teststatistik: Für $\rho_0 = 0$, d.h. "Unabhängigkeit"

$$T = \frac{r_{XY}}{\sqrt{1 - r_{XY}^2}}\sqrt{n-2}$$

Für generelles ρ_0

$$Z = \frac{1}{2}\left(\ln\frac{1 + r_{XY}}{1 - r_{XY}} - \ln\frac{1 + \rho_0}{1 - \rho_0}\right)\sqrt{n-3}$$

Verteilung unter $\rho_{XY} = 0$: $T \sim t(n-2)$

Verteilung unter $\rho_{XY} = \rho_0$: Z für $n > 25$ approximativ $N(0,1)$-verteilt

Ablehnungsbereich:

(a) $|T| > t_{1-\alpha/2}(n-2)$ bzw. $|Z| > z_{1-\alpha/2}$

(b) $T < -t_{1-\alpha}(n-2)$ bzw. $Z < -z_{1-\alpha}$

(c) $T > t_{1-\alpha}(n-2)$ bzw. $Z > z_{1-\alpha}$

Beispiel 11.14 **Sachverständigenrat**

In Beispiel 3.15 (Seite 128) wurde die Prognose des Sachverständigenrates hinsichtlich des Wirtschaftswachstums den tatsächlichen Werten gegenübergestellt. Eine sehr kritische Hypothese besagt, daß Prognose und tatsächliches Wirtschaftswachstum unkorreliert sind, d.h. man betrachtet

$$H_0: \rho = 0 \qquad H_1: \rho \neq 0.$$

Man erhält mit dem empirischen Korrelationskoeffizienten $r = 0.640$ die Testgröße

$$t = \frac{0.64}{\sqrt{1-0.64^2}}\sqrt{20-2} = 4.525.$$

Der Vergleich mit dem 0.95-Quantil $t_{0.95}(18) = 1.734$ zeigt, daß die Hypothese zu $\alpha = 0.05$ abgelehnt wird. Der p-Wert von 0.00026 signalisiert eine sehr deutliche Ablehnung. Es ergibt sich ein statistisch signifikanter Zusammenhang zwischen Prognose und tatsächlicher Entwicklung. □

Tests zur Zusammenhangsanalyse

Unabhängigkeitstests: "$\rho_{XY} = 0$"

Kategoriale bzw. gruppierte Merkmale

$$\chi^2 = \sum_{i=1}^{k}\sum_{j=1}^{m}\frac{(h_{ij}-\tilde{h}_{ij})^2}{\tilde{h}_{ij}}$$

approx. χ^2-verteilt

Normalverteilung

$$T = \frac{r_{xy}}{\sqrt{1-r_{xy}^2}}\sqrt{n-2}$$

$t(n-2)$-verteilt

Test zur Stärke der Korrelation: "$\rho_{XY} = \rho_0$"

$$Z = \frac{1}{2}\left(\ln\frac{1+r_{XY}}{1-r_{XY}} - \ln\frac{1+\rho_0}{1-\rho_0}\right)\sqrt{n-3}$$

11.5 Zusammenfassung und Bemerkungen

Bei der Überprüfung von Kennwerten einer Verteilung haben wir uns im wesentlichen auf den *Erwartungswert* (Gauß- und t-Test) und den *Median* (Vorzeichen- und Wilcoxon-Vorzeichen-

Test) beschränkt. Wir haben keine Hypothesen betrachtet, die Kennwerte wie die Varianz, die *Schiefe* oder die *Wölbung* spezifizieren. Mit dem χ^2-Test wurde ein *Anpassungstest* dargestellt, der zwar relativ generell einsetzbar ist, aber bei stetigem Merkmal durch die notwendige Gruppierung immer einen gewissen Informationsverlust akzeptiert. Ein Test, der explizit für stetige Merkmale geeignet ist, ist z.B. der nicht-behandelte *Kolmogoroff-Smirnoff-Test*.

Ähnlich ist die Situation im Zwei-Stichproben-Fall. Die betrachteten Hypothesen betrafen im wesentlichen *Lageparameter*. Testsituationen, in denen beispielsweise die Gleichheit bzw. Unterschiedlichkeit der Varianz zweier Merkmale untersucht wird, wurden nicht betrachtet. Auch für den Vergleich der Gesamtverteilung zweier Merkmale wurde mit dem χ^2-Homogenitätstest die gruppierte Variante dargestellt. Die für stetige Merkmale geeignete Version des Kolmogoroff-Smirnoff-Tests findet sich in der vertiefenden Literatur.

Eine Verallgemeinerung des Vergleichs von Erwartungswerten bei unabhängigen Stichproben auf den Fall von mehr als zwei Stichproben wird in Kapitel 13 unter der Bezeichnung Varianzanalyse dargestellt. Eine Vielzahl von Tests für verschiedene Hypothesen über Kennwerte findet sich z.B. bei Sachs (1992). Eine ausführliche Darstellung nonparametrischer Verfahren geben Büning und Trenkler (1994).

11.6 Aufgaben

Aufgabe 11.1

Bei einer Umfrage zur Kompetenzeinschätzung der Politiker A und B werden folgende Zufallsvariablen betrachtet

$$X = \begin{cases} 1 & A \text{ ist kompetent} \\ 0 & A \text{ ist nicht kompetent,} \end{cases} \qquad Y = \begin{cases} 1 & B \text{ ist kompetent} \\ 0 & B \text{ ist nicht kompetent.} \end{cases}$$

Es wird eine Stichprobe von $n = 100$ befragt. 60 Personen halten A für kompetent, 40 Personen halten B für kompetent, 35 Personen halten beide für kompetent.

(a) Man gebe die gemeinsame (absolute) Häufigkeitsverteilung der Zufallsvariablen X und Y in einer Kontingenztafel an.

(b) Man teste die Hypothese der Unabhängigkeit von X und Y $(\alpha = 0.05)$.

Aufgabe 11.2

Von einem Intelligenztest X ist bekannt, daß er normalverteilte Werte liefert und $Var(X) = 225$ gilt. Zu testen ist aus einer Stichprobe vom Umfang $n = 10$ die Nullhypothese $E(X) < 110$.

(a) Welchen Verwerfungsbereich erhält man bei einem geeigneten Testverfahren?

(b) Wie lautet die Testentscheidung, wenn $\bar{x} = 112$ resultiert?

(c) Wie groß ist der Fehler zweiter Art, wenn der tatsächliche Erwartungswert 120 beträgt?

(d) Welchen Verwerfungsbereich erhält man, wenn die Varianz nicht bekannt ist, dafür aber $s^2 = 230$ berechnet wurde. Wird H_0 abgelehnt?

Aufgabe 11.3 Bei 5 Personen wurde der Hautwiderstand jeweils zweimal gemessen, einmal bei Tag (X) und einmal bei Nacht (Y). Man erhielt für das metrische Merkmal Hautwiderstand folgende Daten

X_i	24	28	21	27	23
Y_i	20	25	15	22	18

(a) Die Vermutung in Forscherkreisen geht dahin, daß der Hautwiderstand nachts absinkt. Läßt sich diese Vermutung durch die vorliegende Untersuchung erhärten? Man teste einseitig mit einem verteilungsfreien Verfahren ($\alpha = 0.05$).

(b) Man überprüfe die Nullhypothese aus (a), wenn bekannt ist, daß der Hautwiderstand normalverteilt ist.

Aufgabe 11.4 Eine Brauerei produziert ein neues alkoholfreies Bier. In einem Geschmackstest erhalten 150 Personen je ein Glas alkoholfreies bzw. gewöhnliches Bier, und sie sollen versuchen, das alkoholfreie Bier zu identifizieren.

(a) Das gelingt 98 Personen. Testen Sie anhand dieser Daten die Hypothese, alkoholfreies und gewöhnliches Bier seien geschmacklich nicht zu unterscheiden ($\alpha = 0.1$).

(b) Unter den befragten Personen waren 15 Beschäftigte der Brauerei. Von diesen gelingt 9 die richtige Identifizierung. Man überprüfe die Hypothese aus (a) für diese Subpopulation mit einem exakten Testverfahren.

Aufgabe 11.5 Bei $n = 10$ Probanden wurden Intelligenz (Variable X) und Gedächtnisleistung (Variable Y) ermittelt. Man erhielt die Wertepaare:

X	124	79	118	102	86	89	109	128	114	95
Y	100	94	101	112	76	98	91	73	90	84

Man teste die Hypothese der Unabhängigkeit von X und Y unter Verwendung des Bravais-Pearsonschen Korrelationskoeffizienten ($\alpha = 0.05$).
Hinweise: $\sum x_i^2 = 111\,548, \sum y_i^2 = 85\,727, \sum x_i y_i = 95\,929$.

Aufgabe 11.6 Auf zwei Maschinen A und B wird Tee abgepackt. Auf Stichprobenbasis soll nachgewiesen werden, daß die Maschine A mit einem größeren durchschnittlichen Füllgewicht arbeitet als die Maschine B ($\alpha = 0.01$).

(a) Man weiß daß die Füllgewichte der beiden Maschinen annähernd normalverteilt sind mit $\sigma_A^2 = 49\,\text{g}^2$ und $\sigma_B^2 = 25\,\text{g}^2$. Eine Zufallsstichprobe vom Umfang $n_A = 12$ aus der Produktion der Maschine A liefert ein durchschnittliches Füllgewicht von $\bar{x} = 140$ g. Eine Zufallsstichprobe aus der Produktion der Maschine B vom Umfang $n_2 = 10$ ergibt ein durchschnittliches Füllgewicht von $\bar{x} = 132$ g. Man führe einen geeigneten Test durch.

(b) Die Varianzen seien nun unbekannt, aber man kann davon ausgehen, daß sie gleich sind. Man erhält als Schätzungen der Standardabweichungen $s_A = 5$ und $s_B = 4.5$. Man führe mit den Resultaten aus (a) einen geeigneten Test durch.

12

Regressionsanalyse

In Abschnitt 3.6 wird behandelt, wie sich der Einfluß eines erklärenden Merkmals X auf ein Zielmerkmal Y darstellen und explorativ untersuchen läßt. Beide Merkmale werden dabei als metrisch skaliert vorausgesetzt, und es wird angenommen, daß der Zusammenhang zwischen Y und X durch eine approximative Beziehung der Form

$$Y = f(X) + \epsilon$$

beschrieben werden kann. Dabei ist f eine deterministische Regressionsfunktion und ϵ ein Fehler, der durch X allein nicht erklärbar ist. Am bekanntesten ist die lineare Einfachregression, bei der eine lineare Regressionsfunktion

$$f(X) = \alpha + \beta X$$

als "Ausgleichsgerade" verwendet wird. Als Beispiele betrachten wir auch in diesem Kapitel das CAP-Modell mit Y = "Aktienrendite minus Zins" und X = "Marktrendite" und die Mietspiegel-Regression mit Y = "Nettomiete" (oder "Nettomiete/qm") und X ="Wohnfläche". Die Abbildungen 3.17 und 3.20 aus Abschnitt 3.6 zeigen die Streudiagramme und zugehörigen Ausgleichsgeraden.

Dieser Regressionsansatz wird nun in mehrfacher Hinsicht erweitert. Zunächst wird angenommen, daß der Fehler ϵ eine Zufallsvariable mit bestimmten Eigenschaften ist. Bei gegebenem Wert x von X ist dann auch $Y = f(x) + \epsilon$ eine Zufallsvariable. Das Merkmal X kann deterministisch sein, d.h. die Werte von X können systematisch oder "kontrolliert" variiert werden, oder X ist ebenfalls eine Zufallsvariable, d.h. die x-Werte sind beobachtete Realisierungen von X. Da im Gegensatz zur empirischen Beziehung für die Daten nun Zufallsvariablen in den linearen Ansatz eingehen, gelangt man zu einem stochastischen Modell der linearen Einfachregression (Abschnitt 12.1).

In Anwendungen liegt sehr oft der Fall vor, daß die Zielvariable Y von mehreren Einflußgrößen $X_1, \ldots, X_p$ abhängt. So hängt die Nettomiete von Wohnungen im Beispiel 1.2 neben der Wohnfläche von weiteren Merkmalen ab, die Alter, Ausstattung und Lage der

Wohnung beschreiben. Dabei können die Einflußgrößen sowohl metrisch als auch kategorial sein. Abschnitt 12.2 behandelt das zugehörige Modell der linearen Mehrfachregression.

Diese "klassische" lineare Regression basiert auf zwei Grundannahmen: Die Zielvariable Y muß metrisch skaliert sein; zusätzlich ist es zumindest günstig, wenn Y approximativ normalverteilt ist. Zweitens wird die Regressionsfunktion als linear angenommen. Abschnitt* 12.3 skizziert einige Erweiterungen der Regressionsanalyse auf nichtlineare Regressionsansätze.

12.1 Lineare Einfachregression

Es liege die Datensituation von Abschnitt 3.6 vor: Für n Objekte werden zu den beiden metrischen Merkmalen Y und X die Werte $(y_i, x_i), i = 1, \ldots, n$, gemessen oder beobachtet. Dabei ist zu beachten, daß es in Anwendungen oft nötig ist, ein ursprünglich erhobenes Merkmal, etwa Z, geeignet in $X = f(Z)$, z.B. durch $X = Z^2$ oder $\ln Z$ zu transformieren, so daß dann nicht Z, sondern die abgeleitete Variable X in den linearen Regressionsansatz eingeht. Dies gilt in analoger Weise für das Merkmal Y.

12.1.1 Das Modell der linearen Einfachregression

In der linearen empirischen Beziehung

$$y_i = \alpha + \beta x_i + \epsilon_i\,, \quad i = 1, \ldots, n$$

fassen wir nun die Fehler ϵ_i als Realisierungen von Zufallsvariablen auf. Im folgenden unterscheiden wir in der Notation nicht zwischen Fehlern und zugehörigen Zufallsvariablen, sondern bezeichnen beide mit ϵ_i. Die *Fehler-* oder *Störvariablen* ϵ_i sind nicht beobachtbar, sollen aber den nicht kontrollierten oder nicht systematisch meßbaren Einfluß von Meßfehlern oder anderen Variablen, die im Vergleich zu X deutlich weniger Erkärungswert für Y besitzen, umfassen. Da sie als *unsystematische* oder *zufällige Komponente* eingehen, ist es vernünftig, daß man zumindest

Fehlervariable

zufällige Komponente

$$E(\epsilon_i) = 0\,, \quad i = 1, \ldots, n$$

fordert. Die Werte x_i können *deterministisch*, d.h. fest vorgegeben sein, wie etwa in einem geplanten Versuch, oder sie können sich als *Realisierungen von Zufallsvariablen* X_i ergeben. Die zweite Situation liegt in der Regel dann vor, wenn in einer Zufallsstichprobe an n Objekten simultan die Realisierungen $(y_i, x_i), i = 1, \ldots, n$, der Variablen (Y, X) beobachtet werden. Bei festen oder beobachteten Werten x_i stellt $\alpha + \beta x_i$ die *systematische Komponente* zur Erklärung von Y dar. Die Werte y_i sind damit ebenfalls als Realisierungen von Zufallsvariablen Y_i aufzufassen. Somit geht die empirische Beziehung über in das stochastische Grundmodell

deterministisch

Realisierungen von Zufallsvariablen

systematische Komponente

$$Y_i = \alpha + \beta x_i + \epsilon_i\,, \quad E(\epsilon_i) = 0\,, \quad i = 1, \ldots, n\,,$$

der linearen Einfachregression. Dieses Grundmodell wird durch zusätzliche Annahmen weiter spezifiziert. Dem "klassischen" linearen Regressionsmodell liegt die Vorstellung zugrunde, daß die systematische Komponente $\alpha + \beta x_i$ additiv und rein zufällig durch Fehlervariablen ϵ_i überlagert wird. Diese Modellannahme wird formal dadurch ausgedrückt, daß die Zufallsvariablen ϵ_i, $i = 1, \ldots, n$, unabhängig und identisch verteilt sind. Insbesondere besitzen damit alle ϵ_i gleichgroße Varianz $Var(\epsilon_i) = \sigma^2$.

In der folgenden Modelldefinition wird dies zusammengefaßt.

Standardmodell der linearen Einfachregression

Es gilt

$$Y_i = \alpha + \beta x_i + \epsilon_i \,, \quad i = 1, \ldots, n \,.$$

Dabei sind :

$Y_1, \ldots, Y_n$ beobachtbare metrische Zufallsvariablen,
$x_1, \ldots, x_n$ gegebene deterministische Werte oder Realisierungen einer metrischen Zufallsvariable X.
$\epsilon_1, \ldots, \epsilon_n$ unbeobachtbare Zufallsvariablen, die unabhängig und identisch verteilt sind mit $E(\epsilon_i) = 0$ und $Var(\epsilon_i) = \sigma^2$.

Die Regressionskoeffizienten α, β und die Varianz σ^2 sind unbekannte Parameter, die aus den Daten $(y_i, x_i), i = 1, \ldots, n$, zu schätzen sind.

Bemerkungen

Die folgenden *Bemerkungen* erläutern dieses Modell noch näher.

Deterministische und stochastische Regressoren

1. Die Annahme fest vorgegebener x-Werte trifft vor allem für "geplante Experimente" zu. Beispielsweise könnte x_i die vorgegebene Dosis eines blutdrucksenkenden Präparats und Y_i der gemessene Blutdruck sein oder x_i die investierten Werbungskosten und Y_i der Umsatz für ein bestimmtes Produkt. In vielen Problemstellungen liegt aber folgende Situation vor: Die Daten $(y_i, x_i), i = 1, \ldots, n$, entstammen einer zufälligen Stichprobe vom Umfang n, bei der für jedes Objekt die Werte der Merkmale Y und X festgestellt werden. Man faßt dann (y_i, x_i) als Realisierungen von unabhängigen und identisch wie (Y, X) verteilten Stichprobenvariablen (Y_i, X_i) auf. Diese Situation trifft in ausreichender Näherung auch dann zu, wenn aus einer großen Grundgesamtheit zufällig *ohne* Zurücklegen gezogen wird, wie etwa im Beispiel eines Mietspiegels, wo zu einer gezogenen Wohnung i deren Nettomiete y_i und Wohnfläche x_i festgestellt wird. In dieser Situation sprechen wir auch kurz von einem Regressionsmodell mit *stochastischem Regressor*. In der obigen Modellfunktion sind dann streng genommen alle Annahmen unter der Bedingung $X_i = x_i, i = 1, \ldots, n$, zu verstehen, also etwa $E(\epsilon_i | X_i = x_i) = 0$, $Var(\epsilon_i | X_i = x_i) = \sigma^2$. Wir unterdrücken diese Bedingung zwar weiterhin notationell, aber

Eigenschaften und Aussagen, die aus der Modelldefinition folgen, sind gegebenenfalls "bedingt" zu interpretieren. Dies gilt insbesondere auch für die folgende Bemerkung.

Eigenschaften der Zielvariablen

2. Aus den Eigenschaften der Fehlervariablen folgen entsprechende Eigenschaften für die Zielvariablen. Es gilt

$$E(Y_i) = E(\alpha + \beta x_i + \epsilon_i) = \alpha + \beta x_i$$
$$Var(Y_i) = Var(\alpha + \beta x_i + \epsilon_i) = \sigma^2 ,$$

und die Verteilungen der Y_i sind bis auf die Verschiebung $\alpha + \beta x_i$ der Erwartungswerte gleich. Abbildung 12.1 veranschaulicht diese Eigenschaften.

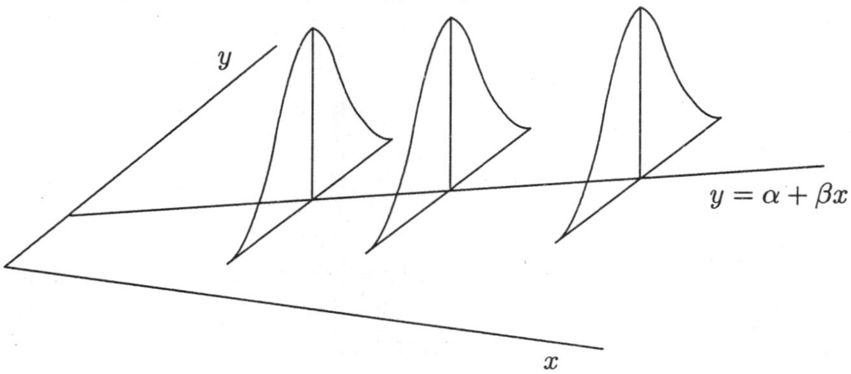

ABBILDUNG 12.1: Dichten der Zielvariablen

Ebenso überträgt sich, bei gegebenen x_i, die Unabhängigkeit der ϵ_i auf die Y_i.

Homoskedastizität

3. Die Eigenschaft gleicher Varianz σ^2 der Fehlervariablen ϵ_i wird auch als *Homoskedastizität* bezeichnet. Sie wird oft dadurch verletzt, daß die Varianzen der ϵ_i und damit der Y_i mit größer werdenden x-Werten ebenfalls zunehmen. Ob die Annahme der Homoskedastizität kritisch ist, sieht man oft schon aus dem Streudiagramm für die (y_i, x_i)-Werte. In Abbildung 3.20 wächst offensichtlich die (empirische) Varianz der Nettomieten mit der Wohnfläche an. Damit sind die Fehlervarianzen nicht homoskedastisch. Läßt man zu, daß die Varianzen ungleich sind, so spricht man auch von *Heteroskedastizität*. In diesem Fall sind die Methoden der linearen Regression nur in geeignet modifizierter Form anwendbar.

Heteroskedastizität

Für Zeitreihendaten, bei denen $i = 1, \ldots, n$ aufeinanderfolgende Zeitpunkte sind, kann die Annahme unabhängiger Fehler und damit, bei gegebenen x_i, unabhängiger Y_i verletzt sein, da eine zeitliche *Korrelation* in Betracht zu ziehen ist. Diese Situation liegt beim CAP-Modell vor. Empirische und theoretische Ergebnisse deuten allerdings daraufhin, daß Renditen keine oder nur eine geringe zeitliche Korrelation besitzen.

Korrelation

Sowohl für heteroskedastische als auch abhängige Fehlervariablen existieren Modifikationen des Standardmodells. Dabei wird das Grundmodell beibehalten, während die weiteren

Annahmen entsprechend abgeändert werden. Dies hat auch entsprechende Modifikationen der einzusetzenden Verfahren zur Folge.

Die eben diskutierten, aber auch alle anderen Annahmen, insbesondere die Linearität $\alpha + \beta x$ der systematischen Komponente des klassischen linearen Regressionsmodells, sind in Anwendungen kritisch zu reflektieren und, soweit möglich, mit statistischen Methoden der *Modelldiagnose* zu überprüfen. Dies kann mit Hilfe von formalen Tests, aber auch mit explorativen graphischen Analysen geschehen (vgl. die Abschnitte 12.1.3 und *12.3). *Modelldiagnose*

Exakte Aussagen zu Verteilungen von Schätzern und Teststatistiken, die auch für Stichproben kleineren Umfangs n gültig bleiben, erhält man, wenn man zusätzlich annimmt, daß die Fehler bzw. die Zielvariablen normalverteilt sind.

Normalverteilungsannahme

$$\epsilon_i \sim N(0, \sigma^2) \quad \text{bzw.} \quad Y_i \sim N(\alpha + \beta x_i, \sigma^2), \quad i = 1, \ldots, n.$$

Die im folgenden dargestellten Inferenztechniken arbeiten üblicherweise dann gut, wenn diese Normalverteilungsannahme wenigstens approximativ gilt. Deshalb ist es auch sinnvoll, diese Annahme zum Beispiel mit Normal-Quantil-Plots zu überprüfen.

12.1.2 Schätzen, Testen und Prognose

Die wichtigsten Grundaufgaben der statistischen Inferenz sind: Punkt- bzw. Intervallschätzen der unbekannten Parameter α, β und σ^2, Testen von Hypothesen über die Regressionskoeffizienten α und β, und die Prognose der Zielvariablen Y für einen neuen Wert x des Regressors X.

Schätzen

Für das Standardmodell der linearen Regression wird wie in Abschnitt 3.6.2 die gewöhnliche *KQ- (Kleinste-Quadrate-) Methode* eingesetzt. Ersetzt man im KQ-Ansatz die Realisierungen y_i durch die Zufallsvariablen Y_i, dann lautet das KQ-Prinzip: Bestimme die Schätzer $\hat{\alpha}$ und $\hat{\beta}$ für α und β so, daß *KQ-Methode*

$$\sum_{i=1}^{n} (Y_i - \alpha - \beta x_i)^2 \to \min_{\alpha, \beta},$$

also die Summe der quadratischen Abweichungen durch $\hat{\alpha}, \hat{\beta}$ minimiert wird. Die Lösung für $\hat{\alpha}$ und $\hat{\beta}$ ergibt sich wie in Abschnitt 3.6.2, nur sind statt der y_i die Zufallsvariablen Y_i einzusetzen:

$$\hat{\alpha} = \bar{Y} - \hat{\beta}\bar{x}\,, \quad \hat{\beta} = \frac{\sum\limits_{i=1}^{n}(x_i - \bar{x})(Y_i - \bar{Y})}{\sum\limits_{i=1}^{n}(x_i - \bar{x})^2} = \frac{\sum\limits_{i=1}^{n} x_i Y_i - n\bar{x}\bar{Y}}{\sum\limits_{i=1}^{n} x_i^2 - n\bar{x}^2}$$

Schätzfunktion

Residuen

mit $\bar{Y} = (Y_1 + \cdots + Y_n)/n$. Damit hängen bei gegebenen x_i-Werten $\hat{\alpha}$ und $\hat{\beta}$ von den Zufallsvariablen $Y_1, \ldots, Y_n$ ab und sind somit *Schätzfunktionen*. Notationell unterscheiden wir dabei nicht zwischen den Realisierungen von $\hat{\alpha}$ und $\hat{\beta}$, die man erhält, wenn man für die Y_i die Realisierungen y_i einsetzt. Wie in Abschnitt 3.6 bezeichnet man die Abweichungen $\hat{\epsilon}_i = Y_i - \hat{Y}_i, i = 1, \ldots, n$, zwischen den Zielvariablen und ihren Schätzern $\hat{Y}_i = \hat{\alpha} + \hat{\beta}x_i$ als *Residuen*. Als Schätzer für σ^2 verwendet man die gemittelte Residuenquadratsumme $\hat{\sigma}^2 = \frac{1}{n-2}\sum_{i=1}^{n}\hat{\epsilon}_i^2$. Im folgenden fassen wir die Schätzer und wichtige Eigenschaften zusammen.

Kleinste-Quadrate-Schätzer

$$\hat{\beta} = \frac{\sum\limits_{i=1}^{n}(x_i - \bar{x})(Y_i - \bar{Y})}{\sum\limits_{i=1}^{n}(x_i - \bar{x})^2}\,, \qquad \hat{\alpha} = \bar{Y} - \hat{\beta}\bar{x}\,,$$

$$\hat{\sigma}^2 = \frac{1}{n-2}\sum_{i=1}^{n}\hat{\epsilon}_i^2 = \frac{1}{n-2}\sum_{i=1}^{n}(Y_i - \hat{\alpha} - \hat{\beta}x_i)^2\,,$$

mit den *Residuen* $\hat{\epsilon}_i = Y_i - \hat{Y}_i$ und den *gefitteten* Werten $\hat{Y}_i = \hat{\alpha} + \hat{\beta}x_i$.
Es gilt:

$$E(\hat{\alpha}) = \alpha\,, \quad E(\hat{\beta}) = \beta\,, \quad E(\hat{\sigma}^2) = \sigma^2\,,$$

$$Var(\hat{\alpha}) = \sigma_{\hat{\alpha}}^2 = \sigma^2 \frac{\sum x_i^2}{n\sum(x_i - \bar{x})^2} = \sigma^2 \frac{\sum x_i^2}{n(\sum x_i^2 - n\bar{x}^2)}\,,$$

$$Var(\hat{\beta}) = \sigma_{\hat{\beta}}^2 = \frac{\sigma^2}{\sum(x_i - \bar{x})^2} = \frac{\sigma^2}{\sum x_i^2 - n\bar{x}^2}\,.$$

Somit sind $\hat{\alpha}$, $\hat{\beta}$ und $\hat{\sigma}^2$ erwartungstreue Schätzer. Gilt für $n \to \infty$

$$\sum_{i=1}^{n}(x_i - \bar{x})^2 \to \infty\,,$$

so sind sie auch konsistent.

Alle obigen Eigenschaften gelten für das Standardmodell der linearen Regression. Für einen stochastischen Regressor X sind die Resultate bedingt zu interpretieren.

Bemerkungen:

Bemerkungen

Beziehung zur Korrelation

1. Die Formel für den KQ-Schätzer $\hat{\beta}$ läßt sich leicht zu

$$\hat{\beta} = r_{XY} \frac{S_Y}{S_X}$$

umformen, wobei r_{XY}, S_Y, S_X die Schätzer für den Korrelationskoeffizienten ρ_{XY} und die Standardabweichungen σ_Y, σ_X sind. Diese Beziehung ist für das Modell mit einem stochastischen Regressor sinnvoll intepretierbar, für deterministische x-Werte bleibt sie rein rechnerisch ebenfalls gültig. Dies gilt in analoger Weise für die Äquivalenz $R^2 = r_{XY}^2$ von Bestimmtheitsmaß und empirischem Korrelationskoeffizienten (vgl. Abschnitt 3.6).

Linearität der KQ-Schätzer

2. Einfache Umformungen zeigen noch deutlicher, wie $\hat{\alpha}$ und $\hat{\beta}$ von $Y_1, \ldots, Y_n$ abhängen. Ausmultiplizieren im Zähler liefert zunächst

$$\hat{\beta} = \frac{\sum\limits_{i=1}^{n}(x_i - \bar{x})Y_i}{\sum\limits_{i=1}^{n}(x_i - \bar{x})^2} - \frac{\sum\limits_{i=1}^{n}(x_i - \bar{x})\bar{Y}}{\sum\limits_{i=1}^{n}(x_i - \bar{x})^2} .$$

Der zweite Term ist null, da $\sum(x_i - \bar{x}) = 0$ ist. Somit erhält man

$$\hat{\beta} = \sum_{i=1}^{n} \left(\frac{x_i - \bar{x}}{\sum\limits_{i=1}^{n}(x_i - \bar{x})^2} \right) Y_i = \sum_{i=1}^{n} b_i Y_i$$

mit den Gewichten

$$b_i = \frac{x_i - \bar{x}}{\sum\limits_{i=1}^{n}(x_i - \bar{x})^2} .$$

Einsetzen in $\hat{\alpha} = \bar{Y} - \hat{\beta}\bar{x}$ ergibt nach kurzer Umformung

$$\hat{\alpha} = \sum_{i=1}^{n} a_i Y_i , \quad a_i = \frac{1}{n} - \frac{x_i - \bar{x}}{\sum\limits_{i=1}^{n}(x_i - \bar{x})^2} \bar{x} .$$

Somit sind $\hat{\alpha}$ und $\hat{\beta}$ lineare Funktionen der Zielvariablen $Y_1, \ldots, Y_n$ und man kann nach den Rechenregeln für Linearkombinationen von unabhängigen Zufallsvariablen (Abschnitt 6.1) Erwartungswert und Varianz von $\hat{\alpha}$ und $\hat{\beta}$ berechnen und daraus die obigen Eigenschaften ableiten.

Konsistenz

3. Die Konsistenzbedingung $\sum(x_i - \bar{x})^2 \to \infty$ bedeutet, daß die Werte $x_1, \ldots, x_n, \ldots$ für alle n hinreichend stark um ihr arithmetisches Mittel variieren. Nur so kommt immer wieder zusätzliche Information zur Schätzung von $\hat{\alpha}$ und $\hat{\beta}$ hinzu. Für einen stochastischen Regressor X, bei dem $x_1, \ldots, x_n, \ldots$ Realisierungen der unabhängigen und identisch wie X verteilten Stichprobenvariablen $X_1, \ldots, X_n, \ldots$ sind, gilt diese Bedingung, da mit Wahrscheinlichkeit 1 gilt:

$$\frac{1}{n}\sum_{i=1}^{n}(X_i - \bar{X})^2 \to Var(X) = \sigma_X^2 .$$

gewichtete KQ-Schätzung

4. Für Modifikationen des Standardmodells ergeben sich Änderungen. Wenn zum Beispiel die Varianzen heteroskedastisch sind, ist es günstiger, sofort zu einer *gewichteten KQ-Schätzung* überzugehen. Man bestimmt dann $\hat{\alpha}$ und $\hat{\beta}$ so, daß die mit den Varianzen $\sigma_i^2 = Var(\epsilon_i)$ gewichtete Summe der quadratischen Abweichungen

$$\sum_{i=1}^{n} \frac{(Y_i - \alpha - \beta x_i)^2}{\sigma_i^2}$$

bezüglich α und β minimiert wird. Dazu müssen allerdings die σ_i^2 bekannt sein oder geschätzt werden.

Für Intervallschätzungen und Tests benötigt man auch *Verteilungsaussagen* über die Schätzer. Unter der Normalverteilungsannahme

$$\epsilon_i \sim N(0, \sigma^2) \quad \text{bzw.} \quad Y_i \sim N(\alpha + \beta x_i, \sigma^2)\,, \quad i = 1, \ldots, n\,,$$

erhält man wegen $\hat{\alpha} = \sum a_i Y_i$, $\hat{\beta} = \sum b_i Y_i$ sofort, daß auch $\hat{\alpha}$ und $\hat{\beta}$ normalverteilt sind mit

Verteilungsaussagen

$$\hat{\alpha} \sim N(\alpha, \sigma_{\hat{\alpha}}^2)\,, \quad \hat{\beta} \sim N(\beta, \sigma_{\hat{\beta}}^2)\,,$$

wobei $\sigma_{\hat{\alpha}}^2$, $\sigma_{\hat{\beta}}^2$ die oben angegebenen Varianzen von $\hat{\alpha}$ und $\hat{\beta}$ sind. Ersetzt man dort die unbekannte Varianz σ^2 der Fehler durch den Schätzer $\hat{\sigma}^2$, so sind die standardisierten Schätzer Student-verteilt mit $n-2$ Freiheitsgraden. Die Anzahl der Freiheitsgrade verringert sich von n auf $n-2$, da die 2 Parameter α, β geschätzt werden.

Verteilung der standardisierten Schätzfunktionen

Unter der Normalverteilungsannahme gilt

$$\frac{\hat{\alpha} - \alpha}{\hat{\sigma}_{\hat{\alpha}}} \sim t(n-2)\,, \quad \frac{\hat{\beta} - \beta}{\hat{\sigma}_{\hat{\beta}}} \sim t(n-2)$$

mit

$$\hat{\sigma}_{\hat{\alpha}} = \hat{\sigma} \frac{\sqrt{\sum_{i=1}^{n} x_i^2}}{\sqrt{n \sum_{i=1}^{n} (x_i - \bar{x})^2}}\,, \quad \hat{\sigma}_{\hat{\beta}} = \frac{\hat{\sigma}}{\sqrt{\sum_{i=1}^{n} (x_i - \bar{x})^2}}\,.$$

Mit üblichen Argumenten erhält man daraus symmetrische Konfidenzintervalle:

Konfidenzintervalle für α und β

$$\hat{\alpha} \pm \hat{\sigma}_{\hat{\alpha}} t_{1-\alpha/2}(n-2)\,, \quad \hat{\beta} \pm \hat{\sigma}_{\hat{\beta}} t_{1-\alpha/2}(n-2)$$

Für $n > 30$: t-Quantile der $t(n-2)$-Verteilung durch Quantile der $N(0,1)$-Verteilung ersetzen.

In vielen Fällen ist die Normalverteilungsannahme nur approximativ erfüllt oder sogar deutlich verletzt. Die obigen Verteilungsaussagen bleiben aber asymptotisch für $n \to \infty$ richtig, falls die Konsistenzbedingung $\sum(x_i - \bar{x})^2 \to \infty$ erfüllt ist. Das bedeutet, daß für großen Stichprobenumfang n die Verteilungen der (standardisierten) Schätzfunktionen *approximativ normal-* bzw. *t-verteilt* sind und somit die obigen Konfindenzintervalle approximativ das Konfidenzniveau $1-\alpha$ besitzen. Falls die Fehler bzw. Zielvariablen selbst bereits *approximativ normalverteilt* sind, genügt dazu bereits ein relativ kleiner ($n \sim 20$) Stichprobenumfang. Für deutlich nicht normalverteilte Fehler bzw. Zielvariablen muß jedoch der Stichprobenumfang ebenfalls deutlich erhöht werden, um zuverlässige Schlüsse zu ziehen.

approximativ normalverteilt t-verteilt

CAP-Modell und Beta-Koeffizient **Beispiel 12.1**

In Kapitel 3, Beispiel 3.31 (Seite 163), wurden bereits die KQ-Schätzungen für das CAPM bezüglich der MRU-Aktie bestimmt. Man erhielt die Regressionsbeziehung

$$y_i = 0.0004 + 1.0216 x_i + \epsilon_i\,, \quad i = 1, \ldots, 31\,,$$

für den Zeitraum Juni 1991 bis Dezember 1993 mit dem Regressor X = "Marktrendite minus Zins" und der Zielvariable Y ="Rendite der MRU-Aktie minus Zins". Im Gegensatz zum Mietspiegel-Beispiel zeigt das Streudiagramm dieser beiden Variablen in Abbildung 3.20 keine Auffälligkeiten: Offensichtlich wird die Streuung der Zielvariable hier nicht von der Regressorvariable beeinflußt, so daß von Homoskedastizität ausgegangen werden kann. Da es sich um Zeitreihendaten handelt, verdient die Annahme unkorrelierter Fehler besonderes Augenmerk. Dazu betrachtet man eine eventuelle Korrelation zwischen den y- Werten mit sich selbst, jedoch um einen Monat verschoben. Der Korrelationskoeffizient von Bravais-Pearson zwischen (Y_i, Y_{i+1}), $i = 1, \ldots, 30$, beträgt hier 0.1817 und der Korrelationstest aus Kapitel 11 kann keine signifikante Korrelation mit den zeitverzögerten Variablen aufzeigen (p-Wert 0.3365). Wir nehmen deshalb im folgenden an, daß auch die Fehlervariablen nicht korreliert sind. Für ihre Varianz $\sigma^2 = Var(\epsilon_i)$ erhält man die Schätzung

$$\hat{\sigma}^2 = 0.000179/29 = 6.17 \cdot 10^{-6},$$

wobei 0.000179 die Residuenquadratsumme $\sum(y_i - \hat{y}_i)^2$ ist. Die Standardabweichung wird damit durch $\hat{\sigma} = 0.00248$ geschätzt. Mit $\sum_{i=1}^n x_i^2 = 0.0016$ und $\bar{x} = -0.0068$ ergeben sich die geschätzten Standardabweichungen der KQ-Schätzungen für die Koeffizienten:

$$\hat{\sigma}_{\hat{\alpha}} = \frac{0.00248}{\sqrt{\frac{31\cdot(0.0016-31\cdot 0.0068^2)}{0.0016}}} = 0.0014$$

$$\hat{\sigma}_{\hat{\beta}} = \frac{0.00248}{\sqrt{0.0016 - 31 \cdot 0.0068^2}} = 0.1922\,.$$

In Kapitel 2 haben wir gesehen, daß die monatlichen Durchschnittsrenditen der MRU-Aktie nur approximativ normalverteilt sind (vgl. Abbildung 2.30). Aber in dem hier betrachteten Teildatensatz sind keine Ausreißer vorhanden, so daß wir in guter Näherung von normalverteilten Zielvariablen ausgehen können. Unter dieser Verteilungsannahme erhält man zur Überdeckungswahrscheinlichkeit 0.95 die Konfidenzintervalle

$$\hat{\alpha} \pm 0.0014 \cdot 2.045 = [-0.0025; 0.0033]\,,$$

$$\hat{\beta} \pm 0.1922 \cdot 2.045 = [0.6286; 1.4146]\,.$$

Dabei liegt der Wert null im Konfidenzintervall für den y-Achsenabschnitt α, nicht aber in dem für den Steigungskoeffizienten β. Da bekanntermaßen 95 %-Konfidenzintervalle dem Annahmebereich eines zweiseitigen Tests zum Niveau 0.05 entsprechen, bedeutet dies, daß die Nullhypothese $\alpha = 0$ verworfen werden kann, während der Steigungsparameter β signifikant von null verschieden ist. Die Nullhypothese $\beta = 1$, d.h. der Beta-Faktor zeigt, daß sich die MRU-Aktie wie der Gesamtmarkt verhält, kann dagegen nicht verworfen werden. Natürlich lassen sich auch in der Regressionsanalyse solche Tests anhand geeigneter Teststatistiken durchführen, wie im folgenden ausgeführt wird. □

Testen

Folgende Hypothesen über α und β sind hauptsächlich von Interesse:

(a) $H_0 : \alpha = \alpha_0\,, \quad H_1 : \alpha \neq \alpha_0$ bzw. $H_0 : \beta = \beta_0\,, \quad H_1 : \beta \neq \beta_0,$

(b) $H_0 : \alpha \geq \alpha_0\,, \quad H_1 : \alpha < \alpha_0$ bzw. $H_0 : \beta \geq \beta_0, \quad H_1 : \beta < \beta_0,$

(c) $H_0 : \alpha \leq \alpha_0\,, \quad H_1 : \alpha > \alpha_0$ bzw. $H_0 : \beta \leq \beta_0\,, \quad H_1 : \beta > \beta_0.$

Von besonderer Bedeutung ist das Hypothesenpaar

$$H_0 : \beta = 0\,, \quad H_1 : \beta \neq 0\,.$$

Dabei bedeutet $H_0 : \beta = 0$, daß tatsächlich $Y_i = \alpha + \epsilon_i$, $i = 1, \ldots, n$, gilt, und somit X keinen Erklärungswert für Y besitzt. Ablehnung von H_0 zugunsten von H_1 bedeutet, daß es sinnvoll ist, X in Form der systematischen Komponente $\alpha + \beta x$ zur Erklärung von Y einzusetzen. Als Teststatistiken verwendet man die standardisierten Schätzer. Aufgrund ihrer Verteilungseigenschaften erhält man Entscheidungsvorschriften, die völlig analog zu denen des t-Tests im Ein-Stichproben-Fall sind.

Teststatistiken und Ablehnbereiche

$$T_{\alpha_0} = \frac{\hat{\alpha} - \alpha_0}{\hat{\sigma}_{\hat{\alpha}}} \quad \text{bzw.} \quad T_{\beta_0} = \frac{\hat{\beta} - \beta_0}{\hat{\sigma}_{\hat{\beta}}}$$

Ablehnbereiche zu den Hypothesen (a), (b), (c)

$$\begin{array}{llllllll}
\text{(a)} & |T_{\alpha_0}| & > & t_{1-\alpha/2}(n-2) & \text{bzw.} & |T_{\beta_0}| & > & t_{1-\alpha/2}(n-2) \\
\text{(b)} & T_{\alpha_0} & < & -t_{1-\alpha}(n-2) & \text{bzw.} & T_{\beta_0} & < & -t_{1-\alpha}(n-2) \\
\text{(c)} & T_{\alpha_0} & > & t_{1-\alpha}(n-2) & \text{bzw.} & T_{\beta_0} & > & t_{1-\alpha}(n-2)
\end{array}$$

Für $n > 30$: Quantile der $t(n-2)$-Verteilung durch Quantile der $N(0,1)$-Verteilung ersetzen.

Bei Gültigkeit der Normalverteilungsannahme besitzen die Tests exakt das Niveau α, ansonsten approximativ für größeren Stichprobenumfang. Wie immer können die Testentscheidungen auch über die Beziehung zu Konfidenzintervallen oder mittels der p-Werte getroffen werden. Letzteres wird vor allem in statistischen Programmpaketen benützt. Dort werden üblicherweise die T-Werte und p-Werte zu den Hypothesen a) mit $\alpha_0 = 0$ bzw. $\beta_0 = 0$ ausgegeben. Daraus läßt sich dann erkennen, ob der Einbezug von α bzw. β in den Regressionsansatz sinnvoll ist.

Zusätzlich zu den Schätzwerten $\hat{\alpha}$, $\hat{\beta}$ und T- bzw. p-Werten wird oft mit Hilfe einer sogenannten Varianzanalysetabelle, die auf der Streuungszerlegung von Abschnitt 3.6.3 beruht, ein sogenannter F-Wert berechnet.

Varianzanalysetabelle

	Streuung	Freiheitsgrade	mittlerer quadratischer Fehler	Prüfgröße
Erklärte Streuung	SQE	1	$MQE = \frac{SQE}{1}$	$F = \frac{MQE}{MQR}$
Reststreuung	SQR	$n-2$	$MQR = \frac{SQR}{n-2}$	
Gesamtstreuung	SQT	$n-1$		

Es läßt sich zeigen, daß $F = T_{\beta_0}^2$ gilt. Somit kann auch der F-Wert zur Prüfung von $H_0 : \beta = 0$ verwendet werden. Falls die Normalverteilungsannahme zutrifft, gilt unter dieser Nullhypothese $F \sim F(1, n-2)$. Zudem gilt die Beziehung

$$F = \frac{R^2}{1 - R^2}(n-2)\,.$$

Beispiel 12.2 **CAP-Modell und Beta-Koeffizient**

Im Rahmen des CAP-Modells sind vor allem die Hypothesen

$$H_0 : \alpha = 0\,, \quad H_1 : \alpha \neq 0 \quad \text{und} \quad H_0 : \beta = 1\,, \quad H_1 : \beta \neq 1$$

von Interesse. Die zugehörigen Realisierungen der Testgrößen lauten für unser Beispiel bezüglich der MRU-Aktie:

$$T_{\alpha_0} = \frac{\hat{\alpha}}{\hat{\sigma}_{\hat{\alpha}}} = \frac{0.0004}{0.0014} = 0.286\,, \quad T_{\beta_0} = \frac{\hat{\beta} - 1}{\hat{\sigma}_{\hat{\beta}}} = \frac{0.0216}{0.1922} = 0.112\,.$$

Wegen $t_{0.975}(29) = 2.045$ liegen sowohl T_{α_0} als auch T_{β_0} nicht im Ablehnbereich zum Signifikanzniveau 5 %. Somit ist hier der Intercept-Term α nicht signifikant von null verschieden, weswegen er auch häufig im CAP-Modell von vornherein weggelassen wird. Der Steigungskoeffizient β, der im Rahmen des CAP-Modells auch als Beta-Faktor bezeichnet wird, ist nicht signifikant von eins verschieden, d.h. die MRU-Aktie birgt weder ein größeres noch ein kleineres Risiko als der Gesamtmarkt. Ferner erhält man hier die folgende Varianztabelle:

$SQE = 0.00018$	1	$MQE = 0.00018$	$F = 29$
$SQR = 0.00018$	29	$MQR = 6 \cdot 10^{-6}$	
$SQT = 0.00036$	30		

Der p-Wert zu $F = 29$ bei 1 und 29 Freiheitsgraden ist gleich $7 \cdot 10^{-6}$, so daß β signifikant von null verschieden ist und die X-Variable (Marktrendite minus Zinssatz) also einen Einfluß auf die Y-Variable ausübt. Der Erklärungswert der unabhängigen Variable läßt sich mit Hilfe des Bestimmtheitsmaßes noch genauer messen: Hier gilt $R^2 = \frac{SQE}{SQT} = 0.5$, d.h., daß das hier beschriebene CAP-Modell 50 % der Variation der abhängigen Variable "MRU-Rendite minus Zins" erklärt. □

Prognose

Häufig ist man auch daran interessiert, zu einem neuen Wert x_0 die (Realisierung) der Zielvariable Y_0 zu schätzen. Beispielsweise könnte x_0 die geplante Dosis eines Medikaments und Y_0 der Blutdruck eines Patienten sein, oder x_0 eingesetzte Werbekosten und Y_0 der zu prognostizierende Umsatz. Nimmt man an, daß auch für Y_0, x_0 das gleiche lineare Regressionsmodell

$$Y_0 = \alpha + \beta x_0 + \epsilon_0$$

gilt wie für die $Y_i, x_i, i = 1, \ldots, n$, so ist wegen $E(\epsilon_0) = 0$ die Zufallsvariable

$$\hat{Y}_0 = \hat{\alpha} + \hat{\beta} x_0$$

ein vernünftiger Punktschätzer für Y_0. Über die Eigenschaften von $\hat{\alpha}$ und $\hat{\beta}$ läßt sich auch die Varianz des Prognosefehlers $Y_0 - \hat{Y}_0$ und daraus ein Vertrauensintervall für Y_0 bestimmen.

Prognose von Y_0 zu gegebenem x_0

$$\hat{Y}_0 = \hat{\alpha} + \hat{\beta} x_0$$

Konfidenzintervall für Y_0:

$$\hat{Y}_0 \pm t_{1-\alpha/2}(n-2)\hat{\sigma} \sqrt{1 + \frac{1}{n} + \frac{(x_0 - \bar{x})^2}{\sum_{i=1}^{n} x_i^2 - n\bar{x}^2}}$$

Will man nur ein Konfidenzintervall für die "wahre" Regressionsgerade $\alpha + \beta x$ an der Stelle x, so fällt der additive Fehler ϵ_0 und - daraus resultierend - die 1 unter der Wurzel weg. Man erhält also:

Konfidenzintervall für die Regressionsgerade $\alpha + \beta x$

$$\hat{\alpha} + \hat{\beta}x \pm t_{1-\alpha/2}(n-2)\hat{\sigma}\sqrt{\frac{1}{n} + \frac{(x-\bar{x})^2}{\sum\limits_{i=1}^{n} x_i^2 - n\bar{x}^2}}$$

Beispiel 12.3

CAP-Modell und Beta-Koeffizient

Im Teildatensatz von Juni '91 bis Dezember '93 ist die unabhängige Variable stets negativ, so daß man sich fragen könnte, was mit der Y-Variable geschehen würde, wenn sich der Gesamtmarkt positiver entwickeln würde. Wir wollen deshalb die Rendite der MRU-Aktie (minus dem risikolosen Zinssatz) für die drei möglichen X-Werte $x_{01} = 0.0$, $x_{02} = 0.01$ und $x_{03} = 0.05$ prognostizieren. Punktschätzer für Y_0 erhält man dann unmittelbar durch Einsetzen in die Regressionsgerade:

$$\hat{y}_{01} = 0.0004 + 1.0216 \cdot 0.0 = 0.0004\,,$$
$$\hat{y}_{02} = 0.0004 + 1.0216 \cdot 0.01 = 0.0106\,,$$
$$\hat{y}_{03} = 0.0004 + 1.0216 \cdot 0.05 = 0.0515\,.$$

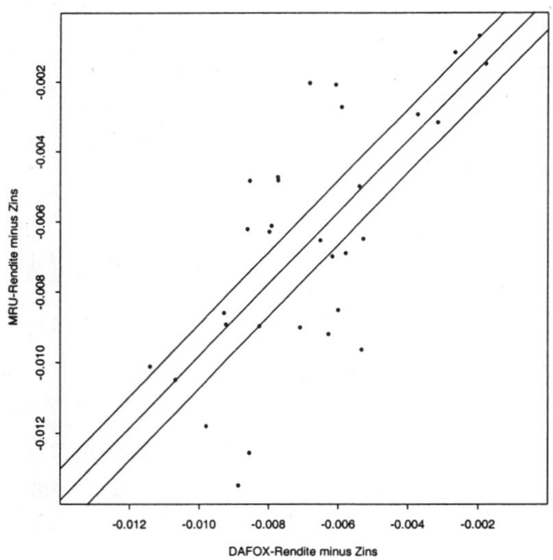

ABBILDUNG 12.2: Konfidenzintervall für die Regressionsgerade zum CAP-Modell

Die zugehörigen Konfidenzintervalle (vgl. Abb. 12.2) zum Vertrauensgrad 0.95 lauten

$$\hat{y}_0 \pm 2.045 \cdot 0.00248 \sqrt{1 + \frac{1}{31} + \frac{(x_0 - 0.0068)^2}{0.0016 - 31 \cdot 0.0068^2}},$$

also $[-0.0054, 0.0062]$ für Y_{01}, $[0.0022, 0.0190]$ für Y_{02} und $[0.0286, 0.0744]$ für Y_{03}. Während man für $x_{01} = 0.0$ noch nicht mit einer positiven Rendite (minus Zins) rechnen darf, sind für $x_{02} = 0.01$ und $x_{03} = 0.05$ die prognostizierten Renditen somit signifikant im positiven Bereich. □

12.1.3 Residualanalyse

Mit dem Schätzen und Testen in einem linearen Regressionsmodell sollte man auch eine *Modelldiagnose* verbinden. Darunter versteht man statistische Mittel, mit denen überprüft werden kann, ob die Annahmen des Standardmodells - zumindest approximativ - erfüllt sind oder deutliche Abweichungen vorliegen. Neben formalen Tests, die hier nicht dargestellt werden, sind vor allem graphische Modelldiagnosen, die auf den Residuen basieren, nützlich.

Modelldiagnose

Oft sieht man bereits am Streudiagramm selbst, ob Annahmen verletzt sind. Das Streudiagramm Nettomieten-Wohnfläche weist z.B. bereits darauf hin, daß die Varianzen mit der Wohnfläche anwachsen, also heteroskedastisch sind. Aus dem Streudiagramm Nettomieten pro qm-Wohnfläche ersieht man, daß die Beziehung eher nichtlinear ist. Noch deutlicher werden derartige Verletzungen der Modellannahmen durch sogenannte *Residualplots*, also graphische Darstellung mit Hilfe der Residuen, vgl. Abschnitt 3.6.3. Letztendlich beruhen alle derartigen Residualanalysen darauf, daß sich die Modellannahmen für die Fehlervariablen ϵ_i in deren Schätzungen, den Residuen $\hat{\epsilon}_i$, widerspiegeln sollten.

Residualplots

Das Streudiagramm der $(\hat{\epsilon}_i, x_i)$-Werte sollte kein systematisches Muster aufweisen. Andernfalls ist, wie im Beispiel der Nettomieten pro qm, das Standardmodell nicht ohne weiteres anwendbar. Oft hilft hier eine Transformation der Variablen, etwa in der Form $Y \to Y^m, m \neq 0$, oder $Y \to \ln Y$. Damit können oft heteroskedastische Varianzen homogenisiert oder *stabilisiert* werden. Aus dem gleichen Streudiagramm lassen sich auch Ausreißer, also deutlich vom Rest der Daten entfernte (y_i, x_i)-Werte erkennen. Solche Ausreißer wird man genauer auf mögliche Ursachen hin ansehen und eventuell aus dem Datensatz entfernen.

stabilisiert

Abweichungen von der Normalverteilung lassen sich anhand eines Normal-Quantil-Plots für die Residuen überprüfen. Dabei werden statt der $\hat{\epsilon}_i$ oft sogenannte *studentisierte Residuen*

studentisierte Residuen

$$r_i = \hat{\epsilon}_i \Big/ \sqrt{1 - \frac{1}{n} - \frac{(x_i - \bar{x}^2)^2}{\sum x_i^2 - n\bar{x}^2}}$$

verwendet. Man kann zeigen, daß sie den Eigenschaften der Fehler ϵ_i noch näherkommen als die Residuen $\hat{\epsilon}_i$.

Beispiel 12.4

CAP-Modell und Beta-Koeffizient

Das Streudiagramm der Residuen und der gefitteten Werte in Abbildung 12.3 zeigt - wünschenswerterweise - keinerlei Auffälligkeiten. Die Punktwolke deutet vielmehr darauf hin, daß die gefitteten Werte und die Residuen unkorreliert sind. Dies rechtfertigt nachträglich die Annahme der Homoskedastizität.

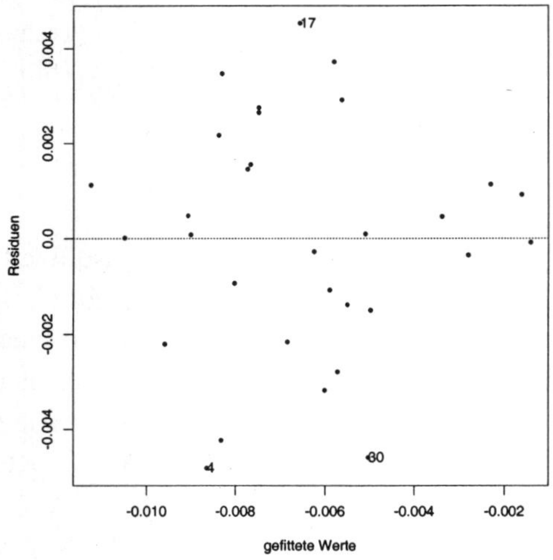

ABBILDUNG 12.3: Residualplot

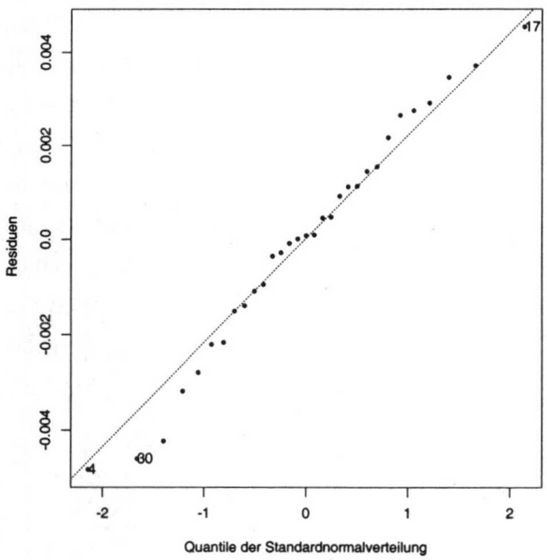

ABBILDUNG 12.4: Normal-Quantil-Plot

Die Normalverteilungsannahme wird zudem durch den Normal-Quantil-Plot der Residuen in Abbildung 12.4 gestützt. Offensichtlich treten keine bemerkenswerten Ausreißer auf, und die Verteilung der Residuen läßt sich durch eine Normalverteilung sehr gut beschreiben. □

Beispiel 12.5

Mietspiegel

Am Streudiagramm Nettomieten/Wohnflächen der Abbildung 3.17 aus Abschnitt 3.6 erkennt man bereits, daß die Fehlervarianzen heteroskedastisch sind. Berechnet man trotzdem nach der gewöhnlichen KQ-Methode die Ausgleichsgerade, so erhält man die Beziehung

$$\hat{Y} = 226.22 + 7.87\,x\,.$$

Das Streudiagramm der Residuen und der gefitteten Werte in Abbildung 12.5 spiegelt diese Inhomogenität der Varianzen nochmals wider.

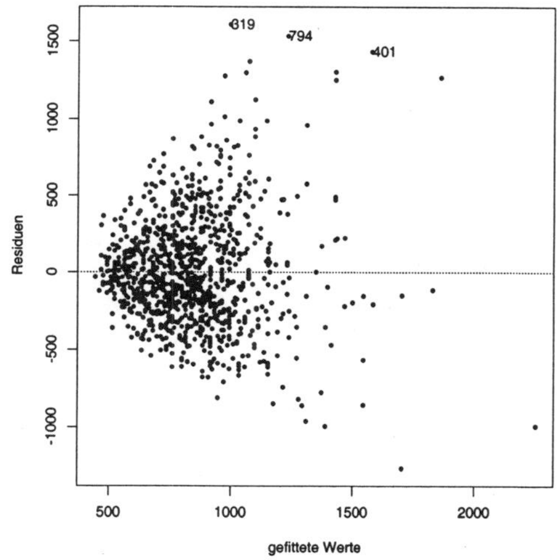

ABBILDUNG 12.5: Residualplot

Der Normal-Quantil-Plot in Abbildung 12.6 induziert deutliche Abweichungen von der Normalverteilung. Somit können die ungewichtete Regressionsanalyse und die resultierende Ausgleichsgerade nur deskriptiv aufgefaßt werden. Für eine inferentielle Regressionanalyse müßte eine gewichtete KQ-Schätzung oder eine geeignete Datentransformation durchgeführt werden.

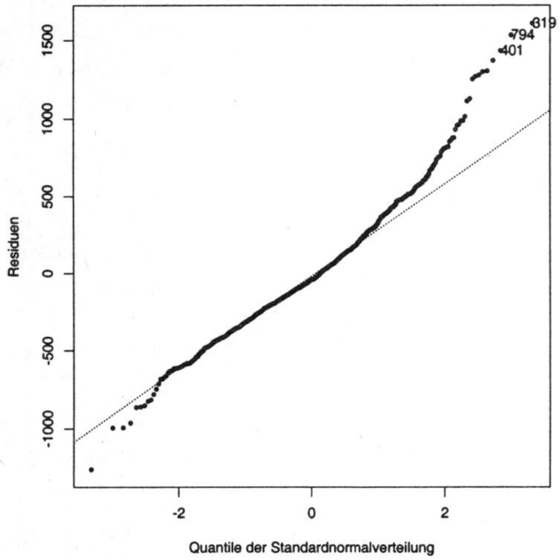

ABBILDUNG 12.6: Normal-Quantil-Plot □

12.2 Multiple lineare Regression

In diesem Abschnitt wird die lineare Einfachregression dahingehend erweitert, daß neben der Zielvariable Y mehrere erklärende Variablen oder Regressoren $X_1, \ldots, X_p$ betrachtet werden. Zu diesen Variablen werden jeweils n Werte

$$y_i, x_{i1}, \ldots, x_{ip}, \quad i = 1, \ldots, n,$$

gemessen oder beobachtet.

Beispiel 12.6 **Mietspiegel**

Die Zielvariable "Nettomiete" soll nun durch weitere Merkmale der Wohnung erklärt werden. Wir betrachten in diesem Abschnitt eine Teilstichprobe des Münchner Mietspiegels mit Wohnungen der Baualtersklasse 1979 – 1984. Als erklärende Variablen werden die Wohnfläche in qm, Badausstattung (gehoben/einfach), Küchenausstattung (gehoben/einfach) und die Wohnlage (gehoben, normal, einfach) herangezogen. Da Wohnungen der Baualtersklasse 1979 – 1984 nicht repräsentativ für ganz München sind, dient dieses Beispiel nur zur Illustration der Methoden der multiplen Regressionsanalyse und darf nicht als Vorschlag für einen "Mietspiegel" mißverstanden werden. □

Wie in diesem Beispiel wird für den gesamten Abschnitt vorausgesetzt, daß die Zielvariable metrisch ist. Die Regressoren können dagegen metrisch (wie die Wohnfläche), binär (wie Bad- bzw. Küchenausstattung) oder mehrkategorial (wie die Wohnlage) sein. Bei metrischen Regressoren wird es in praktischen Anwendungen oft nötig sein, eine ursprüngliche erhobene

Variable, etwa z, geeignet in $x = f(z)$, z.B. $x = z^2$, $x = \ln z$, usw., zu transformieren, so daß dann nicht z, sondern die transformierte Variable x linear in den Regressionsansatz eingeht. Kategoriale Regressoren mit k geordneten oder ungeordneten Kategorien $1, \ldots, k$ werden durch einen Vektor von $m = k-1$ "Dummy-Variablen" $x^{(1)}, \ldots, x^{(m)}$ kodiert. Benutzt man 0-1 Dummy-Variablen, so spricht man auch kurz von *Dummy-Kodierung*. Dabei ist $x^{(i)}$, $i = 1, \ldots, m$, durch

Dummy-Kodierung

$$x^{(i)} = \begin{cases} 1, & \text{falls Kategorie } i \text{ beobachtet wird} \\ 0, & \text{sonst} \end{cases}$$

definiert. Falls die k-te Kategorie, die *Referenzkategorie*, beobachtet wird, so haben alle m Dummy-Variablen den Wert 0. Ein gebräuchliches alternatives Kodierungsschema ist die *Effekt-Kodierung*, die in der Varianzanalyse bevorzugt wird. Wir werden für das Beispiel des Mietedmpiegels die Dummy-Kodierung wählen. Die binäre Variable "Badausstattung" ist dann durch

Referenzkategorie

Effekt-Kodierung

$$x_B = \begin{cases} 1, & \text{gehobene Badausstattung} \\ 0, & \text{einfache Badausstattung} \end{cases}$$

kodiert. Die dreikategoriale, geordnete Variable "Wohnlage" ist durch die zwei Dummy-Variablen

$$x_L^{(1)} = \begin{cases} 1, & \text{gehobene Lage} \\ 0, & \text{sonst,} \end{cases} \quad x_L^{(2)} = \begin{cases} 1, & \text{einfache Lage} \\ 0, & \text{sonst,} \end{cases}$$

definiert. Die Referenzkategorie "normale Lage" ist dann durch $x_L^{(1)} = 0$, $x_L^{(2)} = 0$ gegeben.

Wie bereits im Fall der univariaten linearen Regression kann auch eine Transformation der Zielvariable zweckmäßig oder notwendig sein. Besonders Potenztransformationen $Y \to Y^m, m \neq 0$, oder die logarithmische Transformation $Y \to \ln Y$ sind geeignete Möglichkeiten. So kann eine multiplikative Beziehung durch Logarithmieren in eine additive Beziehung übergeführt werden. Zugleich lassen sich oft gleichzeitig die Varianzen homogenisieren oder stabilisieren. Transformationen dieser Art heißen deshalb auch varianzstabilisierend. Für die weitere Darstelllung gehen wir davon aus, daß der Einfluß von $X_1, \ldots, X_p$ auf Y - gegebenenfalls nach Transformation - durch eine approximative lineare Funktion

stabilisierende Transformationen

$$Y = \beta_0 + \beta_1 X_1 + \cdots + \beta_p X_p + \epsilon$$

beschrieben werden kann. Dabei ist $\beta_0 + \beta_1 X_1 + \cdots + \beta_p X_p$ die *additiv-lineare systematische Komponente* und ϵ eine Fehlervariable. Die Regressionskoeffizienten sind folgendermaßen zu interpretieren: Erhöht man für einen metrischen Regressor X_1 den Wert x_1 um eine Einheit, so zieht das bei *festgehaltenen* Werten der übrigen Regressoren die Erhöhung der systematischen Komponente um den Wert β_1 nach sich. Da man annimmt, daß die Fehlervariable den

additiv-lineare systematische Komponente

Durchschnittswert 0 besitzt, wird sich dann auch der Wert von Y im Durchschnitt um den Wert β_1 erhöhen. Ist zum Beispiel X_p eine binäre Variable oder eine 0-1-Dummy-Variable, so erhöht sich bei Vorliegen des Werts $x_p = 1$ die systematische Komponente um den Wert β_p im Vergleich zur Referenzkategorie $x_p = 0$.

12.2.1 Das multiple lineare Regressionsmodell

Setzt man in die lineare Funktion für $Y, X_1, \ldots, X_p$ die beobachteten Daten ein, so ergibt sich die empirische lineare Beziehung

$$y_i = \beta_0 + \beta_1 x_{i1} + \cdots + \beta_p x_{ip} + \epsilon_i, \quad i = 1, \ldots, n.$$

Damit wird der Ansatz der univariaten linearen Regression auf p Regressoren verallgemeinert. Verbleibt man auf der rein empirischen Ebene der Daten, so kann man die multiple lineare Regression auch rein *deskriptiv* wie die lineare Einfachregression in Abschnitt 3.6 betrachten und die Regressionskoeffizienten nach dem in Abschnitt 12.2.2 dargestellten Kleinste-Quadrate-Prinzip berechnen.

deskriptiv

Für eine stochastische Modellierung fassen wir die Fehler ϵ_i und die Werte y_i wie in Abschnitt 12.1.1 als Realisierungen von Zufallsvariablen ϵ_i und Y_i auf. Auch die Werte $x_{i1}, \ldots, x_{ip}$ können *deterministisch*, d.h. fest vorgegeben, oder Realisierungen von *stochastische Regressoren*, d.h. von Zufallsvariablen $X_1, \ldots, X_p$, sein. Das Grundmodell der linearen Einfachregression wird so zu

deterministisch
stochastische Regressoren

$$Y_i = \beta_0 + \beta_1 x_{i1} + \cdots + \beta_p x_{ip} + \epsilon_i\,, \quad E(\epsilon_i) = 0\,, \quad i = 1, \ldots, n\,,$$

erweitert. Nimmt man für die Fehlervariablen die gleichen Annahmen wie im univariaten Fall hinzu, so ergibt sich:

Standardmodell der multiplen linearen Regression

Es gilt

$$Y_i = \beta_0 + \beta_1 x_{i1} + \cdots + \beta_p x_{ip} + \epsilon_i\,, \quad i = 1, \ldots, n\,.$$

Dabei sind

$Y_1, \ldots, Y_n$	beobachtbare metrische Zufallsvariablen,
$x_{1j}, \ldots, x_{nj}$	deterministische Werte der Variablen X_j oder Realisierungen von Zufallsvariablen X_j,
$\epsilon_1, \ldots, \epsilon_n$	unbeobachtbare Zufallsvariablen, die unabhängig und identisch verteilt sind mit $E(\epsilon_i) = 0$ und $Var(\epsilon_i) = \sigma^2$.

Die Regressionskoeffizienten $\beta_0, \ldots, \beta_p$ und die Fehlervarianz σ^2 sind aus den Daten $y_i, x_{i1}, \ldots, x_{ip}, i = 1, \ldots, n$, zu schätzen.

Die Bemerkungen im Anschluß an das Standardmodell der linearen Einfachregression bleiben in entsprechend modifizierter Weise gültig. So übertragen sich zum Beispiel die Eigenschaften der Fehlervariablen wieder auf die Zielvariablen: Bei gegebenen Regressorwerten sind die $Y_1, \ldots, Y_n$ unabhängig mit Erwartungswert und Varianz

$$E(Y_i) = \beta_0 + \beta_1 x_{i1} + \cdots + \beta_p x_{ip}\,, \quad Var(Y_i) = \sigma^2\,, \quad i = 1, \ldots, n\,.$$

Aus der *Normalverteilungsannahme* für die Fehlervariablen

Normalverteilungsannahme

$$\epsilon_i \sim N(0, \sigma^2)\,, \quad i = 1, \ldots, n,$$

folgt die Normalverteilung für die Zielvariablen, also

$$Y_i \sim N(\mu_i, \sigma^2)\,, \quad \mu_i = \beta_0 + \beta_1 x_{i1} + \cdots + \beta_p x_{ip}\,, \quad i = 1, \ldots, n\,.$$

Die im folgenden dargestellten Schätz- und Testverfahren arbeiten wiederum dann besonders gut, wenn die Fehlervariablen und damit die Zielvariablen zumindest approximativ normalverteilt sind.

12.2.2 Schätzen, Testen und Prognose

Obwohl die Aufgabenstellung und die prinzipielle Vorgehensweise gegenüber dem univariaten Fall im wesentlichen unverändert bleiben, lassen sich einige Ergebnisse im multiplen Fall nicht mehr in elementarer Form schreiben. Dies gilt insbesondere für die Schätzung der Regressionskoeffizienten: Die Schätzer $\hat{\beta}_j, j = 0, \ldots, p$, für die Parameter β_j können im allgemeinen nicht mehr durch einfache, im Prinzip mit der Hand auswertbare Formeln gegeben werden. Für eine vollständige und kompakte Darstellung ist hierfür und an einigen weiteren Stellen eine Notation mittels Vektoren und Matrizen zweckmäßig.

Wir zeigen zunächst die prinzipielle Vorgehensweise in einfacher Form auf und geben eine Zusammenfassung in Matrizenschreibweise am Ende des Abschnitts.

Schätzen

Für das Standardmodell wird wieder die gewöhnliche KQ-Methode eingesetzt. Nach dem KQ-Prinzip sind die Schätzer $\hat{\beta}_0, \hat{\beta}_1, \ldots, \hat{\beta}_p$ so zu bestimmen, daß die Summe der quadratischen Abweichungen zwischen Zielvariable und systematischer Komponente minimal wird:

KQ-Methode

Bestimme $\hat{\beta}_0, \hat{\beta}_1, \ldots, \hat{\beta}_p$ so, daß die Summe der quadratischen Abweichungen bezüglich $\beta_0, \beta_1, \ldots, \beta_p$ minimiert wird:

$$\sum_{i=1}^{n}(Y_i - \beta_0 - \beta_1 x_{i1} - \cdots - \beta_p x_{ip})^2 \to \min_{\beta_0,\beta_1,\ldots,\beta_p} .$$

Damit dieses Minimierungsproblem eine eindeutige Lösung $\hat{\beta}_0, \hat{\beta}_1, \ldots, \hat{\beta}_p$ besitzt, müssen folgende *Voraussetzungen* erfüllt sein:

Voraussetzungen

$n \geq p+1$

1. Der Umfang n der Daten muß mindestens so groß sein wie die Zahl der unbekannten Parameter, d.h.

$$n \geq p + 1 .$$

Um den Schätzfehler klein zu halten, ist es sogar notwendig, daß n deutlich größer als $p + 1$ ist.

keine Multikollinearität

2. Keine Variable $X_j, j = 0, \ldots, p$, mit $X_0 \equiv 1$, darf sich als Linearkombination der restlichen Variablen $X_k, k \neq j$, darstellen lassen, d.h. es darf für kein $j = 0, \ldots, p$

$$X_j = \sum_{k \neq j} a_k X_k + b$$

gelten. Insbesondere darf also nicht eine erklärende Variable X_j aus einer anderen, etwa X_k, durch Lineartransformation hervorgehen. Sonst würde

$$X_j = aX_k + b$$

gelten, und X_j und X_k würden in der linearen systematischen Komponente dasselbe erklären. Für $X_k = X_0$ bedeutet dies, daß keine der Variablen $X_j, j = 1, \ldots, p$, eine Konstante, d.h. $X_j \equiv c$, sein darf.

Im folgenden gehen wir davon aus, daß diese Voraussetzungen erfüllt sind. Die KQ-Schätzer $\hat{\beta}_0, \hat{\beta}_1, \ldots, \hat{\beta}_q$ erhält man dann prinzipiell wie im univariaten Fall, indem man die 1. Ableitung nach $\beta_0, \beta_1, \ldots, \beta_p$ gleich null setzt. Dies ergibt ein $p+1$-dimensionales lineares Gleichungssystem, das für gegebene Daten $y_i, x_{i1}, \ldots, x_{ip}, i = 1, \ldots, n$, im allgemeinen nicht mit der Hand, sondern numerisch durch geeignete Algorithmen mit Hilfe eines Computer gelöst wird. Als Ergebnis, das auch rein deskriptiv aufgefaßt werden kann, erhält man die KQ-Schätzwerte für $\beta_0, \beta_1, \ldots, \beta_p$. Als Schätzer $\hat{\sigma}^2$ für σ^2 verwendet man wieder die geeignet gemittelte Summe der quadratischen Residuen.

KQ-Schätzer im multiplen linearen Modell

$\hat{\beta}_0, \hat{\beta}_1, \ldots, \hat{\beta}_p$: numerische Bestimmung nach dem KQ-Prinzip

$$\hat{\sigma}^2 = \frac{1}{n-p-1} \sum_{i=1}^{n} \hat{\epsilon}_i^2 = \frac{1}{n-p-1} \sum_{i=1}^{n} (Y_i - \hat{Y}_i)^2$$

mit den Residuen $\hat{\epsilon}_i = Y_i - \hat{Y}_i$ und den gefitteten Werten $\hat{Y}_i = \hat{\beta}_0 + \hat{\beta}_1 x_{i1} + \cdots + \hat{\beta}_p x_{ip}$.

Die Schätzer sind erwartungstreu, besitzen minimale Varianz im Vergleich zu anderen linearen Schätzern und sind unter ähnlichen Bedingungen wie im univariaten Fall auch konsistent.

Die *Varianz* *Varianz*

$$\sigma_j^2 = Var(\hat{\beta}_j), \quad j = 0, \ldots, p,$$

der Schätzer läßt sich zusammen mit den KQ-Schätzern numerisch berechnen bzw. schätzen. Wir bezeichnen die *geschätzte Standardabweichung* mit *geschätzte Standardabweichung*

$$\hat{\sigma}_j = \sqrt{\widehat{Var}(\hat{\beta}_j)}, \quad j = 0, \ldots, p.$$

Wie für die lineare Einfachregression gilt die *Streuungszerlegung* *Streuungszerlegung*

$$\sum_{i=1}^{n} (Y_i - \bar{Y})^2 = \sum_{i=1}^{n} (\hat{Y}_i - Y_i)^2 \qquad + \sum_{i=1}^{n} (\hat{Y} - \bar{Y})^2$$

Gesamtstreuung SQT = Reststreuung SQR + erklärte Streuung SQE.

Bestimmtheitsmaß Das *Bestimmtheitsmaß*

$$R^2 = \frac{\sum(\hat{Y}_i - \bar{Y})^2}{\sum(Y_i - \bar{Y})^2} = \frac{SQE}{SQT} = 1 - \frac{SQR}{SQT}$$

als Quotient der durch die Regression erklärten Streuung und der Gesamtstreuung dient wieder als einfache Maßzahl zur Beurteilung der Güte eines Regressionsansatzes. Also ist

$$0 \leq R^2 \leq 1\,,$$

und es gilt die gleiche Interpretation wie für die Einfachregression (Abschnitt 3.6): Je näher R^2 bei 1 liegt, desto besser wird die Zielvariable durch die Regression erklärt. Im Extremfall $R^2 = 1$ gilt $Y_i = \hat{Y}_i$ für alle $i = 1, \ldots, n$. Je näher R^2 bei 0 liegt, desto weniger erklären die Regressoren. Im Extremfall $R^2 = 0$ liefern $X_1, \ldots, X_p$ keinerlei Anteil zur Erklärung der Variabilität; diese wird nur durch die Fehler ϵ_i hervorgerufen.

Unter der Normalverteilungsannahme sind die standardisierten Schätzer exakt t-verteilt mit $n - p - 1$ Freiheitsgraden:

Verteilung der standardisierten Schätzer

$$\frac{\hat{\beta}_j - \beta_j}{\hat{\sigma}_j} \sim t(n-p-1)\,, \quad j = 0, \ldots, p\,.$$

Daraus ergeben sich Konfidenzintervalle wie folgt:

Konfidenzintervalle für β_j

$$\hat{\beta}_j \pm \hat{\sigma}_j t_{1-\alpha/2}(n-p-1)\,, \quad j = 0, \ldots, p\,.$$

Falls die Normalverteilungsannahme verletzt ist, besitzen diese Konfidenzintervalle für große Stichproben *approximativ* die Überdeckungswahrscheinlichkeit $1 - \alpha$.

approximativ

Testen

Für die einzelnen Koeffizienten werden folgende Hypothesen betrachtet:

Hypothesen über einzelne Parameter

(a) $H_0 : \beta_j = \beta_{0j}, \quad H_1 : \beta_j \neq \beta_{0j},$

(b) $H_0 : \beta_j \geq \beta_{0j}, \quad H_1 : \beta_j < \beta_{0j},$

(c) $H_0 : \beta_j \leq \beta_{0j}, \quad H_1 : \beta_j > \beta_{0j}\,.$

Von besonderer Bedeutung ist dabei Fall a) für $\beta_{0j} = 0$, d.h.

$$H_0 : \beta_j = 0\,, \quad H_1 : \beta_j \neq 0\,.$$

Wenn H_0 zutrifft, hat der Regressor X_j keinen signifikanten Erklärungswert für Y und kann aus dem Regressionansatz entfernt werden. Trifft H_1 zu, muß X_j im Ansatz enthalten sein. Die Hypothesen werden folgendermaßen getestet:

Teststatistiken und Ablehnbereiche

$$T_j = \frac{\hat{\beta}_j - \beta_{0j}}{\hat{\sigma}_j}\,, \qquad j = 0, \ldots, p$$

Testvorschrift: H_0 ablehnen, falls

$$\begin{array}{lrcl} \text{(a)} & |T_j| & > & t_{1-\alpha/2}(n-p-1), \\ \text{(b)} & T_j & < & -t_{1-\alpha}(n-p-1), \\ \text{(c)} & T_j & > & t_{1-\alpha}(n-p-1). \end{array}$$

Unter der Normalverteilungsannahme besitzen diese Tests exakt das Signifikanzniveau α, ansonsten approximativ für große Stichproben.

Mit dem *Overall-F-Test* soll überprüft werden, ob die Regressoren überhaupt zur Erklärung der Zielvariablen beitragen. Die zugehörige F-Statistik steht in enger Beziehung zum Bestimmtheitsmaß. *Overall-F-Test*

Overall-F-Test (Goodness of fit-Test)

Hypothesen:

$$H_0 : \beta_1 = \beta_2 = \cdots = \beta_p = 0\,, \quad H_1 : \beta_j \neq 0 \quad \text{für mindestens ein } j\,.$$

Teststatistik:

$$F = \frac{R^2}{1-R^2}\frac{n-p-1}{p} = \frac{SQE}{SQR}\frac{n-p-1}{p}$$

Unter H_0 gilt:

$$F \sim F(p, n-p-1)$$

Testvorschrift: H_0 ablehnen, falls

$$F > F_{1-\alpha}(p, n-p-1)\,.$$

Die Nullhypothese besagt also, daß keiner der Regressoren $X_1, \ldots, X_p$ einen Beitrag zur Erklärung liefert. Der Name Goodnes of fit-Test ist insofern etwas irreführend: Es wird nicht die Gültigkeit des linearen Ansatzes überprüft, sondern nur, ob wenigsten einer der Regressoren in einem linearen Ansatz einen signifikanten Erklärungsbeitrag liefert.

Die Teststatistik F und die benötigten Quadratsummen SQE und SQR werden oft in Form einer Varianzanalysetabelle zusammengestellt:

Varianzanalysetabelle

	Streuung	Freiheitsgrade	mittlerer quadratischer Fehler	Prüfgröße
Erklärte Streuung	SQE	p	$MQE = \frac{SQE}{p}$	$F = \frac{MQE}{MQR}$
Reststreuung	SQR	$n-p-1$	$MQR = \frac{SQR}{n-p-1}$	
Gesamtstreuung	SQT	$n-1$		

Die Testentscheidung zur Signifikanz einzelner Regressoren und der Overall-F-Test können mit Hilfe von statistischen Programmpaketen mittels der standardmäßig ausgegebenen p-Werte durchgeführt werden.

Mietspiegel

Beispiel 12.7

Wir wollen im folgenden eine Möglichkeit illustrieren, wie mit einem multiplen linearen Regressionsmodell die Zielvariable Nettomiete (NM) durch die Regressoren W ="Wohnfläche" (in qm), Lg = "gehobene Wohnlage" ($ja = 1, nein = 0$), Le = "einfache Wohnlage" ($ja = 1, nein = 0$), B = "gehobene Ausstattung des Bades" ($ja = 1$, $nein = 0$) und K "gehobene Ausstattung der Küche" ($ja = 1$, $nein = 0$) erklärt werden kann. Die Stichprobe umfaßt Daten zu 79 Wohnungen der Baualtersklasse 1979 – 1984, vgl. Beispiel 12.6 (Seite 476). Als Zielvariable für einen linearen Regressionsansatz verwenden wir nicht die Nettomiete NM selbst, sondern die logarithmierte Nettomiete $Y = \ln NM$:

$$\ln NM = \beta_0 + \beta_1 W + \beta_2 Lg + \beta_3 Le + \beta_4 B + \beta_5 K + \epsilon \,.$$

Folgende Gründe sind dafür maßgeblich: Durch die logarithmische Transformation werden heteroskedastische, mit der Wohnfläche anwachsende Fehlervarianzen stabilisiert. Zugleich kann eine bessere Approximation an die Normalverteilung erzielt werden. Das Modell läßt sich auch gut interpretieren: Nach Exponentiation erhält man die approximative multiplikative Beziehung

$$NM \approx \exp(\beta_0)\exp(\beta_1 W)\exp(\beta_2 Lg)\exp(\beta_3 Le)\exp(\beta_4 B)\exp(\beta_5 K)$$

für die durchschnittliche, ortsübliche Miete. Für eine Wohnung in normaler Wohnlage ($Lg = 0$, $Le = 0$) und mit einfacher Bad- und Küchenausstattung ($B = 0$, $K = 0$) ergibt sich die "Basismiete"

$$NM_B \approx \exp(\beta_0)\exp(\beta_1 W) = \alpha_0 \exp(\beta_1 W)\,.$$

Für Wohnungen in gehobener Lage ($Lg = 1$, $Le = 0$) mit gehobener Bad- und Küchenausstattung ($B = 1$, $K = 1$) ergibt sich ein multiplikativer Zuschlag:

$$NM = \exp(\beta_0)\exp(\beta_1 W)\exp(\beta_2)\exp(\beta_4)\exp(\beta_5)\,,$$

d.h.

$$NM = NM_B \alpha_2 \alpha_4 \alpha_5$$

mit den Faktoren

$$\alpha_2 = \exp(\beta_2)\,, \quad \alpha_4 = \exp(\beta_4)\,, \quad \alpha_5 = \exp(\beta_5)\,.$$

Die KQ-Schätzung für die Daten aus der Stichprobe liefert folgende Schätzwerte $\hat{\beta}_j$, geschätzte Standardabweichungen $\hat{\sigma}_j$, t-Werte T_j und zugehörige p-Werte:

	$\hat{\beta}_j$	$\hat{\sigma}_j$	t-Wert	p-Wert
1	5.8068	0.1596	36.38	0.00
W	0.0131	0.0017	7.62	0.00
Lg	0.0189	0.0777	0.24	0.80
Le	−0.4027	0.0936	−4.30	0.00
B	0.1827	0.0947	1.93	0.06
K	0.0362	0.0966	0.37	0.71

Die t- und p-Werte zu den Regressoren Lg und K zeigen, daß sich in der Teilgesamtheit von Wohnungen der Baualtersklasse 1979 – 1984 gehobene und normale Wohnlagen sowie gehobene und einfache Küchenausstattung jeweils nicht signifikant voneinander unterscheiden. Bei der Wohnlage läßt sich dies etwa damit erklären, daß Wohnungen dieses Baualters eher aus den normalen "Neubaugebieten" als aus den tatsächlich "gehobenen" Vierteln stammen. Aus inhaltlichen Gründen belassen wir diese beiden Regressoren trotzdem im Ansatz. Das Bestimmungsmaß $R^2 = 0.5$ zeigt einen guten Erklärungswert an. Als F-Wert zum Overall-F-Test erhält man $F = 14.34$, bei $p = 5$ und $n - p - 1 = 73$ Freiheitsgraden. Der zugehörige p-Wert von $8.9 \cdot 10^{-10}$ zeigt ebenfalls, daß die Regression einen guten Erklärungswert besitzt.

Setzt man die geschätzten Regressionskoeffizienten in den Regressionsansatz ein, so erhält man für die durchschnittliche Basismiete

$$NM_B \approx \exp(5.8068) \cdot \exp(0.0131W) = 333.6 \cdot \exp 0.01W,$$

also zum Beispiel $NM_B \approx 832$ für Wohnungen mit einer Wohnfläche von 70 qm. Als multiplikative Zuschläge bzw. Abschläge ergeben sich

$$\begin{aligned}
\alpha_2 &= \exp(0.0189) = 1.019 && \text{für gehobene Wohnlage,}\\
\alpha_3 &= \exp(-0.4027) = 0.669 && \text{für einfache Wohnlage,}\\
\alpha_4 &= \exp(0.1827) = 1.200 && \text{für gehobene Badausstattung,}\\
\alpha_5 &= \exp(0.0362) = 1.037 && \text{für gehobene Küchenausstattung.}
\end{aligned}$$

□

Prognose

Für neue Werte $x_{01}, \ldots, x_{0p}$ von $X_1, \ldots, X_p$ kann der geschätzte lineare Regressionsansatz zur Prognose von

$$Y_0 = \beta_0 + \beta_1 x_{01} + \cdots + \beta_p x_{0p} + \epsilon_0$$

Prognosewert

eingesetzt werden. Als *Schätz- oder Prognosewert* für Y_0 verwendet man

$$\hat{Y}_0 = \hat{\beta}_0 + \hat{\beta}_1 x_{01} + \cdots + \hat{\beta}_p x_{0p} .$$

Für den Schätzfehler $Y_0 - \hat{Y}_0$ gilt $E(Y_0 - \hat{Y}_0) = 0$. Die Varianz $Var(Y_0 - \hat{Y}_0)$ des Fehlers läßt sich mit den Ergebnissen der KQ-Methode numerisch schätzen. Wir bezeichnen sie mit

$$\hat{\sigma}_{Y_0} = \sqrt{\widehat{Var}(Y_0 - \hat{Y}_0)} .$$

Eine explizite Formel findet sich im nächsten Abschnitt.

Unter der Normalverteilungsannahme ist der standardisierte Schätzfehler t-verteilt:

$$\frac{\hat{Y}_0 - Y_0}{\hat{\sigma}_{Y_0}} \sim t(n - p - 1) .$$

Somit erhält man

(1 − α)-Prognoseintervall für Y_0 gegeben x_0

$$\hat{Y}_0 \pm \hat{\sigma}_{Y_0} t_{1-\alpha/2}(n-p-1)$$

Graphische Verfahren zur Modelldiagnose basieren wiederum auf den Residuen. Übliche Residualdiagramme sind etwa: Häufigkeitsverteilungen der Residuen, Normal-Quantil-Plots und Streudiagramme der Residuen gegen die gefitteten Werte oder gegen einzelne Regressoren.

Mietspiegel **Beispiel 12.8**

Das Streudiagramm der Residuen gegen die gefitteten Werte in Abbildung 12.7 zeigt, von wenigen Ausreißern abgesehen, keine besonderen Auffälligkeiten. Auch der Normal-Quantil-Plot für die Residuen zeigt keine deutlichen Abweichungen von der Normalverteilung (Abbildung 12.8).

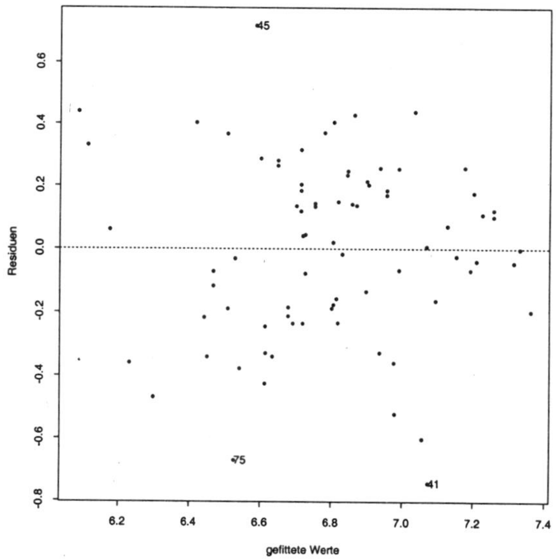

ABBILDUNG 12.7: Streudiagramm: Residuen gegen gefittete Werte

Somit lassen sich daraus keine eklatanten Verletzungen von Modellannahmen erkennen. In Abschnitt *12.3 wird noch zusätzlich untersucht, inwieweit die Annahme des linearen Einflusses der Wohnfläche auf die logarithmierte Nettomiete berechtigt ist.

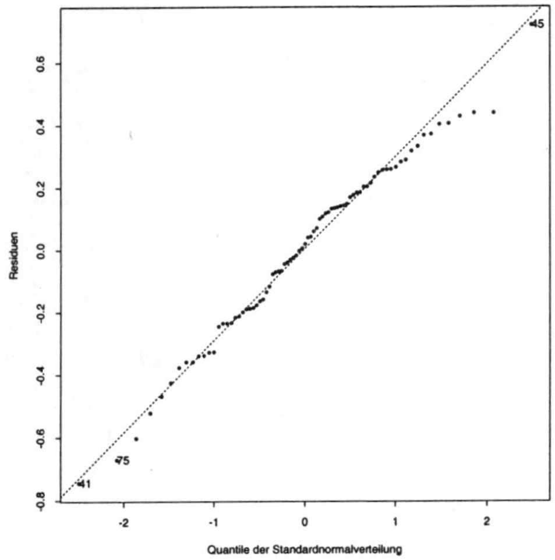

ABBILDUNG 12.8: Normal-Quantil-Plot □

*12.2.3 Multiple lineare Regression in Matrixnotation

Wir fassen die Zielvariablen Y_i und die Werte $x_{i1}, \ldots, x_{ip}$, $i = 1, \ldots, n$, in einem $(n \times 1)$-Vektor $\mathbf{Y}$ und in einer $(n \times (p+1))$-Matrix $\mathbf{X}$ zusammen:

$$\mathbf{Y} = \begin{pmatrix} Y_1 \\ Y_2 \\ \vdots \\ Y_n \end{pmatrix}, \quad \mathbf{X} = \begin{pmatrix} 1 & x_{11} & \cdots & x_{1p} \\ 1 & x_{21} & \cdots & x_{2p} \\ \vdots & & & \vdots \\ 1 & x_{n1} & \ldots & x_{np} \end{pmatrix}.$$

Die Matrix $\mathbf{X}$ enthält zusätzlich in der ersten Spalte die Werte der künstlichen Variable $X_0 \equiv 1$, die restlichen Spalten enthalten die Werte zu den Variablen $X_1, \ldots, X_p$. Bis auf die erste Spalte der $\mathbf{X}$-Matrix entspricht dies auch der Art, wie Datenmatrizen am Rechner gespeichert werden. Zusätzlich definieren wir den $(p \times 1)$-Vektor $\boldsymbol{\beta}$ der Regressionskoeffizienten und den $(n \times 1)$-Vektor $\boldsymbol{\epsilon}$ der Fehlervariablen:

$$\boldsymbol{\beta} = \begin{pmatrix} \beta_0 \\ \beta_1 \\ \vdots \\ \beta_p \end{pmatrix}, \quad \boldsymbol{\epsilon} = \begin{pmatrix} \epsilon_1 \\ \epsilon_2 \\ \vdots \\ \epsilon_n \end{pmatrix}.$$

Das Grundmodell der multiplen linearen Regression läßt sich dann in Matrixnotation kompakt durch

$$\mathbf{Y} = \mathbf{X}\boldsymbol{\beta} + \boldsymbol{\epsilon}, \quad E(\boldsymbol{\epsilon}) = \mathbf{0}$$

formulieren. Das KQ-Prinzip wird zu

$$(\mathbf{Y}-\mathbf{X}\boldsymbol{\beta})'(\mathbf{Y}-\mathbf{X}\boldsymbol{\beta}) \to \min_{\boldsymbol{\beta}},$$

wobei $\mathbf{A}$ die Transponierte einer Matrix oder eines Vektors $\mathbf{A}$ bezeichnet. Nullsetzen der ersten Ableitung nach $\boldsymbol{\beta}$ liefert das $(p+1)$-dimensionale System der "Normalgleichungen"

$$\mathbf{X}'(\mathbf{Y}-\mathbf{X}\hat{\boldsymbol{\beta}}) = \mathbf{0} \Leftrightarrow \mathbf{X}'\mathbf{X}\hat{\boldsymbol{\beta}} = \mathbf{X}'\mathbf{Y}.$$

Unter den im vorigen Abschnitt getroffenen Annahmen ist die $(p+1)\times(p+1)$ Matrix $\mathbf{X}'\mathbf{X}$ invertierbar, so daß sich

$$\hat{\boldsymbol{\beta}} = (\mathbf{X}'\mathbf{X})^{-1}\mathbf{X}'\mathbf{Y}$$

als KQ-Schätzer ergibt. Bezeichnen wir die Diagonalelemente von $(\mathbf{X}'\mathbf{X})^{-1}$ mit v_j, $j = 0,\dots,p$, so läßt sich zeigen, daß

$$Var(\hat{\beta}_j) = \sigma^2 v_j$$

gilt. Ersetzt man σ^2 durch die Schätzung $\hat{\sigma}^2$, so erhält man die im vorigen Abschnitt eingeführte geschätzte Standardabweichung $\hat{\sigma}_j$ als

$$\hat{\sigma}_j = \hat{\sigma}\sqrt{v_j}\,.$$

Zur Berechnung von $\hat{\beta}$, v_j und damit von $\hat{\sigma}_j$ benötigt man also die Inverse $(\mathbf{X}'\mathbf{X})^{-1}$ von $\mathbf{X}'\mathbf{X}$. Diese Inversion ist im allgemeinen nur mit numerischen Algorithmen in effizienter Weise mittels eines Computers durchführbar. Auch zur Berechnung der Varianz des Prognosefehlers $Y_0 - \hat{Y}_0$ benötigt man $(\mathbf{X}'\mathbf{X})^{-1}$. Es läßt sich nämlich

$$Var(Y_0 - \hat{Y}_0) = \sigma^2(1 + \mathbf{x}_0'(\mathbf{X}'\mathbf{X})^{-1}\mathbf{x}_0)$$

zeigen. Dabei enthält $\mathbf{x}_0' = (1, x_{01}, \dots, x_{0p})$ die Werte der Regressoren. Setzt man für σ^2 die Schätzung $\hat{\sigma}^2$ ein, erhält man die für das $(1-\alpha)$-Prognoseintervall benötigte geschätzte Standardabweichung als

$$\hat{\sigma}_{Y_0} = \hat{\sigma}(1 + \mathbf{x}_0'(\mathbf{X}'\mathbf{X})^{-1}\mathbf{x}_0)^{1/2}.$$

Auch hierzu muß die Inverse $(\mathbf{X}'\mathbf{X})^{-1}$ von $\mathbf{X}'\mathbf{X}$ bekannt bzw. durch einen Computer berechnet sein.

*12.3 Nichtlineare und nichtparametrische Regression

Nichtlineare parametrische Regression

linear in den Parametern

Charakteristisch für lineare Regressionsmodelle ist die Additivität und Linearität der systematischen Komponente $\beta_0 + \beta_1 x_1 + \cdots + \beta_p x_p$. Dabei können zwar die Regressoren auch durch geeignete nichtlineare Transformationen aus ursprünglich erhobenen Variablen gebildet worden sein, entscheidend ist jedoch, daß der Ansatz *linear in den Parametern* $\beta_0, \ldots, \beta_p$ ist. Bereits in Abschnitt *3.6.4 wurde auf einfache Regressionsansätze hingewiesen, die auch in den Parametern nichtlinear sind. Ein Beispiel ist etwa die nichtlineare Beziehung

$$Y_i = \theta_0 + \theta_1 \exp(-\theta_2 x_i) + \epsilon_i\,, \quad i = 1, \ldots, n\,.$$

Sie entspricht der Regel vom abnehmenden Grenznutzen: Hier könnten x_i die Kosten für Produktion und Werbung eines Produkts und Y_i der jeweils erzielte Ertrag sein. Mit steigenden x_i-Werten nähert sich für $\theta_2 > 0$ die Kurve exponentiell flacher werdend der Sättigungsgrenze θ_0.

Allgemein spricht man von nichtlinearer parametrischer Regression, wenn ein Modell folgender Form vorliegt:

$$Y_i = g(x_{i1}, \ldots, x_{ip}; \theta_0, \ldots, \theta_q) + \epsilon_i\,, \quad E(\epsilon_i) = 0, \quad i = 1, \ldots, n\,.$$

Dabei soll Y weiterhin eine metrische Zielvariable sein, und $g(\cdot, \cdot)$ ist eine in den Parametern $\theta_0, \ldots, \theta_q$ nichtlineare Regressionsfunktion. Dabei ist die funktionale Form von g bekannt; unbekannt sind nur die Parameter. Erfüllen die Fehler ϵ_i die gleichen Annahmen wie im Standardmodell der linearen Regression, so können sie ebenfalls nach dem gewöhnlichen KQ-Prinzip geschätzt werden: Die Schätzer $\hat{\theta}_0, \ldots, \hat{\theta}_q$ sind Lösungen des Minimierungsproblems

$$\sum_{i=1}^{n} (Y_i - g(x_{i1}, \ldots, x_{ip}; \theta_0, \ldots, \theta_q))^2 \to \min_{\theta_0, \ldots, \theta_q}\,.$$

Zur numerischen Berechnung sind meist iterative Minimierungsalgorithmen notwendig. Zusätzlich können mit $\hat{\theta}_0, \ldots, \hat{\theta}_q$ auch Schätzungen $\hat{\sigma}_0^2, \ldots, \hat{\sigma}_q^2$ der Varianzen $Var(\hat{\theta}_0), \ldots, Var(\hat{\theta}_q)$ bestimmt werden. Für große Stichproben sind die Schätzer approximativ erwartungstreu und normalverteilt, d.h.

$$\hat{\theta}_j \overset{a}{\sim} N(\theta_j, \hat{\sigma}_j^2)\,.$$

Damit können dann (approximative) Konfidenzintervalle und Tests in Analogie zur multiplen linearen Regression konstruiert werden.

Nichtparametrische Regression

In vielen Anwendungen ist man nicht von vornherein in der Lage, eine parametrische Spezifikation der Regressionskurve g anzugeben. Dann empfehlen sich nichtparametrische Regressionsmethoden, die ohne die oft strengen Strukturannahmen parametrischer Modelle auskommen. Sie können, ähnlich wie nichtparametrische Dichteschätzer, auch zur explorativen Analyse benutzt werden, um die Adäquatheit einer parametrischen linearen oder nichtlinearen Regressionsfunktion zu überprüfen oder überhaupt erst einen geeigneten Funktionstyp zu finden.

Wir betrachten zunächst den Fall bivariater Daten $(y_i, x_i), i = 1, \ldots, n$, wobei sowohl die Zielvariable Y als auch der Regressor X stetige Variablen sind. In Erweiterung des Grundmodells der linearen Einfachregression soll nun

$$Y_i = g(x_i) + \epsilon_i\,, \quad E(\epsilon_i) = 0\,, \quad i = 1, \ldots, n\,,$$

gelten. Dabei wird von der Regressionsfunktion $g(x)$ nur verlangt, daß sie hinreichend glatt, d.h. zum Beispiel stetig und differenzierbar ist. Für die Fehlervariablen ϵ_i werden die gleichen Annahmen wie im linearen Standardmodell oder geeignete Modifikationen unterstellt. Das Ziel der nichtparametrischen Regression besteht in der Schätzung der Funktion g. Dazu existieren verschiedene Ansätze. Am bekanntesten sind Kernschätzer, Spline-Regression und lokale Regressionsschätzer. Alle zugehörigen Schätzverfahren sind numerisch aufwendig und werden hier nicht im Detail beschrieben. Sie sind jedoch in einer Reihe von statistischen Programmpaketen implementiert.

Kernschätzer gehen von der Vorstellung der Regressionsfunktion als bedingtem Erwartungswert von Y gegeben $X = x$ aus, d.h. *Kernschätzer*

$$g(x) = E(Y|x) = \int y f(y|x)\, dy = \frac{\int y f(x,y)\, dy}{f(x)}\,,$$

wobei $f(y|x) = f(x,y)/f(x)$ die bedingte Dichte von Y gegeben $X = x$ ist (vgl. Kapitel 6). Schätzt man $f(x,y)$ und $f(x)$ mittels der Daten durch Kerndichteschätzer, so erhält man einen Kernschätzer $\hat{g}(x)$ für $g(x)$.

Bei der sogenannten *Spline-Regression* wird der Bereich der x-Werte durch ein feines Gitter unterteilt. In jedem der so entstehenden aneinandergrenzenden Intervalle wird $g(x)$ durch ein Polynom niedrigen Grades, oft ein kubisches Polynom, approximiert. Diese stückweisen Polynome werden an den Gitterpunkten oder "Knoten" stetig und differenzierbar aneinandergesetzt. Genauer unterscheidet man noch zwischen *Regressions-Splines* bei denen Gitterpunkte vorgegeben werden, und *Glättungs-Splines*, bei denen die Knoten gleich den gegebenen, geordneten x-Werten $x_{(1)} \leq x_{(2)} \leq \cdots \leq x_{(n)}$ gewählt werden. *Spline-Regression* *Regressions-Splines* *Glättungs-Splines*

Bei Verfahren der *lokalen Regression* wird zu jedem (festen) x-Wert ein "Fenster" ähnlich wie bei der Kerndichteschätzung um x gelegt und an die Daten (y_i, x_i) mit x_i-Werten aus *lokale Regression* diesem Fenster eine parametrische Regressionsfunktion einfacher Struktur, insbesondere zum Beispiel eine lokale lineare Regression $\hat{\alpha}(x)+\hat{\beta}(x)x$, angepaßt. Durchläuft x den Wertebereich von X, so erhält man eine Schätzung $\hat{g}(x)$ für $g(x)$.

Beispiel 12.9 **Mietspiegel**

Bislang wurde für die Mietspiegel-Regression mit Y = "Nettomiete" und X = "Wohnfläche" eine lineare Regressionsfunktion in Form einer Ausgleichsgeraden geschätzt (vgl. Abbildung 3.20). Für die gleichen Daten ist in Abbildung 12.9 eine nichtparametrische Schätzung mittels einer Spline-Regression durchgeführt.

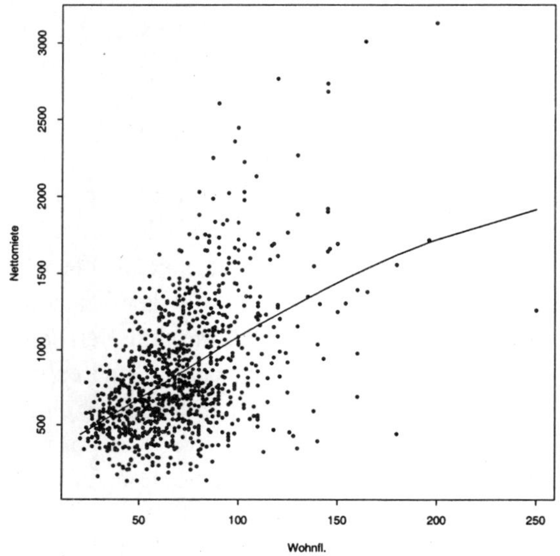

ABBILDUNG 12.9: Nichtparametrische Regression von Nettomiete gegen Wohnfläche

Man erkennt, daß in einem weiten Bereich von Wohnflächen, etwa bis zu 120 qm, die Approximation durch eine lineare Regressionsfunktion durchaus adäquat ist. Erst für größere Wohnflächen wird eine leichte Krümmung deutlicher erkennbar. Dabei ist allerdings zu beachten, daß die Schätzung in diesem Bereich von vergleichsweise wenigen Daten abhängt. □

multiple nichtparametrische Regression

Für eine *multiple nichtparametrische Regression* mit Regressoren $X_1, \ldots, X_p$ und Beobachtungen $y_i, x_{i1}, \ldots, x_{ip}$, $i = 1, \ldots, n$, ist die zu $Y_i = g(x_i) + \epsilon_i$ analoge Form

$$Y_i = g(x_{i1}, \ldots, x_{ip}) + \epsilon_i \,,$$

wobei nun $g(x_1, \ldots, x_p)$ eine "glatte" Regressionsoberfläche ist. Für eine geringe Anzahl von Regressoren ($p = 2, 3$) sind multivariate Versionen der eben skizzierten nichtparametrischen

Schätzer gelegentlich noch einsetzbar. Für größere Werte von p treten ernsthafte Dimensionsprobleme auf. Es ist dann sinnvoll, speziell strukturierte Regressionsfunktionen zu unterstellen.

Einen in vielen Fällen brauchbaren Kompromiß stellen *additive Modelle* dar. Im Vergleich zum linearen Modell $Y = \beta_0 + \beta_1 x_1 + \cdots + \beta_p x_p + \epsilon$ werden die linearen Funktionen $\beta_j x_j$ ganz oder zum Teil durch glatte, nichtparametrisch modellierte und geschätzte Funktionen $g_j(x_j)$ ersetzt:

additive Modelle

$$Y = g_1(x_1) + \cdots + g_p(x_p) + \epsilon$$

oder zum Beispiel

$$Y = g_1(x_1) + \beta_2 x_2 + \cdots + \beta_p x_p + \epsilon\,.$$

Der letzte Ansatz heißt auch *semiparametrisch* und ist vor allem dann sinnvoll, wenn die Regressoren $X_2, \ldots, X_p$ geeignet kodierte binäre oder mehrkategoriale Variablen sind.

semiparametrisch

Mietspiegel **Beispiel 12.10**

In Beispiel 12.7 (Seite 485) wurde ein multipler linearer Regressionsansatz für die logarithmierte Nettomiete $\ln NM$ gewählt, so daß der Einfluß der Wohnfläche W als linear angenommen wurde. Ersetzt man die lineare Funktion $\beta_0 + \beta_1 W$ durch eine glatte Funktion $g_1(W)$, so erhält man einen semiparametrischen Ansatz für $y = \ln NM$.

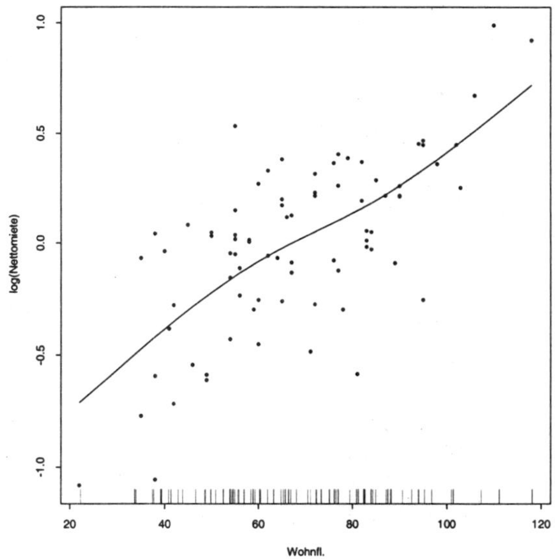

ABBILDUNG 12.10: Nichtparametrische Schätzung des Einflusses der Wohnfläche

Abbildung 12.10 zeigt die mit einer Spline-Regression nichtparametrisch geschätzte Funktion $g_1(W)$. Man erkennt, daß ein linearer Ansatz $\beta_0 + \beta_1 W$ für den Einfluß von W zwar eine relativ gute Approximation ist, aber Verbesserungen noch möglich sind. □

12.4 Zusammenfassung und Bemerkungen

Die einfache und besonders die multiple Regressionsanalyse zählen zu den bekanntesten und am meisten eingesetzten Verfahren der statistischen Praxis. In diesem Kapitel wurden vor allem die zugehörigen *Schätzprobleme* und *Testprobleme* sowie die *Prognose* behandelt. Die Adäquatheit der dabei eingesetzten Methoden beruht ganz wesentlich darauf, inwieweit die Annahmen für das lineare Regressionsmodell auch tatsächlich zutreffen. Eine Grundannahme ist, daß die *Zielvariable Y metrisch* ist. Zudem arbeiten die Inferenztechniken dann gut, wenn Y zumindest *approximativ normalverteilt* ist. Dies läßt sich unter Umständen durch eine geeignete *Datentransformation* erreichen. Die anderen *entscheidenden Annahmen* sind: Y läst sich durch eine *systematische Komponente* und einem *additiven Fehler* erklären. Für die systematische Komponente wird angenommen, daß sie sich als *Linearkombination der Regressoren* $X_1, \ldots, X_p$ schreiben läßt. Von den *Fehlervariablen* wird im Standardmodell gefordert, daß sie *unabhängig* und *homoskedastisch* sind. Zudem ist es günstig, wenn sie *approximativ normalverteilt* sind. Methoden der *Modelldiagnose* dienen dazu, Verletzungen dieser Annahmen zu überprüfen. Wir sind hier nur kurz auf graphisch-explorative Möglichkeiten der *Residualanalyse* eingegangen. Ein für die Praxis eminent wichtiges Problem der Modellwahl ist die *Variablenselektion*, d.h. die Auswahl wichtiger und aussagekräftiger Variablen aus einem oft umfangreichen Katalog von potentiellen Einflußgrößen. Statistische Programmpakete bieten dazu auch automatische datengesteuerte Methoden an. Für ausführliche Darstellungen zu diesen Fragestellungen, aber auch für das lineare Regressionsmodell im allgemeinen, sei auf Krämer und Sonnberger (1986), Toutenburg (1992) und Fahrmeir, Hamerle und Tutz (1996, Kap. 4) verwiesen, sowie auf Lehrbücher der Ökonometrie, z.B. Schneeweiß (1990) und Judge, Griffiths, Hill, Lütkepohl und Lee (1985).

Falls die Annahme der Linearität der systematischen Komponente nicht gegeben sind, wird man auf die *nichtlineare* und *nichtparametrische Regression*, welche in Abschnitt *12.3 kurz erwähnt sind, zurückgreifen. Als weiterführende Literatur hierzu seien Seber und Wild (1989), nichtlineare Regression, Härdle (1990), Härdle (1991), Hastie und Tibshirani (1990) und Green und Silverman (1994) sowie die zusammenfassende Darstellung in Fahrmeir, Hamerle und Tutz (1996, Kap. 4), genannt.

In manchen Anwendungen ist die Grundannahme einer metrischen Zielvariable Y eklatant verletzt. Ein Paradebeispiel hierfür ist der Fall einer *binären* oder *kategorialen* Zielvariablen Y. So läßt sich beispielsweise die Fragestellung des Kredit-Scoring, Beispiel 1.4 (Seite 5), als Regressionsproblem mit der binären Zielvariablen Y ="Kreditwürdigkeit", wobei, Y =

1 für nicht kreditwürdig, $Y = 0$ für kreditwürdig steht, und den in Beispiel 1.4 genannten Merkmalen als Einflußgrößen auffassen. Statt der herkömmlichen Regressionsanalysen bietet sich dafür die sogenannte *kategoriale Regression* an. Bekannte Vertreter sind die sogenannte *Probit-* und *Logitregression.*

Eine weitere Problemstellung, die mit der herkömmlichen linearen Regression meist nur unzureichend behandelt werden kann, ist die Analyse von *Lebens-*, *Verweil-* oder anderen Zeitdauern in Abhängigkeit von Einflußfaktoren. Beispiele hierfür sind die Lebens- oder Überlebenszeiten in medizinischen Studien, die Dauer der Arbeitslosigkeit, der Zeitraum zwischen der Markteinführung eines Produkts und dem Kauf durch die Konsumenten, die Perioden, in denen ein technisches Gerät störungsfrei arbeitet, die Verweildauer in einem bestimmten Berufsstatus, etc.

Darstellungen der *kategorialen Regression* und der umfassenderen Klasse *generalisierter linearer Modelle* sowie von Regressionsmodellen für Lebens- und Verweildauern finden sich bei Fahrmeir, Hamerle und Tutz (1996, Kap. 5,6), und der dort angegebenen Literatur.

12.5 Aufgaben

Aufgabe 12.1

In Beispiel 3.27 (Seite 155) wurde ein lineares Regressionsmodell besprochen, das den Einfluß der täglichen Fernsehzeit auf das Schlafverhalten von Kindern untersucht.

(a) Testen Sie unter Normalverteilungsannahme, ob die vor dem Fernseher verbrachte Zeit einen signifikanten Einfluß auf die Dauer des Tiefschlafs ausübt ($\alpha = 0.05$). Warum ist die Normalverteilungsannahme hier problematisch?

(b) Ein weiteres Kind sah tagsüber 1.5 h fern. Wie lange wird gemäß der angepaßten Regression sein Tiefschlaf erwartungsgemäß dauern? Geben Sie zu Ihrer Prognose auch ein 95 %–Konfidenzintervall an.

Aufgabe 12.2

Betrachten Sie das Regressionsmodell $y_i = \alpha + \beta x_i + \epsilon_i$ für $i = 1, \ldots, n$ mit binärer Kovariable

$$x_i = \begin{cases} 1 & \text{für} \quad i = 1, \ldots, n_1 \\ 0 & \text{für} \quad i = n_1 + 1, \ldots, n_1 + n_2 = n \end{cases}$$

(a) Vereinfachen Sie die KQ–Schätzungen.

(b) Wie lautet die Teststatistik zum Testen der Hypothese $H_0 : \beta = 0$? Zeigen Sie, daß der Test äquivalent zu dem Zwei–Stichproben–t–Test ist.

Aufgabe 12.3

Betrachten Sie die lineare Einfachregression als Spezialfall der multiplen Regression. Zeigen Sie die Äquivalenz der beiden Teststatistiken T und F zum Prüfen der Hypothese $H_0 : \beta_1 = 0$.

Aufgabe 12.4

Für 64 nach 1984 gebaute Wohnungen aus der Münchner Stichprobe wurde analog zu Beispiel 12.7 (Seite 485) die logarithmierte Nettomiete in Abhängigkeit von der Wohnfläche (W), der Lage (Lg und

Le), sowie der Bad (B)– und Küchenausstattung (K) durch eine multiple lineare Regression modelliert. Die KQ–Schätzung ergibt die folgenden Werte für die Regressoren und die geschätzten Standardabweichungen:

	$\hat{\beta}_j$	$\hat{\sigma}_j$
1	5.8418	0.2045
W	0.0126	0.0022
Lg	0.1807	0.0959
Le	−0.3380	0.1794
B	0.2629	0.1240
K	0.1079	0.0900

(a) Welche Nettomiete würden Sie gemäß diesem Modell für eine 80 qm große Wohnung in einer normalen Wohnlage mit einer gehobenen Bad– und Küchenausstattung prognostizieren?
(b) Bestimmen Sie die zu den Schätzungen gehörigen t– und p–Werte und interpretieren Sie Ihr Ergebnis.
(c) Das Bestimmheitsmaß beträgt hier $R^2 = 0.4229$. Tragen die Regressoren überhaupt zur Erklärung der Nettomiete bei? Führen Sie einen Overall–F–Test zum Niveau $\alpha = 0.01$ durch.

Aufgabe 12.5 An einer Meßstation in München wurden an 14 Tagen neben anderen Luftschadstoffen auch die Schwefeldioxidkonzentrationen gemessen und Tagesmittelwerte gebildet. Untersuchen Sie den Einfluß der Tagesdurchschnittstemperatur in Grad Celsius ($= X_1$) auf die aus Symmetriegründen logarithmierten SO_2–Konzentrationen ($= Y$). Liegt ein Wochenendeffekt vor? Die Variable X_2 gibt an, ob an einem Samstag oder Sonntag gemessen wurde ($X_2 = 1$) oder nicht ($X_2 = 0$). Es gilt:

y	−3.147	−2.830	−3.016	−3.079	−3.541	−2.976	−2.781	−3.352	−2.765	−1.897	−2.120	−2.453	−1.973	−2.235
x_1	16.47	16.02	16.81	22.87	21.68	21.23	20.55	18.32	15.96	15.36	12.47	12.46	11.77	11.72
x_2	0	0	0	1	1	0	0	0	0	0	1	1	0	0

$$(\mathbf{X}'\mathbf{X})^{-1} = \begin{pmatrix} 1.5488742 & -0.0882330 & -0.0162669 \\ -0.0882330 & 0.0053732 & -0.0050992 \\ -0.0162669 & -0.0050992 & 0.3548391 \end{pmatrix},$$

$$\mathbf{X}'\mathbf{y} = \begin{pmatrix} -38.16486 \\ -656.46618 \\ -11.19324 \end{pmatrix}$$

(a) Schätzen Sie die Regressionskoeffizienten im zugehörigen multiplen linearen Modell und kommentieren Sie Ihr Ergebnis.
(b) Als Bestimmheitsmaß erhält man $R^2 = 0.5781$. Tragen die Regressoren überhaupt zur Erklärung der SO_2–Konzentration bei? Führen Sie einen Overall–F–Test zum Niveau $\alpha = 0.01$ durch.
(c) Die geschätzten Standardabweichungen betragen $\hat{\sigma}_1 = 0.0267$ und $\hat{\sigma}_2 = 0.2169$. Testen Sie die Hypothesen $\beta_i = 0$ für $i = 1, 2$ zum Niveau $\alpha = 0.05$. Entfernen Sie die Kovariable, die offenbar keinen Einfluß hat, aus dem Modell und führen Sie eine lineare Einfachregression durch.

13

Varianzanalyse

Einige der statistischen Testverfahren, die wir bislang kennengelernt haben, behandeln den Vergleich von Gruppen. Als ein Beispiel sei hier der t-Test genannt, mit dem unter der Annahme normalverteilter Merkmale zwei unabhängige Stichproben miteinander verglichen werden. Dabei überprüft man, ob sich die beiden Zufallsvariablen hinsichtlich ihrer Erwartungswerte unterscheiden. Eine Verallgemeinerung dieser Situation auf den Vergleich mehrerer Gruppen für ein kategoriales Merkmal liefert der Homogenitätstest, der überprüft, ob dieses Merkmal in allen Gruppen dieselbe Verteilung besitzt. Betrachten wir nun das folgende fiktive Beispiel:

Bildung gleich Manipulation? **Beispiel 13.1**

In einer Studie im Bereich der Erziehungswissenschaften mit dem provozierenden Titel "Bildung gleich Manipulation" soll u.a. untersucht werden, wie stark Jugendliche durch einseitiges Informationsmaterial in ihren Einstellungen beeinflußt werden. Konkret wurde ein Fragebogen entwickelt, mit dem die Einstellung von Jugendlichen zur Nutzung von Atomkraft zur Energiegewinnung gemessen werden kann. Um nun in Erfahrung zu bringen, inwieweit eine Beeinflussung durch einseitiges Informationsmaterial möglich ist, wurde eine zufällig ausgewählte Gruppe von Jugendlichen zufällig in drei Untergruppen aufgeteilt. Die Jugendlichen in den drei Untergruppen wurden anschließend mit unterschiedlicher Zielrichtung über Atomkraft informiert: Der "Pro-Gruppe" wurde ein Film gezeigt, in dem die Nutzung von Atomkraft klar befürwortet wird und in dem die Vorteile der Nutzung dieser Energie ausführlich dargestellt werden. Die "Kontra-Gruppe"sah einen Film, der im Gegensatz dazu die Risiken der Atomkraft in den Vordergrund stellt. Die dritte Gruppe diente als "Kontrollgruppe". Der entsprechende Film informierte sachlich sowohl über Vor- als auch über Nachteile der Nutzung von Atomkraft.

Nachdem die Jugendlichen den jeweiligen Film gesehen haben, wurde ihre Einstellung zur Atomkraft über den Fragebogen erfaßt. Die verschiedenen Items des Fragebogens wurden dann in einem sogenannten Score zusammengefaßt. Aufgrund dieses so gebildeten einzelnen Werts wurde die Einstellung jedes einzelnen Jugendlichen schließlich beurteilt. Die Frage ist nun, ob sich die mittleren Scores in den drei Gruppen unterscheiden und ob man daraus schließen kann, daß der Inhalt des Informationsmaterials Einfluß auf die Einstellung von Jugendlichen hat. □

Zur Beantwortung der in dem Beispiel beschriebenen Fragestellung ist der Vergleich von drei Gruppen erforderlich, da der potentielle Einfluß*faktor* "Informationsmaterial" auf drei *Faktorstufen* untersucht wurde. Die interessierende Zielgröße ist die Einstellung der Jugendlichen.

Faktor
Faktorstufen

Diese kann je nach Konstruktion als metrische Variable angesehen werden. In vielen Fällen werden solche Scores auch derart konstruiert, daß für diese die Normalverteilungsannahme gerechtfertigt ist. Gehen wir nun davon aus, daß die gemessene Zielgröße metrisch ist, so bedeutet diese Fragestellung eine Verallgemeinerung der eingangs beschriebenen Situationen in zwei Richtungen. Zum einen muß der zur Überprüfung des damit verbundenen Testproblems eingesetzte Test den Zweistichproben-t-Test auf mehr als zwei unabhängige Stichproben verallgemeinern. Zum anderen muß die Situation des Mehrgruppenvergleiches einer kategorialen Variable auf den Fall einer metrischen erweitert werden.

Varianzanalyse

Die statistische Methode, die diese Verallgemeinerung leistet, ist die sogenannte *Varianzanalyse*. Anhand dieser Methode ist es möglich, Unterschiede in den Erwartungswerten einer normalverteilten Zufallsvariable in mehreren Gruppen zu beurteilen. Dabei wird ein statistischer Test bereitgestellt, mit dem eine Entscheidung darüber gefällt werden kann, ob die beobachteten Unterschiede in den Mittelwerten der einzelnen Gruppen ausreichend groß sind, um davon auf Unterschiede in den zugehörigen Grundgesamtheiten schließen zu können. Der Name dieses statistischen Verfahrens rührt daher, daß letztendlich anhand der Prüfgröße getestet wird, ob die Variabilität zwischen den Gruppen größer ist als innerhalb der Gruppen. Wäre diese Bedingung erfüllt, so läge ein Indiz dafür vor, daß Unterschiede zwischen den Gruppen bestehen. Neben dem oben beschriebenen beispielhaften varianzanalytischen Problem gibt es viele andere Fragestellungen, die sich anhand einer geeigneten Varianzanalyse lösen lassen.

varianzanalytisches Modell

In der Medizin ist es etwa von Interesse zu erfahren, ob es Unterschiede zwischen verschiedenen Dosierungen eines neuen Medikaments und einem Placebo hinsichtlich der Gesundung der Patienten gibt. In der Landwirtschaft, aus der heraus viele statistische Methoden und insbesondere die Varianzanalyse entwickelt wurden, könnte die Frage nach dem Einfluß der Menge eines Düngemittels und der Beschaffenheit des Bodens auf den Ernteertrag interessieren. Der Einfluß der Schichtzugehörigkeit auf das Einkommen kann ebenfalls über ein *varianzanalytisches Modell* erfaßt werden. Dabei erfordern die verschiedenen praktischen Probleme natürlich auch verschiedene Varianzanalysemodelle mit dazugehörigen Prüfgrößen, die sich gerade nach Fragestellung und Versuchsanordnung unterscheiden.

13.1 Einfaktorielle Varianzanalyse

einfaktorielle Varianzanalyse

Die *einfaktorielle Varianzanalyse* oder auch *Einfachklassifikation* ist für die in Beispiel 13.1 beschriebene Situation adäquat, in der lediglich ein Faktor und zwar die Methode zur Vermittlung von Wissen auf mehreren Stufen, hier ein Film mit positiver Information zu Kernenergie, ein Film mit negativer und einer mit neutraler Information, betrachtet wird. Von Interesse ist nun der Einfluß dieses Faktors auf die eigentliche metrische Zielgröße, die in unserem Beispiel gerade durch die Einstellung der Jugendlichen zur Nutzung von Kernenergie gegeben ist. Anhand der Varianzanalyse wird untersucht, ob die verschiedenen Stufen hier zunächst eines

Faktors statistisch signifikant unterschiedliche Wirkungen auf das interessierende Merkmal haben. Außerdem können die Effekte der Faktorstufen quantifiziert werden.

Bildung gleich Manipulation? **Beispiel 13.2**

Konkretisieren wir im folgenden obiges Beispiel. Dazu gehen wir nun davon aus, daß 24 zufällig ausgewählte Jugendliche zuerst zufällig in drei Gruppen aufgeteilt wurden. Zehn Jugendliche bildeten die "Pro-Gruppe", acht die "Kontra-Gruppe" und sechs die "Kontrollgruppe". Der Score, der anhand eines Fragebogens ermittelt wurde und die Einstellung der Jugendlichen zur Nutzung von Kernenergie wiedergeben soll, nimmt umso höhere Werte an, je positiver der Jugendliche die Nutzung von Atomkraft einschätzt. Per Konstruktion kann dieser Score als normalverteilte Größe angesehen werden. Die Befragung ergab folgende Scores für die Einstellung der Jugendlichen zur Nutzung von Atomkraft.

	Scores									
Kontrollgruppe	8	12	7	10	11	12				
Pro-Gruppe	7	9	15	13	11	16	22	8	13	16
Kontra-Gruppe	4	5	6	3	8	10	3	9		

Wie läßt sich nun der Effekt des filmischen Informationsmaterials auf die Einstellung der Jugendlichen schätzen, und wie kann man beurteilen, ob das jeweilige Informationsmaterial Einfluß auf die Einstellung der Jugendlichen hat? □

Dazu benötigen wir zunächst eine allgemeine Notation. Bezeichnen wir die Zielgröße mit Y, so liegen uns also Beobachtungen y_{ij} vor, wobei der erste Index angibt, zu welcher Faktorstufe die Beobachtung gehört, und der zweite Index die Nummer der Untersuchungeinheit in dieser Faktorstufe. Die Umfänge der einzelnen Gruppen, die sich durch die Faktorstufen ergeben, müssen, wie in Beispiel 13.2, nicht gleich groß sein. Die in Beispiel 13.2 angegebene Tabelle läßt sich damit in allgemeiner Notation schreiben als

		Zielgröße			
	Stufe 1	y_{11}	y_{12}	$\cdots$	y_{1n_1}
	Stufe 2	y_{21}	y_{22}	$\cdots$	y_{2n_2}
Faktor	$\vdots$	$\vdots$			$\vdots$
	Stufe I	y_{I1}	y_{I2}	$\cdots$	y_{In_I}

Dabei bezeichnen $n_1, \ldots, n_I$ die Stichprobenumfänge in jeder Faktorstufe und I die Anzahl der Faktorstufen. In Beispiel 13.2 ist $I = 3, n_1 = 6, n_2 = 10, n_3 = 8$ und $n = \sum_{i=1}^{I} n_i = 24$. Allgemein liegen also auf Faktorstufe i die Merkmalsausprägungen $y_{i1}, \ldots, y_{in_i}$, $i = 1, \ldots, I$, vor.

Um nun zu einem varianzanalytischen Modell zu gelangen, muß die Zielvariable in Abhängigkeit der auf Stufen erfaßten Einflußgröße beschrieben werden. Man unterscheidet dazu zwei Ansätze:

Modellformulierung (I)

Im ersten Modellansatz nimmt man an, daß durch die jeweilige Faktorstufe eine gewisse durchschnittliche Ausprägung der Zielgröße, wie etwa einen mittleren Einstellungsscore der Jugendlichen gegenüber der Nutzung von Atomenergie, bedingt wird. Allerdings gibt es natürlich individuelle Schwankungen um diesen mittleren Wert, denen im Modell Rechnung getragen werden muß. Daher läßt sich die Zielgröße Y_{ij} als Summe des Erwartungswerts μ_i von Faktorstufe i und eines Störterms ϵ_{ij} für die i-te Faktorstufe und die j-te Untersuchungseinheit darstellen, also

$$Y_{ij} = \mu_i + \epsilon_{ij}\,, \quad i = 1, \ldots, I\,, \quad j = 1, \ldots, n_i\,.$$

Normalverteilung

Da wir zudem vorausgesetzt haben, daß die Zielvariable in den Gruppen normalverteilt ist und sich, wenn überhaupt, nur durch ihre Erwartungwerte unterscheidet, können wir zudem annehmen, daß die Störgröße *normalverteilt* ist mit

$$\epsilon_{ij} \sim N(0, \sigma^2)\,.$$

Inhaltlich bedeutet diese Annahme, daß sich die Störterme im Mittel wieder ausgleichen und daß die Variabilität in allen Gruppen gleich ist. Da wir die Untersuchungseinheiten zufällig auswählen, können wir zusätzlich davon ausgehen, daß die Y_{ij} und damit die ϵ_{ij} unabhängig sind, d.h. $Y_{11}, Y_{12}, \ldots, Y_{In_I}$ bzw. $\epsilon_{11}, \ldots, \epsilon_{In_I}$ sind voneinander unabhängig.

Uns interessiert nun die Frage, ob sich die Faktorstufen unterschiedlich auf die Zielgröße auswirken. Diese Frage formulieren wir auch hier als statistische Alternative in dem entsprechenden statistischen Testproblem, das gegeben ist als

$$H_0: \mu_1 = \mu_2 = \cdots = \mu_I \qquad \text{gegen} \quad H_1: \mu_i \neq \mu_j \quad \text{für mindestens ein Paar } (i, j)\,.$$

Die Nullhypothese besagt gerade, daß zwischen den Gruppen keine Mittelwertsunterschiede vorliegen, während die Alternative formuliert, daß sich mindestens zwei Gruppen unterscheiden.

Modellformulierung (II)

Der andere Ansatz zur Modellierung ist völlig äquivalent zu Modell (I). Es wird mit diesem Modell allerdings der Idee Rechnung getragen, daß, formuliert für unser Beispiel, die verschiedenen Filme einen unterschiedlichen Effekt auf die Einstellung haben. Damit versucht Modell (II) die Effekte der Faktorstufen auf den allgemeinen mittleren Wert der Zielgröße zu beschreiben. Man spricht daher auch bei der Darstellung

$$Y_{ij} = \mu + \alpha_i + \epsilon_{ij}\,, \quad i = 1, \ldots, I\,, \quad j = 1, \ldots, n_i\,.$$

von dem *Modell in Effektdarstellung*. Den Parameter μ bezeichnet man als *grand mean* oder globalen Erwartungswert, d.h. $\mu = \frac{1}{n}\sum_{i=1}^{I} n_i\mu_i$, und α_i als *Effekt* der i-ten Faktorstufe mit $\alpha_i = \mu_i - \mu$. Betrachtet man das Modell (I)

Modell in Effektdarstellung

grand mean

Effekt

$$Y_{ij} = \mu_i + \epsilon_{ij}$$

und fügt die Differenz $\mu - \mu$ hinzu, d.h.

$$Y_{ij} = \mu + (\mu_i - \mu) + \epsilon_{ij}\,,$$

so erhält man direkt das Modell (II) mit $\alpha_i = \mu_i - \mu$. Zudem sieht man leicht, daß sich die Effekte im Mittel ausgleichen, d.h.

$$\sum_{i=1}^{I} n_i\alpha_i = 0\,.$$

Außerdem setzen wir wieder voraus, daß die Störterme $\epsilon_{11}, \dots, \epsilon_{In_I}$ unabhängig und normalverteilt sind mit $\epsilon_{ij} \sim N(0, \sigma^2)$.

Das in Modell (I) angegebene statistische Testproblem läßt sich nun analog über die Effekte formulieren. Haben nämlich die Faktorstufen keinen Einfluß, so sind die Effekte alle null. Damit erhalten wir folgendes statistisches Testproblem:

$$H_0 : \alpha_1 = \cdots = \alpha_I = 0 \quad \text{gegen} \quad H_1 : \text{mindestens zwei } \alpha_i \neq 0\,,$$

d.h. unter H_0 gibt es keine unterschiedlichen Effekte auf die Zielgröße bedingt durch den Faktor. Unter H_1 gibt es einen solchen Effekt, wobei bei der Forderung nach mindestens zwei von null verschiedenen α_i die Annahme eingeht, daß sich die Effekte ausgleichen sollen.

Die oben gegebene Formulierung der Modelle geht von einem varianzanalytischen experimentellen Design aus, bei dem die Beobachtungseinheiten verscheidenen Stufen des Einflußfaktors ausgesetzt werden. Der eher typische Fall bei praktischen Untersuchungen ist jedoch der einer Beobachtungsstudie und nicht eines Experiments, bei der sowohl das interessierende Merkmal als auch der Einflußfaktor gleichzeitig an den statistischen Einheiten beobachtet werden, vgl. Beispiel 13.5 (Seite 508). Die varianzanalytische Modellierung und die Methoden der Varianzanalyse bleiben auch in solchen Situationen anwendbar.

Arbeiten wir im folgenden mit Modell (II), so stellt sich nun die Frage, die wir in Beispiel 13.2 schon inhaltlich formuliert haben, nämlich, wie μ und die Effekte α_i zu schätzen sind, und wie H_0 zu testen ist.

Wenden wir uns zunächst dem Schätzproblem zu. Da der globale Erwartungswert das allgemeine Mittel der Zielgröße, also zum Beispiel den mittleren Einstellungsscore der Jugendlichen, wiedergibt, liegt es nahe, diesen auch als Mittelwert aus allen Beobachtungen zu schätzen, d.h.

$$\hat{\mu} = \frac{1}{n} \sum_{i=1}^{I} \sum_{j=1}^{n_i} Y_{ij} = \bar{Y}_{\cdot\cdot} \,.$$

Die Effekte α_i beschreiben gerade die durch die Faktorstufe bewirkte Abweichung vom globalen Erwartungswert. Der Erwartungswert der Zielgröße in jeder Faktorstufe läßt sich nun schätzen durch

$$\hat{\mu}_i = \frac{1}{n_i} \sum_{j=1}^{n_i} Y_{ij} = \bar{Y}_{i\cdot} \,,$$

und wir erhalten somit als Schätzung für α_i

$$\hat{\alpha}_i = \bar{Y}_{i\cdot} - \bar{Y}_{\cdot\cdot} \,,$$

woraus sich die Residuen des Modells berechnen lassen als Abweichung der tatsächlich beobachteten Zielgröße von dem aufgrund des Modells vorhergesagten Wert, also

$$\hat{\epsilon}_{ij} = y_{ij} - (\hat{\mu} + \hat{\alpha}_i) = y_{ij} - (\bar{y}_{\cdot\cdot} + \bar{y}_{i\cdot} - \bar{y}_{\cdot\cdot}) = y_{ij} - \bar{y}_{i\cdot} \,.$$

Damit sind wir nun in der Lage, die erste Frage in unserem Beispiel zu beantworten.

Beispiel 13.3 **Bildung gleich Manipulation?**

Es wird im folgenden davon ausgegangen, daß sich die Einstellung der Jugendlichen zur Nutzung von Atomkraft modellieren läßt als

$$Y_{ij} = \mu + \alpha_i + \epsilon_{ij} \,, \quad i = 1, 2, 3, \quad j = 1, \ldots, n_i \,,$$
$$\text{mit } n_1 = 6, \quad n_2 = 10, \quad n_3 = 8, \quad n = 24 \,.$$

Dabei beschreibt μ die allgemeine mittlere Einstellung der Jugendlichen zur Nutzung von Atomkraft in der Grundgesamtheit, α_i den durch den jeweiligen Film bedingten Effekt und ϵ_{ij} unter anderem die individuellen Schwankungen. In dem Störterm ϵ_{ij} werden aber auch andere Abweichungen vom Modell, zum Beispiel bedingt durch fehlerhafte Messungen, subsummiert.

Für die Schätzung von μ und α_i benötigen wir die Mittelwerte aus allen Beobachtungen und in den jeweiligen Faktorstufen. Letztere berechnen sich als

$$\bar{y}_{1\cdot} = 10 \,, \quad \bar{y}_{2\cdot} = 12 \,, \quad \bar{y}_{3\cdot} = 6 \,.$$

Aus diesen kann $\bar{y}_{\cdot\cdot}$ ermittelt werden als

$$\bar{y}_{\cdot\cdot} = \frac{1}{n} \sum_{i=1}^{I} n_i \bar{y}_{i\cdot} = \frac{1}{24}(6 \cdot 10 + 10 \cdot 12 + 8 \cdot 6) = 9.5 \,.$$

Daraus erhält man als Schätzungen für die Effekte

$$\hat{\alpha}_1 = 10 - 9.5 = 0.5\,, \quad \hat{\alpha}_2 = 12 - 9.5 = 2.5\,, \quad \hat{\alpha}_3 = 6 - 9.5 = -3.5\,.$$

Aus diesen läßt sich ablesen, daß ein deutlicher positiver Effekt von 2.5 auf die Einstellung der Jugendlichen gegenüber der Nutzung von Atomkraft durch den Film hervorgerufen wird, in dem die Nutzung von Atomkraft eindeutig bejaht wird, während in der Kontra-Gruppe ein deutlich negativer Effekt von -3.5 vorliegt. □

Die Teststatistik zur Überprüfung, ob die in der Stichprobe beobachteten Effekte einen Schluß darüber zulassen, daß auch in der Grundgesamtheit ein solcher Effekt des Faktors vorliegt, kann als Verallgemeinerung der Prüfgröße des t-Tests angesehen werden. Diese lautet unter der Annahme, daß die Varianz in beiden Stichproben gleich ist,

$$T = \frac{\bar{X} - \bar{Y}}{\sqrt{S^2(\frac{1}{n} + \frac{1}{m})}}\,,$$

wobei $\bar{X}, \bar{Y}$ die Mittelwerte in den beiden unabhängigen Stichproben, n und m die Stichprobenumfänge und $S^2 = ((n-1)S_X^2 + (n-1)S_Y^2)/(n+m-2)$ die Stichprobenvarianz bezeichnen (vgl. Abschnitt 11.2, Seite 445 Kasten). Die Größe S^2 mißt gerade die Variabilität innerhalb der Gruppen, also wie stark die einzelnen Beobachtungen innerhalb der Gruppen vom jeweiligen Gruppenmittel abweichen. Die Differenz $\bar{X} - \bar{Y}$ liefert eine Größe zur Messung der Unterschiede und damit der Variabilität zwischen den Gruppen. Damit setzt die Prüfgröße des t-Tests die Variabilität zwischen den Gruppen in Beziehung zur Variabilität innerhalb der Gruppen, wobei diese geeignet gemessen werden.

Diese Idee läßt sich nun auf den Mehrgruppenvergleich der Varianzanalyse übertragen. Es sind lediglich geeignete Größen zur Messung der jeweiligen Variabilitäten zu überlegen. Zur Messung der Variabilität zwischen den Gruppen macht es keinen Sinn, alle Gruppenmittel voneinander abzuziehen. Allerdings läßt sich diese Variabilität gut über einen Vergleich der Mittelwerte innerhalb der Faktorstufen mit dem Gesamtmittel erfassen. Sei diese Größe bezeichnet mit SQE, die damit berechnet wird als

$$SQE = \sum_{i=1}^{I}\sum_{j=1}^{n_i}(\bar{Y}_{i\cdot} - \bar{Y}_{\cdot\cdot})^2\,.$$

Da die Terme $(\bar{Y}_{i\cdot} - \bar{Y}_{\cdot\cdot})^2$ nicht mehr von j abhängen und jeder dieser Terme genau n_i-mal vorkommt, läßt sich SQE auch schreiben als

$$SQE = \sum_{i=1}^{I} n_i(\bar{Y}_{i\cdot} - \bar{Y}_{\cdot\cdot})^2\,.$$

Diese Streuung muß analog zur üblichen Stichprobenvarianz noch durch ihre Freiheitsgrade dividiert werden, die hier $I-1$ betragen. Die Streuung innerhalb der Gruppen läßt sich wieder erfassen über die quadrierten Abweichungen der Beobachtungen in den Gruppen vom jeweiligen Gruppenmittelwert, so daß man insgesamt die analog zur Regressionsanalyse SQR bezeichnete Streuung berechnet als

$$SQR = \sum_{i=1}^{I}\sum_{j=1}^{n_i}(Y_{ij}-\bar{Y}_{i\cdot})^2 .$$

Kennt man die Stichprobenvarianzen S_i^2 in den Gruppen bereits, also

$$S_i^2 = \frac{1}{n_i-1}\sum_{j=1}^{n_i}(Y_{ij}-\bar{Y}_{i\cdot})^2 ,$$

so läßt sich die Berechnung von SQR vereinfachen:

$$\begin{aligned} SQR &= \sum_{i=1}^{I}\sum_{j=1}^{n_i}(Y_{ij}-\bar{Y}_{i\cdot})^2 \\ &= \sum_{i=1}^{I}(n_i-1)\frac{1}{n_i-1}\sum_{j=1}^{n_i}(Y_{ij}-\bar{Y}_{i\cdot})^2 \\ &= \sum_{i=1}^{I}(n_i-1)S_i^2 . \end{aligned}$$

Zur Konstruktion der Prüfgröße muß auch SQR durch die entsprechenden Freiheitsgrade $n-I$ dividiert werden. Die hier vorgenommene Aufteilung der gesamten Variabilität in SQR und SQE ist bereits als *Streuungszerlegung* aus der Regressionsanalyse bekannt. Damit erhalten wir insgesamt als Prüfgröße

Streuungszerlegung

$$F = \frac{SQE/(I-1)}{SQR/(n-I)} = \frac{\sum\limits_{i=1}^{I}\sum\limits_{j=1}^{n_i}(\bar{Y}_{i\cdot}-\bar{Y}_{\cdot\cdot})^2 \Big/ (I-1)}{\sum\limits_{i=1}^{I}\sum\limits_{j=1}^{n_i}(Y_{ij}-\bar{Y}_{i\cdot})^2 \Big/ (n-I)} .$$

Diese besitzt, wie schon die entsprechende Prüfgröße in der Regressionsanalyse (siehe Kapitel 12), unter der Nullhypothese, daß keine Effekte bedingt durch den Einflußfaktor vorliegen, eine F-Verteilung mit $I-1$ und $n-I$ Freiheitsgraden. Dabei wird die Nullhypothese verworfen, falls die Variabilität zwischen den Gruppen wesentlich größer ist als innerhalb der Gruppen, also falls der berechnete Prüfgrößenwert das $(1-\alpha)$-Quantil der $F(I-1, n-I)$-Verteilung überschreitet. Für zwei Gruppen, d.h. $I = 2$, reduziert sich die F-Statistik auf das Quadrat der t-Statistik. Ebenfalls analog zur Regressionsanalyse ordnet man die zur Berechnung der Prüfgröße notwendigen Ausdrücke in einer *Varianzanalysetabelle* bzw. kurz ANOVA-Tabelle an:

Varianzanalysetabelle

Streuungsursache	Streuung	Freiheitsgrade	mittlerer quadratischer Fehler	Prüfgröße
Gruppen (Variabilität zwischen den Gruppen)	SQE	$I-1$	$\frac{SQE}{(I-1)} = MQE$	$F = \frac{MQE}{MQR}$
Residuen (Variabilität innerhalb der Gruppen)	SQR	$n-I$	$\frac{SQR}{(n-I)} = MQR$	

Die Prüfgröße wird nun verwendet, um die zweite in dem Beispiel formulierte Frage zu beantworten und zwar, ob das filmische Informationsmaterial die Einstellung der Jugendlichen beeinflußt.

Bildung gleich Manipulation? **Beispiel 13.4**

Die Frage danach, ob das filmische Informationsmaterial die Einstellung der Jugendlichen beeinflußt, läßt sich als statistisches Testproblem wie folgt formulieren:

$$H_0 : \alpha_1 = \alpha_2 = \alpha_3 = 0 \quad \text{gegen} \quad H_1 : \text{ mindestens zwei } \alpha_i \neq 0\,.$$

Der entsprechende Test soll zum Niveau $\alpha = 0.05$ durchgeführt werden. Zur Berechnung der Prüfgröße

$$F = \frac{MQE}{MQR} \quad \text{mit} \quad MQE = \sum_{i=1}^{I} n_i \cdot (\bar{Y}_{i\cdot} - \bar{Y}_{\cdot\cdot})^2/(I-1) \quad \text{und} \quad MQR = \sum_{u=1}^{I} (n_i - 1)S_i^2/(n-I)$$

kann man neben diesen Vereinfachungen noch ausnutzen, daß die Summanden des MQE gerade die quadrierten geschätzten Effekte sind.

Mit $s_1^2 = 4.4$, $s_2^2 = 10.4$, $s_3^2 = 7.4$ und $\hat{\alpha}_1 = 0.5$, $\hat{\alpha}_2 = 2.5$, $\hat{\alpha}_3 = -3.5$ erhält man

$$SQE = \sum_{i=1}^{3} n_i \hat{\alpha}_i^2 = 6 \cdot 0.5^2 + 10 \cdot 2.5^2 + 8 \cdot (-3.5)^2 = 1.5 + 62.5 + 98 = 162$$

$$\text{und} \quad SQR = \sum_{i=1}^{3} (n_i - 1)s_i^2 = 5 \cdot 4.4 + 9 \cdot 10.4 + 7 \cdot 7.4 = 22 + 93.6 + 51.8 = 167.4\,,$$

Somit ergeben sich

$$MQE = \frac{162}{3-1} = 81\,, \quad MQR = \frac{167.4}{24-3} = 7.97 \quad \text{und} \quad F = \frac{81}{7.97} = 10.16\,.$$

Dieser Prüfgrößenwert wird verglichen mit dem 95 %-Quantil einer F-Verteilung mit 2 und 21 Freiheitsgraden, das aus der Tabelle E abgelesen werden kann als 3.4668. Da $10.16 > 3.4668$, wird die Nullhypothese verworfen. Es kann zum Niveau $\alpha = 0.05$ auf einen signifikanten Effekt des filmischen Informationsmaterials auf die Einstellung zur Nutzung der Atomkraft geschlossen werden. □

Wir können damit zusammenfassen:

Einfaktorielle Varianzanalyse

Modell (I): $Y_{ij} = \mu_i + \epsilon_{ij}$,
$\epsilon_{ij} \sim N(0, \sigma^2)$, unabhängig,
$i = 1, \ldots, I,\ j = 1, \ldots, n_i$.

Modell (II): $Y_{ij} = \mu + \alpha_i + \epsilon_{ij},\ \sum_{i=1}^{I} n_i \alpha_i = 0$,
$\epsilon_{ij} \sim N(0, \sigma^2)$, unabhängig,
$i = 1, \ldots, I,\ j = 1, \ldots, n_i$.

Die Schätzer für μ und α_i im Modell (II) sind gegeben als:

$$\hat{\mu} = \frac{1}{n} \sum_{i=1}^{I} \sum_{j=1}^{n_i} Y_{ij} = \bar{Y}_{\cdot\cdot}$$

$$\hat{\alpha}_i = \bar{Y}_{i\cdot} - \bar{Y}_{\cdot\cdot} \quad \text{mit} \quad \bar{Y}_{i\cdot} = \frac{1}{n_i} \sum_{j=1}^{n_i} Y_{ij}\,.$$

Die Prüfgröße für das Testproblem

$$H_0 : \alpha_1 = \cdots = \alpha_I = 0 \quad \text{gegen} \quad H_1 : \text{mindestens zwei } \alpha_i \neq 0$$

ist gegeben als

$$F = \frac{MQE}{MQR} = \frac{\sum_{i=1}^{I} n_i \cdot (\bar{Y}_{i\cdot} - \bar{Y}_{\cdot\cdot})^2 \big/ (I-1)}{\sum_{i=1}^{I} \sum_{j=1}^{n_i} (Y_{ij} - \bar{Y}_{i\cdot})^2 \big/ (n-I)},$$

wobei H_0 zu verwerfen ist, falls

$$F > F_{1-\alpha}(I-1, n-I)\,.$$

Abschließend sei noch einmal darauf hingewiesen, daß dem varianzanalytischen Modell eine Reihe von Modellannahmen zugrunde liegt, die in jedem Einzelfall geprüft oder zumindest kritisch hinterfragt werden müssen. So geht etwa die *Varianzhomogenität*, d.h. die Annahme, daß die Varianzen in den jeweiligen Grundgesamtheiten gleich sind, in die Modellierung und die Entwicklung der Prüfgröße ein. Diese Annahme kann zwar ebenfalls anhand eines statistischen Tests überprüft werden, sollte aber durch substanzwissenschaftliche Überlegungen untermauert werden.

Varianzhomogenität

Auch die Annahme der *Unabhängigkeit* aller Beobachtungen kann verletzt sein, zum Beispiel bei Meßwiederholungen, d.h. bei wiederholten Messungen derselben Variable an denselben Beobachtungseinheiten. Sie sollte daher in der gegebenen Fragestellung ebenfalls untersucht werden.

Unabhängigkeit

Bei einer Verletzung der *Normalverteilungsannahme* gibt es für den Mehrstichprobenfall entsprechende verteilungsfreie Tests wie beispielsweise den Kruskal-Wallis-Test als Verallgemeinerung des Wilcoxon-Rangsummen-Tests.

Normalverteilungsannahme

Als weitergehende Fragestellung ist es natürlich häufig von Interesse, nicht nur zu erfahren, daß Unterschiede zwischen den Effekten in den einzelnen Stufen vorliegen, sondern diese genauer zu lokalisieren, d.h. also in Erfahrung zu bringen, welche zwei Gruppen sich jeweils unterscheiden. Dies zieht eine möglicherweise große Anzahl von *Paarvergleichen* nach sich, deren Behandlung anhand statistischer Tests zu der bereits in Kapitel 10 angesprochenen multiplen Testproblematik führt.

Paarvergleichen

Das oben angegebene varianzanalytische Modell läßt sich erweitern, um den verschiedenen Problemstellungen gerecht zu werden. So können zum Beispiel statt der festen Effekte α_i auch diese als zufällig modelliert werden. Es ist zudem möglich, mehr als einen Einflußfaktor in das Modell miteinzubeziehen. Der letzte Punkt ist Thema des nächsten Abschnitts.

13.2 Zweifaktorielle Varianzanalyse mit festen Effekten

Betrachtet man den Einfluß zweier Faktoren auf eine Zielgröße, so stellt sich die Frage, ob diese sich gemeinsam anders auswirken als jede der Variablen einzeln betrachtet. Besonders zur Beantwortung dieser Frage dient die *zweifaktorielle Varianzanalyse*. Das entsprechende varianzanalytische Modell berücksichtigt nämlich nicht nur die einzelnen Effekte der jeweiligen Faktoren, sondern auch die Möglichkeit der gegenseitigen Beeinflussung. Eine solche gegenseitige Beeinflussung macht sich dadurch bemerkbar, daß sich einer der beiden Faktoren je nach vorliegender Ausprägung des anderen Faktors auch verschieden auswirkt. Liegt ein solches Verhalten vor, so spricht man von einer *Wechselwirkung* der Faktoren. Damit interessiert also zunächst die Überprüfung auf Vorliegen möglicher Wechselwirkungen. Kann davon ausgegangen werden, daß keine Wechselwirkungen vorhanden sind, besteht die nächste Aufgabe darin zu prüfen, ob die beiden Faktoren isoliert betrachtet eine Auswirkung auf die Ziel-

zweifaktorielle Varianzanalyse

Wechselwirkung

Haupteffekt

größe haben. Diese Auswirkungen werden über die *Haupteffekte* erfaßt. Eine Interpretation der Haupteffekte allein macht in der Regel nur Sinn, wenn keine signifikanten Wechselwirkungen vorliegen. Die Überprüfung auf Wechselwirkung und auf die Haupteffekte erfolgt wieder mittels F-verteilter Prüfgrößen, da sich auch hier eine Wechselwirkung oder entsprechend die Haupteffekte in Mittelwertsunterschieden zeigen.

Im folgenden gehen wir von einem vollständigen Versuchsplan aus, d.h. alle Faktorkombinationen werden betrachtet. Die beobachteten Zielgrößenwerte können in einer Kontingenztafel zusammengefaßt werden.

Damit besteht das vorliegende Problem darin, den gleichzeitigen Einfluß eines Faktors A und eines zweiten Faktors B auf eine interessierende Zielgröße zu erfassen, wobei davon ausgegangen wird, daß sich A und B gleichzeitig anders auswirken als jeder der Faktoren einzeln betrachtet. So könnte uns etwa der Einfluß des Düngemittels und der Bodenbeschaffenheit auf den Ernteertrag interessieren oder der Einfluß der Unterrichtsmethode und des Leistungsstands des Schüler auf den Erfolg in einer Klausur. Diese Problematik wird im folgenden an einem kleinen fiktiven Beispiel veranschaulicht.

Beispiel 13.5 **Zufriedenheit im Studium**

Wir wollen untersuchen, welche Faktoren verantwortlich dafür sind, daß Studierende mit ihrem Studium zufrieden sind. Als zwei mögliche Einflußfaktoren betrachten wir ihre Motivation im Studium (Faktor A) auf zwei Stufen: motiviert ($A1$) und unmotiviert ($A2$), sowie ihre familiäre Situation (Faktor B): mit einem Partner zusammenlebend ($B1$) und allein lebend ($B2$). Es ist anzunehmen, daß sich die beiden Faktoren gemeinsam anders auswirken als jeder einzelne für sich. Die Zufriedenheit der Studierenden wurde über einen Score erfaßt, der Werte zwischen 0 und 100 annehmen kann, wobei hohe Werte für eine große Zufriedenheit stehen. Der Score wurde so konstruiert, daß er als approximativ normalverteilte Zufallsvariable angesehen werden kann. Pro Kombination der beiden Faktoren wurden fünf Studierende zufällig ausgewählt und die folgenden Scores erfaßt:

		familiäre Situation	
		Partner	allein lebend
M		85	50
o		89	52
t	motiviert	91	65
i		95	71
v		80	72
a		34	30
t		30	28
i	unmotiviert	28	33
o		23	16
n		40	23

Man sieht bereits an diesen Zahlen, daß die motivierten Studierenden deutlich zufriedener sind, wobei sich das Zusammenleben mit einem Partner positiv verstärkend auswirkt. □

Allgemein lassen sich die Beobachtungen eines solchen zweifaktoriellen Versuchsplans wie in Tabelle 13.1 angegeben erfassen.

		Faktor B mit Stufen				
		1	$\cdots$	j	$\cdots$	J
Faktor A	1	y_{111} y_{112} $\vdots$ y_{11K}				
mit	$\vdots$					
	i			y_{ij1} y_{ij2} $\vdots$ y_{ijK}		
Stufen	$\vdots$					
	I					

TABELLE 13.1: Beobachtungen eines zweifaktoriellen Versuchsplans mit I Stufen von Faktor A, J Stufen von Faktor B und K Beobachtungen pro Faktorkombination

Dabei liegt Faktor A also auf I Stufen vor und Faktor B auf J Stufen. Zudem gehen wir hier einfachheitshalber davon aus, daß pro Faktorkombination dieselbe Anzahl K von Beobachtungen vorhanden ist. Zudem wird auch vorausgesetzt, daß die Zielgröße für die einzelnen Faktorkombinationen normalverteilt ist und die Varianzen alle gleich sind. Analog zur einfaktoriellen Varianzanalyse können wir zwei Ansätze zur Modellierung der Zielgröße angeben, wobei wiederum das Modell in Effektdarstellung (Modell (II)) das informativere und daher auch das übliche Modell ist:

Modellformulierung (I)

In diesem Modell beschreiben wir die Zielgröße in Abhängigkeit eines durch die jeweilige Faktorkombination bedingten durchschnittlichen Werts μ_{ij}, der die beobachtete Größe natürlich auch hier nicht deterministisch beschreibt, sondern noch überlagert wird von dem individuellen Störterm ϵ_{ijk}. Damit schreibt sich das Modell (I) als

$$Y_{ijk} = \mu_{ij} + \epsilon_{ijk}\,, \quad \epsilon_{ijk} \sim N(0, \sigma^2)\,,$$
$$i = 1, \ldots, I\,, \quad j = 1, \ldots, J\,, \quad k = 1, \ldots, K\,,$$

wobei die ϵ_{ijk} als unabhängig vorausgesetzt werden. Der Parameter μ_{ij} ist gerade der Erwartungswert von Y_{ijk} in der Faktorkombination (i, j).

Dieses Modell hat den erheblichen Nachteil, daß keine differenzierte Analyse hinsichtlich Wechselwirkungen und Haupteffekte möglich ist. Daher greift man im allgemeinen auf das Modell in Effektdarstellung zurück.

Modellformulierung (II)

In diesem Modell wird die eingangs beschriebene Überlagerung des Vorliegens von Haupteffekten und Wechselwirkungen umgesetzt. Im Unterschied zu Modell (I) wird der Erwartungswert μ_{ij}, anschaulich formuliert, aufgespalten in einen allgemeinen Mittelwert μ und die durch die Faktoren und ihrer gegenseitigen Beeinflussung bewirkten Abweichung davon. Somit lautet Modell (II):

$$Y_{ijk} = \mu + \alpha_i + \beta_j + (\alpha\beta)_{ij} + \epsilon_{ijk}\,, \quad \epsilon_{ijk} \sim N(0, \sigma^2)\,,$$
$$i = 1, \ldots, I\,, \quad j = 1, \ldots, J\,, \quad k = 1, \ldots, K\,.$$

Außerdem werden die ϵ_{ijk} wieder als unabhängig vorausgesetzt. Analog zum einfaktoriellen Varianzmodell ergibt sich

$$\sum_{i=1}^{I} \alpha_i = 0\,, \quad \sum_{j=1}^{J} \beta_j = 0\,, \quad \sum_{i=1}^{I} (\alpha\beta)_{ij} = 0\,, \quad \sum_{j=1}^{J} (\alpha\beta)_{ij} = 0\,.$$

Die einzelnen Parameter des obigen Modells lassen sich nun wie folgt interpretieren:
μ bezeichnet wieder den grand mean mit

$$\mu = \frac{1}{IJ} \sum_{i=1}^{I} \sum_{j=1}^{J} \mu_{ij}\,,$$

α_i beschreibt den Effekt von Faktor A auf der i-ten Faktorstufe mit

$$\alpha_i = \mu_{i\cdot} - \mu\,,$$

wobei $\mu_{i\cdot} = \frac{1}{J} \sum_{j=1}^{J} \mu_{ij}$ der Erwartungswert von Faktor A auf der i-ten Faktorstufe, also ohne Betrachtung von Faktor B ist,
β_j beschreibt entsprechend von Faktor B auf der j-ten Faktorstufe mit

$$\beta_j = \mu_{\cdot j} - \mu\,,$$

wobei $\mu_{ij} = \frac{1}{I} \sum_{i=1}^{I} \mu_{ij}$ analog der Erwartungswert von Faktor B auf der j-ten Faktorstufe ist,
$(\alpha\beta)_{ij}$ beschreibt die Wechselwirkung von A und B auf der Faktorstufenkombination (i, j) mit

$$(\alpha\beta)_{ij} = \mu_{ij} - (\mu + \alpha_i + \beta_i)\,.$$

An der Definition der Parameter des Modells erkennt man gut die Idee der Modellierung. So erklären die Haupteffekte den Unterschied zwischen den Mittelwerten in der jeweiligen Faktorstufe des entsprechenden Faktors zum Gesamtmittel, während der Wechselwirkungsterm den Unterschied zwischen dem Mittelwert in der jeweiligen Faktorstufenkombination zu dem Teil des Gesamtmittelwerts zu erklären sucht, der nicht durch die Addition der Haupteffekte beschrieben werden kann. Könnte der durch die beiden Faktoren hervorgerufene Gesamteffekt nämlich gerade als Summe der beiden Haupteffekte dargestellt werden, so bedeutete diese Tatsache, daß die gleichzeitige Einwirkung der beiden Faktoren keine Verstärkung oder Schwächung der Einzeleffekte nachsichzieht und somit keine Wechselwirkungen vorhanden sind.

Die Bedeutung von Wechselwirkungen sei im folgenden anhand zweier Faktoren auf zwei Stufen illustriert. Nehmen wir zunächst den Fall an, daß keine Wechselwirkungen vorliegen. In diesem Fall wirken sich Faktor A bzw. Faktor B gleichmäßig auf den Stufen des jeweiligen anderen Faktor aus, was an den Erwartungswerten in den entsprechenden Faktorkombinationen abzulesen ist. Dies ist in Tabelle 13.2(a) veranschaulicht.

(a)		Faktor B		(b)		Faktor B		(c)		Faktor B	
	μ_{ij}	1	2		μ_{ij}	1	2		μ_{ij}	1	2
Faktor A	1	5	3	Faktor A	1	5	3	Faktor A	1	5	3
	2	2	0		2	3	5		2	3	2

TABELLE 13.2: Erwartungswerte auf der (i, j)-ten Stufe der Kombination zweier Faktoren A und B mit je zwei Stufen bei Vorliegen von (a) keiner Wechselwirkung, (b) reinen Wechselwirkungen, (c) Haupteffekten und Wechselwirkungen

Tabelle 13.2(b) zeigt den Fall einer reinen Wechselwirkung. Man sieht, daß die Faktoren sich in ihrer Auswirkung überkreuzen. In Tabelle 13.2(c) ist der Fall von vorliegenden Haupteffekten und einer Wechselwirkung dargestellt. In dieser Situation ist es im Prinzip unmöglich zu entscheiden, inwieweit die auftretenden Effekte den Faktoren alleine oder ihrer Kombination zuzuschreiben sind.

Abbildung 13.1 veranschaulicht die Bedeutung von Wechselwirkungen noch einmal graphisch. Man sieht deutlich, daß bei fehlenden Wechselwirkungen ein paralleler Verlauf der beiden Strecken vorliegt, die die Effekte von Faktor A auf den jeweiligen Stufen symbolisieren, vgl. Abbildung 13.1(a). Abbildung 13.1(b) zeigt die Überkreuzung bei reinen Wechselwirkungen, die auch schon in der Tabelle deutlich wurde. In Abbildung 13.1 ist kein klarer Hinweis auf die Bedeutung der Haupteffekte und der Wechselwirkungen erkennbar.

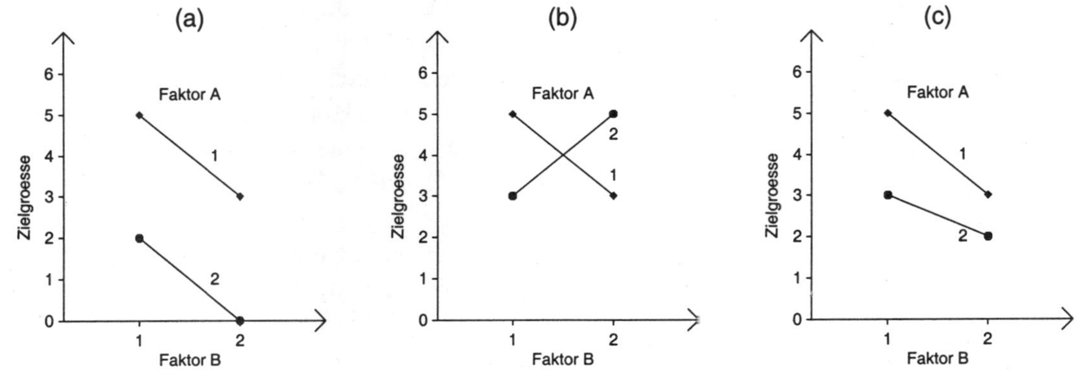

ABBILDUNG 13.1: Graphische Veranschaulichung (a) des Fehlens von Wechselwirkungen, (b) des Vorliegens reiner Wechselwirkungen und (c) des Vorliegens von Haupteffekten und Wechselwirkungen

Es sind im folgenden zunächst Schätzer für die obigen Modellparameter zu bestimmen. Diese bilden sich analog zur einfaktoriellen Varianzanalyse aus den Mittelwerten der Beobachtungen in entsprechenden Gruppen.

Dabei wird der globale Erwartungswert μ wieder geschätzt über das arithmetische Mittel aller Beobachtungen, deren Anzahl sich gerade als $I \cdot J \cdot K$ ergibt, so daß

$$\hat{\mu} = \frac{1}{IJK} \sum_{i=1}^{I} \sum_{j=1}^{J} \sum_{k=1}^{K} Y_{ijk} = \bar{Y}_{\ldots},$$

wobei die drei Punkte bei $\bar{Y}_{\ldots}$ verdeutlichen, daß über die Faktorstufen von Faktor A, über diejenigen von Faktor B und über die Beobachtungen in den entsprechenden Kombinationen summiert wird.

Zur Schätzung der Haupteffekte α_i und β_j verwendet man wieder die Abweichung des Mittelwerts in der entsprechenden Faktorstufe vom Gesamtmittel. Damit erhalten wir

$$\hat{\alpha}_i = \bar{Y}_{i..} - \bar{Y}_{\ldots} \quad \text{mit} \quad \bar{Y}_{i..} = \frac{1}{JK} \sum_{j=1}^{J} \sum_{k=1}^{K} Y_{ijk} \quad \text{und}$$

$$\hat{\beta}_j = \bar{Y}_{.j.} - \bar{Y}_{\ldots} \quad \text{mit} \quad \bar{Y}_{.j.} = \frac{1}{IK} \sum_{i=1}^{I} \sum_{k=1}^{K} Y_{ijk} \,.$$

Der Wechselwirkungsparameter $(\alpha\beta)_{ij}$ läßt sich schätzen als

$$\begin{aligned}\widehat{(\alpha\beta)}_{ij} &= \bar{Y}_{ij\cdot} - (\hat{\mu} + \hat{\alpha}_i + \hat{\beta}_j) \\ &= \bar{Y}_{ij} - (\bar{Y}_{\cdots} + \bar{Y}_{i\cdot\cdot} - \bar{Y}_{\cdots} + \bar{Y}_{\cdot j\cdot} - \bar{Y}_{\cdots}) \\ &= \bar{Y}_{ij\cdot} - \bar{Y}_{i\cdot\cdot} - \bar{Y}_{\cdot j\cdot} + \bar{Y}_{\cdots}\,, \quad \text{wobei} \\ \bar{Y}_{ij\cdot} &= \frac{1}{K}\sum_{k=1}^{K} Y_{ijk}\,.\end{aligned}$$

Diese Residuen berechnen sich auch hier als Abweichungen des beobachteten Werts y_{ijk} vom prognostizierten Wert $\hat{y}_{ijk} = \hat{\mu} + \hat{\alpha}_i + \hat{\beta}_j + \widehat{(\alpha\beta)}_{ij}$, d.h.

$$\hat{\epsilon}_{ijk} = y_{ijk} - (\hat{\mu} + \hat{\alpha}_i + \hat{\beta}_j + \widehat{(\alpha\beta)}_{ij})\,.$$

Zufriedenheit im Studium **Beispiel 13.6**

Zur Modellierung der Zufriedenheit im Studium Y verwenden wir das oben beschriebene zweifaktorielle varianzanalytische Modell mit

$$Y_{ijk} = \mu + \alpha_i + \beta_j + (\alpha\beta)_{ij} + \epsilon_{ijk}\,,$$

wobei $i = 1, 2$, $j = 1, 2$, $k = 1, \ldots, 5$. Damit haben wir insgesamt $I \cdot J \cdot K = 2 \cdot 2 \cdot 5 = 20$ Beobachtungen. Zur Schätzung von μ müssen nun alle Beobachtungen aufaddiert und durch die Gesamtzahl dividiert werden, d.h.

$$\hat{\mu} = \frac{1}{20}\sum_{i=1}^{2}\sum_{j=1}^{2}\sum_{k=1}^{5} y_{ijk} = 51.75 = \bar{y}_{\cdots}\,.$$

Der Mittelwert für die erste Faktorstufe von Faktor A ergibt sich als Summe über die zehn Beobachtungen, die in diese Faktorstufe fallen, also

$$\bar{y}_{1\cdot\cdot} = \frac{1}{10}\sum_{j=1}^{2}\sum_{k=1}^{5} y_{1jk} = 75\,,$$

Entsprechend berechnet man

$$\bar{y}_{2\cdot\cdot} = \frac{1}{10}\sum_{j=1}^{2}\sum_{k=1}^{5} y_{2jk} = 28.5\,, \quad \bar{y}_{\cdot 1\cdot} = \frac{1}{10}\sum_{i=1}^{2}\sum_{k=1}^{5} y_{i1k} = 59.5\,, \quad \bar{y}_{\cdot 2\cdot} = \frac{1}{10}\sum_{i=1}^{2}\sum_{k=1}^{5} y_{i2k} = 44\,.$$

Für den Mittelwert der Kombination aus der 1. Faktorstufe von A und der 1. Faktorstufe von B müssen die entsprechenden fünf Beoabchtungen gemittelt werden, d.h.

$$\bar{y}_{11\cdot} = \frac{1}{5}\sum_{k=1}^{5} y_{11k} = 88\,.$$

Analog erhält man

$$\bar{y}_{12\cdot} = \frac{1}{5}\sum_{k=1}^{5} y_{12k} = 62\,, \quad \bar{y}_{21\cdot} = \frac{1}{5}\sum_{k=1}^{5} y_{21k} = 31\,, \quad \bar{y}_{22\cdot} = \frac{1}{5}\sum_{k=1}^{5} y_{22k} = 26\,.$$

Anhand dieser Größen können nun die Schätzer für die Haupteffekte und die Wechselwirkungen bestimmt werden:

$$\begin{aligned}
\hat{\alpha}_1 &= \bar{y}_{1\cdot\cdot} - \bar{y}_{\cdot\cdot\cdot} = 75 - 51.75 = 23.25\,,\\
\hat{\alpha}_2 &= \bar{y}_{2\cdot\cdot} - \bar{y}_{\cdot\cdot\cdot} = 28.5 - 51.75 = -23.25\,,\\
\hat{\beta}_1 &= \bar{y}_{\cdot 1\cdot} - \bar{y}_{\cdot\cdot\cdot} = 59.5 - 51.75 = 7.75\,,\\
\hat{\beta}_2 &= \bar{y}_{\cdot 2\cdot} - \bar{y}_{\cdot\cdot\cdot} = 44 - 51.75 = -7.75\,,\\
(\widehat{\alpha\beta})_{11} &= \bar{y}_{11\cdot} - \bar{y}_{1\cdot\cdot} - \bar{y}_{\cdot 1\cdot} + \bar{y}_{\cdot\cdot\cdot} = 88 - 75 - 59.5 + 51.75 = 5.25\,,\\
(\widehat{\alpha\beta})_{12} &= \bar{y}_{12\cdot} - \bar{y}_{1\cdot\cdot} - \bar{y}_{\cdot 2\cdot} + \bar{y}_{\cdot\cdot\cdot} = 62 - 75 - 44 + 51.75 = -5.25\,,\\
(\widehat{\alpha\beta})_{21} &= \bar{y}_{21\cdot} - \bar{y}_{2\cdot\cdot} - \bar{y}_{\cdot 1\cdot} + \bar{y}_{\cdot\cdot\cdot} = 31 - 28.5 - 59.5 + 51.75 = -5.25\,,\\
(\widehat{\alpha\beta})_{22} &= \bar{y}_{22\cdot} - \bar{y}_{2\cdot\cdot} - \bar{y}_{\cdot 2\cdot} + \bar{y}_{\cdot\cdot\cdot} = 26 - 28.5 - 44 + 51.75 = 5.25\,.
\end{aligned}$$

Betrachten wir die graphische Darstellung der Mittelwerte pro Faktorkombination, d.h. von

		Faktor B	
	$\bar{y}_{ij\cdot}$	1	2
Faktor A	1	88	62
	2	31	26

,

erkennen wir, daß sowohl Wechselwirkungen als auch Haupteffekte vorliegen (vgl. Abb. 13.2).

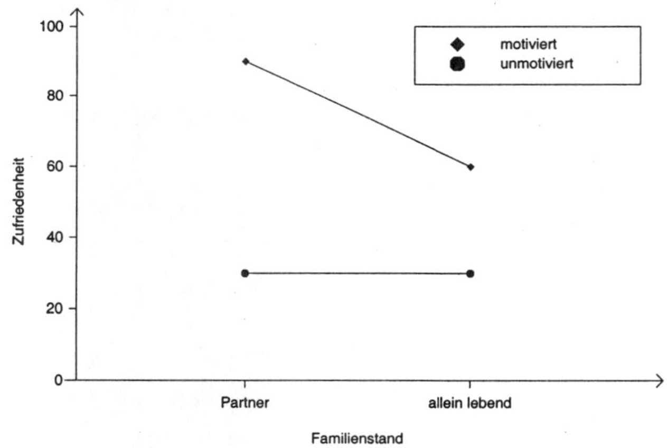

ABBILDUNG 13.2: Graphische Darstellung der Mittelwerte pro Faktorkombination

Wie groß der Anteil der Wechselwirkungen oder der Haupteffekte an den beobachteten Unterschieden zwischen den $\bar{y}_{ij\cdot}$ ist, läßt sich jedoch nicht festmachen.

An Abbildung 13.2 wird auch deutlich, daß die Studierenden, die unmotiviert sind, in ihrer Zufriedenheit mit dem Studium kaum eine positive Verstärkung durch das Zusammenleben mit einem Partner erfahren. Bei den motivierten Studierenden ist die Zufriedenheit derjenigen, die mit einem Partner zusammenleben, deutlich höher als bei den allein lebenden Studierenden. Auch wenn Abbildung 13.2 bereits darauf hinweist, daß Wechselwirkungen vorliegen, so ist es natürlich auch hier von Interesse, einen statistischen Test zur Verfügung zu haben, der die objektive Überprüfung der damit verbundenen Hypothesen ermöglicht. □

Zweifaktorielle Varianzanalyse: Modelle und Schätzer

Modell (I): $Y_{ijk} = \mu_{ij} + \epsilon_{ijk}$,
$\epsilon_{ijk} \sim N(0, \sigma^2)$, unabhängig,
$i = 1, \ldots, I$, $j = 1, \ldots, J$, $k = 1, \ldots, K$

Modell (II): $Y_{ijk} = \mu + \alpha_i + \beta_j + (\alpha\beta)_{ij} + \epsilon_{ijk}$,
$\sum_{i=1}^{I} \alpha_i = 0$, $\sum_{j=1}^{J} \beta_j = 0$, $\sum_{i=1}^{I} (\alpha\beta)_{ij} = \sum_{j=1}^{J} (\alpha\beta)_{ij} = 0$
$\epsilon_{ijk} \sim N(0, \sigma^2)$, unabhängig,
$i = 1, \ldots, I$, $j = 1, \ldots, J$, $k = 1, \ldots, K$

Die Schätzer für μ, α_i, β_j und $(\alpha\beta)_{ij}$ im Modell (II) sind gegeben als

$$\hat{\mu} = \frac{1}{IJK} \sum_{i=1}^{I} \sum_{j=1}^{J} \sum_{k=1}^{K} Y_{ijk} = \bar{Y}_{\cdots},$$

$$\hat{\alpha}_i = \bar{Y}_{i\cdot\cdot} - \bar{Y}_{\cdots} \quad \text{mit} \quad \bar{Y}_{i\cdot\cdot} = \frac{1}{JK} \sum_{j=1}^{J} \sum_{k=1}^{K} Y_{ijk},$$

$$\hat{\beta}_j = \bar{Y}_{\cdot j\cdot} - \bar{Y}_{\cdots} \quad \text{mit} \quad \bar{Y}_{\cdot j\cdot} = \frac{1}{IK} \sum_{i=1}^{I} \sum_{k=1}^{K} Y_{ijk},$$

$$\widehat{(\alpha\beta)}_{ij} = \bar{Y}_{ij\cdot} - \bar{Y}_{i\cdot\cdot} - \bar{Y}_{\cdot j\cdot} + \bar{Y}_{\cdots} \quad \text{mit} \quad \bar{Y}_{ij\cdot} = \frac{1}{K} \sum_{k=1}^{K} Y_{ijk}.$$

Im Gegensatz zur einfaktoriellen Varianzanalyse sind in der zweifaktoriellen Varianzanalyse drei Typen von Nullhypothesen zu prüfen. Zunächst interessiert, ob Wechselwirkungen vorliegen. Dies führt zu folgendem Testproblem:

$$H_0^{A\times B}: (\alpha\beta)_{ij} = 0 \quad \text{für alle} \quad i,j, \quad i = 1,\ldots,I, \quad j = 1,\ldots,J, \quad \text{gegen}$$
$$H_1^{A\times B}: \text{für mindestens zwei Paare } (i,j) \text{ gilt: } (\alpha\beta)_{ij} \neq 0\,.$$

Dabei besagt die Nullhypothese, daß alle Wechselwirkungen null sind, während die Alternative beinhaltet, daß Wechselwirkungen vorliegen.

Zudem ist es wie in der einfaktoriellen Varianzanalyse von Interesse zu überprüfen, ob Faktor A bzw. Faktor B Einfluß nehmen auf die Zielgröße, also ob Haupteffekte vorliegen. Dabei wird das Testproblem jeweils so formuliert, daß die Nullhypothese besagt, daß keine Haupteffekte vorliegen, während die Alternative widerspiegelt, daß auf mindestens zwei Faktorstufen ein Haupteffekt vorliegt. Dieser muß auf mindestens zwei Stufen auftreten, da sich diese Effekte im Mittel ausgleichen sollen.

Hypothesen

Vorliegen von Wechselwirkungen:

$$H_0^{A\times B}: (\alpha\beta)_{ij} = 0 \quad \text{für alle} \quad i = 1,\ldots,I, \quad j = 1,\ldots,J \quad \text{gegen}$$
$$H_1^{A\times B}: \text{für mindestens zwei Paare } (i,j) \text{ gilt: } \quad (\alpha\beta)_{ij} \neq 0\,.$$

Vorliegen von Haupteffekten bedingt durch Faktor A:

$$H_0^{A}: \alpha_i = 0 \quad \text{für alle} \quad i = 1,\ldots,I \quad \text{gegen}$$
$$H_1^{A}: \text{für mindestens zwei } \alpha_i \text{ gilt: } \alpha_i \neq 0$$

Vorliegen von Haupteffekten bedingt durch Faktor B:

$$H_0^{B}: \beta_j = 0 \quad \text{für alle} \quad j = 1,\ldots,J \quad \text{gegen}$$
$$H_1^{B}: \text{für mindestens zwei } \beta_j \text{ gilt: } \beta_j \neq 0\,,$$

Streuungs-zerlegung

Zur Herleitung von geeigneten Prüfgrößen nutzt man zum einen erneut die Idee der *Streuungszerlegung*, wie wir sie bereits aus der Regressionsanalyse kennen, und den Ansatz aus der einfaktoriellen Varianzanalyse, bei der die entsprechenden Streuungen zueinander in Beziehung gesetzt wurden. Die Streuungszerlegung besagt hier, daß sich die Gesamtstreuung (SQT) in eine Summe aus der Streuung bedingt durch Faktor A (SQA), der Streuung bedingt durch Faktor B (SQB), der Streuung bedingt durch die Wechselwirkung von A und B ($SQ(A \times B)$) und der Reststreuung (SQR) zerlegen läßt, d.h.

$$SQT = SQA + SQB + SQ(A \times B) + SQR\,,$$

wobei

$$SQT = \sum_{i=1}^{I}\sum_{j=1}^{J}\sum_{k=1}^{K}(Y_{ijk} - \bar{Y}_{...})^2 ,$$

$$SQA = K \cdot J \cdot \sum_{i=1}^{I}(\bar{Y}_{i..} - \bar{Y}_{...})^2 = K \cdot J \cdot \sum_{i=1}^{I}\hat{\alpha}_i^2 ,$$

$$SQB = K \cdot I \cdot \sum_{j=1}^{J}(\bar{Y}_{.j.} - \bar{Y}_{...})^2 = K \cdot I \cdot \sum_{j=1}^{J}\hat{\beta}_j^2 ,$$

$$SQ(A \times B) = K \cdot \sum_{i=1}^{I}\sum_{j=1}^{J}(\bar{Y}_{ij.} - \bar{Y}_{i..} - \bar{Y}_{.j.} + \bar{Y}_{...})^2 = K \cdot \sum_{i=1}^{I}\sum_{j=1}^{J}(\widehat{\alpha\beta})_{ij}^2 \quad \text{und}$$

$$SQR = \sum_{i=1}^{I}\sum_{j=1}^{J}\sum_{k=1}^{K}(Y_{ijk} - \bar{Y}_{ij.})^2 = \sum_{i=1}^{I}\sum_{j=1}^{J}(K-1)S_{ij}^2 .$$

Dabei wurde zur Vereinfachung der Berechnung beispielsweise ausgenutzt, daß die Summanden in SQA gerade den quadrierten geschätzen Haupteffekten von Faktor A entsprechen. Bei SQR gehen die in den Faktorkombinationen bereits geschätzten Varianzen S_{ij}^2 ein. Diese Vereinfachungen sind schon in der einfaktoriellen Varianzanalyse verwendet worden.

Wie bereits oben erläutert, werden die Teststatistiken zur Prüfung der drei Testprobleme so gebildet, daß die Streuung bedingt durch die Wechselwirkung, bedingt durch Faktor A bzw. Faktor B in Relation gesetzt zur Reststreuung, wobei die Streuung noch jeweils durch ihre Freiheitsgrade dividiert werden müssen. Die resultierenden Prüfgrößen besitzen unter der jeweiligen Nullhypothese wieder eine F-Verteilung mit den zugehörigen Freiheitsgraden. Im Detail lautet die Prüfgröße zu dem ersten Testproblem bezüglich der Wechselwirkungen

$$F_{A\times B} = \frac{SQ(A \times B)/(I-1)(J-1)}{SQR/IJ(K-1)}$$

wobei die Nullhypothese zum Niveau α verworfen wird, falls der Prüfgrößenwert größer ist als das $(1-\alpha)$-Quantil der F-Verteilung mit $(I-1)(J-1)$ und $IJ(K-1)$ Freiheitsgraden, d.h. falls

$$F > F_{1-\alpha}((I-1)(J-1), IJ(K-1)) .$$

Die Nullhypothese bezüglich der Haupteffekte von Faktor A wird verworfen, falls

$$F_A = \frac{SQA/(I-1)}{SQR/IJ(K-1)}$$

das $(1-\alpha)$-Quantil der F-Verteilung mit $(I-1)$ und $IJ(K-1)$ Freiheitsgraden überschreitet, d.h. falls

$$F_A > F_{1-\alpha}(I-1, IJ(K-1)) .$$

Entsprechend wird die Nullhypothese bezüglich der Haupteffekte von Faktor B verworfen, falls

$$F_B = \frac{SQB/(J-1)}{SQR/IJ(K-1)}$$

das $(1-\alpha)$-Quantil der F-Verteilung mit $(J-1)$ und $IJ(K-1)$ Freiheitsgraden überschreitet, d.h. falls

$$F_B > F_{1-\alpha}(J-1, IJ(K-1)) .$$

Zusammengefaßt werden die Prüfgrößen auch hier in der Varianzanalysetabelle:

Streuungs-ursache	Streuung	Freiheits-grade	mittlerer quadratischer Fehler	Prüfgröße
Faktor A	SQA	$I-1$	$MQA = \frac{SQA}{I-1}$	$F_A = \frac{MQA}{MQR}$
Faktor B	SQB	$J-1$	$SQB = \frac{SQB}{J-1}$	$F_B = \frac{MQB}{MQR}$
Wechselwirkung $A \times B$	$SQ(A \times B)$	$(I-1)(J-1)$	$MQ(A \times B) = \frac{SQ(A\times B)}{(I-1)(J-1)}$	$F_{A\times B} = \frac{MQ(A\times B)}{MQR}$
Residuen	SQR	$IJ(K-1)$	$MQR = \frac{SQR}{IJ(K-1)}$	
Gesamt	SQT	$n-1$		

Mit Hilfe der hergeleiteten statistischen Tests können wir für unser Beispiel nun überprüfen, ob signifikante Wechselwirkungen und Haupteffekte vorliegen.

Beispiel 13.7 **Zufriedenheit im Studium**

Da wir in Beispiel 13.6 (Seite 513) die Haupteffekte und die Wechselwirkungen bereits geschätzt haben, können wir diese Werte zur Berechnung der Streuungen ausnutzen. Wir erhalten

$$SQA = 5 \cdot 2 \cdot \sum_{i=1}^{2} \hat{\alpha}_i^2 = 10 \cdot [23.25^2 + (-23.25)^2] = 10811.25 ,$$

$$SQB = 5 \cdot 2 \cdot \sum_{j=1}^{2} \hat{\beta}_j^2 = 10 \cdot [7.75^2 + (-7.75)^2] = 1201.25 \quad \text{und}$$

$$SQ(A \times B) = 5 \cdot \sum_{i=1}^{2} \sum_{j=1}^{2} (\widehat{\alpha\beta})_{ij}^2 = 5 \cdot [5.25^2 + (-5.25^2) + (-5.25)^2 + 5.25^2] = 551.25 .$$

Für die Reststreuung ergibt sich

$$SQR = \sum_{i=1}^{2}\sum_{j=1}^{2}\sum_{k=1}^{5}(y_{ijk} - \bar{y}_{ij\cdot})^2 = 132 + 434 + 164 + 178 = 908\,.$$

Mit diesen Werten erhält man die folgende Varianzanalysetabelle:

Streuungs-ursache	Streuung	Freiheits-grade	mittlerer quadratischer Fehler	Prüfgröße
Faktor A	10811.25	1	10811.25	190.51
Faktor B	1201.25	1	1201.25	21.17
Wechselwirkung $A \times B$	551.25	1	551.25	9.71
Residuen	908	16	56.75	
Gesamt	13471.75	19		

Dabei berechnet sich beispielweise der Wert 190.51 als

$$F_A = \frac{10811.25}{56.75} = 190.51\,.$$

Wir prüfen nun zunächst zum Niveau $\alpha = 0.05$, ob signifikante Wechselwirkungen vorliegen. Dazu vergleichen wir den Prüfgrößenwert $F_{A\times B} = 9.71$ mit dem 95%-Quantil der F-Verteilung mit 1 und 16 Freiheitsgraden. Dieser Quantilswert beträgt 4.494, wie man Tabelle E entnehmen kann. Da 9.71 größer ist als 4.494, muß von signifikanten Wechselwirkungen ausgegangen werden. Darauf deutete bereits Abbildung 13.2 in Beispiel 13.6 (Seite 513) hin. Beide Haupteffekte sind ebenfalls signifikant, da die entsprechenden Prüfgrößenwerte von $190.51 = F_A$ bzw. von $21.17 = F_B$ jeweils größer sind als $F_{0.95}(1, 16) = 4.494$. Allerdings ist der Effekt bedingt durch Faktor A wesentlich deutlicher, was ebenfalls in Abbildung 13.2 (Seite 514) bereits abzulesen war: Die Motivation spielt eine größere Rolle hinsichtlich der Zufriedenheit im Studium als die familiäre Situation. □

Zweifaktorielle Varianzanalyse: Prüfgrößen und Tests

Die Prüfgröße auf Vorliegen von Wechselwirkungen ist gegeben als

$$F_{A\times B} = \frac{MQ(A\times B)}{MQR} = \frac{K\sum\limits_{i=1}^{I}\sum\limits_{j=1}^{J}(\bar{Y}_{ij\cdot} - \bar{Y}_{i\cdot\cdot} - \bar{Y}_{\cdot j\cdot} + \bar{Y}_{\cdots})^2 \Big/ (I-1)(J-1)}{\sum\limits_{i=1}^{I}\sum\limits_{j=1}^{J}\sum\limits_{k=1}^{K}(Y_{ijk} - \bar{Y}_{ij\cdot})^2 \Big/ IJ(K-1)},$$

wobei $H_0^{A\times B}$ zu verwerfen ist, falls

$$F > F_{1-\alpha}((I-1)(J-1), IJ(K-1)).$$

Die Prüfgröße auf Vorliegen von Haupteffekten bedingt durch Faktor A ist gegeben als

$$F_A = \frac{MQA}{MQR} = \frac{KJ\sum\limits_{i=1}^{I}(\bar{Y}_{i\cdot\cdot} - \bar{Y}_{\cdots})^2 \Big/ (I-1)}{\sum\limits_{i=1}^{I}\sum\limits_{j=1}^{J}\sum\limits_{k=1}^{K}(Y_{ijk} - \bar{Y}_{ij\cdot})^2 \Big/ IJ(K-1)},$$

wobei H_0^A zu verwerfen ist, falls

$$F_A > F_{1-\alpha}(I-1, IJ(K-1)).$$

Die Prüfgröße auf Vorliegen von Haupteffekten bedingt durch Faktor B ist gegeben als

$$F_B = \frac{MQB}{MQR} = \frac{KI\sum\limits_{j=1}^{J}(\bar{Y}_{\cdot j\cdot} - \bar{Y}_{\cdots})^2 \Big/ (J-1)}{\sum\limits_{i=1}^{I}\sum\limits_{j=1}^{J}\sum\limits_{k=1}^{K}(Y_{ijk} - \bar{Y}_{ij\cdot})^2 \Big/ IJ(K-1)},$$

wobei H_0^B zu verwerfen ist, falls

$$F_B > F_{1-\alpha}(J-1, IJ(K-1)).$$

Die zweifaktorielle Varianzanalyse liefert somit Information darüber, ob sich die Effekte zweier Faktoren lediglich kumulieren oder ob sie sich gegenseitig noch insofern beeinflussen, als sie gemeinsam einen verstärkenden bzw. abschwächenden Effekt haben.

13.3 Zusammenfassung und Bemerkungen

Zur Beurteilung des *Einflusses* eines oder mehrerer *Faktoren* auf ein metrisches Merkmal, wobei die Faktoren jeweils auf verschiedenen *Stufen* vorliegen, bietet die Varianzanalyse ein geeignetes Instrumentarium. Diese stellt zum einen verschiedene varianzanalytische Modelle zur Verfügung, mit denen in Abhängigkeit von der Versuchsanordnung und Fragestellung der Zusammenhang zwischen den Einflußfaktoren und dem interessierenden Merkmal modelliert werden kann. So geht es etwa bei der Einfachklassifikation um die Erfassung der statistischen Beziehung zwischen einem Einflußfaktor auf mehreren Stufen und einer metrischen Zielgröße. Analog zu einem Regressionsmodell wird also bei einem Modell der Varianzanalyse der Zusammenhang zwischen einer Zielvariable und einer oder mehrerer Einflußgrößen beschrieben. Die Varianzanalyse kann als Spezialfall der Regression betrachtet werden. Die Einflußgrößen fließen dabei kategorial in das Modell ein. Genauer modelliert man den Effekt als vorhanden oder nicht, d.h. der Einfluß dieser Variablen geht über eine $0-1$-Kodierung in das Modell ein. Sind als mögliche Einflußgrößen nicht nur kategoriale Variablen, sondern auch metrische Variablen von Bedeutung, so spricht man von *Kovarianzanalyse*, sofern hauptsächlich der Einfluß der kategorialen Variablen interessiert. Für eine Vertiefung dieses Aspekts sei etwa auf Scheffé (1959) oder Schach und Schäfer (1978) verwiesen. Neben der Bereitstellung von Modellen beinhaltet die Varianzanalyse zum anderen Verfahren zur Schätzung des Effekts, den der Faktor auf das interessierende Merkmal hat, und statistische Tests zur Beurteilung, ob der Faktor einen Einfluß auf das Merkmal ausübt. Dabei wird dieser mögliche Zusammenhang über einen Vergleich der mittleren *Faktoreffekte* auf den einzelnen Stufen erfaßt. Sind die Unterschiede groß genug, so kann auf einen statistisch signifikanten Einfluß des Faktors geschlossen werden. Wie bei der Regressionsanalyse beruht die hier zu verwendende Prüfgröße auf der *Streuungszerlegung*. Mit Hilfe dieser Prüfgröße ist es jedoch nur möglich zu prüfen, ob generell Unterschiede zwischen den Faktorstufen besteht. Damit kann man für den Fall, daß Unterschiede bestehen, diese noch nicht lokalisieren. Will man nun genauer in Erfahrung bringen, welche Faktorstufen sich unterscheiden, so ist man mit einer Reihe von Testproblemen konfrontiert, deren Lösung ein adäquates multiples Testverfahren erfordert. Zu den Standardmethoden in diesem Bereich gehören die sogenannten *simultanen Konfidenzintervalle* nach Scheffé und Tukey. Hier sei erneut auf Scheffé (1959), aber auch beispielsweise auf Hsu (1996) verwiesen.

Mit Hilfe des sogenannten *F-Tests* ist es also möglich auf Vorliegen von Faktoreffekten zu testen. Wie wir in der zweifaktoriellen Varianzanalyse gesehen haben, werden Prüfgrößen dieses Typs auch zur Prüfung auf *Interaktionen* eingesetzt. Solche Wechselwirkungen tragen der Möglichkeit Rechnung, daß sich mehrere Faktoren in ihrer Wirkung auf das interessierende Merkmal gegenseitig beeinflussen. Eine zentrale Voraussetzung bei allen Tests dieses Typs ist die *Normalverteilung* der metrischen Zielvariable zur Herleitung der Verteilung der Prüfgröße unter der Nullhypothese nicht vorhandener Haupteffekte oder fehlender Wechselwirkungen. Ist diese Annahme nicht gerechtfertigt, so kann erneut auf nonparametrische Tests zurückgegriffen werden, wie sie z.B. in dem Buch von Büning und Trenkler (1994) zu finden sind.

Neben den in diesem Kapitel behandelten Fall zweier Einflußfaktoren sind in praktischen Untersuchungen ebenfalls Situationen denkbar, in denen mehrere Zielvariablen gleichzeitig betrachtet werden. Zur Diskussion derartiger multivariater Fragestellungen sei auf das weiterführende Buch von Fahrmeir, Hamerle und Tutz (1996) hingewiesen, in dem aber auch unfangreiches zusätzliches Material zu univariaten Varianz- und Kovarianzanalysen zu finden ist.

13.4 Aufgaben

Aufgabe 13.1 In einem Beratungszentrum einer bayerischen Kleinstadt soll eine weitere Stelle für telefonische Seelsorge eingerichtet werden. Aus Erfahrung weiß man, daß hauptsächlich Anrufe von Personen eingehen, die einen bayerischen Dialekt sprechen. Es wird vorgeschlagen, die Stelle mit einem Berater zu besetzen, der ebenfalls bayerisch spricht, da vermutet wird, daß der Dialekt eine wesentliche Rolle beim Beratungsgespräch spielt und zwar insofern, als die Anrufer mehr Vertrauen zu einem Dialekt sprechenden Berater aufbauen, was sich in längeren Beratungsgesprächen äußert.

Nehmen wir nun an, zur Klärung dieser Frage wurde eine Studie mit drei Beratern durchgeführt: Berater Nr. 1 sprach reines hochdeutsch, Berater Nr. 2 hochdeutsch mit mundartlicher Färbung und der letzte bayerisch. Die ankommenden Anrufe von bayerisch sprechenden Personen wurden zufällig auf die drei Berater aufgeteilt. Für jedes geführte Beratungsgespräch wurde dessen Dauer in Minuten notiert. Es ergaben sich folgende Daten:

	Berater 1 Hochdeutsch	Berater 2 Hochdeutsch mit mundartlicher Färbung	Berater 3 Bayerisch
Dauer	8	10	15
der	6	12	11
Gespräche	15	16	18
in	4	14	14
Minuten	7	18	20
	6		12
	10		

(a) Schätzen Sie den Effekt, den der Dialekt des jeweiligen Beraters auf die Dauer des Beratungsgesprächs hat. Interpretieren Sie die Unterschiede.
(b) Stellen Sie eine ANOVA-Tabelle auf.
(c) Die Gesprächsdauer kann als approximativ normalverteilte Zufallsvariable angesehen werden. Prüfen Sie zum Niveau $\alpha = 0.05$, ob der Dialekt des jeweiligen Beraters Einfluß auf die Dauer des Beratungsgesprächs hat. Interpretieren Sie Ihr Ergebnis.
(d) Inwiefern geht in (c) die Annahme der Normalverteilung ein?
(e) Sie haben in (c) festgestellt, daß die Dauer des Gesprächs statistisch signifikant mit dem Dialekt des Beraters zusammenhängt. Wie könnten Sie die Unterschiede zwischen den Beratern bezüglich der Dauer des Gesprächs genauer lokalisieren? Wie ließe sich die Frage als statistisches Testproblem

formulieren, und welche Tests könnte man zur Überprüfung einsetzen? Welche Schwierigkeit tritt dabei auf? Was schlagen Sie vor, um dieser Schwierigkeit adäquat zu begegnen?

(f) Welcher Zusammenhang besteht zwischen einer t-Verteilung mit $n-1$ Freiheitsgraden und einer F-Verteilung mit 1 und $n-1$ Freiheitsgraden?

Aufgabe 13.2

Bei einem häufig benutzten Werkstoff, der auf drei verschiedene Weisen hergestellt werden kann, vermutet man einen unterschiedlichen Gehalt an einer krebserregenden Substanz. Von dem Werkstoff wurden für jede der drei Herstellungsmethoden vier Proben je 100 g entnommen und folgende fiktive Durchschnittswerte für den Gehalt an dieser speziellen krebserregenden Substanz in mg pro Methode gemessen:

	Herstellungsmethoden		
	1	2	3
durchschnittlicher Gehalt	59.75	60.75	63

(a) Vervollständigen Sie die folgende ANOVA-Tabelle

Streuungsursache	Streuung	Freiheitsgrade	mittlerer quadratischer Fehler	Prüfgröße
Gruppen				
Residuen	15.5			
Gesamt	37.67			

(b) Schätzen Sie den Effekt der Herstellungsmethode auf den Gehalt an der krebserregenden Substanz.

(c) Gehen Sie davon aus, daß der Gehalt an der krebserregenden Substanz approximativ normalverteilt ist. Prüfen Sie zum Signifikanzniveau $\alpha = 0.05$, ob sich die drei Herstellungsmethoden hinsichtlich des Gehalts an der krebserregenden Substanz unterscheiden.

Aufgabe 13.3

Eine Firma betreibt ihre Produkte in verschiedenen Ländern. Von Interesse für die Firmenleitung insbesondere hinsichtlich gewisser Marketing-Strategien ist es nun zu erfahren, ob sich u.a. bestimmte Produkte vergleichbaren Typs in manchen Ländern besser umsetzen lassen als in anderen. Dazu wurden für einen zufällig herausgegriffenen Monat die Umsätze sowohl produkt- als auch länderbezogen notiert. Die folgende Tabelle zeigt Ihnen die Umsätze in 1000 DM für drei Länder und zwei Produkte:

		Produkt I					Produkt II				
	A	42	45	42	41	42	38	39	37	41	39
Land	B	36	36	36	35	35	39	40	36	36	36
	C	33	32	32	33	32	36	34	36	33	34

(a) Berechnen Sie die mittleren Umsätze und die zugehörigen Standardabweichungen für jede Land-Produkt-Kombination. Stellen Sie die Mittelwerte graphisch dar, und beschreiben Sie die beobachteten Zusammenhänge der Tendenz nach.
Bestimmen Sie zudem die Mittelwerte für jedes Land und für jedes Produkt, also unabhängig von der jeweils anderen Variable, und insgesamt.

(b) Schätzen Sie unter Verwendung der Ergebnisse aus (a) die Haupteffekte und die Wechselwirkungsterme. Inwieweit stützen diese Werte die von Ihnen geäußerte Vermutung hinsichtlich der beobachteten Zusammenhänge?
(c) Stellen Sie eine Varianzanalysetabelle auf, und prüfen Sie unter Annahme von approximativ normalverteilten Umsätzen die Hypothesen auf Vorliegen von Wechselwirkungen und Haupteffekten jeweils zum Signifikanzniveau $\alpha = 0.05$. Interpretieren Sie Ihr Ergebnis.

Aufgabe 13.4 In der empirischen Unterrichtsforschung sollen im Rahmen einer Studie die Auswirkungen einer neuen Unterrichtsmethode (Faktor A) nach dem Konzept "learning by doing" (Faktorstufe $A1$) auf die Leistung von Schülern im Chemie-Unterricht untersucht werden. Diese wird alternativ zu einer Unterrichtsmethode angesehen, die eine echte Probierphase ausschließt (Faktorstufe $A2$). Man nimmt an daß die erstgenannte Methode besonders für die Erarbeitung neuen Unterrichtsstoffs in Projekten geeignet ist. Als weiteren Einflußfaktor betrachtet man daher die generelle Unterrichtsform (Faktor B) und unterscheidet den klassischen Frontalunterricht (Faktorstufe $B1$), die Gruppenarbeit in Projekten (Faktorstufe $B2$), eine ausgewogene Mischung aus diesen beiden Formen (Faktorstufe $B3$) und eine Gruppenarbeit in Projekten, die durch den Frontalunterricht lediglich ergänzt wird (Faktorstufe $B4$). Die Leistung der Schüler wird über die Punktzahl in einem Test gemessen, den die Schüler am Ende der Unterrichtseinheit ablegen. Die erreichbare Punktzahl geht von 0 bis 100 Punkte, wobei eine hohe Punktzahl für eine hohe Leistung steht.

In der Studie werden jeweils 20 zufällig ausgewählte Kinder einer Jahrgangsstufe mit gleichem Kenntnisstand nach einer der acht Kombinationen von Unterrichtmethode und -form unterrichtet. Es ergaben sich folgende mittlere Punktzahlen $\bar{y}_{ij\cdot}$ in den acht Gruppen:

Faktor		B			
	$\bar{y}_{ij\cdot}$	$B1$	$B2$	$B3$	$B4$
A	$A1$	46	82	49	93
	$A2$	42	61	48	78

(a) Beschreiben Sie die beobachteten Zusammenhänge der Tendenz nach. Stellen Sie diese graphisch dar.
(b) Vervollständigen Sie die folgende Varianzanalysetabelle:

Streuungsursache	Streuung	Freiheitsgrade	mittlerer quadratischer Fehler	Prüfgröße
Faktor A				
Faktor B	45927.5			
Wechselwirkungen $A \times B$				
Residuen				
Gesamt	55333.444			

Berechnen Sie dazu zunächst SQR unter der Annahme, daß die Stichprobenvarianzen s_{ij}^2 in allen Faktorkombinationen $i = 1, 2, j = 1, \ldots, 4$, gleich groß sind mit $s_{ij}^2 = 16.947$.
(c) Überprüfen Sie zum Signifikanzniveau $\alpha = 0.05$ auf Vorliegen von Wechselwirkungen und Haupteffekten, d.h. führen Sie eine zweifache Varianzanalyse durch. Formulieren Sie dazu zunächst diese Fragestellung als statistisches Testproblem. Interpretieren Sie Ihr Ergebnis, und vergleichen Sie es mit Ihrer Einschätzung aus (a).

14

Zeitreihen

Wenn ein Merkmal Y zu aufeinanderfolgenden Zeitpunkten oder Zeitperioden $t = 1, \ldots, n$ erfaßt wird, so bilden die Beobachtungen y_t eine *Zeitreihe*. Abbildung 14.1 zeigt die täglichen Kurse der BMW-Aktie von Januar 1981 bis Dezember 1993, vgl. Beispiel 1.5.

Zeitreihe

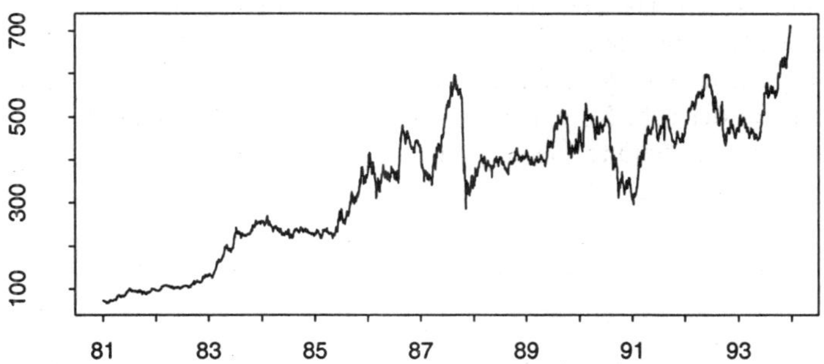

ABBILDUNG 14.1: Tageskurse der BMW-Aktie

Hier werden also die Werte y_t des Merkmals Y "Kurs der BMW-Aktie" an aufeinanderfolgenden Börsentagen $t = 1, \ldots, n$ beobachtet. Obwohl die Notation den Eindruck vermittelt, sind die Zeitpunkte genaugenommen nicht äquidistant, da zwischen den Börsentagen Wochenenden und Feiertage liegen. Aus optischen Gründen werden die einzelnen Werte der Zeitreihe $\{y_t, t = 1, \ldots, n\}$ in der Regel verbunden, etwa durch eine Treppenfunktion oder einen Polygonzug.

Um die Entwicklung des Aktienmarktes zu beschreiben, werden Kurse ausgewählter Aktien zu einem Aktienindex zusammengefaßt. Abbildung 14.2 zeigt die täglichen Werte des DAFOX von Januar 1981 bis Dezember 1993. Die Art und Weise, wie die ausgewählten Aktienkurse zu einem Aktienindex verarbeitet werden, ist in der Regel unterschiedlich und reicht von einfacher Mittelung hin bis zur Verwendung komplexer Gewichtungsschemata, wie etwa beim DAX. Der DAFOX ist eine Erweiterung des Deutschen Aktienindex DAX für For-

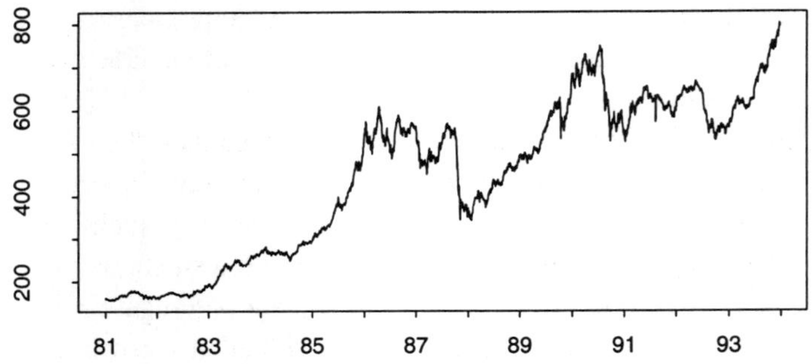

ABBILDUNG 14.2: Tageskurse des DAFOX

schungszwecke. Er wird in analoger Weise wie der DAX berechnet (Göppl, Lüdecke und Sauer 1993).

Dies gilt in ganz ähnlicher Weise für andere Merkmale, zum Beispiel Preise oder Umsätze. So kann man etwa monatliche Durchschnittspreise für eine bestimmte Ware betrachten oder aber einen Preisindex für die Lebenshaltung, der mit Hilfe eines Warenkorbs einzelner Preise gebildet wird. Abbildung 14.3 zeigt für die Jahre 1991-1995 die monatlichen Werte des Preisindex für die Warengruppe "Pflanzen, Güter für die Gartenpflege".

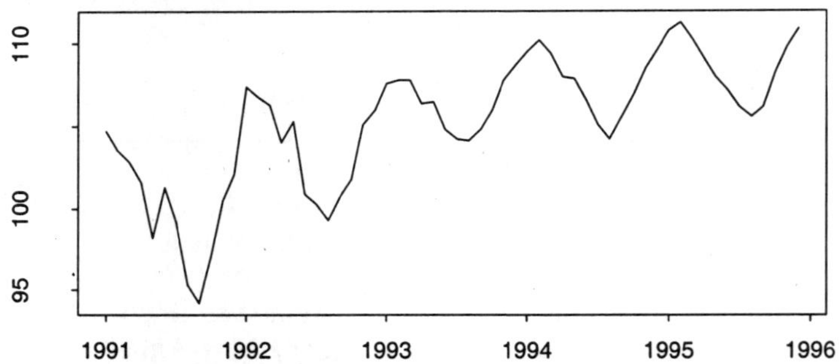

ABBILDUNG 14.3: Monatlicher Preisindex für "Pflanzen, Güter für die Gartenpflege"

Die Werte selbst sind in der folgenden Tabelle angegeben.

	Jan.	Febr.	März	April	Mai	Juni	Juli	Aug.	Sept.	Okt.	Nov.	Dez.
1991	104.7	103.5	102.8	101.6	98.2	101.3	99.2	95.3	94.2	97.1	100.5	102.1
1992	107.4	106.8	106.3	104.0	105.3	100.9	100.3	99.3	100.7	101.8	105.1	106.0
1993	107.6	107.8	107.8	106.4	106.5	104.8	104.2	104.1	104.8	106.0	107.8	108.7
1994	109.5	110.2	109.4	108.0	107.9	106.6	105.1	104.2	105.6	106.9	108.5	109.6
1995	110.8	111.3	110.3	109.1	108.0	107.2	106.2	105.6	106.2	108.3	109.8	110.9

Dies ist ein Teilindex zum Preisindex für die Lebenshaltung aller privaten Haushalte, der vom Statistischen Bundesamt ermittelt wird. Wie zu erwarten, läßt die Zeitreihe eine Saisonabhängigkeit erkennen.

Für die adäquate Durchführung und Interpretation von statistischen Analysen kann die Art und Weise, in der sogenannte Indizes gebildet werden, offensichtlich von Bedeutung sein. Abschnitt 14.1 gibt eine kurze Einführung zur Konstruktion von Indexzahlen.

Das IFO-Institut veröffentlicht zu Fragen des Konjunkturtests monatliche "Salden" für ausgewählte Branchen. Diese Salden werden durch geeignete Aggregation oder "Mittelung" aus den Mikrodaten des Konjunkturtests, also aus den individuellen Antworten des beteiligten Unternehmens, gebildet. Für das Merkmal "Geschäftslage" liegen die Antworten in den drei Kategorien "gut", "befriedigend", "schlecht" vor, vergleiche Beispiel 1.5. Durch "Mittelung" über die Unternehmen einer Branche entsteht daraus eine Zeitreihe für die metrisch skalierten, quasi-stetigen Salden. Abbildung 14.4 zeigt deren Verlauf für die Branche "Vorprodukte Steine und Erden" aus dem Baugewerbe für die Jahre 1980 bis 1994.

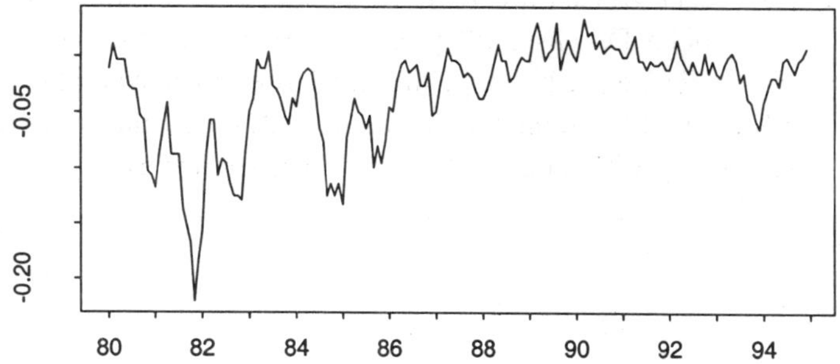

ABBILDUNG 14.4: Salden für die Branche "Vorprodukte Steine und Erden"

Damit wird die zeitliche Entwicklung des Geschäftsklimas beschrieben. Auffällig ist der ausgeprägte Rückgang um 1982. Die entsprechenden Salden für die Branche "Genußmittel" sind in Abbildung 14.5 enthalten. Während das "Tief" um 1982 nicht mehr sichtbar ist, zeigt sich ein deutliches "Hoch" um 1990. Mögliche Saisoneinflüsse sind mit dem Auge zumindest bei dieser Auflösung nicht zu bemerken.

Infolge der zeitlichen Anordnung der Beobachtungen $\{y_t, t = 1, \ldots, n\}$ treten bei der Beschreibung und Analyse von Zeitreihen einige besondere Gesichtspunkte auf. Wir wollen diese anhand der Beispiele skizzieren. In allen Fällen wird man sich dafür interessieren, ob der jeweiligen Zeitreihe ein *Trend* in Form einer glatten Funktion der Zeit zugrunde liegt. Eine solche Trendfunktion könnte zum Beispiel wirtschaftliche, technische und konjunkturelle Entwicklungen widerspiegeln oder auch strukturelle Änderungen als Folge politischer Ereignisse, wie Ölkrise, Regierungswechsel usw. anzeigen. Für Monatsdaten, wie bei monatlichen Werten des Lebenshaltungsindex, den Salden des IFO-Konjunkturtests oder Arbeitslosenzahlen ent- *Trend*

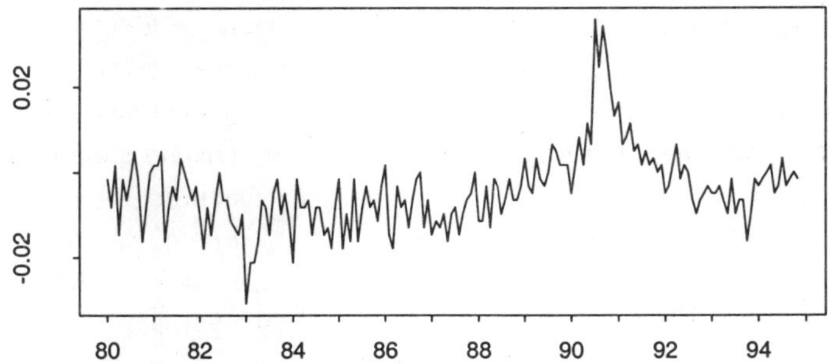

ABBILDUNG 14.5: Salden für die Branche "Genußmittel"

Saison

Prognose

Korrelation

steht zusätzlich die Frage nach jahreszeitlichen Einflüssen bzw. nach einem *Saisoneffekt*. Für Entscheidungen über die Zusammensetzung eines Aktienportefeuilles, über zu tätigende Investitionen oder arbeitsmarktpolitische Maßnahmen ist die *Prognose* des zukünftigen Verlaufs einer Zeitreihe von Bedeutung. Eine weitere, gegenüber Querschnittsanalysen zusätzliche Fragestellung betrifft die *Korrelation*: Wie hängen zeitlich unterschiedliche Beobachtungen voneinander ab?

Das Gebiet der Zeitreihenanalyse umfaßt ein breites Spektrum von Methoden und Modellen zur Beantwortung solcher Fragen. Wir beschränken uns hier auf eine Einführung in einige deskriptive und explorative Verfahren, insbesondere zur Ermittlung von Trend und Saison. Dabei gehen wir davon aus, daß das Merkmal Y, zu dem die Zeitreihenwerte $\{y_t, t = 1, \ldots, n\}$ vorliegen, metrisch und (quasi-) stetig ist.

14.1 Indizes

Mittelung
Aggregation
Index
Indexzahlen

ungewichtetes Mittel

Salden

Wie bei Aktienkursen ist man in vielen ökonomischen Anwendungen nicht nur an Zeitreihen einzelner Objekte interessiert, sondern möchte die zeitliche Entwicklung einer Gesamtheit von Objekten durch eine geeignete Maßzahl, wie etwa einen Aktienindex, beschreiben. In der Regel wird eine solche Maßzahl durch geeignete *Mittelung* oder *Aggregation* von Einzelwerten gebildet. Wir sprechen dann allgemein von einem *Index*. In der amtlichen Statistik sind Preis- und Mengenindizes von besonderer Bedeutung. Diese werden in spezieller Weise definiert und oft als *Indexzahlen* im engeren Sinn bezeichnet.

Die rechnerisch einfachste Aggregation von Einzelwerten zu einem Index ist die Bildung des *ungewichteten Mittels*. Nach diesem einfachen Prinzip wird der Dow Jones Industrial Average Index als reiner Kursdurchschnitt von 30 ausgewählten, an der New York Stock Exchange gehandelten Aktien berechnet. In ähnlicher Weise werden die *Salden* für ausgewählte Branchen des IFO-Konjunkturtests ermittelt: Aus den Antworten "gut" und "schlecht" der einzelnen

Unternehmen werden die relativen Häufigkeiten für "gut" und "schlecht" berechnet. Ihre Differenz ergibt die monatlichen Salden. Ein klarer Nachteil dieser einfachen Mittelung ist, daß Objekte mit unterschiedlicher Bedeutung wie etwa Aktien großer und kleiner Unternehmen mit gleichem Gewicht in einen derartigen Index eingehen. Die folgenden Indizes vermeiden diesen Nachteil.

Preis- und Mengenindizes

Ein Preisindex soll die Preisentwicklung, genauer die Preisveränderung einer großen Menge von einzelnen Gütern, die in einem sogenannten Warenkorb zusammengefaßt sind, wiedergeben. Die *Preisveränderung* eines einzelnen Gutes i wird durch den Wert

Preisveränderung

$$y_t(i) = \frac{p_t(i)}{p_0(i)}, \quad i = 1, \ldots, I,$$

gemessen. Dabei ist $p_t(i)$ der Preis in der *Berichtsperiode* t, $p_0(i)$ der Preis in der *Basisperiode* 0 und I der Umfang des *Warenkorbs*. Ein ungewichteter Index der Preisveränderung

Berichtsperiode
Basisperiode
Warenkorb

$$\bar{y}_t = \frac{1}{I} \sum_{i=1}^{I} y_t(i) = \frac{1}{I} \sum_{i=1}^{I} \frac{p_t(i)}{p_0(i)}$$

würde die vom jeweiligen Gut verbrauchten Mengen und damit seinen Ausgabenanteil im Warenkorb ignorieren. Im folgenden seien $q_0(i), i = 1, \ldots, I$, die Mengen in der Basisperiode. Der Preisindex von Laspeyres orientiert sich bei der Gewichtung am Warenkorb der Basisperiode:

Preisindex von Laspeyres

$$P_t^L = \sum_{i=1}^{I} \frac{p_t(i)}{p_0(i)} g_0(i) \quad \text{mit} \quad g_0(i) = \frac{p_0(i)\, q_0(i)}{\sum_{j=1}^{I} p_0(j)\, q_0(j)}$$

Das Gewicht $g_0(i)$ ist somit der Anteil an Ausgaben für das Gut i im Verhältnis zu den Gesamtausgaben in der Basisperiode. Beim Preisindex von Paasche werden hingegen die aktuellen Mengen einbezogen:

Preisindex von Paasche

$$P_t^P = \sum_{i=1}^{I} \frac{p_t(i)}{p_0(i)}\, g_t(i) \quad \text{mit} \quad g_t(i) = \frac{p_0(i)\, q_t(i)}{\sum\limits_{j=1}^{I} p_0(j)\, q_t(j)}$$

Kürzen von $p_0(i)$ ergibt folgende gebräuchliche Form:

Aggregatformel für Preisindizes

$$P_t^L = \frac{\sum\limits_{i=1}^{I} p_t(i)\, q_0(i)}{\sum\limits_{i=1}^{I} p_0(i)\, q_0(i)}, \qquad P_t^P = \frac{\sum\limits_{i=1}^{I} p_t(i)\, q_t(i)}{\sum\limits_{i=1}^{I} p_0(i)\, q_t(i)}$$

Laspeyres Paasche

Interpretation

Daraus liest man folgende *Interpretation* ab: Der Preisindex von Laspeyres gibt jene Preisveränderungen an, die sich bei konstant gehaltenen Verbrauchsmengen aus der Basisperiode ergeben hätten. Der Preisindex von Paasche bezieht sich hingegen auf die laufend aktualisierten Mengen der Berichtsperiode. Wegen des konstanten Gewichtsschemas gibt der Preisindex von Laspeyres die reine Preisveränderung wieder und liegt den vom Statistischen Bundesamt veröffentlichten Preisindizes zugrunde.

Durch Vertauschen der Rollen von Preisen und Mengen in der Aggregatformel erhält man Mengenindizes.

Mengenindizes

$$Q_t^L = \frac{\sum\limits_{i=1}^{I} p_0(i)\, q_t(i)}{\sum\limits_{i=1}^{I} p_0(i)\, q_0(i)}, \qquad Q_t^P = \frac{\sum\limits_{i=1}^{I} p_t(i)\, q_t(i)}{\sum\limits_{i=1}^{I} p_t(i)\, q_0(i)}$$

Laspeyres Paasche

Dabei sind die Mengen $q_0(i)$ bzw. $q_t(i)$ nicht als Verbrauchsmengen eines Warenkorbs, sondern als produzierte Mengen einer Branche oder eines gesamten Gewerbes aufzufassen. Der Mengenindex von Laspeyres bzw. Paasche gibt somit das Verhältnis an, indem sich das Volumen oder der Wert der Produktion, bewertet mit den Preisen der Basisperiode bzw. der Berichtsperiode, verändert hat.

Preis- und Mengenindizes sind von Zeit zu Zeit zu aktualisieren. Gründe dafür sind etwa die Einführung eines neuen Warenkorbs, Veränderungen in ihrer Definition, etwas eines "Normalhaushalts", oder die Änderung der Basisperiode. Dazu sind spezielle Rechentechniken (*Umbasierung, Verkettung, Verknüpfung*) notwendig, die aber hier nicht beschrieben werden.

Umbasierung
Verkettung
Verknüpfung

Der Deutsche Aktienindex DAX

Auch einige Aktienindizes basieren auf der Konzeption von Preisindizes. Dies gilt auch für den 1988 eingeführten DAX. Er soll sowohl ein repräsentatives Bild des Aktienmarktes der Bundesrepublik Deutschland geben, als auch als Basisobjekt für neue Terminmarktinstrumente dienen. Der DAX entsteht durch eine am Laspeyres-Index orientierte Gewichtung von 30 deutschen Aktientiteln, die an der Frankfurter Wertpapierbörse notiert werden. Dazu gehören die Titel bekannter Automobilhersteller, Versicherungen, Banken, Kaufhäuser und Unternehmen der Chemie-, Elektro-, Maschinenbau- und Stahlindustrie. Die Indexformel für den DAX modifiziert den Laspeyres-Index durch Einführung von Verkettungs- und Korrekturfaktoren, die dem Problem der Veralterung Rechnung tragen sollen.

Indexformel des DAX

$$\mathrm{DAX}_t = \frac{\sum_{i=1}^{30} p_t(i)\, q_T(i)\, c_t(i)}{\sum_{i=1}^{30} p_0(i)\, q_0(i)} \cdot k(T) \cdot 1000$$

Dabei ist t der Berechnungszeitpunkt, etwa während des Tages oder zum Kassenschluß, $p_0(i)$ bzw. $p_t(i)$ der Aktienkurs der Gesellschaft i zum Basiszeitpunkt (30.12.87) bzw. zum Zeitpunkt t, $q_0(i)$ das Grundkapital zum Basiszeitpunkt und $q_T(i)$ das Grundkapital zum letzten Verkettungstermin T. Die Korrekturfaktoren $c_t(i)$ dienen zur Bereinigung um marktfremde Einflüsse, die durch Dividenden oder Kapitalmaßnahmen der Gesellschaft i entstehen. Diese *Korrekturfaktoren* werden am jährlichen Verkettungstermin T auf 1 zurückgesetzt und in den *Verkettungsfaktor* $k(T)$ überführt. Die Multiplikation mit dem Basiswert 1000 dient nur zur *Adjustierung* auf ein übliches Niveau.

Korrekturfaktor
Verkettungsfaktor
Adjustierung

14.2 Komponentenmodelle

Ein wichtiges Ziel der Zeitreihenanalyse, insbesondere in ökonomischen Anwendungen, ist die Zerlegung der beobachteten Zeitreihe $\{y_t, t = 1, \ldots, n\}$ in systematische Komponenten und eine irreguläre Restkomponente. Zu den systematischen Komponenten zählen Trend, Konjunktur und Saison, aber auch weitere erklärbare Effekte. Nicht erklärte oder erfaßte Einflüsse oder Strömungen werden ähnlich wie in einem Regressionsmodell in einer Restkomponente zusammengefaßt. Da die systematischen Komponenten wie Trend oder Saison nicht direkt beobachtbar sind, sind für die *Zeitreihenzerlegung* geeignete Modellannahmen zu treffen.

Zeitreihenzerlegung

Additive Komponentenmodelle

Die häufigste Modellannahme ist, daß sich die Komponenten additiv überlagern. Das klassische additive Komponentenmodell für monatliche Daten nimmt an, daß

$$y_t = m_t + k_t + s_t + \epsilon_t \,, \quad t = 1, \ldots, n$$

Trend

Konjunktur

Saison

gilt. Die *Trendkomponente* m_t soll langfristige systematische Veränderungen im Niveau der Zeitreihe, etwa ein lineares oder exponentielles Anwachsen, beinhalten. Die *Konjunkturkomponente* k_t soll den Verlauf von Konjunkturzyklen wiedergeben. Die *Saisonkomponente* s_t umfaßt jahreszeitlich bedingte Schwankungen und wiederholt sich jährlich in einem ungefähr gleichbleibenden wellenförmigen Muster. Die irreguläre Restkomponente ϵ_t faßt alle anderen, nicht durch Trend, Konjunktur und Saison erklärten Einflüsse zusammen. Dabei wird angenommen, daß die Werte ϵ_t vergleichsweise klein sind und mehr oder weniger regellos um null schwanken.

glatte Komponente

Die Trennung von Trend- und Konjunkturkomponente ist oft problematisch. Deshalb faßt man Trend und Konjunktur oft zu einer *glatten Komponente* g_t, die man meist wieder als "Trend" bezeichnet, zusammen.

Additives Trend-Saison-Modell

$$y_t = g_t + s_t + \epsilon_t \,, \quad t = 1, \ldots, n.$$

Trendmodell

Für Zeitreihen ohne erkennbare Saison, etwa Tagesdaten von Aktienkursen oder jährliche Preisindizes, genügt oft ein reines *Trendmodell*

$$y_t = g_t + \epsilon_t \,, \quad t = 1, \ldots, n.$$

Das additive Modell läßt sich prinzipiell auch erweitern, um den Effekt zusätzlicher, beobachtbarer Regressoren x_t zu erklären: Dies führt zu

$$y_t = g_t + s_t + x_t\beta + \epsilon_t\,, \quad t = 1, \ldots, n.$$

Auf diese Weise können zum Beispiel *Kalendereffekte* oder politische Maßnahmen berücksichtigt werden.

Kalendereffekte

Multiplikative Modelle

Rein additive Modelle sind nicht immer zur Analyse geeignet. Oft nimmt mit wachsendem Trend auch der Ausschlag der Saison und die Streuung der Werte um den Trend mit zu. Dieser Datenlage wird ein additives Modell nicht gerecht. Passender ist dann ein multiplikatives Modell der Form

multiplikatives Modell

$$y_t = g_t \cdot s_t \cdot \epsilon_t\,, \quad t = 1, \ldots, n.$$

Dies läßt sich durch Logarithmieren auf ein additives Modell

$$\tilde{y}_t \equiv \log y_t = \log g_t + \log s_t + \log \epsilon_t$$

für die logarithmierten Werte und Komponenten zurückführen. Dies gilt jedoch nicht mehr für *gemischt additiv-multiplikative Modelle*, etwa von der Form

gemischt additiv-multiplikative Modelle

$$y_t = g_t(1 + \tilde{g}_t s_t) + \epsilon_t\,,$$

bei denen $\tilde{g}_t$ den "Trend" in der Veränderung des Saisonmusters modellieren soll.

Wir werden uns im weiteren auf additive Modelle beschränken. Trotz der formalen Ähnlichkeiten mit Regressionsmodellen besteht ein für die statistische Analyse wesentlicher Unterschied: Trend und Saison sind unbeobachtbare Funktionen bzw. Folgen $\{g_t, t = 1, \ldots, n\}$ und $\{s_t, t = 1, \ldots, n\}$, die mit Hilfe der beobachteten Zeitreihe $\{y_t, t = 1, \ldots, n\}$ zu schätzen sind. Die Schätzung der Komponenten, also die Zerlegung der Zeitreihe, wird erst möglich, wenn man zusätzliche Annahmen trifft. Wir unterscheiden dabei zwischen globalen und lokalen Komponentenansätzen. Bei globalen Komponentenansätzen wird eine über den gesamten Zeitbereich gültige parametrische Funktionsform, etwa ein linearer oder polynomialer Trend, für die Komponenten unterstellt. Damit wird die Zeitreihenzerlegung im wesentlichen mit Methoden der Regressionsanalyse möglich, (Abschnitt 14.3). Lokale Komponentenansätze sind flexibler und unterstellen keinen global gültigen parametrischen Funktionstyp. Man spricht deshalb auch von nichtparametrischer Modellierung. Einige dieser Methoden werden in Abschnitt 14.4 skizziert.

14.3 Globale Regressionsansätze

Wir behandeln zunächst den einfacheren Fall eines reinen Trendmodells $y_t = g_t + \epsilon_t$. Die Zerlegung der Zeitreihe reduziert sich dann auf die Bestimmung einer Schätzung $\hat{g}_t$ für den Trend. Dies geschieht mit einem globalen Regressionsansatz.

14.3.1 Trendbestimmung

Globale Trendmodelle sollen für den gesamten betrachteten Zeitbereich gültig sein. Sie eignen sich vor allem zur Schätzung einfacher, etwa monotoner Trendfunktionen, deren grober Verlauf schon aus den Daten ersichtlich ist. Die Modellierung erfolgt in Form eines Regressionsansatzes. Folgende Liste enthält einige übliche *Trendfunktionen*.

Trendfunktionen

Globale Trendmodelle

$g_t = \beta_0 + \beta_1 t$	*linearer Trend*
$g_t = \beta_0 + \beta_1 t + \beta_2 t^2$	*quadratischer Trend*
$g_t = \beta_0 + \beta_1 t + \cdots + \beta_q t^q$	*polynomialer Trend*
$g_t = \beta_0 \exp(\beta_1 t)$	*exponentielles Wachstum*
$g_t = \dfrac{\beta_0}{\beta_1 + \exp(-\beta_2 t)}$	*logistische Sättigungskurve*

Die Schätzung der unbekannten Parameter $\beta_0, \beta_1, \ldots$ erfolgt nach der Kleinste-Quadrate-Methode, d.h. $\beta_0, \beta_1, \ldots$ sind so zu bestimmen, daß die Summe der quadratischen Abweichungen

$$\sum_{t=1}^{n} (y_t - g_t)^2$$

minimal wird. Am einfachsten ist dies für das Trendmodell

$$y_t = \beta_0 + \beta_1 t + \epsilon_t,$$

das die Form einer linearen Einfachregression mit dem Regressor $t \equiv x_t$ besitzt. Aus den Formeln für die KQ-Schätzungen von Abschnitt 3.6 bzw. 12.1 erhält man sofort

$$\hat{\beta}_1 = \frac{\sum\limits_{t=1}^{n} y_t\, t - n\,\bar{t}\,\bar{y}}{\sum\limits_{t=1}^{n} t^2 - n\,(\bar{t})^2}, \quad \hat{\beta}_0 = \bar{y} - \hat{\beta}\,\bar{t}.$$

(Dabei können $\bar{t} = \sum t/n$ und $\sum t^2$ noch vereinfacht werden; z.B. gilt $\bar{t} = (n+1)/2$.)

Polynomiale Trendmodelle sind in der Form eines multiplen linearen Regressionsansatzes mit den Regressoren $t \equiv x_{t1}, \dots, t^q \equiv x_{tq}$ (Kapitel 12.2). Die Schätzer $\hat{\beta}_0, \hat{\beta}_1, \dots, \hat{\beta}_q$ erhält man damit wieder mit Hilfe der dort behandelten KQ-Schätzung. Obwohl polynomiale Trendmodelle genügend hoher Ordnung oft eine gute Anpassung ermöglichen, haben sie einen gravierenden Nachteil: Polynome höherer Ordnung sind außerhalb des Datenbereichs sehr instabil, gehen schnell nach $\pm\infty$ und sind deshalb für Prognosezwecke ungeeignet. Allgemeiner können Trendmodelle der Form

$$y_t = \beta_0 + \beta_1 x_1(t) + \cdots + \beta_q x_q(t) + \epsilon_t, \quad t = 1, \dots, n,$$

mit gegebenen Funktionen $x_1(t), \dots, x_q(t)$, mit Hilfe der Methoden der multiplen linearen Regression geschätzt werden. Echt nichtlineare parametrische Funktionsformen, etwa für Sättigungskurven, führen dagegen auf Methoden der nichtlinearen Regression.

BMW-Aktie und DAX

Beispiel 14.1

Die Abbildung 14.6 zeigt für den Kurs der BMW-Aktie jeweils den mit der KQ-Methode geschätzten linearen (—) bzw. kubischen (····) Trend.

ABBILDUNG 14.6: Linearer (—) und kubischer (····) Trend

Obwohl der kubische Trend als Polynom 3. Grades eine etwas bessere Anpassung liefert als der lineare Trend, geben beide den Verlauf für den langen Zeitraum nur sehr grob wieder. Für den DAFOX erhält man ein ganz analoges Bild. Die charakteristischen Auf- und Abwärtsbewegungen könnten nur mit Polynomen höheren Grades oder mit stückweisen Polynomen besser erfaßt werden. Abbildung 14.7 zeigt eine lineare Trendanpassung für einen Teil des DAFOX. Deutlich flexiblere Trendanpassungen sind mit den lokalen Ansätzen von Abschnitt 14.4 möglich.

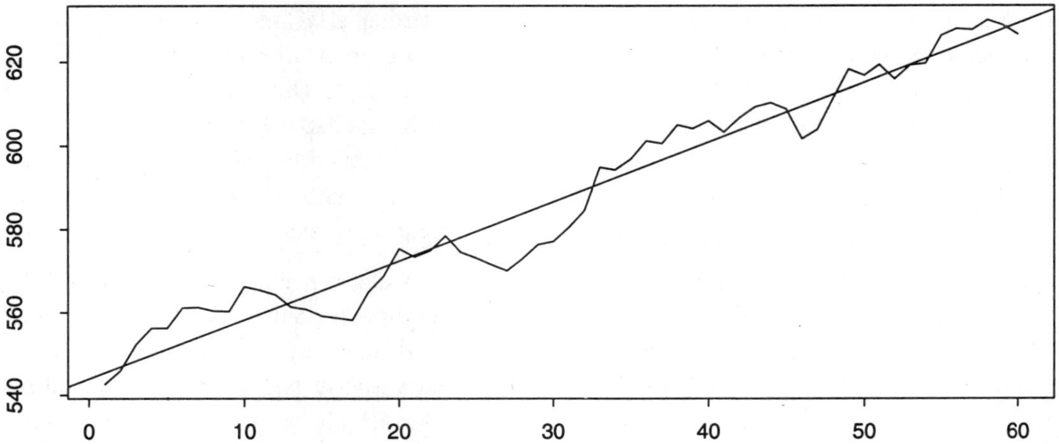

ABBILDUNG 14.7: Lineare Trendanpassung für den DAFOX □

14.3.2 Bestimmung der Saisonkomponente

Zwei gängige Möglichkeiten zur Modellierung der Saisonkomponente sind Ansätze mit Saison-Dummyvariablen und mit trigonometrischen Funktionen. Wir behandeln dabei den Fall von Monatsdaten.

Dummyvariable

Bei der Modellierung mit *Dummyvariablen* wird jedem Monat $j = 1, \ldots, 12$ eine Dummyvariable

$$s_j(t) = \begin{cases} 1, & \text{wenn } t \text{ zum Monat } j \text{ gehört} \\ 0, & \text{sonst} \end{cases}$$

zugeordnet. Die Saisonkomponente wird als Linearkombination angesetzt:

Saisonmodell mit Dummyvariablen

$$s_t = \beta_1 s_1(t) + \cdots + \beta_{12} s_{12}(t)$$

Dabei ist $\beta_j, j = 1, \ldots, 12$, gerade der Effekt oder Wert von s_t für den Monat j. Da somit das Saisonmuster für aufeinanderfolgende Jahre als identisch angenommen wird, spricht man auch von einer *starren Saisonfigur*.

starre Saisonfigur

Für eine Zeitreihe, die keinen Trend aufweist, werden die Monatseffekte $\beta_1, \ldots, \beta_{12}$ wieder nach dem KQ-Prinzip

$$\sum_t (y_t - s_t)^2 = \sum_t [y_t - \beta_1 s_1(t) - \cdots - \beta_{12} s_{12}(t)]^2 \to \min$$

geschätzt.

Bei den meisten Zeitreihen sind allerdings Trend und Saison gleichzeitig zu berücksichtigen. Bei additiven *Trend-Saison-Modellen* sind zwei Methoden üblich. Eine Möglichkeit besteht darin, zunächst nur den Trend, ohne Berücksichtigung der Saison, nach einer der oben beschriebenen Methoden zu schätzen. Anschließend führt man eine *Trendbereinigung* durch, indem man zu $\tilde{y}_t = y_t - \hat{g}_t$ übergeht. In einem zweiten Schritt wird zu $\tilde{y}_t$ die Saisonfigur geschätzt. Die zweite Möglichkeit ist ein simultaner Ansatz. Wird für g_t ein polynomialer Trend unterstellt, so führt dies zum multiplen Regessionsmodell

Trend-Saison-Modelle

Trendbereinigung

$$y_t = \alpha_1 t + \ldots + \alpha_q t^q + \ldots + \beta_1 s_1(t) + \ldots + \beta_{12} s_{12}(t) + \epsilon_t\,, \quad t = 1, \ldots, n.$$

Dabei wird keine Konstante α_0 eingeführt, da das Niveau der Zeitreihe bereits durch Einbezug aller zwölf Monatseffekte festgelegt wird. Alternativ könnte man α_0 einbeziehen und statt dessen eine Monatskomponente, etwa $\beta_{12} s_{12}(t)$, aus dem Modell entfernen.

Bei der Modellierung einer starren Saisonfigur mit trigonometrischen Funktionen wird folgender Ansatz gewählt:

Saisonmodell mit trigonometrischem Polynom

$$s_t = \beta_0 + \sum_{k=1}^{6} \beta_k \cos(2\pi \frac{k}{12}\, t) + \sum_{k=1}^{5} \gamma_k \sin(2\pi \frac{k}{12}\, t)$$

Durch die Überlagerung von periodischen Schwingungen mit den Frequenzen $1/12, \ldots, 6/12$ können nicht-sinusförmige Saisonfiguren modelliert werden. Wegen $\sin(2\pi \frac{6}{12} t) = 0$ entfällt dabei der letzte Term der zweiten Summe. Die Schätzung der Parameter $\beta_0, \ldots, \beta_6, \gamma_1, \ldots, \gamma_5$ erfolgt wieder nach der KQ-Methode.

14.4 Lokale Ansätze

Globale Ansätze sind für längere Zeitreihen oft zu starr, da zeitlich sich verändernde Strukturen nicht ohne weiteres berücksichtigt werden können. Flexibler sind lokale Ansätze, zu denen auch traditionelle Methoden wie zum Beispiel gleitende Durchschnitte gehören. Verfahren dieser Art wurden in letzter Zeit verstärkt weiterentwickelt. Wir skizzieren die Prinzipien von lokalen Regressionsansätzen in gleitenden Fenstern und von Spline-Glättern. Wie im vorangehenden Abschnitt behandeln wir zunächst die Schätzung des Trends. Gemeinsame Grundidee ist dabei, den Trend durch Glättung der Zeitreihe zu ermitteln.

14.4.1 Trendbestimmung

Gleitende Durchschnitte

lokales arithmetisches Mittel

Die einfachste Möglichkeit, eine Zeitreihe zu glätten, besteht darin, den Trend g_t zum Zeitpunkt t durch ein *lokales arithmetisches Mittel* von Zeitreihenwerten um y_t zu schätzen. Für äquidistante Zeitpunkte zieht man dazu die nächsten q vor bzw. nach y_t gelegenen Zeitreihenwerte heran.

Einfacher gleitender Durchschnitt

$$\hat{g}_t = \frac{1}{2q+1}\left(y_{t-q} + \cdots + y_t + \cdots + y_{t+q}\right), \quad t = q+1, \ldots, n-q$$

$2q+1$: Ordnung des Durchschnitts

Der Durchschnitt wird also aus einem "Fenster" mit der Weite q von Zeitreihenwerten vor und nach t gebildet, wobei das Fenster mit t über die Zeitachse gleitet. Die Wahl von q beeinflußt dabei die Glattheit der geschätzten Funktionen $\{\hat{g}_t\}$: Je größer q ist, desto glatter wird $\hat{g}_t$, je kleiner, desto rauher. Im Extremfall $q = 0$ ist $\hat{g}_t = y_t$, es erfolgt also keinerlei Glättung. Für Zeitpunkte $t \leq q$ und $t > n - q$ am linken und rechten Rand ist $\hat{g}_t$ nicht definiert. Zur Lösung diese Problems gibt es Randmodifikationen. Diese gehören zur allgemeinen Klasse *gewichteter gleitender Durchschnitte*, bei denen

gewichtete gleitende Durchschnitte

$$\hat{g}_t = \sum_s a_s \, y_s,$$

mit $\sum a_s = 1$ gilt. Die Summation erstreckt sich dabei über eine lokale Umgebung von t.

Beispiel 14.2 **BMW-Aktie und DAFOX**

Die Abbildungen 14.8 (oben) und 14.9 (oben) zeigen gleitende Durchschnitte der Ordnungen 201 für die BMW-Aktie und den DAFOX. Gleitende Durchschnitte hoher Ordnung werden oft in Charts von Wirtschaftsjournalen veröffentlicht, da sie die langfristigen Bewegungen nachzeichnen. Sie werden auch benutzt, um Ankaufs- und Verkaufssignale zu ermitteln. Gleitende Durchschnitte niedriger Ordnung

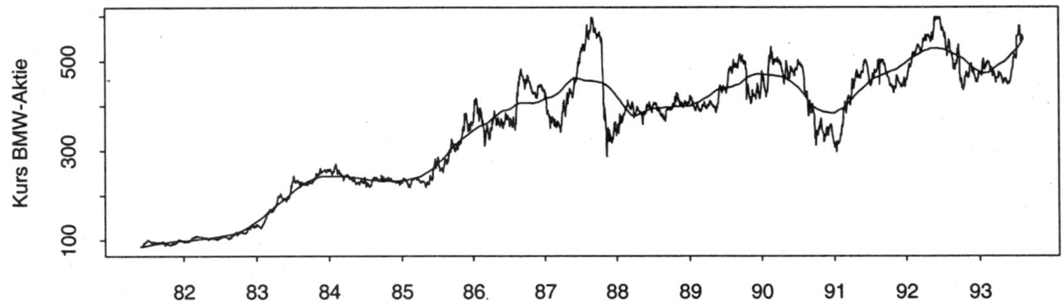

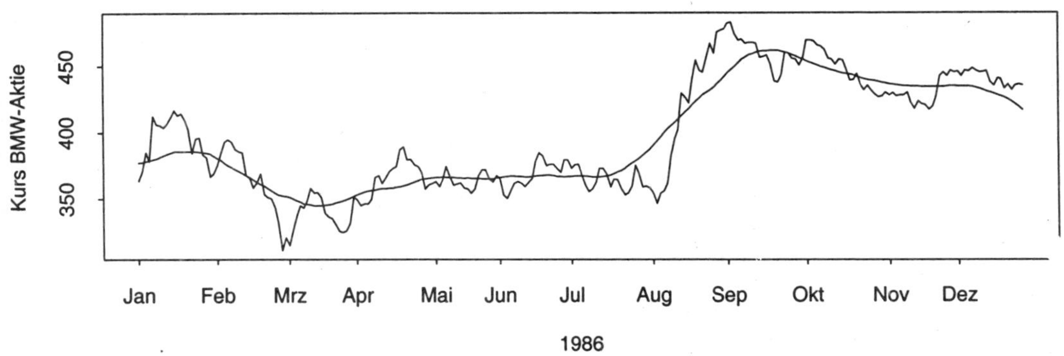

ABBILDUNG 14.8: Gleitende Durchschnitte der Ordnungen 201 (oben) und 39 (unten) für die BMW-Aktie

wie in den Abbildungen 14.8 (unten) und 14.9 (unten) sind dem aktuellen Verlauf wesentlich deutlicher angepaßt. Sie werden vor allem zur Kurzfristprognose eingesetzt. Man erkennt aus den Abbildungen, daß die Wahl der Bandweite q ganz wesentlich die Glattheit des Trends bestimmt. □

Lokale Regression

lokale Regressionsschätzer

Einfache gleitende Durchschnitte lassen sich auch als *lokale Regressionsschätzer* begründen. Dazu approximiert man die Trendfunktion lokal in einem Fenster der Weite q um t durch eine Gerade und setzt

$$y_s = g_s + \epsilon_s = \alpha_t + \beta_t s + \epsilon_s \,, \quad s = t-q, \ldots, t+q,$$

an. Der Index t soll dabei verdeutlichen, daß sich Niveau α_t und Steigung β_t lokal mit t verändern. Für den KQ-Schätzwert $\hat{g}_t$ der Regressionsfunktion $\hat{\alpha}_t + \hat{\beta}_t s$ an der Stelle $t = s$ erhält man

$$\hat{g}_t = \hat{\alpha}_t + \hat{\beta}_t\, t = \bar{y} - \hat{\beta}_t\, \bar{s} + \hat{\beta}_t\, t.$$

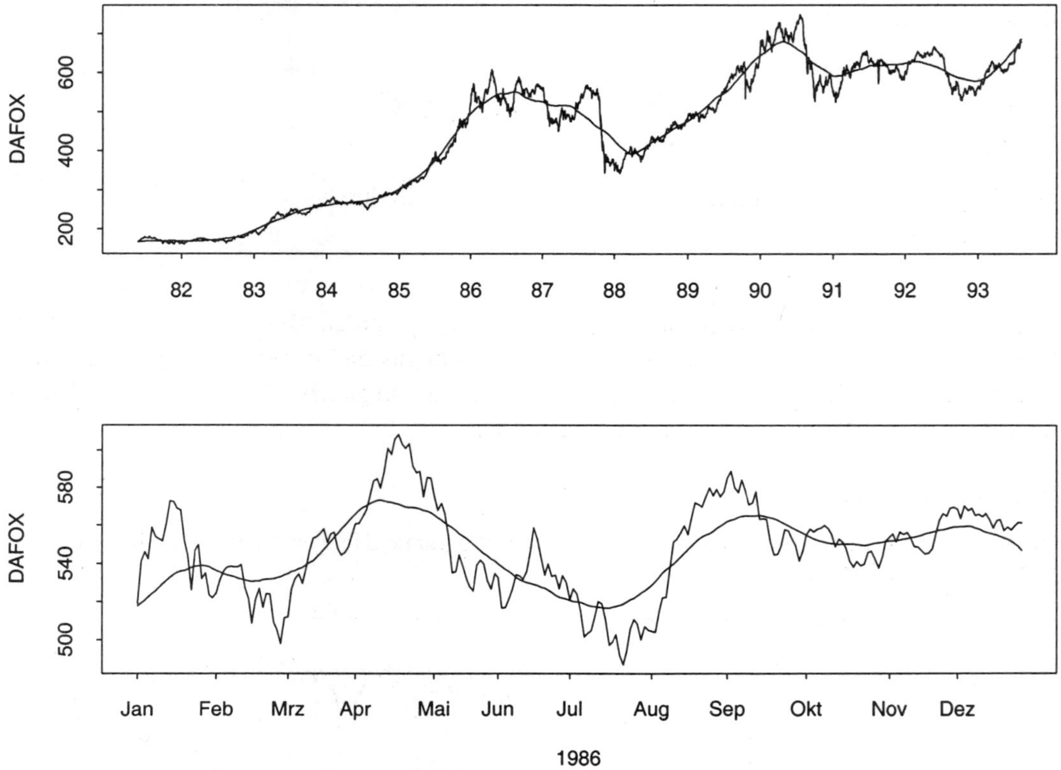

ABBILDUNG 14.9: Gleitende Durchschnitte der Ordnungen 201 (oben) und 39 (unten) für den DAFOX

Dabei ist $\bar{s}$ das arithmetische Mittel der s-Werte, $\bar{y}$ das Mittel der y-Werte aus dem Fenster. Da $\bar{s} = t$ gilt, folgt

$$\hat{g}_t = \bar{y} = \frac{1}{2q+1}(y_{t-q} + \cdots + y_t + \cdots + y_{t+q}).$$

Das bedeutet: Das ungewichtete gleitende Mittel ist KQ-Schätzer für g_t in einem lokalen linearen Regressionsmodell.

In ganz analoger Weise läßt sich zeigen, daß die lokale Approximation des Trends durch ein Polynom und dessen lokale KQ-Schätzung auf gleitende Durchschnitte allgemeinerer Form führt.

Moderne nonparametrische Verfahren der lokalen Regression bauen darauf auf. Dabei wird im wesentlichen statt einer ungewichteten lokalen KQ-Schätzung eine Gewichtung vorgenommen. Für den Fall eines lokalen linearen Trendmodells werden die Schätzungen $\hat{\alpha}_t$ und $\hat{\beta}_t$

durch Minimierung von

$$\sum_{s=t-q}^{t+q} w_s \,(y_s - \alpha_t - \beta_t\, s)^2$$

bestimmt und der Trend zum Zeitpunkt t (entspricht $s = 0$) durch

$$\hat{g}_t = \hat{\alpha}_t$$

lokal approximiert. Die Gewichte $w_{t-q}, \ldots, w_t, \ldots, w_{t+q}$ werden dabei mit Hilfe einer "Kernfunktion" so festgelegt, daß weiter von t entfernten Zeitpunkten kleinere Gewichte zugeordnet werden. Diese gewichtete lokale KQ-Approximation kann in gleicher Weise auf andere Trendfunktionen, etwa Polynome, verallgemeinert werden.

BMW-Aktie und DAFOX

Beispiel 14.3

Die Abbildungen 14.10 und 14.11 zeigen die mit dem Programm STL geschätzten Trendfunktionen $\hat{g}_t$ und die Restkomponente $\hat{\epsilon}_t = y_t - \hat{g}_t$.

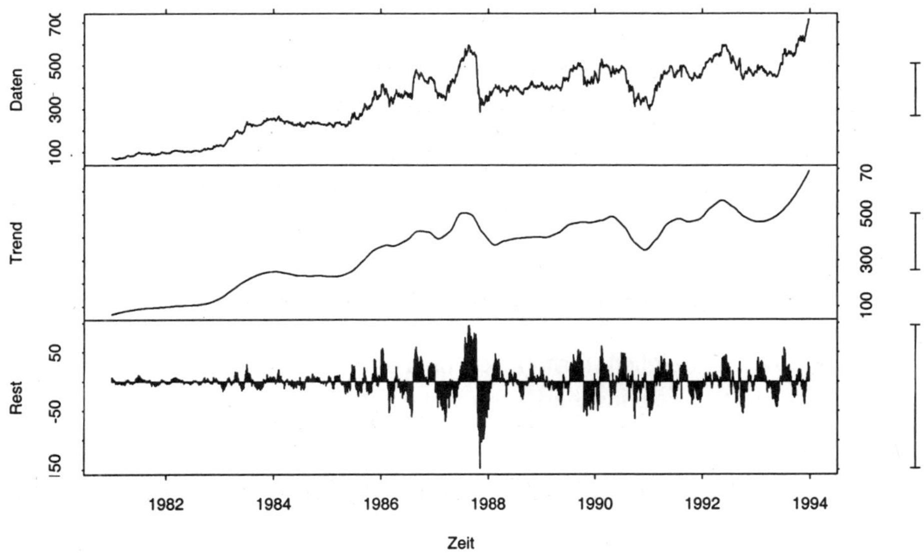

ABBILDUNG 14.10: Kurs, Trend und Restkomponente für die BMW-Aktie

STL ist im Programmpaket S-Plus implementiert und führt lokale KQ-Approximationen durch. Der Grad der Glättung kann vorgegeben werden und ist so eingestellt, daß eine den Abbildungen 14.8 bzw. 14.9 entsprechende Glättung erzielt wird.

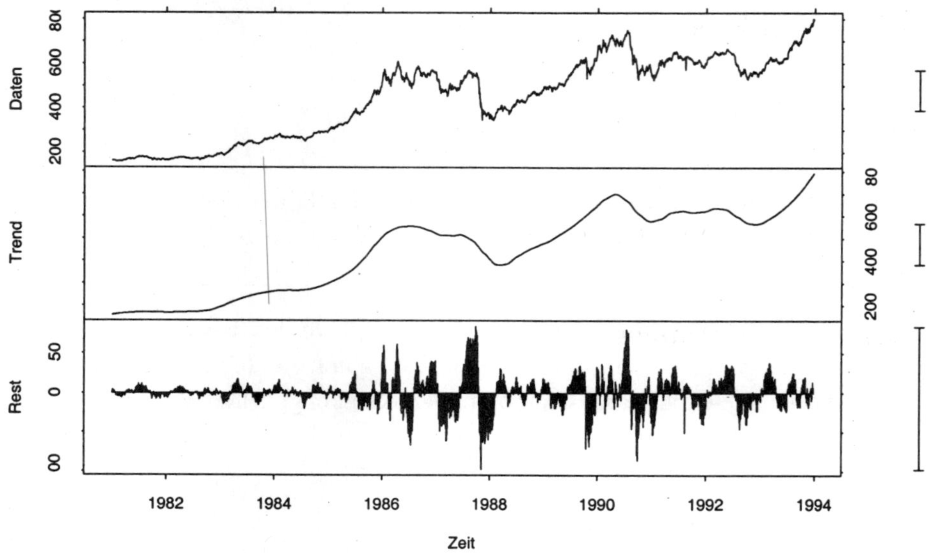

ABBILDUNG 14.11: Kurs, Trend und Restkomponente für den DAFOX □

*Spline-Glättung

Spline-Funktionen

Die Grundidee zur Schätzung einer glatten Trendfunktion durch sogenannte *Spline-Funktionen* findet sich ebenfalls bereits bei einem traditionellen Ansatz der Zeitreihenanalyse. Dabei faßt man die Trendwerte $\{g_t, t = 1, \ldots, n\}$ insgesamt als unbekannte, zu schätzende "Parameter" auf und berücksichtigt dabei, daß der Trend "glatt" sein soll. Eine naive KQ-Schätzung durch Minimierung des KQ-Kriteriums $\sum(y_t - g_t)^2$ führt auf die triviale Lösung $y_t = g_t, t = 1, \ldots, n$, da damit die Quadratsumme gleich null wird. Es wird jedoch keinerlei Glättung erreicht, sondern nur interpoliert und somit die Zeitreihe selbst reproduziert. Um eine glatte Schätzung zu erreichen, formalisiert man die Vorstellung, daß aufeinanderfolgende Werte von g_t nicht zu stark voneinander abweichen sollten bzw. daß die Zeitreihe keine starke Krümmung aufweisen sollte. Dies läßt sich durch *Differenzen 1. Ordnung* $\Delta g_t = g_t - g_{t-1}$ bzw. *2. Ordnung* $\Delta^2 g_t = (g_t - g_{t-1}) - (g_{t-1} - g_{t-2}) = g_t - 2g_{t-1} + g_{t-2}$ ausdrücken. Die Forderung, daß $g_t - g_{t-1}$ klein ist, bedeutet, daß der Trend keine großen lokalen Änderungen im Niveau besitzen soll. Global heißt dies, daß die Summe der quadratischen Abweichungen

Differenzen 1. und 2. Ordnung

$$\sum_{t=2}^{n}(g_t - g_{t-1})^2$$

nicht zu groß werden darf. Die Forderung einer kleinen Krümmung bedeutet, daß keine großen lokalen Änderungen aufeinanderfolgender Steigungen auftreten dürfen, d.h. daß

$$(g_t - g_{t-1}) - (g_{t-1} - g_{t-2}) = g_t - 2g_{t-1} + g_{t-2}$$

klein sein soll. Global wird die Krümmung durch

$$\sum_{t=3}^{n}(g_t - 2g_{t-1} + g_{t-2})^2$$

gemessen. Damit läßt sich die Vorstellung, daß der Trend $\{g_t\}$ dem Verlauf von $\{y_t\}$ nahe kommt, aber dennoch glatt bleibt, durch das folgende Kriterium ausdrücken:

Penalisierte KQ-Schätzung

Bestimme $\{\hat{g}_t\}$ so, daß

$$\sum_{t=1}^{n}(y_t - g_t)^2 + \lambda\sum_{t=2}^{n}(g_t - g_{t-1})^2 \to \min_{\{g_t\}}$$

bzw.

$$\sum_{t=1}^{n}(y_t - g_t)^2 + \lambda\sum_{t=3}^{n}(g_t - 2g_{t-1} + g_{t-2})^2 \to \min_{\{g_t\}}$$

minimiert wird.

Die Kriterien stellen einen Kompromiß dar zwischen Datentreue des Trends, gemessen durch $\sum(y_t - g_t)^2$, und Glattheit des Trends, gemessen durch die zusätzlichen *"Straf-"* - oder *"Penalisierungsfunktionen"*. Der Kompromiß wird durch den *Glättungsparameter* λ gesteuert, der eine ähnliche Rolle spielt wie die Bandweite q bei gleitenden Durchschnitten: Für kleine Werte von λ wird der geschätzte Trend $\{\hat{g}_t\}$ sehr rauh, für $\lambda = 0$ kommt man zurück zur Interpolation. Für große Werte von λ geht der Strafterm mit großem Gewicht in das Kriterium ein, so daß $\{\hat{g}_t\}$ sehr glatt wird. Für $\lambda \to \infty$ strebt g_t gegen das arithmetische Mittel $\bar{y} = \sum y_t/n$ bzw. die KQ-Regressionsgerade der Zeitreihenwerte.

Straffunktion

Glättungsparameter

Die Minimierung der penalisierten KQ-Kriterien wird prinzipiell wie üblich durchgeführt: Man bildet die ersten Ableitungen nach $\{g_t\}$, setzt diese gleich 0 und löst nach $\{\hat{g}_t\}$ auf. Dies führt auf ein lineares Gleichungssystem der Dimension n, das sich am Computer effizient und schnell lösen läßt. Wir verzichten hier auf eine explizite Darstellung.

Die Schätzung $\{\hat{g}_t\}$ wird auch als diskreter Glättungsspline bezeichnet, da eine enge Beziehung zur nonparametrischen Schätzung von Regressionsfunktionen durch Spline-Funktionen besteht (vgl. Abschnitt *12.3). Bei Spline-Funktionen geht man von der Vorstellung aus, daß die Zeit stetig läuft und somit eine unbekannte Funktion $g(t)$ der Zeit zu schätzen ist. Deshalb werden die Straffunktionen entsprechend modifiziert. So verwendet man etwa statt der Summe der quadrierten zweiten Differenzen das Integral

$$\int [g''(t)]^2 \, dt$$

der quadrierten zweiten Ableitung als Straffunktion für die Krümmung.

14.4.2 Bestimmung der Saisonkomponente

Gleitende Durchschnitte und lokale Regression

Die Idee der gleitenden lokalen Schätzung läßt sich auch auf Trend-Saison-Modelle $y_t = g_t + s_t + \epsilon_t$ übertragen. Dazu wählt man zu festem t ein Fenster mit Bandweite q indem g_t lokal durch ein Polynom und s_t lokal durch einen Dummy-Variablen-Ansatz oder ein trigonometrisches Polynom approximiert wird. Die Parameter $\alpha_0, \alpha_1, \ldots, \beta_1, \beta_2, \ldots$ werden durch lokale KQ-Schätzungen aus

$$\sum_{s=t-q}^{t+q} w_s \, (y_s - g_s - s_s)^2 \to \min$$

simultan
Berliner Verfahren
sukzessive

ermittelt. Auf diesem *simultanen* Ansatz beruht die ursprüngliche Version des *Berliner Verfahrens*, das in modifizierter Version vom Statistischen Bundesamt eingesetzt wird.

Alternativ werden Trend und Saison *sukzessive* ermittelt. Dazu wird zunächst nur der Trend wie in 14.4.1 bestimmt. Mit der Schätzung $\{\hat{g}_t\}$ wird die Zeitreihe y_t zu $\tilde{y}_t = y_t - \hat{g}_t$ trendbereinigt. In einem zweiten Schritt werden Verfahren der gleitenden Durchschnitte oder der lokalen Regression auf $\tilde{y}_t$ angewendet, um die Saison zu schätzen. An dieser Grundkonzeption der sukzessiven Schätzung sind einige bekannte Verfahren orientiert. Sie beinhalten aber deutliche Unterschiede in den algorithmischen Details, auf die wir nicht eingehen.

In der Praxis werden zudem globale und lokale Ansätze gemischt und das Prinzip der sukzessiven Schätzung in iterierter Form angewendet. Zu diesen komplexen Verfahren gehören zum Beispiel das Census X11-Verfahren (im Programmpaket SAS implementiert), das STL-Verfahren (in S-Plus implementiert) und das Berliner Verfahren in der derzeitigen Version des Statistischen Bundesamtes. Obwohl die verschiedenen Verfahren für praktische Zwecke oft zu ähnlichen Ergebnissen führen, ist es in jedem Fall wichtig zu wissen mit welcher Methode die Ermittlung von Trend und Saison durchgeführt wurde.

Beispiel 14.4 **IFO-Salden**

Abbildung 14.12 zeigt monatliche Salden der Geschäftslage für die Branche "Vorprodukte Steine und Erden" sowie den mit STL geschätzten Trend, die Saison und die Restkomponente. Beim Trend ist das deutliche Tal um 1982, dem Ende der sozialliberalen Koalition unter Helmut Schmidt, auffällig. Mit dem Übergang zur Koalition unter Helmut Kohl steigt der Wert, von einer flachen Phase vor der

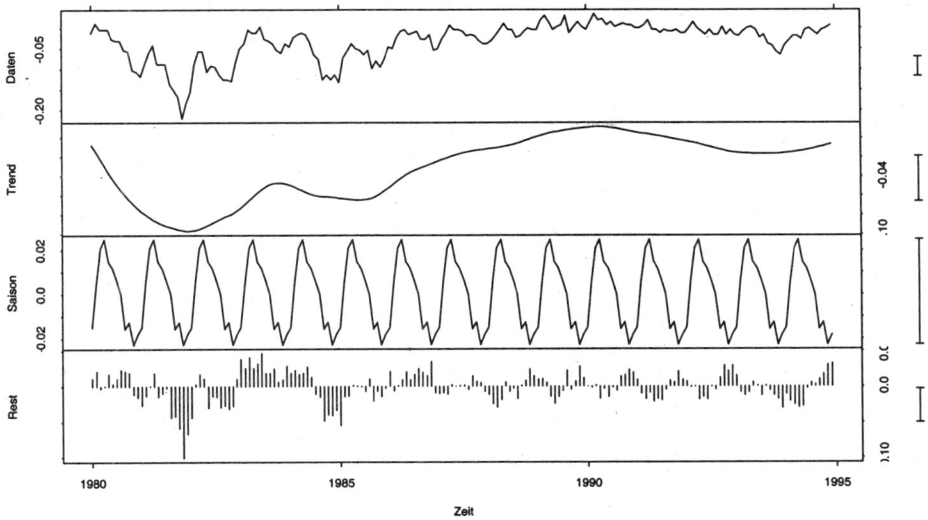

ABBILDUNG 14.12: Salden, Trend, Saison und Restkomponente für die Branche "Vorprodukte Steine und Erden"

Bundestagwahl 1986 abgesehen, kontinuierlich bis zur Wiedervereinigung an. Warum macht sich das bei dieser Branche so deutlich, bei der Branche "Genußmittel" jedoch kaum bemerkbar? Eine mögliche Erklärung sind die damals extrem hohen Sollzinsen (bis zu 14 %), die sogar viele Bauträger in die Pleite trieben. Anschließend sind Anzeichen für einen leichten Abfall erkennbar. Obwohl die Antworten auf die Frage nach der Geschäftslage saisonbereinigt erfolgen sollten, zeigt sich eine deutlich ausgeprägte Saisonfigur. Das jahreszeitliche Muster paßt zu dieser Branche, die Vorprodukte für die Baubranche fertigt: Die Geschäftslage wird zum Frühjahrsbeginn am besten eingeschätzt. Danach folgt ein ständiger Abfall bis hin zum Jahreswechsel, dem wiederum der Anstieg zum Gipfel folgt. Abbildung 14.13 zeigt monatliche Salden, Trend, Saison und Restkomponente zur Geschäftslage der Branche "Genußmittel". Hier sticht vor allem der ausgeprägte Gipfel nach der Wiedervereinigung ins Auge. Wir verzichten auf eine spekulative Interpretation dieses Effekts. Auch den Versuch, die ausgeprägte Saison zu interpretieren, überlassen wir dem Leser. □

Preisindex für Pflanzen

Beispiel 14.5

Abbildung 14.14 zeigt die Ergebnisse der Trend- und Saisonbestimmung für den Preisindex der Warengruppe "Pflanzen, Güter für die Gartenpflege". Neben einem monoton und fast linear ansteigenden Trend zeigt sich die erwartete Saisonabhängigkeit.

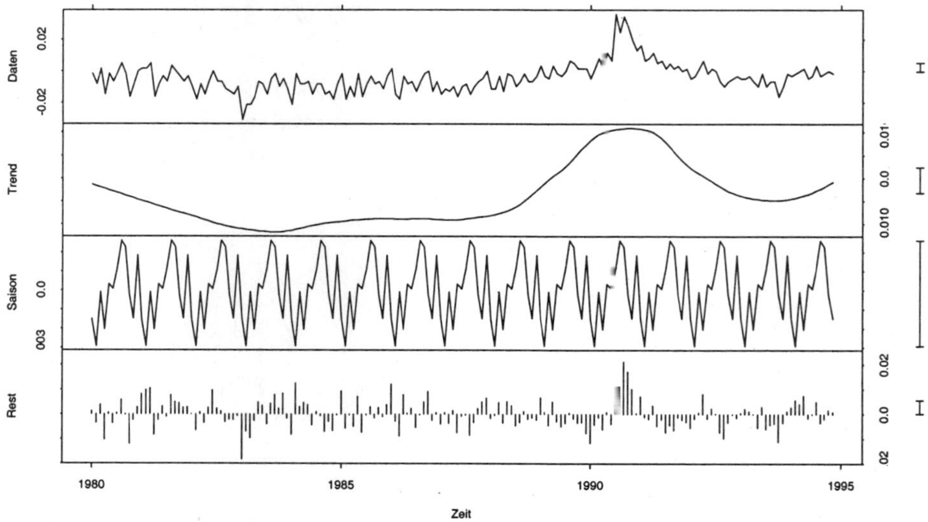

ABBILDUNG 14.13: Salden, Trend und Restkomponente für die Branche "Genußmittel"

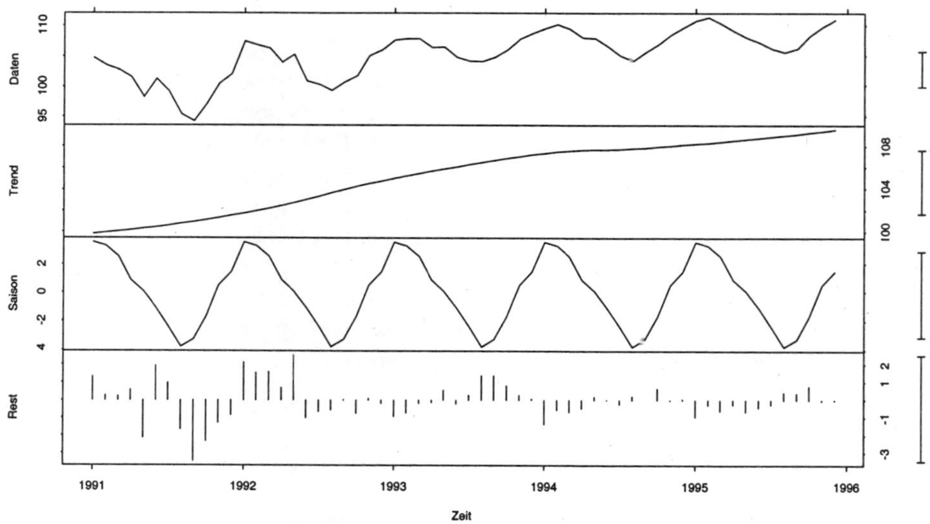

ABBILDUNG 14.14: Monatlicher Preisindex, Saison, Trend und Restkomponente für den Sektor "Pflanzen, Güter für die Gartenpflege"

□

*Spline-Glättung

Das Prinzip der penalisierten KQ-Schätzung läßt sich auch auf Trend-Saison-Modelle $y_t = g_t + s_t + \epsilon_t$ erweitern. Da die Saison nur die Abweichungen vom Trend beschreiben soll, muß bei Monatsdaten für alle t

$$\sum_{u=0}^{11} s_{t-u} \approx 0$$

gelten. Bringt man diese Forderung in den penalisierten KQ-Ansatz mit ein, so erhält man: Bestimme $\{\hat{g}_t\}$, $\{\hat{s}_t\}$ so, daß

$$\sum_{t=1}^{n}(y_t - g_t - s_t)^2 + \lambda_1 \sum_{t=2}^{n}(g_t - 2g_{t-1} + g_{t-2})^2 + \lambda_2 \sum_{t=12}^{n} \left\{ \sum_{u=0}^{11} s_{t-u} \right\}^2$$

minimiert wird. Die algorithmische Minimierung läßt sich wieder auf das Lösen eines hochdimensionalen Gleichungssystems zurückführen.

14.5 Zusammenfassung und Bemerkungen

Dieses Kapitel gibt eine Einführung in deskriptive und explorative Methoden der Zeitreihenanalyse, mit denen sich die wichtigsten Komponenten Trend und Saison bestimmen lassen. Weitere Gebiete wie Prognoseverfahren, stochastische Modelle der Zeitreihenanalyse sowie die statistische Analyse im Frequenzbereich werden z.B. von Schlittgen und Streitberg (1994) behandelt. Eine umfassende Darstellung findet sich z.B. in Hamilton (1994). Insbesondere für multivariate Modelle der Zeitreihenanalyse verweisen wir auf Lütkepohl (1991).

14.6 Aufgaben

Betrachten Sie den folgenden Ausschnitt aus der Zeitreihe der Zinsen (Beispiel 2.5) **Aufgabe 14.1**

7.51	7.42	6.76	5.89	5.95	5.35	5.51	6.13	6.45	6.51	6.92
6.95	6.77	6.86	6.95	6.66	6.26	6.18	6.07	6.52	6.52	6.71

und bestimmen Sie den gleitenden 3er– und 11er–Durchschnitt. Anstelle gleitender Durchschnitte können zur Glättung einer Zeitreihe auch gleitende Mediane verwendet werden, die analog definiert sind. Berechnen Sie die entsprechenden gleitenden Mediane. Zeichnen Sie die Zeitreihe zusammen mit Ihren Resultaten.

Aufgabe 14.2 Abbildung 14.15 zeigt zu der Zeitreihe der Zinsen (Beispiel 2.5) gleitende Durchschnitte und Mediane.

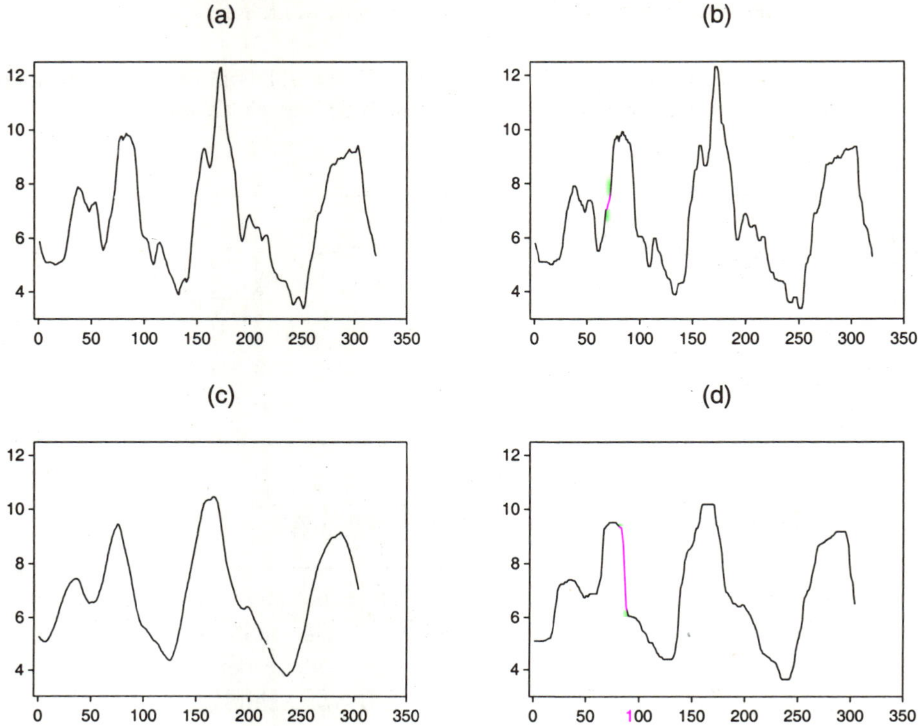

ABBILDUNG 14.15: Lokale Glättung der monatlichen Zinssaätze: gleitende 5er–Durchschnitte (a), gleitende 5er–Mediane (b), gleitende 21er–Durchschnitte (c) und gleitende 21er–Mediane (d)

Vergleichen Sie die geglätteten Zeitreihen und kommentieren Sie Unterschiede und Ähnlichkeiten.

Aufgabe 14.3 Einer Zeitreihe $\{y_t, t = 1, \ldots, n\}$ wird oft ein linearer Trend

$$y_t = \alpha + \beta \cdot t + \epsilon, \quad t = 1, \ldots, n$$

unterstellt.

(a) Vereinfachen Sie die gewöhnlichen KQ–Schätzer.

(b) Von 1982 bis 1987 wird im folgenden die Anzahl der gemeldeten AIDS–Infektionen in den USA vierteljährlich angegeben:

185	200	293	374	554	713	763	857	1147	1369	1563	1726
2142	2525	2951	3160	3819	4321	4863	5192	6155	6816	7491	7726

Bestimmen Sie die Regressionskoeffizienten.

(c) Die Annahme eines linearen Trends ist hier unter Umständen fragwürdig. Exponentielles Wachstum

$y_t = \alpha \cdot \exp(\beta \cdot t) \cdot \epsilon_t$ kann durch Logarithmieren wieder in ein klassisches Regressionsmodell transformiert werden. Berechnen Sie für dieses transformierte Modell die Regressionskoeffizienten.

Aufgabe 14.4

Abbildung 14.16 zeigt die monatlichen Geburten in der BRD von 1950 bis 1980. Kommentieren Sie den Verlauf der Zeitreihe, sowie Trend und Saison, die mittels STL geschätzt wurden.

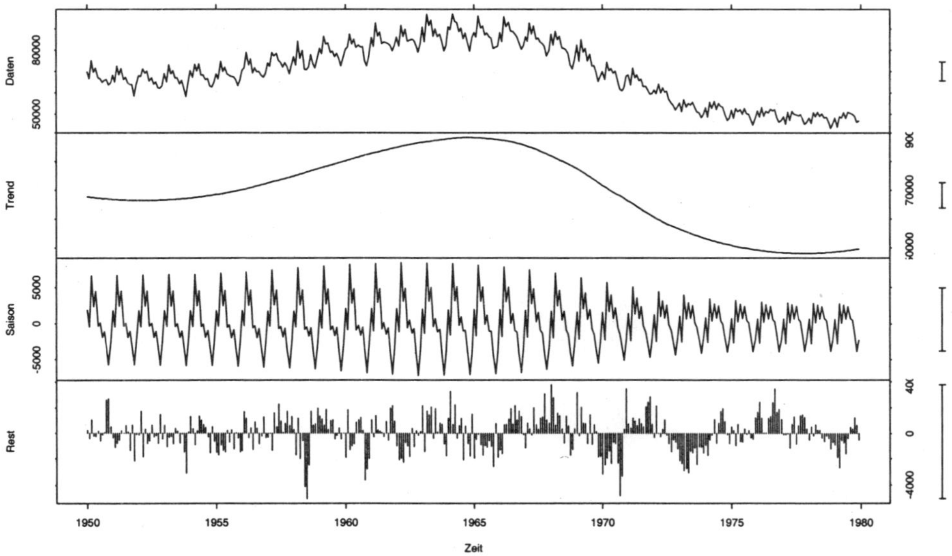

ABBILDUNG 14.16: Monatliche Geburten und Zerlegung in Saison, Trend und Restkomponente

Tabellen

A Standardnormalverteilung

Tabelliert sind die Werte der Verteilungsfunktion $\Phi(z) = P(Z \leq z)$ für $z \geq 0$.
Ablesebeispiel: $\Phi(1.75) = 0.9599$
Funktionswerte für negative Argumente: $\Phi(-z) = 1 - \Phi(z)$
Die z-Quantile ergeben sich genau umgekehrt. Beispielsweise ist $z(0.9599) = 1.75$ und $z(0.9750) = 1.96$.

	0.00	0.01	0.02	0.03	0.04	0.05	0.06	0.07	0.08	0.09
0.0	0.5000	0.5040	0.5080	0.5120	0.5160	0.5199	0.5239	0.5279	0.5319	0.5359
0.1	0.5398	0.5438	0.5478	0.5517	0.5557	0.5596	0.5636	0.5675	0.5714	0.5753
0.2	0.5793	0.5832	0.5871	0.5910	0.5948	0.5987	0.6026	0.6064	0.6103	0.6141
0.3	0.6179	0.6217	0.6255	0.6293	0.6331	0.6368	0.6406	0.6443	0.6480	0.6517
0.4	0.6554	0.6591	0.6628	0.6664	0.6700	0.6736	0.6772	0.6808	0.6844	0.6879
0.5	0.6915	0.6950	0.6985	0.7019	0.7054	0.7088	0.7123	0.7157	0.7190	0.7224
0.6	0.7257	0.7291	0.7324	0.7357	0.7389	0.7422	0.7454	0.7486	0.7517	0.7549
0.7	0.7580	0.7611	0.7642	0.7673	0.7704	0.7734	0.7764	0.7794	0.7823	0.7852
0.8	0.7881	0.7910	0.7939	0.7967	0.7995	0.8023	0.8051	0.8078	0.8106	0.8133
0.9	0.8159	0.8186	0.8212	0.8238	0.8264	0.8289	0.8315	0.8340	0.8365	0.8389
1.0	0.8413	0.8438	0.8461	0.8485	0.8508	0.8531	0.8554	0.8577	0.8599	0.8621
1.1	0.8643	0.8665	0.8686	0.8708	0.8729	0.8749	0.8770	0.8790	0.8810	0.8830
1.2	0.8849	0.8869	0.8888	0.8907	0.8925	0.8944	0.8962	0.8980	0.8997	0.9015
1.3	0.9032	0.9049	0.9066	0.9082	0.9099	0.9115	0.9131	0.9147	0.9162	0.9177
1.4	0.9192	0.9207	0.9222	0.9236	0.9251	0.9265	0.9279	0.9292	0.9306	0.9319
1.5	0.9332	0.9345	0.9357	0.9370	0.9382	0.9394	0.9406	0.9418	0.9429	0.9441
1.6	0.9452	0.9463	0.9474	0.9484	0.9495	0.9505	0.9515	0.9525	0.9535	0.9545
1.7	0.9554	0.9564	0.9573	0.9582	0.9591	0.9599	0.9608	0.9616	0.9625	0.9633
1.8	0.9641	0.9649	0.9656	0.9664	0.9671	0.9678	0.9686	0.9693	0.9699	0.9706
1.9	0.9713	0.9719	0.9726	0.9732	0.9738	0.9744	0.9750	0.9756	0.9761	0.9767
2.0	0.9772	0.9778	0.9783	0.9788	0.9793	0.9798	0.9803	0.9808	0.9812	0.9817
2.1	0.9821	0.9826	0.9830	0.9834	0.9838	0.9842	0.9846	0.9850	0.9854	0.9857
2.2	0.9861	0.9864	0.9868	0.9871	0.9875	0.9878	0.9881	0.9884	0.9887	0.9890
2.3	0.9893	0.9896	0.9898	0.9901	0.9904	0.9906	0.9909	0.9911	0.9913	0.9916
2.4	0.9918	0.9920	0.9922	0.9925	0.9927	0.9929	0.9931	0.9932	0.9934	0.9936
2.5	0.9938	0.9940	0.9941	0.9943	0.9945	0.9946	0.9948	0.9949	0.9951	0.9952
2.6	0.9953	0.9955	0.9956	0.9957	0.9959	0.9960	0.9961	0.9962	0.9963	0.9964

	0.00	0.01	0.02	0.03	0.04	0.05	0.06	0.07	0.08	0.09
2.7	0.9965	0.9966	0.9967	0.9968	0.9969	0.9970	0.9971	0.9972	0.9973	0.9974
2.8	0.9974	0.9975	0.9976	0.9977	0.9977	0.9978	0.9979	0.9979	0.9980	0.9981
2.9	0.9981	0.9982	0.9982	0.9983	0.9984	0.9984	0.9985	0.9985	0.9986	0.9986
3.0	0.9987	0.9987	0.9987	0.9988	0.9988	0.9989	0.9989	0.9989	0.9990	0.9990
3.1	0.9990	0.9991	0.9991	0.9991	0.9992	0.9992	0.9992	0.9992	0.9993	0.9993
3.2	0.9993	0.9993	0.9994	0.9994	0.9994	0.9994	0.9994	0.9995	0.9995	0.9995
3.3	0.9995	0.9995	0.9995	0.9996	0.9996	0.9996	0.9996	0.9996	0.9996	0.9997
3.4	0.9997	0.9997	0.9997	0.9997	0.9997	0.9997	0.9997	0.9997	0.9997	0.9998
3.5	0.9998	0.9998	0.9998	0.9998	0.9998	0.9998	0.9998	0.9998	0.9998	0.9998
3.6	0.9998	0.9998	0.9999	0.9999	0.9999	0.9999	0.9999	0.9999	0.9999	0.9999
3.7	0.9999	0.9999	0.9999	0.9999	0.9999	0.9999	0.9999	0.9999	0.9999	0.9999
3.8	0.9999	0.9999	0.9999	0.9999	0.9999	0.9999	0.9999	0.9999	0.9999	0.9999
3.9	1.0000	1.0000	1.0000	1.0000	1.0000	1.0000	1.0000	1.0000	1.0000	1.0000

B Binomialverteilung

Tabelliert sind die Werte der Verteilungsfunktion

$$F(x) = P(X \leq x) = \sum_{k=0}^{x} P(X = k)\,.$$

Ablesebeispiel: $X \sim B(8; 0.1)$ $F(2) = 0.9619$
Funktionswerte für $\pi > 0.5$:

$$X \sim B(n;\pi) \Longrightarrow Y = n - X \sim B(n, 1-\pi)$$

Approximation der Binomialverteilung durch die Normalverteilung mit Stetigkeitskorrektur: Falls $n\pi$ und $n(1-\pi)$ groß genug sind (Faustregel: $n\pi \geq 5$ und $n(1-\pi) \geq 5$), gilt

$$P(X \leq x) = B(x|n,\pi) \approx \Phi\left(\frac{x + 0.5 - n\pi}{\sqrt{n\pi(1-\pi)}}\right).$$

Approximation der Binomialverteilung durch die Poisson-Verteilung: Falls n groß und π nahe bei null ist (Faustregel: $n > 30$ und $\pi \leq 0.05$), gilt

$$B(n,\pi) \overset{a}{\sim} Po(\lambda = n\pi)\,.$$

$\pi = 0.05$	n=1	n=2	n=3	n=4	n=5	n=6	n=7	n=8	n=9	n=10
$x \leq 0$	0.9500	0.9025	0.8574	0.8145	0.7738	0.7351	0.6983	0.6634	0.6302	0.5987
1	1.0000	0.9975	0.9928	0.9860	0.9774	0.9672	0.9556	0.9428	0.9288	0.9139
2	.	1.0000	0.9999	0.9995	0.9988	0.9978	0.9962	0.9942	0.9916	0.9885
3	.	.	1.0000	1.0000	1.0000	0.9999	0.9998	0.9996	0.9994	0.9990
4	.	.	.	1.0000	1.0000	1.0000	1.0000	1.0000	1.0000	0.9999
5	.	.	.	.	1.0000	1.0000	1.0000	1.0000	1.0000	1.0000

$\pi = 0.05$	n=11	n=12	n=13	n=14	n=15	n=16	n=17	n=18	n=19	n=20
$x \leq 0$	0.5688	0.5404	0.5133	0.4877	0.4633	0.4401	0.4181	0.3972	0.3774	0.3585
1	0.8981	0.8816	0.8646	0.8470	0.8290	0.8108	0.7922	0.7735	0.7547	0.7358
2	0.9848	0.9804	0.9755	0.9699	0.9638	0.9571	0.9497	0.9419	0.9335	0.9245
3	0.9984	0.9978	0.9969	0.9958	0.9945	0.9930	0.9912	0.9891	0.9868	0.9841
4	0.9999	0.9998	0.9997	0.9996	0.9994	0.9991	0.9988	0.9985	0.9980	0.9974
5	1.0000	1.0000	1.0000	1.0000	0.9999	0.9999	0.9999	0.9998	0.9998	0.9997
6	1.0000	1.0000	1.0000	1.0000	1.0000	1.0000	1.0000	1.0000	1.0000	1.0000

$\pi = 0.05$	n=21	n=22	n=23	n=24	n=25	n=26	n=27	n=28	n=29	n=30
$x \leq 0$	0.3406	0.3235	0.3074	0.2920	0.2774	0.2635	0.2503	0.2378	0.2259	0.2146
1	0.7170	0.6982	0.6794	0.6608	0.6424	0.6241	0.6061	0.5883	0.5708	0.5535
2	0.9151	0.9052	0.8948	0.8841	0.8729	0.8614	0.8495	0.8373	0.8249	0.8122
3	0.9811	0.9778	0.9742	0.9702	0.9659	0.9613	0.9563	0.9509	0.9452	0.9392
4	0.9968	0.9960	0.9951	0.9940	0.9928	0.9915	0.9900	0.9883	0.9864	0.9844
5	0.9996	0.9994	0.9992	0.9990	0.9988	0.9985	0.9981	0.9977	0.9973	0.9967
6	1.0000	0.9999	0.9999	0.9999	0.9998	0.9998	0.9997	0.9996	0.9995	0.9994
7	1.0000	1.0000	1.0000	1.0000	1.0000	1.0000	1.0000	1.0000	0.9999	0.9999
8	1.0000	1.0000	1.0000	1.0000	1.0000	1.0000	1.0000	1.0000	1.0000	1.0000

$\pi = 0.1$	n=1	n=2	n=3	n=4	n=5	n=6	n=7	n=8	n=9	n=10
$x \leq 0$	0.9000	0.8100	0.7290	0.6561	0.5905	0.5314	0.4783	0.4305	0.3874	0.3487
1	1.0000	0.9900	0.9720	0.9477	0.9185	0.8857	0.8503	0.8131	0.7748	0.7361
2	.	1.0000	0.9990	0.9963	0.9914	0.9842	0.9743	0.9619	0.9470	0.9298
3	.	.	1.0000	0.9999	0.9995	0.9987	0.9973	0.9950	0.9917	0.9872
4	.	.	.	1.0000	1.0000	0.9999	0.9998	0.9996	0.9991	0.9984
5	.	.	.	.	1.0000	1.0000	1.0000	1.0000	0.9999	0.9999
6	.	.	.	.	.	1.0000	1.0000	1.0000	1.0000	1.0000

$\pi = 0.1$	n=11	n=12	n=13	n=14	n=15	n=16	n=17	n=18	n=19	n=20
$x \leq 0$	0.3138	0.2824	0.2542	0.2288	0.2059	0.1853	0.1668	0.1501	0.1351	0.1216
1	0.6974	0.6590	0.6213	0.5846	0.5490	0.5147	0.4818	0.4503	0.4203	0.3917
2	0.9104	0.8891	0.8661	0.8416	0.8159	0.7892	0.7618	0.7338	0.7054	0.6769
3	0.9815	0.9744	0.9658	0.9559	0.9444	0.9316	0.9174	0.9018	0.8850	0.8670
4	0.9972	0.9957	0.9935	0.9908	0.9873	0.9830	0.9779	0.9718	0.9648	0.9568
5	0.9997	0.9995	0.9991	0.9985	0.9978	0.9967	0.9953	0.9936	0.9914	0.9887
6	1.0000	0.9999	0.9999	0.9998	0.9997	0.9995	0.9992	0.9988	0.9983	0.9976
7	1.0000	1.0000	1.0000	1.0000	1.0000	0.9999	0.9999	0.9998	0.9997	0.9996
8	1.0000	1.0000	1.0000	1.0000	1.0000	1.0000	1.0000	1.0000	1.0000	0.9999
9	1.0000	1.0000	1.0000	1.0000	1.0000	1.0000	1.0000	1.0000	1.0000	1.0000

$\pi = 0.1$	n=21	n=22	n=23	n=24	n=25	n=26	n=27	n=28	n=29	n=30
$x \leq 0$	0.1094	0.0985	0.0886	0.0798	0.0718	0.0646	0.0581	0.0523	0.0471	0.0424
1	0.3647	0.3392	0.3151	0.2925	0.2712	0.2513	0.2326	0.2152	0.1989	0.1837
2	0.6484	0.6200	0.5920	0.5643	0.5371	0.5105	0.4846	0.4594	0.4350	0.4114
3	0.8480	0.8281	0.8073	0.7857	0.7636	0.7409	0.7179	0.6946	0.6710	0.6474
4	0.9478	0.9379	0.9269	0.9149	0.9020	0.8882	0.8734	0.8579	0.8416	0.8245
5	0.9856	0.9818	0.9774	0.9723	0.9666	0.9601	0.9529	0.9450	0.9363	0.9268
6	0.9967	0.9956	0.9942	0.9925	0.9905	0.9881	0.9853	0.9821	0.9784	0.9742
7	0.9994	0.9991	0.9988	0.9983	0.9977	0.9970	0.9961	0.9950	0.9938	0.9922
8	0.9999	0.9999	0.9998	0.9997	0.9995	0.9994	0.9991	0.9988	0.9984	0.9980
9	1.0000	1.0000	1.0000	0.9999	0.9999	0.9999	0.9998	0.9998	0.9997	0.9995
10	1.0000	1.0000	1.0000	1.0000	1.0000	1.0000	1.0000	1.0000	0.9999	0.9999
11	1.0000	1.0000	1.0000	1.0000	1.0000	1.0000	1.0000	1.0000	1.0000	1.0000

$\pi = 0.15$	n=1	n=2	n=3	n=4	n=5	n=6	n=7	n=8	n=9	n=10
$x \leq 0$	0.8500	0.7225	0.6141	0.5220	0.4437	0.3771	0.3206	0.2725	0.2316	0.1969
1	1.0000	0.9775	0.9393	0.8905	0.8352	0.7765	0.7166	0.6572	0.5995	0.5443
2	.	1.0000	0.9966	0.9880	0.9734	0.9527	0.9262	0.8948	0.8591	0.8202
3	.	.	1.0000	0.9995	0.9978	0.9941	0.9879	0.9786	0.9661	0.9500
4	.	.	.	1.0000	0.9999	0.9996	0.9988	0.9971	0.9944	0.9901
5	.	.	.	.	1.0000	1.0000	0.9999	0.9998	0.9994	0.9986
6	.	.	.	.	.	1.0000	1.0000	1.0000	1.0000	0.9999
7	.	.	.	.	.	.	1.0000	1.0000	1.0000	1.0000

$\pi = 0.15$	n=11	n=12	n=13	n=14	n=15	n=16	n=17	n=18	n=19	n=20
$x \leq 0$	0.1673	0.1422	0.1209	0.1028	0.0874	0.0743	0.0631	0.0536	0.0456	0.0388
1	0.4922	0.4435	0.3983	0.3567	0.3186	0.2839	0.2525	0.2241	0.1985	0.1756
2	0.7788	0.7358	0.6920	0.6479	0.6042	0.5614	0.5198	0.4797	0.4413	0.4049
3	0.9306	0.9078	0.8820	0.8535	0.8227	0.7899	0.7556	0.7202	0.6841	0.6477
4	0.9841	0.9761	0.9658	0.9533	0.9383	0.9209	0.9013	0.8794	0.8556	0.8298
5	0.9973	0.9954	0.9925	0.9885	0.9832	0.9765	0.9681	0.9581	0.9463	0.9327
6	0.9997	0.9993	0.9987	0.9978	0.9964	0.9944	0.9917	0.9882	0.9837	0.9781
7	1.0000	0.9999	0.9998	0.9997	0.9994	0.9989	0.9983	0.9973	0.9959	0.9941
8	1.0000	1.0000	1.0000	1.0000	0.9999	0.9998	0.9997	0.9995	0.9992	0.9987
9	1.0000	1.0000	1.0000	1.0000	1.0000	1.0000	1.0000	0.9999	0.9999	0.9998
10	1.0000	1.0000	1.0000	1.0000	1.0000	1.0000	1.0000	1.0000	1.0000	1.0000

$\pi = 0.15$	n=21	n=22	n=23	n=24	n=25	n=26	n=27	n=28	n=29	n=30
$x \leq 0$	0.0329	0.0280	0.0238	0.0202	0.0172	0.0146	0.0124	0.0106	0.0090	0.0076
1	0.1550	0.1367	0.1204	0.1059	0.0931	0.0817	0.0716	0.0627	0.0549	0.0480
2	0.3705	0.3382	0.3080	0.2798	0.2537	0.2296	0.2074	0.1871	0.1684	0.1514
3	0.6113	0.5752	0.5396	0.5049	0.4711	0.4385	0.4072	0.3772	0.3487	0.3217
4	0.8025	0.7738	0.7440	0.7134	0.6821	0.6505	0.6187	0.5869	0.5555	0.5245
5	0.9173	0.9001	0.8811	0.8606	0.8385	0.8150	0.7903	0.7646	0.7379	0.7106
6	0.9713	0.9632	0.9537	0.9428	0.9305	0.9167	0.9014	0.8848	0.8667	0.8474
7	0.9917	0.9886	0.9848	0.9801	0.9745	0.9679	0.9602	0.9514	0.9414	0.9302
8	0.9980	0.9970	0.9958	0.9941	0.9920	0.9894	0.9862	0.9823	0.9777	0.9722
9	0.9996	0.9993	0.9990	0.9985	0.9979	0.9970	0.9958	0.9944	0.9926	0.9903
10	0.9999	0.9999	0.9998	0.9997	0.9995	0.9993	0.9989	0.9985	0.9978	0.9971
11	1.0000	1.0000	1.0000	0.9999	0.9999	0.9998	0.9998	0.9996	0.9995	0.9992
12	1.0000	1.0000	1.0000	1.0000	1.0000	1.0000	1.0000	0.9999	0.9999	0.9998
13	1.0000	1.0000	1.0000	1.0000	1.0000	1.0000	1.0000	1.0000	1.0000	1.0000

$\pi = 0.2$	n=1	n=2	n=3	n=4	n=5	n=6	n=7	n=8	n=9	n=10
$x \leq 0$	0.8000	0.6400	0.5120	0.4096	0.3277	0.2621	0.2097	0.1678	0.1342	0.1074
1	1.0000	0.9600	0.8960	0.8192	0.7373	0.6554	0.5767	0.5033	0.4362	0.3758
2	.	1.0000	0.9920	0.9728	0.9421	0.9011	0.8520	0.7969	0.7382	0.6778
3	.	.	1.0000	0.9984	0.9933	0.9830	0.9667	0.9437	0.9144	0.8791
4	.	.	.	1.0000	0.9997	0.9984	0.9953	0.9896	0.9804	0.9672
5	.	.	.	.	1.0000	0.9999	0.9996	0.9988	0.9969	0.9936

$\pi = 0.2$	n=1	n=2	n=3	n=4	n=5	n=6	n=7	n=8	n=9	n=10
6	.	.	.	.	.	1.0000	1.0000	0.9999	0.9997	0.9991
7	.	.	.	.	.	.	1.0000	1.0000	1.0000	0.9999
8	.	.	.	.	.	.	.	1.0000	1.0000	1.0000

$\pi = 0.2$	n=11	n=12	n=13	n=14	n=15	n=16	n=17	n=18	n=19	n=20
$x \leq 0$	0.0859	0.0687	0.0550	0.0440	0.0352	0.0281	0.0225	0.0180	0.0144	0.0115
1	0.3221	0.2749	0.2336	0.1979	0.1671	0.1407	0.1182	0.0991	0.0829	0.0692
2	0.6174	0.5583	0.5017	0.4481	0.3980	0.3518	0.3096	0.2713	0.2369	0.2061
3	0.8389	0.7946	0.7473	0.6982	0.6482	0.5981	0.5489	0.5010	0.4551	0.4114
4	0.9496	0.9274	0.9009	0.8702	0.8358	0.7982	0.7582	0.7164	0.6733	0.6296
5	0.9883	0.9806	0.9700	0.9561	0.9389	0.9183	0.8943	0.8671	0.8369	0.8042
6	0.9980	0.9961	0.9930	0.9884	0.9819	0.9733	0.9623	0.9487	0.9324	0.9133
7	0.9998	0.9994	0.9988	0.9976	0.9958	0.9930	0.9891	0.9837	0.9767	0.9679
8	1.0000	0.9999	0.9998	0.9996	0.9992	0.9985	0.9974	0.9957	0.9933	0.9900
9	1.0000	1.0000	1.0000	1.0000	0.9999	0.9998	0.9995	0.9991	0.9984	0.9974
10	1.0000	1.0000	1.0000	1.0000	1.0000	1.0000	0.9999	0.9998	0.9997	0.9994
11	1.0000	1.0000	1.0000	1.0000	1.0000	1.0000	1.0000	1.0000	1.0000	0.9999
12	.	1.0000	1.0000	1.0000	1.0000	1.0000	1.0000	1.0000	1.0000	1.0000

$\pi = 0.2$	n=21	n=22	n=23	n=24	n=25	n=26	n=27	n=28	n=29	n=30
$x \leq 0$	0.0092	0.0074	0.0059	0.0047	0.0038	0.0030	0.0024	0.0019	0.0015	0.0012
1	0.0576	0.0480	0.0398	0.0331	0.0274	0.0227	0.0187	0.0155	0.0128	0.0105
2	0.1787	0.1545	0.1332	0.1145	0.0982	0.0841	0.0718	0.0612	0.0520	0.0442
3	0.3704	0.3320	0.2965	0.2639	0.2340	0.2068	0.1823	0.1602	0.1404	0.1227
4	0.5860	0.5429	0.5007	0.4599	0.4207	0.3833	0.3480	0.3149	0.2839	0.2552
5	0.7693	0.7326	0.6947	0.6559	0.6167	0.5775	0.5387	0.5005	0.4634	0.4275
6	0.8915	0.8670	0.8402	0.8111	0.7800	0.7474	0.7134	0.6784	0.6429	0.6070
7	0.9569	0.9439	0.9285	0.9108	0.8909	0.8687	0.8444	0.8182	0.7903	0.7608
8	0.9856	0.9799	0.9727	0.9638	0.9532	0.9408	0.9263	0.9100	0.8916	0.8713
9	0.9959	0.9939	0.9911	0.9874	0.9827	0.9768	0.9696	0.9609	0.9507	0.9389
10	0.9990	0.9984	0.9975	0.9962	0.9944	0.9921	0.9890	0.9851	0.9803	0.9744
11	0.9998	0.9997	0.9994	0.9990	0.9985	0.9977	0.9965	0.9950	0.9931	0.9905
12	1.0000	0.9999	0.9999	0.9998	0.9996	0.9994	0.9990	0.9985	0.9978	0.9969
13	1.0000	1.0000	1.0000	1.0000	0.9999	0.9999	0.9998	0.9996	0.9994	0.9991
14	1.0000	1.0000	1.0000	1.0000	1.0000	1.0000	1.0000	0.9999	0.9999	0.9998
15	1.0000	1.0000	1.0000	1.0000	1.0000	1.0000	1.0000	1.0000	1.0000	0.9999

$\pi = 0.2$	n=21	n=22	n=23	n=24	n=25	n=26	n=27	n=28	n=29	n=30
16	1.0000	1.0000	1.0000	1.0000	1.0000	1.0000	1.0000	1.0000	1.0000	1.0000

$\pi = 0.25$	n=1	n=2	n=3	n=4	n=5	n=6	n=7	n=8	n=9	n=10
$x \leq 0$	0.7500	0.5625	0.4219	0.3164	0.2373	0.1780	0.1335	0.1001	0.0751	0.0563
1	1.0000	0.9375	0.8438	0.7383	0.6328	0.5339	0.4449	0.3671	0.3003	0.2440
2	.	1.0000	0.9844	0.9492	0.8965	0.8306	0.7564	0.6785	0.6007	0.5256
3	.	.	1.0000	0.9961	0.9844	0.9624	0.9294	0.8862	0.8343	0.7759
4	.	.	.	1.0000	0.9990	0.9954	0.9871	0.9727	0.9511	0.9219
5	.	.	.	.	1.0000	0.9998	0.9987	0.9958	0.9900	0.9803
6	.	.	.	.	.	1.0000	0.9999	0.9996	0.9987	0.9965
7	.	.	.	.	.	.	1.0000	1.0000	0.9999	0.9996
8	.	.	.	.	.	.	.	1.0000	1.0000	1.0000

$\pi = 0.25$	n=11	n=12	n=13	n=14	n=15	n=16	n=17	n=18	n=19	n=20
$x \leq 0$	0.0422	0.0317	0.0238	0.0178	0.0134	0.0100	0.0075	0.0056	0.0042	0.0032
1	0.1971	0.1584	0.1267	0.1010	0.0802	0.0635	0.0501	0.0395	0.0310	0.0243
2	0.4552	0.3907	0.3326	0.2811	0.2361	0.1971	0.1637	0.1353	0.1113	0.0913
3	0.7133	0.6488	0.5843	0.5213	0.4613	0.4050	0.3530	0.3057	0.2631	0.2252
4	0.8854	0.8424	0.7940	0.7415	0.6865	0.6302	0.5739	0.5187	0.4654	0.4148
5	0.9657	0.9456	0.9198	0.8883	0.8516	0.8103	0.7653	0.7175	0.6678	0.6172
6	0.9924	0.9857	0.9757	0.9617	0.9434	0.9204	0.8929	0.8610	0.8251	0.7858
7	0.9988	0.9972	0.9944	0.9897	0.9827	0.9729	0.9598	0.9431	0.9225	0.8982
8	0.9999	0.9996	0.9990	0.9978	0.9958	0.9925	0.9876	0.9807	0.9713	0.9591
9	1.0000	1.0000	0.9999	0.9997	0.9992	0.9984	0.9969	0.9946	0.9911	0.9861
10	1.0000	1.0000	1.0000	1.0000	0.9999	0.9997	0.9994	0.9988	0.9977	0.9961
11	1.0000	1.0000	1.0000	1.0000	1.0000	1.0000	0.9999	0.9998	0.9995	0.9991
12	.	1.0000	1.0000	1.0000	1.0000	1.0000	1.0000	1.0000	0.9999	0.9998
13	.	.	1.0000	1.0000	1.0000	1.0000	1.0000	1.0000	1.0000	1.0000

$\pi = 0.25$	n=21	n=22	n=23	n=24	n=25	n=26	n=27	n=28	n=29	n=30
$x \leq 0$	0.0024	0.0018	0.0013	0.0010	0.0008	0.0006	0.0004	0.0003	0.0002	0.0002
1	0.0190	0.0149	0.0116	0.0090	0.0070	0.0055	0.0042	0.0033	0.0025	0.0020
2	0.0745	0.0606	0.0492	0.0398	0.0321	0.0258	0.0207	0.0166	0.0133	0.0106
3	0.1917	0.1624	0.1370	0.1150	0.0962	0.0802	0.0666	0.0551	0.0455	0.0374
4	0.3674	0.3235	0.2832	0.2466	0.2137	0.1844	0.1583	0.1354	0.1153	0.0979

$\pi = 0.25$	n=21	n=22	n=23	n=24	n=25	n=26	n=27	n=28	n=29	n=30
5	0.5666	0.5168	0.4685	0.4222	0.3783	0.3371	0.2989	0.2638	0.2317	0.2026
6	0.7436	0.6994	0.6537	0.6074	0.5611	0.5154	0.4708	0.4279	0.3868	0.3481
7	0.8701	0.8385	0.8037	0.7662	0.7265	0.6852	0.6427	0.5997	0.5568	0.5143
8	0.9439	0.9254	0.9037	0.8787	0.8506	0.8195	0.7859	0.7501	0.7125	0.6736
9	0.9794	0.9705	0.9592	0.9453	0.9287	0.9091	0.8867	0.8615	0.8337	0.8034
10	0.9936	0.9900	0.9851	0.9787	0.9703	0.9599	0.9472	0.9321	0.9145	0.8943
11	0.9983	0.9971	0.9954	0.9928	0.9893	0.9845	0.9784	0.9706	0.9610	0.9493
12	0.9996	0.9993	0.9988	0.9979	0.9966	0.9948	0.9922	0.9888	0.9842	0.9784
13	0.9999	0.9999	0.9997	0.9995	0.9991	0.9985	0.9976	0.9962	0.9944	0.9918
14	1.0000	1.0000	0.9999	0.9999	0.9998	0.9996	0.9993	0.9989	0.9982	0.9973
15	1.0000	1.0000	1.0000	1.0000	1.0000	0.9999	0.9998	0.9997	0.9995	0.9992
16	1.0000	1.0000	1.0000	1.0000	1.0000	1.0000	1.0000	0.9999	0.9999	0.9998
17	1.0000	1.0000	1.0000	1.0000	1.0000	1.0000	1.0000	1.0000	1.0000	0.9999
18	1.0000	1.0000	1.0000	1.0000	1.0000	1.0000	1.0000	1.0000	1.0000	1.0000

$\pi = 0.3$	n=1	n=2	n=3	n=4	n=5	n=6	n=7	n=8	n=9	n=10
$x \leq 0$	0.7000	0.4900	0.3430	0.2401	0.1681	0.1176	0.0824	0.0576	0.0404	0.0282
1	1.0000	0.9100	0.7840	0.6517	0.5282	0.4202	0.3294	0.2553	0.1960	0.1493
2	.	1.0000	0.9730	0.9163	0.8369	0.7443	0.6471	0.5518	0.4628	0.3828
3	.	.	1.0000	0.9919	0.9692	0.9295	0.8740	0.8059	0.7297	0.6496
4	.	.	.	1.0000	0.9976	0.9891	0.9712	0.9420	0.9012	0.8497
5	.	.	.	.	1.0000	0.9993	0.9962	0.9887	0.9747	0.9527
6	.	.	.	.	.	1.0000	0.9998	0.9987	0.9957	0.9894
7	.	.	.	.	.	.	1.0000	0.9999	0.9996	0.9984
8	.	.	.	.	.	.	.	1.0000	1.0000	0.9999
9	.	.	.	.	.	.	.	.	1.0000	1.0000

$\pi = 0.3$	n=11	n=12	n=13	n=14	n=15	n=16	n=17	n=18	n=19	n=20
$x \leq 0$	0.0198	0.0138	0.0097	0.0068	0.0047	0.0033	0.0023	0.0016	0.0011	0.0008
1	0.1130	0.0850	0.0637	0.0475	0.0353	0.0261	0.0193	0.0142	0.0104	0.0076
2	0.3127	0.2528	0.2025	0.1608	0.1268	0.0994	0.0774	0.0600	0.0462	0.0355
3	0.5696	0.4925	0.4206	0.3552	0.2969	0.2459	0.2019	0.1646	0.1332	0.1071
4	0.7897	0.7237	0.6543	0.5842	0.5155	0.4499	0.3887	0.3327	0.2822	0.2375
5	0.9218	0.8822	0.8346	0.7805	0.7216	0.6598	0.5968	0.5344	0.4739	0.4164
6	0.9784	0.9614	0.9376	0.9067	0.8689	0.8247	0.7752	0.7217	0.6655	0.6080

$\pi = 0.3$	n=11	n=12	n=13	n=14	n=15	n=16	n=17	n=18	n=19	n=20
7	0.9957	0.9905	0.9818	0.9685	0.9500	0.9256	0.8954	0.8593	0.8180	0.7723
8	0.9994	0.9983	0.9960	0.9917	0.9848	0.9743	0.9597	0.9404	0.9161	0.8867
9	1.0000	0.9998	0.9993	0.9983	0.9963	0.9929	0.9873	0.9790	0.9674	0.9520
10	1.0000	1.0000	0.9999	0.9998	0.9993	0.9984	0.9968	0.9939	0.9895	0.9829
11	1.0000	1.0000	1.0000	1.0000	0.9999	0.9997	0.9993	0.9986	0.9972	0.9949
12	.	1.0000	1.0000	1.0000	1.0000	1.0000	0.9999	0.9997	0.9994	0.9987
13	.	.	1.0000	1.0000	1.0000	1.0000	1.0000	1.0000	0.9999	0.9997
14	.	.	.	1.0000	1.0000	1.0000	1.0000	1.0000	1.0000	1.0000

$\pi = 0.3$	n=21	n=22	n=23	n=24	n=25	n=26	n=27	n=28	n=29	n=30
$x \leq 0$	0.0006	0.0004	0.0003	0.0002	0.0001	0.0001	0.0001	0.0000	0.0000	0.0000
1	0.0056	0.0041	0.0030	0.0022	0.0016	0.0011	0.0008	0.0006	0.0004	0.0003
2	0.0271	0.0207	0.0157	0.0119	0.0090	0.0067	0.0051	0.0038	0.0028	0.0021
3	0.0856	0.0681	0.0538	0.0424	0.0332	0.0260	0.0202	0.0157	0.0121	0.0093
4	0.1984	0.1645	0.1356	0.1111	0.0905	0.0733	0.0591	0.0474	0.0379	0.0302
5	0.3627	0.3134	0.2688	0.2288	0.1935	0.1626	0.1358	0.1128	0.0932	0.0766
6	0.5505	0.4942	0.4399	0.3886	0.3407	0.2965	0.2563	0.2202	0.1880	0.1595
7	0.7230	0.6713	0.6181	0.5647	0.5118	0.4605	0.4113	0.3648	0.3214	0.2814
8	0.8523	0.8135	0.7709	0.7250	0.6769	0.6274	0.5773	0.5275	0.4787	0.4315
9	0.9324	0.9084	0.8799	0.8472	0.8106	0.7705	0.7276	0.6825	0.6360	0.5888
10	0.9736	0.9613	0.9454	0.9258	0.9022	0.8747	0.8434	0.8087	0.7708	0.7304
11	0.9913	0.9860	0.9786	0.9686	0.9558	0.9397	0.9202	0.8972	0.8706	0.8407
12	0.9976	0.9957	0.9928	0.9885	0.9825	0.9745	0.9641	0.9509	0.9348	0.9155
13	0.9994	0.9989	0.9979	0.9964	0.9940	0.9906	0.9857	0.9792	0.9707	0.9599
14	0.9999	0.9998	0.9995	0.9990	0.9982	0.9970	0.9950	0.9923	0.9883	0.9831
15	1.0000	1.0000	0.9999	0.9998	0.9995	0.9991	0.9985	0.9975	0.9959	0.9936
16	1.0000	1.0000	1.0000	1.0000	0.9999	0.9998	0.9996	0.9993	0.9987	0.9979
17	1.0000	1.0000	1.0000	1.0000	1.0000	1.0000	0.9999	0.9998	0.9997	0.9994
18	1.0000	1.0000	1.0000	1.0000	1.0000	1.0000	1.0000	1.0000	0.9999	0.9998
19	1.0000	1.0000	1.0000	1.0000	1.0000	1.0000	1.0000	1.0000	1.0000	1.0000

$\pi = 0.35$	n=1	n=2	n=3	n=4	n=5	n=6	n=7	n=8	n=9	n=10
$x \leq 0$	0.6500	0.4225	0.2746	0.1785	0.1160	0.0754	0.0490	0.0319	0.0207	0.0135
1	1.0000	0.8775	0.7183	0.5630	0.4284	0.3191	0.2338	0.1691	0.1211	0.0860
2	.	1.0000	0.9571	0.8735	0.7648	0.6471	0.5323	0.4278	0.3373	0.2616

$\pi = 0.35$	n=1	n=2	n=3	n=4	n=5	n=6	n=7	n=8	n=9	n=10
3	.	.	1.0000	0.9850	0.9460	0.8826	0.8002	0.7064	0.6089	0.5138
4	.	.	.	1.0000	0.9947	0.9777	0.9444	0.8939	0.8283	0.7515
5	.	.	.	.	1.0000	0.9982	0.9910	0.9747	0.9464	0.9051
6	.	.	.	.	.	1.0000	0.9994	0.9964	0.9888	0.9740
7	.	.	.	.	.	.	1.0000	0.9998	0.9986	0.9952
8	.	.	.	.	.	.	.	1.0000	0.9999	0.9995
9	.	.	.	.	.	.	.	.	1.0000	1.0000

$\pi = 0.35$	n=11	n=12	n=13	n=14	n=15	n=16	n=17	n=18	n=19	n=20
$x \leq 0$	0.0088	0.0057	0.0037	0.0024	0.0016	0.0010	0.0007	0.0004	0.0003	0.0002
1	0.0606	0.0424	0.0296	0.0205	0.0142	0.0098	0.0067	0.0046	0.0031	0.0021
2	0.2001	0.1513	0.1132	0.0839	0.0617	0.0451	0.0327	0.0236	0.0170	0.0121
3	0.4256	0.3467	0.2783	0.2205	0.1727	0.1339	0.1028	0.0783	0.0591	0.0444
4	0.6683	0.5833	0.5005	0.4227	0.3519	0.2892	0.2348	0.1886	0.1500	0.1182
5	0.8513	0.7873	0.7159	0.6405	0.5643	0.4900	0.4197	0.3550	0.2968	0.2454
6	0.9499	0.9154	0.8705	0.8164	0.7548	0.6881	0.6188	0.5491	0.4812	0.4166
7	0.9878	0.9745	0.9538	0.9247	0.8868	0.8406	0.7872	0.7283	0.6656	0.6010
8	0.9980	0.9944	0.9874	0.9757	0.9578	0.9329	0.9006	0.8609	0.8145	0.7624
9	0.9998	0.9992	0.9975	0.9940	0.9876	0.9771	0.9617	0.9403	0.9125	0.8782
10	1.0000	0.9999	0.9997	0.9989	0.9972	0.9938	0.9880	0.9788	0.9653	0.9468
11	1.0000	1.0000	1.0000	0.9999	0.9995	0.9987	0.9970	0.9938	0.9886	0.9804
12	.	1.0000	1.0000	1.0000	0.9999	0.9998	0.9994	0.9986	0.9969	0.9940
13	.	.	1.0000	1.0000	1.0000	1.0000	0.9999	0.9997	0.9993	0.9985
14	.	.	.	1.0000	1.0000	1.0000	1.0000	1.0000	0.9999	0.9997
15	.	.	.	.	1.0000	1.0000	1.0000	1.0000	1.0000	1.0000

$\pi = 0.35$	n=21	n=22	n=23	n=24	n=25	n=26	n=27	n=28	n=29	n=30
$x \leq 0$	0.0001	0.0001	0.0000	0.0000	0.0000	0.0000	0.0000	0.0000	0.0000	0.0000
1	0.0014	0.0010	0.0007	0.0005	0.0003	0.0002	0.0001	0.0001	0.0001	0.0000
2	0.0086	0.0061	0.0043	0.0030	0.0021	0.0015	0.0010	0.0007	0.0005	0.0003
3	0.0331	0.0245	0.0181	0.0133	0.0097	0.0070	0.0051	0.0037	0.0026	0.0019
4	0.0924	0.0716	0.0551	0.0422	0.0320	0.0242	0.0182	0.0136	0.0101	0.0075
5	0.2009	0.1629	0.1309	0.1044	0.0826	0.0649	0.0507	0.0393	0.0303	0.0233
6	0.3567	0.3022	0.2534	0.2106	0.1734	0.1416	0.1148	0.0923	0.0738	0.0586
7	0.5365	0.4736	0.4136	0.3575	0.3061	0.2596	0.2183	0.1821	0.1507	0.1238
8	0.7059	0.6466	0.5860	0.5257	0.4668	0.4106	0.3577	0.3089	0.2645	0.2247

$\pi = 0.35$	n=21	n=22	n=23	n=24	n=25	n=26	n=27	n=28	n=29	n=30
9	0.8377	0.7916	0.7408	0.6866	0.6303	0.5731	0.5162	0.4607	0.4076	0.3575
10	0.9228	0.8930	0.8575	0.8167	0.7712	0.7219	0.6698	0.6160	0.5617	0.5078
11	0.9687	0.9526	0.9318	0.9058	0.8746	0.8384	0.7976	0.7529	0.7050	0.6548
12	0.9892	0.9820	0.9717	0.9577	0.9396	0.9168	0.8894	0.8572	0.8207	0.7802
13	0.9969	0.9942	0.9900	0.9836	0.9745	0.9623	0.9464	0.9264	0.9022	0.8737
14	0.9993	0.9984	0.9970	0.9945	0.9907	0.9850	0.9771	0.9663	0.9524	0.9348
15	0.9999	0.9997	0.9992	0.9984	0.9971	0.9948	0.9914	0.9864	0.9794	0.9699
16	1.0000	0.9999	0.9998	0.9996	0.9992	0.9985	0.9972	0.9952	0.9921	0.9876
17	1.0000	1.0000	1.0000	0.9999	0.9998	0.9996	0.9992	0.9985	0.9973	0.9955
18	1.0000	1.0000	1.0000	1.0000	1.0000	0.9999	0.9998	0.9996	0.9992	0.9986
19	1.0000	1.0000	1.0000	1.0000	1.0000	1.0000	1.0000	0.9999	0.9998	0.9996
20	1.0000	1.0000	1.0000	1.0000	1.0000	1.0000	1.0000	1.0000	1.0000	0.9999
21	1.0000	1.0000	1.0000	1.0000	1.0000	1.0000	1.0000	1.0000	1.0000	1.0000

$\pi = 0.4$	n=1	n=2	n=3	n=4	n=5	n=6	n=7	n=8	n=9	n=10
$x \leq 0$	0.6000	0.3600	0.2160	0.1296	0.0778	0.0467	0.0280	0.0168	0.0101	0.0060
1	1.0000	0.8400	0.6480	0.4752	0.3370	0.2333	0.1586	0.1064	0.0705	0.0464
2	.	1.0000	0.9360	0.8208	0.6826	0.5443	0.4199	0.3154	0.2318	0.1673
3	.	.	1.0000	0.9744	0.9130	0.8208	0.7102	0.5941	0.4826	0.3823
4	.	.	.	1.0000	0.9898	0.9590	0.9037	0.8263	0.7334	0.6331
5	.	.	.	.	1.0000	0.9959	0.9812	0.9502	0.9006	0.8338
6	.	.	.	.	.	1.0000	0.9984	0.9915	0.9750	0.9452
7	.	.	.	.	.	.	1.0000	0.9993	0.9962	0.9877
8	.	.	.	.	.	.	.	1.0000	0.9997	0.9983
9	.	.	.	.	.	.	.	.	1.0000	0.9999
10	.	.	.	.	.	.	.	.	.	1.0000

$\pi = 0.4$	n=11	n=12	n=13	n=14	n=15	n=16	n=17	n=18	n=19	n=20
$x \leq 0$	0.0036	0.0022	0.0013	0.0008	0.0005	0.0003	0.0002	0.0001	0.0001	0.0000
1	0.0302	0.0196	0.0126	0.0081	0.0052	0.0033	0.0021	0.0013	0.0008	0.0005
2	0.1189	0.0834	0.0579	0.0398	0.0271	0.0183	0.0123	0.0082	0.0055	0.0036
3	0.2963	0.2253	0.1686	0.1243	0.0905	0.0651	0.0464	0.0328	0.0230	0.0160
4	0.5328	0.4382	0.3530	0.2793	0.2173	0.1666	0.1260	0.0942	0.0696	0.0510
5	0.7535	0.6652	0.5744	0.4859	0.4032	0.3288	0.2639	0.2088	0.1629	0.1256
6	0.9006	0.8418	0.7712	0.6925	0.6098	0.5272	0.4478	0.3743	0.3081	0.2500

$\pi = 0.4$	n=11	n=12	n=13	n=14	n=15	n=16	n=17	n=18	n=19	n=20
7	0.9707	0.9427	0.9023	0.8499	0.7869	0.7161	0.6405	0.5634	0.4878	0.4159
8	0.9941	0.9847	0.9679	0.9417	0.9050	0.8577	0.8011	0.7368	0.6675	0.5956
9	0.9993	0.9972	0.9922	0.9825	0.9662	0.9417	0.9081	0.8653	0.8139	0.7553
10	1.0000	0.9997	0.9987	0.9961	0.9907	0.9809	0.9652	0.9424	0.9115	0.8725
11	1.0000	1.0000	0.9999	0.9994	0.9981	0.9951	0.9894	0.9797	0.9648	0.9435
12	.	1.0000	1.0000	0.9999	0.9997	0.9991	0.9975	0.9942	0.9884	0.9790
13	.	.	1.0000	1.0000	1.0000	0.9999	0.9995	0.9987	0.9969	0.9935
14	.	.	.	1.0000	1.0000	1.0000	0.9999	0.9998	0.9994	0.9984
15	.	.	.	.	1.0000	1.0000	1.0000	1.0000	0.9999	0.9997
16	.	.	.	.	.	1.0000	1.0000	1.0000	1.0000	1.0000

$\pi = 0.4$	n=21	n=22	n=23	n=24	n=25	n=26	n=27	n=28	n=29	n=30
$x \leq 0$	0.0000	0.0000	0.0000	0.0000	0.0000	0.0000	0.0000	0.0000	0.0000	0.0000
1	0.0003	0.0002	0.0001	0.0001	0.0001	0.0000	0.0000	0.0000	0.0000	0.0000
2	0.0024	0.0016	0.0010	0.0007	0.0004	0.0003	0.0002	0.0001	0.0001	0.0000
3	0.0110	0.0076	0.0052	0.0035	0.0024	0.0016	0.0011	0.0007	0.0005	0.0003
4	0.0370	0.0266	0.0190	0.0134	0.0095	0.0066	0.0046	0.0032	0.0022	0.0015
5	0.0957	0.0722	0.0540	0.0400	0.0294	0.0214	0.0155	0.0111	0.0080	0.0057
6	0.2002	0.1584	0.1240	0.0960	0.0736	0.0559	0.0421	0.0315	0.0233	0.0172
7	0.3495	0.2898	0.2373	0.1919	0.1536	0.1216	0.0953	0.0740	0.0570	0.0435
8	0.5237	0.4540	0.3884	0.3279	0.2735	0.2255	0.1839	0.1485	0.1187	0.0940
9	0.6914	0.6244	0.5562	0.4891	0.4246	0.3642	0.3087	0.2588	0.2147	0.1763
10	0.8256	0.7720	0.7129	0.6502	0.5858	0.5213	0.4585	0.3986	0.3427	0.2915
11	0.9151	0.8793	0.8364	0.7870	0.7323	0.6737	0.6127	0.5510	0.4900	0.4311
12	0.9648	0.9449	0.9187	0.8857	0.8462	0.8007	0.7499	0.6950	0.6374	0.5785
13	0.9877	0.9785	0.9651	0.9465	0.9222	0.8918	0.8553	0.8132	0.7659	0.7145
14	0.9964	0.9930	0.9872	0.9783	0.9656	0.9482	0.9257	0.8975	0.8638	0.8246
15	0.9992	0.9981	0.9960	0.9925	0.9868	0.9783	0.9663	0.9501	0.9290	0.9029
16	0.9998	0.9996	0.9990	0.9978	0.9957	0.9921	0.9866	0.9785	0.9671	0.9519
17	1.0000	0.9999	0.9998	0.9995	0.9988	0.9975	0.9954	0.9919	0.9865	0.9788
18	1.0000	1.0000	1.0000	0.9999	0.9997	0.9993	0.9986	0.9973	0.9951	0.9917
19	1.0000	1.0000	1.0000	1.0000	0.9999	0.9999	0.9997	0.9992	0.9985	0.9971
20	1.0000	1.0000	1.0000	1.0000	1.0000	1.0000	0.9999	0.9998	0.9996	0.9991
21	1.0000	1.0000	1.0000	1.0000	1.0000	1.0000	1.0000	1.0000	0.9999	0.9998
22		1.0000	1.0000	1.0000	1.0000	1.0000	1.0000	1.0000	1.0000	1.0000

$\pi = 0.45$	n=1	n=2	n=3	n=4	n=5	n=6	n=7	n=8	n=9	n=10
$x \leq 0$	0.5500	0.3025	0.1664	0.0915	0.0503	0.0277	0.0152	0.0084	0.0046	0.0025
1	1.0000	0.7975	0.5748	0.3910	0.2562	0.1636	0.1024	0.0632	0.0385	0.0233
2	.	1.0000	0.9089	0.7585	0.5931	0.4415	0.3164	0.2201	0.1495	0.0996
3	.	.	1.0000	0.9590	0.8688	0.7447	0.6083	0.4770	0.3614	0.2660
4	.	.	.	1.0000	0.9815	0.9308	0.8471	0.7396	0.6214	0.5044
5	.	.	.	.	1.0000	0.9917	0.9643	0.9115	0.8342	0.7384
6	.	.	.	.	.	1.0000	0.9963	0.9819	0.9502	0.8980
7	.	.	.	.	.	.	1.0000	0.9983	0.9909	0.9726
8	.	.	.	.	.	.	.	1.0000	0.9992	0.9955
9	.	.	.	.	.	.	.	.	1.0000	0.9997
10	.	.	.	.	.	.	.	.	.	1.0000

$\pi = 0.45$	n=11	n=12	n=13	n=14	n=15	n=16	n=17	n=18	n=19	n=20
$x \leq 0$	0.0014	0.0008	0.0004	0.0002	0.0001	0.0001	0.0000	0.0000	0.0000	0.0000
1	0.0139	0.0083	0.0049	0.0029	0.0017	0.0010	0.0006	0.0003	0.0002	0.0001
2	0.0652	0.0421	0.0269	0.0170	0.0107	0.0066	0.0041	0.0025	0.0015	0.0009
3	0.1911	0.1345	0.0929	0.0632	0.0424	0.0281	0.0184	0.0120	0.0077	0.0049
4	0.3971	0.3044	0.2279	0.1672	0.1204	0.0853	0.0596	0.0411	0.0280	0.0189
5	0.6331	0.5269	0.4268	0.3373	0.2608	0.1976	0.1471	0.1077	0.0777	0.0553
6	0.8262	0.7393	0.6437	0.5461	0.4522	0.3660	0.2902	0.2258	0.1727	0.1299
7	0.9390	0.8883	0.8212	0.7414	0.6535	0.5629	0.4743	0.3915	0.3169	0.2520
8	0.9852	0.9644	0.9302	0.8811	0.8182	0.7441	0.6626	0.5778	0.4940	0.4143
9	0.9978	0.9921	0.9797	0.9574	0.9231	0.8759	0.8166	0.7473	0.6710	0.5914
10	0.9998	0.9989	0.9959	0.9886	0.9745	0.9514	0.9174	0.8720	0.8159	0.7507
11	1.0000	0.9999	0.9995	0.9978	0.9937	0.9851	0.9699	0.9463	0.9129	0.8692
12	.	1.0000	1.0000	0.9997	0.9989	0.9965	0.9914	0.9817	0.9658	0.9420
13	.	.	1.0000	1.0000	0.9999	0.9994	0.9981	0.9951	0.9891	0.9786
14	.	.	.	1.0000	1.0000	0.9999	0.9997	0.9990	0.9972	0.9936
15	.	.	.	.	1.0000	1.0000	1.0000	0.9999	0.9995	0.9985
16	.	.	.	.	.	1.0000	1.0000	1.0000	0.9999	0.9997
17	.	.	.	.	.	.	1.0000	1.0000	1.0000	1.0000

$\pi = 0.45$	n=21	n=22	n=23	n=24	n=25	n=26	n=27	n=28	n=29	n=30
$x \leq 0$	0.0000	0.0000	0.0000	0.0000	0.0000	0.0000	0.0000	0.0000	0.0000	0.0000
1	0.0001	0.0000	0.0000	0.0000	0.0000	0.0000	0.0000	0.0000	0.0000	0.0000
2	0.0006	0.0003	0.0002	0.0001	0.0001	0.0000	0.0000	0.0000	0.0000	0.0000

$\pi = 0.45$	n=21	n=22	n=23	n=24	n=25	n=26	n=27	n=28	n=29	n=30
3	0.0031	0.0020	0.0012	0.0008	0.0005	0.0003	0.0002	0.0001	0.0001	0.0000
4	0.0126	0.0083	0.0055	0.0036	0.0023	0.0015	0.0009	0.0006	0.0004	0.0002
5	0.0389	0.0271	0.0186	0.0127	0.0086	0.0058	0.0038	0.0025	0.0017	0.0011
6	0.0964	0.0705	0.0510	0.0364	0.0258	0.0180	0.0125	0.0086	0.0059	0.0040
7	0.1971	0.1518	0.1152	0.0863	0.0639	0.0467	0.0338	0.0242	0.0172	0.0121
8	0.3413	0.2764	0.2203	0.1730	0.1340	0.1024	0.0774	0.0578	0.0427	0.0312
9	0.5117	0.4350	0.3636	0.2991	0.2424	0.1936	0.1526	0.1187	0.0913	0.0694
10	0.6790	0.6037	0.5278	0.4539	0.3843	0.3204	0.2633	0.2135	0.1708	0.1350
11	0.8159	0.7543	0.6865	0.6151	0.5426	0.4713	0.4034	0.3404	0.2833	0.2327
12	0.9092	0.8672	0.8164	0.7580	0.6937	0.6257	0.5562	0.4875	0.4213	0.3592
13	0.9621	0.9383	0.9063	0.8659	0.8173	0.7617	0.7005	0.6356	0.5689	0.5025
14	0.9868	0.9757	0.9589	0.9352	0.9040	0.8650	0.8185	0.7654	0.7070	0.6448
15	0.9963	0.9920	0.9847	0.9731	0.9560	0.9326	0.9022	0.8645	0.8199	0.7691
16	0.9992	0.9979	0.9952	0.9905	0.9826	0.9707	0.9536	0.9304	0.9008	0.8644
17	0.9999	0.9995	0.9988	0.9972	0.9942	0.9890	0.9807	0.9685	0.9514	0.9286
18	1.0000	0.9999	0.9998	0.9993	0.9984	0.9965	0.9931	0.9875	0.9790	0.9666
19	1.0000	1.0000	1.0000	0.9999	0.9996	0.9991	0.9979	0.9957	0.9920	0.9862
20	1.0000	1.0000	1.0000	1.0000	0.9999	0.9998	0.9995	0.9988	0.9974	0.9950
21	1.0000	1.0000	1.0000	1.0000	1.0000	1.0000	0.9999	0.9997	0.9993	0.9984
22	.	1.0000	1.0000	1.0000	1.0000	1.0000	1.0000	0.9999	0.9998	0.9996
23	.	.	1.0000	1.0000	1.0000	1.0000	1.0000	1.0000	1.0000	0.9999
24	.	.	.	1.0000	1.0000	1.0000	1.0000	1.0000	1.0000	1.0000

$\pi = 0.5$	n=1	n=2	n=3	n=4	n=5	n=6	n=7	n=8	n=9	n=10
$x \leq 0$	0.5000	0.2500	0.1250	0.0625	0.0313	0.0156	0.0078	0.0039	0.0020	0.0010
1	1.0000	0.7500	0.5000	0.3125	0.1875	0.1094	0.0625	0.0352	0.0195	0.0107
2	.	1.0000	0.8750	0.6875	0.5000	0.3438	0.2266	0.1445	0.0898	0.0547
3	.	.	1.0000	0.9375	0.8125	0.6562	0.5000	0.3633	0.2539	0.1719
4	.	.	.	1.0000	0.9688	0.8906	0.7734	0.6367	0.5000	0.3770
5	.	.	.	.	1.0000	0.9844	0.9375	0.8555	0.7461	0.6230
6	.	.	.	.	.	1.0000	0.9922	0.9648	0.9102	0.8281
7	.	.	.	.	.	.	1.0000	0.9961	0.9805	0.9453
8	.	.	.	.	.	.	.	1.0000	0.9980	0.9893
9	.	.	.	.	.	.	.	.	1.0000	0.9990
10	.	.	.	.	.	.	.	.	.	1.0000

$\pi = 0.5$	n=11	n=12	n=13	n=14	n=15	n=16	n=17	n=18	n=19	n=20
$x \leq 0$	0.0005	0.0002	0.0001	0.0001	0.0000	0.0000	0.0000	0.0000	0.0000	0.0000
1	0.0059	0.0032	0.0017	0.0009	0.0005	0.0003	0.0001	0.0001	0.0000	0.0000
2	0.0327	0.0193	0.0112	0.0065	0.0037	0.0021	0.0012	0.0007	0.0004	0.0002
3	0.1133	0.0730	0.0461	0.0287	0.0176	0.0106	0.0064	0.0038	0.0022	0.0013
4	0.2744	0.1938	0.1334	0.0898	0.0592	0.0384	0.0245	0.0154	0.0096	0.0059
5	0.5000	0.3872	0.2905	0.2120	0.1509	0.1051	0.0717	0.0481	0.0318	0.0207
6	0.7256	0.6128	0.5000	0.3953	0.3036	0.2272	0.1662	0.1189	0.0835	0.0577
7	0.8867	0.8062	0.7095	0.6047	0.5000	0.4018	0.3145	0.2403	0.1796	0.1316
8	0.9673	0.9270	0.8666	0.7880	0.6964	0.5982	0.5000	0.4073	0.3238	0.2517
9	0.9941	0.9807	0.9539	0.9102	0.8491	0.7728	0.6855	0.5927	0.5000	0.4119
10	0.9995	0.9968	0.9888	0.9713	0.9408	0.8949	0.8338	0.7597	0.6762	0.5881
11	1.0000	0.9998	0.9983	0.9935	0.9824	0.9616	0.9283	0.8811	0.8204	0.7483
12	.	1.0000	0.9999	0.9991	0.9963	0.9894	0.9755	0.9519	0.9165	0.8684
13	.	.	1.0000	0.9999	0.9995	0.9979	0.9936	0.9846	0.9682	0.9423
14	.	.	.	1.0000	1.0000	0.9997	0.9988	0.9962	0.9904	0.9793
15	.	.	.	.	1.0000	1.0000	0.9999	0.9993	0.9978	0.9941
16	.	.	.	.	.	1.0000	1.0000	0.9999	0.9996	0.9987
17	.	.	.	.	.	.	1.0000	1.0000	1.0000	0.9998
18	.	.	.	.	.	.	.	1.0000	1.0000	1.0000

$\pi = 0.5$	n=21	n=22	n=23	n=24	n=25	n=26	n=27	n=28	n=29	n=30
$x \leq 0$	0.0000	0.0000	0.0000	0.0000	0.0000	0.0000	0.0000	0.0000	0.0000	0.0000
1	0.0000	0.0000	0.0000	0.0000	0.0000	0.0000	0.0000	0.0000	0.0000	0.0000
2	0.0001	0.0001	0.0000	0.0000	0.0000	0.0000	0.0000	0.0000	0.0000	0.0000
3	0.0007	0.0004	0.0002	0.0001	0.0001	0.0000	0.0000	0.0000	0.0000	0.0000
4	0.0036	0.0022	0.0013	0.0008	0.0005	0.0003	0.0002	0.0001	0.0001	0.0000
5	0.0133	0.0085	0.0053	0.0033	0.0020	0.0012	0.0008	0.0005	0.0003	0.0002
6	0.0392	0.0262	0.0173	0.0113	0.0073	0.0047	0.0030	0.0019	0.0012	0.0007
7	0.0946	0.0669	0.0466	0.0320	0.0216	0.0145	0.0096	0.0063	0.0041	0.0026
8	0.1917	0.1431	0.1050	0.0758	0.0539	0.0378	0.0261	0.0178	0.0121	0.0081
9	0.3318	0.2617	0.2024	0.1537	0.1148	0.0843	0.0610	0.0436	0.0307	0.0214
10	0.5000	0.4159	0.3388	0.2706	0.2122	0.1635	0.1239	0.0925	0.0680	0.0494
11	0.6682	0.5841	0.5000	0.4194	0.3450	0.2786	0.2210	0.1725	0.1325	0.1002
12	0.8083	0.7383	0.6612	0.5806	0.5000	0.4225	0.3506	0.2858	0.2291	0.1808
13	0.9054	0.8569	0.7976	0.7294	0.6550	0.5775	0.5000	0.4253	0.3555	0.2923
14	0.9608	0.9331	0.8950	0.8463	0.7878	0.7214	0.6494	0.5747	0.5000	0.4278
15	0.9867	0.9738	0.9534	0.9242	0.8852	0.8365	0.7790	0.7142	0.6445	0.5722

$\pi = 0.5$	n=21	n=22	n=23	n=24	n=25	n=26	n=27	n=28	n=29	n=30
16	0.9964	0.9915	0.9827	0.9680	0.9461	0.9157	0.8761	0.8275	0.7709	0.7077
17	0.9993	0.9978	0.9947	0.9887	0.9784	0.9622	0.9390	0.9075	0.8675	0.8192
18	0.9999	0.9996	0.9987	0.9967	0.9927	0.9855	0.9739	0.9564	0.9320	0.8998
19	1.0000	0.9999	0.9998	0.9992	0.9980	0.9953	0.9904	0.9822	0.9693	0.9506
20	1.0000	1.0000	1.0000	0.9999	0.9995	0.9988	0.9970	0.9937	0.9879	0.9786
21	1.0000	1.0000	1.0000	1.0000	0.9999	0.9997	0.9992	0.9981	0.9959	0.9919
22	.	1.0000	1.0000	1.0000	1.0000	1.0000	0.9998	0.9995	0.9988	0.9974
23	.	.	1.0000	1.0000	1.0000	1.0000	1.0000	0.9999	0.9997	0.9993
24	.	.	.	1.0000	1.0000	1.0000	1.0000	1.0000	0.9999	0.9998
25	.	.	.	.	1.0000	1.0000	1.0000	1.0000	1.0000	1.0000

C χ^2-Verteilung

Tabelliert sind die Quantile für n Freiheitsgrade. Für das Quantil $\chi^2_{1-\alpha}(n)$ gilt $F(\chi^2_{1-\alpha}(n)) = 1 - \alpha$. Links vom Quantil $\chi^2_{1-\alpha}(n)$ liegt die Wahrscheinlichkeitsmasse $1 - \alpha$.
Ablesebeispiel: $\chi^2_{0.95}(10) = 18.307$
Approximation für $n > 30$: $\chi^2_\alpha(n) \approx \frac{1}{2}(z_\alpha + \sqrt{2n-1})^2$
(z_α ist das α-Quantil der Standardnormalverteilung)

n	0.01	0.025	0.05	0.1	0.5	0.9	0.95	0.975	0.99
1	0.0002	0.0010	0.0039	0.0158	0.4549	2.7055	3.8415	5.0239	6.6349
2	0.0201	0.0506	0.1026	0.2107	1.3863	4.6052	5.9915	7.3778	9.2103
3	0.1148	0.2158	0.3518	0.5844	2.3660	6.2514	7.8147	9.3484	11.345
4	0.2971	0.4844	0.7107	1.0636	3.3567	7.7794	9.4877	11.143	13.277
5	0.5543	0.8312	1.1455	1.6103	4.3515	9.2364	11.070	12.833	15.086
6	0.8721	1.2373	1.6354	2.2041	5.3481	10.645	12.592	14.449	16.812
7	1.2390	1.6899	2.1674	2.8331	6.3458	12.017	14.067	16.013	18.475
8	1.6465	2.1797	2.7326	3.4895	7.3441	13.362	15.507	17.535	20.090
9	2.0879	2.7004	3.3251	4.1682	8.3428	14.684	16.919	19.023	21.666
10	2.5582	3.2470	3.9403	4.8652	9.3418	15.987	18.307	20.483	23.209
11	3.0535	3.8157	4.5748	5.5778	10.341	17.275	19.675	21.920	24.725
12	3.5706	4.4038	5.2260	6.3038	11.340	18.549	21.026	23.337	26.217
13	4.1069	5.0088	5.8919	7.0415	12.340	19.812	22.362	24.736	27.688
14	4.6604	5.6287	6.5706	7.7895	13.339	21.064	23.685	26.119	29.141
15	5.2293	6.2621	7.2609	8.5468	14.339	22.307	24.996	27.488	30.578
16	5.8122	6.9077	7.9616	9.3122	15.338	23.542	26.296	28.845	32.000
17	6.4078	7.5642	8.6718	10.085	16.338	24.769	27.587	30.191	33.409
18	7.0149	8.2307	9.3905	10.865	17.338	25.989	28.869	31.526	34.805
19	7.6327	8.9065	10.117	11.651	18.338	27.204	30.144	32.852	36.191
20	8.2604	9.5908	10.851	12.443	19.337	28.412	31.410	34.170	37.566
21	8.8972	10.283	11.591	13.240	20.337	29.615	32.671	35.479	38.932
22	9.5425	10.982	12.338	14.041	21.337	30.813	33.924	36.781	40.289
23	10.196	11.689	13.091	14.848	22.337	32.007	35.172	38.076	41.638
24	10.856	12.401	13.848	15.659	23.337	33.196	36.415	39.364	42.980
25	11.524	13.120	14.611	16.473	24.337	34.382	37.652	40.646	44.314
26	12.198	13.844	15.379	17.292	25.336	35.563	38.885	41.923	45.642
27	12.879	14.573	16.151	18.114	26.336	36.741	40.113	43.195	46.963
28	13.565	15.308	16.928	18.939	27.336	37.916	41.337	44.461	48.278
29	14.256	16.047	17.708	19.768	28.336	39.087	42.557	45.722	49.588
30	14.953	16.791	18.493	20.599	29.336	40.256	43.773	46.979	50.892

D Students t-Verteilung

Tabelliert sind die Quantile für n Freiheitsgrade. Für das Quantil $t_{1-\alpha}(n)$ gilt $F(t_{1-\alpha}(n)) = 1 - \alpha$. Links vom Quantil $t_{1-\alpha}(n)$ liegt die Wahrscheinlichkeitsmasse $1 - \alpha$.
Ablesebeispiel: $t_{0.99}(20) = 2.528$
Die Quantile für $0 < 1 - \alpha < 0.5$ erhält man aus $t_\alpha(n) = -t_{1-\alpha}(n)$
Approximation für $n > 30$: $t_\alpha(n) \approx z_\alpha$ (z_α ist das (α)-Quantil der Standardnormalverteilung)

n	0.6	0.8	0.9	0.95	0.975	0.99	0.995	0.999	0.9995
1	0.3249	1.3764	3.0777	6.3138	12.706	31.821	63.657	318.31	636.62
2	0.2887	1.0607	1.8856	2.9200	4.3027	6.9646	9.9248	22.327	31.599
3	0.2767	0.9785	1.6377	2.3534	3.1824	4.5407	5.8409	10.215	12.924
4	0.2707	0.9410	1.5332	2.1318	2.7764	3.7469	4.6041	7.1732	8.6103
5	0.2672	0.9195	1.4759	2.0150	2.5706	3.3649	4.0321	5.8934	6.8688
6	0.2648	0.9057	1.4398	1.9432	2.4469	3.1427	3.7074	5.2076	5.9588
7	0.2632	0.8960	1.4149	1.8946	2.3646	2.9980	3.4995	4.7853	5.4079
8	0.2619	0.8889	1.3968	1.8595	2.3060	2.8965	3.3554	4.5008	5.0413
9	0.2610	0.8834	1.3830	1.8331	2.2622	2.8214	3.2498	4.2968	4.7809
10	0.2602	0.8791	1.3722	1.8125	2.2281	2.7638	3.1693	4.1437	4.5869
11	0.2596	0.8755	1.3634	1.7959	2.2010	2.7181	3.1058	4.0247	4.4370
12	0.2590	0.8726	1.3562	1.7823	2.1788	2.6810	3.0545	3.9296	4.3178
13	0.2586	0.8702	1.3502	1.7709	2.1604	2.6503	3.0123	3.8520	4.2208
14	0.2582	0.8681	1.3450	1.7613	2.1448	2.6245	2.9768	3.7874	4.1405
15	0.2579	0.8662	1.3406	1.7531	2.1314	2.6025	2.9467	3.7328	4.0728
16	0.2576	0.8647	1.3368	1.7459	2.1199	2.5835	2.9208	3.6862	4.0150
17	0.2573	0.8633	1.3334	1.7396	2.1098	2.5669	2.8982	3.6458	3.9651
18	0.2571	0.8620	1.3304	1.7341	2.1009	2.5524	2.8784	3.6105	3.9216
19	0.2569	0.8610	1.3277	1.7291	2.0930	2.5395	2.8609	3.5794	3.8834
20	0.2567	0.8600	1.3253	1.7247	2.0860	2.5280	2.8453	3.5518	3.8495
21	0.2566	0.8591	1.3232	1.7207	2.0796	2.5176	2.8314	3.5272	3.8193
22	0.2564	0.8583	1.3212	1.7171	2.0739	2.5083	2.8188	3.5050	3.7921
23	0.2563	0.8575	1.3195	1.7139	2.0687	2.4999	2.8073	3.4850	3.7676
24	0.2562	0.8569	1.3178	1.7109	2.0639	2.4922	2.7969	3.4668	3.7454
25	0.2561	0.8562	1.3163	1.7081	2.0595	2.4851	2.7874	3.4502	3.7251
26	0.2560	0.8557	1.3150	1.7056	2.0555	2.4786	2.7787	3.4350	3.7066
27	0.2559	0.8551	1.3137	1.7033	2.0518	2.4727	2.7707	3.4210	3.6896
28	0.2558	0.8546	1.3125	1.7011	2.0484	2.4671	2.7633	3.4082	3.6739
29	0.2557	0.8542	1.3114	1.6991	2.0452	2.4620	2.7564	3.3962	3.6594
30	0.2556	0.8538	1.3104	1.6973	2.0423	2.4573	2.7500	3.3852	3.6460
∞	0.2533	0.8416	1.2816	1.6449	1.9600	2.3263	2.5758	3.0903	3.2906

E F-Verteilung

Tabelliert sind die rechtsseitigen Quantile für (n_1, n_2) Freiheitsgrade.
Für das Quantil $f_{1-\alpha}(n_1, n_2)$ gilt $F(f_{1-\alpha}(n_1, n_2)) = 1 - \alpha$. Links vom Quantil $f_{1-\alpha}(n_1, n_2)$ liegt die Wahrscheinlichkeitsmasse $1 - \alpha$.
Ablesebeispiel: $f_{0.99}(15, 8) = 5.5151$
Linksseitige Quantile: $f_\alpha(n_1, n_2) = \frac{1}{f_{1-\alpha}(n_1, n_2)}$

						n_2				
n_1	α	1	2	3	4	5	6	7	8	9
1	0.9	39.863	8.5263	5.5383	4.5448	4.0604	3.7759	3.5894	3.4579	3.3603
	0.95	161.45	18.513	10.128	7.7086	6.6079	5.9874	5.5914	5.3177	5.1174
	0.975	647.79	38.506	17.443	12.218	10.007	8.8131	8.0727	7.5709	7.2093
	0.99	4052.2	98.502	34.116	21.198	16.258	13.745	12.246	11.259	10.561
2	0.9	49.500	9.0000	5.4624	4.3246	3.7797	3.4633	3.2574	3.1131	3.0065
	0.95	199.50	19.000	9.5521	6.9443	5.7861	5.1433	4.7374	4.4590	4.2565
	0.975	799.50	39.000	16.044	10.649	8.4336	7.2599	6.5415	6.0595	5.7147
	0.99	4999.5	99.000	30.817	18.000	13.274	10.925	9.5466	8.6491	8.0215
3	0.9	53.593	9.1618	5.3908	4.1909	3.6195	3.2888	3.0741	2.9238	2.8129
	0.95	215.71	19.164	9.2766	6.5914	5.4095	4.7571	4.3468	4.0662	3.8625
	0.975	864.16	39.165	15.439	9.9792	7.7636	6.5988	5.8898	5.4160	5.0781
	0.99	5403.4	99.166	29.457	16.694	12.060	9.7795	8.4513	7.5910	6.9919
4	0.9	55.833	9.2434	5.3426	4.1072	3.5202	3.1808	2.9605	2.8064	2.6927
	0.95	224.58	19.247	9.1172	6.3882	5.1922	4.5337	4.1203	3.8379	3.6331
	0.975	899.58	39.248	15.101	9.6045	7.3879	6.2272	5.5226	5.0526	4.7181
	0.99	5624.6	99.249	28.710	15.977	11.392	9.1483	7.8466	7.0061	6.4221
5	0.9	57.240	9.2926	5.3092	4.0506	3.4530	3.1075	2.8833	2.7264	2.6106
	0.95	230.16	19.296	9.0135	6.2561	5.0503	4.3874	3.9715	3.6875	3.4817
	0.975	921.85	39.298	14.885	9.3645	7.1464	5.9876	5.2852	4.8173	4.4844
	0.99	5763.6	99.299	28.237	15.522	10.967	8.7459	7.4604	6.6318	6.0569
6	0.9	58.204	9.3255	5.2847	4.0097	3.4045	3.0546	2.8274	2.6683	2.5509
	0.95	233.99	19.330	8.9406	6.1631	4.9503	4.2839	3.8660	3.5806	3.3738
	0.975	937.11	39.331	14.735	9.1973	6.9777	5.8198	5.1186	4.6517	4.3197
	0.99	5859.0	99.333	27.911	15.207	10.672	8.4661	7.1914	6.3707	5.8018
7	0.9	58.906	9.3491	5.2662	3.9790	3.3679	3.0145	2.7849	2.6241	2.5053
	0.95	236.77	19.353	8.8867	6.0942	4.8759	4.2067	3.7870	3.5005	3.2927
	0.975	948.22	39.355	14.624	9.0741	6.8531	5.6955	4.9949	4.5286	4.1970
	0.99	5928.4	99.356	27.672	14.976	10.456	8.2600	6.9928	6.1776	5.6129
8	0.9	59.439	9.3668	5.2517	3.9549	3.3393	2.9830	2.7516	2.5893	2.4694

n_1	α	1	2	3	4	n_2 5	6	7	8	9
	0.95	238.88	19.371	8.8452	6.0410	4.8183	4.1468	3.7257	3.4381	3.2296
	0.975	956.66	39.373	14.540	8.9796	6.7572	5.5996	4.8993	4.4333	4.1020
	0.99	5981.1	99.374	27.489	14.799	10.289	8.1017	6.8400	6.0289	5.4671
9	0.9	59.858	9.3805	5.2400	3.9357	3.3163	2.9577	2.7247	2.5612	2.4403
	0.95	240.54	19.385	8.8123	5.9988	4.7725	4.0990	3.6767	3.3881	3.1789
	0.975	963.28	39.387	14.473	8.9047	6.6811	5.5234	4.8232	4.3572	4.0260
	0.99	6022.5	99.388	27.345	14.659	10.158	7.9761	6.7188	5.9106	5.3511
10	0.9	60.195	9.3916	5.2304	3.9199	3.2974	2.9369	2.7025	2.5380	2.4163
	0.95	241.88	19.396	8.7855	5.9644	4.7351	4.0600	3.6365	3.3472	3.1373
	0.975	968.63	39.398	14.419	8.8439	6.6192	5.4613	4.7611	4.2951	3.9639
	0.99	6055.8	99.399	27.229	14.546	10.051	7.8741	6.6201	5.8143	5.2565
11	0.9	60.473	9.4006	5.2224	3.9067	3.2816	2.9195	2.6839	2.5186	2.3961
	0.95	242.98	19.405	8.7633	5.9358	4.7040	4.0274	3.6030	3.3130	3.1025
	0.975	973.03	39.407	14.374	8.7935	6.5678	5.4098	4.7095	4.2434	3.9121
	0.99	6083.3	99.408	27.133	14.452	9.9626	7.7896	6.5382	5.7343	5.1779
12	0.9	60.705	9.4081	5.2156	3.8955	3.2682	2.9047	2.6681	2.5020	2.3789
	0.95	243.91	19.413	8.7446	5.9117	4.6777	3.9999	3.5747	3.2839	3.0729
	0.975	976.71	39.415	14.337	8.7512	6.5245	5.3662	4.6658	4.1997	3.8682
	0.99	6106.3	99.416	27.052	14.374	9.8883	7.7183	6.4691	5.6667	5.1114
13	0.9	60.903	9.4145	5.2098	3.8859	3.2567	2.8920	2.6545	2.4876	2.3640
	0.95	244.69	19.419	8.7287	5.8911	4.6552	3.9764	3.5503	3.2590	3.0475
	0.975	979.84	39.421	14.304	8.7150	6.4876	5.3290	4.6285	4.1622	3.8306
	0.99	6125.9	99.422	26.983	14.307	9.8248	7.6575	6.4100	5.6089	5.0545
14	0.9	61.073	9.4200	5.2047	3.8776	3.2468	2.8809	2.6426	2.4752	2.3510
	0.95	245.36	19.424	8.7149	5.8733	4.6358	3.9559	3.5292	3.2374	3.0255
	0.975	982.53	39.427	14.277	8.6838	6.4556	5.2968	4.5961	4.1297	3.7980
	0.99	6142.7	99.428	26.924	14.249	9.7700	7.6049	6.3590	5.5589	5.0052
15	0.9	61.220	9.4247	5.2003	3.8704	3.2380	2.8712	2.6322	2.4642	2.3396
	0.95	245.95	19.429	8.7029	5.8578	4.6188	3.9381	3.5107	3.2184	3.0061
	0.975	984.87	39.431	14.253	8.6565	6.4277	5.2687	4.5678	4.1012	3.7694
	0.99	6157.3	99.433	26.872	14.198	9.7222	7.5590	6.3143	5.5151	4.9621
20	0.9	61.740	9.4413	5.1845	3.8443	3.2067	2.8363	2.5947	2.4246	2.2983
	0.95	248.01	19.446	8.6602	5.8025	4.5581	3.8742	3.4445	3.1503	2.9365
	0.975	993.10	39.448	14.167	8.5599	6.3286	5.1684	4.4667	3.9995	3.6669
	0.99	6208.7	99.449	26.690	14.020	9.5526	7.3958	6.1554	5.3591	4.8080
25	0.9	62.055	9.4513	5.1747	3.8283	3.1873	2.8147	2.5714	2.3999	2.2725

n_1	α	n_2 1	2	3	4	5	6	7	8	9
	0.95	249.26	19.456	8.6341	5.7687	4.5209	3.8348	3.4036	3.1081	2.8932
	0.975	998.08	39.458	14.115	8.5010	6.2679	5.1069	4.4045	3.9367	3.6035
	0.99	6239.8	99.459	26.579	13.911	9.4491	7.2960	6.0580	5.2631	4.7130
30	0.9	62.265	9.4579	5.1681	3.8174	3.1741	2.8000	2.5555	2.3830	2.2547
	0.95	250.10	19.462	8.6166	5.7459	4.4957	3.8082	3.3758	3.0794	2.8637
	0.975	1001.4	39.465	14.081	8.4613	6.2269	5.0652	4.3624	3.8940	3.5604
	0.99	6260.6	99.466	26.505	13.838	9.3793	7.2285	5.9920	5.1981	4.6486
40	0.9	62.529	9.4662	5.1597	3.8036	3.1573	2.7812	2.5351	2.3614	2.2320
	0.95	251.14	19.471	8.5944	5.7170	4.4638	3.7743	3.3404	3.0428	2.8259
	0.975	1005.6	39.473	14.037	8.4111	6.1750	5.0125	4.3089	3.8398	3.5055
	0.99	6286.8	99.474	26.411	13.745	9.2912	7.1432	5.9084	5.1156	4.5666
50	0.9	62.688	9.4712	5.1546	3.7952	3.1471	2.7697	2.5226	2.3481	2.2180
	0.95	251.77	19.476	8.5810	5.6995	4.4444	3.7537	3.3189	3.0204	2.8028
	0.975	1008.1	39.478	14.010	8.3808	6.1436	4.9804	4.2763	3.8067	3.4719
	0.99	6302.5	99.479	26.354	13.690	9.2378	7.0915	5.8577	5.0654	4.5167
60	0.9	62.794	9.4746	5.1512	3.7896	3.1402	2.7620	2.5142	2.3391	2.2085
	0.95	252.20	19.479	8.5720	5.6877	4.4314	3.7398	3.3043	3.0053	2.7872
	0.975	1009.8	39.481	13.992	8.3604	6.1225	4.9589	4.2544	3.7844	3.4493
	0.99	6313.0	99.482	26.316	13.652	9.2020	7.0567	5.8236	5.0316	4.4831
80	0.9	62.927	9.4787	5.1469	3.7825	3.1316	2.7522	2.5036	2.3277	2.1965
	0.95	252.72	19.483	8.5607	5.6730	4.4150	3.7223	3.2860	2.9862	2.7675
	0.975	1011.9	39.485	13.970	8.3349	6.0960	4.9318	4.2268	3.7563	3.4207
	0.99	6326.2	99.487	26.269	13.605	9.1570	7.0130	5.7806	4.9890	4.4407
100	0.9	63.007	9.4812	5.1443	3.7782	3.1263	2.7463	2.4971	2.3208	2.1892
	0.95	253.04	19.486	8.5539	5.6641	4.4051	3.7117	3.2749	2.9747	2.7556
	0.975	1013.2	39.488	13.956	8.3195	6.0800	4.9154	4.2101	3.7393	3.4034
	0.99	6334.1	99.489	26.240	13.577	9.1299	6.9867	5.7547	4.9633	4.4150
150	0.9	63.114	9.4846	5.1408	3.7724	3.1193	2.7383	2.4884	2.3115	2.1793
	0.95	253.46	19.489	8.5448	5.6521	4.3918	3.6976	3.2600	2.9591	2.7394
	0.975	1014.9	39.491	13.938	8.2988	6.0586	4.8934	4.1877	3.7165	3.3801
	0.99	6344.7	99.492	26.202	13.539	9.0936	6.9513	5.7199	4.9287	4.3805

n_1	α	n_2 10	12	14	16	18	20	22	24	26
1	0.9	3.2850	3.1765	3.1022	3.0481	3.0070	2.9747	2.9486	2.9271	2.9091
	0.95	4.9646	4.7472	4.6001	4.4940	4.4139	4.3512	4.3009	4.2597	4.2252

n_1	α	n_2 10	12	14	16	18	20	22	24	26
	0.975	6.9367	6.5538	6.2979	6.1151	5.9781	5.8715	5.7863	5.7166	5.6586
	0.99	10.044	9.3302	8.8616	8.5310	8.2854	8.0960	7.9454	7.8229	7.7213
2	0.9	2.9245	2.8068	2.7265	2.6682	2.6239	2.5893	2.5613	2.5383	2.5191
	0.95	4.1028	3.8853	3.7389	3.6337	3.5546	3.4928	3.4434	3.4028	3.3690
	0.975	5.4564	5.0959	4.8567	4.6867	4.5597	4.4613	4.3828	4.3187	4.2655
	0.99	7.5594	6.9266	6.5149	6.2262	6.0129	5.8489	5.7190	5.6136	5.5263
3	0.9	2.7277	2.6055	2.5222	2.4618	2.4160	2.3801	2.3512	2.3274	2.3075
	0.95	3.7083	3.4903	3.3439	3.2389	3.1599	3.0984	3.0491	3.0088	2.9752
	0.975	4.8256	4.4742	4.2417	4.0768	3.9539	3.8587	3.7829	3.7211	3.6697
	0.99	6.5523	5.9525	5.5639	5.2922	5.0919	4.9382	4.8166	4.7181	4.6366
4	0.9	2.6053	2.4801	2.3947	2.3327	2.2858	2.2489	2.2193	2.1949	2.1745
	0.95	3.4780	3.2592	3.1122	3.0069	2.9277	2.8661	2.8167	2.7763	2.7426
	0.975	4.4683	4.1212	3.8919	3.7294	3.6083	3.5147	3.4401	3.3794	3.3289
	0.99	5.9943	5.4120	5.0354	4.7726	4.5790	4.4307	4.3134	4.2184	4.1400
5	0.9	2.5216	2.3940	2.3069	2.2438	2.1958	2.1582	2.1279	2.1030	2.0822
	0.95	3.3258	3.1059	2.9582	2.8524	2.7729	2.7109	2.6613	2.6207	2.5868
	0.975	4.2361	3.8911	3.6634	3.5021	3.3820	3.2891	3.2151	3.1548	3.1048
	0.99	5.6363	5.0643	4.6950	4.4374	4.2479	4.1027	3.9880	3.8951	3.8183
6	0.9	2.4606	2.3310	2.2426	2.1783	2.1296	2.0913	2.0605	2.0351	2.0139
	0.95	3.2172	2.9961	2.8477	2.7413	2.6613	2.5990	2.5491	2.5082	2.4741
	0.975	4.0721	3.7283	3.5014	3.3406	3.2209	3.1283	3.0546	2.9946	2.9447
	0.99	5.3858	4.8206	4.4558	4.2016	4.0146	3.8714	3.7583	3.6667	3.5911
7	0.9	2.4140	2.2828	2.1931	2.1280	2.0785	2.0397	2.0084	1.9826	1.9610
	0.95	3.1355	2.9134	2.7642	2.6572	2.5767	2.5140	2.4638	2.4226	2.3883
	0.975	3.9498	3.6065	3.3799	3.2194	3.0999	3.0074	2.9338	2.8738	2.8240
	0.99	5.2001	4.6395	4.2779	4.0259	3.8406	3.6987	3.5867	3.4959	3.4210
8	0.9	2.3771	2.2446	2.1539	2.0880	2.0379	1.9985	1.9668	1.9407	1.9188
	0.95	3.0717	2.8486	2.6987	2.5911	2.5102	2.4471	2.3965	2.3551	2.3205
	0.975	3.8549	3.5118	3.2853	3.1248	3.0053	2.9128	2.8392	2.7791	2.7293
	0.99	5.0567	4.4994	4.1399	3.8896	3.7054	3.5644	3.4530	3.3629	3.2884
9	0.9	2.3473	2.2135	2.1220	2.0553	2.0047	1.9649	1.9327	1.9063	1.8841
	0.95	3.0204	2.7964	2.6458	2.5377	2.4563	2.3928	2.3419	2.3002	2.2655
	0.975	3.7790	3.4358	3.2093	3.0488	2.9291	2.8365	2.7628	2.7027	2.6528
	0.99	4.9424	4.3875	4.0297	3.7804	3.5971	3.4567	3.3458	3.2560	3.1818
10	0.9	2.3226	2.1878	2.0954	2.0281	1.9770	1.9367	1.9043	1.8775	1.8550
	0.95	2.9782	2.7534	2.6022	2.4935	2.4117	2.3479	2.2967	2.2547	2.2197

		n_2								
n_1	α	10	12	14	16	18	20	22	24	26
	0.975	3.7168	3.3736	3.1469	2.9862	2.8664	2.7737	2.6998	2.6396	2.5896
	0.99	4.8491	4.2961	3.9394	3.6909	3.5082	3.3682	3.2576	3.1681	3.0941
11	0.9	2.3018	2.1660	2.0729	2.0051	1.9535	1.9129	1.8801	1.8530	1.8303
	0.95	2.9430	2.7173	2.5655	2.4564	2.3742	2.3100	2.2585	2.2163	2.1811
	0.975	3.6649	3.3215	3.0946	2.9337	2.8137	2.7209	2.6469	2.5865	2.5363
	0.99	4.7715	4.2198	3.8640	3.6162	3.4338	3.2941	3.1837	3.0944	3.0205
12	0.9	2.2841	2.1474	2.0537	1.9854	1.9333	1.8924	1.8593	1.8319	1.8090
	0.95	2.9130	2.6866	2.5342	2.4247	2.3421	2.2776	2.2258	2.1834	2.1479
	0.975	3.6209	3.2773	3.0502	2.8890	2.7689	2.6758	2.6017	2.5411	2.4908
	0.99	4.7059	4.1553	3.8001	3.5527	3.3706	3.2311	3.1209	3.0316	2.9578
13	0.9	2.2687	2.1313	2.0370	1.9682	1.9158	1.8745	1.8411	1.8136	1.7904
	0.95	2.8872	2.6602	2.5073	2.3973	2.3143	2.2495	2.1975	2.1548	2.1192
	0.975	3.5832	3.2393	3.0119	2.8506	2.7302	2.6369	2.5626	2.5019	2.4515
	0.99	4.6496	4.0999	3.7452	3.4981	3.3162	3.1769	3.0667	2.9775	2.9038
14	0.9	2.2553	2.1173	2.0224	1.9532	1.9004	1.8588	1.8252	1.7974	1.7741
	0.95	2.8647	2.6371	2.4837	2.3733	2.2900	2.2250	2.1727	2.1298	2.0939
	0.975	3.5504	3.2062	2.9786	2.8170	2.6964	2.6030	2.5285	2.4677	2.4171
	0.99	4.6008	4.0518	3.6975	3.4506	3.2689	3.1296	3.0195	2.9303	2.8566
15	0.9	2.2435	2.1049	2.0095	1.9399	1.8868	1.8449	1.8111	1.7831	1.7596
	0.95	2.8450	2.6169	2.4630	2.3522	2.2686	2.2033	2.1508	2.1077	2.0716
	0.975	3.5217	3.1772	2.9493	2.7875	2.6667	2.5731	2.4984	2.4374	2.3867
	0.99	4.5581	4.0096	3.6557	3.4089	3.2273	3.0880	2.9779	2.8887	2.8150
20	0.9	2.2007	2.0597	1.9625	1.8913	1.8368	1.7938	1.7590	1.7302	1.7059
	0.95	2.7740	2.5436	2.3879	2.2756	2.1906	2.1242	2.0707	2.0267	1.9898
	0.975	3.4185	3.0728	2.8437	2.6808	2.5590	2.4645	2.3890	2.3273	2.2759
	0.99	4.4054	3.8584	3.5052	3.2587	3.0771	2.9377	2.8274	2.7380	2.6640
25	0.9	2.1739	2.0312	1.9326	1.8603	1.8049	1.7611	1.7255	1.6960	1.6712
	0.95	2.7298	2.4977	2.3407	2.2272	2.1413	2.0739	2.0196	1.9750	1.9375
	0.975	3.3546	3.0077	2.7777	2.6138	2.4912	2.3959	2.3198	2.2574	2.2054
	0.99	4.3111	3.7647	3.4116	3.1650	2.9831	2.8434	2.7328	2.6430	2.5686
30	0.9	2.1554	2.0115	1.9119	1.8388	1.7827	1.7382	1.7021	1.6721	1.6468
	0.95	2.6996	2.4663	2.3082	2.1938	2.1071	2.0391	1.9842	1.9390	1.9010
	0.975	3.3110	2.9633	2.7324	2.5678	2.4445	2.3486	2.2718	2.2090	2.1565
	0.99	4.2469	3.7008	3.3476	3.1007	2.9185	2.7785	2.6675	2.5773	2.5026
40	0.9	2.1317	1.9861	1.8852	1.8108	1.7537	1.7083	1.6714	1.6407	1.6147
	0.95	2.6609	2.4259	2.2663	2.1507	2.0629	1.9938	1.9380	1.8920	1.8533

n_1	α	n_2 = 10	12	14	16	18	20	22	24	26
	0.975	3.2554	2.9063	2.6742	2.5085	2.3842	2.2873	2.2097	2.1460	2.0928
	0.99	4.1653	3.6192	3.2656	3.0182	2.8354	2.6947	2.5831	2.4923	2.4170
50	0.9	2.1171	1.9704	1.8686	1.7934	1.7356	1.6896	1.6521	1.6209	1.5945
	0.95	2.6371	2.4010	2.2405	2.1240	2.0354	1.9656	1.9092	1.8625	1.8233
	0.975	3.2214	2.8714	2.6384	2.4719	2.3468	2.2493	2.1710	2.1067	2.0530
	0.99	4.1155	3.5692	3.2153	2.9675	2.7841	2.6430	2.5308	2.4395	2.3637
60	0.9	2.1072	1.9597	1.8572	1.7816	1.7232	1.6768	1.6389	1.6073	1.5805
	0.95	2.6211	2.3842	2.2229	2.1058	2.0166	1.9464	1.8894	1.8424	1.8027
	0.975	3.1984	2.8478	2.6142	2.4471	2.3214	2.2234	2.1446	2.0799	2.0257
	0.99	4.0819	3.5355	3.1813	2.9330	2.7493	2.6077	2.4951	2.4035	2.3273
80	0.9	2.0946	1.9461	1.8428	1.7664	1.7073	1.6603	1.6218	1.5897	1.5625
	0.95	2.6008	2.3628	2.2006	2.0826	1.9927	1.9217	1.8641	1.8164	1.7762
	0.975	3.1694	2.8178	2.5833	2.4154	2.2890	2.1902	2.1108	2.0454	1.9907
	0.99	4.0394	3.4928	3.1381	2.8893	2.7050	2.5628	2.4496	2.3573	2.2806
100	0.9	2.0869	1.9379	1.8340	1.7570	1.6976	1.6501	1.6113	1.5788	1.5513
	0.95	2.5884	2.3498	2.1870	2.0685	1.9780	1.9066	1.8486	1.8005	1.7599
	0.975	3.1517	2.7996	2.5646	2.3961	2.2692	2.1699	2.0901	2.0243	1.9691
	0.99	4.0137	3.4668	3.1118	2.8627	2.6779	2.5353	2.4217	2.3291	2.2519
150	0.9	2.0766	1.9266	1.8220	1.7444	1.6843	1.6363	1.5969	1.5640	1.5360
	0.95	2.5718	2.3322	2.1686	2.0492	1.9581	1.8860	1.8273	1.7787	1.7375
	0.975	3.1280	2.7750	2.5392	2.3700	2.2423	2.1424	2.0618	1.9954	1.9397
	0.99	3.9792	3.4319	3.0764	2.8267	2.6413	2.4981	2.3839	2.2906	2.2129

n_1	α	n_2 = 30	40	50	60	70	80	90	100	110
1	0.9	2.8807	2.8354	2.8087	2.7911	2.7786	2.7693	2.7621	2.7564	2.7517
	0.95	4.1709	4.0847	4.0343	4.0012	3.9778	3.9604	3.9469	3.9361	3.9274
	0.975	5.5675	5.4239	5.3403	5.2856	5.2470	5.2184	5.1962	5.1786	5.1642
	0.99	7.5625	7.3141	7.1706	7.0771	7.0114	6.9627	6.9251	6.8953	6.8710
2	0.9	2.4887	2.4404	2.4120	2.3933	2.3800	2.3701	2.3625	2.3564	2.3515
	0.95	3.3158	3.2317	3.1826	3.1504	3.1277	3.1108	3.0977	3.0873	3.0788
	0.975	4.1821	4.0510	3.9749	3.9253	3.8903	3.8643	3.8443	3.8284	3.8154
	0.99	5.3903	5.1785	5.0566	4.9774	4.9219	4.8807	4.8491	4.8239	4.8035
3	0.9	2.2761	2.2261	2.1967	2.1774	2.1637	2.1535	2.1457	2.1394	2.1343
	0.95	2.9223	2.8387	2.7900	2.7581	2.7355	2.7188	2.7058	2.6955	2.6871
	0.975	3.5894	3.4633	3.3902	3.3425	3.3090	3.2841	3.2649	3.2496	3.2372

n_1	α	n_2 30	40	50	60	70	80	90	100	110
	0.99	4.5097	4.3126	4.1993	4.1259	4.0744	4.0363	4.0070	3.9837	3.9648
4	0.9	2.1422	2.0909	2.0608	2.0410	2.0269	2.0165	2.0084	2.0019	1.9967
	0.95	2.6896	2.6060	2.5572	2.5252	2.5027	2.4859	2.4729	2.4626	2.4542
	0.975	3.2499	3.1261	3.0544	3.0077	2.9748	2.9504	2.9315	2.9166	2.9044
	0.99	4.0179	3.8283	3.7195	3.6490	3.5996	3.5631	3.5350	3.5127	3.4946
5	0.9	2.0492	1.9968	1.9660	1.9457	1.9313	1.9206	1.9123	1.9057	1.9004
	0.95	2.5336	2.4495	2.4004	2.3683	2.3456	2.3287	2.3157	2.3053	2.2969
	0.975	3.0265	2.9037	2.8327	2.7863	2.7537	2.7295	2.7109	2.6961	2.6840
	0.99	3.6990	3.5138	3.4077	3.3389	3.2907	3.2550	3.2276	3.2059	3.1882
6	0.9	1.9803	1.9269	1.8954	1.8747	1.8600	1.8491	1.8406	1.8339	1.8284
	0.95	2.4205	2.3359	2.2864	2.2541	2.2312	2.2142	2.2011	2.1906	2.1821
	0.975	2.8667	2.7444	2.6736	2.6274	2.5949	2.5708	2.5522	2.5374	2.5254
	0.99	3.4735	3.2910	3.1864	3.1187	3.0712	3.0361	3.0091	2.9877	2.9703
7	0.9	1.9269	1.8725	1.8405	1.8194	1.8044	1.7933	1.7846	1.7778	1.7721
	0.95	2.3343	2.2490	2.1992	2.1665	2.1435	2.1263	2.1131	2.1025	2.0939
	0.975	2.7460	2.6238	2.5530	2.5068	2.4743	2.4502	2.4316	2.4168	2.4048
	0.99	3.3045	3.1238	3.0202	2.9530	2.9060	2.8713	2.8445	2.8233	2.8061
8	0.9	1.8841	1.8289	1.7963	1.7748	1.7596	1.7483	1.7395	1.7324	1.7267
	0.95	2.2662	2.1802	2.1299	2.0970	2.0737	2.0564	2.0430	2.0323	2.0236
	0.975	2.6513	2.5289	2.4579	2.4117	2.3791	2.3549	2.3363	2.3215	2.3094
	0.99	3.1726	2.9930	2.8900	2.8233	2.7765	2.7420	2.7154	2.6943	2.6771
9	0.9	1.8490	1.7929	1.7598	1.7380	1.7225	1.7110	1.7021	1.6949	1.6891
	0.95	2.2107	2.1240	2.0734	2.0401	2.0166	1.9991	1.9856	1.9748	1.9661
	0.975	2.5746	2.4519	2.3808	2.3344	2.3017	2.2775	2.2588	2.2439	2.2318
	0.99	3.0665	2.8876	2.7850	2.7185	2.6719	2.6374	2.6109	2.5898	2.5727
10	0.9	1.8195	1.7627	1.7291	1.7070	1.6913	1.6796	1.6705	1.6632	1.6573
	0.95	2.1646	2.0772	2.0261	1.9926	1.9689	1.9512	1.9376	1.9267	1.9178
	0.975	2.5112	2.3882	2.3168	2.2702	2.2374	2.2130	2.1942	2.1793	2.1671
	0.99	2.9791	2.8005	2.6981	2.6318	2.5852	2.5508	2.5243	2.5033	2.4862
11	0.9	1.7944	1.7369	1.7029	1.6805	1.6645	1.6526	1.6434	1.6360	1.6300
	0.95	2.1256	2.0376	1.9861	1.9522	1.9283	1.9105	1.8967	1.8857	1.8767
	0.975	2.4577	2.3343	2.2627	2.2159	2.1829	2.1584	2.1395	2.1245	2.1123
	0.99	2.9057	2.7274	2.6250	2.5587	2.5122	2.4777	2.4513	2.4302	2.4132
12	0.9	1.7727	1.7146	1.6802	1.6574	1.6413	1.6292	1.6199	1.6124	1.6063
	0.95	2.0921	2.0035	1.9515	1.9174	1.8932	1.8753	1.8613	1.8503	1.8412
	0.975	2.4120	2.2882	2.2162	2.1692	2.1361	2.1115	2.0925	2.0773	2.0650

		n_2								
n_1	α	30	40	50	60	70	80	90	100	110
	0.99	2.8431	2.6648	2.5625	2.4961	2.4496	2.4151	2.3886	2.3676	2.3505
13	0.9	1.7538	1.6950	1.6602	1.6372	1.6209	1.6086	1.5992	1.5916	1.5854
	0.95	2.0630	1.9738	1.9214	1.8870	1.8627	1.8445	1.8305	1.8193	1.8101
	0.975	2.3724	2.2481	2.1758	2.1286	2.0953	2.0706	2.0515	2.0363	2.0239
	0.99	2.7890	2.6107	2.5083	2.4419	2.3953	2.3608	2.3342	2.3132	2.2960
14	0.9	1.7371	1.6778	1.6426	1.6193	1.6028	1.5904	1.5808	1.5731	1.5669
	0.95	2.0374	1.9476	1.8949	1.8602	1.8357	1.8174	1.8032	1.7919	1.7827
	0.975	2.3378	2.2130	2.1404	2.0929	2.0595	2.0346	2.0154	2.0001	1.9876
	0.99	2.7418	2.5634	2.4609	2.3943	2.3477	2.3131	2.2865	2.2654	2.2482
15	0.9	1.7223	1.6624	1.6269	1.6034	1.5866	1.5741	1.5644	1.5566	1.5503
	0.95	2.0148	1.9245	1.8714	1.8364	1.8117	1.7932	1.7789	1.7675	1.7582
	0.975	2.3072	2.1819	2.1090	2.0613	2.0277	2.0026	1.9833	1.9679	1.9554
	0.99	2.7002	2.5216	2.4190	2.3523	2.3055	2.2709	2.2442	2.2230	2.2058
20	0.9	1.6673	1.6052	1.5681	1.5435	1.5259	1.5128	1.5025	1.4943	1.4877
	0.95	1.9317	1.8389	1.7841	1.7480	1.7223	1.7032	1.6883	1.6764	1.6667
	0.975	2.1952	2.0677	1.9933	1.9445	1.9100	1.8843	1.8644	1.8486	1.8356
	0.99	2.5487	2.3689	2.2652	2.1978	2.1504	2.1153	2.0882	2.0666	2.0491
25	0.9	1.6316	1.5677	1.5294	1.5039	1.4857	1.4720	1.4613	1.4528	1.4458
	0.95	1.8782	1.7835	1.7273	1.6902	1.6638	1.6440	1.6286	1.6163	1.6063
	0.975	2.1237	1.9943	1.9186	1.8687	1.8334	1.8071	1.7867	1.7705	1.7572
	0.99	2.4526	2.2714	2.1667	2.0984	2.0503	2.0146	1.9871	1.9652	1.9473
30	0.9	1.6065	1.5411	1.5018	1.4755	1.4567	1.4426	1.4315	1.4227	1.4154
	0.95	1.8409	1.7444	1.6872	1.6491	1.6220	1.6017	1.5859	1.5733	1.5630
	0.975	2.0739	1.9429	1.8659	1.8152	1.7792	1.7523	1.7315	1.7148	1.7013
	0.99	2.3860	2.2034	2.0976	2.0285	1.9797	1.9435	1.9155	1.8933	1.8751
40	0.9	1.5732	1.5056	1.4648	1.4373	1.4176	1.4027	1.3911	1.3817	1.3740
	0.95	1.7918	1.6928	1.6337	1.5943	1.5661	1.5449	1.5284	1.5151	1.5043
	0.975	2.0089	1.8752	1.7963	1.7440	1.7069	1.6790	1.6574	1.6401	1.6259
	0.99	2.2992	2.1142	2.0066	1.9360	1.8861	1.8489	1.8201	1.7972	1.7784
50	0.9	1.5522	1.4830	1.4409	1.4126	1.3922	1.3767	1.3646	1.3548	1.3468
	0.95	1.7609	1.6600	1.5995	1.5590	1.5300	1.5081	1.4910	1.4772	1.4660
	0.975	1.9681	1.8324	1.7520	1.6985	1.6604	1.6318	1.6095	1.5917	1.5771
	0.99	2.2450	2.0581	1.9490	1.8772	1.8263	1.7883	1.7588	1.7353	1.7160
60	0.9	1.5376	1.4672	1.4242	1.3952	1.3742	1.3583	1.3457	1.3356	1.3273
	0.95	1.7396	1.6373	1.5757	1.5343	1.5046	1.4821	1.4645	1.4504	1.4388
	0.975	1.9400	1.8028	1.7211	1.6668	1.6279	1.5987	1.5758	1.5575	1.5425

		n_2								
n_1	α	30	40	50	60	70	80	90	100	110
	0.99	2.2079	2.0194	1.9090	1.8363	1.7846	1.7459	1.7158	1.6918	1.6721
80	0.9	1.5187	1.4465	1.4023	1.3722	1.3503	1.3337	1.3206	1.3100	1.3012
	0.95	1.7121	1.6077	1.5445	1.5019	1.4711	1.4477	1.4294	1.4146	1.4024
	0.975	1.9039	1.7644	1.6810	1.6252	1.5851	1.5549	1.5312	1.5122	1.4965
	0.99	2.1601	1.9694	1.8571	1.7828	1.7298	1.6901	1.6591	1.6342	1.6139
100	0.9	1.5069	1.4336	1.3885	1.3576	1.3352	1.3180	1.3044	1.2934	1.2843
	0.95	1.6950	1.5892	1.5249	1.4814	1.4498	1.4259	1.4070	1.3917	1.3791
	0.975	1.8816	1.7405	1.6558	1.5990	1.5581	1.5271	1.5028	1.4833	1.4671
	0.99	2.1307	1.9383	1.8248	1.7493	1.6954	1.6548	1.6231	1.5977	1.5767
150	0.9	1.4907	1.4157	1.3691	1.3372	1.3137	1.2957	1.2814	1.2698	1.2601
	0.95	1.6717	1.5637	1.4977	1.4527	1.4200	1.3949	1.3751	1.3591	1.3457
	0.975	1.8510	1.7076	1.6210	1.5625	1.5202	1.4880	1.4627	1.4422	1.4252
	0.99	2.0905	1.8956	1.7799	1.7027	1.6472	1.6053	1.5724	1.5459	1.5240

F Wilcoxon-Vorzeichen-Rang-Test

Tabelliert sind die kritischen Werte $w_{\alpha}^{+}(n)$. Ablesebeispiel: $w_{0.95}^{+}(12) = 59$

α / n	0.01	0.025	0.05	0.10	0.90	0.95	0.975	0.99
4	0	0	0	1	8	9	10	10
5	0	0	1	3	11	13	14	14
6	0	1	3	4	16	17	19	20
7	1	3	4	6	21	23	24	26
8	2	4	6	9	26	29	31	33
9	4	6	9	11	33	35	38	40
10	6	9	11	15	39	43	45	57
11	8	11	14	18	47	51	54	57
12	10	14	18	22	55	59	62	66
13	13	18	22	27	63	68	72	77
14	16	22	26	32	72	78	82	88
15	20	26	31	37	82	88	93	99
16	24	30	36	43	92	99	105	111
17	28	35	42	49	103	110	117	124
18	33	41	48	56	114	122	129	137
19	38	47	54	63	126	135	142	151
20	44	53	61	70	139	148	156	165

G Wilcoxon-Rangsummen-Test

Tabelliert sind die kritischen Werte w_{α} für $\alpha = 0.05$ (1. Zeile) und $\alpha = 0.10$ (2. Zeile).
Ablesebeispiel: Für $n = 3$ und $m = 7$ ist $w_{0.10} = 11$.
Es ist $w_{1-\alpha}(n,m) = n(n+m+1) - w_{\alpha}(n,m)$

m / n	2	3	4	5	6	7	8	9	10	11	12	13	14	15	16	17	18	19	20
2	3	3	3	4	4	4	5	5	5	5	6	6	7	7	7	7	8	8	8
	3	4	4	5	5	5	6	6	7	7	8	8	8	9	9	10	10	11	11
3	6	7	7	8	9	9	10	11	11	12	12	13	14	14	15	16	16	17	18
	7	8	8	9	10	11	12	12	13	14	15	16	17	17	18	19	20	21	22
4	10	11	12	13	14	15	16	17	18	19	20	21	22	23	25	26	27	28	29
	11	12	14	15	16	17	18	20	21	22	23	24	26	27	28	29	31	32	33

m \ n	2	3	4	5	6	7	8	9	10	11	12	13	14	15	16	17	18	19	20
5	16	17	18	20	21	22	24	25	27	28	29	31	32	34	35	36	38	39	41
	17	18	20	21	23	24	26	28	29	31	33	34	36	38	39	41	43	44	46
6	22	24	25	27	29	30	32	34	36	38	39	41	43	45	47	48	50	52	54
	23	25	27	29	31	33	35	37	39	41	43	45	47	49	51	53	56	58	60
7	29	31	33	35	37	40	42	44	46	48	50	53	55	57	59	62	64	66	68
	30	33	35	37	40	42	45	47	50	52	55	57	60	62	65	67	70	72	75
8	38	40	42	45	47	50	52	55	57	60	63	65	68	70	73	76	78	81	84
	39	42	44	47	50	53	56	59	61	64	67	70	73	76	79	82	85	88	91
9	47	50	52	55	58	61	64	67	70	73	76	79	82	85	88	91	94	97	100
	48	51	55	58	61	64	68	71	74	77	81	84	87	91	94	98	101	104	108
10	57	60	63	67	70	73	76	80	83	87	90	93	97	100	104	107	111	114	118
	59	62	66	69	73	77	80	84	88	92	95	99	103	107	110	114	118	122	126
11	68	72	75	79	83	86	90	94	98	101	105	109	113	117	121	124	128	132	136
	70	74	78	82	86	90	94	98	103	107	111	115	119	124	128	132	136	140	145
12	81	84	88	92	96	100	105	109	113	117	121	126	130	134	139	143	147	151	156
	83	87	91	96	100	105	109	114	118	123	128	132	137	142	146	151	156	160	165
13	94	98	102	107	111	116	120	125	129	134	139	143	148	153	157	162	167	172	176
	96	101	105	110	115	120	125	130	135	140	145	150	155	160	166	171	176	181	186
14	109	113	117	122	127	132	137	142	147	152	157	162	167	172	177	183	188	193	198
	110	116	121	126	131	137	142	147	153	158	164	169	175	180	186	191	197	203	208
15	124	128	133	139	144	149	154	160	165	171	176	182	187	193	198	204	209	215	221
	126	131	137	143	148	154	160	166	172	178	184	189	195	201	207	213	219	225	231
16	140	145	151	156	162	167	173	179	185	191	197	202	208	214	220	226	232	238	244
	142	148	154	160	166	173	179	185	191	198	204	211	217	223	230	236	243	249	256
17	157	163	169	174	180	187	193	199	205	211	218	224	231	237	243	250	256	263	269
	160	166	172	179	185	192	199	206	212	219	226	233	239	246	253	260	267	274	281
18	176	181	188	194	200	207	213	220	227	233	240	247	254	260	267	274	281	288	295
	178	185	192	199	206	213	220	227	234	241	249	256	263	270	278	285	292	300	307
19	195	201	208	214	221	228	235	242	249	256	263	271	278	285	292	300	307	314	321
	198	205	212	219	227	234	242	249	257	264	272	280	288	295	303	311	319	326	334
20	215	222	229	236	243	250	258	265	273	280	288	295	303	311	318	326	334	341	349
	218	226	233	241	249	257	265	273	281	287	297	305	313	321	330	338	346	354	362

Literatur

Benninghaus, H. (1976). *Deskriptive Statistik* (2. Aufl.). Teubner Verlag, Stuttgart.

Büning, H. und G. Trenkler (1994). *Nichtparametrische statistische Methoden* (2. Aufl.). de Gruyter, Berlin.

Chambers, J. M., W. S. Cleveland, B. Kleiner und P. A. Tukey (1983). *Graphical methods for data analysis*. Wadsworth International Group, Belmont, CA.

Cleveland, W. S. (1993). *Visualizing data*. Hobart Press, Summit, New Yersey.

Cox, D. R. (1958). *Planning of experiments*. Wiley, New York.

Devroye, L. (1986). *Non-uniform random variate generation*. Springer-Verlag, New York.

Fahrmeir, L., A. Hamerle und G. Tutz (1996). *Multivariate statistische Verfahren* (2. Aufl.). de Gruyter, Berlin.

Fahrmeir, L., R. Künstler, I. Pigeot, G. Tutz, A. Caputo und S. Lang (1999). *Arbeitsbuch Statistik*. Springer-Verlag, Berlin.

Ferschl, F. (1985). *Deskriptive Statistik* (3. Aufl.). Physica-Verlag, Würzburg.

Fisz, M. (1989). *Wahrscheinlichkeitsrechnung und mathematische Statistik* (11. Aufl.). Deutscher Verlag der Wissenschaften, Berlin.

Göppl, H., T. Lüdecke und A. Sauer (1993). Deutsche Finanzdatenbank. Handbuch Teil 1. Technischer Bericht, Institut für Entscheidungstheorie und Unternehmensforschung, Universität Karlsruhe (TH).

Green, P. J. und B. W. Silverman (1994). *Nonparametric regression and generalized linear models*. Chapman and Hall, London.

Hamilton, J. D. (1994). *Time series analysis*. Princeton-University Press, New Jersey.

Härdle, W. (1990). *Applied nonparametric regression*. Cambridge University Press, Cambridge.

Härdle, W. (1991). *Smoothing techniques: with implementation in S*. Springer-Verlag, New York.

Hartung, J. (1995). *Statistik. Lehr- und Handbuch der angewandten Statistik* (10. Aufl.). Oldenbourg-Verlag, München.

Hartung, J. und B. Heine (1996). *Statistik-Übungen. Induktive Statistik* (3. Aufl.). Oldenbourg-Verlag, München.

Hastie, T. J. und R. J. Tibshirani (1990). *Generalized additive models*. Chapman and Hall, London.

Heiler, S. und P. Michels (1994). *Deskriptive und Explorative Datenanalyse*. Oldenbourg-Verlag, München.

Hochberg, Y. und A. C. Tamhane (1987). *Multiple comparison procedures*. Wiley, New York.

Hsu, J. (1996). *Multiple comparisons. Theory and methods*. Chapman & Hall, London.

Johnson, N. L. und S. Kotz (1969). *Discrete Distributions*. John Wiley, New York.

Johnson, N. L. und S. Kotz (1970). *Continuous univariate distributions*, Band 1 und 2. John Wiley, New York.

Judge, G., W. Griffiths, R. Hill, H. Lütkepohl und T. Lee (1985). *The theory and practice of econometrics*. John Wiley & Sons, New York.

Krämer, W. und H. Sonnberger (1986). *The linear regression model under test*. Physica-Verlag, Heidelberg.

Kreienbrock, L. (1989). *Einführung in die Stichprobenverfahren*. Oldenbourg-Verlag, München, Wien.

Little, J. A. und D. B. Rubin (1987). *Statistical analysis with missing values*. Wiley, New York.

Lütkepohl, H. (1991). *Introduction to multiple time series analysis*. Springer-Verlag, Berlin.

Piesch, W. (1975). *Statistische Konzentrationsmasse: Formale Eigenschaften und verteilungstheoretische Zusammenhänge*, Band 18 aus *Tübinger wirtschaftswissenschaftliche Abhandlungen*. J.C.B. Mohr, Tübingen.

Polasek (1994). *EDA Explorative Datenanalyse. Einführung in die deskriptive Statistik* (2. Aufl.). Springer-Verlag, Berlin.

Rinne, H. und H.-J. Mittag (1991). *Statistische Methoden der Qualitätssicherung* (2. Aufl.). Hanser, München.

Ripley, B. D. (1987). *Stochastic simulation*. John Wiley, New York.

Rohatgi, V. (1976). *An introduction to probability theory and mathematical statistics*. Wiley, New York.

Rüger, B. (1996). *Induktive Statistik. Einführung für Wirtschafts- und Sozialwissenschaftler.* (3. Aufl.). Oldenbourg-Verlag, München.

Sachs, L. (1992). *Anwendung statistischer Methoden* (7. Aufl.). Springer-Verlag, Berlin.

Schach, S. und T. Schäfer (1978). *Regressions- und Varianzanalyse*. Springer-Verlag, Berlin.

Scheffé, H. (1959). *The analysis of variance*. Wiley, New York.

Schlittgen, R. (1996a). *Einführung in die Statistik* (6. Aufl.). Oldenbourg-Verlag, München.

Schlittgen, R. (1996b). *Statistische Inferenz*. Oldenbourg-Verlag, München.

Schlittgen, R. und B. H. J. Streitberg (1994). *Zeitreihenanalyse* (5. Aufl.). Oldenbourg-Verlag, München.

Schneeweiß, H. (1990). *Ökonometrie*. Physica-Verlag, Heidelberg.

Seber, G. A. F. und C. J. Wild (1989). *Nonlinear Regression*. John Wiley & Sons, New York.

Toutenburg, H. (1992). *Lineare Modelle*. Physica-Verlag, Heidelberg.

Tukey, J. W. (1977). *Exploratory data analysis*. Addison-Wesley, Reading, Massachusetts.

Sachregister

Druck- und Bindearbeiten: Legoprint, Italien